열공 우리말

열공 우리말

국어 실력 **열** 배로 키워주는 우리말 공부

최종희 지음

원더박스

집단적 무지는 역사에 오점을 남기고
개인적 무지는 후회를 남긴다. ─최종희

1.

　예전에, 인물의 됨됨이를 가늠하여 선택할 때 잣대로 삼던 것은 신언서판(身言書判)이었습니다. 곧 신수, 말씨, 문필, 판단력의 네 가지를 이르지요. 본래 신언서판은 중국 당나라 때에 관리를 선발하던 네 가지 표준이었는데, 당시의 말로 그 내역을 보면 "체모(體貌)의 풍위(豐偉), 언사(言辭)의 변정(辯正), 해법(楷法)의 준미(遵美), 문리(文理)의 우장(優長)을 살핀다."고 하였습니다. 이 어려운 말들을 요즘 말로 풀어서 요약하면, 신수(身手, 용모와 풍채. 외모에서 풍기는 품위), 언어 구사력(사물을 보는 시각과 옳고 그름을 읽어내는 말씨), 문장력, 판단력 등을 보는 것이라 할 수 있습니다. 잣대 중 세 가지가 언어와 관련됩니다.

　언어는 그 사람입니다. 그의 모든 것이 언어에 담기고, 언어에서 드러납니다. 철학, 사상은 물론이고 사고방식과 성격… 등까지도. 그 사람의 언어를 잘 관찰하면 행동 선택 유형까지도 예측 가능합니다. "사람은 언어에 의해서만 사람일 수 있다."는 하이만 슈타인탈(H. Steinthal, 1823~1899. 언어심리주의 창시자)의 말은 이런 면에서 정곡을 찌르는 요약입니다.

우리는 언어의 힘을 빌려 사고를 전개·정리하거나 발전시키고, 그 사고를 바탕으로 언어를 창조하기도 합니다. 사고의 결과인 언어를 통해서 자신의 생각을 다른 사람에게 전달하고 그 반응을 여러 형태의 언어로 받습니다. 이처럼 우리 인간은 사고한 내용을 언어로 표현하고, 언어를 통해 사고합니다.

이 책에 숨겨진 으뜸 목적은 우리말로 생각하는 법을 일깨우는 데에 있습니다. 언제 어디서 무엇에고 주목하여 관심한 뒤 조금 더 깊이 생각하는 데에 우리말이 제대로 쓰일 때, 그 사람의 창조적 사고력이 싹트고 자라납니다. 일시적 흥미 끌기용 대사나 낙서 수준의 언어에 끌리다 보면 자신도 모르게 어느새 사고력까지도 그런 수준으로 내려오게 됩니다. 그것이 버릇되면 생각은 물론이고 삶까지도 타인들 베끼기와 따라하기로 채워지고 맙니다. 자신만의 언어가 없으면 남들 말대로 살게 됩니다. 창조적인 삶, 독창적인 시각, 발전적인 태도, 보람 있는 내일 등을 엮어나가는 밑거름에 언어가 빠지지 않습니다. 그만치 언어의 힘은 무섭습니다. 인간은 언어에 의해서 완성되는 존재입니다.

2.

우리말을 통한 사고력 넓히기와 태도 높이기에서 가장 효율적인 방법 중의 하나는 삶에서 부딪게 되는 것들에 대한 올바른 이름·명칭 찾기(또는 불러주기)인 듯합니다. 시인 김춘수는 그 과정을 멋지게 시로 읊었습니다. "내가 그의 이름을 불러주기 전에는／그는 다만／하나의 몸짓에

지나지 않았다 // 내가 그의 이름을 불러주었을 때 / 그는 나에게로 와서 / 꽃이 되었다." 시구대로, 그 이름을 찾아 제대로 불러주지 않으면 이 세상의 만물은 아무런 의미 없이 그저 스쳐 지나가는 것들일 뿐입니다.

일례로, 들국화나 산새일 뿐이라서 그저 스쳐 보내고 말았던 것들을 '감국(甘菊, 잎과 꽃을 국화차로 만들어 먹을 수 있는, 키가 낮고 작은 노란 꽃이 피는 국화. 흔히 대하는 조화용 중대형 국화들은 차로 먹지 못한다)'과 '박새(흰색과 검은색이 잘 조화돼 있고, 깃·꼬리는 잿빛이며 등은 아름다운 황록색)'로 특정하는 순간, 우리는 그것들에 제대로 관심하고 더 깊이 주목하게 됩니다. 관심과 주목은 심화된 사고로의 출발점이고, 넓혀진 사고는 창의력의 텃밭이 됩니다. 박새에게서 보이는 아름다운 잿빛은 현재 자연공원에 설치된 모든 금속제품의 외부 방청 페인트 색으로 쓰이고 있습니다. 친자연적인 미감 때문이지요.

이러한 발전적 확장의 축전지가 '감국'이나 '박새'와 같은 어휘력입니다. 특히, 우리말 말광의 내용물을 자신의 노력으로 채워갈 때 그 힘은 놀랍습니다. 자신의 몸수고(몸으로 힘들이고 애씀)로 거둔, 육화된 언어들은 새로운 세계로 들어가는 열쇠가 되기도 합니다. 새롭게 발굴된 '통섭'이란 낱말 하나가 인문학의 경계를 허물게 되고, '반도체(半導體)'가 도체와 절연체의 양분법 시대를 종식시키면서 신천지를 열었듯이… 이러한 창의적 발상들의 뿌리는 언어(어휘력)가 지닌 무한한 상징성과 관련됩니다. 생각의 도구인 언어는 보람된 행동을 낳는 우량 종묘(種苗)이기도 하니까요.

이 책에는 주로 우리 주변에서 쉽게 맞닥뜨릴 수 있는 것들이 들어 있습니다. 우리말의 절반 이상을 차지하고 있는 한자어, '아' 다르고 '어' 다른 우리말, 잘못 쓰이는 외래어와 외국어 남용, 바뀐 문장부호 내용… 등이 그 일례입니다. 6장 〈생활 속 재미난 우리말 1: '오빠'에서부터 김정은의 머리까지〉와 7장 〈생활 속 재미난 우리말 2: 한 식구로서의 동물들〉의 제목에서도 드러나듯, 우리가 일상에서 흔히 대할 수 있는 것들의 진면목을 정면에서 정색하고 훑어볼 수 있도록 했습니다. 다른 것들 역시 마찬가지고요.

그것들을 통해서 저자가 바라는 것은 단 하나입니다. 진실과의 대면입니다. 진실을 통한 사실 검증과 바로잡기를 거쳐서 자신의 내면을 살지게 만들게 되기를 열망합니다. 그런 도정이 재미없고 지루하지 않도록 구성에도 신경을 썼습니다. 관련 어휘들이 서로 꼬리에 꼬리를 물고 이어지도록 했고, 문답식으로 펼쳤습니다. 이 책의 어느 장을 들춰보더라도 반가울 것입니다. 바로 우리 주변에서 어제나 그제 아니면 언제든 접한 것들에 대한 이야기이기 때문이지요. 공부란 재미있게 해야 하고, 내게 지금 필요한 것들을 알게 될 때 힘이 되고 신도 나는 법이지 않겠습니까.

3.

저자로서 간절히 바라는 바는 이 조그만 책자가 삶의 현장에서—그것이 취업의 문턱에서든, 글쓰기나 생각하기의 과정에서든—실제로 유용하게 쓰이는 일입니다. 사고의 지평을 넓히는 데에서나, 틈새를 놓치지 않는 일에서나, 사소한 것들에서 진정한 가치를 발견하게 되기도 하는 일 등 어디에서나, 자신만의 시각을 기르는 데에 쓸모 있는 징검돌이 되었으면 합니다.

　그리하여 모두가 소박하지만 당당하게 문화인·교양인의 대열에 언제든 나설 수 있게 하는 데에 도움이 되었으면 좋겠습니다. 어떤 형태로의 생활인이든 간에 각자 머무는 곳에서 올바른 우리말에 조금이라도 더 관심하여, 자기 발전과 주변 밝게 하기의 촉매가 되었으면 합니다. 한 나라의 문화란 국민 개개인의 문화적 실체의 총합일진대, 그 문화적 실체의 형성에 우리말이 해내는 몫은 새삼 이야기할 필요가 없으리라 봅니다. 그런 관심을 불러일으키고 조금이라도 더 번지게 하는 데에 이 책자가 조그만 불쏘시개라도 되었으면 정말 좋겠습니다. 그런 마음으로 엮었습니다.

　안정적이던 직장 생활을 제 발로 정리하고 우리말만 붙들고 씨름해대는 가장의 뒷모습을 몇 해 동안 군소리 하나 없이 지켜봐 준 가족들에게 고마운 마음을 전합니다. 7년 만에 처음으로 해보는 말인데, 이제야 나도 조금 철이 드나봅니다.

2017년 3월

최 종 희

02 공인받지 못한 우리말 내력
토박이말, 옛말, 북한어의 흔적들

03 한자를 알면 저절로 풀이되는
우리말의 원천, 한자어

05 켜켜이 쌓인 우리말의 자취
먹을거리와 식생활

**06 생활 속 재미난 우리말 1
'오빠'에서부터 김정은의 머리까지**

**07 생활 속 재미난 우리말 2
한 식구로서의 동물들**

부록

표준어와 비표준어 사이,
미처 알지 못했던
은밀한 속사정

문 "비행기를 우리말로 하면 날틀이 됩니다." 이 문장에서 무엇이 어떻게 잘못되었을까요?

답 두 가지가 잘못이군요. 우선, 우리말과 순우리말(토박이말)을 같은 말로 착각하기 쉬운데, 두 말은 서로 다른 뜻을 지닌 말들이랍니다. 나머지 하나는 현재 날틀이 우리말로 인정된 표준어가 아니어서 《표준》에 없는 말이라는 것이지요. 만약 날틀이 표준어라고 한다면 "비행기를 순우리말로 하면 날틀이 된다."는 표현은 말이 됩니다.

비행기나 철수를 飛行機나 哲秀로 적으면 우리말이 아니지만(외국어이지만) 비행기나 철수로 적으면 우리말입니다. 한자어와 외래어는 한글로 적으면 우리말이 됩니다.

이를테면, 알파벳으로 적은 bus는 외국어이지만 한글로 적은 버스는 외래어로서 우리말에 듭니다. **빵** 또한 어원은 포르투갈어(pão)이지만 어엿한 우리말이지요. **담배**(포르투갈어 tabaco가 일본어 タバコ[tabako]를 거쳐 변한 말), **냄비**(일본어 なべ[nabe]에서 온 말로 봄), **가방**(네덜란드어 kabas가 일본어 かばん[kaban]을 거쳐 변한 말), **고무**(프랑스어 gomme가 일본어 ゴム[gomu]를 거쳐 변한 말) 들도 이와 마찬가지랍니다.

다만, 외국어를 한글로 표기한다고 해서 모두 외래어가 되는 것은 아닙니다. **국어심의회**에서 심의를 거쳐 외래어로 인정을 받으면 국립국어원이 발간·관리하는 《표준국어대사전》(이하 《표준》)에 표제어로 오릅니다.

순우리말(토박이말)은 **우리말** 중에서도 고유어만을 이릅니다. 우리말은 순우리말 말고도 한자어나 외래어도 포함하므로 우리말은 순우리말의 상위 개념이지요.

현재 **날틀**은 《표준》에 없는 말입니다. 모형 비행기 제작이나 경연대회에서 일부 쓰고 있긴 하지만 표준 국어 낱말은 아니라는 겁니다.

덤 ▶ 역사로 보는 우리말 팔자

"飛行機나 哲秀도 우리말이던 때가 있었다."

국·한자혼용(國·漢字混用, 한글 사이에 한자를 단독으로 적는 것) 방식을 따를 경우에는 위와 같이 적어도 우리말이라 할 수 있다. 해방 후 ~1970년대의 신문 기사에서는 대개 한자를 한글에 딸린 괄호 안에 적지 않고 한글 없이 단독으로 드러내어 적었다. 그러던 것이 2005년 7월 28일부터 시행된 국어기본법(법률 제7368호)에 따라 "공식 문서에는 국·한자혼용 표기를 해서는 안 되며, 필요할 경우에 한하여 한자를 괄호 안에 병기(倂記)"하도록 했다. 한자뿐 아니라 다른 외국어도 이에 따르도록 규정하고 있다. (☞ 국어기본법 제14조 제1항, 시행령 제11조 참조)

"조변석개(朝變夕改)한 1950년대 한글 파동 해프닝."

1953년 4월, 한글맞춤법통일안 이전의 옛 철자법(밌고→밋고, 믿어→미더, 같이→가치… 와 같이 쓰라는 것)으로 간소화하라는 이승만 대통령의 지시로 이른바 **한글 파동**이 일어났다. 각계각층에서 격렬히 반대하자 1955년 9월 대통령은 "민중이 원하는 대로 하라"는 담화를 발표하며 물러섰다.

국어(國語) 한 나라의 사람이 자기 나라의 언어를 일컫는 말. 한국인에게 국
   어는 한국어이고, 일본인에게 국어는 일본어이다.

우리말 국어와 같은 개념으로 "우리나라 사람의 말"이다. **순우리말**(≒토박이
   말, 고유어) 외에 한자어, 외래어, 속어/비어, 사투리/방언, 은어/변말, 고
   어, 순화어, 신어 등을 포괄한다. 경우에 따라서는 **문화어**(북한의 표준 규
   범 언어)를 내포하는 '북한어'도 포함될 때가 있다.

토박이말 해당 언어에 본디부터 있던 말이나 그것에 기초하여 새로 만들어진
   말(↔ **한자어/외래어**)이다.

순우리말(純–) 우리말 중에서 고유어만을 이른다.

한자어(漢字語) 한자에 기초하여 만들어진 말. 한글 표기를 원칙으로 하고 필
   요에 따라 한자를 괄호 안에 병기한다.

외래어(外來語) 버스/컴퓨터/피아노 따위와 같이, 외국에서 들어온 말로 국어
   처럼 쓰이는 말(↔**토박이말/고유어/순우리말**)이다.

신어(新語) 새로 생긴 말 또는 새로 귀화한 외래어(≒새말/신조어)를 이른다.
   신어가 사전의 표제어로 오르려면 국어심의회의 심의를 거쳐야 한다.

표준어(標準語) 한 나라에서 공용어로 쓰는 규범으로서의 언어로 **대중말**(↔
   사투리/방언/은어)이라고도 한다(여기서의 **대중**은 大衆이 아니라 "어떤 표준/기
   준"을 뜻하는 말이다). 의사소통의 불편을 덜기 위해 전 국민이 공통으로 쓸
   공용어의 자격을 부여받은 말로, 우리나라에서는 "교양 있는 사람들이 두
   루 쓰는 현대 서울 말"로 정함을 원칙으로 한다. 표준어에는 토박이말/고
   유어/순우리말 외에 한자어, 외래어, 속어, 비어(卑語/鄙語), 순화어 등이
   포함되며, 사투리/방언과 은어/변말, 고어/옛말 등은 제외된다.

순화어(醇化語) 불순한 요소를 없애고 깨끗하고 바르게 다듬은 말이다. 지나
   치게 어려운 말이나 비규범적인 말, 외래어 따위를 알기 쉽고 규범적인
   상태 또는 고유어로 순화한 말을 이른다. 국어기본법에 따라 공용어로서
   의 지위를 지니므로, 기타 사유로 사전의 표제어로 올라 있지 않더라도
   표준어 '대우'를 받는다.

공용어(公用語) 한 나라 안에서 공식으로 쓰는 언어, 즉 국가나 공공단체가 정식으로 사용하는 언어를 말한다. 흔히 법적인 지위가 부여되며, 방언/속어 등은 제외된다.

방언(方言) 1. 한 언어권에서 사용 지역 또는 사회 계층에 따라 분화된 말의 체계를 의미한다. 2. **사투리**(어느 한 지방에서만 쓰는, 표준어가 아닌 말)의 의미를 가진다.

하나의 '말'에 붙은 이름이
이토록 많다니…

문 〈말 이름〉이라는 신문 칼럼을 보자니 대중말, 표준말, 문화어, 공통어, 생활어, 공용어, 교통어… 같은 온갖 말들이 나오는데, 가지가 많기도 하거니와 처음 들어보는 말도 여럿이어서 무척 헷갈리더군요. 대체 이것들이 뭔 말인가요?

답 한꺼번에 그처럼 수많은 이름들을 대했으니 그럴 만도 하겠네요. 사실 이런 특수한 용어들은 전문가용이어서 일반인들이 이해하기에는 좀 버거운 편이지요. '알기 쉽게' 설명하도록 애는 쓰겠습니다만, 전문용어라서 어떻게 전달될지 걱정도 되는군요. 말은 지역에 따라, 계층에 따라, 쓰임새에 따라 형식이 조금씩 달라집니다. 그에 따라 저마다의 말을 일컫는 이름들이 생긴 것이지요. 우리가 그 이름들을 굳이 다 밝혀 외울 것까지는 없지만 적어도 무슨 뜻인지는 헤아려야겠지요.

    대중말은 외솔 최현배가 **표준말**을 달리 부른 이름입니다. 이때의 대중은 많은 사람의 무리라는 뜻의 대중(大衆)이 아니라 "어떤 표준이나 기준"을 뜻하는 '가늠'으로, "대강 어림잡아 헤아림"의 뜻도 있습니다. 외솔이 말하는 대중말은 "그 나라말 가운데 한 시골말이던 것이 뽑혀서 사람의 의식적인 갈기(탁마), 닦기(수련), 바로잡기(수정), 깁기(보족)를 입어서 완전한 것이 된 전혀 이상적인 말"입니다.

    남북이 갈리는 바람에 우리 민족의 표준말을 이르는 말도 현재는 두 가지로 나뉘었습니다. 남쪽에서는 **표준어**라 하고 북쪽에서는 **문화어**라 하고 있지요. 남쪽의 표준어는 서울말을 중심으로 삼고 있고, 북한의 문화어는 평양말을 중심으로 삼고 있지만 실제로는 평안도와 함경도 지방 말까지도 아우르고 있는 점이 특징이지요.

남쪽의 표준어는 "교양 있는 사람들이 두루 쓰는 현대 서울말"이고, 북쪽의 문화어는 "평양말을 중심으로 하여 노동자 계층에서 쓰는 말"(1966년 《조선말규범집》, 1988년 개정)인데요. 표준어는 국립국어원이 간행·관리하는 《표준》에, 북쪽의 문화어는 사회과학출판사가 간행한 《조선말대사전》(개정판, 전3권, 2007)에 각각 집대성되어 있습니다.

이처럼 언어까지 분단되어 있는 현실을 안타깝게 여겨서, 남쪽의 '표준어'와 북쪽의 '문화어'를 한데 아울러 통일 언어를 만들어 내려는 작업을 남북 간의 합의로 여러 해째 해오고 있답니다. 당초 목표는 30만 어휘 정도의 통일어 사전인 《겨레말큰사전》을 2013년까지 발간하기로 했지만 차질이 생겨서 당초의 일정대로 진행되고 있지는 않습니다.

남쪽에서는 이 사업을 2007년에 제정된 겨레말큰사전남북공동편찬사업회법에 따라 설립된 통일부 산하의 특수법인인 겨레말큰사전편찬사업회를 통해 현재 꾸준히 수행 중입니다.

이처럼 남·북한의 언어 통일을 목적으로 남과 북의 국어학자들이 공동으로 만드는 최초의 대사전인 《겨레말큰사전》에는 '표준어'와 '문화어'에 공통적으로 담긴 말들 외에 남북이 합의한 새로운 말들도 포함됩니다. 여기서 자연발생적으로 떠오르는 숙제 하나가 있습니다. 이 말들을 뭐라고 부를 것인가 하는 것이지요. **겨레말**이나 **통일어**는 고유어로서는 적절하지만 학문적인 용어로는 부적당하기 때문입니다. 이때 쓰일 수 있는 용어가 바로 **공통어**인데, 공통어란 "여러 다른 종족이나 민족 사이에서 두루 쓰는 말" 또는 "한 나라에서 두루 쓰는 언어"를 뜻하는 언어학적 용어랍니다. 즉, 이를 이용하여 "**겨레말**이나 **통일어**는 우리 민족의 공통어를 이르는 이름입니다."라고 쓸 수 있겠지요.

생활어(生活語)는 **상용어**(常用語)와 같은 뜻인데, 일상에서 늘 쓰는 말이어서 현장성이 강하고 자연 발생한 역사적인 말도 반영하는 장점이 있습니다. (그러나 정체불명의 외국어나 괴상하게 짜깁기한 말까지 생활어라는 이름으로 활개를 칠 위험도 있습니다.) 사실 방언의 생명력이 끈질기고 돋보이는 것은 생활어기 때문이지요.

교통어는 서로 다른 언어를 사용하는 집단 간에 의사소통을 위해 공통으로 쓰이는 보조 언어를 말합니다. 인도네시아 부톤 섬의 찌아찌아족은 말만 있고 글은 없어서 2009년 한글을 공식 표기 문자로 채택했습니다. 그런데 그 섬에는 찌아찌아 말을 알아듣지 못하는 이들도 꽤 있어서 찌아찌아족은 이들과 의사소통을 하기 위해 인도네시아어나 윌리오어를 씁니다. 이때의 이들 언어가 바로 교통어(交通語)이지요. 교통어는 대체로 많은 사람들이 쓰거나 큰 규모의 종족이 쓰는 대형 언어들인데, 대표적인 교통어로는 아프리카에서 널리 쓰이는 스와힐리어와 하우사어 등이 있답니다. 예를 들어 14개국이 서로 다른 말을 사용하는 동아프리카 같은 경우에도 대체로 스와힐리어는 통하는데, 이때의 스와힐리어는 교통어의 지위를 갖습니다. 아프리카 선교를 위해 떠나는 이들이 필수로 받는 언어 교육이 바로 스와힐리어인 이유이기도 하지요.

이와 관련하여 재미있는 일화가 있는데요. 우리나라에서 유일하게 아프리카 말을 가르치는 곳이 한국외국어대학교인데 거기에는 아프리카 학부가 있습니다. 그 학부의 재학생들이 가장 흔히 받는 질문이나 요청이 아프리카 말을 한번 해보라는 겁니다. 그럴 때마다 학생들은 무척 곤혹스러워합니다. 딱 부러지게 '아프리카 말'이라고 특정할 수 있는 말이 없기 때문이지요. 그 학부의 학생들은 하우사어, 스와힐리어 및 줄루어를 배웁니다. 즉, 교통어인 말들을 배운 뒤 그것을 활용하여 다른 여러 부족들과의 의사소통을 하는 거지요.

🔵 사투리와 표준말 사이

현대 서울말도 방언이라고?

방언은 "한 언어에서 사용 지역 또는 사회 계층에 따라 분화된 말의 체계"이다. 따라서 "교양 있는 사람들이 두루 쓰는 현대 서울말"도 언어학적으로는 방언에 속한다. '서울 방언'을 승격시켜 표준어로 삼은 것이다. 바로 이 점이 사투리 홀대로 비치기도 하는 표준어 중심 정책에 대한 비판의 주요 근거가 되기도 한다.

사투리는 일종의 언어의 변이종이기 때문에 다양할수록 언어생활이 더 풍부해진다. 그러므로 사투리는 표준어와 대립관계라는 외적·사회적 인식을 지양하고 사투리가 촌스럽고 부끄럽다는 내적·개별적 인식부터 바꾸는 것이 중요하다. 실제로도 공적인 언어생활이 아닌 한 의사소통에 지장이 없다면 방언의 사용에 어떤 제약을 두고 있지도 않다. 표준어와 방언은 상보적 공생 관계이지, 대립적 배척 관계는 아니다. 고구마를 '감자'라 하고 철쭉을 '진달래'로 부르는 이들도 꽤 있다. 그런 이들과 우리는 의심할 나위 없이 서로 이웃이다. 그렇다는 사실을 우리는 한 번도 의심해 본 적조차 없지 않은가.

사투리로 오해받아 억울하다고?

거시기/식겁/후딱 들과 같이 사투리인 성싶지만 표준어인 것들도 제법 있다. **꼽사리/삥땅/짝퉁/얍삽하다** 들도 사투리일 것만 같지만 어엿한 표준어다.

한편 **꺼림칙하다**의 사투리인 **껄쩍지근하다**의 올바른 표기가 **걸쩍지근하다**인 듯싶어서 사전을 찾아보면 전혀 다른 뜻으로 나온다. 또 요즘 "감칠맛이 있게 조금 달다"라는 뜻으로 자주 쓰이는 **달달하다**는 되레 사투리이고, 그 사촌 격인 **달큰하다**는 북한어로, 표준어가 아니다. 하지만 이런 말들은 언중의 관행을 존중하여, 표준어로 인용되어야 할 것들이다.

대중말≒표준말 표준어를 뜻하며, 우리말에서는 다음의 두 가지 의미를 지닌다. ①한 나라에서 공용어로 쓰는 규범으로서의 언어. 의사소통의 불편을 덜기 위하여 전 국민이 공통으로 쓸 공용어의 자격을 부여받은 말. ②교양 있는 사람들이 두루 쓰는 현대 서울말 중 표준어로 정한 말. 여기에는 토박이말/고유어/순우리말 외에 한자어, 외래어, 속어, 비어(卑語/鄙語), 순화어 들이 포함되며, 사투리/방언과 은어/변말, 고어/옛말 들은 제외된다. '신어'는 국어심의회를 거친 것들만 포함된다. 이때의 **대중말**은 '대중말(大衆-)'이 아니라 고유어다(여기서의 '대중'은 ①어림잡아 헤아림, ②어떤 표준이나 기준. '가늠'과 비슷하다).

문화어 북한의 표준말을 이르는 말로, 평양말을 중심으로 하여 노동자 계층에서 쓰는 말.

생활어/생활말/상용어(常用語) 일상생활에서 늘 쓰는 말. 표준어와 사투리 그리고 외래어 외에 일부 외국어에서 유래한 신조어나 유행어들까지도 포괄한다.

교통어(交通語) 서로 다른 민족 또는 서로 다른 언어를 사용하는 집단 간에 의사소통을 위해 쓰이는 보조적 공통 언어(예: 아프리카에서 널리 쓰이는 하우사어, 스와힐리어 따위).

얼른/후딱/싸게/빨리/후다닥 가운데 사투리는?

문 얼른/후딱/싸게/빨리/후다닥 중에 **빨리**만 빼고 다 사투리 같은데 그중 하나만 사투리라니 얼른 대답할 수가 없군요. 후딱? 아니면 싸게? 뭐지요?

답 **싸게**만 '빨리'를 뜻하는 방언(전라도)입니다. 따라서 **싸게싸게** 역시 방언이지요. **얼른/후딱**은 싸게 생각하면 사투리인 성싶지만 표준어입니다.

일상생활에서 뒤섞여 쓰이는 말들이라서 주의하지 않으면 구분하기가 쉽지 않은 건 사실입니다. 이와 비슷하게 무척 헷갈리기 쉬운 것으로, **싸그리/깡그리**도 있습니다. **싸그리**는 방언(전라도)이고 **깡그리**는 표준어인데, 기억하실 때는 싸그리와 비슷한 **싹쓸이**는 싸그리와 달리 표준어라는 점을 떠올리면 조금 도움이 됩니다. 다만, 싹쓸이는 부사가 아닌 명사입니다.

위의 경우와는 반대로 도리어 사투리(방언)로 착각하기 쉬운 표준말들도 있는데요. **얼추/대충/되게≒되우/호되게/참말로≒참말/짜장** 등이 그런 말들로, 모두 표준어입니다. 이와 비슷한 무르팍 역시 '무릎'의 속어일 뿐 사투리는 아닙니다. 즉, 표준어랍니다.

'기다'는 사투리가 기다? 아니다?

문 "사건 조사 결과가 진실인지를 놓고 기다 아니다 하면서 말씨름했습니다."라고 적을 때의 **기다**를 두고, 표준어인지 아닌지 사람들 사이에 의견이 분분했습니다. 표준어인가요, 아닌가요?

답 **기다**는 일견 사투리일 듯도 싶지만, '그것이다'의 준말입니다. 그러니 답은 자명하지요. 표준어랍니다.

이와 같이 준말 꼴로 쓰이면 표준어인지 아닌지 헷갈리는 것들이 제법 됩니다. 이를테면 "지금 머시 중헌디?"와 "지금 머시기가 문제란 말인가?"에서처럼 **머시**와 **머시기**가 비슷하게 쓰이고 있을 때, 그중 '머시'는 표준어지만 '머시기'는 방언이거든요. 즉, '머시'는 '무엇이'의 준말인 까닭에 표준어지만, '머시기'는 '무엇'의 강원도 방언(사투리)이므로 표준어가 아닙니다.

또한 "**멋한다고** 여태 미적거렸나?"와 "**머한다고** 여태 미적거렸나?", "**뭐한다고** 여태 미적거렸나?", "**뭣한다고** 여태 미적거렸나?"와 같이 비슷비슷한 표현들을 보죠. 그중에서 '머한다고'를 제외한 나머지 말들인 **멋한다고/뭐한다고/뭣한다고** 역시 모두 표준어입니다. 세 말 모두 '무엇한다고'의 준말 꼴이기 때문이지요. 즉, **멋한다고/뭐한다고/뭣한다고**는 각각 **멋하다/뭐하다/뭣하다**의 활용 꼴인데 멋하다/뭐하다/뭣하다는 동사와 형용사를 겸하는 '무엇하다'의 준말이므로, 세 낱말 모두 표준어입니다.

여기서 주의할 게 있어요. 이 말들이 형용사로 쓰일 때는 "언짢은 느낌을 알맞게 형용하기 어렵거나 그것을 표현할 말이 생각나지 않을 때 암시적으로 둘러서 쓰는 말"을 뜻하게 되는데, 이걸 가끔 **뭘하다**로 쓰기도 하지만 그건 잘못이랍니다. 즉, "빈손으로 오기가 **뭘해서** 말이야"는 잘못으로, "빈손으로 오기가 **뭣해서**(혹은 뭐해서/멋해서) 말이야"라고 해야 합니다. **뭘해서**가 성립하려면 뭘하다라는 형용사가 있어야 하는데 그런 말은 없기 때문이지요. 즉, 형용사로서의 뭘하다는 <u>뭣하다(무엇하다의 준말)</u>의 잘못이랍니다.

 방언과 사투리의 차이

사투리는 "어느 한 지방에서만 쓰는, 표준어가 아닌 말"을 뜻한다. 방언(方言)에는 ①"한 언어에서, 사용 지역 또는 사회 계층에 따라 분화된 말의 체계", ②(사투리의 동의어로) "어느 한 지방에서만 쓰는, 표준어가 아닌 말"이라는 두 가지 뜻이 있다. 다시 말해, 특정 지역에서만 쓰이는 지역적 제한을 우선하는 경우에는 사투리가 적절하고, 지역이나 계층으로 분화된 경우에는 방언이 적절하다.

☞ 사투리로서의 방언을 일부에서는 **고장말**이라고도 하는데 표제어로 올라 있지는 않다. 이 책에서는 지역적 기준일 때는 가급적 사투리로 쓰려고 했지만, 포괄적 의미가 아닌 경우에도 용어 통일을 위해 방언으로 쓴 경우가 있다. 특히 뜻풀이에서는 일률적으로 방언으로 썼다.

'걸쩍지근하다'는 '껄쩍지근하다'의 동생이 아니라고?

문 언제 전라도 친구가 "아따 껄쩍지근헌디 으째야 쓰꺼나?" 하기에 **꺼림칙하다**의 의미로 쓰이는 전라도 방언 **껄쩍지근하다**는 **걸쩍지근하다**의 잘못이라고 생각했습니다. 그런데 사전을 찾아보니 전혀 다른 뜻이더군요. 어찌된 일인지요?

사전에 나온 그대로입니다. **걸쩍지근하다**는 표준어이긴 하지만, "①다소 푸짐하고 배부르다. ②말 따위가 다소 거리낌이 없고 푸지다"를 뜻하는 말로, '꺼림칙하다'와는 무관하니 **껄쩍지근하다**의 동생(同生)이 될 수 없지요.

이와 같이 표준어로 쓰일 때의 의미가 전혀 다른 경우로 **달달하다**도 있습니다. 흔히 **달콤하다**와 비슷하거나 "약간 달다, 알맞게 달다, 감칠맛이 있게 조금 달다" 등의 뜻으로 쓰지만, 형용사로는 표준어가 아닌 방언(강원/충북/경상도/함북)이지요. 표준어로는 형용사가 아닌 동사로만 쓰이는데, "①춥거나 무서워서 몸이 떨리다. 또는 몸을 떨다. ②작은 바퀴가 단단한 바닥을 구르며 흔들리는 소리가 잇달아 나다. 또는 그런 소리를 잇달아 내다."를 뜻하는 말이어서 입맛과는 전혀 동떨어진 말이어요. 사투리 **달달하다**에 대해서는 **짭짤하다**(감칠맛 있게 짜다)가 표준어로 인정되고 있는 것과 관련하여 뒤에서 상세히 다루겠습니다(☞ 〈왜 사투리 '달달하다'가 표준어를 누르고 인기를 누릴까〉 항목 참조).

걸쩍지근하다/달달하다처럼 표준어로 쓰일 때의 뜻이 전혀 다른 경우를 하나 더 소개하면 **디글디글하다**도 있어요. "무엇인가가 그 양이 무척 많다"는 뜻으로 쓰는 전라도 방언인데, 표준어로서는 그런 뜻과는 거리가 먼 다른 의미를 지니고 있답니다. 즉, **대글대글하다**의 큰말로 "①가늘거나 작은 물건들 가운데서 몇 개가 드러나게 굵거나 크다. ②밥알이 설익었거나 너무 되거나 말라서 꾸들꾸들하다."란 뜻이지요. 표준어 **디글디글하다**의 센말은 **띠글띠글하다**입니다.

'거시기'는 비속어가 아니라 거시기여

문

영화 〈황산벌〉에서 하도 거시기하게 쓰여서 유명해진 **거시기**는 당연히 전라도 방언인 줄 알았는데 표준어라고 해서 믿기지 않았습니다. 경상도 지방에 가면 흔히 듣는 **식겁(하다)**도 그렇고요. 하지만 제아무리 표준어라도 이런 말들은 점잖은 자리에서는 피해야 하는 비속어가 아닌가요?

답

'거시기'나 '식겁(食怯)'은 표준어이고, 비속어도 아니랍니다. 전혀 흠이 없는 완벽한 말들이고, 존대/비하와도 무관한 중립적인 표준어이므로 어디서고 당당하게 사용해도 됩니다.

거시기는 "이름이 얼른 생각나지 않거나 바로 말하기 곤란한 사람/사물을 가리키는 대명사"로, 존대/비하와는 거리가 먼 중립적인 말입니다. 감탄사로서는 "하려는 말이 얼른 생각나지 않거나 바로 말하기가 거북할 때 쓰는 군소리"로, **저거시기**도 비슷하게 쓰입니다.

위에서처럼 종종 **거시기하다**라거나 그 준말 격으로 **거식하다**를 쓰는 경우를 보는데, 그런 말은 없습니다. **거시기**는 대명사일 뿐이므로 '−하다'를 붙여 용언을 만들 수 없기 때문이지요.

식겁(食怯)은 "뜻밖에 놀라 겁을 먹음"을 뜻하는 한자어로, 비하의 뜻이 전혀 없는 중립적인 말입니다. 동사는 **식겁하다**로 쓰는데, **식겁먹다**(×)는 잘못입니다. **식겁** 안에 이미 "겁을 먹음"의 뜻이 있는데 뒤에 '−먹다'를 붙이면 쓸데없이 덧대는 꼴이 되기 때문이지요.

일부 지방에서는 **식겁**을 **식거비**라고도 하는데, 이때는 사투리지만 전혀 다른 뜻의 표준어로 쓰일 때도 있답니다. 표준어 **식거비**(食居費)는 (주식비로 지급하는) "어부(漁夫)의 임금(賃金)"을 따로 이르는 까다로운 말입니다.

"항문(똥구멍)의 언저리"를 뜻하는 똥짜바리도 비속어로 여기기 쉬운데, 결코 낮잡는 말이 아닙니다. 그런데 이 말이 **똥구멍**(항문의 속어)을 뜻하는 말로 쓰일 때는 방언(경북)입니다.

한편 **꼽사리**(남이 노는 판에 거저 끼어드는 일)/**어영부영하다**(뚜렷하거나 적극적인 의지가 없이 되는대로 행동하다)/**씨부렁거리다**(주책없이 쓸데없는 말을 함부로 자꾸 지껄이다)/**빠삭하다**(어떤 일을 자세히 알고 있어서 그 일에 대하여 환하다) 같은 말도 일견 비속어일 성싶지만, 저속하지도 상스럽지도 않은 중립적인 말이니 어디서든 거리낌 없이 써도 됩니다.

> **덜** ▶ 똥짜바리, 항문과 똥구멍 사이에서
>
> 똥짜바리의 《표준》 뜻풀이가 2014년에 "항문의 언저리"에서 **"똥구멍의 언저리"**로 슬그머니 바뀌었다. 똥구멍은 항문의 속어이므로 결국 똥짜바리도 속어라는 말이 되는데, 이럴 경우에는 어물쩍 낱말만 바꿀 게 아니라 "항문의 언저리를 뜻하는 속된 말"이라고 명확하게 표기하는 것이 좋겠다. 전과는 달리 속어 취급을 받게 되었지만 사전에 확정적인 표기가 없어서 헷갈리기 때문이다.
>
> 비하의 뜻이나 저속한 표현으로 쓰이는 말은 그 뜻풀이에 반드시 "-을 낮잡아 이르는 말" "~의 속된 말" "~의 속어" 등으로 표기하여 그것이 비어(卑語)인지 속어(俗語)인지 알 수 있도록 하고 있다. 그런 표기가 없으면 중립적인 말로 보는데, 종종 **똥짜바리**처럼 뜻풀이가 바뀌면서 그런 표기를 빼먹기도 하는데 바로 잡아야 한다.

깡그리⟨부⟩ 하나도 남김없이. **싸그리**는 깡그리의 방언(전북).

싹쓸이⟨명⟩ 모두 다 쓸어버리는 일. ¶~하다⟨동⟩

후다닥⟨부⟩ ①갑자기 뛰는(빠르게 움직이는) 모양. ②일을 서둘러 해치우는 모양. ③갑자기 놀라거나 당황해하는 모양. (**화다닥**은 북한어)

후닥닥⟨부⟩ ①갑자기 마구 뛰거나 일어나는 모양. ②일을 서둘러 아주 빨리 해치우는 모양. ③문 따위를 갑자기 세게 열어젖히는 소리 또는 그 모양.

화다닥⟨부⟩ ①갑자기 뛰거나 일어나는 모양. ②일을 서둘러 빨리 해치우는 모양. ③문 따위를 갑자기 조금 세게 열어젖히는 소리 또는 그 모양.

와닥닥⟨부⟩ ①놀라서 갑자기 뛰는 소리 또는 그 모양. ②일을 매우 빠르게 해치우는 모양. (**와작작**은 평안도 방언).

얼추⟨부⟩ ①어지간한 정도로 대충. ②어떤 기준에 거의 가깝게.

되게≒되우⟨부⟩ 아주 몹시.

호되게 **호되다**(매우 심하다)의 부사형.

참말로≒참말/짜장⟨부⟩ 과연 정말로.

무르팍⟨명⟩ '무릎'의 속칭. ¶**무르팍걸음**('무릎걸음'의 속칭).

사투리⟨명⟩ 어느 한 지방에서만 쓰는, 표준어가 아닌 말.

고장말⟨명⟩ '사투리'를 뜻하는 고유어(표제어는 아니지만 일부 학자들이 사용).

방언(方言)⟨명⟩ ①≒**사투리**. ②한 언어에서, 사용 지역 또는 사회 계층에 따라 분화된 말의 체계.

기다⟨준⟩ '그것이다'의 준말.

머시기⟨대⟩ '무엇'의 잘못. '머시'의 방언(강원).

머시1⟨준⟩ '무엇이'의 준말.

머시2⟨감⟩ 말하는 도중에 어떤 사람/사물의 이름이 얼른 떠오르지 않거나, 그것을 밝혀 말하기 곤란할 때 쓰는 말. ¶전에 얘기하던 그, 머시, 있잖아?

머시냐⟨감⟩ '머시2'의 잘못.

멋하다≒뭣하다/뭐하다⟨동⟩⟨형⟩ '무엇하다'의 준말. ¶멋한다고 여태 집에 있었나? 일찍 좀 와서 돕지; 그 순간에 내 입장이 멋해서 자리를 떴다.

무엇하다동 어떤 일 따위에 이용하거나 목적으로 하다. 형언짢은 느낌을 알
맞게 형용하기 어렵거나 그것을 표현할 말이 생각나지 않을 때 암시적으
로 둘러서 쓰는 말. 주로 '거북하다/곤란하다/난처하다/딱하다/미안하다/
싫다' 따위의 느낌을 나타낼 때 씀.

걸쩍지근하다형 ①다소 푸짐하고 배부르다. ②말 따위가 다소 거리낌이 없
고 푸지다.

껄쩍지근하다형 '꺼림칙하다'(매우 꺼림하다)의 방언(전남).

꺼림직하다형 '꺼림칙하다'의 잘못.

달달하다형 '달콤하다'의 방언(강원·충북·경상·함북).

달달하다동 ①춥거나 무서워서 몸이 떨리다. 몸을 떨다. ②작은 바퀴가 단단
한 바닥을 구르며 흔들리는 소리가 잇달아 나다. 그런 소리를 잇달아 내다.

달콤하다>달곰하다 ①감칠맛이 있게 달다. ②흥미가 나게 아기자기하거나
간드러진 느낌이 있다. ③편안하고 포근하다.

대글대글하다<디글디글하다<띠글띠글하다형 ①가늘거나 작은 물건들 가운데
서 몇 개가 드러나게 조금 굵거나 크다. ②밥알이 설익었거나 너무 되거
나 말라서 꼬들꼬들하다.

거시기대 이름이 얼른 생각나지 않거나 바로 말하기 곤란한 사람/사물을 가
리키는 대명사. ¶여기 거시기 있어요? 구멍 뚫는 기계 말이에요. 감하
려는 말이 얼른 생각나지 않거나 바로 말하기가 거북할 때 쓰는 군소리.
¶거시기, 죄송합니다만, 화장실 좀 써도 될까요?

저거시기감 ①어떤 말이 잘 떠오르지 아니할 때 쓰는 말. ②말을 꺼내기가
거북하거나 곤란할 때 쓰는 말. ¶저거시기, 저번에 제가 부탁드린 일이
어찌 되었나 해서요.

식겁(食怯)명 뜻밖에 놀라 겁을 먹음. '식겁먹다'는 '식겁하다'의 잘못.

식거비/시꺼비명 식겁[食怯]의 방언(경남).

식거비(食居費)명 주식비로 지급하는 어부(漁夫)의 임금(賃金)을 이르는 말.

똥짜바리1명 똥구멍의 언저리.

똥짜바리2명 똥구멍[항문(肛門)의 속어]의 방언(경북).

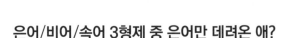

은어/비어/속어 3형제 중 은어만 데려온 애?

문 낱말들을 대하다 보면 이게 표준어일까 싶은 것들이 있습니다. 예를 들면 **꼽사리/삥땅/구닥다리/깡다구/꼰대/대빵/도깨빗국/빠구리/야코죽이다/얍삽하다/짝퉁** 들은 대부분 표준어 같지 않은데, 그중에서도 **꼽사리/삥땅/얍삽하다** 들은 아무래도 사투리(방언) 아닌가요? 한편 절간 사정을 잘 아는 사람이 제게 말하길 절에서는 담배를 피우는 걸 **향고양**이라고 돌려 말하고, 술은 **반야탕**, 육류는 **도끼나물**, 생선은 **칼나물** 등으로 재미있게 말한다고 하던데, 이런 말들도 표준어에 속하는지요?

답 예로 든 말 가운데 **꼽사리/삥땅/얍삽하다/짝퉁**은 표준어이며, **꼰대/도깨빗국/대빵** 그리고 절간 용어 중 **반야탕/칼나물**은 은어라서 표준어에 끼지 못합니다. 그러나 그 밖의 비어나 속어는 표준어에 속합니다. 비어/속어/은어에서 은어만 '데려온 애' 취급을 받는 셈이지요.

　표준어(標準語)란 한 나라에서 공용어로 쓰는 규범으로서의 언어를 말하는데요. 의사소통의 불편을 덜기 위하여 전 국민이 공통으로 쓸 공용어의 자격을 부여받은 말로, 우리나라에서는 "교양 있는 사람들이 두루 쓰는 현대 서울말"로 정함을 원칙으로 삼고 있습니다.

　따라서 일차로 표준어에서 제외되는 것은 '방언(方言)/사투리'입니다. 어느 한 지방에서만 쓰는 말이므로, "전 국민이 공통으로 쓸 공용어의 자격"에 이르지 못하기 때문이죠. 위의 질문에 포함된 낱말 중에는 일단 사투리는 없습니다.

두 번째로는 '현대 서울말'이므로 고어(옛말)는 표준어에 들지 못합니다. 고어(옛말)란 정의에서 보듯 "오늘날은 쓰지 아니하는 옛날의 말"이므로 현대 말이 아닌 까닭에 표준어에서는 제외되는 것이지요.

세 번째로 "전 국민이 공통으로 쓸 공용어의 자격"에 미달하는 것으로는 '은어/변말'이 있습니다. 은어(隱語)란 어떤 계층/부류의 사람들이 다른 사람들이 알아듣지 못하도록 자기네 구성원들끼리만 빈번하게 사용하는 말을 뜻하는데요. 사회 계층이나 집단에 따라 분화된 일종의 계층 방언이라 할 수 있습니다. 상인·학생·군인·노름꾼·부랑배 따위의 각종 집단에 따라 다른데, 의태어·의성어·전도어(顚倒語)·생략어·수식어 따위로 그 발생을 나눌 수 있습니다. 변말이라고도 합니다.

예를 들어, 위에 나온 말들 중 **반야탕/칼나물/꼰대/대빵/도깨빗국**을 **변풀이**(은어나 속어를 그에 해당하는 일상어로 푸는 일)하면, 각각 **술/생선/늙은이(선생님)/크게/술**을 뜻합니다. **반야탕/칼나물**은 주로 승려들 사이에서 쓰이는 말이고, **꼰대/도깨빗국/대빵**은 부랑배나 일부 학생 그리고 교도소 따위에서 쓰이지요. 즉, 일정 부류의 사람과 계층 사이에서만 쓰이는 말이어서 온 국민이 그 말뜻을 알아들을 수는 없는 그런 말들입니다. 이런 이유로 반야탕/칼나물/꼰대/대빵/도깨빗국 등은 표준어에 들지 못한답니다.

요즘 일부에서 유행하는 **썸탄다, 촉이 왔다/있다, 에지 있다** 등과 같은 말들 역시 은어라고 해야 할 것인데, 그런 말들은 학생들이나 일부 계층, 예능인 집단에서만 쓰이는 비표준어이기 때문입니다. 그러니, 이런 비표준어들을 앞장서서 익히고 퍼뜨리는 일은 어떤 일일지 저절로 짐작이 될 것입니다. (☞ **썸탄다** 등과 같은 말에 대해서는 220쪽 〈객지에서 고생하는 영어, 오염되는 우리말〉 항목 참조.)

그런데 같은 절간 용어인데도 향고양과 도끼나물(≒도끼버섯)은 왜 은 어에서 제외되었을까요? 향고양[香供▽養]은 "①부처 앞에 향을 피움, ②절에서 담배를 피움"을 뜻하는 말인데, 부처 앞에 향을 피운다는 본원적인 의미에서 담배를 피운다는 2차적인 뜻까지 파생된 일종의 불교 용어입니다. 즉, 일차적 의미로는 어엿한 불교 용어에 속합니다. 그렇기 때문에 표준어에 속합니다.

도끼나물≒도끼버섯은 절에서 "쇠고기 따위의 육류"를 이르는 말로, 승려들 사이에서만 은밀히 통용되는 말이 아니라 절의 일을 도와주거나 관계하는 일반인들 사이에서도 널리 쓰입니다. 그런 까닭에, 특정인들 사이에서만 폐쇄적으로 쓰이는 은어라고 보지 않은 것이지요.

은어 중에서도 특히 죄수들과 심마니들 사이에서 통용되는 것들은 일반인들이 이해하기에 어려운 말들이 많고, 특히 심마니들의 그것이 가장 어려운 편인데요. 그중 몇 가지를 맛보기 삼아 각각 예시하니 재미 삼아 훑어들 보기 바랍니다.

 일반인에게 생소한 '전문' 은어들

죄수들 사이의 은어
큰집(교도소), **빵**(감방), **국수**〔포승(捕繩)〕, **은팔찌**(銀-, 수갑), **사진관**(寫眞館, 면회실), **범털**(부자이거나 지적 수준이 높은 죄수), **개털**(돈이나 뒷줄이 없는 죄수), **범털방**(범털을 수용한 감방), **쥐털방**(살인범/강도범 따위의 흉악범을 가둔 방), **빽치기**(노상강도), **넥타이공장**(교수형을 집행하는 곳), **돌밥**(사형 집행 전에 마지막으로 주는 밥), **뒷문가출옥**(-門假出獄, 교도소에서의 죽음), **보리가마니**(무기징역), **날명**(변명), **강아지**(담배), **개꼬리**(담배꽁초), **기생지팡이**(담배 또는 몰래 피우는 담배), **간땡이**

(간수 몰래 규칙을 어기며 피우는 담배), **왕왕이**(라디오), **꽁시다이**(보리밥), **걸짱**(밥을 담는 깡통), **사뎅이**(넷째 등급의 밥), **매미**(술집 접대부나 몸 파는 여자), **수꿈**(상상), **암꿈**(밤에 자면서 꾸는 꿈), **달다**(얻다) …

심마니들 사이의 은어
부리시리/방초(-草, 산삼), **다말**(산삼의 씨), **반들개**(산삼의 새싹), **내피**(2년생 산삼), **카쿠**(3년이 안 된 산삼), **오구**(5년생 산삼), **두닢쌍대**(잎이 둘 난 산삼), **세닢부치**(잎이 셋 난 산삼), **초마니**(初-, 초년생 심마니), **천동마니**(풋내기 심마니), **노마니**(老-, 노련한 심마니), **선채마니**(善採-, 산삼을 잘 캐는 능숙한 심마니), **어이님**(산삼 캐기에 경험이 많은 능숙한 사람), **멧집짓다**(산에 오르다), **메대기/태기망태/주루목**(산삼 넣는 망태기), **한삼**(산삼 채취의 한 행보), **도시리**(길), **모새**(쌀), **무림/무리미/무리니**(밥), **욱키/우크미/우끼미**(물), **어리광이**(술), **두루바리/구레미**(범), **곰페/넘패/넙대/넙대기/넙대마니**(곰), **누룽이/우워치/웅어지/웅지/웅치**(소), **귀애기/기애기/끼애기/끼야기**(닭), **송쿠/노승**(老-, 쥐), **진대마니**(뱀), **노래기/빗치**(해), **괭가리**(달), **굴겁사리/굴걱치/굴개피**(옷), **되나지**(똥), **쩔렝이**(돈), **기둥저리**(다리), **논다리**(피), **달1**(불), **달2**(씨), **딸**(성냥) …

☞ "심봤다!"에서 '심'은 산삼을 뜻하는 은어가 아니라 인삼(人蔘)의 옛말이다. 심마니(산삼 캐는 것을 업으로 삼는 사람), 심메(산삼을 캐러 산에 가는 일), 삼딸(蔘-, 인삼의 꽃/열매)은 표준어로서, 은어가 아니다.

비속한 말도 표준어라니, 교양은 어디 가고?

문 구닥다리/깡다구/꼰대/대빵/도깨빗국/빠구리/야코죽이다/짝퉁과 같은 이상한 말들조차 표준어에 속한다면 표준어의 기준이 무엇인지요? 비속어도 표준어에 속하나요? 아니면 사투리(방언)인가요?

답 비어/속어는 표준어에 속합니다. 선뜻 납득하기 어렵겠지만 다음 답변을 잘 읽어 보시면 고개를 끄덕이게 될 것입니다.

비어(卑語/鄙語)란 "① 점잖지 못하고 천한 말, ② 대상을 낮추거나 낮잡는 말"을 뜻합니다. 위에 나온 말들 중에서는 **구닥다리**[舊-](여러 해 묵어 낡고 시대에 뒤떨어진 사람/사물/생각 따위를 낮잡는 말)가 이에 해당하는데, 원말은 **구년묵이**[舊年-](① 여러 해 묵은 물건. ② 어떤 일에 오래 종사한 사람을 낮잡는 말)입니다.

속어(俗語)란 "통속적으로 쓰는 저속한 말" 혹은 **상말**(점잖지 못하고 상스러운 말)을 이릅니다. 위의 예에서는 **삥땅**(다른 사람에게 넘겨주어야 할 돈의 일부를 중간에서 가로채는 일), **깡다구≒깡**(악착같이 버티어 나가는 오기), **빠구리**[성교(性交)의 속어], **야코죽다/야코죽이다**('기죽다/기죽이다'의 속어. '야코'는 '코'의 속어), **얍삽하다**(사람이 얄은꾀를 쓰면서 자신의 이익만을 챙기려는 태도가 있다), **짝퉁**(가짜 또는 모조품의 속칭) 등이 이 속어에 속합니다. 그리고 이러한 비어나 속어도 표준어에 듭니다.

그럼 어째서 저급한 것으로 여겨지는 이러한 비어와 속어가 표준어에 드는가 하는 의문이 생길 수 있습니다. 표준어의 요건에 보면 "교양 있는 사람들이 두루 쓰는 현대 서울말"이라는 규정도 있는데 말이죠.

우리가 일상으로 쓰는 말들을 살펴보면, 교양 있는 사람들이라 할지라도 허물없는 사이에서는 교양 있는 표현 대신에 다소 속된 표현을 (의

도적으로) 선택하거나 선호할 때도 있습니다. 언어생활에서 긴장과 격식의 무게를 덜어내서 편안함과 친밀함을 더하고, 직설적인 표현으로 소통의 효율성을 높여야 할 때 대체로 그러한 세속화(世俗化) 화법에 의식적/무의식적으로 의존하기도 하게 되어서이지요.

예를 들어, "이번엔 그 친구도 용빼는 재주 없이 용코로 걸려들었다."라는 표현을 보면 **용코로**는 '영락없이'를 뜻하는 속어입니다. 그럼에도 '용코로'라는 속된 표현을 사용함으로써 리듬감을 확보하고 그와 동시에 통쾌감 공유를 통한 맞장구 유도 등의 복합적 소통 효과를 높이고 있습니다.

"그 쌍것들이 돈이 되는 줄 알고 찍자를 붙자는 짓이지 뭐야." 따위와 같은 데서 쓰인 **찍자**도 "괜한 트집을 잡으며 덤비는 짓"을 뜻하는 속어지만, '찍자' 대신에 '트집/생떼' 등과 같은 중립적 언어를 사용해 보면 그러한 효과가 반감되는 것을 알 수 있습니다. 즉, 화자(話者)는 '그 쌍것'들에 어울리는 속된 표현(속어)을 의도적으로 사용함으로써 화자가 꾀하려는 간접 보복 효과도 슬며시 거두고 있지요.

이와 관련하여, 《국어국문학자료사전》에서는 속어의 존재 이유를 다음과 같이 설명하고 있기도 합니다.

> 속어는 표준적인 구어(口語) 속에서 신선미를 가지게 하기 위하여 사용되는 단어·어군(語群)으로서, 서구어의 슬랭(slang)과 같은 것. 은어(隱語)가 특수한 사회집단의 언어인데 비해서 속어는 일반사회에서 정당한 존재 이유를 가지고 사용되는 구어(口語)의 형태라는 점에서 다르며, 정당한 존재 이유란 그러한 표현이 풍기는 신선미임.
>
> _《국어국문학자료사전》(1998)

이와 같은 이유로 속어나 비어도 "교양 있는 사람들이 두루 쓰는 말"에 속하게 되어, 표준어에 들게 된답니다. 즉, 표준어란 교양 있는 사람들이 쓰는 교양 있는 고품격 언어만을 지칭하는 게 아니라, 교양 있는 사람들이 두루 쓰는 속어나 비어도 표준어의 범주에 듭니다. 그럼에도, 언어생활에서 진정으로 교양 있는 사람이라면 어떤 언어를 써야 하는지 정도는 꿰고 있어야 하겠죠?

주목할 것으로는 앞서 간단히 다뤘듯이 외래어도 표준어에 속한다는 점입니다. 외래어란 "외국에서 들어온 말로 버스/컴퓨터/피아노 따위와 같이 국어처럼 쓰이는 단어"를 말합니다. 즉, 외래어도 국어입니다. 다만 이러한 지위에 이르는 외래어가 되기 위해서는 외래어 심의를 거쳐 사전에 등재되어야 하지요. 외국어를 한글 발음으로 표기했다고 해서 모두 저절로 외래어가 되는 것은 아니랍니다. 외국어란 '다른 나라의 말'이며, 외래어는 외국에서 들어온 말이지만 '국어처럼 쓰이는 단어'입니다.

> 외래어로 인정되려면 대체로 '쓰임의 조건'과 '동화의 조건'이라는 기준을 충족해야 한다. '쓰임의 조건'은 우리말 문맥 속에서 널리 일반적으로 사용되어야 한다는 것이고, '동화의 조건'은 외국어가 원래 언어에서 지니고 있던 특징(음운, 문법, 의미)을 잃어버리고 우리말의 특징을 지니게 되어야 함을 뜻한다.
>
> _외래어 인정 기준

개념 정리

▶은어는 "특정 계층/부류의 사람들만 쓰므로" 표준어가 아니다.

은어(隱語) 명 ≒ 변말 어떤 계층/부류의 사람들이 자기네들끼리만 알아듣도록 빈번하게 사용하는 말.

변풀이뗑 은어나 속어를 그에 해당하는 일상어로 푸는 일.

고어(古語)뗑늑옛말. 오늘날은 쓰지 아니하는 옛날의 말.

▶속어나 비어도 "두루 공통으로 쓰이는 말이므로" 표준어다.

속어(俗語)뗑 ①통속적으로 쓰는 저속한 말. ②늑상말(점잖지 못하고 상스러운 말).

비어(卑語/鄙語)뗑 ①점잖지 못하고 천한 말. ②대상을 낮추거나 낮잡는 말.

▶특수 용어들 중에는 은어와 표준어가 혼재하기도 한다.

도끼나물늑도끼버섯뗑 절에서, 쇠고기 따위의 육류를 일컫는 말(은어가 아님).

향고양[香供▽養]뗑 ①부처 앞에 향을 피움. ②절에서 담배를 피움(은어가 아님).

칼나물뗑 승려들의 은어로, '생선'을 이르는 말.

반야탕(般若湯)뗑 승려들의 은어로, '술'을 이르는 말.

빨래주인(-主人)뗑 승려들의 은어로, '아내'를 이르는 말.

호박뗑 땡추중들이 쓰는 은어로, '쇠고기'를 이르는 말.

▶비어/속어 같아 보이는데 실제로는 중립적인 말도 많다.

앞에서 공부한 **거시기**(이름이 얼른 생각나지 않거나 바로 말하기 곤란한 사람/사물을 가리키는 <u>대명사</u>), **꼽사리**(남이 노는 판에 거저 끼어드는 일. ¶꼽사리꾼; 꼽사리를 끼다/붙이다), **식겁**(食怯, 뜻밖에 놀라 겁을 먹음. 통~하다), **똥짜바리**(똥구멍의 언저리), **어영부영하다**(뚜렷하거나 적극적인 의지가 없이 되는 대로 행동하다), **씨부렁씨부렁**(주책없이 쓸데없는 말을 함부로 자꾸 지껄이는 모양 ¶씨부렁거리다), **씨불씨불**(주책없이 함부로 자꾸 실없이 말하는 모양. 통~거리다/~대다) 등이 다 그런 말이다.

생산성이 있는 접사와 쓰인 말인데도 표제어에서 빠진 것들

문 일상생활에서 흔히 접하는 말들 가운데도 《표준》의 표제어에 없는 것들이 제법 있어서 놀랐습니다. "검찰의 재벌 총수들 **줄소환**"처럼 뉴스 기사에서 자주 쓰는 줄소환, "실속도 모르고 남이 하는 대로 좇아서 하는 사람"을 뜻하는 **덩달이**는 표제어에 없는 반면 "침착하지 못하고 몹시 덤벙거리는 사람"을 뜻하는 **덜렁이** 는 있더군요. 이처럼 표제어에서 빠진 말들은 표준어가 아니어서 그런 건가요? 아니면 그저 편찬상의 실수인가요?

답 우리말에 대한 사랑과 관심이 아주 높지 않으면 발견하기 어려운 것들인데, 정 말 대단합니다. 아닌 게 아니라 그것들은 현재 표제어에 없는 말들인데, 표제어 에서 빠진 사유도 불명확하여 미루어 짐작할 뿐입니다. 그것들 외에도 꽤 많습 니다. 외래어 표기법 규정에 쓰인 원지음이라는 말조차도 표제어에서 누락되어 있고, 꽤 많은 학자들이 **사투리/방언**의 대용어로 쓰고 있는 고장말도 빠져 있지 요. 오래 전부터 언중이 널리 사용해온 **내공**(內攻)도 최근(2015년 4월)에야 "오랜 기간의 경험을 통해 쌓은 능력"이란 뜻으로 표제어에 등재되었습니다.

질문에서 언급한 "검찰의 **줄소환**"에서 쓰인 줄소환은 사실 매스컴 쪽 에서 흔히 쓰고 있는 말이기도 하지요. 그런데 이 말이 현재 《표준》에는 등재되어 있지 않습니다. 이와 비슷한 **줄도산/줄사고/줄사표/줄파업** 등 도 사정은 마찬가지고요. 그 반면 **줄행랑/줄담배/줄초상**(-初喪)/**줄걸음** ≒줄행랑/**줄번개/줄벼락/줄폭탄**(-爆彈)/**줄포탄**(-砲彈)/**줄봉사/줄기침**/

줄방귀/줄따귀/줄도망(-逃亡)/줄도망질/줄초풍(-風) 등은 표제어로 올라 있지요.

그럼에도 《표준》에 보이지 않는 **줄도산/줄사고/줄사표/줄소환/줄파업**에 쓰인 접두사 '줄-'은 생산성이 있는 접두사입니다. 그러므로 표제어에 아직 올라 있지 않은 것일 뿐, 쓸 수 없거나 잘못된 말은 아니랍니다. 실제로 매스컴에서는 거의 자유롭게 쓰고 있고요.

질문하신 **덩달이**도 이와 사정이 비슷합니다. 이와 똑같은 것으로는 **투덜이**도 있는데요. 둘 다 현재로는 표제어로 올라 있지 않습니다. 하지만 《표준》에는 **절름발이/애꾸눈이/멍청이/똑똑이/뚱뚱이/딸랑이/덜렁이/짝짝이** 등과 같이 "몇몇 명사/어근/의성·의태어 뒤에 붙어 사람/사물의 뜻을 더하고 명사를 만드는 접미사"인 '-이'를 써서 만들어진 말들이 제법 있습니다. 그리고 이 **덩달이/투덜이** 등은 이 접미사 '-이'를 붙여 만들어 쓸 수 있는 말이기 때문에, 쓸 수 없거나 잘못된 말은 아닙니다. 표제어에 아직 올라 있지 않은 것일 뿐이죠.

이것은 사전이라고 해서 모든 파생어들을 완벽하게 챙겨서 게재할 수는 없어서 생기는 일이랄 수 있겠습니다. 마치 종이로 물막이를 하는 것과 비슷하죠. 이처럼 '줄-'이 들어간 것들이나 '-이'를 붙여 쓸 수 있는 말과 같은 것들은 모든 파생어들을 표제어에 담을 수 없는, 사전 실무 작업상의 한계 탓으로 보이기 때문에 마음 놓고 써도 됩니다. 조어법상으로 어긋나는 꼴(어형)이 아닌 한은 말이죠.

준표준어/잠정적 표준어는 사회 변화를 담아낸 실질적인 표준어

문 "죽음을 앞둔 환자가 평안한 임종을 맞도록 위안과 안락을 베푸는 봉사자"를 뜻하는 **호스피스** 있잖습니까. 그 말의 순화어 겸 법률용어가 **임종봉사자**라고 알고 있는데요. 《표준》을 찾아보니 나오지 않더군요. **임종간호**라는 말까지는 보이는데요. 임종간호와 임종봉사자는 엄밀히 말하면 조금 다르잖습니까.

노동부에서 흔히 쓰고 있는 **임금 피크제**(賃金peak制)라는 말도 표제어에 보이지 않았습니다. 그리고 제가 몸이 불편해서 꼭 타고 다니는 **저상**(低床)**버스**라는 말도 없고요. 흔히 쓰는 **장바구니물가/잔뇨감**(殘尿感)**/장고파**(長考派)**/저염식**(低鹽食)과 같은 말들도 사전에 보이지 않아서 깜짝 놀랐습니다. 어째서 공공기관에서 행정용어로 사용하고 있는 말들까지도 사전에 올라 있지 않은지요? 어떻게 이런 일이 있을 수 있나요?

답 놀라셨겠지요. 저 역시 놀라는데 어련하시겠습니까? 질문 속의 말들은 대개 순화어, 시사어, 전문용어와 관련이 있는데요. 그리된 연유가 간단치 않아 상세한 설명이 필요합니다.

임종봉사자(호스피스)**/자백감형제도**(플리바기닝)**/가사도우미**(파출부)**/경로도우미**(실버시터)**/길도우미**(내비게이터)**/민원도우미**(옴부즈맨)**/받는이**(수취인) 등은 국립국어원이 순화어로 가다듬은 말입니다. 이런 순화어들은 국어기본법에 따라 각급 기관의 공문서 작성이나 시험 문제 출제, 교과서 편찬 등에 사용할 것을 권장 받는 말로, 표준어 대우를 받는 말입니다. 제가 이런 말들을 '준표준어'로 구분·지칭하는 이유입니다.

그런데도 신어 목록에는 올라 있지만 아직 표제어에는 보이지 않습니다. 실제로 이 말들을 사용해야 하는 이들은 용례 확인이나 참고를 위해 《표준》을 검색해 볼 터인데 말입니다. 일반인이 표제어에 없는 말들을 신어 목록에까지 들어가서 찾아본다는 것은 전문가 수준이 아니고서는 기대하기 어려운 일이지요.

더구나 이런 신어들에 대한 처리가 말끔하지 못한 흠도 보입니다. **호스피스**의 예를 들어 설명하자면요. **임종간호**는 표준어로 올라 있지만, **임종간호사**는 없고, **임종봉사자**는 신어로만 되어 있기 때문에 헷갈림을 더하고 있습니다. 본래 호스피스에는 **임종간호**와 **임종간호사**의 두 가지 의미가 있기 때문에, 표준어 선정 시에도 이 두 말을 함께 다뤘어야 옳고, 신어 선정의 경우에도 **임종봉사**와 **임종봉사자**의 두 가지를 택했어야 적절했을 것입니다.

즉, 호스피스의 순화어로는 **임종간호/임종간호사/임종봉사/임종봉사자**의 네 가지 말 모두를 세분화하여 포괄했어야만 했습니다. '임종간호'와 '임종봉사'는 엄밀하게는 서로 다른 말이기 때문이죠. 손쉬운 예로 병원에서의 임종 자원봉사자는 무료지만, 임종간호에 임하는 재택 간호사는 유료일 때가 대부분입니다. 수혜자가 비용을 내든, 국가에서 지급하든 간에 말입니다.

이러한 준표준어에는 공공기관이나 법률에 의하여 정의된 용어들도 포함됩니다. 최근 크게 사회적 관심사가 된 **임금 피크제**와 같은 용어가 그것인데, 특별한 사유(어법상의 오류 등)가 없는 한 당연히 사전에 오를 말들입니다. 끊임없이 생성되는 수많은 시사용어들도 이와 같은 준표준어에 해당될 때가 많지요.

그 밖에 오랜 관행에 따라 전문용어로 대우받고 있으면서도 사전에 오르지 못한 말들도 준표준어라 할 수 있습니다. 이를테면 지적(地籍) 관련 업무에서 오랫동안 널리 통용되어온 **맹지**(盲地, 지적도상에서 도로와 어느 한 면도 접하지 않은 필지)가 있는데, 국립국어원에서는 이를 그저 "도로에서 멀리 떨어진 땅"이라는 단출한 뜻풀이로 기껏 신어 목록에만 올려놓고 있습니다. 소고기 부위 명칭 중 널리 쓰일 뿐 아니라 축산물품질평가원에서 인정하고 있는 **윗등심/안심머리/치마양지/앞치마살/치**

마살/업진살/업진안살/부채살/도가니살… 등도 사전에 올라 있지 않아 같은 신세입니다.

특히 이런 전문용어의 정비가 제대로 이루어지지 않고 있는데, 변화가 빠른 IT 분야로 가면 심각한 형편입니다.

'준표준어' 외에 '잠정적 표준어'라 할 수 있는 것들도 있습니다. **저상버스/장바구니물가/잔뇨감/장고파/저염식** 같은 말들이 그것입니다. 매스컴 등을 통해서 유포되거나 생활을 통해 널리 전파되어 언중이 표준어임을 의심치 않으며 흔히 사용하고 있을 뿐만 아니라, 공공기관의 공문서에도 쓰이고 있으므로 현실적으로는 공용어(公用語, 한 나라 안에서 공식적으로 쓰는 언어)인 셈인데요. 그런데도 아직 사전의 표제어로는 오르지 못하고 잠정적으로 신어 목록에만 등재되어 있지요. 사전 작업이 현실을 뒤좇아 가지 못하는 것은 일반적인 현상이지만, 이처럼 오랜 기간 쓰여 온 말들조차 아직도 표준어에 올리지 못하고 있는 것은 좀 문제라 할 수 있지요.

이 밖에 **인물난/입점일**(入店日)**/잔존량/저습지**(低濕地)**/간편식품/작목반**(作木班)**/자유석/노리개젓꼭지**… 따위의 숱한 말들도 처지가 같습니다.

☞ 인물난(人物難)은 인물가난(외모나 학식, 능력 따위가 뛰어난 사람이 드문 일)의 동의어로는 표준어지만, "어떤 자리에 적합한 사람을 구할 수 없어 겪는 어려움"의 뜻으로는 신어 목록에만 올라 있다. 이 경우는 이미 표제어로 올려 있는 인물난의 뜻풀이(문헌 정보) 보완만으로도 간단히 해결될 수 있는 문제인데 몇 해째 그대로이다.

준표준어/잠정적 표준어는 필자가 독자의 이해를 돕기 위해 편의상 명명한 용어로, 정식으로 정립된 개념은 아니다. 하지만 국립국어원이 유지·관리하고 있는 신어 목록의 존재 이유와 실제 생활에서 쓰이고 있는 실용성을 고려하면 표준어와 비표준어라는 이분법만으로는 대응하기 어려운 말들이 늘어날 것이다.

특히 이 두 그룹에 속하는 말들은 대부분 국어기본법 14조에 의거하여 공시하는 문화체육관광부 고시에 들어 있거나, 법률 또는 공문서에 쓰이고 있거나, 뉴스 기사 등에서 널리 사용되고 있는 공용어의 지위를 획득하고 있어서 어떤 식으로든 표준어 대우를 해주어야 하는 말들이다. 실무상의 지체 때문에 표제어로 등재되지 못한 것뿐인데 비표준어 취급을 받는 것은 부당할 뿐 아니라 사전을 언중의 언어생활과 더욱 동떨어지게 하는 것이다.

신어 목록에 오른 '잠정적 표준어'이긴 한데, 뜻풀이를 크게 보완해야 할 말도 있습니다. 가령 **청보리밭**은 "봄에 파랗게 싹이 튼 보리밭"이라고만 되어 있습니다. 그런데 '청보리 축제'가 벌어지는 4월 말~5월 초의 청보리밭은 보리가 다 자란 상태로 "봄에 싹이 튼" 상태와는 아주 큰 차이가 있습니다. 사전의 풀이대로라면 '청보리 축제'라고 할 수 없지요.

문제의 근원은 **청보리**에 관한 다양한 정의가 현재로서는 사전에 빠져 있기 때문입니다. 청보리를 "①봄에 파랗게 싹이 튼 보리, ②보리가 누렇게 익기 전, 파랗게 자란 보리"의 두 가지로만 해 놔도 '청보리밭 축제'용 청보리는 제자리를 찾아갈 것입니다. 사전에 올라 있는 낱말의 뜻풀이가 모든 언중에게 이의 없이 무시되면, 그것은 사전의 잘못이지요. ☞[의견] 현재는 이 두 말 모두 슬그머니 표제어에서 삭제되어 있다. 뜻풀이만 보완하여 살리면 되는데….

표준어 노릇만 해주고 표제어에는 빠진 말들

우리가 흔히 쓰는 **친인척**이라는 말, 있잖습니까? 그걸 찾아봤는데 《표준》에 없더군요. 온 국민이 사용하다시피 하는 말이 어째서 사전에는 오르지 않았을까요?

답

표제어에 오르지 못한 다른 말들처럼 그 연유는 분명하지 않은데, 희한하게도 이 **친인척**이란 말이 다른 낱말의 뜻풀이에는 쓰이고 있답니다. 이처럼 표제어에는 보이지 않지만 뜻풀이에는 호출되는 말이 몇 된답니다.

흔히 쓰이는 친인척은 **친척**(親戚, 친족과 외척을 아울러 이르는 말)과 **인척**(姻戚, 혼인에 의하여 맺어진 친척)을 아우르는 말이죠. 그래서 이걸 표기하려면 현재는 **친·인척**이라고 옹색하게 적어야 하고, 사전에서도 이런 표기를 쓰고 있지요.

그런데 좀 희한한 것으로 **두다**의 뜻풀이를 보면 "어떤 사람을 가족이나 **친인척**으로 가지다"라는 게 있습니다. 아무래도 이건 《표준》 편찬 실무자들이 신경을 쓰지 못한 부분으로 보입니다. 표제어로 올리든가, 아니면 뜻풀이 설명에서 신중하게 챙겼어야 할 것인데, 아무래도 표제어로 삼는 것이 쓰임의 조건에 더 합당하지 않을까 생각합니다.

> 📍 **다른 말의 뜻풀이에만 동원된 채 뜻을 알 수 없게 된 말들**
>
> **친인척**같이 드러나 널리 쓰이는 말조차 표제어에 누락되어 있는데, 그렇지 못한 말은 부지기수가 누락되었을 것이다.
> **발받이**는 "개/고양이 따위의 육식 동물에 발달한 발가락 밑면에 있는 부드러운 근육 덩어리"로 풀이되어 있고, 그 뒤에 "발 뒤의 장구와 함께 충격을 흡수하며 소리를 내지 않고 걸을 수 있다"는 설명이

덧붙어 있다. 그런데 여기에 쓰인 장구는 무슨 말인가? 표제어에는 14개의 장구가 있는데, 발받이의 풀이에 사용된 장구는 없다. 엄연히 다른 말의 풀이에 사용된 낱말의 뜻을 알 수 없게 되었다.

관련어인 지구는 "개/고양이 따위의 육식 동물에 발달한 발가락 밑면에 있는 소육구. 발 뒤의 장구와 함께 부드러운 쿠션을 이루어 소리를 내지 않고 걸을 수 있다"로 풀이되어 있다. 여기서 설명에 쓰인 소육구도 장구와 마찬가지로 표제어에 없어 그 뜻을 찾을 길이 없다.

외래어 표기 규정을 보면 우리말로 적을 때는 원지음(原地音)을 기준으로 표기하도록 되어 있습니다. 외래어 표기의 기본 원칙 중 하나이지요. 원지음은 대상 언어가 생성/유통되던 본디 지역의 발음을 뜻합니다. 이런 중요한 개념어가 표제어에 빠져 있습니다.

또 《표준》에는 **부구치기**를 "조밭의 **헛고랑**을 처음으로 매는 일"로 풀이하고 있는데, 풀이에 나오는 헛고랑은 표제어에 없습니다. 고랑은 "두둑한 땅과 땅 사이에 길고 좁게 들어간 곳을 '이랑'에 상대하여 이르는 말"입니다. 흙을 두둑하게 쌓아올린 곳을 두둑, 골을 판 곳을 고랑이라고 하는데 때로는 이 두둑과 고랑을 합쳐서 '이랑'이라고도 하지요. **헛고랑**은 "두둑이 없는 고랑, 아무것도 심어져 있지 않은 두둑 사이, 골을 깊이 파지 않은 고랑" 등을 뜻하는데, '조밭의 헛고랑'은 "두둑을 두지 않은 고랑"을 뜻합니다. 조는 굳이 두둑을 만들어 심지 않기 때문이죠.

뜻풀이에는 보이지만 표제어에 없는 말로 **거덜나다**도 있는데, 이건 한 낱말이 아니라 본래 **거덜(이)+나다** 두 낱말입니다. 독립동사가 아니므로 표제어에 없는 것은 당연하지만, 패하다(敗—)의 뜻풀이("살림이 거덜나거나 망하다")에 독립동사로 표기되어 있는 것이 문제입니다. **거덜나다**라는 동사는 없으므로 **거덜(이) 나다**로 표기해야 하는데도 이를 간과한 것이지요. 이 같은 경우는 '거덜나다'라는 동사를 표제어로 올리면 해결될 문제입니다. 이와 같이, 한 낱말의 동사를 신설하면 쉽게 해결될 것들을 두세 낱말의 관용구로만 고집하여 띄어쓰기를 어렵게 하고 있는 것들이 적지 않습니다. 뒤에 좀 더 상세히 다루겠습니다.

이 밖에 **추모목**(追慕木)의 뜻풀이에 쓰인 **수목장**(樹木葬), 여러 복합어에 쓰이고 있는 **옹이**(녹두옹이, 수수옹이, 메밀옹이, 갈분옹이, 녹말옹이 등), 부사 **될수록**(가급적에 유의어로 표기), 동사 **해대다** 등도 다른 말의 뜻풀이에는 열심히 등장하지만 정작 표제어에는 없습니다.

한편 사전 편찬 과정에서 실무상의 단순 실수로 누락된 것으로 보이는 말도 있습니다. 가령 '-이구려'의 잘못인 '-이구료'도 표제어에 없고, **제가락/제각기**(-各其)/**제값/제격**(-格)/**제골**(감/모양새가 제격으로 된 물건) 등에서 보듯 "본래의, 자기의, 제대로의, 미리 정해진, 다른 것이 섞이지 않은" 등의 뜻을 더하는 접두사 '제-'도 표제어에 없습니다.

어엿한 표준어 자격을 갖췄음에도 표제어에서 빠진 말들

문 평소에 코다리찜을 즐겨 먹는데. 그 **코다리**가 《표준》에 없더군요. 심지어 **내연남/내연녀**도 없어요. 서울 종로 뒷골목의 **피맛골/피맛길**은 안내판과 지도 등에 버젓이 쓰이고 있는데 이 역시 사전에 없었습니다. 어찌된 영문인가요?
그리고 **양 곱창/소 곱창/돼지 곱창**은 널리 쓰이는 말인데, 정작 곱창의 뜻풀이는 "소의 작은창자"로 되어 있군요. 그렇다면 양 곱창/돼지 곱창은 틀린 말이어서 쓸 수 없는 건가요? 이거 좀 황당하지 않나요?

답 사실 그런 말들이 한두 가지가 아닙니다. 현재 《표준》의 표제어 관리(문헌 정보 수정 및 보완 작업)가 현실과 동떨어져 있어 빚어진 일입니다. 국립국어원에서는 이런 문제점을 해소하고 능동적으로 대처하기 위해 현재의 단일한 《표준》 체계를 세 갈래로 나누어 관리하려는 것으로 알고 있습니다. 가칭 **우리말샘**(언어문화

지식 사전), **표준국어사전**(언어 규범 사전), **한국어기초사전** 및 **다국어사전**(한국어 학습 사전)의 세 가지가 그것입니다.

　코다리는 현재 언중이 일상에서 흔히 쓰는 말이죠. 조어법상으로도 흠이 없는 말이고요. 명태는 **생태/동태/북어/노가리**라는 명칭 외에도 많은 이름이 있을 정도로 사랑받고 있는 생선이고, **코다리**(생태의 턱 밑에 구멍을 내어 겨울철 찬바람에 꾸덕꾸덕 반건조한 것)도 그중 하나인데, 아쉽게도 아직 《표준》에 오르지 않았습니다. 사용 빈도나 분포 어느 것을 보아도 너끈히 표준어 대열에 오를 만한 말이지요. 더구나 조어법상으로도 문제가 없어 보이는 것이, **명다리**(命−, 토속 신앙에서 신/부처를 모신 상 앞의 천장 가까운 곳에 매다는 모시/무명)에서 보이는 '명(命)＋다리'의 경우처럼 '**코**(코처럼 구멍을 내어 꿰어달도록 한 부분)＋**다리**(동사 '달다'에서 전성된 접사)'의 꼴이거든요.

　내연남/내연녀의 경우는 둘 다 사전에는 없지만, 대접(?)은 달리 받고 있습니다. **내연남**(內緣男)은 "법적으로 혼인 신고는 하지 않았으나 실제 부부 생활을 하고 있는 남자"라는 뜻으로 신어 목록에 보이는데, 그 상대어인 **내연녀**(內緣女)는 거기에서도 빠져 있습니다. 정식 표제어로 올리기에 문제가 있는 말이라 할지라도 신어 목록에만은 공평하게 실려야 하는 것 아닐까요. 이 남녀평등 시대에 말입니다. 참고로, 《표준》에서는 이와 거의 같은 뜻의 말로 **동거남**(同居男)/**동거녀**(同居女)만을 표준어로 다루고 있습니다. 뜻풀이는 "법적으로 부부가 아닌 남녀가 한 집에서 살면서 부부 관계를 가질 때, 그 남성/여성을 이르는 말"로 되어 있고요.

　말씀하신 대로 《표준》을 따르면 쓸 수 없는 말에 **돼지 곱창**이 있습니다. 현재의 뜻풀이에 따르면 **곱창**은 "소의 작은창자"이므로 돼지는 곱창이 있을 수 없거든요. 그래서 **돼지 작은창자**(소장) 정도로 표기해야 합니다. 하지만 곱창은 기름이라는 뜻의 '곱'과 창자의 '창'이 결합하여 만들어진 낱말입니다(출처: 21세기 세종계획, 한민족 언어 정보). 따라서 곱창의 뜻풀이를 "소, 돼지와 같은 식용 가축의 작은창자"로만 바꾸면 손쉽게 돼지 곱창을 허용할 수도 있게 되며, 어법에도 어긋나지 않지요. 무척 아쉬운 부분입니다.

사실 이와 같은 뜻풀이 넓히기는 이미 **수육**에 적용되기도 했지요. 전에는 수육을 "삶아 익힌 쇠고기"로만 규정하여 **개고기 수육** 등은 잘못된 표현이 되었지만, 지금의 《표준》에서는 수육의 뜻풀이를 "삶아 내어 물기를 뺀 고기"로 뜻을 넓혔기 때문에 쓸 수 있는 말이 되었거든요.

사랑(함)의 뜻으로 일부 사람들이 사랑하는 말로 **다솜**이 있는데요. 이 말도 현재 표제어에 없습니다. **다솜**은 옛말 **닷옴**을 소리 나는 대로 현대어로 적은 것인데, 닷옴은 사랑하다의 옛말 **닷다**의 현대식 명사형 표기이죠. 이것을 명사형 표기의 원칙을 살려 현대 표준어로 편입시켰으면 좋겠다고 생각하는 것도 비슷한 취지입니다. 국립국어원에서 팬미팅의 순화어로 **다솜모임**이란 말까지 조어한 터이므로 표제어의 문호를 조금만 넓히면 가능한 일이거든요.

질문에 나온 **피맛골/피맛길**(避馬-)은 글자 그대로 조선 시대에 말을 타고 다니는 이들을 피하여 상민들이 다니던 종로 대로변 뒤쪽의 좁은 골목길을 뜻합니다. 몇 년 전까지만 해도 청진동에서 종로3가까지 이 골목길이 남아 있었는데요. 일부는 《표준》의 **행랑뒷골**(예전에, 서울의 종로를 중심으로 양쪽에 벌여 있던 가게 뒤쪽의 좁은 골목)의 풀이와 겹치기도 하지만, 현재 표제어에는 없습니다.

위의 말들 외에도 어법상으로도 흠이 없고, 쓰임의 조건에서도 크게 빠지지 않거나 살려 써야 할 만한 말들인데도, 표제어로 등재되지 못한 말들이 적지 않습니다. 그중 몇 가지만 무순으로 살펴보겠습니다.

언어학자들 간에 **사투리/방언**을 뜻하는 말로 가끔 쓰이는 **고장말**이 있습니다. 사투리/방언이란 말에서 풍기는 낮추보는 느낌을 지우고 정겨운 말로 바꾸고자 하는 좋은 뜻이 담겨 있습니다. 하지만 이 말도 표제어에 없습니다.

《표준》에 보면 '−말(言)'이 들어간 복합어는 두 가지로 나뉩니다. **머리말/꼬리말/좀체말/인사말/예사말**처럼 사이시옷이 없는 것, **치렛말/귓속말/몸짓말/혼잣말/노랫말/존댓말/귀엣말/요샛말/시쳇말**(時體−)/**고삿말**(告祀−)/**먼뎃말/본딧말/이젯말/웃음엣말/댓말**(對−)/**혼삿말**(婚事−)처럼 사이시옷이 있는 것입니다. 그런데 수많은 '말'들 가운데 **윗말**(위에서 한 말), **아랫말**(아래에 적은 말)이 보이지 않아 의아합니다. 사전에 오른 윗말/아랫말은 그저 "윗마을/아랫마을의 준말"로만 되어 있지요. 이 두 말은 예전에도 흔히 이용해 왔던 말들이기도 하므로, 발음 관행을 수용하여 **아랫말, 윗말**을 인용(認容)해야 할 것입니다.

감탄사를 보면 흔히 쓰는 **으라차차/아싸**도 사전에 없습니다. 그러니 파이팅 같은 정체불명의 말이 활개를 치는 것일 테지요.

우리 문학계에서 40년 넘게 쓰여 온 "예각적 형상화"의 **예각적**(銳角的)이나, 스포츠 중계는 물론 일상에서도 사용하는 "승자승의 원칙"의 **승자승**(勝者勝)도 아직 표제어에 오르지 못한 반면 **묵은지**(숙성 김치), **소독솜**(소독할 때 쓰는 솜)은 2014년 개정 때 표제어로 올랐습니다.

"항산이 없으면 항심도 없다"는 유명한 성어인 **무항산 무항심**(無恒産無恒心)은 사전에 **무항산**(無恒産, 일정한 재산/생업이 없음)/**무항심**(無恒心, 변하거나 흔들리지 아니하는 굳건한 마음이 없음)으로 따로 떼어서 풀이해 놓았습니다. 붙여서 보아야 뜻이 온전히 사는 말인데도 그렇게 해 놓았으니 좀 신경을 써야겠지요.

원뒤짐(주인을 시켜 뒤지는 것)은 **까막뒤짐**(도둑질을 할 때 주인 몰래 뒤지는 일)의 상대어인데 표제어로는 까막뒤짐만 있고, **부전**은 **사피**(斜皮, 장구의 줄을 늦추거나 조르는 가죽 고리)와 같은 말로, 멋진 고유어인데 다른 뜻("여자아이들이 차던 노리개의 하나")으로만 올라 있습니다.

불선감(不-)은 고유어 **선감**(우두의 결과가 양성으로 나타남)의 상대어로 설명되고 조어법상으로도 문제가 없지만, 《표준》에는 **선감/불선감** 모두 없습니다.

덤 은어라도 사전에 올랐으면 하는 말들

염(殮)은 "시신을 수의로 갈아입힌 다음, 베나 이불 따위로 싸는 것"이다. 염을 하는 사람들이 쓰는 말이 **흑치**(黑恥)/**청치**(靑恥)다. 사람이 죽으면 몸이 삭아 **액수**(腋水, "시체에서 나오는 썩은 물"을 뜻하는 염장이의 은어. [고유어] 추기/추깃물)가 나오는데 사람마다 그 양과 냄새가 달랐다. 생전에 탐욕하고 강퍅했던 사람은 액수도 많은데다가 냄새도 무척 고약한 반면 청렴하고 어질었던 사람은 액수도 적은데다가 냄새도 심하지 않았다고 한다. 이때 염장이들이 전자를 **염치**(廉恥)에 어둡다 하여 **흑치**라 부르고 후자를 염치에 밝다 하여 **청치**라 불러 구분했다. **흑치/청치**는 비록 은어지만 욕심 때문에 염치를 모르는 이들이 늘어가는 세태에서 그 뜻이 후대에 전해지도록 사전에 올랐으면 하는 말이다.

문 《표준》에 **가재미눈/가자미눈**이 있더군요. 제가 알기로 **가재미**는 가자미의 잘못이므로 **가재미눈** 역시 **가자미눈**의 잘못 아닌가요? 한편 **흑보기눈**은 사전에 없고 **흑보기**만 있던데, 그럼 "흑보기인 사람의 눈"은 **흑보기눈**이라고 적어야 하는 건가요? 근시안을 뜻하는 **졸보기눈**도 있는데 말이죠.

답 아이고, 무척 곤란한 것들을 물으시는군요. **가재미눈**은 **가자미눈**의 잘못이 맞습니다. 다만 **가재미눈**은 [북한어]로 올라 있는데, 곡해했군요. "화가 나서 옆으로 흘겨보는 눈"은 **가자미눈**이고 "가자미처럼 두 눈이 작고 동그랗게 한데 몰린 눈"은 **가자미 눈**으로 적어야 한다는 점은 유의해야겠지요.

사실 "가자미의 눈처럼 두 눈이 작고 동그랗게 한데 몰린 눈"의 뜻으로는 **가재미눈**이 있는데, 지금은 [북한어]로만 되어 있어서 표준어로는 **가자미 눈**으로 적을 수밖에 없습니다.

흑보기는 "눈동자가 한쪽으로 쏠려, 정면으로 보지 못하고 언제나 흘겨보는 사람"을 뜻하는데 동의어인 **편시**(偏視)와 마찬가지로 "그런 사람의 눈"은 뜻풀이에 없습니다. 따라서 "흑보기인 사람의 눈"은 옹색하지만 현재 표준어로는 **흑보기 눈**으로 적어야 합니다. 근시안을 뜻하는 **졸보기눈/바투보기눈**, 난시안을 뜻하는 **어릿보기눈**과는 다릅니다. ☞눈에 관해서는 360쪽 〈생김새도 천차만별인 눈, 이름도 가지가지〉 항목 참조

동난지이는 "방게로 담근 게젓"이므로 실상은 **방게젓**과 같은 말입니다. 그런데 사전에는 동난지이/방게젓만 표준어로 인용되어 있고, **동난젓**은 "동난지이의 잘못"으로 되어 있습니다. 동난젓보다 더 오래된 옛말인 동난지이는 인정하면서도 그 현대어라 할 수 있는 동난젓을 제외한 것은 석연치 않아 보입니다. 복수 표준어라고 해서 꼭 두 개로만 한정할 필요도 없을뿐더러 쓰임의 빈도만 놓고 보아도 방게젓보다 동난젓이 더 잦기 때문이죠.

동난젓과 같은 신세로는 "배우자의 고유어" 격인 **옆지기**도 있습니다.

−지기는 "그것을 지키는 사람"을 뜻하는 접미사이지요. **집지기/청지기**(廳−)/**옥지기**(獄−)/**다리지기/봉수·봉화지기**(烽燧·烽火−)/**사당지기**(祠堂−)/**사랑지기**(舍廊−)/**성곽지기**(城郭−)/**숯막지기**(−幕−) 등이 다 "~을 지키는 사람"이라는 데에서 드러나듯이 **옆지기**는 "(배우자로서) 옆/곁을 지켜주는 사람"을 뜻합니다.

다만, **옆지기**보다는 **곁지기**가 더 정감 있게 들리지요. **곁**은 **곁부축**(≒부축. 겨드랑이를 붙잡아 걷는 것을 도움)에서 보이듯 **겨드랑이**인데 "① 어떤 대상의 옆 또는 공간적·심리적으로 가까운 데. ② 가까이에서 보살펴주거나 도와줄 만한 사람"을 뜻하는 말입니다. **곁**(을) **주다**가 "다른 사람으로 하여금 자기에게 가까이할 수 있도록 속을 터주다"를 뜻하는 데서도 알 수 있듯이 곁이 옆보다 더 살갑고 기품이 느껴집니다. **곁지기**. 사전 등재 여부와는 상관없이 즐겨 써도 좋을 아름다운 우리말이지요.

문 방송은 물론 대다수 국민이 너나없이 입에 달고 사는 웰빙이 왜 《표준》에 없지요? 또 **널널하다/똘방똘방하다/달달하다**도 널리 쓰이는 말인데, 그저 "널찍하다/또랑또랑하다/달콤하다의 잘못"이라고만 하니, 사전이 언어 현실을 제대로 반영하지 못해 자꾸 동떨어지는 것 아닌가요? **널널하다**만 봐도 그래요. "널찍하다(꽤 너르다)의 잘못"으로만 나오는데, 우리가 "널널하다"고 할 때는 공간적으로 널찍한 것뿐 아니라 시간상이나 심리적으로 널널할 수도 있지 않나요?

답 신어 목록에 올라 있는 **웰빙**은 쓰임으로만 보면 외래어로 대접해야겠지만 표기상의 문제가 있습니다. 원래의 말이 **well-being**이므로 외래어 표기법에 따르면 **웰비잉**으로 표기해야겠지요. 그러나 언중에는 이미 웰빙[wellbing/welbing]으로 굳어 있어 이제 와서 **웰비잉**[well-being]에 따를 리가 없다는 게 문제지요.

☞ 상세한 설명은 209쪽 〈외국어도 외래어도 아닌 엉터리 말〉 항목 참조

사전의 규정을 보면 그 뜻이 실제 쓰임과는 동떨어진 말들이 적잖습니다. **똘방똘방하다/널널하다**는 사전에 각각 "**또랑또랑하다**(조금도 흐리지 않고 아주 밝고 똑똑하다)/**널찍하다**(꽤 너르다)의 잘못"으로 되어 있지만 실제 쓰임을 보면 **똘방똘방하다**는 "똑똑하고 야무지다"는 뜻으로 쓰이고, **널널하다**는 공간상으로 널찍하거나 시간상으로 여유롭거나 심리적으로 편안하다는 복합적인 뜻으로 쓰이고 있습니다. ☞ 〈표준어보다 더 '**똘방똘방한**' 사투리〉 항목 참조

널리 쓰이고 있지만 표준어에 들지 못한 **달달하다** 역시 "**달콤하다**(감칠맛이 있게 달다)의 방언"으로 몰려 있는데, 그 뜻풀이를 "①약간 달다. ②알맞게 달다. ③감칠맛 있게 조금 달다"와 같이 포괄적으로 바꾸면 현재의 다양한 쓰임을 포용할 수 있습니다. '널널하다'와 같은 말들이 표준어에 오르면 우리말의 품은 더욱 넉넉해지고 표현은 더욱 풍요로워질 테지요.

🔲 근래 복수 표준어로 추가 지정된 말들

[2012년] 간지럽히다/간질이다; 남사스럽다/남우세스럽다; 등물/목물; 맨날/만날; 묫자리/묏자리; 복숭아뼈/복사뼈; 세간살이/세간; 쌉싸름하다/쌉싸래하다; 토란대/고운대; 허접쓰레기/허섭스레기; 흙담/토담

[2014년] 구안와사(口眼喎斜)/구안괘사(口眼喎斜); 굽신/굽실; 눈두덩이/눈두덩; 삐지다/삐치다; 초장초(酢漿草)·작장초(酢漿草)/괭이밥; 개기다/개개다; 꼬시다/꾀다; 놀잇감/장난감; 딴지/딴죽; 사그라들다/사그라지다; 섬찟/섬뜩; 속앓이/속병; 허접하다/허접스럽다

[2015년] 마실/마을; 이쁘다/예쁘다; 찰지다/차지다; -고프다/-고 싶다.

☞ **마실**은 "이웃에 놀러 다니는 일"의 의미에 한하여 표준어로 인정함. "여러 집이 모여 사는 곳"의 의미로 쓰인 '마실'은 비표준어

현재의 사전 풀이 형편으로 보면 **장난이 아니다**도 "~의 잘못"으로 몰리게 마련입니다. **장난**은 "심심풀이 삼아 재미로 하는 짓 또는 짓궂게 하는 못된 짓"으로만 풀이되어 있는데, "바닷가 바람은 장난이 아니지"에서의 장난은 "평소에 어림으로 짐작했거나 예사롭게 여겼던 것" 또는 "(장난처럼) 가볍게 본 것"의 뜻입니다. 이것이 **장난이 아니다**의 꼴로 쓰여 "평소 생각이나 어림짐작의 범위를 넘어선다"는 표현이 된 것입니다. 이런 것을 사전의 **장난** 항목에 다른 뜻풀이의 하나로 얹어 놓기만 하면 될 일이지 싶습니다.

이와 같은 경우가 "속상한 일이 있거나 안 좋은 일이 있을 때 그것을 들쑤시거나 부추기는 것"을 뜻하는 **염장을 지르다**입니다. 염장에는 다양한 뜻이 있는데, **염장1**(炎瘴, 더운 지방의 개펄에서 나는 독한 기운)과 **염장2**(鹽醬, ①소금과 간장을 아울러 이르는 말. ②음식의 간을 맞추는 양념의 총칭)이 대표적이지요. **염장을 지르다**에 쓰인 **염장**은 염장2의 "소금과 간장을 아울러 이르는 말"로, 그렇잖아도 **상처/생채기** 때문에 쓰리려 죽겠는데 거기에 **소금과 간장을 지르니(뿌리니)**, 오죽하겠느냐는 것입니다.

이처럼 널리 일상에서 쓰고 있는 말들은 사전에 담아야 할 것입니다. 사전은 무슨 엄숙한 장식품이 아니라 언중이 자연스럽게 널리 사용하고 있는 말을 담아 갈무리하는 그릇이므로 그 본연의 쓰임새를 한껏 살리는 뜻에서라도 집 나가서 방황하고 있는 우리말을 적극적으로 품어 안아야 합니다. **자장면/짜장면**, **허섭스레기/허접쓰레기**의 복수 표준어 인정 등은 그 좋은 예입니다. **무데뽀**(←[일본어]muteppô(無鐵砲/無手法), 일의 앞뒤를 잘 헤아려 깊이 생각하는 신중함이 없음을 속되게 이르는 말. '막무가내', '무모'로 순화)와 같이 일본어 잔재 추방 대상에까지 올랐던 말까지도 사용 빈도와 분포에 따라 우리말(외래어도 우리말)로 인정하고 있는 판국에 왜 그 많은 이쁜 우리말들을 집(사전) 밖에 방치하고 있는 건지….

문득 우리말에서의 독특한 표현을 넓게 인정하자고 한 어느 분의 이야기가 생각납니다. **처갓집**이나 **초가집**과 같은 이야기입니다.

☞ 예컨대, 과반수 이상이라는 표현도 과(過)와 이상(以上)이 중복되었지만 그 이유로 틀린 말이라고 할 수는 없다. 그야말로 과반수 이상의 사람들이 과반수 이상이라는 표현을 자연스럽게 받아들인다면, 그것은 독특한 표현일 뿐 틀린 표현은 아닌 것이다. (고종석,《국어의 풍경들》, 1999.)

개념 정리

▶**생산성이 있는 접사가 쓰인 말이지만 표제어에 빠진 말들**

줄소환/줄도산/줄사고/줄사표/줄파업(줄행랑/줄담배/줄초상(-初喪)/줄걸음 ≒줄행랑/줄번개/줄벼락/줄폭탄(-爆彈)/줄포탄(-砲彈)/줄봉사/줄기침/줄방귀/ 줄따귀/줄도망(-逃亡)/줄도망질/줄초풍(-風)은 사전에 있다)

투덜이/덩달이(절름발이/애꾸눈이/멍청이/똑똑이/뚱뚱이/딸랑이/덜렁이/짝짝이는 사전에 있다)

▶**널리 쓰이고 어법에도 문제가 없지만 표제어에서 빠진 준표준어/잠정적 표준어**

[준표준어] 임금 피크제(賃金peak制)/맹지(盲地)/임종봉사자/임종봉사/임종간호사/임종간호/자백감형제도('플리바기닝'의 순화어)/가사도우미/경로도우미('실버시터'의 순화어)/길도우미('내비게이터'의 순화어)/민원도우미('옴부즈맨'의 순화어)/윗등심/안심머리/치마양지/앞치마살/치마살/업진살/업진안살/부채살/도가니살…

[잠정적 표준어] 저상(低床)버스/장바구니물가/잔뇨감(殘尿感)/장고파(長考派)/저염식(低鹽食)/인물난/입점일(入店日)/잔존량/저습지(低濕地)/간편품/작목반(作木班)/자유석/노리개젖꼭지…

▶**본문 설명이나 예문 등에 쓰였지만 실무상의 실수로 표제어에서 빠진 말들**

원지음(原地音)/친인척(親姻戚)/헛고랑/될수록/해대다/장구(長丘?)/소육구

(小肉丘?)/거덜(이) 나다/수목장(樹木葬)/응이…

▶**편찬 실무상의 단순 실수로 표제어에서 빠진 말들**

─이구료/제─ …

▶**쓰임의 분포/빈도나 어법상 문제가 없지만 표제어에 빠진 말들**

코다리/내연남/내연녀/윗말/아랫말/돼지곱창/다솜/고장말/으라차차/아싸/예각적(銳角的)/승자승(勝者勝)/피맛골/피맛길(避馬─)/무항산무항심(無恒産無恒心)/원뒤짐/까막뒤짐/부전/선감/불선감(不─)/흑보기눈/옆지기/곁지기/액수(腋水)/흑치(黑恥)/청치(靑恥)/염장을 지르다

▶**비표준어/방언 중 현실을 고려하여 표준어로 살려 쓸 말들**

이쁘다/똘방똘방하다/널널하다/달달하다/장난이 아니다

🅓 《표준》의 문헌 정보 수정으로 슬그머니 사라진 말들

이리 명 극장/영화관 따위에 관객이 만원을 이룬 것.

두구 명 '비듬'을 의학에서 이르는 말.

몽송 명 나무/풀에 내려 눈처럼 된 서리. ≒상고대/목가(木稼)/무송(霧凇)/수가(樹稼)/수개(樹介)/수괘(樹掛)/수빙(樹氷)/수상(樹霜) 명.
☞몽송 이외의 말들은 표준어.

조름 명 ≒새엽(鰓葉)/새소엽/새사(鰓死) 물고기의 아가미 안에 있는 빗살 모양의 호흡기관. ☞조름 이외의 말은 표준어.

정우 명 새가 깃털을 다듬는 행동. 부리 끝으로 깃털을 빗고, 미선(尾腺)에서 분비되는 기름을 깃털에 바르는 일 따위.

반산 명 ≒낙태(落胎).

토순(兎脣)≒**토결** 명 태어나면서부터 윗입술이 갈라져 있는 기형. 젖빨기가 어렵고 발음이 뚜렷하지 않다.

비구관절 명 비구와 넓적다리뼈를 연결하는 관절. ☞고관절/엉덩관절만

남기고 '비구관절'은 없앰.

병지멍 발가락이 갈라지지 아니하고 둘 그 이상이 서로 붙어 버린
선천성 기형.

각막예멍 각막에 상처나 궤양이 생겨 각막이 뿌옇게 흐려지는 눈병.

선감멍 우두의 결과가 양성으로 나타남.

조뼛뼛뮌 ①물건의 끝이 다 차차 가늘어지면서 뾰족뾰족하게 솟은
모양. ②무섭거나 놀라서 머리카락이 조금 꼿꼿하게 자꾸 일어서
는 듯한 모양. ③어줍거나 부끄러워서 조금 머뭇거리거나 주저주
저하는 모양. ④입술 끝을 자꾸 배죽 내미는 모양. ☞이와 똑같은 의
미로 표준어인 **조뼛조뼛**으로 대체됨.

비지껍질멍 살가죽의 겉껍질.

초통멍 지렁이의 열다섯째 마디에 있는, 생식기에 생기는 단단한 통 모
양의 기관. 수정한 난자를 보호하고 후에 따로 떨어져서 새끼가 됨.

비문멍≒**지라문** 핏줄과 신경이 지라로 들어가는 곳. 지라가 위와
콩팥으로 향하는 쪽의 가운데 부분으로 이자의 꼬리와 접함. ☞**지
라문**은 표준어.

지구멍 개/고양이 따위의 육식 동물에 발달한 발가락 밑면에 있는
소육구. 발 뒤의 장구와 함께 부드러운 쿠션을 이루어 소리를 내
지 않고 걸을 수 있음.

봐란듯이뮌 '보아란듯이'의 준말. ☞현재는 두 말 모두 **보란** 듯이의 잘못.

엉뚱하거나 한심하거나:《표준》뜻풀이 오류 열전

▶한 살 차이를 **자치동갑**(−同甲)이라고도 하는데 "자칫하면 동갑이 될 뻔했
다"는 데서 나온 재미있는 말로,《표준》에서는 이 말을 "한 살 차이가 나
는 **동갑**"으로 풀어 놓았다. 하지만 동갑은 이미 '같은 나이'여서 한 살 차
이가 날 수 없으므로 올바른 풀이는 "한 살 차이가 나는 **나이**"가 된다.

▶**닭잦추다**는 "새벽에 닭이 꼬끼오 하고 울어 날이 밝았음을 알리는 듯한 동작"을 이르는 말이다. 그런데 《표준》에는 "새벽에 닭이 **홰를 치며** 울다"로 풀이되어 있다. 여기서 **홰**는 "새장/닭장 속에 새/닭이 올라앉게 가로질러 놓은 나무 막대"를 뜻한다. 예전에 방 벽에 붙여 옷걸이로 썼던 **횃대**("옷을 걸 수 있게 만든 막대")도 **홰**라고 하는데, 모두 나무 막대에서 온 말이다. 문제는 **닭잦추는** 닭들이 모두 닭장의 홰에 올라가 있다가 울지는 않는다는 것이다. 바닥에서 자고 있던 닭도 홰 없이 잘만 **닭잦추니** 말이다. 따라서 **닭잦추다**는 닭이 홰를 치며 우는 게 아니라 "날개를 치면서 운다"고 해야 올바른 뜻풀이가 된다.

▶《표준》에 보면 **삼청냉돌**(三廳冷突)이 있는데, 마지막 한자 突이 문제다. 예전에 **금군**(禁軍, 궁중을 지키고 임금을 호위·경비하던 친위병)의 **삼청**(三廳, 금군청에 속한 내금위·겸사복·우림위의 세 관아의 총칭)에는 겨울에도 불을 때지 않아 방이 몹시 찬 데서 **삼청냉돌**이라는 말이 생겼다. 이때의 **냉돌**은 "불기 없는 찬 온돌"(冷埃)이니 삼청냉돌은 三廳冷埃로 적어야 하는데, 三廳冷突로 잘못 표기된 것이다. 突에는 굴뚝이란 뜻도 있으니 찬 굴뚝이랄 수도 있겠지만 "불기 없는 찬 온돌"의 뜻에 충실하게 **冷埃**로 표기하는 것이 적절하겠다.

▶**푸접**은 "남에게 인정/붙임성/포용성 따위를 가지고 대함"을 뜻한다. 비슷한 말로는 **부접**(附接, 다른 사람이 쉽게 따를 수 있는 성품/태도), **붙접**(①가까이하거나 붙따라 기대는 일. ②≒붙임성)이 있다. 그런데 그 형용사 꼴인 **푸접스럽다**를 보면 느닷없이 "보기에 붙임성이 없이 쌀쌀한 데가 있다"로 나온다. 아니, 명사에 형용사형 어미(-스럽다)가 붙었을 뿐인데 정반대의 뜻이 되는 말이 세상에 어디 있는가. 이건 아무래도 일부 사전에 게재된 **푸접없다**의 뜻풀이를 실수로 전재한 듯하다.

▶전문 분야를 일반 수준에서 안이하게 다룬 바람에 실수한 것도 있다. 축

구 용어인 **승부차기**의 동의어로 삼은 **피케이전**(PK戰)이 그것이다. 승부차기는 《표준》의 풀이대로 "축구에서, 골로 승부가 나지 않을 경우 일정한 횟수의 페널티 킥을 차서 승부를 내는 일"이다. 그런데 승부차기에서 공을 놓고 차는 방식은 페널티 킥과 같지만, 그처럼 "일정한 횟수의 페널티 킥을 차서 승부를 내는 일"까지도 페널티 킥이라고는 하지 않는다. 그것을 지칭하는 영어 명칭은 **페널티 슛아웃**(penalty shoot-out)이다. 즉, 승부차기의 동의어는 피케이전이 아니라 **피에스전**(PS戰)이 되어야 옳다.

(☞ 페널티 슛아웃의 유래는 〈06 생활 속 재미난 우리말 1〉 "페널티 킥과 승부차기는 다르다" 참조)

▶**추나요법**(推拏療法) 관련 오류는 해괴망측하다. **추나요법**은 "뼈를 밀고 당겨서 비뚤어진 뼈를 바로 맞추는 방법"을 뜻하는 한의학 용어로, 일반인들도 꽤 사용하고 있다. 그런데 이 추나요법에 쓰인 **추나**(推拏)가 표제어에는 없고 신어 목록에만 보인다. 그 풀이를 보면 "비뚤어진 뼈를 밀고 당겨서 바르게 일"로 끝나 있다. 대체 이게 뭔 소릴까? 짐작컨대 "비뚤어진 뼈를 밀고 당겨서 바르게 맞추는 일"일 성싶은데, 핵심 낱말인 **'맞추는'**이 빠져 있으니 어리둥절할 밖에.

제 고향 충청도에서는 **개평**이라고 하면 덤을 뜻합니다. 물건을 살 때 흔히 "이건 개평으로 달라/준다."고들 씁니다. 그런데 《표준》에 **개평**은 "노름/내기 따위에서 남이 가지게 된 몫에서 조금 얻어 가지는 공것"으로만 나와 있고, 덤의 의미는 없더군요. 그럼 충청 지방에서 쓰는 개평은 사투리가 되는 건가요?

충청 지방의 뜻으로는 **개평**이 사투리가 됩니다. 이처럼 본색은 표준어인데도 앞서 다뤘던 **걸쩍지근하다/달달하다**와 같이 실제로 사용되는 뜻에 따라 사투리가 되기도 하는 말이 제법 있습니다.

예를 들어 우리가 흔히 쓰는 **걸레**가 제주도에서는 **띠**(주로 아이를 업을 때 쓰는, 좁고 기다란 천)를 뜻합니다. 즉, **띠**의 제주도 방언이 **걸레**가 되는 셈이지요. 그리고 **개골창**이 "수채 물이 흐르는 작은 도랑"을 뜻할 때는 표준어지만, **개울**(골짜기/들에 흐르는 작은 물줄기)을 뜻할 때는 방언(경북/전북)입니다. 아울러 **틀**(①골/판처럼 물건을 만드는 데 본이 되는 물건. ②어떤 물건의 테두리/얼개가 되는 물건. ③일정한 격식/형식)도 경남과 같은 일부 지방에서는 **덫**(짐승을 꾀어 잡는 기구)을 뜻하는 말로 쓰여 왔는데, 그때는 표준어가 아닌 사투리지요. 쥐덫을 쥐틀이라고 하는 곳이 하도 많다 보니, 지금은 그 두 말이 같은 말로 처리된 것도 그러한 사정이 반영된 듯합니다.

또한 경상도 지방에서 수고했다라는 뜻으로 욕봤다라고들 하는데, 이

때 쓰이는 **욕보다**(辱−) 역시 표준어지만 **수고하다**라는 뜻으로는 방언이지요. "퍼뜩 온나(빨리 오너라)"에서처럼 **빨리/속히, 어서/얼른**의 뜻으로 경상도 지방에서 흔히 쓰는 **퍼뜩**도 그런 의미로 쓰일 때는 방언이고요.

또한 앞서 살펴본 대로 **똥짜바리**가 "항문(똥구멍)의 언저리"를 뜻할 때는 표준어지만, "똥구멍(항문의 속어)"의 의미로는 방언(경북)이랍니다.

낱말 정리

표준어이지만 사용되는 뜻에 따라 방언도 되는 낱말들

개평1명 노름/내기 따위에서 남이 가지게 된 몫에서 조금 얻어 가지는 공것.

개평2명 **덤**(제 값어치 외에 거저로 조금 더 얹어 주는 일)의 방언(충남).

개골창1명 수채 물이 흐르는 작은 도랑.

개골창2명 **개울**(골짜기/들에 흐르는 작은 물줄기)의 방언(경북, 전북).

걸레1명 ①더러운 곳을 닦거나 훔쳐 내는 데 쓰는 헝겊. ②≒**걸레부정**(걸레처럼 너절하고 허름한 물건/사람의 비유어).

걸레2명 **띠**(주로 아이를 업을 때 쓰는, 너비가 좁고 기다란 천)의 방언(제주).

검정1명 검은 빛깔이나 물감.

검정2명 **숯**의 방언(경남).

고달1명 ①칼/송곳 따위의 쇠 부분에서 자루에 박히는 뾰죽한 부분. ②대롱으로 된 물건의 부리. 물부리/담배통 따위의 설대가 들어가는 부분 같은 것.

고달2명 ①점잖을 빼고 거만을 부리는 짓. ②말 못하는 어린이가 화를 내고 몸부림을 치는 짓.

고달3명 **볏**(닭/새 따위의 이마 위에 세로로 붙은 살 조각)의 방언(제주).

똥짜바리1명 똥구멍의 언저리.

똥짜바리2명 **똥구멍**[항문(肛門)의 속어]의 방언(경북).

불살1명 ≒**화전**(火箭, 예전에 불을 붙여 쏘던 화살).

불살2명 **놀**(노을의 준말)의 방언(경남).

불새1명 ≒**불사조**(이집트 신화에 나오는 새).

불새2명 **놀**(노을의 준말)의 방언(경남).

식거비(食居費)명 주식비로 지급한다는 뜻으로, 어부(漁夫)의 임금(賃金)을 이르는 말.

식거비명 식겁(食怯)의 방언(경남).

억수명 ①물을 퍼붓듯이 세차게 내리는 비. ②[비유] 끊임없이 흘러내리는 눈물, 코피 따위. ㊤ 폭우/장대비/호우

억수로부 아주/무척/정말로 등을 뜻하는 경상도 방언. ¶억수로 얻어맞았다; 억수로 창피했다.

울1명 ≒**울타리**.

울2명 **뜰**의 방언(황해).

퇴명 **뜰**의 방언(경기).

욕보다(辱-)동 ①부끄러운 일을 당하다. ②몹시 고생스러운 일을 겪다. ③강간을 당하다. ㊤ 고생하다/봉변하다/수고하다

욕보다동 **수고하다**(일을 하느라고 힘을 들이고 애를 쓰다)의 방언(경남).

틀1명 ①골/판처럼 물건을 만드는 데 본이 되는 물건. ②어떤 물건의 테두리/얼개가 되는 물건. ③일정한 격식/형식.

틀2명 **덫**(짐승을 꾀어 잡는 기구)의 방언(경남).

퍼뜩부 ①어떤 생각이 갑자기 아주 순간적으로 떠오르는 모양. ②어떤 물체/빛 따위가 갑자기 아주 순간적으로 나타나는 모양. ③갑자기 정신이 드는 모양. ☞일부 문학 작품 등에서 보이는 **퍼뜩이다**는 북한어. 올바른 동사형은 **퍼뜩하다**

퍼뜩부 빨리/속히, 어서/얼른의 뜻으로는 방언(경상도).

[종합 정리]

사투리로 착각하기 쉬운 표준어

개골창[명] ①수채 물이 흐르는 작은 도랑. ② **개울**(골짜기/들에 흐르는 작은 물줄기)의 방언(경북, 전북). [유] 개천/시궁창/시궁

거시기[대] 이름이 얼른 생각나지 않거나 바로 말하기 곤란한 사람/사물을 가리키는 대명사. [감]하려는 말이 얼른 생각나지 않거나 바로 말하기가 거북할 때 쓰는 군소리.

저거시기[감] ①어떤 말이 잘 떠오르지 아니할 때 쓰는 말. ②말을 꺼내기가 거북하거나 곤란할 때 쓰는 말.

걸쩍지근하다[형] ①다소 푸짐하고 배부르다. ②말 따위가 다소 거리낌이 없고 푸지다.

껄쩍지근하다[형] **꺼림칙하다**(매우 꺼림하다)의 방언(전남).

꺼림직하다[형] **꺼림칙하다**(매우 꺼림하다)의 잘못.

구닥다리(舊—)[명] 여러 해 묵어 낡고 시대에 뒤떨어진 사람/사물/생각 따위를 낮잡는 말.

기다[준] 그것이다의 준말. ¶ 기다가 표준어인지를 두고 기다 아니다 다투지 마. '기다'도 표준어야.

깡그리[부] 하나도 남김없이.

깡다구≒깡[명] [속] 악착같이 버티어 나가는 오기. [유] 깡/배짱/오기

깡순이[명] [속] 깡다구가 센 여자.

꼬나들다[동] 힘 있게 손에 들다. ←꼬나-는 꼬느다의 활용.

꼬나물다[동] (낮잡는 뜻) 담배/물부리 따위를 입에 물다.

꼬나보다[동] (낮잡는 뜻) 눈을 모로 뜨고 못마땅한 듯이 사람을 노려보다.

꼰대[명] ①(은어) 늙은이 ②(학생들의 은어) 선생님

☞ **은어**(隱語): 어떤 계층/부류의 사람들이 다른 사람들이 알아듣지 못하도록 자기네 구성원들끼리만 빈번하게 사용하는 비표준어. 상인·학생·군인·노름꾼·부랑배 따위의 각종 집단에 따라 다른데, 의태어·의성어·전도어(顚倒語)·생략어·수식어 따위로 그 발생을

나눌 수 있음. [유] 변말.

☞**변풀이**: 은어나 속어를 그에 해당하는 일상어로 푸는 일.

꼽사리囘 남이 노는 판에 거저 끼어드는 일. ¶꼽사리꾼; 꼽사리를 끼다/붙다.

달달하다휑 달콤하다의 방언(강원/충북/경상/함북).

  달달하다퉁 ①춥거나 무서워서 몸이 떨리다. 몸을 떨다. ②작은 바퀴가 단단한 바닥을 구르며 흔들리는 소리가 잇달아 나다. 그런 소리를 잇달아 내다.

대빵뷔 (은어) '크게 또는 할 수 있는 데까지 한껏'이라는 뜻.

도끼나물≒**도끼버섯**囘 절에서, 쇠고기 따위의 육류.

  향고양[香供▽養]囘 ①부처 앞에 향을 피움 ②절에서 담배를 피움.

  칼나물囘 승려들의 은어로, 생선을 이름.

  반야탕(般若湯)囘 승려들의 은어로, 술을 이름.

  빨래주인(-主人)囘 승려들의 은어로, 아내를 이름.

되게≒**되우**뷔 아주 몹시. ☞**호되게**(아주 심하게)는 **호되다**휑의 부사형.

대글대글하다<**디글디글하다**<**띠글띠글하다**휑 ①가늘거나 작은 물건들 가운데서 몇 개가 드러나게 조금 굵거나 크다. ②밥알이 설익었거나 너무 되거나 말라서 꼬들꼬들하다.

똥짜바리1囘 똥구멍의 언저리. ←표준어!

똥짜바리2囘 똥구멍(항문의 속어)의 방언(경북).

머시1쥰 '무엇이'의 준말. 표준어. ¶지금 머시 문제지?

머시2깝 말하는 도중에 어떤 사람/사물의 이름이 얼른 떠오르지 않거나, 그것을 밝혀 말하기 곤란할 때 쓰는 말. ¶전에 얘기하던 그, 머시, 있잖아?

머시기뎨 '무엇'의 잘못. 방언(강원). ¶지금 머시기가 문제야?

머시냐깝 '머시2'의 잘못. ¶그 머시냐, 그것 있잖아.

멋하다/뭐하다/뭣하다퉁 '무엇하다'의 준말. 휑**무엇하다**(언짢은 느낌을 알맞게 형용하기 어렵거나 그것을 표현할 말이 생각나지 않을 때 암시적으로 둘러서 쓰는 말). ¶멋한다고 여태 집에 있었누? 일찍 좀 와서 돕지; 그 순간에 내 입장이 멋해서 자리를 떴다; 자리에 앉아 있기가 멋해서 일어섰다.

뭘하다형 **뭣하다**(무엇하다의 준말)의 잘못.

무르팍명 무릎의 속어.

빠구리명 성교(性交)의 속어.

뽀록나다동 "숨기던 사실이 드러나다"를 뜻하는 속어.

삥땅명 [속] 다른 사람에게 넘겨주어야 할 돈의 일부를 중간에서 가로채는 일.

시방(時方)명≒**지금**(只今)(말하는 바로 이때), 부≒**지금**(말하는 바로 이때에). [유] 막/오늘날/지금.

   [주의] 불교 용어로서의 '시방[十▽方]'은 아래와 같이 뜻이 다름.

   시방[十▽方]명 사방(四方), 사우(四隅), 상하(上下)의 총칭.

식겁(食怯)명 뜻밖에 놀라 겁을 먹음. 동~하다.

실떡거리다동 실없이 웃으며 쓸데없는 말을 자꾸 하다.

싸그리부 **깡그리**(하나도 남김없이)의 방언(전남).

씨불씨불부 주책없이 함부로 자꾸 실없이 말하는 모양. 동~**거리다**/~**대다**

씨부렁씨부렁부 주책없이 쓸데없는 말을 함부로 자꾸 지껄이는 모양. ¶**씨부렁거리다**동.

아따감 ①무엇이 몹시 심하거나 하여 못마땅해서 빈정거릴 때 가볍게 내는 소리. ②어떤 것을 어렵지 아니하게 여기거나 하찮게 여길 때 내는 소리.

   [주의] 가까이 있는 사람에게 무엇을 주면서 하는 말은 '아따/앗다'가 아니라 '옜다'임. '여기 있다'가 줄어든 말. 기억할 때 이 줄어듦을 떠올리면 편리함. '여기＋있다'→여(기)＋있＋다→옜＋다.

옜다감 가까이 있는 사람에게 무엇을 주면서 하는 말. 해라 할 자리에 씀.

아따가라감 '아따'의 방언(제주).

   [주의] 흔히 쓰는 '앗 따가라/뜨거라'는 '앗 따가워라/뜨거워라'의 잘못. '따갑다'는 '따갑고, 따가워'로 활용하는 것을 떠올리면 도움이 됨.

야바위명 협잡의 수단으로 그럴듯하게 꾸미는 일.

야코죽다/야코죽이다동 '기죽다/기죽이다'의 속어. '야코'는 '코'의 속어.

얍삽하다형 [속] 사람이 얕은꾀를 쓰면서 자신의 이익만을 챙기려는 태도가 있다.

어영부영하다툉 뚜렷하거나 적극적인 의지가 없이 되는대로 행동하다.

억수囘 ①물을 퍼붓듯이 세차게 내리는 비. ②[비유] 끊임없이 흘러내리는 눈물, 코피 따위. [유] 폭우/장대비/호우

억수장마囘 여러 날 동안 억수로 내리는 장마.

  [주의] '억수같이, 억수처럼' 등은 위의 2번 뜻의 의미로 복합어로 쓸 수 있으나, 경상도 지방에서 '아주(무척) 많다'거나 '정말로/진짜로' 등의 의미로 전와시켜 사용하는 '억수로'는 방언임. 즉, "눈물(콧물)이 억수같이 쏟아졌다"는 맞지만, "억수로 얻어맞았다", "억수로 창피했다" 등의 표현은 잘못.

얼추팀 ①어지간한 정도로 대충. ②어떤 기준에 거의 가깝게. [유] 거반/거지반/거의

와닥닥팀 ①놀라서 갑자기 뛰어가거나 뛰어오는 소리 또는 그 모양. ②일을 매우 빠르게 해치우는 모양. [주의] '와다닥'은 다른 뜻.

욕보다(辱–)툉 ①부끄러운 일을 당하다. ②몹시 고생스러운 일을 겪다. ③강간을 당하다. [유] 고생하다/봉변하다/수고하다

  [주의] 경상도 지방에서 수고한 것을 두고 '욕봤다'라며 치하하거나 위로할 때가 있는데, 이때의 '욕보다'는 방언. 즉, 그런 쪽의 의미로도 표준어로서의 '욕보다'는 '몹시 고생스러운 일을 겪다'이지, 수고했다는 뜻이 아님.

욕보다툉 **수고하다**(일을 하느라고 힘을 들이고 애를 쓰다)의 방언(경남).

용코로팀 [속] 영락없이. ¶이번엔 용코로 걸려들었다.

  [주의] '용코로'는 속어지만 표준어. 그러나 '용코'는 없는 말.

증하다(憎–)혱 모양이 지나치게 크거나 괴상하여 보기에 흉하고 징그럽다.

  ☞ 전라도 지방에서 방언으로 흔히 쓰이는 **징하다**는 "하도 되풀이되어 지겹다"는 의미에서 전와되어, **징하게**라는 부사 꼴로서 **많이/엄청/상당히** 등의 뜻으로 쓰이고 있음. 하지만 표준어로서의 **증하다**는 징그럽다는 뜻뿐임.

짜장팀 과연 정말로.

짠하다혱 안타깝게 뉘우쳐져 마음이 조금 언짢고 아프다. [유] 안타깝다

찍자囘 [속] 괜한 트집을 잡으며 덤비는 짓. ¶찍자를 놓다/찍자를 부리다/그 쌍것들이 돈이 되는 줄 알고 찍자를 붙자는 짓.

참말로旵 사실과 조금도 다름이 없이 과연. ←'참말'과 동의어. 즉, **참말로**≒
참말이며 둘 다 표준어.

창알머리똉 배짱이나 알속을 낮잡는 말.

속창아리똉 **철**(사리를 분별할 수 있는 힘)의 방언(전남).

창아리똉 **창자**(큰창자와 작은창자를 통틀어 이르는 말)의 방언(전남).

퍼뜩旵 ①어떤 생각이 갑자기 아주 순간적으로 떠오르는 모양. ②어떤 물
체/빛 따위가 갑자기 아주 순간적으로 나타나는 모양. ③갑자기 정신이
드는 모양.

[주의] ①일부 문학 작품 등에서 보이는 '퍼뜩이다'는 북한어. 올바른 동사
형은 '퍼뜩하다'임. ②"뛰어가서 퍼뜩 가져 오너라"에서처럼 '빨리/속히'라
는 뜻으로 쓰일 때는 경상도 방언.

퍼뜩하다똑 ①어떤 생각이 아주 순간적으로 갑자기 떠오르다. ②어떤 물체/
빛 따위가 아주 순간적으로 갑자기 나타나다.

후다닥旵 ①갑자기 빠른 동작으로 뛰거나 몸을 움직이는 모양. ②일을 서둘
러 빨리 해치우는 모양. ③갑자기 순간적으로 놀라거나 당황해하는 모양.

후딱旵 ①매우 날쌔게 행동하는 모양. ②시간이 매우 빠르게 지나가는 모
양. [유] 빨리/지딱지딱/후닥닥. [주의] '싸게/싸게싸게'는 방언.

공인받지 못한 우리말 내력

토박이말, 옛말,
북한어의 흔적들

'가온'만으로는 아무것도 될 수 없다

문 우리 동네 초등학교 이름이 **가온초등학교**입니다. **가온**이 왠지 멋있다는 느낌이 었지만 그 뜻을 몰라 《표준》을 찾아보았는데 거기 없었어요. 그런데 학교에서는 이를 "**중앙초등학교**라는 한자어를 대신한 아름다운 우리말 표기"라고 하더군요. 맞는지요?

답 우선 사전 등재와 관련하여 보자면, 현재 학교뿐 아니라 이곳저곳에서 임의로 사용하고 있는 **가온**은 독립어로서 사전에 오를 수 없는 말입니다.

본래 가온은 중세 국어 **가온딕**(가운데의 옛말)에서 –**딕**를 뺀 말로, 그 자체로는 온전한 독립어가 될 수 없다는 게 문제입니다. 현대 국어 '가운데'에서 '–데'를 뺀 '가운'만으로는 아무런 기능을 할 수 없는 것과 마찬가지입니다.

현재 사전에 등재되어 표준어로 쓰이고 있는 말들로는 **가운데톨**(세톨박이 밤의 중간에 박힌 밤톨), **가운데골**(≒중간뇌), **가운뎃줄**(큰 연이 뒤집히지 않도록 연의 귀, 꽁수, 허리의 세 달이 교차되는 중심에 덧붙여 맨 줄), **가운뎃집**(삼 형제 가운데서 둘째 되는 사람의 집) 등이 있습니다. 이것들을 보면, 모두 **가운데–/가운뎃–** 꼴을 갖추고 있지요. 즉, 낱말로서 온전하게 기능하려면 –**데**가 꼭 필요한 형태소라는 걸 알 수 있습니다.

－데가 없는 **가온**은 불완전 어소(語素)일뿐이어서 독립어로 사전에 오르지 못한 것인데, 접두어로는 쓰이고 있습니다. 이를테면, 음악 용어인 **가온음**(음계의 제3음. 으뜸음과 딸림음 사이에 있음)/**가온음자리표**/**가온화음** 등은 표준어입니다. 또한 **컨트롤타워**(control tower)의 우리말 순화어를 **가온**을 접두어로 사용하여 **가온머리**로 정했습니다. 하지만 학교 이름으로 쓰인 **가온**은 (접두어가 아닌) 고유명사이므로, **가온초등학교**라는 이름을 사용할 수는 있겠지만 중앙초등학교의 뜻으로 보기는 어렵겠지요.

이런 **가온**에 누리를 붙여 조어한 **가온누리**가 "세상의 중심"이라는 뜻이라며 인터넷 순우리말 목록에 올라 있는데, 어법상으로든 의미상으로든 다 엉터리입니다. 어순도 틀린데다가(**누리가온**이 되어야 해요) **가온-**은 명사 노릇을 할 수 없는 불완전 어소이기 때문입니다.

이처럼 전거도 불분명한 말들이 '순우리말'이라는 탈을 쓰고 인터넷에 널리 퍼지고 있는데, 모두 다 사전에 없는 말들이며, 수의적(隨意的, 자기의 마음대로 하는) 조어로 생산된 비표준어들로 방언과도 거리가 멉니다.

여우별("궂은 날에 잠깐 나왔다가 숨는 별"로, 여우비/여우볕을 차용했을 것), 예그리나("사랑하는 우리 사이"로, 세종문화회관 소속 악단인 '예그린'에서 차용했을 것), 해찬솔, 그린나래, 길가온, 해지개, 헤벌심, 가을귀, 홀림길, 가리매 등도 다 수의적 조어로, 애초에 없는 말입니다.

이런 조어들과는 다른 경우로, 아름다운 우리말을 사용하자는 취지의 이야기가 나올 때면 으레 한자어인 **은하수/용**(龍) 대신 각각 **미리내/미르**를 쓰자는 말도 자주 나옵니다. 이 또한 문제로, 미리내/미르를 공인된 토박이말로 넘겨짚은 실수가 관련되어 있습니다. **미리내**는 "은하수(銀河水)의 제주도 방언", **미르**는 "용의 고어(옛말)"로 되어 있어 표준어에 들지 못합니다.

이와 반대로, 한자어 대신 고유어를 발굴하여 사용하는 데에 도움이 될 만한 사례로는 우박(雨雹)의 고유어인 **누리**, 우편낭(郵便囊)의 고유어인 **체낭**, 계관(鷄冠)의 고유어인 **볏/변두** 등이 있는데 다 표준어입니다.

낱말 정리

▶**가운데/가운뎃 꼴의 형태소로 쓰인 말**

가운데톨명 세톨박이 밤의 중간에 박힌 밤톨.

가운데귀명 고막의 안쪽 관자뼈 속에 있는 공간.

가운데뜰명 집 안의 건물과 건물 사이에 있는 뜰.

가운데골≒**중간뇌(中間腦)**명 사이뇌와 다리뇌 사이에 있는 뇌줄기의 부분.

가운데치마명 갈퀴의 위아래 두 치마 사이에 가로질러 갈퀴코를 잡아매는 나무.

가운데어머니명 **가운데아버지**(아버지의 삼 형제 가운데 둘째 되는 사람)의 아내.

가운뎃줄명 큰 연이 뒤집히지 않도록 연의 귀, 꽁수, 허리의 세 달이 교차되는 중심에 덧붙여 맨 줄.

가운뎃집명 삼 형제 가운데서 둘째 되는 사람의 집.

가운뎃점(-點)명 쉼표의 하나. 문장 부호 '·'의 이름. 열거된 여러 단위가 대등하거나 밀접한 관계임을 나타낼 때에 쓴다.

가운뎃다리명 ①곤충의 가운데가슴에서 생기는 다리. ②[비유] 남자의 성기.

가운뎃마디명 화살의 윗마디와 아랫마디 사이에 있는 부분.

가운뎃소리≒**중성(中聲)**명 음절의 구성에서 중간 소리인 모음.

▶**'가온-'의 꼴로 접두어 어소로 쓰인 말**

가온음명 음계의 제3음. 으뜸음과 딸림음 사이에 있음.

가온북명 작은북과 큰북의 중간 크기의 북.

가온화음(-和音)명 가온음 위의 3화음.

가온혀홀소리≒**중설 모음(中舌母音)**명 혀의 가운데 면과 입천장 중앙부 사이에서 조음되는 모음.

가온음자리표(-音-標) 명 높은음자리표와 낮은음자리표 사이에 있는 음자리표. 표의 가운데가 'C22' 음이 되며, 흔히 기악 악보에 쓴다.

가온머리 명 **컨트롤타워**(control tower)의 순화어.

아직 '다솜'으로는 '사랑'을 말할 때가 아니다

 다솜은 **사랑(함)**이라는 뜻의 근사한 말이라는데 표준어 목록에 없었습니다. 그냥 써도 되는 말인가요? 왜 표준어가 못된 건가요?

 다솜은 옛말 **돗옴**(**돗다**의 명사형)에서 비롯된 말입니다(☞ 최기호, 《사전에 없는 토박이말 2400》, 1995. 참조). 그런데 옛말을 소리 나는 대로 적다 보니 어근(의미소) **닷**을 살리지 못해 그만 **사랑**의 뜻을 담지 못하게 되었습니다. **다솜**은 지금으로선 수의적(隨意的) 조어일 뿐이므로 표준어가 되지 못한 겁니다.

명사형 만들기의 문호를 조금만 더 넓히면 **다솜**으로 **사랑**(함)을 말할 수 있을 성싶습니다. 명사(형)를 만들 때 "-이/-음(-ㅁ) 이외의 모음으로 시작되는 접미사가 붙는 말은 원형을 밝혀 적지 않고, 소리 나는 대로 적는다"는 현행 원칙과 관련하여, **닷+옴**에서 명사를 만드는 접사 **옴**은 이 원칙에 규정된 -이/-음(-ㅁ)이 아니라고 보아, 소리 나는 대로 **다솜**의 표기를 인정하면 되기 때문입니다.

희망적인 조짐은 국립국어원에서 **팬 미팅**(fan meeting)의 순화어로 **다솜모임**을 채택한 것입니다. 이 순화어가 표제어로 사전에 오르게 되면 **다솜** 또한 정식으로 **사랑**이 될 테니까요.

84

아름다운 말이라도 비표준어는 사적으로만 써야…

문 한때 영어의 3인칭 남녀에 대응하는 우리말 대명사를 만들어 쓰자는 움직임이 있었지요. 그때 가장 많은 호응을 얻은 말이 **그이/그니/그미** 따위였는데, 지금 이 말들은 어찌 되었는지요?

답 **그이/그미**만 표준어로 편입되고, **그니**는 "**그이**의 방언"으로 남았습니다.

그이는 "①그 사람을 조금 높여 이르는 삼인칭 대명사. ②여자가 다른 사람을 상대하여 그 자리에 없는 자기 남편/애인을 가리키는 삼인칭 대명사"의 뜻으로 표준어에 올라 있습니다. **그니**는 비표준어로 남은 데 반해 상대어인 **그미**는 "주로 소설에서, **그녀**를 멋스럽게 이르는 말"이라는 뜻의 표준어로 올라 있습니다.

본래 **그니**의 **-니**는 할머니/어머니/엄니/언니 등에 붙어 쓰이는 용법에 주목하여 여성용으로 제안된 말인데, 현재는 남성을 뜻하는 **그이**의 경기도 방언으로만 사전에 올라 있습니다. 아쉬운 부분입니다.

이와는 별개로 **그림내**〔그리워하는 사람, 곧 정인(情人)〕/**단미**(달콤한 여자, 아름다운 여자)/**그린비**(그리운 선비)는 외솔이 만들었다고 해서 일부에서 통용되고 있는데 다 사전에 없는 말들로, 명확한 전거가 없습니다. **그림내**는 일부 작가의 책 제목이나 예술가 집단의 행사 제목으로, **단미**는 강아지 이름이나 여성들 살림 동호회 명칭, 또는 여성용품점 이름 등으로 쓰이고 있어 **그린비**에 비해서는 그 쓰임이 잦습니다.

이런 말들을 어떻게 해야 할까요? 공식석상에서나 공문서에 써도 될까요? 아니면 광고 문구 정도에는 써도 될까요?

이런 때의 손쉬운 기준은 공용어에 착안하는 것입니다. 공용어는 기본적으로 표준어를 사용해야 하므로 공식석상에서나 공문서 등에는 이 말들을 사용할 수 없습니다. 사내 기안문서라도 그 효력이 널리 미칠 경우에는 공문서에 준하므로 비표준어를 사용해서는 곤란하니까요. 공표(公表, 순화어는 '공개 발표')를 목적으로 하는 저작물에서도 마찬가지입니다. 다만, 창의성을 중시하는 광고에서는 목적에 적합할 경우 쓸 수 있을 것입니다.

그리고 그 유래와 뜻을 분명히 알고 쓴다면 사적인 자리나 편지에서라면 무방할 테지요. 문제는 잘 알지도 못하면서 남들이 쓴다고 무턱대고 따라 쓰는 일입니다. 나아가 가장 심각한 경우는 잘못 알고 있는 것을 바른 것이라 믿고 고집하거나, 잘못된 까닭을 아예 알려고조차 들지 않는 경우라 할 수 있겠지요.

김치냉장고로 다시 살아난 '딤채'

문 "털빛이 밤색인 말"을 **구렁말**이라고 하기에 **구렁/구렁빛**이 당연히 사전에 있겠다 싶어 찾아보니 **구렁빛**만 "**밤색의 옛말**"이라고 되어 있더군요. **구렁말**을 표준어로 삼았으면 **구렁/구렁빛**도 표준어로 삼아야 하는 것 아닌가요? 그리고 김치냉장고로 유명한 **딤채**는 "**김치의 옛말**"이라고 들었는데 맞나요?

답 지금 널리 쓰이지 않는 옛말을 모두 표준어로 삼을 수는 없겠지요. 표준어는 쓰임의 정도, 전거의 타당성 등을 고려하여 제한적으로 수용합니다. 따라서 자주 쓰이는 **구렁말**만 표준어로 삼고 쓰임이 거의 없는 **구렁/구렁빛**은 제외한 것이지요. "**외상의 옛말**"인 **민빋**도 마찬가지입니다. 그리고 **딤채**는 **딤치**의 현대적 표기로 "**김치의 옛말**"이 맞습니다.

    예를 들어 설명하지요. **민빋**(≒왼빋)은 "외상의 옛말"인데, 이때의 **민-**은 "미리 치른" 또는 "미리 데려온"을 뜻하는 접두사입니다. 현대어에서는 **민값**(물건을 받기 전에 먼저 주는 물건값)과 **민며느리**(장래에 며느리로 삼으려고 관례를 하기 전에 데려다 기르는 계집아이) 정도에 그 흔적이 남아 있습니다.

    민빋을 현대어 표기법에 따라 **민빚**으로 고쳐 적으면 **외상**보다는 훨씬 쉽고 멋들어진 말이지만, 쓰임이 거의 없어서 사전에 오르지 못한 겁니다.

    참고로, **외상**은 한자어로 알기 쉬운데 사실은 고유어이고, 흔히 쓰는 한자 **外上**은 취음 표기입니다. **외상**에 쓰인 **상**은 **환자/환상**〔還子/還上. 조선 시대에 곡식을 사창(社倉)에 저장하였다가 백성들에게 봄에 꾸어 주고 가을에 이자를 붙여 거두던 일)에 쓰인 **−자**나 **−상**에서 온 것으로, 두 말은 같은 뜻이며 발음도 같다는 주장도 있습니다. 즉, **외상**을 **외인**(따로 **떼어 놓은**) 빚으로 보는 견해이지요.

딤채에 쓰인 **딤**[←**딀**]은 **바닥**을 뜻하는 옛말입니다. **내딛다, 디딤판** 등에서 보이는 쓰임과 같지요. **채**(菜)는 채소를 뜻하므로 **딤채**는 배추나 무와 같은 채소를 절여 바닥에 담근 것을 뜻하는 옛말입니다.

아름다운 옛말 중에는 **몸통**을 뜻하는 **몸얼굴**도 있습니다. 사람/동물의 머리와 사지를 제외한 가슴과 배 부분을 가리키는 말로, 몸의 앞면을 대표하는 부분이니 **몸얼굴**이 제격이잖습니까.

사라진 옛말에는 **핀잔**도 있는데, 현대어에서는 "맞대어 놓고 언짢게 꾸짖거나 비꼬아 꾸짖는 일"이라는 한 가지 뜻으로만 쓰이지만, 예전에는 **창피**의 뜻으로도 쓰였습니다.

'어즈버' 그리운 옛말이 꿈이런가 하노라

 어즈버는 감탄사라는데 **아**하고는 좀 다르지 않나요? 또 예전에는 술을 **수울**, 술값을 **수윎값**이라고 했다는데 **수울**은 어디서 온 말인가요?

답 **어즈−**는 **어즈께**(어저께의 방언) 등에서 보듯 지나간 시간을 뜻하는데요. **어즈버**는 "아아" 또는 "아 어느덧"의 뜻으로 자탄의 운율까지 살린 멋진 말입니다. 반면에 **어즈버**를 대체한 감탄사 **아**는 그런 멋을 담아내진 못하지요. 술은 **수블/수블→수울→수을→술**의 변화 과정을 거친 것으로, **수블/수블**은 물의 水와 火의 불이 결합된 것으로 보입니다.

사실 어찌 보면, 이 바쁜 세상에서는 표준어 규정대로 짧고 간단한 준말을 쓰는 것이 옳습니다. 언어 역시 삶의 도구이니까요. 하지만, 그러다 보면 말도 생각도 행동도 빨라져서 급해질 수밖에 없습니다. 마음까지 조급해지고 촉박해집니다. 그리고 한번 그런 쪽으로 길들여지고 나면 벗어나는 일이 쉽지 않습니다. 그런 출발점의 하나로 언어의 취향도 있습니다. 그럴 때 촉급한 준말 대신 본말을 써보면 어떨까요? 조금이라도 느리게 살아가는 데에 좋은 훈련 도구가 되지 않을까요?

예를 들어, **이불솜/목화솜** 등에 쓰인 **솜**의 옛말은 **소옴**이었습니다. 알다시피 **솜**은 부드럽고 가벼우며 탄력이 풍부하고 흡습성과 보온성이 뛰어납니다. **솜**을 **소옴**으로 느리게 천천히 발음해 보세요. 어감만으로도 가볍고 부드러우며 따뜻함이 느껴지지 않나요?

갈수록 사람살이가 각박해지고 바빠져 말도 짧아지는 건가요? 말글살이에도 사람살이의 조급함이 투영되는가 싶어 씁쓸합니다.

무수는 '총각무/홍당무' 등에 쓰이는 '무'의 옛말입니다. '무수→무우'를 거쳐 지금은 그 준말인 **무**가 표준어입니다. "준말이 널리 쓰이고 본말이 잘 쓰이지 않는 경우에는, 준말만을 표준어로 삼는다"는 규정 때문이지요. 이에 해당하는 말로는 **기음→김**(김매다), **또아리→똬리, 배암→뱀, 비음→빔**(설빔/생일빔), **새앙쥐→생쥐, 소리개→솔개, 온가지→온갖, 장사아치→장사치, 귀하지 아니하다→귀찮다** 따위가 대표적입니다.

'냄새'의 옛말은 **내옴새**였습니다. **내옴**에 "모양/상태/정도"를 뜻하는 접미사인 '-새'가 붙은 꼴로 분석됩니다. 이 '냄새'의 표기를 이 나라 시인들은 한사코 **내음**으로 고집하다시피 하곤 했는데 그것이 일반인들에게까지 널리 유포되자, 결국 2011년에 '내음'은 '냄새'의 복수표준어로 인정받기에 이르렀습니다. 단, "코로 맡을 수 있는 나쁘지 않거나 향기로운 기운"이라는 단서가 붙어 있기 때문에 좋은 냄새에만 쓸 수 있습니다. 어찌 보면 이 '내음'의 승리는 옛말의 복구와 복원 보존이기도 해서 한 차원 높은 성과라 할 수 있으므로 의미 있는 사건도 됩니다.

이런 복원의 차원에서 살려내고 싶은 말을 들라면 **어즈버**를 꼽고 싶습니다. 여말(麗末) 삼은(三隱)의 하나인 길재(吉再)의 시조에 나오는 "어즈버 태평연월이 꿈이런가 하노라"라는 구절로 익숙한 그 '어즈버'입니다. 현재 사전에는 이 '어즈버'가 감탄사 '아'의 옛말이라는, 다소 싱겁고 무뚝뚝한 어조로 설명되어 있습니다.

하지만, 이 '어즈버'는 그처럼 '아' 자 하나로만 싱겁게 설명되거나 대체해도 좋을 간단한 말은 아니죠. **"어즈버 사름이야 외랴 히 운의 타시로다"**(아 사람이 잘못이랴 다 운의 탓이로다), **"어즈버 明堂이 기울거든 므서스로 바티려뇨"**(아, 명당이 기우는데 무엇으로 버티려는가), **"어즈버 夕陽이 盡타 마라 둘이 조차 오노매"**(아 석양이 진다 마라 달이 이어 오느니), **"냇ᄀ에 프른 버들 네 몬져 아도괴야 어즈버 人間離別을 쏘 엇지ᄒᄂ다"**(냇가에 푸른 버들 네 먼저 아는구나. 아 인간의 죽음을 또 어찌해야 하는고) 등에서 보듯 **어즈버**에 들어 있는 **어즈-**는 **어즈께**('어저께'의 방언) 등에서 보듯, 지나간 시간을 뜻합니다. 즉, '어즈버'는 주로 지나간 시간과 관련하여, '아아'나 '아 어느덧'의 뜻으로 자탄까지 살며시 얹어서 사리살짝 운율감도 살리고 있습니다. 그래서 멋진 말입니다. 그 반면에 이 '어즈버'를 대체한 감탄사 '아'는 짧아서 간단명료하긴 하지만, 지나치게 단순하다 보니 이런 맛까지 담아내지는 못하고 있습니다. 그런 아쉬움을 핑계 삼아 이 '어즈버'를 이제라도 되살려 써 보는 것은 어떨까요? 일부러 조금 느리게 살기 위해서라도 말이죠.

되살려 쓰고 싶은 말로는 **고은약**(-藥)도 있는데, "고약(膏藥)의 옛말"로 되어 있어 억울한 측면도 있습니다. 고은약은 "정성스럽게 오래 고아서 진하게 엉기도록 만든 약"인데 단순히 "기름으로 만든 약"인 고약의 옛말 취급을 당하니 말입니다.

이런 것들을 생각해 볼 때 **국방**(國防)이라는 한자어가 간단명료해서 효율적이긴 하지만, 한편 군(인)이 막아준다는 뜻의 **군마기**는 그에 비하여 한결 여유로우며 부드럽습니다. 그런 점에서 이 말의 퇴장은 은근히 아쉽습니다. 한때 **군관민**(軍官民)이라는 표현이 위세를 떨치기도 했는데, 그처럼 강압적으로 꼭대기에 놓이던 군의 시대는 지나갔을 뿐만 아니라 하드웨어 중심의 군대가 소프트웨어의 도움으로 다시 태어나고 있다는 점에서도 한 번쯤 되돌아보고 싶어집니다.

군마기에 쓰인 **─마기**는 "막는 일" "막아주는 것" 등의 의미를 갖습니다. 오늘날의 **곁마기**(여자가 예복으로 입던 저고리의 하나)나 **아랫마기/윗마기**(아랫도리/윗도리에 입는 옷) 등에 보이는 **마기** 또한 그런 뜻과 잇닿아 있지요. 익히 쓰이는 **두루마기**는 **아랫마기**나 **윗마기**와 달리 위아래를 두루 막아주기 때문에 외출용 겉옷이 된 것입니다.

느리게 살기에 도움이 될 법한 말로는 **술/술값**의 옛말인 **수울/수욿갑**도 있습니다. 조선 시대 중국어 교본 《노걸대(老乞大)》를 한글로 풀이한 《**노걸대언해**(老乞大諺解)》에 '수울'이 나옵니다.

수욿 毒氣 이 사ᄅᆞ미 챵ᄌᆞ를 석게 홀가 저헤니
　(술의 독기가 사람의 창자를 썩게 할까 두려우니)
이 **수울** 폴 리여 싯구기 잘ᄒᆞᄂᆞ다
　(이 술 팔 사람이어, 씻기를 잘하려무나)
우리 다 례수 ᄎᆞ리디 말오 ᄒᆞᆫ 잔 **수울** 먹져
　(우리 예의 차리지 말고 한잔 술 먹지요.)
수욿갑 혜라 가져 수울 폴리여 돈 혜여 바ᄃᆞ라

(술값 잘 헤아려서 술 팔 사람이어, 돈 세어 받으시오)

이로 보아 예전에는 술 먹자고 할 때 "수울 한 잔 먹세그려" 정도로 최소한 3음보 음조로 느리고 여유 있게 말했을 듯합니다. 반면에 요즘에는 "술 한 잔 하세"로 말하는 것조차 느려터진 성싶어 '한잔하다'를 아예 한 낱말의 동사로 인정하여 정식 표기조차 "술 한잔하세"로 촉급해지고 (실제로는 2음보도 아닌 '술한잔하세'의 1음보로 붙여 말할 때가 더 많지요), 술 한 잔을 앞에 두면 **원샷**부터 외쳐 단숨에 마시기를 재촉합니다.

☞ 원샷은 아직 외래어로 편입되지 않은 말이다. 원숏 카메라(one-shot camera) 같은 것만 one-shot이 들어간 외래어인데, 올바른 표기는 '원샷'이 아닌 **원숏**이다.

이 밖에도 토박이말을 살려서 표기했던 **국경**(國境)의 옛말인 **나랏ㄱ**, **앞니**의 옛말인 **너분니** 들도 아쉽습니다. **나랏ㄱ**의 ㄱ은 가/갓(邊)을 뜻하는데, 현재 북한어에서 잘 보존되고 있습니다. **하늘갓/치마갓** 들이 좋은 예입니다. 남한에서는 **갓길/갓돌**(가장자리에 둘러놓은 돌) 들에서 그 쓰임이 유지되고 있습니다.

앞니의 옛말인 **너분니**의 **너분**도 현대어로는 다 담아내지 못하는 의미를 담고 있어서 참으로 아쉬운 말이지요. '앞니'는 그저 치아의 위치(앞)만 뜻하는 명칭인데 비해 너분니는 **떡니**(앞니의 가운데에 있는 **대문니**)를 포함한 "넓은 이"라는 구체적인 의미를 품은 말입니다. 그러니 너분니를 앞니의 옛말로만 취급하여 사장(死藏)시키기엔 애석하지 않겠어요? 이 너분이 북한 말의 **너분너분**(매우 크고 가볍게 자꾸 움직이는 모양)/**넙적바위** 따위에 간신히 그 흔적을 보존하고 있습니다.

남한 말에도 흔적이 남아 있는 옛말들이 있는데, **올**(실/줄의 가닥)/**수염/구멍**의 옛말인 **오리/거웃/구메** 따위가 그것이지요. **오리는 대오리**

(가늘게 쪼갠 댓개비)/**노오리**(≒노오라기, 짧게 동강이 난 노끈 가닥) 들에 그 흔적이 남아 있고, **거웃**은 '수염'의 옛말에서 **불거웃**(불두덩에 난 털)과 같이 "사람의 생식기 둘레에 난 털"로 의미가 좁혀졌습니다. 구멍의 옛말인 **구메/굼** 중에 **구메**는 **구메밥**(예전에, 옥에 갇힌 죄수에게 벽 구멍으로 몰래 들여보내던 밥), **구메혼인**(널리 알리지 않고 하는 혼인), **구메활터**(작은 규모로 꾸민 활터), **구메구메**(남모르게 틈틈이) 등 다양한 뜻으로 변화되어 쓰이고 있습니다.

  "얼음 굼에 잉어"는 아직도 표제어에 보이는 속담인데, **새벽바람 사초롱**(새벽바람에 꺼질까 봐 조심스럽게 들고 있는 비단 초롱이라는 뜻으로, 매우 사랑스럽고 소중한 것을 비유적으로 이르는 말)과 같은 뜻으로 쓰입니다. 또한 **"멍석 구멍[굼]에 생쥐 눈 뜨듯"**(겁이 나서 몸을 숨기고 바깥을 살피는 모양을 비유적으로 이르는 말)이나 '**너구리도 들 굼 날 굼을 판다**'(≒쥐도 들 구멍 날 구멍이 있다)도 여전히 '구멍'의 옛말인 **굼**을 살려 표기하고 있습니다.

  옛말의 본래 뜻이 아주 재미있게 바뀐 말도 있지요. 부사였던 **놀아이**가 명사로 바뀐 **날라리**가 그런 말입니다. **날라리**는 "① 언행이 어설프고 들떠서 미덥지 못한 사람을 낮잡는 말. ② 아무렇게나 날림으로 하는 일. ③ **기둥서방**을 낮잡는 말"의 뜻이지만 옛말 **놀아이**는 본래 **귀히**(貴−)의 상대어인 **천히**(賤−)의 뜻이었어요. 부사 '멍청히'와 명사 '멍청이'의 관계를 생각해 보면 이해가 쉽겠습니다.

구렁빛몡 **밤색**의 옛말.

　구렁말몡 털 빛깔이 밤색인 말.

민빋(≒왼빋)몡 **외상**의 옛말.

　민값몡 물건을 받기 전에 먼저 주는 물건값.

　민며느리몡 장래에 며느리로 삼으려고 관례를 하기 전에 데려다 기르는 계
　　집아이.

딤처몡 **김치**의 옛말.

몸얼굴몡 **몸통**의 옛말.

핀잔몡 **창피**의 옛말. 단, "맞대어 놓고 언짢게 꾸짖거나 비꼬아 꾸짖는 일"
　로는 표준어.

걸말몡 **횃대**의 옛말.

　말몡 비교적 긴 막대 말뚝.

　말장(-杖)몡≒말목(가늘게 다듬어 깎아서 무슨 표가 되도록 박는 나무 말뚝).

느정이/느즈릉이몡 **줄기**의 옛말.

속샏몡 **속곳**의 옛말.

조혼셰답몡 **개짐**(여성이 월경할 때 샅에 차는 물건)의 옛말.

소옴몡 **솜**의 옛말.

내옴새몡 **냄새**의 옛말.

어즈버감 감탄사 **아**의 옛말.

어즈께몡 **어저께**의 방언.

고은약몡 **고약**(膏藥)의 옛말

군마기몡 **국방**(國防)의 옛말.

　마구리몡 ①길쭉한 토막/상자/구덩이 따위의 양쪽 머리 면. ¶연필 마구
　　리. ②길쭉한 물건의 양 끝에 대는 것.

　곁마기몡 여자가 예복으로 입던 저고리의 하나.

　아랫마기/윗마기몡 아랫도리/윗도리에 입는 옷. ¶**두루마기**

수울/수욻갑몡 **술/술값**의 옛말.

나랏ㄱ 몡 **국경**의 옛말.

　하늘갓 몡 **하늘가**를 뜻하는 북한어.

　치마갓 몡 '치마 아랫부분의 가장자리'를 뜻하는 북한어.

　갓길 몡 가장자리 길.

　갓돌 몡 가장자리에 둘러놓은 돌.

너분니 몡 **앞니**의 옛말.

　떡니 몡 앞니의 가운데에 있는, 위아래 두 개씩의 넓적한 이.

　너분너분 몜 "매우 크고 가볍게 자꾸 움직이는 모양"을 뜻하는 북한어.

오리 몡 **올**(올/줄의 가닥)의 옛말.

　대오리 몡 가늘게 쪼갠 댓개비.

　노오리≒노오라기 몡 짧게 동강이 난 노끈 가닥.

거웃 몡 **수염**의 옛말.

　불거웃 몡 불두덩에 난 털.

구메/굼 몡 **구멍**의 옛말.

　구메밥 몡 예전에, 옥에 갇힌 죄수에게 벽 구멍으로 몰래 들여보내던 밥.

　구메혼인 몡 널리 알리지 않고 하는 혼인.

　구메활터 몡 작은 규모로 꾸민 활터.

　구메구메 몜 남모르게 틈틈이.

놀아이 몜 **천히**(賤−)의 옛말.

　천히(賤−)↔**귀히**(貴−) 몜 ①지체/지위 따위가 낮게. ②너무 흔하여 귀하지
　아니하게. ③하는 짓이나 생긴 꼴이 고상한 맛이 없이 상되게.

　날라리 몡 ①언행이 어설프고 들떠서 미덥지 못한 사람을 낮잡는 말. ②아
　무렇게나 날림으로 하는 일. ③기둥서방을 낮잡는 말.

둑/뚝의 차이만큼이나 멀어져가는 남/북의 말

문 어느 소설을 읽다 보니 **강뚝(길)**이 여러 번 보여서 소사전을 찾아보니 나오지 않는 말인데, 강에 쌓은 둑을 뜻하는 듯했습니다. **뚝방길** 역시 사전에 보이지 않았습니다. 작가가 잘못 쓴 말인지, 아니면 작은 사전이라서 빠진 말인지 궁금합니다.

답 작가가 북한 출신이거나 아니면 《황진이》(홍석중 작)처럼 북한에서 출간한 것을 들여와 원본 그대로 배포한 게 아니었을까 싶군요. **강뚝**은 짐작하신 대로 **강둑**을 뜻하는 말로, 북한어입니다. 즉, 북한에서는 표준어지만 남한에서는 **강둑**을 표준어로 삼고 있지요. 그러나 발음은 어느 쪽이든 다 [**강뚝**]입니다.

　강둑길 역시 남한에서는 **둑**으로 표기하지만 발음은 [**뚝**]입니다. **뚝방길**은 사투리인데(충청/전라/경남) 남한에서는 **둑길**(둑 위로 난 길)을 표준어로 삼고 있어서 **논둑길/밭둑길/강둑길** 등으로 적습니다.

　북한어도 아닌 것으로 **뚝방**이 들어간 말 중에 특히 **뚝방촌**이라는 말이 널리 번져 있습니다. 실제로는 높이 쌓은 둑이 없어서 둑과는 전혀 무관한데도 집의 외관이 허름한 빈민촌을 이를 때조차도 이 말을 쓰는 경우가 흔합니다. 하지만 속어로도 인정받지 못한 비표준어로, 일부 언론에서 아무 생각 없이 습관처럼 쓰고 있는 잘못된 말입니다.

현행 북한어는 여러 가지 면에서 남한의 표기법과는 체계를 달리하고 있습니다(《조선말규범집》, 1992). 어휘에서 러시아어와 중국어의 영향을 받아 상당수의 낱말들이 변개되기도 했고요[예: 산책로→유보도(遊步道), 그룹→그루빠, 아류(亞流)→아그루빠, 트랙터→뜨락또르 등]. 띄어쓰기에서도 의존명사나 보조용언을 붙여 적는 점이 남한과는 크게 다릅니다.

그중에서도 가장 큰 특징은 사이시옷과 두음법칙 규정을 적용하지 않는 대신에, 'ㄲ/ㄸ/ㅃ/ㅆ/ㅉ'와 같은 경음 표기를 허용한다는 점입니다. 이 때문에 우리와 달리 'ㄴ/ㄹ' 항목에 수록된 낱말들이 엄청 많고, '강뚝'과 같은 경음 표기들이 허용되고 있지요. 북한에서는 '골인(goal-in)'을 **꼴인**으로, '골대'를 **꼴문대**로 표기하고 있습니다.

그뿐만이 아닙니다. 얼마 전 제법 유명세를 탄 어떤 책 표지에도 쓰인 "쫄지 마"에 보이는 **쫄다**는 **졸다**([속어] 위협적이거나 압도하는 대상 앞에서 겁을 먹거나 기를 펴지 못하다)의 북한어인데요. "술에 쩔어 지내다"의 **쩔다** 역시 표준어로는 **절다**(술이나 독한 기운에 의하여 영향을 받게 되다)이지요. 즉, '쩔다'는 '절다'의 북한어랍니다.

이와 같은 이유로 북한에서는 표준어이지만 남한에서는 비표준어로 처리된 말들이 엄청 많은데요(약 4만 5,000단어). 그런 말들 중에는 과거의 언어 사용 습관과 실향민들의 영향, 그리고 일부 작가들의 글 속에 담겨 퍼진 탓에 지금도 여전히 남한에서 쓰이고 있는 것들도 적잖습니다. 일반 언중으로서는 북한어/남한어의 구분도 쉽지 않은데다 작가들까지 쓰는 말인지라 그냥 믿고(?) 사용하다 보니 부지불식간에 일상 속으로 스며든 것이지요. 게다가 일부 사전과 우리말 관련 책자에서조차 북한어들을 아무런 구분 표기 없이 남한의 표준어처럼 다룬 것도 적지 않고요.

표준어로 잘못 알기 쉬운 북한어

문 그동안 당연히 표준어로 알고 써온 말들 가운데 의외로 북한어가 많아 놀랐습니다. **달큰하다** 말고도 어떤 말들이 있는가요? 그런 북한어들은 왜 표준어처럼 여겨질까요?

답 **까리까리하다, 줄창, 신들메, 푸르락붉으락**…과 같은 말들이 있습니다. **싱갱이**는 표준어인데 다른 뜻으로 쓰는 북한어이기도 합니다. **모름지기도** 남/북에서 뜻이 전혀 다르게 쓰이는 말입니다.

사투리 항목의 '달달하다'에서 다뤘던 **달큰하다**를 살펴보죠. 이 말은 "꽤 단맛이 있다"는 뜻의 북한어인데, 이를 표준어로 잘못 알고 있는 이들도 의외로 많습니다. **까리까리하다**(꼭 짚어 말하기 어렵게 몹시 희미하고 어렴풋하다) 역시 북한어인데요. 표준어로는 **어슴푸레하다**(기억/의식이 분명하지 못하고 희미하다), **어렴풋하다**(기억/생각 따위가 뚜렷하지 아니하고 흐릿하다)와 **아리송하다≒알쏭하다**(①그런 것 같기도 하고 그렇지 않은 것 같기도 하여 분간하기 어렵다. ②기억/생각 따위가 떠오를 듯하면서도 떠오르지 않다) 정도가 유의어(類義語, 뜻이 비슷한 말)에 듭니다.

줄창 역시 남한에서는 "**줄곧**(끊임없이 잇따라)의 잘못"으로 처리하고 있지만 북한에서는 줄곧을 뜻하는 표준말입니다. 일부 문학 작품 등에서 걸러지지 않은 채 사용되고 있는 **퍼뜩이다** 역시 **퍼뜩하다**(①어떤 생각이 갑자기 아주 순간적으로 떠오르다. ②어떤 물체/빛 따위가 갑자기 아주 순간적으로 나타났다 사라졌다 하다)의 북한어이며, 흔히 쓰는 **섬찟하다/희희덕대다**도 각각 **섬뜩하다/시시덕대다**의 북한어랍니다.

이처럼 표준어로 착각하기 쉬운 북한어 중 대표적인 것으로는 **신들메**를 들 수 있습니다. **신들메**는 표준어인 **들메끈**(신이 벗어지지 않도록 신을 발에다 동여매는 끈)의 북한어인데, 이 **신들메**가 널리 퍼지게 된 데에는 공동번역 한글 성서의 공이 지대합니다. 세례 요한의 말을 번역하면서 "나는 그의 신들메 풀기도 감당치 못하겠노라"(새 번역: "나는 그분의 신들메를 푸는 것도 할 수 없는 사람입니다")고 표기했기 때문이죠.

이 **들메끈**은 신발을 조이는 신발 끈이 아니라 신을 발에다 동여매는 끈이랍니다. 그런데 번역자들이 이 말이 북한어라는 걸 모르고 있는 건지 최근 새로 번역된 성서에서조차 여전히 **신들메**로 표기하고 있더군요.

⬤ 성서에 북한어 표기가 상당수 들어간 까닭

최초의 한글 성서 번역이 이뤄진 이른바 **로스 번역**(1887년)의 주역들은 물론이고, 훗날 개신교와 가톨릭이 최초로 협력하여 발간한 《**공동 번역 성서**》(1971년 구약, 1977년 신약)의 번역에 참여한 이들 중 상당수가 북한 출신 인사들이었던 까닭도 있다. 참고로, 우리나라 최초의 개신교회인 새문안교회의 창립 멤버 14인은 모두 북한 출신이다.

신들메 이야기가 나온 김에 하나만 더하겠습니다. 유명 작가의 산문집에 《**신들메를 고쳐매며**》(문이당, 2004)가 있는데요. 그 내용을 두고 한때 보수와 진보 간에 날카롭게 대립각을 세우며 대치하기도 했습니다. 내용 못지않게 제목 또한 문제적입니다. **신들메**가 표준어가 아니라는 건 이미 얘기했지만 **고쳐매며** 또한 어법에 어긋나기 때문이죠. **고쳐 매며**로 띄어 적어야 한답니다. **고쳐 매며**는 **고치다**와 **매다**가 동격으로 사용된 말로, 이때의 **매다**는 보조용언이 될 수 없으므로 **고쳐매며** 식으로 보조용언 붙여 적기 허용 대상이 되지 못하는 말이거든요.

작가는 어쩌면 "시대와의 불화"를 더욱 공고히 하기 위하여 그런 작명을 고집했는지 모르겠지만, 책자의 제목 전체가 현행 어법에 맞지 않는

다는 것은 정녕 부끄러운 일입니다. 작가로서의 기본적인 책무는 제목에서도 반드시 챙겨져야 합니다. **쫄지 마** 같은 말이 책자 표지에 버젓이 적혀 유통되는 일도 없어야 하겠지요. ☞한편 달리 생각하면, 사전에서 '쫄다 > 졸다'를 인정하면 쉽게 해결될 일이다. 현행 어법에 따라 올바르게 '졸지 마'로 적으면 '쫄지 마'의 뜻으로 새길 사람은 거의 없다.

이처럼 현행 표준어의 틈새로 파고들어 슬그머니 함께 쓰이고 있는 북한어들이 하나둘이 아닙니다. 그걸 다 짚어내면 놀라울 정도지만, 맛보기로 몇 개만 살펴보죠. 그 전에 시험 삼아 아래에 예시하는 낱말 중에서 북한어인 것과 북한어가 아닌 것을 골라보셔요.

가열차다(苛烈-)/걸어채이다/그쯤하다/까리까리하다/냅더서다/넙적바위/단간방살림/들쭝날쭝/들여마시다/등멱/떠벌이/모재비헤엄/생나무울타리/섬찟하다(섬찍하다)/손나팔(입나팔)/싱갱이/쌀됫박/쌉쓰름하다/아스란히/안달복통/엄벙부렁하다/여직/여차직하다/왁자그르/자잘구레하다/저윽이(저으기, 저으기나)/주뼛거리다/쩔다/쫄다/쿠리쿠리하다(코리코리하다)/푸르딩딩하다/풀무간/푸르락붉으락/후두둑/희롱해롱하다/흐리멍텅하다/희희덕거리다

결론부터 말하자면, 모두 북한어랍니다. 놀랍지 않은가요. 그중에는 누구나 한 번쯤은 표준어로 착각하여 사용해 본 말들이 적지 않을 성싶습니다. 다만, **싱갱이**는 "경쟁/경기에서 서로 지지 않으려고 기를 씀"의 뜻으로는 표준어이고, **승강이**(서로 자기주장을 고집하며 옥신각신하는 일)의 뜻으로만 북한어랍니다.

재미있는 북한어로는 **푸르락붉으락**이 있습니다. 우리의 표준어로는 **붉으락푸르락**(몹시 화가 나거나 흥분하여 얼굴빛 따위가 붉게 또는 푸르게 변

하는 모양)으로, 어순을 바꾸어 **푸르락붉으락**으로 쓸 수 없도록 하고 있
지만 북한어에서는 **푸르락-**을 우선하여 **푸르락붉으락**을 표준으로 삼고
붉으락푸르락을 버렸습니다. 북한에서는 화가 날 때 먼저 얼굴이 푸르
게 변한 뒤에 붉게 변한다고 보았는지도 모르겠습니다.

이와 비슷하게 우리와 표기를 달리하는 재미있는 말로는 **죽마고구**(竹
馬故舊)도 있답니다. 표준어에서 **죽마고우**(竹馬故友)로 쓰는 말이죠. "화
장을 하거나 매만지는 일"을 북한어로는 **얼굴닦달질**이라 하는데, 이 또
한 재미있는 조어죠. 또한 같은 낱말이지만 다른 뜻으로 사용하는 것도
적지 않은데, 예를 들면 **모름지기**의 북한어 뜻풀이는 우리의 "마땅히/
반드시"와 달리 "모르긴 몰라도"랍니다.

북한어에서 더욱 돋보이는 우리말

문 남한어에는 없는 북한어 가운데는 우리가 표준어에 적용하고 살려 쓸 말도 적잖
을 것 같은데요. 예를 들면 어떤 말들이 있을까요?

답 **동의어**(同義語/同意語)는 "뜻이 같은 말"이지요. 이 말의 북한어인 **뜻같은말**이
좋은 말로 살려 쓸 필요가 있어요. 남한에서는 가끔 **같은 말**을 **동의어**와 같은 뜻
으로 사용하기도 하는데요. **동의어**란 "뜻이 같은 말"만을 이르는 것이므로 **같은
말**과 **동의어**는 엄격히 말하면 같은 뜻의 말은 아니거든요. 또한 **더빙**(외국어 대
사를 해당 언어로 바꾸어 다시 녹음하는 일)을 북한어로는 **입맞춤**이라 하는데, 가
만히 생각해 보면 정말 깜찍한 조어입니다. 특히, 남한에서는 **입맞춤**을 **키스**와
의 동의어로만 정의한 것과 대비하면 더욱 그렇지요. 그 밖에도 재밌는 게 참 많
습니다.

그처럼 재미있는 말로는 **벼락고기잡이**도 있습니다. 우리말 **돌땅**(돌/망

치 따위로 고기가 숨어 있을 만한 물속의 큰 돌을 세게 쳐서 그 충격으로 고기를 잡는 일)을 그리 부르는데요. **돌땅**보다는 **벼락고기잡이**가 더 재미있고 뜻도 얼른 와 닿지 않나요?

하나 더 얘기하자면 **얼치기대처**라는 말을 들 수 있는데요. "농촌도 아니고 도시도 아닌 도회지"를 뜻하는 북한어입니다. **대처**(大處)란 **도회지**를 뜻하는 말이니, 참으로 멋진 표현이지요. 이 **얼치기**가 들어간 북한어로는 **얼치기말**과 **얼치기판**도 있는데요. 각각 "다른 나라 말을 섞어 쓰는 말. 또는 매우 서툰 다른 나라 말"과 "①이것저것 마구 섞여서 자기의 특성이 없게 된 상태/판국. ②여러 곳에서 모여든 변변치 못한 이러저러한 사람들이 있는 판국/상태"를 뜻하는데, 우리의 표준어로 쓰이면 참 좋을 멋진 말들이 아닐까 생각합니다.

뜻같은말처럼 북한어가 좀 더 적확한 표현인 것으로는 **다량생산**(多量生産)도 있습니다. 우리가 쓰는 **대량생산**(大量生産) 대신에 쓰는 말인데요. 사실 분량을 따질 때는 **다량**(多量)/**소량**(少量)으로 구분하지, **대량**(大量)/**소량**(小量)이라고 하지는 않지요. 이 大量生産은 영어 mass production의 일본어 번역으로, 우리가 덥석 들여다 쓰기 시작한 바람에 괴상한 꼴로 그냥 굳어진 말인데, 북한어에서 바로잡힌 거지요.

구름다리의 북한어인 **공중다리**(空中−)도 비슷한 경우입니다. **구름다리**는 옛말 **구룸ᄃ리**에서 온 말로, 한자어 **운제**(雲梯)를 번역한 것인데 본래 운제(雲梯)는 "**구름사다리**(높은 사다리)"와 "성(城)을 공격할 때 썼던 높은 사다리"를 뜻합니다. 그런데 남한에서는 그것을 **운교**(雲橋, 도로/계곡 따위를 건너질러 공중에 걸쳐 놓은 다리)의 뜻으로 바꾸고 표기는 그대로 **구름다리**를 채택했지요. 운제(雲梯)와 운교(雲橋)는 분명 다른 것인데도 말이죠. 따져보면 북한어인 공중다리(空中−)가 좀 더 실체에 근접한 표현이라는 걸 알겠지요.

팥빵의 북한어인 **팥소빵**도 비슷한 예입니다. **팥소**란 "떡/빵 따위의 속으로 넣기 위해 팥을 삶아서 으깨거나 갈아서 만든 것"이므로, 이 팥소를 넣어 만든 빵은 **팥소빵**이 더 적절한 표현입니다. **팥빵**은《표준》의 정의대로 "소로 팥을 넣어 만든 빵"일 뿐이므로 소로 넣기 위해 팥을 삶아서 으깨거나 갈아서 만든 것인지의 여부는 드러나지 않기 때문이지요. 실제로 우리가 흔히 먹는 것은 일본어 앙꼬의 순화어이기도 한 **팥소**가 들어간 **팥소빵**이거든요. 팥을 통째로 넣어 만든 그런 빵은 아주 드물지요. 그렇지 않나요?

팥소빵처럼 표준어에서도 살려 쓸 필요가 있는 말에는 **얼굴도래**도 있습니다. 북한어로 "얼굴을 이룬 둥근 윤곽"을 뜻하는데요. 이 말은 표준어에도 있는 도래(둥근 물건의 둘레)의 뜻을 살린 좋은 말이랍니다. 남한에서도 '얼굴 도래'로 쓸 수 있는 말인데, 북한에서는 한 낱말의 합성어로 인정한 점이 앞선 형태라 할 수 있지요. 띄어 적으면 엄격한 뜻풀이로는 얼굴도 물건의 하나가 되어야 하니까요. 남한의 표준어 중 이와 근접하는 말은 "얼굴의 윤곽선"을 뜻하는 **얼굴선**밖에 없답니다.

북한어 중 한자어를 순우리말로 풀이하여 쓰고 있는 중에는 참 고운 말도 적지 않은데요. **월파**(月波, 달빛이나 달그림자가 비치는 물결)를 뜻하는 **달물결**, 윤독(輪讀)을 뜻하는 **돌려읽기**, 입금(入金)을 뜻하는 **돈넣기** 같은 말이 그것인데, 이런 말들은 남북이 같이 쓰면 좋겠지요. 남한에는 없는 **수박씨장사**(①[비유] 문제를 대담하게 처리하지 못하고 사소한 것에 매여 우물거리기만 하는 사람. ②[비유] 속이 의뭉한 사람)와 같은 말도 얼마나 깜찍한가요. 통일은 이런 좋은 말들을 살리기 차원에서도 꼭 필요합니다.

🔵 북한어와 얼음보숭이

북한어라고 하면 남한에서는 대뜸 '아이스크림'의 대체어라고 알려진 '얼음보숭이'를 떠올리기도 한다. 그만큼 대표적인 북한어로 알려져 있다. 하지만, 실제로는 북한에서 이 말을 쓰지는 않는다. '보숭이'는 '가루'를 뜻하는 황해도 말인데, 아이스크림은 가루와는 무관하기 때문이다. 대신 '에스키모'라는 말이 쓰인다. 우유에 설탕·향신료 등을 넣어 만든 아이스크림의 겉에 초콜릿을 씌우고 막대를 넣어 얼려 종이에 싼 것을 이른다.

지금은 멈춰버린, 남/북의 말을 통일하려는 노력

문 남북 간에 벌어진 언어 격차를 해소하고 통일 언어를 이루기 위해 남북이 공동으로 노력하고 있다는데, 구체적으로 어떤 노력을 하고 있으며, 현재 진척 상황은 어떤가요? 또한 남한어에는 없는 북한어 가운데는 우리가 표준어에 적용하고 살려 쓸 말도 적잖을 것 같은데요. 예를 들면 어떤 말들이 있을까요?

답 대표적인 노력이 여러 해째 진행 중인 통일 국어사전 《겨레말큰사전》의 편찬 사업이랍니다. 그 중간 결실의 하나로 남북이 모두 다듬어 써야 한다고 정한 말들이 있습니다. 애초에 2013년을 사전 발간 목표로 삼았으나 2019년으로 변경되었습니다. 2016년 현재 약 총 30만 개의 표제어를 선별하였고, 약 7만 4,000여 개의 낱말에 대한 합의가 이뤄졌습니다. 남북 정권 간의 극한 대립에도 불구하고 이 사업은 꾸준하게 추진되고 있어서 참으로 기쁜 일입니다. 최근에는 이 합의된 낱말들에 대한 웹 서비스도 이뤄지고 있는 것으로 알고 있습니다.

아래에 남북 간에 합의된 원고 일부를 소개합니다. '임시 다리/림시다리'와 같이 빗금(/)이 쓰인 경우에 빗금(/) 부호 뒤의 표기는 북의 표기 방식이며, 그것이 없는 경우는 남북 간에 동일하게 표기됨을 뜻합니다.

가가호호(家家戶戶) → 집집마다

가교(架橋) → 다리놓기

가교(假橋) → 임시 다리/림시다리

간극(間隙) → 틈

갈근(葛根) → 칡뿌리

거수하다(擧手−) → 손들다

견인하다(牽引−) → 끌다

경수(硬水) → 센물

공복(空腹) → 빈속

공석(空席) → 빈자리

과대하다(過大−) → 지나치게 크다

과육(果肉) → 열매살

내방(內方) → 안쪽

내충성(耐蟲性) → 벌레견딜성

농번기(農繁期) → 바쁜 농사철

농병(膿病) → 고름병

뉴(紐) → 끈

단(但) → 그러나, 다만

대지(垈地) → 집터

대질(對質) → 무릎맞춤

도료(塗料) → 칠, 칠감

동년(同年) → 같은 해

동면(冬眠) → 겨울잠

동사하다(凍死−) → 얼어 죽다

두서(頭緖) → 갈피

드라마(drama) → 극

라인(line) → 선

마후라[muffler] → 소음기

매상(買上) → 사(들이)기

맹아(萌芽) → 움

모돈(母豚) → 어미돼지

모처(某處) → 어떤 곳

미곡(米穀) → 쌀

미등(尾燈) → 꼬리등

방치하다(放置−) → (내)버려두다

배면(背面) → 등면

백대(白帶) → 흰띠

백지(白紙) → 흰종이

벌목(伐木) → 나무베기

보데[body] → 차체

분분하다(紛紛−) → 어지럽다

불철주야(不撤晝夜) → 밤낮없이

비등하다(沸騰−) → 끓어오르다

비산하다(飛散−) → 흩날리다

비육(肥育) → 살찌우기

빈발하다(頻發−) → 자주 일어나다

사료(飼料) → 먹이

사면(斜面) → 비탈(면)

사채(社債) → 회사 빚

산양(山羊) → 염소

산양유(山羊乳) → 염소젖

상이하다(相異−) → (서로) 다르다

상차하다(上車−) → 차에 싣다

상환하다(償還−) → 갚다

색인(索引) → 찾아보기

서식처(棲息處) → 사는 곳

서식하다(棲息−) → 살다

세척하다(洗滌−) → 씻다

세탁하다(洗濯−) → 빨래하다

세필(細筆) → 가는 붓

속(束) → 묶음, 뭇

수종(樹種) → 나무 종류

순치(馴致) → 길들이기

스케일(scale) → 규모

스타트(start) → 출발

승선하다(乘船−) → 배 타다

승차하다(乘車−) → 차 타다

승하다(乘−) → 곱하다

승환(乘換) → 갈아타기

식비(食費) → 밥값

심도(深度) → 깊이

여가(餘暇) → 겨를

여과하다(濾過−) → 거르다

염증(厭症) → 싫증

영아(嬰兒) → 갓난아기/갓난애기

오기하다(誤記−) → 잘못 적다(쓰다)

외양(外樣) → 겉모양

요깡[羊羹] → 단묵

용법(用法) → 쓰는 법

우사(牛舍) → 외양간

우와기[上衣] → (양복)저고리

우피(牛皮) → 소가죽

유지(油脂) → 기름

유희(遊戱) → 놀이

은닉하다(隱匿−) → 감추다, 숨기다

음영(陰影) → 그늘, 그림자

이식하다(利殖−) → 옮겨 심다

이앙하다(移秧−) → 모내다

인덱스(index) → 찾아보기

자력(自力) → 제힘

자체(字體) → 글자체

잔전(−錢) → 잔돈

장손(長孫) → 맏손자

장형(長兄) → 큰형

적재하다(摘載−) → 싣다

적치하다(積置−) → 쌓아 놓다(두다)

정히(正-)→틀림없이

종묘(種苗)→씨모

주방(廚房)→부엌

지석묘(支石墓)→고인돌

착용하다(着用-)→신다, 쓰다, 입다

천해(淺海)→얕은 바다

추기(秋期)→가을철

토색(土色)→흙색

파종(播種)→씨뿌리기

판매하다(販賣-)→팔다

한천(寒天)→우무

협의(狹義)→좁은 뜻

호칭하다(呼稱-)→부르다

후단(後端)→뒤끝

제초작업(除草作業)→풀뽑기

종자(種子)→씨, 씨앗

즈봉(jupon)→양복바지

차입금(借入金)→꾼 돈

척박지(瘠薄地)→메마른 땅

철자법(綴字法)→맞춤법

태토(胎土)→바탕흙

파이프(pipe)→관

파종하다(播種-)→씨 뿌리다

편도(片道)→한쪽 길

혈관(血管)→핏줄/피줄

호명하다(呼名-)→이름 부르다

화기주의(火氣注意)→불조심

흑탄(黑炭)→검은숯

▶**표준어로 등재되지 못한 말들**

가온-[접] '가운데'를 뜻하는 접두사적 기능뿐이며 명사로는 쓸 수 없음. 합성어 명사(형태소)로 쓰려면 '가운데/가운뎃' 중 하나의 꼴로 써야 함. ¶가온음/가온음자리표/가온화음; 가운데톨/가운데귀/가운데뜰/가운데골/가운데어머니; 가운뎃줄/가운뎃집/가운뎃점/가운뎃다리/가운뎃소리

그니[대] '그이'의 방언. 비표준어. 단, 상대어인 '그미'는 표준어로 인정.

그미[대] 주로 소설에서 '그녀'를 멋스럽게 이름. ☞표준어.

그림내[명] 내가 그리워하는 사람, 곧 정인(情人). ☞사전에 없는 말.

단미[명] "달콤한 여자, 아름다운 여자"를 뜻하는 외솔의 창작 낱말.
　☞사전에 없는 말.

그린비[명] "그리운 선비"를 뜻하는 외솔의 창작 낱말. ☞사전에 없는 말.

다솜[명] '사랑(함)'의 옛말로 살려 쓸 말이기는 하나 사전에 없는 말. '다솜'은 '듯옴'을 소리 나는 대로 적은 것이며, '듯옴'은 '듯다'의 명사형으로 '사랑함'의 뜻. '다솜'은 옛말의 어근(의미소) '닷'을 살리지 못한 표기. 《월인석보》에 "모다 듯고 공경ᄒᆞ야" 등의 쓰임이 보이는 옛말임.

미리내[명] 은하수의 제주 방언. ☞표준어가 아님.

살사리꽃[명] '코스모스'의 잘못. 사전에 없으며 북한어에서도 인정하지 않는 말.

알짤없다[형] "봐 줄 수 없거나 하는 수 없다"는 뜻으로 신어 목록에는 올라와 있으나 아직 표준어에 편입되지 아니한 말.

▶**수의적 조어에 따른 비표준어로서 문제적 낱말들**

여우별 "궂은 날에 잠깐 나왔다가 숨는 별"을 뜻하는 수의적 조어.

예그리나 "사랑하는 우리 사이"를 뜻한다는 전거 불명의 말.

라온제나 "즐거운. 나온"을 뜻한다고 하지만, 낱말로 성립되지도 않는 말.

해찬솔 "햇빛이 가득 차 더욱 푸른 소나무"를 뜻한다는 수의적 조어.

그린나래 "그린 듯이 아름다운 날개"를 뜻한다는 수의적 조어.

길가온 "길 가운데"를 뜻한다는 수의적 조어.

☞ '가온-'은 접두어로 쓰일 때만 '가운데'의 의미를 지님.

제돌이 "자전(自轉)의 북한말"이라고 하나 북한어에 '제돌이'는 없다.

해지개 "해가 질 때 지평선/산을 넘어가는 곳"을 뜻하는 수의적 조어.

헤벌심 "입 따위가 헤벌어져 벌쭉한 모양"을 뜻하는 수의적 조어.

가을귀 "[비유] 가을의 예민한 소리를 들어내는 섬세한 귀"를 뜻한다는 수의적 조어.

홀림길 "어지럽게 갈래가 져서 섞갈리기 쉬운 길"의 수의적 조어.

가리매 "실내에서 편히 입을 수 있게 만든 옷. 위아래가 통으로 되어 있고, 단추가 없이 그냥 둘러 걸쳐 허리띠를 매게 되어 있는 옷"을 뜻한다는 수의적 조어.

▶표준어 중 본래의 뜻을 잘못 알기 쉬운 것들

어처구니 몡 표준어이지만 '맷돌 손잡이'로 보는 뜻풀이는 잘못. '상상 밖의 엄청나게 큰 사람/사물'을 뜻하는 말.

도무지1 몡 옳고 그른 것을 다스리는 사람.

도무지2 튀 ①아무리 해도. ②이러니저러니 할 것 없이 아주.

터무니 몡 ①터를 잡은 자취. ②정당한 근거나 이유.

엉터리 몡 ①대강의 윤곽. ②터무니없는 말/행동. 또는 그런 말/행동을 하는 사람. ③보기보다 매우 실속이 없거나 실제와 어긋나는 것.

흥청망청 튀 '①흥에 겨워 마음대로 즐기는 모양. ②돈/물건 따위를 마구 쓰는 모양.'을 뜻하는 부사.

☞ 일부에서는 흥청(興淸, 나라에서 모아들인 기녀)과 연관 지어 '흥청망청(興淸–)'이라지만 근거가 없어 지금의 《표준》에서는 '흥청망청'을 한자어 없는 고유어로 봄.

이판사판 몡 막다른 데 이르러 어찌할 수 없게 된 지경.

☞ 일부에서는 이 말이 이판(理判, 참선을 주로 하는 선승)과 사판(事判, 경전을 중심으로 공부하는 교종 승려) 간의 치열한 싸움에서 온 말이라고 하지만 《표준》에서는 인정하지 않고 고유어로 봄. 현재 《표준》에서는 '이판/사판'을 다음과 같이 정의하고 있음.

이판(理判) 몡 [불교] 속세를 떠나 수도에 전심하는 일.

사판(事判) 몡 [불교] 절의 모든 재물과 사무를 맡아 처리함.

억지 춘향(이)판 [비유] 억지로 어떤 일을 이루게 하거나 어떤 일이 억지로 겨우 이루어지는 경우.

☞ 일부에서는 이 말이 '억지 춘양(春陽)'의 잘못이라고 하기도 함. 춘양은 경북 봉화군 춘양면을 이르는데, 그곳에서 나오는 적송 춘양목(春陽木)의 품질이 빼어나 황장목(黃腸木, 임금의 관을 만드는 데 쓰던 질 좋은 소나무)으로 쓰일 정도로 인기가 높아, 엉뚱한 곳의 적송목까지도 춘양목으로 속여서 팔았다는 데서 유래했다지만 전거가 불분명하여 《표준》에서는 인정하지 않고 '억지 춘향(이)'을 바른 표현으로 삼았음.

▶주의해야 할 북한어

가갸시절(-時節)명 '글자를 처음 배우던 시절'이라는 뜻으로, 아는 것이 없고 어린 때를 이르는 북한어.

가실가실하다<까실까실하다형 **가슬가슬하다<까슬까슬하다**의 북한어.

　가슬가슬하다<까슬까슬~형 ①살결/물건의 거죽이 매끄럽지 않고 가칠하거나 빳빳하다. ②성질이 보드랍지 못하고 매우 까다롭다.

가열차다(苛烈-)형 **가열하다**(싸움/경기 따위가 가혹하고 격렬하다)의 북한어.

　☞'위세차다/기세차다/서슬~/드세~/기승~/꿰여~/걸어~/서리~/영글~/자리~' 등은 모두 북한어.

갑작부자(-富者)≒갑작졸부(-猝富)명 **벼락부자**(갑자기 된 부자)의 북한어.

강뚝(江-)명 **강둑**(강물이 넘치지 않게 하려고 쌓은 둑)의 북한어.

걷어채이다동 **걷어채다**의 잘못. 북한어.

　걷어채다동 **걷어차다**(①발을 들어서 세게 차다 ②저버리어 내치다)의 피동사.

걸판지다형 **거방지다**(①몸집이 크다. ②늑드레지다. 하는 짓이 점잖고 무게가 있다. ③매우 푸지다)의 잘못으로, 북한어로는 '너부죽하고 듬직하다'의 뜻.

곤청색((일본어)kon(紺)靑色)명 **감색**(紺色. 짙은 청색에 적색 빛깔이 풍기는 색)의 북한어.

공중다리(空中-)명 **구름다리**(도로/계곡 따위를 건너질러 공중에 걸쳐 놓은 다리)의 북한어.

곽밥명 도시락밥의 북한어.

　밥곽명 **도시락**(밥을 담는 작은 그릇)의 북한어.

☞ **도시락**에는 '①밥을 담는 작은 그릇. ②≒도시락밥. 밥을 담는 작은 그릇에 반찬을 곁들여 담는 밥'이라는 두 가지 뜻이 있다.

군중가요(群衆歌謠) 명 **대중가요**(널리 대중이 즐겨 부르는 노래)의 북한어.

그쯤하다 형 **그만하다**(상태, 모양, 성질 따위의 정도가 그러하다)의 북한어.

기스락물 명 **낙숫물**(처마 끝에서 떨어지는 물)의 북한어.

까리까리하다 형 [북한어] 꼭 짚어 말하기 어렵게 몹시 희미하고 어렴풋하다.

어슴푸레하다 형 ①빛이 약하거나 멀어서 어둑하고 희미하다. ②뚜렷하게 보이거나 들리지 아니하고 희미하고 흐릿하다. ③기억/의식이 분명하지 못하고 희미하다.

까지껏 부 **한껏**(할 수 있는 데까지)의 북한어.

까짓것 명 별것 아닌 것. 감 ≒**까짓**(별것 아니라는 뜻으로, 무엇을 포기하거나 용기를 낼 때 하는 말). ☞ 표준어!

끌끌하다 형 마음이 맑고 바르고 깨끗하다.

☞ 표준어. 일부 사전에서 '깨끗하다'를 뜻하는 북한어로 설명하고 있으나 잘못. 우리의 표준어이기도 하다.

날삯일 명 **날일**(날삯을 받고 하는 일)의 북한어.

냅더서다 동 **냅뜨다**(①일에 기운차게 앞질러 나서다. ②관계도 없는 일에 불쑥 참견하여 나서다)의 북한어.

넙적바위 명 **너럭바위**(≒盤石, 넓고 평평한 큰 돌)의 북한어.

츠렁바위 명 '험하게 겹쌓인 큰 바위'를 뜻하는 북한어.

년간(年間) 명 '일정한 기준을 중심으로 가까운 몇 해 동안'을 뜻하는 북한어.

노예시대 명 **노예 시대**의 북한어로 '인류 사회가 노예 소유자 사회의 단계에 있었던 시대'를 뜻하는 사회학 용어.

놀량으로 부 **노량으로**(어정어정 놀면서 느릿느릿)의 북한어.

다량생산(多量生産) 명 **대량생산**(大量生産, 기계를 이용하여 동일한 제품을 대량으로 만들어 내는 일)의 북한어.

☞ 분량은 **다량/소량**이 적절하므로 대량생산보다 나은 말.

단간방살림 명 **단칸살림**(단칸방에서 사는 살림) 혹은 **단칸방 살림**의 북한어.

달물결 명 **월파**(月波, 달빛이나 달그림자가 비치는 물결)의 북한어.

달큰하다휑 '꽤 단맛이 있다'는 뜻의 북한어.

돌려읽기명 윤독(輪讀, 여러 사람이 같은 글이나 책을 돌려 가며 읽음)의 북한어.

들여마시다동 **들이마시다**(①물/술 따위를 목구멍 안으로 빨아들다. ②공기/냄새 따위를 입/코로 빨아들이다)의 북한어

들이쟁이다동 '안쪽으로/마구 쟁이다'를 뜻하는 북한어. 이에 해당되는 표준어는 현재 없음.

> ☞ **안쪽으로 쟁이다**의 뜻으로는 **들여 쟁이다**로 써야 함. **마구 쟁이다**의 뜻으로는 '들이-'가 **몹시/마구/갑자기**의 뜻을 더하는 접두사이므로 **들이쟁이다**로 쓸 수도 있을 것이나 현재 《표준》의 표제어에는 없음.

> **쟁이다≒재다**동 ①물건을 차곡차곡 포개어 쌓아 두다. ②고기 따위의 음식을 양념하여 그릇에 차곡차곡 담아 두다.

> **드러쟁이다**동 많은 물건이 한군데에 차곡차곡 쌓다.

들쭝날쭝흑 **들쭉날쭉**의 북한어. ☞**들쭉날쭉≒들쑥날쑥**

등멱명 목물(팔다리를 뻗고 엎드린 사람의 허리 위에서부터 목까지를 물로 씻어 주는 일)의 북한어. 단, 이와 비슷한 '등물'은 표준어임!

떠벌이명 **떠버리**(자주 수다스럽게 떠드는 사람을 낮잡는 말)의 북한어.

뜸명 **바늘땀**(바느질할 때 실을 꿴 바늘로 한 번 뜸. 또는 그런 자국)을 뜻할 때는 북한어. 표준어는 '땀'. ¶한 땀 한 땀 정성 들여 꿰맨 옷.

뜻같은말명 **동의어**(同義語)의 북한어.

> ☞**동의어**(同義語/同意語)와 **같은 말**은 한 낱말이 아님. **뜻**이 같은 말일 때만 동의어이기 때문. 엄격하게는 **뜻같은말**이 적확한 표기라고 볼 수 있음.

명절색(名節色)명 '명절 차림'이나 '명절 분위기'를 뜻하는 북한어.

모름지기흑 [북한어] 모르긴 몰라도.

> ☞표준어에서의 **모름지기**는 '사리를 따져 보건대 마땅히' 또는 '반드시'의 뜻.

모재비헤엄명 **모잽이헤엄**(수영에서, 옆으로 누워서 치는 헤엄. 횡영)의 북한어.

북덕불명 '북데기에 피운 불'의 북한어.

비꽃명 '비가 내리기 시작할 때 성기게 떨어지는 빗방울'을 뜻하는 북한어.

삼바리명 **불가사리**(불가사리강의 극피동물)의 북한어.

새앙손명 **새앙손이**(손가락 모양이 생강처럼 생긴 사람)의 북한어.

생나무울타리명 **산울타리**(산 나무를 촘촘히 심어 만든 울타리)의 북한어.

섬찟하다/섬찍하다형 **섬뜩하다**(갑자기 소름이 끼치도록 무섭고 끔찍하다)의 북한어.

손나팔/입나팔 **손나발**[-喇叭▽](①손을 입에다 대고 마치 나팔을 부는 것처럼 소리를 내는 일. ②소리를 크게 지르거나 속삭여 말할 때 나발 모양처럼 만들어 입에 대는 손)의 북한어.

　☞ 2014 국립국어원의 문헌 정보 수정으로 '손나팔'은 '손나발'과 같은 말로 인정.

수박씨장사명 [북한어] ①[비유] 문제를 대담하게 처리하지 못하고 사소한 것에 매여 우물거리기만 하는 사람. ②[비유] 속이 의뭉한 사람.

수컷치레≒**혼인장식(婚姻裝飾)**명 **혼인색**(일부 동물의 번식기에 다른 성의 개체를 끌기 위하여 보통 때와는 달리 나타나는 색/무늬)의 북한어.

술실명 **술**(가마/깃발/끈/띠/책상보/옷 따위에 장식으로 다는 여러 가닥의 실)의 북한어.

신들메명 **들메끈**(신이 벗어지지 않도록 신을 발에다 동여매는 끈)의 북한어.

싱갱이명 **승강이(昇降-)**≒**승강(昇降)/실랑이**(서로 자기주장을 고집하며 옥신각신하는 일)의 북한어. [주의] "경쟁/경기에서 서로 지지 않으려고 기를 씀"의 뜻으로는 표준어!

쌀됫박명 **쌀되**(①쌀을 되는 데 쓰는 일정한 크기의 그릇. ②한 되 남짓한 얼마 안 되는 쌀)의 북한어.

쌉쓰름하다형 **쌉싸래하다**≒**쌉싸름하다**(조금 쓴 맛이 있는 듯하다)의 북한어.
　[주의] 예전에 표준어에서 '쌉싸름하다'는 '쌉싸래하다'의 잘못이었으나 복수표준어로 인정됨. **쌉싸래-(○)/쌉쓰레-(○)/쌉쓰름-(○)** ☞모음조화.

아다모끼명 '마구잡이/생억지. 또는 마구잡이로 하거나 생억지를 쓰는 사람'의 북한어.

아름차다형 아래와 같은 뜻으로 쓰이며, '한 아름에 가득하다'는 의미로는 북한어.
　아름차다형 ①힘에 겹다. ②≒**보람차다**(어떤 일을 한 뒤에 결과가 몹시 좋아서 자랑스러움과 자부심을 갖게 할 만큼 만족스럽다). ③[북한어] 두 팔을 벌려 껴안은 둘레의 길이에 가득하다.

우람차다⟨형⟩ 매우 우람하다. ☞일부 사전에서 '씩씩하다'를 뜻하는 북한어로 설명하고 있으나 잘못. 우리의 표준어이기도 하다.

아스란히⟨부⟩ **아스라이**의 북한어. '아스라이'는 '아스라하다'에서 나온 부사.

아스라하다⟨형⟩ ①보기에 아슬아슬할 만큼 높거나 까마득하게 멀다. ¶아스라하게(아스라이) 높은 저 절벽 꼭대기. ②기억이 분명하게 나지 않고 가물가물하다. ¶오랜만에 오자 예전에 그녀와 이곳을 찾았던 기억이 아스라하게 떠올랐다. ③먼 곳에서 들려오는 소리가 분명하지 않고 희미하다. ¶산 쪽에서 포성이 아스라이 들려왔다.

아스름(어스름)하게⟨부⟩ **아[어]슴푸레하게**의 북한어.

아슴푸레하다<어슴푸레~>⟨형⟩ ①빛이 약하거나 멀어서 조금 어둑하고 희미하다. ②또렷하게 보이거나 들리지 아니하고 희미하고 흐릿하다. ③기억/의식이 분명하지 못하고 조금 희미하다.

안달복통(-腹痛)⟨명⟩ '남이 잘되는 것에 심술이나 안타깝게 속이 타 하는 짓'을 이르는 북한어. ☞표준어 **안달복달**은 아래와 같이 '안달복통'과는 뜻이 다름.

안달복달⟨명⟩ 몹시 속을 태우며 조급하게 볶아치는 일. ⟨부⟩몹시 속을 태우며 조급하게 볶아치는 모양.

야살궂다⟨형⟩ **야살스럽다**(보기에 얄망궂고 되바라진 데가 있다)의 북한어.

어리장사⟨명⟩ ①**얼렁장사**(여러 사람이 밑천을 어울러서 하는 장사)의 잘못. ②**얼렁장사**(여러 사람이 밑천을 어울러서 하는 장사)의 북한어.

얼굴닦달질⟨명⟩ [북한어] 화장을 하거나 매만지는 일.

얼굴도래⟨명⟩ [북한어] 얼굴을 이룬 둥근 윤곽.

엄벙부렁하다⟨형⟩ **엄범부렁하다**(실속은 없이 겉만 크다)의 북한어.

에스키모⟨명⟩ [북한어] 아이스크림의 하나. 우유에 코코아 가루·설탕·향신료 따위를 넣어서 만드는데, 흔히 겉에 초콜릿을 씌우고 막대를 넣어 얼려 종이에 싼다.

여나믄/여나문⟨수⟩⟨관⟩ **여남은**(열이 조금 넘는 수. 또는 그런 수의)의 북한어.

☞①'서르나문/마흐나문/예수나문'은 각각 '서른/마흔/예순이 조금 넘는 수나 또는 그런 수'를 뜻하는 북한어. ②올바른 표기는 '-남은'이며, 현재 사전에 올라있는 것으로는 **여**

남은/스무남은/예수남은 등이 있음.

여바위명 **여**(물속에 잠겨 보이지 않는 바위)의 북한어.

여직부 **여태**(지금까지)의 북한어.

여차직하다동 **여차하다**(如此-, 일이 뜻대로 되지 아니하다)의 북한어.

옆눈짓명 **곁눈질**의 북한어.

오목샘명 **보조개**(말하거나 웃을 때에 두 볼에 움푹 들어가는 자국)의 북한어.

와자그르부 **와자그르르**(①여럿이 한데 모여 시끄럽게 웃고 떠드는 소리. ②소문이 갑자기 널리 퍼져 떠들썩하거나 시끄러운 모양)의 북한어.

웬만침하다준 '**웬만큼 하다, 웬만치 하다**'의 북한어.

웬만치≒웬만큼부 ①허용되는 범위에서 크게 벗어나지 아니할 만큼. ②보통 은 넘는 정도로.

유보도(遊步道)명 **산책로**(산책할 수 있게 만든 길)의 북한어.

이상분(以上-)명 '**나이가 훨씬 위인 어른**'의 북한어.

입맞춤명 **더빙**(외국어로 된 영화의 대사를 해당 언어로 바꾸어 다시 녹음하는 일) 의 북한어.

자리짚명 **깃**(외양간/마구간/닭둥우리 따위에 깔아 주는 짚/마른풀)의 북한어.

자잘구레하다형 **자질구레하다**(모두가 잘고 시시하여 대수롭지 아니하다)의 북한 어. ☞'자질구레하다'의 준말은 '자지레하다'

잔망궂다형 **잔망스럽다**((屛妄-) ①보기에 몹시 약하고 가냘픈 데가 있다. ②보기 에 태도/행동이 자질구레하고 가벼운 데가 있다. ③얄밉도록 맹랑한 데가 있다) 의 북한어.

장사명 **장수**(장사하는 사람)의 북한어.

저윽이(저으기)/저으기나부 **적이**(꽤 어지간한 정도로)의 북한어.

좀상스럽게부 **좀스럽게**의 북한어.

좀체사람명 '**특별한 수완이나 힘이 없는 보통 사람**'을 뜻하는 북한어.

주뼛거리다동 **주뼛거리다<쭈뼛거리다**의 북한어.

　쭈뼛>주뼛거리다/~대다동 ①물건의 끝이 다 차차 가늘어지면서 뾰족뾰족 하게 솟아나다. 또는 그렇게 되게 하다. ②무섭거나 놀라서 머리카락이 꼿꼿하게 일어서는 듯한 느낌이 자꾸 들다. ③어줍거나 부끄러워서 자꾸 머뭇거리거나 주저주저하다.

죽마고구(竹馬故舊)명 **죽마고우**(竹馬故友, 대말을 타고 놀던 벗이라는 뜻으로, 어릴 때부터 같이 놀며 자란 벗)의 북한어.

줄창부 **줄곧**의 북한어.

-지만서도미 **-지만**의 잘못. 북한어.

직바로(直-)부 [북한어] (구어체) 에돌거나 망설이지 아니하고 곧바로. ☞**직방**(直方)은 곧바로(즉시)의 잘못. 없는 말.

짜르다형 **짧다**의 북한어 ☞혀 짜른 소리. 표준어로는 혀짤배기소리(혀가 짧아서 'ㄹ' 받침 소리를 똑똑하게 내지 못하는 말소리).

쨍가당부 **쨍강**(얇은 쇠붙이/유리 따위가 가볍게 떨어지거나 부딪쳐 맑게 울리는 소리)의 북한어.

쩔다동 **절다**(술이나 독한 기운에 의하여 영향을 받게 되다)의 북한어.

쪽도리명 **족두리**를 구어적으로 이르는 북한어.

쫄다동 [속어] **졸다**(위협적이거나 압도하는 대상 앞에서 겁을 먹거나 기를 펴지 못하다)의 북한어.

쪼각명 **조각**(①한 물건에서 따로 떼어 내거나 떨어져 나온 작은 부분. ②종이 따위의 얇고 넓적한 물건의 낱개)의 북한어.

쿠리쿠리하다/코리코리하다형 **코리다＞고리다**의 북한어. [주의] '꼬리꼬리하다'는 없는 말. '쿠리다'와 '코리다'는 '구리다'와 '고리다'의 센말.

　구리다＜쿠리다형 ①똥/방귀 냄새와 같다. ②하는 짓이 더럽고 지저분하다. ③행동이 떳떳하지 못하고 의심스럽다.

　고리다＜코리다형 ①썩은 풀/달걀 따위에서 나는 냄새와 같다. ②마음씨나 하는 짓이 아니꼬울 정도로 옹졸하고 인색하다.

쿵탕쿵탕부 **쿵쾅쿵쾅**의 북한어.

판마감명 **판막음≒판막이**(①마지막 승리. ②마지막 겨룸)의 북한어.

팥소팡명 **팥빵**(소로 팥을 넣어 만든 빵)의 북한어.

　팥소명 팥을 삶아서 으깨거나 갈아서 만든 것. 떡/빵 따위의 속으로 넣는다.

퍼뜩이다[동] **퍼뜩하다**(①어떤 생각이 갑자기 아주 순간적으로 떠오르다. ②어떤 물체/빛 따위가 갑자기 아주 순간적으로 나타났다 사라졌다 하다)의 북한어.

펀뜩[부] **퍼뜩**(①어떤 생각이 갑자기 아주 순간적으로 떠오르는 모양. ②어떤 물체/빛 따위가 갑자기 아주 순간적으로 나타나는 모양. ③갑자기 정신이 드는 모양)의 북한어.

평미리[명] **평미레질**(곡식을 될 때 평미레로 되나 말을 미는 일)과 **평밀이**(대패로 평면이 되도록 밂)의 북한어.

포실포실하다[형] **포슬포슬하다**〉**보슬보슬하다**(덩이진 가루 따위가 물기가 적어 엉기지 못하고 바스러지기 쉬운 상태이다)의 북한어인데, 북한어로서는 뜻풀이가 조금 다름. [북한어] 물건이 꽤 바싹 말라서 매우 잘게 바스러지기 쉽거나 잘 엉기지 않는 데가 있다.

푸르딩딩하다[형] **푸르뎅뎅하다**(고르지 않게 푸르스름하다)의 북한어.

풀뭇간/풀무간[명] **대장간**의 북한어.

푸르락붉으락[부] **붉으락푸르락**의 북한어. 표준어에서는 '붉으락푸르락'을 '푸르락붉으락'으로 어순을 바꿔 쓸 수 없으나, 북한어에서는 '푸르락–'이 우선함.

  붉으락푸르락[부] 몹시 화가 나거나 흥분하여 얼굴빛 따위가 붉게 또는 푸르게 변하는 모양. ¶~하다[동]

화다닥[부] **화다닥**의 북한어. ☞ **와다닥/후다닥**은 표준어로 인정되었지만, **화다닥**은 제외되었음.

후두둑[부] **후드득**의 북한어.

후둑이다/후둑(후두둑)대다/후둑(후두둑)거리다[동] **후드득대다/후드득거리다**의 북한어.

흐리멍텅하다[형] **흐리멍덩하다**(①정신이 맑지 못하고 흐리다. ②옳고 그름의 구별이나 하는 일 따위가 아주 흐릿하여 분명하지 아니하다. ③기억이 또렷하지 아니하고 흐릿하다. ④[북한어] 귀에 들리는 것이 희미하다)의 북한어.

흥탕망탕[부] [북한어] 되는대로 막 행동하는 모양.

희롱해롱하다[동] **희룽해룽하다**(실없이 경솔하게 자꾸 까불다)의 북한어.

희읍스름(희읍스레)/희끄무레⬚ 표준어로서는 접사 '–하다'가 없는 '희읍스름(희읍스레)/**희끄무레**' 꼴은 어근일 뿐이지만, 북한어에서는 부사.

희희덕거리다⬚ **시시덕거리다**의 북한어.

▶**돌아볼 만한 옛말**

거웃⬚ **수염**의 옛말. ¶**불거웃**(불두덩에 난 털) ☞표준어.

걸말⬚ **횃대**(옷을 걸 수 있게 만든 막대)의 옛말.

　말⬚ 비교적 긴 막대 말뚝. ☞표준어.

　말장(-杖)⬚≒**말목**(가늘게 다듬어 깎아서 무슨 표가 되도록 박는 나무 말뚝).
　　☞표준어.

고은약⬚ **고약**(주로 헐거나 곪은 데에 붙이는 끈끈한 약)의 옛말.

구렁빛⬚ **밤색**(여문 밤의 겉껍데기 빛깔과 같이 검은색을 띤 갈색)의 옛말.

　구렁말⬚ 털 빛깔이 밤색인 말. ☞표준어.

구메/굼⬚ **구멍**(뚫어지거나 파낸 자리)의 옛말. ☞아래 낱말들은 모두 표준어!

　구메밥⬚ 예전에, 옥에 갇힌 죄수에게 벽 구멍으로 몰래 들여보내던 밥.

　구메혼인⬚ 널리 알리지 않고 하는 혼인.

　구메활터⬚ 작은 규모로 꾸민 활터.

　구메구메⬚ 남모르게 틈틈이.

군마기⬚ **국방**(國防, 외국의 침략에 대비 태세를 갖추고 국토를 방위하는 일)의 옛말.

　마구리⬚ ①길쭉한 토막/상자/구덩이 따위의 양쪽 머리 면. ¶연필 마구리. ②길쭉한 물건의 양 끝에 대는 것. ☞표준어.

　곁마기⬚ 여자가 예복으로 입던 저고리의 하나. ☞표준어.

　아랫마기/윗마기⬚ 아랫도리/윗도리에 입는 옷. ¶**두루마기** ☞표준어.

나랏ᄌ⬚ **국경**(나라와 나라의 영역을 가르는 경계)의 옛말.

　하늘갓⬚ **하늘가**(하늘의 끝)를 뜻하는 북한어.

　치마갓⬚ '치마 아랫부분의 가장자리'를 뜻하는 북한어.

　갓길⬚ 고속도로나 자동차 전용 도로 따위에서 자동차가 달리도록 되어 있는 도로 폭 밖의 가장자리 길. ☞표준어.

갓돌⟨명⟩ 가장자리에 둘러놓은 돌. ☞표준어.

내옴새⟨명⟩ **냄새**의 옛말.

너분니⟨명⟩ **앞니**(앞쪽으로 아래위에 각각 네 개씩 나 있는 이)의 옛말.

　너분너분⟨부⟩ '매우 크고 가볍게 자꾸 움직이는 모양'을 뜻하는 북한어.

놀아이⟨부⟩ **천히**(賤-)의 옛말.

　천히(賤-)↔**귀히**(貴-)⟨부⟩ ①지체/지위 따위가 낮게. ②너무 흔하여 귀하지
　아니하게. ③하는 짓이나 생긴 꼴이 고상한 맛이 없이 상되게. ☞표준어.

　날라리⟨명⟩ ①언행이 어설프고 들떠서 미덥지 못한 사람을 낮잡는 말. ②아
　무렇게나 날림으로 하는 일. ③**기둥서방**(기생이나 몸 파는 여자들의 영업
　을 돌보아 주면서 얻어먹고 지내는 사내)을 낮잡는 말. ☞표준어.

느정이/느즈룽이⟨명⟩ **줄기**의 옛말.

능감⟨명⟩ **마름**(마름과의 한해살이풀)의 옛말.

되야지⟨명⟩ **돼지**의 옛말.

　도야지⟨명⟩ **돼지**의 잘못. 현재 일부 지방에서 방언으로 사용하고 있음.

딤처⟨명⟩ **김치**의 옛말. ≒**팀치**. ←'딤채'는 사전에 없는 말.

딤치⟨명⟩ **김치**의 평안도 방언.

몸얼굴⟨명⟩ **몸통**(사람/동물의 몸에서 머리, 팔, 다리, 날개, 꼬리 등 딸린 것들을 제
　외한 가슴과 배 부분)의 옛말.

미르⟨명⟩ **용**(龍)의 옛말. ☞옛말이므로 표준어가 아님!

미리내⟨명⟩ **은하수**(銀河水)의 제주도 방언.

민빋≒**왼빋**⟨명⟩ **외상**(값은 나중에 치르기로 하고 물건을 사거나 파는 일)의 옛말.

　빋⟨명⟩ **값/빚**의 옛말.

　민값⟨명⟩ 물건을 받기 전에 먼저 주는 물건값. ☞표준어.

소옴⟨명⟩ **솜**의 옛말.

수울/수욼갑⟨명⟩ **술/술값**의 옛말.

어즈버⟨감⟩ 감탄사 **아**의 옛말.

얼운⟨명⟩ **어른**의 옛말. ☞예전에는 시집 장가를 가야만 어른이 될 수 있었음.

　어르다⟨동⟩ '배필로 삼다'의 옛말.

겨집어르다 [동] **장가들다**의 옛말. 娶 장가들 취(**取+女**, 글자 모양을 보면 '남자가 여자 위에 올라가 취하다'는 뜻)

남진어르다 [동] **시집가다**(여자가 결혼하여 남의 아내가 되다)의 옛말.

겨집어리 [명] **계집질**(자기 아내가 아닌 여자와 정을 통하는 짓)의 옛말.

어즈버 [감] 감탄사 '아'의 옛말.

오리 [명] **올**(올/줄의 가닥)의 옛말.

대오리 [명] 가늘게 쪼갠 댓개비. ☞ 표준어.

노오리≒노오라기 [명] 짧게 동강이 난 노끈 가닥. ☞ 표준어.

젹쇠 [명] **석쇠**(고기나 굳은 떡 조각 따위를 굽는 기구)의 옛말.

적쇠 [명] '석쇠'의 방언(충청). ☞ 굽는 기구이므로 '炙(구울 적)'을 사용하여 '적쇠(炙-)'로 적기도 하지만, 현재는 모두 방언.

핀잔1 [명] **창피**(체면이 깎이는 일이나 아니꼬운 일을 당함)의 옛말.

핀잔2 [명] 맞대어 놓고 언짢게 꾸짖거나 비꼬아 꾸짖는 일. ¶ 핀잔하다; 핀잔먹다≒핀잔맞다. ☞ 표준어.

한첫날 [명] **설날**의 옛말.

한자를 알면 저절로 풀이되는
우리말의 원천, 한자어

우리말에서 한자어의 위치와 역할

문 한자어의 대표적인 특징은 무엇인가요? 또한 우리 문법 체계에서 주로 어떤 역할을 하는가요?

답 특징으로는 무엇보다 조어 능력이 뛰어나다는 겁니다. 특히 명사에서는 타의 추종을 불허하죠. 또한 한자어는 명사는 물론 수사나 부사로도 쓰입니다. 나아가 행위성 명사들은 그 뒤에 대개 '—하다'를 붙여 용언으로 만들 수 있어서 용언 형성력 또한 쉽고 높은 편입니다. 의논(議論)하다/유쾌(愉快)하다와 같은 것들이 그러한 예입니다. 이런 효율성에 힘입어 우리말에서 한자어의 비중은 앞으로 더욱 높아질 것으로 전망됩니다.

한자어는 명사 조어 능력(형성력)이 탁월하여 활용 분야가 넓고, 특히 관념어/추상어/전문어 분야에서는 토박이말이 따라올 수 없을 정도로 효율성(신속성/명료성/압축성/확장성)이 뛰어납니다. 또한 접사로서도 **생산성**(형태론, 특히 조어법에서 어떤 접사가 새로운 어휘를 파생시킬 수 있는 정도)이 높아서 복합어 형성력도 왕성한 편이지요. 단순한 예로 **—력**(曆)과 **—력**(力)을 이용하여 만들어진 말만 꼽아도, **일력/달력/서력/양력/음력/태양력/태음력⋯; 노력/능력/매력/마력/실력/무력/완력/압력/폭력/강력/위력/강제력/풍력/세력/권력/협력/합력/체력/인력**(引力)**/입력/출력/인력**(人力)**/노동력/주력/병력/군사력/전투력/동력/전력/경쟁력/상**

상력/구상력/영향력/경제력/생산력… 등 무려 1000여 개에 이릅니다.

🔵 한자어의 경제적 조어 능력

흔한 과일인 **포도**(葡萄)/**사과**(沙果/砂果)도 한자어이다. 고려 시대에 중국에서 들여온 것으로 추정되는 포도에 쓰인 '葡萄'는 당나라 때 서역으로부터 온 Budau(중앙아시아의 토어)의 단순한 음역 글자인데 비하여, **사과**는 다르다. 근대에 서양 선교사들이 들여온 현재의 **사과**는 과육이 잔 모래알(沙/砂)처럼 되어 있다고 해서 작명(?)한 경우이다. 만약 이것을 풀어서 **모래[알]과일**이라 했다면 언어적 낭비는 물론 사과의 '사각거리는' 느낌도 살리지 못하지 않았을까?

☞ 참고로, 사과와 달리 능금나무에서 열리는 **능금**은 현재《표준》에서 고유어로 본다. 일부 자료에 보이는 한자 표기 綾衾은 잘못으로, '비단 이불'을 뜻하는 엉뚱한 말이다.

한자에서 최소한 판정승은 거둬야…

문 한자어란 구체적으로 어떤 의미인가요? 또한 해당 한자를 알면 한자어의 뜻이 저절로 드러난다는데, 어째서 그런가요?

답 한자어(漢字語)는 오늘날에도 쓰고 있는 한자에 기초하여 만들어진 우리말인데요. 표기는 한글로 하고 필요할 경우에는 괄호 안에 우리나라 식의 한자를 사용하여 한자 표기를 덧붙이기도 합니다(한자 병기). 즉, 한자어도 우리말이라는 점이 중요합니다. 그 때문에 한자어를 제대로 익히려면 한자를 아는 일 또한 무척 중요하지요. 한자의 정확한 뜻을 알면 그것을 이용하여 만들어진 한자어의 정확한 의미를 아는 데 크게 도움이 되기 때문입니다.

이를테면, 한자어에서 온 **적확(的確)하다/정확(正確)하다**는 그 뜻이 다른데, 그것은 한자 적(的)과 정(正)의 의미 차이에서 연유한답니다.

적확하다(的確-) 휑 정확하게 맞아 조금도 틀리지 아니하다. [유] 영락없
다, 틀림없다

정확하다(正確-) 휑 바르고 확실하다. [유] 명료하다, 바르다

 적(的)은 **적중**(的中)이나 **표적**(標的)에서 보듯, 맞힌다는 뜻입니다. 겨
눔의 목표에서 벗어나지 않고 정확하게 맞히는 것을 이르기 때문에 '적
확하다'는 "정확하게 목표에 (들어)맞아 틀리지 않는다"는 뜻을 갖지요.
한편 '정확(正確)'에서의 **정**(正)은 바르다는 뜻이기 때문에 "올바르고 명
료하여 불분명하지 않다"는 뜻이 앞섭니다.
 따라서 이러한 차이를 이용하면 "우리말은 상황에 알맞게 적확하게
골라 써야 하고, 쓸 때는 어법에 맞게 정확하게 표기해야 한다."는 표현
의 의미와 용법을 정확하게 이해할 수 있게 되지요.

☞ 한글로만 적은 '정확하다'에는 그 쓰인 한자에 따라 **정확(正確)하다**(바르고 확실하다)/**정확**
 (貞確)하다(곧고 굳다)/**정확(精確)하다**(자세하고 확실하다)와 같이 세 가지의 다른 의미가
 있다.

 반면에 한자를 잘 모르면 흔히 쓰는 한자어인데도 그걸 올바르게 사
용하지 못하거나 정확하게 알아보지 못하는 일이 생깁니다. 그러다 보
면 크고 작은 실수들을 하게 되겠지요.
 한자어 모두를 제대로 정확히 알기는 어렵습니다. 하지만, 일상생활
에서 흔히 쓰는 말들에 대해서만은 창피스러운 일을 겪어서는 안 되겠
지요. 그러려면 적어도 한자에서는 반타작 정도는 해야 하지 않을까요.
그래서 제목에 "최소한 한자에서 판정승은 거둬야 한다."고 한 겁니다.

우리말에서 한자어가 차지하는 비율

문 우리말에는 한자어가 꽤 많다고 하는데, 그 비율은 어느 정도인가요?

답 우리말에는 한자어 비율이 대략 70% 정도인 것으로 알려지고 있는데, 60% 정도
라고도 합니다. 명사로만 한정하고 지명/인명을 제외한 상태에서는 80%를 넘기
기도 한다고 하고요. 부끄러운 일이지만 사실 한자어가 얼마나 되는지는 정확하
게 알려진 바가 없습니다. 그리된 데에는 몇 가지 복잡한 사정이 깔려 있습니다.

우선 그 비율이 발표될 때의 모집단(母集團) 대상의 기준과 크기의 문제가 있습니다. 한때 《표준》의 경우 57% 정도 된다고 한 적이 있는데, 이것도 신뢰할 수 없는 것이 당시 그것은 표제어가 44만여 개일 때의 수치였고 한자어와 고유어가 결합한 말들은 제외되었습니다. 현재의 인터넷 판 표제어는 50만여 개입니다.

그 당시 함께 발표된 자료로는 명사 중에서 차지하는 한자어의 비율만 따로 조사한 것도 있었는데 자그마치 81%였습니다. 하지만 이 포집 대상(표본) 명사 중에는 역사적 사건이나 지명 등의 표제어도 그 안에 포함되어 있어서 순수한 우리말 명사로만 볼 수가 없다는 문제가 있었죠.

또 다른 자료로는 이러한 분석 대상의 문제점을 줄인 총 36만 3,424개의 표제어만을 표본으로 한 것이 있습니다. 거기서는 고유어 11만 1,156개에 한자어 25만 2,278개로 보아, 69.4%라고 하고 있는데, 우리말에서의 한자어 비율 통계로는 이 수치가 '비교적' 믿을 만한 편입니다. (국립국어원, 《표준국어대사전 연구 분석》, 2002)

'한자'와 '한문' 그리고 '한자어'와 '우리말'

문 우리말 공부를 하는 데에 한자 공부가 중요하다는 말들을 많이 합니다. 한자는 남의 나라 글자이잖습니까. 우리말을 공부하는 데에 굳이 그런 한자까지 익히라는 것은 심하게 말해서 어불성설이 아닌가요?

답 미안하게도 어불성설(語不成說)이 아니라 말이 되는 얘기랍니다. 그 전에 먼저 한자(漢字)/한문(漢文)/한자어(漢字語)가 각각 그 뜻이 다르다는 것을 알면 이 문제를 이해하는 데에 크게 도움이 됩니다.

한자는 일종의 표기 도구여서 그걸 사용하는 나라마다 조금씩 서체가 다를 수 있습니다. 오늘날 중국에서는 **간자체**(简字体)를 사용하고 있지만 일본에서는 일본식 약자체인 **신자체**(新字体)를 만들어 쓰고 있습니다. 우리나라도 우리 식의 약자를 포함한 **통용 한자**를 사용하고 있지요.

한문은 "**한자**만으로 쓰인 문장이나 문학"을 뜻합니다. 즉, 한글이 전혀 쓰이지 않는다는 점과 낱말이 아닌 문장(글)을 뜻한다는 두 가지 점이 특징이면서, 한자어와 구별되는 사항이기도 하죠.

한편 우리말에서의 **한자어**는 "한자에 기초하여 만들어진 말"인데, 그 표기는 한글로 하고 필요할 경우에만 괄호 안에 우리 식의 한자 표기를 덧붙입니다(한자 병기). 즉, 한자어는 한글로 표기되므로(필요할 경우에 한자를 부기) 한자로만 표기되는 한문과는 다르고, 우리말에 속하는 것이랍니다. 그러므로 한자어를 자칫 한문이라고 말하는 것은 잘못입니다.

덤 우리말과 한자

우리나라에서 만든 한자

우리나라에서 통용되는 한자 중에는 우리나라만의 글자도 제법 된다. 예를 들면 **乭**(돌)·**乧**(둘)·**串**(곶)·**畓**(답)·**⿺辶斗**(두)·**垈**(대)·**洑**(보)·**⿺辶守**(수)… 등이다. 같은 한자문화권이라도 이런 국산(?) 한자는 다른 나라에서 알아보지도 못하고 사용하지도 않는다. 예를 들어 유명한 바둑 기사 이세돌의 우리 식 한자 표기는 李世乭이지만, 중국에서는 선수 명단에 李世石으로 표기한다. '乭'이라는 한자가 중국에는 없기 때문이다.

한글 전용, 국·한 병용, 국·한 혼용

한글 전용은 한자어를 포함한 모든 우리말을 한글로만 적자는 것으로 괄호 안의 한자 병기도 없애자는 것이다. **국·한 병용**(國漢竝用)/**국·한 병기**(國漢倂記)는 한자어를 한글로 적되 필요할 경우 괄호 안에 한자를 병기하는 것이고, **국·한 혼용**(國漢混用)은 필요할 경우 한자어를 한글 표기 없이 한자로도 적을 수 있도록 하는 것을 말한다. 예를 들면 "國漢混用은 漢字語를 한글 表記 없이 漢字로도 적을 수 있도록 하는 것"이라고 하는 경우가 국·한 혼용에 해당되는데, 1960~1970년대의 신문 기사 등에서 흔히 볼 수 있던 표기 방식이다. 이 책의 표기 방식은 〈국어기본법〉에서 정한 대로인 **국·한 병용/병기**이다.

'한자어'와 '한자' 그리고 '한문'의 차이

문

우리나라에서 널리 알려진 작품 중에도 제목이 **한문**으로 되어 있는 시가 있는가요? 또한 한자를 익힐 때 왜 굳이 (중국식의 한자가 아닌) 우리식의 한자를 알아야 한다는 건가요?

답

김소월의 〈山有花〉가 바로 제목이 한문으로 된 시랍니다. 또한 한자어를 공부할 때는 무조건 낱말을 암기하려 들기보다는 관련 한자를 떠올려 보는 것이 요긴합니다. 관련 한자를 떠올려 보는 것만으로도 올바른 낱말을 고를 수 있거나 왜 잘못된 것인지 이해가 빨라지기 때문이죠. 그래서 (중국식이 아닌 우리식의) 한자를 익히라는 것이랍니다.

소월의 시 제목 〈山有花〉를 예로 삼아 한자어와 한문의 차이를 좀 더 말씀드릴게요.

한문으로 "산에 꽃이 있다"를 표기하면 두 가지가 되는데요. "花在山"(화재산)과 "山有花"(산유화)가 그것이죠. 山有花에서 주어가 뒤에 있는 것은 한문에서 동사 '있다'의 뜻을 나타내는 '有'가 쓰일 때는 어법상 주어가 도치되게 마련이라서 부사어구가 주어 앞에 놓이기 때문이랍니다. 그것은 현대 중국어에서도 마찬가지지요. 이를테면 "책상 위에 사전 한 권이 있다"를 한문으로 적으면 "桌子上有一本词典"(탁자상유일본사전)이 되는데, 부사구 **桌子上**(책상 위)가 주어의 앞에 놓입니다. 그 반면, 동사를 '有' 대신 '在'를 사용하면 주어가 도치되지 않아서 '花在山'이 되는 것이고요.

따라서 '산유화'는 산에 있는 꽃, 즉 산꽃(≒山花)을 뜻하는 한자어 명사가 아니라 시의 첫 구이기도 한 "산에는 꽃 피네/꽃이 피네"를 한문으로 축약·번역한 것입니다. 한문 문장을 시 제목으로 사용한 것이죠. 산유화라는 꽃 이름이 우리말에는 있지도 않을뿐더러 산꽃을 뜻하는 말도 아니어서 더욱 그렇습니다. 산꽃을 뜻하는 한자어로는 산화(山花)만 있습니다. 다만 '산유화'가 '메나리'(경상·전라·충청 지방에 전해 오는 농부가의 하나)와는 동의어로 쓰이고 있는데, 고유명사일 뿐입니다.

☞ 산꽃≒산화(山花) 외에 들꽃을 이르는 한자어로는 야화(野花)가 있다. 야화는 하층 사회나 화류계 미녀를 비유적으로 이르는 말이기도 하다.

한자어와 한문의 차이를 확실하게 이해하는 데 도움이 되었는지요? 위에서 살펴본 것처럼 우리말에서 한자어가 차지하는 비율이나 비중은 절대적입니다. 또한 한자어를 익히는 데에 한자를 아는 것과 모르는 것의 차이는 아주 큽니다. 한자를 모르고는 정확한 뜻풀이는커녕 우리말 공부를 하는 데도 지장이 많지요. 심지어 눈 감고 문고리 잡듯 해야 할 때도 많다는 이도 있을 정도랍니다.

모(模)와 묘(描) 그리고 용(用)의 쓰임

문
한자어 중에는 원래 의미와는 변용(變容)되어 쓰이거나 착각(錯覺)하여 잘못 쓰는 것들도 꽤 있을 법한테, 예를 들면 어떤 것이 있을까요?

답
흔히 **모사**(模寫)와 **묘사**(描寫)를 헷갈려서 잘못 쓰는 일이 많지요. 그리고 '용(用)'이 들어가는 한자어 중 이용(利用)은 원래 좋은 뜻이었는데 갈수록 부정적인 뜻으로 변용되어 쓰이고 있고, **악용**(惡用), **오용**(誤用), **남용**(濫用) 등은 서로 자칫 헷갈리기 쉬운 말들입니다.

손쉬운 예로, **성대묘사**는 **성대모사**의 잘못인데, **모사**(模寫)는 "사물을 형체 그대로 그리거나 본을 떠서 똑같이 그림 또는 원본을 베끼는 것"이고, **묘사**(描寫)는 "어떤 대상을 언어나 그림 따위로 표현하는 것"이기 때문에, 목소리로 다른 사람이나 동물을 흉내 내는 것은 '묘사'가 아니라 '모사'여야 한다는 걸 한자 뜻풀이를 통하면 손쉽고 명확하게 이해할 수 있게 됩니다. 바로 이런 까닭으로 한자를 익힐 필요가 있다고 한 것이죠.

나아가, 모사(模寫)에 사용된 한자 '**模**'가 "베끼거나 본뜨거나 흉내 낸다"는 뜻임을 알고 있으면 다음과 같은 수많은 관련어들의 익힘이나 추론과 활용, 나아가 전문어의 신어 조어에서도 매우 편리한 이점이 있습니다.

> **모형(模型/模形)** 실물을 모방하여 만든 물건. ☞모형도(模型圖)/모형판(模型板)/모형기(模型機)/모형선(模型船)/모형화(模型化)/모형실험(模型實驗)≒모의실험/모형시험조(模型試驗槽)/모형무대(模型舞臺)/모형계기분석(模型繼起分析)≒인과순환분석(因果循環分析)
>
> **모범(模範)** 본받아 배울 만한 대상. ☞모범생/모범수(模範囚)/모범적(模範的)/모범림(模範林)/모범촌(模範村)/모범상(模範賞)/모범택시(模範taxi)/모범학교(模範學校)
>
> **모방(模倣)** 다른 것을 본뜨거나 본받음. ☞모방자(模倣者)/모방작(模倣作)/모방설(模倣說)/모방색(模倣色)/모방주의/모방예술/모방유희(模倣遊戲)
>
> **모의(模擬)** 실제의 것을 흉내 내어 그대로 해 봄. 또는 그런 일. ☞모의점(模擬店)/모의총(模擬銃)/모의탄(模擬彈)/모의전(模擬戰)/모의고사(模擬考査)≒모의시험(模擬試驗)/모의실험(模擬實驗)/모의국회(模擬國會)/모의재판(模擬裁判)/모의수업(模擬授業)/모의송전선(模擬送電線)
>
> **모작(模作)**≒**모제(模製/摸製)** 남의 작품을 그대로 본떠서 만듦. 또는 그 작품.

모창(模唱) 남의 노래를 흉내 내는 일.

모조(模造) 이미 있는 것을 그대로 따라 하거나 본떠서 만듦. 또는 그런 것. ☞모조품(模造品)/모조석(模造石)≒인조석(人造石)/모조지(模造紙)/모조금(模造金)/모조백금(模造白金)/모조진주(模造眞珠)

모각(模刻) 이미 있는 조각 작품을 보고 그대로 본떠 새김. ☞모각본(模刻本)

모상(模像) 모방하여 만든 상.

모법(模法) 방법을 본뜸.

이용(利用)은 본래 "이롭게 씀"을 뜻하는 말입니다. 조선 시대의 실학을 규정할 때면 "사실에 토대를 두어 진리를 탐구하는" **실사구시**(實事求是)와 "기구를 편리하게 쓰고 먹을 것과 입을 것을 넉넉하게 하여 백성의 생활을 나아지게 하는" **이용후생**(利用厚生)이란 말이 빠지지 않고 들어가는데요. '이용'은 이때의 이용후생에서 쓰인 것과 같은 좋은 의미의 말입니다. 무척 유용(有用)한 말이죠.

그런데 어느 때부터인가 이 말이 "그럴 때만 나를 **이용**하려 드는 나쁜 사람"과 같은 데서처럼 "다른 사람/대상을 자신의 이익을 채우기 위한 방편(方便)으로 씀"을 뜻하는 말로도 쓰이게 되었습니다. 본래 좋은 뜻의 말이 아주 나쁜 뜻의 말로 바뀌어 쓰이게 된 것이죠. 지금은 본디 뜻보다도 변형된 뜻으로 더 많이 쓰이는 듯도 합니다.

다른 것과 마찬가지로 언어 역시 그 **활용**(活用, 충분히 잘 이용함)에 있어서 제대로 **선용**(善用, 알맞게 쓰거나 좋은 일에 씀. '바르게 씀'으로 순화)되어야 합니다. **오용**(誤用, 잘못 사용함)되거나 **남용**(濫用, ①일정한 기준·한도를 넘어서 함부로 씀. ②권리·권한 따위를 본래의 목적·범위를 벗어나 함부로 행사함)되어서도 안 되겠고요. 영어에서도 '오용'과 '남용'을 구별하기 위하여 '−use' 앞에 각각 다른 접두어를 붙여서 'misuse'와 'abuse'로 달리 쓰고 있지요. 아동 학대를 'child abuse'라 하는 것처럼 말이죠.

언어생활에서 잘못된 말인 줄도 모르고 **난용**(亂用, 정해진 용도의 범위를 벗어나 아무데나 함부로 씀)하는 것도 좋지 않지만, 나쁜 뜻으로 변용되어 쓰이는 말인 줄도 모른 채 그런 말들을 **과용**(過用, 정도에 지나치게 씀)하는 것처럼, 생각 없이 사는 일로 손쉽게 이어지는 일도 없는 듯합니다. 언어 앞에서 이따금 차렷 자세로 자신을 돌아보는 일은 그래서도 필요하지요. 그런 일은 뜻밖으로 우리의 내면에 즐거운 긴장을 더하기도 하는 일이기도 하니까요.

'한글 전용'과 '한자 병기'의 논쟁

문 한글 전용 소리를 듣고 자란 세대라서 한자 교육을 제대로 받지 못한 40대 초반의 직장인입니다. 사회에 나와 보니 한자를 잘 몰라 불편한 점이 참 많았습니다. 심지어, 사원 시절에는 상사로부터 무식하다는 농담 섞인 핀잔까지 받기도 했지요. 그 핀잔 덕분에 몇 해 전에 한자 급수 시험까지 보긴 했지만요. 앞으로는 한글 전용이다, 한자 병용이다 하는 논란으로 저처럼 피해를 입는 사람이 없어야 하지 않을까요?

또 제 짧은 생각입니다만, 복잡한 받침 따위를 따지지 말고 아예 우리말을 소리나는 대로 풀어서 적자는 한글 전용 쪽이 컴퓨터 시대에 적합한 것 아닌가 싶은 생각도 들곤 합니다. 문제가 있긴 있겠지요?

답 지적하신 대로, 한자 표기·사용 문제를 두고 지난 수십 년간 두 세력이 맞서왔습니다. 그걸 두고 심지어 문자 전쟁이라고까지 했을 정도였어요. 그 바람에 폐해가 만만치 않았지요. 뭐니 뭐니 해도 학생들의 피해가 가장 컸고, 그 후폭풍은 대중문화 일반에까지 영향을 끼쳤습니다. 공문서 작성에서도 그랬고요.

☞ 이와 관련하여, 훈민정음 창제 이전부터 지금까지의 다툼을 가장 폭넓게 다룬 책자로는 《한글전쟁》(김흥식, 서해문집)이 있다.

　　그런데 이런 논쟁 과정에서 일반인은 물론이고 일부 전문가들에게까지 한글 전용과 관련하여 잘못 알려져 오해를 사고 있는 것들이 몇 가지 있답니다.

그 첫째는 우리말 순화 운동의 본질에 대한 착각 또는 오해와 결부되어 있습니다. 즉, 우리말 순화 운동이 한글 전용으로만 비쳐지거나 비약되어, 한자어 추방으로까지 잘못 번진 거지요. 우리말 순화 운동은 주로 의사(擬似) 외래어라고도 불리는 왜색조(倭色調, 일본의 문화나 생활양식을 띠고 있는 색조의 말투나 태도를 낮잡는 말)의 말과 엉터리 외래어, 그리고 지나치게 어렵거나 고유어로 쉽게 바꿔 쓸 수 있는 한자어 등을 바로잡는 활동이었는데, 일부에서는 이것을 오롯한 한글 전용 운동으로 성급하게 잘못 결론지은 겁니다.

특히 1970년대 후반부터 사회 전반에 확산된 국어 순화 운동이 한글 전용으로 잘못 인식되어 한자 경시로 이어지고, 1980년대 후반부터 신문·잡지도 점차 한자를 쓰지 않게 되면서 한자 교육 자체가 거의 매몰된 시기가 있었어요. 교과서에서 한자가 사라진 지 겨우 2년 만인 1974년에 중·고등학교 교과서에 다시 한자가 병기되고, 대한교육연합회(현재의 대한교원단체총연합회. 당시 약칭 '교련')에서는 초등학교에까지도 한자 교육을 부활하라는 건의를 했던 시절이었음에도 그랬습니다.

그래서 지금도 우리말 지키기 운동과 같은 표현을 대하면 고유어만 써야 한다는 식으로 넘겨짚어서 한글로 표기된 한자어까지도 무조건 배격하는 것으로 오해하고 있지요. 실제로 그런 활동을 하는 이들 중에도 상당수가 그런 생각에서 벗어나지 못하고 있기도 하고요. 우리말 순화 운동과 한글 전용은 별개의 사안이고 차원이 다른 문제인데 말입니다. 우리말 순화 운동은 어려운 한자어를 포함하여 잘못된 외래어들을 가능하면 우리말(고유어 내지는 쉬운 한자어)로 바로잡자는 게 기본 취지이거든요. 그러므로 한자 익히기 자체를 반대하는 것이나 한자어를 무조건 배격하는 태도는 엇길로 나가도 한참이나 벗어난 잘못된 태도입니다.

또 한 가지 중대한 오해는 한자 교육을 한글 전용의 정반대로 생각하는 일입니다. 물론 극단적인 한글 전용론자 중의 일부는 한자 교육까지도 반대하지만, 우리나라 교과서에서 한자가 완전히 자취를 감춘 기간은 1970~1972년뿐이랍니다. 한편, 미 군정청 이래로 공문서에서의 한글 전용을 지시하거나 법률/훈령 등으로까지 규정해온 것은 지금까지 흔들리지 않는 기본 정책이었고요.

즉, 우리나라 어문 정책은 처음부터 기본적으로 공문서에서 한글을 전용하려는 입장이었고, 다만 그 과정에서 앞서 설명한 국한 혼용 또는 국한 병기 등을 예외적으로 인정해 왔을 뿐입니다. 1948년에 공포된 〈한글전용법〉에서 그 뒤 오래도록 문제가 되었던 조항, 즉 "대한민국의 공용문서는 한글로 쓴다. 다만, 얼마 동안 필요한 때에는 한자를 병용할 수 있다."는 규정의 모호함 때문에 그 구체적인 시행 내역이 정권별로 조금씩 달라지긴 했어도, 한글 전용의 뼈대가 바뀐 적은 한 번도 없고 그것은 지금도 마찬가지입니다.

〈국어기본법〉의 제정으로 이제는 폐지된 〈한글전용법〉의 기본 취지그대로, 모든 공문서는 한글 전용을 원칙으로 하고 필요할 때 한글 뒤의 괄호 안에 한자를 표기하는 한자 병기 방식을 예외적으로 인정하고 있지요. 요약 정리하면 이렇습니다.

첫째, 한글 전용이라고 해서 우리말 속의 한자어 자체를 배격하거나 추방하자는 건 아니다. 둘째, 한글 전용 원칙과, 필요할 경우 예외적으로 괄호 안에 한자를 병기하는 것은 서로 어긋나는 게 아니다. 셋째, 국어 순화 운동과 한글 전용은 별개의 사안이다. 국어 순화 운동은 '어려운 한자어를 포함하여 잘못된 외래어와 고유어로 바꿔 쓸 수 있는 외국어들(한자어 포함)을 우리말로 다듬어 쓰자는 운동'이라는 것이지요.

소리 나는 대로 적는 문제에 관한 질문은 풀어쓰기와 모아쓰기의 문제로도 연결되는데다 좀 전문적이니 뒤에서 따로 설명하겠습니다.

한글전용법의 '단서 조항'이 일으킨 분란

문 해방이 되자마자 **한글 전용**이 미 군정청의 어문 정책의 근간으로 자리 잡게 되었다는데 그 배경은 무엇인가요? 또 관련 법규에 **문제**의 단서 조항이 있었다고 들었는데 그건 뭔가요?

답 1945년 9월에 군정청 편수과장으로 취임한 외솔 최현배 덕분입니다. 외솔이 그 자리에서 3년 동안 앞장서서 애쓴 끝에 제헌 국회에서 〈한글전용법〉이 제정·공포됩니다. 한글 전용에 관한 규정의 출발이지요.
그리고 '문제'의 단서 조항이란 **"다만, 얼마 동안 필요한 때에는 한자를 병용할 수 있다."**는 것입니다. 이 조항에서 가장 큰 문제는 기간이 명시되지 않았다는 점입니다. 바로 이것이 **국한 혼용, 국한 병용/병기, 한글 전용**으로 나뉘어 '문자 전쟁'이라고까지 불리는 혼란을 일으키는 단초가 되었지요.

우리나라의 어문 정책은 해방 후부터 지금까지 기본적으로 한글 전용이었고 그것이 흔들린 적은 한 번도 없었습니다. 다만, 예외적으로 처음부터 한자 표기를 (그 구체적인 방식과 기한은 정하지 않은 채) 인정했을 뿐입니다. 그리고 문교부의 한자 교육 정책이 일관되지 못한 면이 있기도 했지만, 교과서에 일절 한자를 표기하지 않은 기간은 단 2년뿐이었습니다.

그러므로 한글 전용이 한자 경시나 배격으로 번진 것은 국어 순화 운동의 엇나간 부작용 탓이기도 한데요. 어문 정책의 잘못이 아니라 한글 전용의 의미를 올곧게 세우지도 못한 채, 그때그때의 사회 분위기에 휩쓸린 일방적/강압적 태도와 위세가 문제였습니다.

이러한 일방통행 식 한글 전용의 심각한 문제점에 대한 반성은 한자 교육의 중요성으로 이어졌는데요. 그 시기는 묘하게도 강압적 군사문화가 사라지는 때와 맞물립니다. 문민정부가 들어서면서 그러한 움직임이 싹텄고, 군사문화의 잔재가 완전히 씻긴 김대중 정부에 들어서서 제자리를 잡았습니다. 도로표지판에 한자가 병기된 것도 그때부터였고, 공문서에도 다시 한자의 모습이 보이기 시작했습니다.

이러한 한자 병기가 제도적·문화적 뒷받침을 받으며 제대로 틀을 잡은 것은 국가 기관인 국립국어원이 최초로 편찬한 《표준국어대사전》(1999)이 발간되면서입니다. 그 뒤 〈국어기본법〉 제정(2005)으로 이어지면서, 한글로 쓰되 필요한 경우 예외적으로 한자나 외국어로 병기할 수 있도록 하는 국한(國漢) 병기 방안이 계속 우리나라 어문 정책의 근간을 이루게 되었습니다.

해방 이후 한글 전용 및 한자 교육 관련 어문 정책의 흐름은 다음과 같습니다.

1945년(미 군정청) **한글 전용 지시** ⇨ 1948년 **한글전용법 공포** ⇨ 1949년(국회) 한자 사용 건의안 가결 ⇨ 1950년(문교부) **한자 교육 결정** ⇨ 1952년 국민학교 4학년 이상 국어 교과서에 교육한자 1,000자 괄호 안에 병용 ⇨ 1954년(대통령) 한글 전용 지시**(한글 파동)** ⇨ 1955년 한글 전용법 재발표. 중학교 한자 교육 정착 ⇨ 1956년 국민학교 교과서에 한자 병서 ⇨ 1957년 상용한자 1,300자 발표, '한글 전용 실천 요강' 공표 ⇨ 1958년(문교부) 각종 문서, 간판, 관청 인장 등의 한글 전용 지시 ⇨ 1961년(군사정부) 한글 전용 지시 ⇨ 1962년 〈한글 전용 안〉 제1집 발표 ⇨ 1964년 초·중·고교의 상용한자 교육 결정 ⇨ 1967년(대통령) 한글 전용 지시 ⇨ 1968년 **교과서 내 한자 폐지(시행은 1970년부터)**, '한글 전용 5개년 계획 안' 발표(상용한자 및 교과서 한자 폐지, 한글전용연구위원회 설치) ⇨ 1970년 한글전용법 개정 공포, **각급 교과서 한글 전용으로 개편** ⇨ 1971년 여러 학술단체에서 한자 교육 부활을 촉구하는 건의

문 제출 ⇨ 1972년(문교부) **한자 교육 부활**(중학교 한자 교육 결정, 한문 과목 독립) ⇨ 1974년(문교부) 중고등학교 교과서 한자 병용 결정 ⇨ 1976년(대통령) **국어순화운동** 지시. 국어순화추진대책위원회 구성 ⇨ 1983년(문교부) 〈국어순화자료집〉(6,800단어) 배포 ⇨ 1992년(국무총리 훈령) '행정용어 바르게 쓰기에 관한 규정' 공포·시행 ⇨ 1986년 개정 외래어 표기법 공포 ⇨ 1988년 한글맞춤법 및 표준어규정 완결·공포 ⇨ 1999년(국립국어원)《표준국어대사전》발간(한자 병기) ⇨ 2002년《표준》웹 초판본(2008년 웹 개정판 출시) ⇨ 2005년 〈국어기본법〉 공포·시행, 〈한글전용법〉 폐지

덤 ▶ 한글은 언제부터 공식으로 공문서에 쓰이기 시작했을까?

한글 창제 후 450년이 지난, 1894년(고종 31)이다. 갑오경장, 동학농민전쟁이 일어난 해이기도 하다. 그해 고종은 칙령을 반포하는데, 한글이 정식으로 공용문자로서 나라 문자(國文)의 지위를 얻게 된 최초의 법령이다.

제14조에 "법률·칙령은 모두 국문(國文)을 기본으로 하고 한문으로 번역을 붙이거나 국한문을 혼용한다." 하고, 이듬해(1985년)에는 이들 간의 우선순위도 정했는바 제9조(반포식)에 "법률·명령은 다 국문으로 기본을 삼고 한문 번역을 첨부하며 혹은 국한문(國漢文)을 섞어서 쓴다."고 천명했다.

재미있는 것은, 한글전용법 제정을 주도한 외솔이 태어난 해도 1894년이라는 사실이다. 아마도 외솔은 태어나면서부터 한글과 인연을 맺은 것인지도 모르겠다. 참, '훈민정음' 대신 '한글'이라는 멋진 이름을 만든 한힌샘 주시경은 최현배가 태어나던 해에 이미 18세 청년으로 그해에 배재학당에 입학했다.

참으로 안타까운 것은, '한글'이라는 이름이 처음 사용된 명확한 기록이 없다는 것이다. 다만 1913년 3월 23일 주시경이 '배달말글몯음'을

'한글모'로 바꿨고, 같은 해 9월 최남선이 창간한 어린이 잡지 《아이들 보이》의 끝에 가로글씨로 '한글풀이'라 한 것, 그리고 1914년 4월에 '조선어강습원(朝鮮語講習院)'이 '한글배곧'으로 이름을 바꾼 것 등으로 미루어서 1913년 무렵 처음으로 사용한 것으로 본다. 1927년에는 조선어학회 회원들이 《한글》이라는 잡지를 매달 발간하였다. 한글이라는 명칭이 일반화된 것은 1928년 11월 11일 조선어연구회에서 '가갸날'을 '한글날'로 고쳐 부른 때부터이다.

'고희'와 '망팔'은 몇 살 차이일까?

칠순 잔치에 참석한 어른 한 분이 잔치의 주인공에게 "이제 칠순의 어린 사람이 **망팔 형님**한테 맞먹으면 쓰나?"라며 농담을 하시더군요. 두 분의 연세 차이가 많이 나는 것 같지는 않은데, **망팔**(望八)은 구체적으로 몇 살을 지칭하는 건가요? 아니면 그저 "팔십을 바라보는 칠십대 나이"라는 의미인가요?
그리고 그날 칠순 잔치를 두고 사람에 따라 **고희**(古稀)라는 말도 쓰고 **종심 축연**(從心 祝宴)이라는 말도 쓰는 것 같던데, 모두 바르게 쓴 것들인지요?

칠순은 나이 70을 뜻하고, **망팔**은 80을 바라보는 나이에 본격적으로 들어선 나이 곧 71세를 뜻합니다. 나이 칠십인 사람에게 겨우 한 살 더 먹은 사람이 "망팔 형님" 운운한 것은 그저 웃자고 한 것이거나 분위기를 띄우기 위해 그런 것 같군요.

흔히 쓰는 **고희**(古稀)는 두보의 곡강시(曲江詩) "인생칠십고래희(人生七十古來稀, 나이 칠십은 예로부터 드문 일)"에서 연유한 말이고, **종심**(從心)은 공자가 자신의 인생을 회고하면서 "칠십이종심소욕불거유(七十而從心所欲不踰矩, 나이 70에 들어 마음에 하고자 바를 좇았으되 법도에 어긋나지 않았다)"(《논어》〈위정편〉)고 한 데서 연유한 말이지요.

참고로, 위에 나온 '망팔(望八)' 외에 '망팔(忘八)'이라는 좀 어려운 한자어도 있는데요. "팔덕(八德)을 잊어버렸다"는 뜻으로, '무뢰한'을 이르는 말이죠. 아울러 '망팔쇠년(望八衰年)'은 "늙어서 기력이 쇠약해지는 나이

일흔한 살"의 뜻으로, 망팔을 부연하는 말입니다.

연령의 표기에 쓰이는 한자어는 무척 많은데 그 유래에 따라 여러 가지가 있습니다. 두보나 공자와 같은 이들의 표현 중에서 나온 것들이 널리 쓰이기도 하지만, 그와 달리 일반적으로 나이 표기에 쓰인 한자들도 있습니다.

공자 식의 표현과 아울러, 그러한 일반적인 나이 표기에 쓰인 몇 가지 한자어의 공통적인 쓰임을 알아두면 나이별로 일일이 익히지 않아도 알 수 있어서 편리합니다. 뒤에 정리해 놓았으니 참고하기 바랍니다.

"나잇값 하며 살라"는 뜻이 담긴 '공자의 나이'

문 흔히 사람의 나이를 공자가 말한 별칭으로 언급하는데, 어떤 배경에서 나온 것인가요? 어떤 행사에서는 사람이 아닌 회사의 연혁을 말하면서 **불혹**이라는 말을 쓰던데, 맞는 건가요?

답 공자가 자신의 나이를 언급하면서 가르침을 베푸느라 나이대별로 의미를 부여한 것인데, 오늘날 나이의 별칭으로 쓰이게 된 것이지요. **지[우]학**(志[于]學), **이립**(而立), **불혹**(不惑), **지[천]명**(知[天]命), **이순**(耳順), **종심**(從心) 등이 각각 15세, 30세, 40세, 50세, 60세, 70세를 뜻하는 말로 널리 통용되고 있는데, 공자의 말에서 비롯한 것입니다.
이런 '나이'는 인생에 대한 성찰에서 비롯한 것이므로 사람에게만 써야지 다른 동물이나 건물, 조직, 단체에 쓰는 것은 맞지 않다고 봐야겠지요.

《논어(論語)》〈위정편(爲政篇)〉 4장에 "공자께서 말씀하시길, 나는 열다섯에 학문에 뜻을 두었고, 서른에 자립하였고, 마흔에 세상일에 미혹되지 않았고, 쉰에 하늘의 뜻을 알았고, 예순부터 생각하는 것이 원만하여 어떤 일을 들으면 곧 이해가 되었고, 일흔에는 마음에 하고자 하는 바를 좇되 법도에 어긋나지 않았다.”(子曰 吾十有五而志于學 三十而立 四十而不惑 五十而知天命 六十而耳順 七十而從心所欲 不踰矩)라는 구절이 있지요.

'공자의 나이'는 여기에서 비롯한 것인데, "20세"를 뜻하는 **약관**(弱冠)은 《논어》가 아니라 《예기(禮記)》〈곡례편(曲禮篇)〉에 나오는 말로, 약년(弱年/若年)·약령(弱齡)이라고도 한답니다.

 나이 표기에 쓰이는 일반적인 한자어

-순(旬)/-질(秩)

둘 다 10을 의미한다. 그러므로 육순/칠순/팔순/구순은 각각 60/70/80/90세를 뜻한다. **칠질**(七秩)이 61세에서 70세까지의 10년을 이르는 것도 이와 같다. 달력에서 초순(初旬)/상순(上旬)/중순(中旬)이라고 할 때의 -순(旬)을 떠올리면 한결 기억하기 쉽다.

망(望)-

다음 대의 나이를 바라보는 나이에 들어선 것을 뜻한다. 예를 들어, **망오**(望五)는 나이 50을 바라보는 나이에 들어섰으므로 41세, **망륙**(望六)은 60세를 바라보는 나이에 들어섰으므로 51세를 뜻하는 식이다. 따라서 망오/망륙/망칠/망팔/망구는 각각 41/51/61/71/81세를 뜻한다.

삼수(三壽)

나이에 따라 세 가지로 구분한 장수(長壽)로, 100세의 **상수**(上壽), 80세의 **중수**(中壽), 60세의 하수(下壽)를 이른다.

기(耆)/노(老)/모(耄)/기(期)

각각 60세/70세/80~90세/100세를 뜻한다. 《예기》〈곡례편〉에서는

이 밖에도 10세/20세/30세/40세/50세를 각각 **유**(幼)/**약**(弱)/**장**(壯)/
강(强)/**애**(艾)라 하였다. 20세를 **약관**(弱冠)이라고 한 것은 "20세가 되
면 비로소 갓을 쓴" 데서 비롯한 것이다.

《예기》〈곡례편〉에 나오는 말로, 사람이 태어나서 10년이면 유(幼)라
고 하여 이때부터 배우기 시작한다. 20세를 약(弱)이라 하며 비로소
갓을 쓴다. 30세를 장(壯)이라 하고 집(家:妻)을 가진다. 40세를 일컬
어 강(强)이라 하며 벼슬을 하는 나이다. 50세를 애(艾)라 하며 관정
(官政)을 맡는다. 60세를 기(耆)라 하고 남을 지시하고 부린다. 70세
를 노(老)라 하는데 이쯤 되면 자식 또는 후진에게 전한다. 80·90세
를 모(耄)라고 하며, 모는 도(悼:7세를 가리키는 말)와 마찬가지로 죄가
있어도 형벌을 더하지 않는다. 100세가 되면 기(期)라 하고 기린다.

객(客)

해당되는 연령의 전후에 이른 사람을 뜻한다. '사십객/오십객/육십
객'은 각각 사십/오십/육십 전후의 나이에 이른 사람이 된다.

나이를 나타내는 한자어 정리

연식(年食)/**연경**(年庚)≒**나이**(사람/동·식물 따위가 세상에 나서 살아온 햇수).

연세(年歲)/**연치**(年齒) '나이'의 높임말.

귀경(貴庚) 청장년에게 나이를 물을 때 나이를 높여 이르는 말.

향년(享年) 한평생 살아 누린 나이. 죽을 때의 나이를 말할 때 쓴다.

항려지년(伉儷之年) 장가들고 시집갈 나이. [伉 : 짝 항, 儷 : 짝 려/짝 여]

동치(同齒)/**동령**(同齡) 같은 나이.

10세 유학(幼學)

　십세충년(十歲沖年) 열 살의 아주 어린 나이.

　충년(沖年) 열 살 안팎의 어린 나이.

　☞**유학**(幼學)은 《표준》의 표제어 풀이에 "고려·조선 시대에, 벼슬하지 아니한 유생(儒

生)을 이르던 말"로만 나오지만, 국립국어원의 해설집에는 "열 살의 나이"를 뜻하는 표기로도 나온다. 열 살의 표기는 《예기》에서 비롯된 말이다.

15세 **지[우]학**(志[于]學) ☞ 성동(成童)은 열다섯 살 된 사내아이.

16세 **파과**(破瓜). 단, 여자. 남자의 경우는 64세를 뜻함. ☞ 瓜자를 파자(破字)하면 八이 두 개인데 더하면 16이 되고, 곱하면 64가 되기 때문.

20세 **약관**(弱冠) ← 약령(弱齡)/약년(弱年)은 '젊은 나이'.

　묘령(妙齡) 스무 살 안팎의 여자 나이.

　방년(芳年) 이십 세 전후의 한창 젊은 꽃다운 나이.

　정년(丁年) 장정이 된 나이. 남자의 나이 20세를 이른다.

　　☞ 방년(芳年)/방령(芳齡) "20세 전후의 꽃다운 나이"를 이르며, 묘령(妙齡)/묘년(妙年)은 "스무 살 안팎의 여자 나이"를 이른다.

30세 **이립**(而立)

　삼십객(三十客) 나이가 삼십 전후인 사람.

32세 **이모지년**(二毛之年)/**이모**(二毛) ☞ 흰 머리털이 나기 시작하는 나이라는 뜻.

40세 **불혹**(不惑)/**불혹지년**(不惑之年)/**사순**(四旬)

　사순(四旬) 사십 대의 나이를 뜻하기도 함.

　조백(早白) 흔히 마흔 살 안팎의 나이에 머리가 세는 것을 이름.

　사십객(四十客) 나이가 사십 전후인 사람.

41세 **망오**(望五)

48세 **상년**(桑年) ☞ 桑의 속자인 桒을 분해하여 보면 十자가 넷이고 八자가 하나인 데서 48세를 뜻하는 것으로 쓰임.

50세 **지천명**(知天命)/**지명**(知命)/**지명지년**/**장가**(杖家)/**애년**(艾年)

　장가(杖家) 집 안에서 지팡이를 짚을 만한 나이라는 뜻

　애년(艾年) 머리털이 약쑥같이 희어지는 나이라는 뜻

　면요(免夭) 젊은 나이에 죽음을 면하였다는 뜻으로, 나이 쉰 살을 겨우 넘기고 죽음을 이름.

　오십객(五十客) 나이가 오십 전후인 사람.

51세 **망륙**(望六)

60세 **육순**(六旬)/**이순**(耳順)/**하수**(下壽)/**장향**(杖鄉)/**양국**(養國)

기년(耆年) 예순 살이 넘은 나이.

장향(杖鄕) 예순 살을 이름. 중국 주나라 때에, 노인이 60세 되던 해부터 고향에서 지팡이 짚는 것을 허락했던 데서 유래.

양국(養國) 나이 60세를 이름.

육십객(六十客) 나이가 육십 전후인 사람.

61세 **환갑(還甲)/환력(還曆)/회갑(回甲)/화갑(華甲)/주갑(周甲)/망칠(望七)**

62세 **진갑(進甲)** ←새로운 육십갑자를 향해 나아가므로 세는나이로는 62세.

66세 **미수(美壽)**

61~70세 **칠질(七秩)** ←한 질(秩)은 십 년을 이름.

70세 **칠순(七旬)/고희(古稀)/희수(稀壽)/현거(懸車)/종심(從心)**

고희(古稀) "인생칠십고래희(人生七十古來稀)"라는 두보(杜甫)의 〈곡강시(曲江詩)〉구에서 유래.

현거(懸車) '해 질 무렵'을 뜻하는 명사이기도 함.

서로(庶老) 서민 가운데 나이가 70세 이상 된 노인. 나이 표기에서 **노(老)**는 70을 뜻함. 예를 들어, '기로(耆老)'는 연로하고 덕이 높은 사람을 뜻하는데, **기(耆)**는 예순 살을, **노(老)**는 일흔 살을 이름.

수로(垂老)/수백(垂白) 나이 칠십의 노인.

칠십객(七十客) 나이가 칠십 전후인 사람.

궤장(几杖) 궤장연(几杖宴, 조선 시대에, 임금이 70세 이상의 원로대신들에게 궤장을 하사하며 베풀던 연회) 때에 임금이 나라에 공이 많은 70세 이상의 늙은 대신에게 하사하던 궤(几)와 지팡이(杖)를 아울러 이름.

71세 **망팔(望八)**

망팔(忘八) 圐팔덕(八德)을 잊어버렸다는 뜻으로, '무뢰한'을 이르는 말.

망팔쇠년(望八衰年) 圐늙어서 기력이 쇠약해지는 나이 일흔한 살.

77세 **희수(喜壽)**

80세 **팔순(八旬)/중수(中壽)/팔질(八耋)**

모기(耄期) ①여든 살 이상의 나이 많은 노인. ②여든 살에서 백 살까지의 나이. ←**모(耄)**는 80~90세, '기(期)'는 100세를 이름.

팔십객(八十客) 나이가 팔십 전후인 사람.

☞ **산수(傘壽)** 일부 책자에 80세를 뜻하는 표기로, 산(傘)자에 들어 있는 팔(八)과 십(十)을 팔십(八十)으로 간주(看做)하여 이 말이 널리 쓰이고 있지만 국립국어원 자료에는 누락되어 있다.

81세 **망구(望九)**

88세 **미수(米壽)**

90세 **구순(九旬)**

구십객(九十客) 나이가 구십 전후인 사람.

91세 **망백(望百)**

99세 **백수(白壽)**

100세 **상수(上壽)/기이(期頤)**

기이(期頤)/기이지수(期頤之壽) 백 살의 나이. 또는 그 나이의 사람.

🄬 아주 큰 수를 나타내는 우리말

우리가 일상생활에서 흔히 쓰는 큰 수 단위로는 억(億)과 조(兆) 등이 있다. 억은 10의 8승, 조는 10의 12승이고, 10의 16승은 경(京)이라는 건 웬만하면 다 알고 있다. 그러면 그 위로 있는 큰 수들은 뭐라고 할까.

현재《표준》에 오른 것들 중 '억' 이상을 보면, 1만 배 증가할 때마다 명칭이 달라진다. 우리말 가운데 가장 큰 수를 나타내는 단위는 10의 68승인 '무량수/무량대수'이다.

억(億)→조(兆)→경(京)→해(垓)→자(秭)→양(穰)→구(溝)→간(澗)→정(正)→재(載)→극(極)→항하사(恒河沙)→아승기(阿僧祇)→나유타(那由他)→불가사의(不可思議)→무량수(無量數)/무량대수(無量大數)

참고로, 영어에서는 우리와 달리 네 자리(1만 단위)가 아니라 세 자리

(1천 단위)를 기준으로 그 명칭이 달라진다. 킬로는 10의 3승, 메가는 10의 6승을 뜻하는 식이다. 모두 그리스어에서 온 말들인데, 1000을 뜻하는 킬로에서부터 살펴보면 다음과 같다.

킬로(kilo-)→메가(mega-)→기가(giga-)→테라(tera-)→페타(peta-)→엑사(exa-)→제타(zeta-)→요타(yotta-)

현재는 10의 25승인 '요타'가 가장 큰 단위인데, 컴퓨터 바이트가 이미 '테라' 시대에 접어들고 있으니, 머잖아 요타 이상의 단위가 필요하게 될지도 모르겠다. 위의 틀을 벗어난 비공식 용어로는 10의 100제곱을 뜻하는 구골(googol)도 있는데, 미국의 수학자 에드워드 캐스너(Edward Kasner)가 만들어낸 말이다.

묘령의 중년 여성이 방년의 딸을 두었다?

문 "묘령의 중년 여성" 이라는 표현을 보았습니다. 나이를 짐작하기 어려워 그런 표현을 쓴 것인가요, 아니면 중년 여성의 나이를 밝히는 게 실례라고 생각하여 얼버무리기 위해서 쓴 것인가요? **묘령**이란 나이가 실제로 존재하는 것인가요?

답 우선 답부터 말씀드리면 **묘령**(妙齡)이란 **방년**(芳年)과 마찬가지로 "스무 살 안팎의 여자 나이"를 뜻하는 말입니다. 그러니 "묘령의 중년 여성"이란 표현은 전혀 앞뒤가 맞지 않는 말이지요. **방년**(芳年)에는 스무 살이라는 나이 외에도 한창 꽃답다는 뜻이 더해져 "이십 세 전후의 한창 젊은 꽃다운 나이"를 뜻한답니다.

묘령 운운한 사람은 어쩌면 질문자가 추측하신 대로 나이를 짐작하기 어려운 여인에게 알맞은 말일 듯해서 그런 추정만으로 썼을지도 모르지만, **묘령**은 엄연히 스무 살 안팎의 나이를 뜻하는 말이랍니다.

이처럼 잘못된 뜻으로 묘령을 써야 할 경우에는 "나이를 짐작하기(가늠하기) 어려운" 등으로 쉽게 풀어 쓰면 도리어 의미가 명확해지죠. 참, 얼굴을 보고 나이를 짐작하는 것을 **면상육갑**(面上六甲)이라는 한자어로 표기하기도 합니다. 좀 어려운 성어이기는 합니다만.

[사례 1] '토사광란'인가, '토사곽란'인가

문 예전에 아이가 배가 아프다며 배를 움켜쥐고 밤새 미친 듯이 뒹굴면서 토하고 설사하는 걸 **토사광란**이라고도 한 것 같은데, 맞는 말인가요? 한자 표기는 어떻게 하는지요?

답 아이가 그처럼 "토(吐)하고 설사(泄瀉)하면서 몹시 고생하는 것"이 마치 광란(狂亂)인 듯도 하므로, 거기에 끌려 **토사광란**(吐瀉狂亂)으로 적을 수도 있겠으나, 그것은 **토사곽란**(吐瀉癨亂)의 잘못이랍니다.

토사곽란은 '토사'와 '곽란'이 합쳐진 말이죠. **토사**(吐瀉)는 **상토하사**(上吐下瀉)의 준말로 "위로는 토하고 아래로는 설사하는 것"을 뜻합니다. **곽란**(癨亂)은 "배가 놀라고 아픈 한의학상의 병"이므로 광란(狂亂, 미친 듯이 어지럽게 날뜀)과는 거리가 있는 말이죠. 더구나 토사곽란 상태에서는 아이가 몹시 고통스러워 할 게 뻔한데, 그걸 광란이라는 말로 표현하는 건 도리로 봐도 적절하지 않을 것 같군요.

☞ **'난'과 두음법칙**: ①**피난**(避難)/**피란**(避亂)의 경우에서 보듯, 난리를 뜻하는 난(亂)은 두음법칙에 해당하므로 곽란(癨亂)으로 적음. 즉, 홀로 쓰일 때는 '난(亂)'이지만, 한자어 뒤에서의 '란(亂)'은 독립된 낱말이 아닌 형태소이므로 '란'으로 표기(홍경래의 난; 동란/무신란/임진란)하지만 ②재난을 뜻하는 난(難)은 두음법칙에 해당되지 않아 언제나 '난'으로 표기.

정확한 뜻을 잘 몰라서 소리 나는 대로 적거나, 잘못 읽거나 적당히 대충 유추해서 잘못 쓰는 경우입니다. 이와 같은 경우에 해당되는 것들은 대체로 사자성어의 꼴이거나 그와 흡사한데, 대표적으로는 토사곽란 외에 다음과 같은 것들이 있습니다.

동거동락(×)/동고동락(同苦同樂)(○); 성대묘사(×)/성대모사(聲帶模寫)(○); 부화내동(×)/부화뇌동(附和雷同)(○); 유도심문(×)/유도신문(誘導訊問)(○); 양수겹장(×)/양수겸장(兩手兼將)(○); 산수갑산(×)/삼수갑산(三水甲山)(○); 오합잡놈(烏合雜-)(×)/오사리잡놈(○); 일사분란(×)/일사불란(一絲不亂)(○); 절대절명(×)/절체절명(絕體絕命)(○); 홀홀단신(×)/혈혈단신(孑孑單身)(○); 동병상린(×)/동병상련(同病相憐)(○); 풍지박산·풍지박살(×)/풍비박산(風飛雹散)(○); 호위호식(×)/호의호식(好衣好食)(○); 주야장창(×)/주야장천(晝夜長川)(○); 순국선혈(×)/순국선열(殉國先烈)(○); 유관 검사(×)/육안(肉眼) 검사(○); 인상 실험(×)/임상(臨床) 시험(○); 체면불구(×)/체면 불고(不顧)(○); 통산임금(×)/통상(通常) 임금(○); 난상토론(難上討論)(×)/난상토론(爛商討論)(○); 옥석구분(×)/옥석 구분(玉石 區分)(○); 생사여탈권(×)/생살여탈권(生殺與奪權)(○); 삼지사방(×)/산지사방(散之四方)(○); 휘양찬란(×)/휘황찬란(輝煌燦爛)(○); 난리법석(×)/난리 법석(○); 중구남방(×)/중구난방(衆口難防)(○); 기부체납(×)/기부 채납(寄附採納)(○); 신출기몰(×)/신출귀몰(神出鬼沒)(○); 후안무취(×)/후안무치(厚顔無恥)(○); 환골탈퇴(×)/환골탈태(換骨奪胎)(○); 세옹지마(×)/새옹지마(塞翁之馬)(○); 구상유치(×)/구상유취(口尙乳臭)(○)

＊**동거동락**을 해 온 우리 사이에 이럴 수 있는가? ➤ **동고동락**의 잘못.

  [설명] 동고동락(同苦同樂) (명)괴로움도 즐거움도 함께함.

＊그는 역대 대통령의 **성대묘사**를 아주 잘한다. ➤ **성대모사**의 잘못.

  [자료] 그는 새소리 흉내에 일가견이 있는 **입내꾼**이다. (○)

       다른 가수의 노래를 흉내 내는 것을 **모창**(模唱)이라 한다. (○)

  [설명] **모사**(模寫)는 사물을 형체 그대로 그리거나 본을 떠서 똑같이 그림. 또는 원본을 베끼는 것. **묘사**(描寫)는 어떤 대상을 언어나 그림 따위로 표현하는 것. 따라서 목소리로 흉내를 내는 일은 성대모사가 올바른 표현. **입내**는 "소리나 말로써 내는 흉내"를 말하고, **입내꾼**은 흉내를 내는 사람. **모창**(模唱)은 남의 노래를 흉내 내는 일.

＊**뇌졸증**은 치료가 잘 돼도 반신불수 되기 십상이야. ➤ **뇌졸중**(腦卒中)의 잘못.

  [설명] '뇌졸중(腦卒中)'은 뇌에 혈액 공급이 제대로 되지 않아 손발의 마비, 언어 장애, 호흡 곤란 따위를 일으키고 있는 현재 상태이며, '뇌졸증'이라면 이미 뇌가 죽은(卒≒腦死) 것으로 의학적 사망 상태이므로 병명이 될 수가 없음.

＊그처럼 주견 없이 **부화내동**해서야. ➤ **부화뇌동**의 잘못.

  [설명] '내동'은 없는 말로 **뇌동**(雷同)의 잘못. 뇌동(雷同)은 "우레 소리(雷)에 맞춰 함께하다"라는 뜻으로 부화뇌동의 준말. **뇌동부화**[雷同附和]는 **부화뇌동**[附和雷同]의 동의어.

  부화뇌동(附和雷同)/**뇌동부화**(雷同附和)≒**뇌동**(雷同)/**부동**(附同): (명)줏대 없이 남의 의견에 따라 움직이는 것.

＊그런 **유도심문**에 넘어가는 이들 많지. ➤ **유도신문**의 잘못.

  [설명] **신문**(訊問)은 "말로 물어 조사하는 일"이고, **심문**(審問)은 "서면/구두로 개별적으로 진술할 기회를 주는 일". ☞신(訊)은 '물을' 신.

  유도신문(誘導訊問): (명)증인을 신문하는 사람이 희망하는 답변을 암시하면서, 증인이 무의식중에 원하는 대답을 하도록 꾀어 묻는 일. 직접 신문에어서는 원칙적으로 금지됨.

＊그거야말로 정말 멋진 양수겹장이로군. ➤ **양수겸장**의 잘못.

　[설명] 뜻은 둘 다 통하지만, 표준어 사정에서 '양수겸장'을 버린 것.

　양수겸장(兩手兼將): (명)①장기에서 두 개의 말이 한꺼번에 장을 부름. ②[비유]
　　양쪽에서 동시에 하나를 노림.

　겹장₁: (명)탈놀이에서, 한 개의 탈을 가지고 두 배역으로 쓰는 일.

　겹장₂: (명)(-帳), 겹으로 된 휘장.

＊산수갑산에 가더라도 먹고 죽어야겠다. ➤ **삼수갑산**의 잘못.

　[설명] **삼수갑산(三水甲山)**은 우리나라에서 가장 험한 산골이라 이르던 함경남도의
　　'삼수'와 '갑산' 두 곳의 지명을 합쳐 부르는 것. 빼어난 산수를 뜻하는 산수
　　갑산(山水 甲山)이 아님.

＊오합잡놈(烏合雜-) ➤ **오사리잡놈**의 잘못. ☞오합지졸(烏合之卒)에서 잘못 유추.

　오사리잡놈(-雜-): ①온갖 못된 짓을 거침없이 하는 잡놈. [유] 오가잡탕/오구잡
　　탕/오사리잡탕놈/오색잡놈. ②여러 종류의 잡된 무리. ☞오합(烏合)은 까마귀들
　　만의 모이기. 따라서 이놈 저놈 다 섞이는 잡놈이 될 수 없음.

＊일사분란하게 한 뜻으로 나아가자. ➤ **일사불란(一絲不亂)**의 잘못.

　[설명] 분란(粉亂)은 우리말에 없는 말이며, 분란(紛亂)은 "어수선하고 소란스러움"
　　을 뜻함. 그러므로 "한 오리의 실도 엉키지 않아 질서정연하고 조금도 흐트
　　러지지 않음"과는 전혀 맞지 않음. 따라서 '-불란(不亂)'으로 써야 함.

＊순국선혈들의 희생 덕분에 나라가 있다. ➤ **순국선열**의 잘못. ☞선혈은 없
는 말.

　선열(先烈): 나라를 위하여 싸우다가 죽은 열사(烈士).

　순국선열(殉國先烈): 나라를 위하여 목숨을 바친 윗대의 열사.

＊그건 시험기관으로 보내지 않고 눈으로 유관 검사만 해도 돼. ➤ **육안 검
사**의 잘못.

육안(肉眼)≒맨눈. 안경/망원경/현미경 따위를 이용하지 아니하고 직접 보는 눈.

☞유관 검사에서 유관의 의미를 각각 '유관(有關. 관계나 관련이 있음)', '유관(乳管. 고등 식물에서 볼 수 있는 분비관으로, 유액이 들어 있는 관 모양으로 된 조직)', '유관(乳罐. 소, 양 따위의 젖을 짜서 담아 두는 통)' 등으로 볼 수도 있으나 예문의 취지로 보아서는 '육안 검사(肉眼檢査)'로 보는 것이 적절함.

＊인상 실험/<u>임상실험</u>이 완전히 끝나지 않은 신약이라서. ➤ **임상 시험**의 잘못.

[설명] 시험은 구체적인 사물의 기능·성질을 검증하고자 하는 것이고, **실험**은 이론/현상을 검증하고자 하는 것. 따라서 "새로 개발한 신약의 효능을 확인하기 위한 절차"를 가리킬 때에는 **임상 시험**이 적절하며, "신약 개발을 위하여 바이러스와 면역체와의 관계 등을 파악하기 위해서 행하는 절차"를 가리킬 때에는 임상 실험이 적절.

<u>임상</u>[臨床]: (명) ①환자를 진료하거나 의학을 연구하기 위하여 병상에 임하는 일. ② ≒**임상 의학**(환자의 치료를 목적으로 하는 의학).

＊<u>체면불구</u>하고 통사정을 했지. ➤ **체면 불고**(不顧)의 잘못. ☞'체면 불고'로 띄어 씀.

[설명] ①관용구이며, 한 낱말이 아님. 단, 한글 표기일 때. ②'체면불구(-不拘)'를 인정하면, "체면을 돌아보지 않는다(不顧)"는 의미가 없어지고, "체면에 구애되지 않는다"(≒마구잡이로 해댄다)는 뜻으로 바뀜. ☞한자 성어일 때는 붙여 씀: 체면불고(體面不顧)≒불고체면(不顧體面)≒부지체면(不知體面)

＊퇴직금은 <u>통산임금</u>으로 따져서 지급해야 하는 법이야. ➤ **통상임금**의 잘못.

[설명] '통산(通算)임금'이 아니라 **통상**(通常)**임금**임. '통산 임금'은 없는 말. 근로기준법 시행령에 따르면 **통상임금**은 근로자에게 정기적이고 일률적으로 소정(所定) 근로 또는 총 근로에 대하여 지급하기로 정한 시간급 금액, 일급 금액, 주급 금액, 월급 금액 또는 도급 금액을 말함(6조). 여기에는 기본급 외에 직무수당·직책수당·기술수당·면허수당·위험수당·벽지수당·물가수당 등과 같이 실제 근무일이나 실제 수령한 임금에 구애됨이 없이 사업주가 고정적이고 일률적으로 지급하는 임금이 모두 포함됨.

＊재벌 딸로 <u>호위호식</u>만 해 온 이가 이젠 고생도 해봐야지. ➤ **호의호식**의 잘못.

[설명] **호의호식**(好衣好食)은 "좋은 옷을 입고 좋은 음식을 먹는 것"을 뜻한다. 참고로, **호가호위**(狐假虎威)는 "남의 권세를 빌려 위세를 부림"의 뜻인데, "여우가 호랑이의 위세를 빌려 호기를 부린다"(《전국책》〈초책(楚策)〉)는 데에서 유래.

＊형의 도박으로 집안이 <u>풍지박산/풍지박살</u> 났다. ➤ **풍비박산**(風飛雹散)의 잘못.

[설명] "바람이 날고(풍비, 風飛), 우박이 흩어진다(박산, 雹散)"는 말에서 나온 말. 줄여서 **풍산**(風散)이라고도 함.

＊난상토론은 <u>난상토론</u>(難上討論)이다. ➤ **난상토론**(爛商討論)의 잘못.

[설명] **난상**(爛商)의 爛은 "샅샅이/충분히", 商은 "헤아림/의논"을 뜻함. 따라서 난상토론은 "어지러이 격한 논쟁을 벌인다"는 뜻이 아니고 "의견을 충분히 나누고 토론한다"는 의미. ☞ **난상공론**(爛商公論) **명** 여러 사람이 모여서 의논함. 그런 의논.

＊<u>옥석구분</u>도 못한 채 무더기로 자르다니? ➤ **옥석 구분**의 잘못.

[설명] **옥석구분**은 본래 玉石區分이 아니고 玉石俱焚임. 즉, "옥이나 돌이 모두 다[俱] 불에 탄다[焚]"는 뜻으로, "옳은 사람이나 그른 사람이나 구별 없이 모두 재앙을 받음"을 뜻하는 고사성어. 따라서 '玉石區分'의 뜻으로 사용하려면 "옥석을 구분하다", 즉 '옥석 구분'으로 써야 함. ☞ **옥석구분**(玉石俱焚)≒**옥석동쇄**(玉石同碎)

＊대통령의 사면권은 한마디로 <u>생사여탈권</u>이랄 수 있지. ➤ **생살여탈권**의 잘못.

[설명] 죽고 사는 것은 '생사(生死)'지만 죽이고 살리는 것은 '생살(生殺)'임. 죽고 사는 것을 맘대로 하는 권리는 신(神)도 행하기 어렵지만, 죽이고 살리는 권리 곧 생살권은 쓸 수 있는 말. ☞《표준》에서도 **생사여탈**(生死與奪)은 인정하지만 **생사여탈권**(生殺與奪權)은 인정하지 않음.

＊<u>삼지사방</u>으로 튀더군. ➤ **산지사방**의 잘못으로, 없는 말.

[설명] 산지사방(散之四方)≒산지사처(散之四處)명 사방으로 흩어짐. 또는 흩어져 있는 각 방향. ¶~하다동

＊거리의 불빛들이 <u>휘양찬란</u>했다. ➢ **휘황찬란**(輝煌燦爛)의 잘못.

＊별일도 아니면서 웬 <u>난리법석</u>이냐? (×) ➢ **난리 법석**의 잘못.

별일도 아니면서 웬 <u>야단법석</u>인고? (○)

[설명] **난리 법석**은 **야단법석**과 달리 합성어가 아닌 두 낱말이며, **야단법석**에도 한 자어가 다른 두 말이 있음. ☞**야단법석**[惹端-]명 많은 사람이 모여들어 떠들썩하고 부산스럽게 굶. **야단법석**[野壇法席]명 [佛] 야외에서 크게 베푸는 설법의 자리. **뒤법석**명 여럿이 몹시 소란스럽게 떠듦. **개야단법석**[-惹端-]명 몹시 어수선하고 소란스러운 일.

＊그렇게 <u>주야장창</u> 놀고만 지내면 어떡해? ➢ **주야장천**(혹은 **영구장천**)의 잘못.

[설명] **주야장천**(晝夜長川)부 밤낮으로 쉬지 아니하고 연달아. **영구장천**(永久長川)명 한없이 길고 오랜 세월. 부 언제까지나 늘.

☞**주구장창/허구장창**도 잘못으로, 없는 말. 참고로, **허구하다**에는 두 가지 뜻이 있는데, 하나는 **허구하다**(虛構-)로 "사실이 아닌 일을 사실처럼 꾸며서 만들다"는 뜻이고, 다른 하나는 **허구하다**(許久-)로 "(날, 또는 세월 따위가)매우 오래되다"는 뜻이다. **허구한**(許久-) 날은 표준어로 **주야장천**과 비슷한 뜻.

＊<u>중구남방</u>으로 떠들어대어 정신이 없더군. ➢ **중구난방**의 잘못.

[설명] **중구난방**(衆口難防)은 뭇사람의 말(衆口)을 막기(防)가 어렵다(難)는 뜻으로, 막기 어려울 정도로 여럿이 마구 지껄임.

＊그 자투리땅은 시에 <u>기부체납</u>하는 걸로 처리됐어. ➢ **기부 채납**의 잘못.

[설명] **체납**(滯納)은 "세금 따위를 기한까지 내지 못하여 밀림"의 뜻이고, **채납**(採納)은 "의견이나 사람/물건 등을 받아들인다"는 뜻. 따라서 '기부 체납'과 '기부 채납'은 전혀 다른 뜻이 됨. **기부 채납**(寄附採納)은 "국가 외의 자가 재산의 소유권을 무상으로 국가에 이전하여 국가가 이를 받아들여 취득하는 것"으로, 영어로는 land donation.

＊그의 행적은 <u>신출기몰</u>하다고 할 정도였어. ➤ **신출귀몰**의 잘못.

[설명] **신출기몰**(神出奇沒)은 없는 말이며, **신출귀몰**(神出鬼沒, 귀신같이 나타났다가 귀신같이 사라진다)의 잘못.

＊<u>절대절명</u>의 위기에서 탈출했다. ➤ **절체절명**의 잘못.

[설명] **절체절명**(絕體絕命)은 "몸(體)도 목숨(命)도 다 됨(絕)"의 뜻으로, 어찌할 수 없는 궁박한 경우를 비유.

＊그는 <u>폐쇄공포증</u>이 있어서 닫힌 곳에 있으면 식은땀을 흘리곤 했다. ➤ **폐소공포증**의 잘못.

[설명] **폐소공포증**(閉所恐怖症, ≒폐소공포/폐실공포증/폐실공포)은 "꼭 닫힌 곳에 있으면 두려움에 빠지는 강박 신경증"을 이른다.

＊그는 <u>홀홀단신</u>으로 월남했어. ➤ **혈혈단신**의 잘못.

[설명] **혈혈단신**(孑孑單身)≒**혈연단신**(孑然單身)은 "의지할 곳 없는 외로운 홀몸"을 뜻한다. 孑은 '외로울' 혈.

＊<u>환골탈퇴</u>하는 심정으로 새 출발을 했다. ➤ **환골탈태**의 잘못.

[설명] **환골탈태**는 "뼈대를 바꾸어 끼고(換骨), 태(胎, 胎盤)를 바꾸어 쓴다(奪胎)"는 뜻에서 온 말이므로 '탈퇴'는 잘못. "뼈대를 바꾸어 끼고 태를 바꾸어 씀"이라는 **환골탈태**(換骨奪胎)≒**탈태**(奪胎)·**환골**(換骨)·**환탈**(換奪)명는 원래 "①고인의 시문의 형식을 바꾸어서 그 짜임새와 수법이 먼저 것보다 잘되게 함"이라는 뜻으로 쓰인 말인데 "②사람이 보다 나은 방향으로 변하여 전혀 딴 사람처럼 됨"이라는 뜻이 보태졌다.

＊<u>동병상린</u> ➤ **동병상련**(同病相憐)의 발음 잘못.

[설명] 憐은 두음이나 한문이 아닌 경우에는 [련]으로만 읽히며, 이와 비슷한 隣(인)과 헷갈리기 쉬움. 예) 연민(憐憫); 걸인연천(乞人憐天, "거지가 하늘을 불쌍히 여긴다"는 속담의 한역).

'성공 사례'는 '타산지석'으로 삼을 수 없다!

∨그의 성공 사례를 <u>타산지석</u>으로 삼자. ➤ **타산지석**의 부적절한 사용.
∨그의 성공적인 약진을 <u>반면교사</u>로 삼자. ➤ **반면교사**의 부적절한
사용.

[**설명**] **타산지석**(他山之石)은 다른 산의 나쁜 돌이라도 자신의 산의 옥
돌을 가는 데에 쓸 수 있다는 것으로 "본이 되지 않은 남의 말/
행동도 자신의 지식/인격을 수양하는 데에 도움이 될 수 있음"
을 뜻하는 비유적 표현. 이렇듯 타산지석은 부정적인 사례에
쓰는 말이므로, 위의 문장을 놓고 보면 실패 사례는 타산지석
이 될 수 있으나, 성공 사례는 타산지석과 어울리지 않는 말이
다. **반면교사**(反面教師) 역시 '부정적인 면에서 얻는 깨달음/가
르침'에 쓰이는 말이므로 '성공적인 약진' 등과 같은 긍정적 상
황에는 어울리지 않는 부적절한 말. 반대로, 흔히 쓰는 **회자**
(膾炙)는 좋은 일, 칭찬받을 일에 쓰는 긍정적 표현이므로, 부
정적 대상에 대해서는 사용하지 말아야 한다.

[**대조**] 카사노바는 희대의 바람둥이로 인구에 회자되고 있다. ➤ **회
자**의 부적절한 사용. "회와 구운 고기"라는 뜻의 **회자**(膾炙)는
"(칭찬 받을 일로) 사람의 입에 자주 오르내리는 것"을 이른다.

[사례 2] 한자의 뜻은 웬만큼 아는데, 대충 사용해온 잘못

문 한자의 뜻은 알지만, 대충 쓰다 보니 눈에 익고 입에 붙어서 잘못된 말인지도 분간하기 어려운 낱말이 꽤 있다는데, 어떤 말들이 있는가요?

답 대입 수능이 끝나면 방송 뉴스에서 으레 **고난이도**(高難易度) 문제들이 많아서 평균 점수가 낮아질 것"이라는 식의 보도를 하지요. 이는 **고난도**(高難度)의 잘못으로, 일반인은 물론 말이나 글로 먹고 사는 사람들도 자주 저지르는 잘못이랍니다. "어렵고도(難) 쉬운(易) 정도가 높다(高)"니 말이 안 되지요.

여기서 고(高)를 빼고 "시험은 난이도 면에서 아주 적절했다."고 쓰면 맞는 말입니다. **난이도**(難易度)는 "어려움과 쉬움의 정도"라는 뜻이니까요. **난도**(難度)는 "어려움의 정도"(≒난이도), **고난도**(高難度)는 "난도가 높음"의 뜻으로 쓰이고, **고난이도**는 논리적 오류를 포함하고 있어서 부적절하고 헷갈리는 표현이지요.

이처럼 헷갈리기 쉬운 말에는 다음과 같은 것들도 있습니다.

부과세(×)/부가세(附加稅)(○); 앞존법(×)/압존법(壓尊法)(○); 횡경막(×)/횡격막(橫膈膜/橫隔膜)(○); 납양(×)/납량(納凉)(○); 인파선(×)/임파선(淋巴腺)(○); 금도(禁度/禁道)(×)/금도(襟度)(○); 유사어(類似語)(×)/유의어(類意語)(○); 강강수월래(-水越來)(×)/강강술래(○).

예문으로 확인하기

＊영수증을 끊으면 10%의 <u>부과세</u>를 내야 해 ➤ **부가세**의 잘못.

  [설명] 부과(賦課)는 "세금/부담금 따위를 매기어 부담하게 함"의 뜻. 부가세(附加

稅)는 "①부가가치세의 준말. ②국세/지방세를 본세(本稅)로 하여 지방자치
단체가 다시 첨가하여 부과하던 세금"을 뜻함.

＊도로교통법을 위반하면 **벌칙금**을 내야 해. ➤ **범칙금**의 잘못으로, 없는 말.
음주운전에는 형사처벌의 하나로 **벌과금**도 있어. ➤ 맞음(혹은 **벌금**)
흡연 금지구역에서 담배를 피우면 **벌금**이 얼마지? ➤ **과태료**의 잘못.

[설명] ①'벌칙금'은 없는 말로, **범칙금**의 잘못. **범칙금**은 벌금 중 도로교통법 위반
자에게 과하는 것을 따로 이르는 명칭. "재산형의 하나로 범죄인에게 부과
하는 돈"을 뜻하는 **벌금**은 형벌이므로 전과 기록이 남는데, 도로교통법 위
반으로 인한 전과자 양산을 피하기 위하여 따로 구분한 벌금 명칭이 **범칙금**
임. ②음주운전의 경우에는 범칙금 외에도 형사재판 결과에 따라 벌금을
납부하는데, 이때는 형벌이어서 전과 기록에 오르게 됨. ③**과태료**는 행정
징벌에 속하는데, 형벌의 성질을 갖지 않은 법령 위반에 대하여 부과하는
벌금으로, 전과 기록과는 무관함. **벌과금**은 벌금의 원말로, 동의어.

벌과금(罰科金)≒**벌금**(罰金)[명] ①규약을 위반했을 때에 벌로 내게 하는 돈. ②[법]
재산형의 하나로 범죄인에게 부과하는 돈.

범칙금(犯則金)[명] [법] 도로 교통법의 규칙을 어긴 사람에게 과하는 벌금.

과태료(過怠料)[명] [법] 공법에서, 의무 이행을 태만히 한 사람에게 벌로 물게 하는
돈. 벌금과 달리 형벌의 성격을 갖지 않는 법령 위반에 대하여 부과.

＊이번 여름철 **납양** 특집은 세계의 귀신 시리즈. ➤ **납량**(納凉)의 잘못.

[설명] 納凉은 [납량]으로 쓰고 읽는 말임. 즉, 청량음료(淸凉飮料) 등에서처럼 두음
법칙에 따라 어두음이 아닐 때는 凉은 [량]으로 쓰고 읽음. 염량세태(炎凉世
態)와 같은 경우도 마찬가지임.

납량(納凉)[명] 여름철에 더위를 피하여 서늘한 기운을 느낌.

납량물(納凉物)[명] 여름철에 무더위를 잊을 만큼 서늘한 기운을 느끼게 하는 내용
을 담은 책/영화.

염량세태(炎凉世態)≒**세태염량**(世態炎凉)[명] [비유] 세력이 있을 때는 아첨하여 따르
고 세력이 없어지면 푸대접하는 세상인심.

＊존댓말을 가려서 하는 **앞존법**이 폐지되었다던데. ➤ **압존법**의 잘못.

[설명] **압존법**(壓尊法)[명] 문장의 주체가 화자보다는 높지만 청자보다는 낮아, 그 주

체를 높이지 못하는 어법(語法). "할아버지, 아버지가 아직 안 왔습니다."라
고 하는 것 따위.

＊횡경막 근처의 배가 몹시 땡기고 아파. ➤ **횡격막**의 잘못.

  [설명] **횡격막**은 횡격막(橫膈膜/橫隔膜, 배와 가슴 사이를 분리하는 근육, 膈은 가슴 격)
  에서 가슴을 뜻하는 '격'을 소리 나는 대로 잘못 표기한 것. 참고로, **땡기다**
  는 **당기다**의 경상도 방언. 따라서 **땡기고**의 표준은 **당기고**.

＊인파선이 부었다고 하더군. ➤ **임파선**의 잘못.

  [설명] **임파선**(淋巴腺) 명 림프선(림프샘의 전 용어)의 음역어.

＊그 소설은 독자를 빨아들이는 흡입력이 강하다. ➤ 맞음.

  그 진공청소기의 흡인력/흡인량은 대단하다. ➤ **흡입력/흡입량**이 더 적절.

  강한 권력은 악인들까지 끌어 모으는 흡인력이 있다. ➤ 맞음.

  [설명] ① **흡입력**(빨아들이는 힘)과 **흡인력**(빨아들이거나 끌어당기는 힘)에 대해서 일
  부에서는 "마음을 끌어들이다"의 뜻으로는 **흡입력**을 쓰지 않는 것이 좋다고
  하고 있으나, **흡입력**과 **흡인력**의 실제 쓰임을 보면 이 두 단어의 분포가 명
  확히 구별되지는 않음. 다만, 명확히 기술적 의미일 때는 '흡입-'이 적절함.
  ② 《표준》의 용례에서 "빨아들이는 힘"의 뜻을 비유적으로 나타내는 문맥에
  서 **흡입력**을 쓰는 것이 확인되므로 "마음을 끌어들이다"라는 뜻을 나타내는
  경우에도 **흡입력**을 쓸 수 있다고 봄(국립국어원 답변).

＊사고 현장은 전쟁터를 방불케 했다. ➤ "작전 연습은 실전을 **방불했다.**"
와 같이 **방불했다**(혹은 ~**와 비슷했다**)로도 충분.

  [설명] 방불하다(彷彿-/髣髴-. 彷/髣 비슷할 방, 佛/髴 비슷할 불)는 "~과 비슷하다/
  무엇과 같다고 느끼게 하다"라는 뜻의 형용사. '-게 하다'는 용언 어간에 붙
  어 사동형으로 만드는 구성으로, **예쁘게 하다/얼게 하다/먹게 하다** 등으로
  쓰임. 따라서 **방불케 하다**는 **비슷하게 하다/~과 같다고 느끼게 하고 하다**
  의 뜻이 되어 문맥상 몹시 어색하므로 그냥 **방불하다**로도 족하며, 한자 뜻
  에 충실하게 표기하는 문장에서는 자연스러운 표현임. 예) "이홍장은 근 십
  오 일 동안이나 북양을 중심으로 일대의 바다를 샅샅이 누비며 실전을 방불

하는 거창한 작전연습을 검열했습니다." (유주현, 《대한제국》)

☞《표준》에 보면 "(주로 '…을 방불케 하다' 구성으로 쓰여) 무엇과 같다고 느끼게 하다"라
는 설명이 있음. 이것은 언중의 힘에 밀려 관행을 수용한 것인데, 언어생활에서 '방불하
다'만으로 족한 것을 굳이 '방불케 하다'의 비경제적 표현을 애용할 이유는 없음. 이는 마
치 '우연찮다'의 본래 뜻이 '우연하지 않다' 곧 "어떤 일이 뜻하지 아니하게 저절로 이루어
진 것은 아니다"라는 뜻임에도 《표준》에서는 "꼭 우연한 것은 아니나, 뜻하지도 아니하
다."로 모호하게 뜻풀이를 해놓은 것과 흡사하게, 관행적으로 이뤄지는 의미 이동을 반
영하지 않을 수 없어서 불가피하게 자충수(?)를 두게 되는 것과도 비슷함.

＊그의 대통령 비하의 발언은 정치적 금도를 넘었다. ➤ 위험수위 등의 다
른 표현으로 바꾸는 게 적절함.

[설명] ①금도(襟度)는 마음속을 뜻하는 금(襟)과 국량(局量, 남의 잘못을 이해하고 감
싸주며 일을 능히 처리하는 힘)을 뜻하는 도(度)가 결합한 것으로, "다른 사람
을 포용할 만한 도량"을 뜻하는 말. ②그러므로 예문과 같이 쓰는 것은 본
래의 말 금도(襟度)의 정확한 의미를 모른 채, 금도(禁度/禁道) 정도로 섣불리
유추하여 없는 말을 사용하는 잘못된 경우임. **넘지 말아야 할 선**이나 **적정
선**(適正線) 또는 **위험수위** 등의 다른 표현으로 바꾸어서 사용해야 함.

☞[의견] 많은 사람들이 이 말을 禁度/禁道의 뜻으로 사용하고 있으므로, 언중의 관행을 반
영하여 새 낱말을 신설하는 편이 합리적일 것임.

금도(襟度)**명** 다른 사람을 포용할 만한 도량. ¶사람들은 그의 크고 너른 배포와
금도에 감격하였다.

포옹(抱擁)**명** ①사람끼리 품에 껴안음. ②남을 아량으로 너그럽게 품어 줌.

포용(包容)**명** 남을 너그럽게 감싸 주거나 받아들임. '감쌈', '덮어 줌'으로 순화.

관용(寬容)**명** 남의 잘못을 너그럽게 받아들이거나 용서함. 그런 용서.

아량(雅量)**명** 너그럽고 속이 깊은 마음씨.

＊'비슷한 말'은 유사어(類似語)라고 해도 돼. ➤ 유의어(類意語)(뜻이 서로 비
슷한 말)의 잘못. 사전에 없는 말.

동의어(同義語/同意語)**명** 뜻이 같은 말.

뒤침말명 같은 뜻의 다른 말.

갖은자(-字)**명** 한자에서 같은 뜻을 지닌 글자 가운데 보통 쓰는 글자보다 획을 더
많이 써서 모양과 구성이 전혀 다른 글자. '一'에 대한 '壹', '二'에 대한 '貳',

'三'에 대한 '參' 따위.

☞ 비슷한 말≒유의어(類意語)로 한 낱말. 그러나 동의어(同義語/同意語)와 '같은 말'은 한 낱말이 아님. '뜻'이 같은 말일 때만 '동의어'이기 때문. 참고로, 북한어에서는 '동의어'를 '뜻같은 말'로 표기하고 있는데, 엄격하게는 이것이 적확한 표기라고 볼 수 있음.

(덤) '직무대리'와 '직무대행'은 동의어일까?

직무대리와 **직무 대행**은 동의어가 아니다. **직무대리**는 "해당 관청이 직무를 행사하지 아니하고 다른 사람으로 하여금 대신 행사하게 하는 일"이라는 뜻의 법률용어로 한 낱말이고, **직무 대행**은 "대신하여 직무를 행함" 또는 "대신하여 직무를 행하는 사람"이라는 뜻을 나타내는 두 낱말이다. 그러나 '직무대행'은 《표준》의 표제어에 없는 말이고 '직무 대행'으로 해야 올바르다. ¶"당분간은 **직무 대행** 체제로 운영합니다." 한편 **권한대행**(權限代行)은 "국가 기관이나 국가 기관의 구성원의 권한을 다른 국가 기관이나 국가 기관의 구성원이 대신 행사하는 일"을 뜻하는 법률 용어이다. 예) 황교안 대통령 권한대행.

[사례 3] 한자어인 줄 몰랐거나 얼결에 잘못 쓰는 경우

문

한자어인 줄 까맣게 모르고 써왔거나 한자어인 줄은 알았지만 정확한 의미 파악이나 구분을 깊이 하지 않고 얼결에 써온 경우가 많더라고요. 일례로, **별안간**은 순우리말인 줄만 알았고, **철썩같이/철석같이**는 쓸 때마다 헷갈렸어요.

답

생각보다 많은 사람들이 잘못 알고 있는 것들인데요. **별안간**(瞥眼間)은 흔히 '벼란간'으로 잘못 쓰기도 합니다. 별안간은 "갑작스럽고 아주 짧은 동안"을 뜻하는 명사로, 瞥은 깜짝할 별, 眼은 눈 안, 間은 사이 간이니 글자 그대로 "눈 깜짝할 사이"를 뜻한답니다. 또 **철석같이**를 '철썩같이'로 잘못 쓰게 되면 순우리말로도 착각하기 쉽겠지요.

자주 쓰는 말 중에서 **별안간/철썩같이** 외에도 **괴상망칙/괴변/칠흙/어연간** 등은 '우리말 겨루기' 프로그램에서 문제로 다룰 정도로 흔히 실수하는 말이지요. **날염**(捺染)은 해당 업계 종사자들조차 '나염'으로 잘못 알기 쉬운 낱말입니다.

나염(×)/날염(捺染)(○); 벼란간(×)/별안간(瞥眼間)(○); 어연간(×)/어언간(於焉間)(○); 푸악(×)/포악(暴惡–)(○); 항차(×)/황차(況且)(○); 괄세(×)/괄시(恝視)(○); 충진(×)/충전(充塡)(○); 철썩같이(×)/철석같이(鐵石–)(○); 희안하다(×)/희한하다(稀罕–)(○); 괴변(×)/궤변(詭辯)(○); '흉칙/망칙/괴상망칙'(×)/'흉측/망측/괴상망측(모두 ~測)'(○); 폐륜아(×)/패륜아(悖倫兒)(○); 칠흙(×)/칠흑(漆黑)(○); 흑빛(×)/흙빛(○).

＊한복에 나염 처리된 예쁜 꽃무늬 ➤ **날염**(捺染)의 잘못.

　[설명] **날염**(捺染)은 "피륙에 부분적으로 착색하여 무늬가 나타나게 염색하는 방법"으로, 피륙에다 무늬가 새겨진 본을 대고 풀을 섞은 물감을 눌러 발라 물을 들이는데, 捺染을 한자사전에서는 "무늬찍기"라고 할 정도로 누르는 일이 긴요하다. 그래서 捺(누를 날)을 쓴 것. 용어 설명 책자에까지도 '나염'으로 표기될 정도로 흔히 실수하는 말. ☞눌러서 찍는 도장이라고 해서 날인(捺印)이라고 하니까 눌러서 들이는 물감도 날염(捺染)이 된다고 생각하면 헷갈릴 일은 없을 것이다.

＊인천 계양역의 국기 계양대에 오늘은 국기가 없더군! ➤ **계양대**의 잘못.
　공공 계시판에 타인을 비방하는 글을 올리다니? ➤ **게시판**의 잘못.
　운동 기록은 계시원의 기록만 인정됩니다. ➤ 맞음.

　[설명] ①**계양대**의 **계양**(揭揚)에 쓰인 **게**(揭)는 "건다"는 뜻의 한자어. **게시판**(揭示板)에 쓰인 게(揭)도 마찬가지. ②계시원에 쓰인 **계시**(計時)는 "기록경기나 바둑 따위에서 소요 시간을 재는 일. 또는 그 시간"을 뜻하는 말. **계**(計)는

"셈한다"는 뜻의 한자어. ☞이와 같이 표준어에서 '계'를 써야 하는 것으로는 휴계실 (×)/휴게실(休憩室)(○)도 있음. 이때의 '게(憩)'는 쉴 게.

게양대(揭揚臺) 몡 기(旗) 따위를 높이 걸기 위하여 만들어 놓은 대(臺). '닮', '올림' 으로 순화

계시원(計時員) 몡 운동 경기 등에서, 시간을 재고 기록하는 사람.

＊우리가 졸업한 지도 <u>어연간/어연듯</u> 40년! ➤ **어언간**(혹은 **어느덧**)의 잘못.
　[설명] '어연간'은 어언간하다(엔간하다의 본말)의 어근. '어연듯'은 없는 말.
　어언간(於焉間) 뷔 알지 못하는 동안에 어느덧. [유] 어느덧, 어느새, 어언

＊마누라가 어찌나 <u>푸악스럽게</u> 몰아대던지…. ➤ **포악**(暴惡-)**스럽게**의 잘못.
　그누무 여편네의 <u>푸악질</u>엔 당해 낼 재간이 없지. ➤ **그놈의, 포악질**의 잘못.
　[설명] '푸악'은 없는 말이며, '포악(暴惡)'의 잘못.
　포악스럽다(暴惡-) 혱 보기에 사납고 악한 데가 있다.
　포악질(暴惡-) 몡 사납고 악한 짓.

＊집에서도 안 하는데 <u>항차</u> 밖에서야. ➤ **황차**(하물며/더구나/더군다나)의 잘못.
　황차(況且)ᄂ하물며 뷔 '더군다나'의 뜻을 가진 접속 부사.
　더더군다나 뷔 '더군다나'의 강조. [유사] 더더욱(ᄂ더더욱더)

＊겉만 보고 <u>괄세</u>해선 안 돼. 남들 <u>못지 않는</u> 자존심이 있는데. ➤ **괄시, 못
지않은**의 잘못. ☞못지않다 혱 [원]
　[설명] ①'괄세'는 아예 없는 말로, 괄시(恝視)의 잘못. ②'못지않다'는 형용사이므
로 **못지않는**(×)/**못지않은**(○)으로 활용함. '-는'을 붙여 말이 되면 동사임.
　　☞알맞는(×)/알맞은(○), 걸맞는(×)/걸맞은(○).
　괄시(恝視) 몡 업신여겨 하찮게 대함. [유] 괄대/홀대, 업신여김. ¶~하다 통

＊소화기 약제를 <u>충진</u>할 때가 됐지? ➤ **충전**의 잘못. 充塡의 오독.
　소화기 약제를 <u>충약</u>하도록. ➤ **충전**의 잘못. '충약(充藥)'은 아직 사전에
오르지 못한 말.
　[설명] 한자 充塡을 잘못 읽어서 생기는 실수. 올바른 발음은 **충전**.

충전(充塡)**명** ①메워서 채움. ②교통 카드 따위의 결제 수단을 사용할 수 있게 돈이나 그것에 해당하는 것을 채움. ③채굴이 끝난 뒤에 갱의 윗부분을 받치기 위하여, 캐낸 곳을 모래/바위로 메우는 일.

＊우리 사랑을 그토록 <u>철썩같이</u> 믿었건만…. ➤ **철석같이**의 잘못. ☞[원] 철석같다

<u>철석 같은</u> 그 맹세와 약속은 어디 갔나? ➤ **철석같은**의 잘못. ☞[원] 철석같다

[**설명**] '철석같다'는 한자어 철석(鐵石)에서 온 복합어.

철석같다(鐵石-)**형** 마음/의지/약속 따위가 매우 굳고 단단하다.

＊참으로 <u>희안한</u> 일이야. ➤ **희한한**의 잘못. ☞稀: 드물 희, 罕: 드물 한

희한하다(稀罕-)**형** 매우 드물거나 신기하다.

＊말 되는 소릴 해. 그런 <u>괴변</u> 늘어놓지 말고. ➤ **궤변**의 잘못.

[**설명**] '괴변(怪變)'은 예상하지 못한 괴상한 재난/사고. '괴변(怪辯)'은 없는 말. **궤변**(詭辯)은 상대편의 사고(思考)가 헷갈리도록 감정을 격앙시켜 거짓을 참인 것처럼 꾸며대는 논법. ☞고대 그리스의 **소피스트는 현인**(賢人)**의 뜻**을 지닌 직업적 계몽교사였는데 많은 소피스트가 상대주의와 회의론에 의거한 **궤변**을 일삼아 **궤변론자**(詭辯論者)로 불렸다.

＊꼴이 얼마나 <u>흉칙하던지</u>, 끔찍했어. ➤ **흉측**(凶測)의 잘못. ☞[원] 흉측하다

<u>망칙하게</u> 대낮에 그게 무슨 짓이냐? ➤ **망측하게**의 잘못. ☞[원]망측하다

원 <u>괴상망칙한</u> 것도 유분수지 그게 도대체…. ➤ **괴상망측한**의 잘못.

[**설명**] '흉측하다'는 '흉악망측하다'의 준말로, 여기서 쓰인 망측(罔測)은 몹시 심해서 이루 말할/헤아릴(測) 수 없다(罔)는 뜻으로, 의미소는 '칙'이 아닌 '측'임.

[**유사**] '-망측'이 들어간 말들: 해괴(駭怪)망측하다/괴상(怪常)-/기구(崎嶇)-/기괴(奇怪)-/흉악(凶惡)-/괴괴(怪怪)-/괴악(怪惡)-.

흉측(凶測/兇測)**하다**≒**흉악망측하다형** 몹시 흉악하다.

망측하다(罔測-)**형** 정상적인 상태에서 어그러져 어이가 없거나 차마 보기가 어렵다.

＊그런 <u>폐륜아</u>는 따끔하게 혼내야 해. ➤ **패륜아**의 잘못. ☞悖: 거스를 패.

[설명] **폐륜**(廢倫. ①시집가거나 장가드는 일을 하지 않거나 못함. ②부부간에 성생활을 하지 않음)이란 말이 있긴 하지만 예문의 뜻과는 거리가 멀고, 여기서는 **패륜**(悖倫)의 잘못.

패륜아(悖倫兒)**명** 인간으로서 마땅히 해야 할 도리에 어그러지는 행동을 하는 사람. [유] 패륜자(破倫者)

*<u>칠흙</u> 같은 밤에 놀란 <u>흑빛</u> 얼굴로 나타난 연유가 무엇이냐? ➤ 칠흑, 흙빛의 잘못.

[설명] '칠흙'은 아예 없는 말이며, **흙칠**(-漆)은 "①어떤 것에 흙을 묻힘. 또는 그렇게 하는 일. ②[비유] 명예 따위를 더럽히는 일." **칠흑**은 漆黑에서 온 말로 "옻칠처럼 검음"을 뜻하는 말. 한편, **흙빛**은 글자 그대로 "놀라서 흙빛으로 변한 얼굴"을 가리키며, 검은 얼굴이라는 뜻이 아니므로 '흑빛(黑-)'은 없는 말.

🅓 한자어로 잘못 유식해지기: '강강수월래'와 '술래'

①**강강수월래**(-水越來)는 한자를 빌려 쓴 말이 맞춤법에 어긋나는 대표적인 예로, **강강술래**가 옳은 말. 이처럼 한자를 빌려 쓴 말이 맞춤법에 어긋난 예로는 막사(莫斯)(×)/**막새**(○), 비갑(非甲)(×)/**비가비**(○) 등도 있음.

②**술래잡기**를 '술레잡기'로 잘못 표기하기도 하는데, 이는 **강강술레**(×)/**강강술래**(○) 등에서 영향 받은 때문임. 술래의 원말을 **순라**(巡邏)로 보기도 하지만, 또 다른 어원적 설명도 있음. 즉, **술래/술레**는 돈다는 뜻에서 온 말로 輪(수레바퀴)에 해당되지만, 표준어 사정에서 어원의 뜻과 멀어져 **술래**를 택했으므로 '술레'는 잘못으로 보는 것임. ☞ 대신 '수레'는 그대로 남겨 두었는데, 이 '-레'는 '둘레/물레/물레방아'의 예에서 보듯 "둥글게 돌아가는 모양의 테"를 뜻함.

막새명 처마 끝에 놓는 수막새와 암막새의 총칭.
비가비명 조선 후기에, 학식 있는 상민으로서 판소리를 배우는 사람.
순라(巡邏)명 ①순라군이 경계하느라고 일정한 지역을 돌아다니거

나 지키던 일. ② = **순라군**. ③ **술래**(술래잡기 놀이에서, 숨은 아이들
을 찾아내는 아이)의 원말.

[사례 4] 남들도 쓴다고 해서 무심코 잘못 따라 쓰는 예

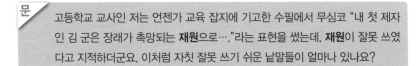

문 고등학교 교사인 저는 언젠가 교육 잡지에 기고한 수필에서 무심코 "내 첫 제자
인 김 군은 장래가 촉망되는 **재원**으로…."라는 표현을 썼는데, **재원**이 잘못 쓰였
다고 지적하더군요. 이처럼 자칫 잘못 쓰기 쉬운 낱말들이 얼마나 있나요?

답 물론 많지요. 그런 것이 다 한자어의 정확한 의미 파악을 건너뛴 채 무심코 사
용해서 벌어진 잘못입니다. **재원**(才媛)은 "재주가 뛰어난 젊은 여자"를 뜻하므
로 남자에게는 사용할 수 없는 말인데, 자칫 그런 의미 구분을 간과하기가 쉽습
니다.

나이를 짐작하기 어려운 중년 여인을 두고 "묘령의 중년 여인"이라고
묘사한 소설 구절이 있습니다. 그것은 묘령의 정확한 의미를 알아보려
하지 않은 채 나이가 얼마인지 모른다는 뜻으로 작가가 함부로 추측하
여 남발한 망발이라 해야 합니다. 묘령(妙齡)은 방년(芳年)과 같이 스무
살 안팎의 나이를 뜻하는 말임을 알아야 합니다.

"씨는 출감하자마자 ○○○ 총재의 자택을 찾았다."는 표현도 있습니
다. 총재의 집이 그의 집으로 바뀔 수도 있는 문제적 표현입니다. 자택
이란 자기 집, 내 집을 한자어로 표기한 것일 뿐이기 때문이지요. 남의
집을 높여서 이르려면 댁(宅) 정도가 적절합니다. 물론 총재의 사무실이
나 다른 곳을 찾아가지 않고 그의 집으로 갔다는 뜻을 표현하기 위해서
'자택'이라 적었겠지만, 그럴 경우에도 '댁' 정도면 족합니다.

＊그는 ○○○ 총재의 자택을 방문하여 넙죽 인사를 올렸다. ➤ 댁의 잘못.

[설명] '자택'은 자기 집, 내 집을 뜻하는 말로, 집을 뜻하는 높임말이 아님. 위의 문맥대로라면 ○○○ 총재의 집이 졸지에 '그'의 집으로 둔갑할 수도 있음. 남의 집/가정을 높여 이르고자 한다면 '댁' 정도가 적절함. ☞ 접미사로 쓰이는 '–댁'도 있으므로, 띄어쓰기에 유의!

댁(宅)명 ①남의 집/가정의 높임말. ¶선생님 댁; 총장님 댁. ②남의 아내를 대접하여 이름. 주로 대등한 관계에 있는 사람이나 아랫사람의 아내를 이름. [유] 부인. 대듣는 이가 대등한 관계에 있는 사람이나 아랫사람인 경우, 그를 높여 이르는 이인칭 대명사. ¶댁은 뉘시오?

–댁(宅)집 ①'아내'의 뜻을 더하는 접미사. ¶오라버니댁/처남댁/철수댁/참봉댁. ②"그 지역에서 시집온 여자"의 뜻을 더하는 접미사. ¶평양댁/김천댁.

＊묘령의 중년 여인 ➤ 묘령이 잘못 쓰였음.

[설명] 묘령(妙齡)은 방년(芳年)과 마찬가지로 "스무 살 안팎의 여자 나이"를 뜻하므로, "묘령의 중년 여인"은 형용 모순.

방년(芳年)명 이십 세 전후의 한창 젊은 꽃다운 나이.

중년(中年)명 ①마흔 살 안팎의 나이. 또는 그 나이의 사람. 청년과 노년의 중간을 이르며, 때로 50대까지도 포함. ②일생에서 중기, 곧 장년·중년의 시절.

☞ 재원(才媛)과 마찬가지로 남자에게는 사용할 수 없는 말인 규수(閨秀)에는 "①남의 집 처녀. ②학문과 재주가 뛰어난 여자"의 두 가지 뜻이 있어서, 꼭 처녀에게만 사용할 수 있는 말은 아님.

＊까보면 흠결 하나 없는 사람은 없다. ➤ 흠이 적절함.

[설명] '흠결'을 흔히 단점/결점/잘못/흠의 뜻으로 쓰지만, 흠결은 구체적으로 "양이 축나서 모자라거나 부족"할 때 쓰는 말이므로 비유적으로는 가능할 수 있지만, 예문에서와 같이 일반적인 의미로 충분할 경우는 '흠'이 더 적절함.

☞ 법에도 모자람이 있다. 법의흠결(法–欠缺)이랄 수 있다. (맞음, 법적 용어)

흠결(欠缺)≒흠축(欠縮)명 일정한 수효에서 부족함이 생김.

흠(欠)명 ①어떤 물건의 이지러지거나 깨어지거나 상한 자국. ②어떤 사물의 모자라거나 잘못된 부분. ③사람의 성격/언행에 나타나는 부족한 점.

법의흠결(法-欠缺)**명** [법] 법에 모자람이 있음을 이르는 말.

의사흠결(意思欠缺)**명** [법] 의사 표시에서 외부에 나타나는 표시 행위는 있으나 그에 대응하는 내적 의사가 없거나 일치하지 않는 일.

＊짓다 만 건물이 도시의 흉물이 되었다. ➣ **흉물**은 사람/동물에게만 쓸 수 있는 말.

[설명] 흉물(凶物/兇物)은 "성질이 음흉한 사람"이나 "모양이 흉하게 생긴 사람/동물"이라는 뜻으로, 사람/동물에게만 쓸 수 있는 말. 따라서 흉물은 의인화 문장이 아닌 한은 위와 같이 사용해서는 안 됨. 꼭 흉물의 뜻을 살리고자 한다면 '흉물스러운 것' 등으로 바꿔 쓰는 것이 좋음. 예) "짓다 만 채 세월의 때가 낀 그 건물은 그 도시의 **흉물스러운** 풍광으로 자리 잡게 되었다."

＊'천방지축마골피'는 희귀성들을 모은 거야. ➣ **희성**의 잘못.
그 아이 병은 희귀 질병이라고나 할까? ➣ **희유병**(혹은 **드문병**)의 잘못.

[설명] 희귀(稀貴)는 희귀하다의 어근. 희귀하다는 "드물어서 매우 진귀하다"는 뜻. 예) **희귀본**(稀貴本); **희귀종**(稀貴種). 드문 성이라고 할 때는 '희성'이어야 하고, 아주 드문 병일 때도 '희유병'이나 '드문병' 등과 같이 그에 알맞은 말로 바꾸어 표현하는 게 옳음. ☞'드문병'은 아직 사전에 없는 말.

희성(稀姓)**명** 매우 드문 성(姓). 우리나라에서는 정(程), 석(昔), 태(太) 등이 있음.
희유(稀有)**명** 흔하지 아니함.

＊우뢰와 같은 박수가 쏟아져 나왔다. ➣ **우레**의 잘못.

[설명] 예전에는 우뢰(雨雷)로 쓰기도 했는데, 이는 고유어 우레를 한자어로 잘못 인식하여 그리된 것. 우레는 '울(다)＋에(접사 기능)' 꼴의 우리말로 15세기 이전부터 쓰여 왔으며(금강경/송강가사 등에서), 천둥과 동의어(우레≒천둥).

＊이번의 국정 농단 사건은 역사상 유래가 없는 일이래. ➣ **유례**의 잘못.

[설명] 예문에서 유래를 **전례**(前例)(이전부터 있었던 사례)로 바꿔 보면 뜻이 통하는데, 전례는 유례와 같은 말. 유래는 "어떤 일/사물이 생긴 연유"를 뜻함.

유래(由來)**명** 사물/일이 생겨남. 또는 그 사물/일이 생겨난 바. [유] 까닭, 유서
유례(類例)**명** ①같거나 비슷한 예. ②≒전례(前例)(이전부터 있었던 사례).

170

＊농민 시위로 시내 진입로 일대가 봉쇄되었다. ➤ **일부 지역**의 잘못.

　태풍으로 남해안 일대에 주의보가 발효되었다. ➤ 맞음.

　그는 북한산 일대 1만 평의 부지를 매입하였다. ➤ **(일부) 지역**의 잘못.

　[설명] 일대(一帶)는 "일정한 범위의 어느 지역 전부"를 뜻하는 말. 그러므로 '시내
　　　진입로 일대'는 시내 진입로 전부를 뜻하고 '북한산 일대'는 북한산 지역 전
　　　체를 뜻하므로 잘못 쓰인 경우임.

＊놀이시설 이용 시 임산부는 유의하세요. ➤ **임신부**(혹은 임부)의 잘못.

　[설명] '임산부'는 '임부'와 '산부'를 아우르는 말. '산부'는 아기를 갓 낳은 여자이므
　　　로 놀이시설에 올 수도 없는 처지. 따라서 위의 문맥과는 어울리지 않음.

　임산부(妊産婦)**명** 임부와 산부를 아울러 이름.

　임부(妊婦)≒**임신부**(妊娠婦)**명** 아이를 밴 여자.

　산부(産婦)≒**산모**(産母)**명** 아기를 갓 낳은 여자.

＊서행하면서 2차선으로 달리면 사고나기 십상이지. ➤ **2차로로, 사고 나
기**의 잘못.

　[설명] ①'2차선'은 "2차로를 표시한 차선(금)"이므로 그 선 위를 달릴 수는 없음.
　　　즉, '2차선' 대신 '2차로'로 표기하는 것이 올바름. 그러나 아래의 뜻풀이에
　　　서 보듯, 《표준》에서도 '차로폭'으로 표기해야 할 말을 (굳어진 전문 용어로
　　　인정해서인지, 아니면 차선 간의 폭을 뜻하는 것인지) '차선폭'으로 인용(認
　　　容)하고 있어 헷갈림. ②'사고나다'는 없는 말. **사고 나다**로 띄어 적음.

　차선(車線)**명** ①자동차 도로에 주행 방향을 따라 일정한 간격으로 그어 놓은 선.
　　　②도로에 그어 놓은 선을 세는 단위.

　차로(車路)≒**찻길**[車길]**명** 사람이 다니는 길 따위와 구분하여 자동차만 다니게 한 길.

　차선폭(車線幅)**명** 도로에 표시한, 한 대의 차량이 지나가는 데에 필요한 만큼의 너
　　　비. ☞**차로폭**(車路幅)'이 올바른 표기이며 바로 잡혀야 할 말.

＊앞뒤 사정을 잘 알지도 못하는 사람이 따따부따하기는. ➤ **가타부타**(혹은
왈가왈부)의 잘못. ☞논리적 오류. **왈가왈부하다**[동]

　[설명] ①'가타부타[可-否-]≒왈가왈부'는 명사로서 옳고 그름을 따지는 것이고,
　　　'따따부따'는 따지는 내용이 아니라 말씨/태도를 뜻하는 부사. 위의 문맥에

서는 정작 '따따부따' 해야 할 내용은 생략되고 태도만 드러나서 논리적으로 어울리지 않음. ②'왈가왈부하다'통는 한 낱말. 단, 가타부타하다.

가타부타(可-否-)몡 어떤 일에 대하여 옳다느니 그르다느니 함.

왈가왈부몡 어떤 일에 대하여 옳거니 옳지 아니하거니 하고 말함.

따따부따튀 딱딱한 말씨로 따지고 다투는 소리. 그 모양.

따따부따하다통 딱딱한 말씨로 따지고 다투다.

＊비엔날레가 개막식을 시작으로 그 <u>대단원의 막</u>이 올랐다. ➤ **서막**의 잘못.

[설명] **대단원**은 "어떤 일의 맨 마지막"을 뜻하는 말이므로 대단원의 막은 내리는 것이지 올리는 것이 아님. 대단원의 막이 내리면 일이 끝난 것이며 시작되는 것이 아님. "시작의 의미"로는 **서막**을 써야 함.

대단원(大團圓)몡 ①≒**대미**[大尾](어떤 일의 맨 마지막). ②연극/소설 따위에서, 모든 사건을 해결하고 끝을 내는 마지막 장면.

＊이 아이가 장차 우리 집안을 일으킬 <u>장본인</u>이야. ➤ 맞음. 쓸 수 있음.

[참고] 당사자가 아닌 제삼자는 관여하지 마. ➤ 맞음.

[설명] **장본인**(張本人)은 "어떤 일을 꾀하여 일으킨 **바로 그 사람**"이라는 뜻으로 그 자체에 긍정/부정의 의미를 지니고 있지 않은 중립적인 말이며, **당사자**와는 의미가 다름. 따라서 위와 같이 긍정의 의미로 쓸 수도 있고, 나아가 부정의 의미로도 쓸 수 있음. 예) 그녀의 재기 성공의 **장본인**이 바로 그였다; 이 모든 사달의 **장본인**이 바로 그 녀석이었다니까요.

당사자(當事者)몡 어떤 일/사건에 직접 관계가 있거나 관계한 사람.

＊금슬(琴瑟) 좋은 부부는 금실로 엮인다. ➤ 맞음. **금실**도 가능함.

[설명] **금슬**은 금실의 원말로 복수표준어. 그러나 관련어는 '금실'로 적음. 예) **금실지락**[琴瑟▽之樂]≒**금실**(琴瑟)(부부간의 사랑). 단, 거문고와 비파의 의미로는 여전히 금슬.

[유사] 초승달(○)/초생달(×); 이승/저승(○); 금승말(○)

금슬(琴瑟)몡 ①거문고와 비파를 아우르는 말. ②금실(부부간의 사랑)의 원말.

금실(琴瑟)몡 부부간의 사랑. [유] 금실지락, 부부애, 정분.

덜 괴상한 한자어 애용: 피로회복제, 희귀병

널리 쓰여 온 말 중에 **피로회복제**가 있다. 그런데 가만히 그 뜻을 생각해 보면 웃음이 나온다. 왜냐고? **회복**(回復/恢復)이란 "원래의 상태로 돌이키거나 원래의 상태를 되찾음"이라는 뜻이니까, 그걸 마시게 되면 피로가 회복되어 다시 피로해지기 때문이다. 흔히 쓰는 **원상회복**(原狀回復, 본디의 형편이나 상태로 돌아감. 또는 그렇게 함)의 상태라고나 할까. 피로를 **복원**(復元/復原, 원래대로 회복함)시키는 셈이다.

피로는 '해소'되어야 하며, 회복되어야 할 것은 원기이다. 따라서 '피로회복제'란 명칭 대신에 '원기 회복제'로 바뀌어야 하지 않을까. 아울러 '피로 축적'이란 말도 가끔 보이는데, 이 말도 '피로 **누적**'으로 쓰여야 적절한 표현이 될 것이다. **축적**(蓄積)은 "(의도적으로) 모아서 쌓은 것"을 뜻하고, **누적**(累積)은 덜 의도적인 중립적 낱말이어서 "수동적으로 쌓인 상태"를 뜻하기 때문이다. 피로를 일부러 쌓을 사람은 없을 테니까.

흔히 쓰이는 말 중에 **희귀병**이라는 말도 있는데, 이 역시 문제적 용어랄 수 있다. **희귀하다**(稀貴-)는 골동품(骨董品, 오래되었거나 희귀한 옛 물품)이나 진약(珍藥, 희귀한 약) 등에서 보듯, "드물어서 매우 진귀하다"를 뜻하는 말로 "귀하다, 드물다, 진기하다"와 비슷한 말이다. 따라서 '희귀병'이란 명칭은 지극히 부적절한 표현이다.

"매우 드물다"는 뜻으로는 '희귀' 대신 **희소**(稀少)가 어울리지만, '희소가치' 등으로 쓰이고 있어서 **희소(질)병**이라는 명칭과는 의미 충돌의 우려가 있긴 하다. 어울리는 말로는 **희유**(稀有, 흔하지 아니함)를 써서 **희유병**(稀有病)이라 하거나 '**드문 병→드문병**' 정도가 어떨까 생각한다.

덜 국정 '농단'이 아니라 국정 '전횡'이나 '농락'. 굳이 쓰려면 '국정 농단(弄斷)'

최순실-박근혜 게이트와 관련하여 가장 많이 쓰인 말이 '국정 농단'인데 '농단(壟斷/隴斷)'의 본래 뜻은 '깎아 세운 듯한 높은 언덕'이다. 《맹자》의 〈공손추(公孫丑)〉에 나오는 말로, 예전에 어떤 사람이 시장에서 높은 곳에 올라가 사방을 둘러보고 물건을 사 모아 비싸게 팔아 상업상의 이익을 독점하였다는 데서 유래한다. 그래서 '농단'은 이익이나 권리를 독차지함을 이른다. 그 밖의 다른 뜻은 없다.

최순실과 관련된 국정 '농단'은 거의 국정 '농락'에 가깝다. '농락(籠絡)'은 새장과 고삐라는 뜻으로, "남을 교묘한 꾀로 휘잡아서 제 마음대로 놀리거나 이용함"을 뜻한다. "권세를 혼자 쥐고 제 마음대로 함"을 뜻하는 전횡(專橫)보다 죄질(?)이 더 나쁘다. 다만, '농단'에서와 같이 이익을 독차지한다는 뜻은 들어 있지 않다.

최순실의 국정 농락은 농락을 통한 농단이라는 점에서 이참에 '농단(弄斷)'이라는 말을 하나 만들어 보면 어떨까. 아녀자 하나가 꼭두각시 대통령을 앞세우고 대한민국을 쥐고 흔들었다는 기억이 떠올라 가슴 아프기는 하지만.

[사례 5] 한자어에도 '아' 다르고 '어' 다른 게 있다

문 비슷한 형태지만 의미에 차이가 있는 말들, 즉 아 다르고 어 다른 한자어들이 꽤 많다는데, 그런가요? 자주 쓰이는 말 중에는 어떤 것들이 있나요?

답 네, 그렇습니다. 예를 들면 **곤경/곤욕/곤혹**이 있는데, 많은 사람들이 혼동하여 틀리게 쓰는 말이죠. **상주/상제, 간여/관여, 장해/장애** 같은 것들도 그렇고요.

상갓집에 가면 흔히 듣는 말 중에 "맏상주가 무척 어리더군."이라든가, "상주들이 다 어디 가고 상청이 비었어." 등의 표현이 있습니다. 여기서 쓰인 **맏상주**라든지, **상주들**이라는 표현은 바르지 않습니다.

상주(喪主)는 "상제(喪制) 중 주가 되는 한 사람"뿐이므로, 다른 이들은 **상제**라고 해야 바릅니다. 그러므로 '맏상주'는 **맏상제**의 잘못이 되는데요. **상주**는 **맏상제/원상제**라고도 합니다.

예문으로 확인하기

＊**곤경/곤욕/곤혹**의 쓰임

　[예제] 당신의 기자 회견은 대통령을 (　　　)에 빠뜨릴 것이다. ➤ **곤경**이 적절.

　　　　내게 몹시 (　　　)스러운 질문만 골라서 하더군. ➤ **곤혹**이 적절.

　　　　그런 심한 (　　　)을 당하고도 의연하더군. ➤ **곤욕**이 적절.

　[설명] 곤경: 어려운 형편/처지. ¶곤경에 빠뜨리다.

　　　　곤욕: 심한 모욕. 또는 참기 힘든 일. ¶곤욕을 치르다/~ 겪다/~을 당하다.

　　　　곤혹: 곤란한 일을 당하여 어찌할 바를 모름. ¶곤혹을 느끼다.

＊**개재/게재/게시**의 쓰임

　[예제] 결혼 문제에서 당사자 사이에 게재해선 안 된다. ➤ **개재**의 잘못.

　　　　신문에 개재한 광고 문안에 오자가 있어서야. ➤ **게재**의 잘못.

　　　　전광판에 게재할 홍보 문안을 기한 내에 제출하세요. ➤ **게시**가 적절

　개재하다(介在-)[동] ≒**개재되다**(어떤 것들 사이에 끼어 있다.)

　개재하다(開齋-)[동] 〈가톨릭〉 단식재와 금육재 기간이 지나다.

　게재하다(揭載-)[동] 글/그림 따위를 신문/잡지 따위에 싣다.

　게시하다(揭示-)[동] 여러 사람에게 알리기 위하여 내붙이거나 내걸어 두루 보게 하다

＊이렇게 자꾸 관여하시면 곤란합니다. ➤ **간여**의 잘못.

　관여(關與): 관계하여 참여. ¶이번 일에 관여한 사람들은 백 명도 더 됨.

　간여(干與): 관계하여 참견. ¶말씀 중에 간여하시면 안 되죠.

＊원고대로 교정(校訂)이나 제대로 하게. 문장까지 뜯어고치는 교정(校正)까지 하려 들지 말고. ➤ **교정(校正), 교정(校訂)**의 잘못.

　교정(校訂)圀 남의 문장 또는 출판물의 잘못된 글자/글귀 따위를 바르게 고침.

　교정(校正)圀 교정쇄와 원고를 대조하여 오자/오식/배열/색 따위를 바르게 고침.

　교열(校閱)圀 문서/원고의 내용 가운데 잘못된 것을 바로잡아 고치며 검열함.

＊<u>맏상주</u>가 겨우 이제 갓 스물이더군. ➤ **맏상제**의 잘못.

　상주들은 다 어디 갔는지 영안실이 텅 비었네그려. ➤ **상제들**의 잘못.

　[설명] **상주(喪主)**는 상제(喪制) 중 주가 되는 한 사람(맏상제/원상제)뿐이고, 다른 이들은 상제.

　상주(喪主)圀 주(主)가 되는 상제(喪制). 대개 장자(長子)가 됨. [유] 맏상제, 원상제.

　상제(喪制)圀 부모/조부모가 세상을 떠나서 거상 중인 사람. ≒극인(棘人)/상인(喪人).

　맏상제(-喪制)圀 부모/조부모가 죽어서 상중에 있는 맏아들.

＊<u>사단</u>이 나도 단단히 났군. ➤ **사달**의 잘못.

　사달圀 사고나 탈의 뜻으로, 고유어.

　사단(事端)圀 ①사건의 단서. 일의 실마리. ②'사달'의 잘못.

＊요즘 세상에 <u>경우바른</u> 이 드물다. ➤ **경우 바른**의 잘못. ☞경우(가) 바르다囸

　<u>경위</u> 바른 사람인줄 알았는데 영 아니군. ➤ **경우 바른**의 잘못.

　사건의 앞뒤 <u>경우</u>도 모르는 사람이 그걸 처리하겠다고? ➤ **경위**가 적절함.

　[설명] ①경우는 "놓여 있는 조건이나 놓이게 된 형편/사정"의 뜻 외에도, "사리/도리"를 뜻하는 말로, "경우가 아니다(옳다/서다)", "경우에 닿다(마땅하다/맞다/틀리다)" 등으로 쓰임. 한편, 경위(經緯)는 "직물(織物)의 날줄과 씨줄"을 아우르는 말이기도 하지만 "일이 진행되어 온 과정"을 뜻하기도 함. 예) 사건의 **경위**도 모르는 사람이 나서서 설친다.

＊그 말을 듣자 즐거운 기색이 <u>만연했다</u>. ➤ **만면했다**의 잘못.

　당시 그 사상에 동조하는 사회 분위기가 <u>만면했다</u>. ➤ **만연했다**의 잘못.

[설명] 만연하다(蔓延/蔓衍-)는 본래 "식물의 줄기가 널리 뻗는다"는 뜻에서 나온
말로, 비유적으로 "전염병이나 나쁜 현상이 널리 퍼지는 것"을 뜻하고, **만**
면하다(滿面-)는 "얼굴에 가득하게 드러나 있다"는 뜻으로 득의만면하다/희
색만면하다 등으로도 쓰임.

만연하다(蔓延/蔓衍-)屠 (비유적으로) 전염병이나 나쁜 현상이 널리 퍼지다. 식물
의 줄기가 널리 뻗는다는 뜻에서 나온 말.

만면하다(滿面-)囹 얼굴 가득 드러나 있다. ¶득의만면/수색만면/희색만면하다

＊조용필 콘서트의 만원 행렬은 여전한 인기의 좋은 반증. ➣ **증거**의 잘못.

콘서트 만원 행렬은 여전한 인기의 좋은 방증이고말고. ➣ 맞음.

[설명] ①**반증**(反證)은 "어떤 사실/주장이 옳지 아니함을 그에 반대되는 근거를 들
어 증명함. 또는 그런 증거/어떤 사실과 모순되는 것 같지만, 오히려 그것
을 증명한다고 볼 수 있는 사실"이라는 뜻이므로, 입장권 연속 매진이라는
사실은 여전한 인기의 증거이지, 그와 반대되는 인기 하락의 증거가 아니므
로 '반증'은 문맥상 부적합한 표현. ②이와 관련, 반증/방증/증거를 요약 구
분하면 **반증**(反證)은 반대되는 증거, **방증**(傍證)은 간접적인 증거, **증거**(證據)
는 사실을 증명할 수 있는 근거라 할 수 있음.

☞이를테면 위의 예문에서 문맥상, 어떤 사실이 '식지 않는 인기'를 그대로 보여 주고 있다
면 그 어떤 사실은 '증거'가 될 것이고, 어떤 사실이 '식지 않는 인기'를 간접적으로 증명
하는 증거가 된다면 그 어떤 사실은 '방증'이 될 것이며, 어떤 사실이 '식지 않는 인기'와
반대되는 것을 보여 준다면 그 '어떤 사실'은 '반증'이 될 것임.

반증(反證)囹 ①어떤 사실/주장이 옳지 아니함을 그에 반대되는 근거를 들어 증명
함. 또는 그런 증거. ②어떤 사실과 모순되는 것 같지만, 오히려 그것을 증
명한다고 볼 수 있는 사실.

방증(傍證)囹 사실을 직접 증명할 수 있는 증거가 되지는 않지만, 주변의 상황을
밝힘으로써 간접적으로 증명에 도움을 줌. 또는 그 증거.

＊그런 비극적 결말은 그가 자처한 일이다. ➣ **자초**의 잘못.

[설명] ①**자처**(自處)와 **자초**(自招)는 전혀 다른 말. ②자처에는 **자결**(自決)의 뜻도
있으며, **자초**(自招)는 '스스로 불러옴' 등으로의 순화 대상 낱말.

자처(自處)囹 ①자기를 어떤 사람으로 여겨 그렇게 처신함. ¶그는 그때부터 그
분야의 일인자를 자처했다. ②자기의 일을 스스로 처리함. ③≒**자결**(自決,

의분을 참지 못하거나 지조를 지키기 위해 스스로 목숨을 끊음). ¶ 그는 능히 자처라도 할 강단이 있는 사람이다.

자초(自招)**명** 어떤 결과를 자기가 생기게 함. 또는 제 스스로 끌어들임. '가져옴', '불러옴', '스스로 가져옴', '스스로 불러옴'으로 순화.

＊장해물 경기가 곧 시작된다. ➤ **장애물**의 잘못.

신체적 장해가 발전의 장해물이 될 수도 있지요. ➤ **장애**의 잘못. **장애물**이 낫지만 장해물도 가능함.

인공적 장해물들이 진격을 지연시켰다. ➤ **장애물**의 잘못.

도로의 장애물들을 치우기 위해 중장비가 동원되었다. ➤ 가능하나 **장해물**이 적절.

[설명] **장애**(障礙)는 "거치적거리게 하거나 충분한 기능을 하지 못하게 함"을 뜻하고, **장해**(障害)는 "하고자 하는 일을 막아서 방해함"을 뜻함. 즉, 장애는 소극적이거나 우회적/간접적인 반면 장해는 간섭하거나 막아서 해를 끼치는 방해를 직접 하는 것이므로 의도적이고 직접적이며 적극적인 편임.

☞ 하지만 이러한 차이는 실제 상황에서 명확히 구분하기가 어려울 때도 있음. 이를테면 도로에 쌓인 눈은 '장애물'이지만 그 눈을 의도적으로 치우지 않아서 타인들의 통행을 방해하고자 빙벽이 되도록 방치했다면 그것은 '장해물'이기 때문. 따라서 예문처럼 '도로의 장애물을 치우기 위해서'라는 다소 막연한 경우에는 '장해물' 외에 '장애물'을 써도 됨.

장해(障害)**명** 하고자 하는 일을 막아서 방해함. 또는 그런 것. [유] 지장

장해물(障害物)**명** 하고자 하는 일을 막아서 방해하는 일/물건.

방해(妨害)**명** 남의 일을 간섭하고 막아 해를 끼침.

장애(障礙)**명** ①어떤 사물의 진행을 가로막아 거치적거리게 하거나 충분한 기능을 하지 못하게 함. 또는 그런 일. ②신체 기관이 본래의 제 기능을 하지 못하거나 정신 능력에 결함이 있는 상태. ③[통신] 유선 통신이나 무선 통신에서 유효 신호의 전송을 방해하는 잡음/혼신.

장애물(障礙物)**명** ①가로막아서 거치적거리게 하는 사물. ②[군] 전투를 지연시키거나 구속하는 자연적이거나 인공적인 지형지물.

＊의관 정재는 예전 선비들의 기본 수행이기도 했지. ➤ **정제**의 잘못.

[설명] 정재(淨齋)는 절에서 밥 짓는 곳을 이르는 말. 정제(淨濟)/정재소(淨齋所)라고
도 하며, 정제(整齊)는 다른 뜻. 재(齋)와 제(齊)는 한자 꼴이 비슷하여 헷갈
리기 쉬우나, "가지런히 한다는 뜻"으로는 제(齊)를 씀.
정제(整齊)몡 ①정돈하여 가지런히 함. ②격식에 맞게 차려입고 매무시를 바르게 함.

＊누적과 축적의 차이
[예제] 피로 누적인가, 피로 축적인가? ➤ 피로 누적이 적절함.
　　　기술 누적인가, 기술 축적인가? ➤ 기술 축적이 적절함.
[설명] 누적(累積)은 "시간이 지남에 따라 자연히 쌓이는 것"이고, 축적(蓄積)은 "의
지를 가지고 모으는 것"이다. 즉, 피로와 불만은 누적되고 지식/경험/자금/
기술은 노력에 따라 축적될 수 있음.
누적(累積)몡 포개어 여러 번 쌓음. 또는 포개져 여러 번 쌓임. [유] 누증(累增)
축적(蓄積)몡 지식/경험/자금 따위를 모아서 쌓음. 모아서 쌓은 것. [유] 집적(集積)

덤) '독약'과 '극약' 중 어느 것이 더 셀까?

극약이라고 생각하기 쉽지만 독약의 독성이 극약보다 더 강하다. 약은
독성의 강도에 따라 독약→극약→보통(일반) 약의 순서로 나뉜다.
사실이 이러한 데도 흔히 **극약**(劇藥)이라는 말에 더 놀라곤 한다. 반
면 독약은 몸에 해를 끼치는 것 정도로만 받아들이기 쉽다. 그리된
것은 우리가 일상생활에서 접하는 언어의 영향 탓이다. 예를 들어
극약 처방에서 보이는 극단적인 방법이 지닌 독기(毒氣) 앞에서 주눅
이 들거나, 그것이 몰고 올 극악한 해악을 떠올리며 그걸 감수해야
만 하는 상황에 미리 끔찍해하곤 했던 정신적 고통의 기억 등이 그
말에 서려 있기 때문이다. **극약**은 언어의 독성이 한껏 높여져 있는
낱말이고, 인간은 언어적 동물이자 언어적 피조물이기도 하다.
참고로, 독약/극약/독극물은 다음과 같이 구분된다.

독극물(毒劇物): 독성과 극성을 지닌 것 중 의약품이 아닌 것. 즉, 독
약과 극약은 의약품이므로 독극물이 아니다. **독극물**이란 강알칼

리나 부식성 산류처럼 사람의 몸에 접촉했을 때 화학반응(주로 부식작용)을 일으켜 조직을 파괴하는 독성 물질로, 어른의 평균 체중을 50kg으로 했을 때 경구적 치사량 1.5g 이하의 것을 뜻한다.

독약(毒藥): 극약보다도 독성이 한층 강하여 극히 적은 양일지라도 사람이나 동물에 섭취·흡입 또는 외용(外用)되었을 경우 그 극량(極量, 규정한 최대의 분량)이 치사량에 가깝거나 축적작용이 강하거나 약리작용이 격렬하여 사람 또는 동물에게 해를 줄 수 있는 의약품으로, 아비소산(亞砒素酸), 염산, 흰인 따위가 있다.

극약(劇藥): 독약 다음으로 독성을 지닌 약제로, 독약보다는 약하나 적은 분량으로 사람이나 동물에게 위험을 줄 수 있는 약품으로 산토닌·카페인·코카인·모르핀·백신류 등과 디기탈리스·페놀·납화합물·염산·질산·황산 따위가 있다.

☞ 극약은 치사량을 기준으로 구분하는 개념이고, 마약은 작용을 중심으로 구분하는 개념이다. 마약은 모르핀·코카인·아편 등과 그 유도체로서 미량으로 강력한 진통작용과 마취작용을 지니며, 계속 사용하다 중단하면 중독성으로 인해 격렬한 금단증세(禁斷症勢)를 일으켜 정상적인 생활을 할 수 없게 하여 종국에는 폐인이 되게 한다. **향정신성의약품**(向精神性醫藥品)은 환각·각성 및 중독성이 있는 의약품으로, 사람의 중추신경계에 작용하여 이를 오·남용할 경우 인체에 현저한 위해가 있다고 인정되는 물질이다.

[사례 6] 은근히 발음이 까다로운 한자어도 있다

 평소 하던 잘못된 발음대로 잘못 표기하는 한자어가 꽤 있던데, 어떤 것들이 있고, 왜 잘못 쓰게 되었는지 궁금합니다.

 그런 문제적 한자어가 꽤 있습니다. **단발마/단말마, 폭팔물/폭발물** 같은 것들이지요. 발음이 까다로워 실수하기 쉬운 것에는 다음과 같은 유형이 있습니다.

1. 평소의 발음 버릇 때문에 잘못된 말을 쓰는 경우
2. 발음이 두 가지로 나는 경우
3. 본음으로 읽는 경우와 속음으로 읽어야 하는 경우
4. 두음법칙의 영향을 받는 경우
5. 모음단순화 원칙의 예외적인 낱말들
6. 기타의 경우

예문으로 확인하기

① 평소의 발음 버릇 때문에 잘못된 말을 쓰는 경우

＊단발마의 비명 ➤ **단말마**의 잘못.

　단말마(斷末摩) **명** ①임종(臨終). ②[불] 숨이 끊어질 때의 모진 고통.

＊폭팔물 처리반이 올 때까지 기다리자. ➤ **폭발물**(暴發物)의 잘못.

　☞올바른 발음은 [폭빨물]이며 [폭팔물]이 아님. 발음 관행 때문에 잘못 적게 되는 말.

② 발음이 두 가지로 나는 말

＊신기록을 갱신하였다. ➤ **경신**의 잘못.

　운전면허를 갱신해야 합니다. ➤ 맞음.

　[설명] 한자 **更**은 "고친다"는 뜻으로는 [경]으로, "다시"라는 뜻으로는 [갱]으로 읽
　　　힘. **경신**(更新)은 "이미 있던 것을 고쳐 새롭게 함"이라는 뜻이 있는데, 이런
　　　의미일 때는 **갱신**과 의미가 다르지 않음. 그러나 '신기록 경신'과 같은 경우
　　　에는 '경신'으로 써야 하며 이러한 의미는 '갱신'에는 없는 의미.

　☞**갱년기**(更年期)는 인체가 성숙기에서 노년기로 접어드는 시기로, 신체의 변화와 관련된 것
　　이므로 경년기로 읽어야 순리적이나, 관습적으로 굳어진 발음이므로 그대로 인용(認容).

　경신(更新)**명** ①이미 있던 것을 고쳐 새롭게 함. '고침'으로 순화. ②기록경기 따
　　위에서, 종전의 기록을 깨뜨림.

　갱신(更新)**명** ①늑**경신**(更新)(이미 있던 것을 고쳐 새롭게 함). ②법률관계의 존속 기
　　간이 끝났을 때 그 기간을 연장하는 일. ¶계약 갱신/비자 갱신/면허 갱신.

＊갹출(醵出)인가, 거출인가? ➤ 둘 다 쓸 수 있음. ☞ 醵은 [갹]/[거]로 발음.

갹출(醵出)≒**거출**圐 같은 목적을 위하여 여러 사람이 돈을 나누어 냄. '나누어 냄', '추렴', '추렴함'으로 순화.

＊흉포한 사람은 흉폭한(凶暴漢)인가, 흉포한(凶暴漢)인가? ➤ **흉포한**이 적절. 난폭한 사람은 난폭한(亂暴漢)인가, 난포한(亂暴漢)인가? ➤ 둘 다 쓸 수 있음.

[설명] 한자 **暴**은(는) "사납다"는 뜻으로는 [포]/[폭] 두 가지로 읽히는 말. 일의적인 규정은 없으나 앞말의 받침이 ㅇ일 때는 대체로 [포]로 읽힘. 그러나 **狂暴**(미쳐 날뛰듯이 매우 거칠고 사나움)의 경우에는 (광폭)/(광포) 두 가지 모두 쓰이는 등, 관행적인 발음을 따르고 있음.

☞ **亂暴**(행동이 몹시 거칠고 사나움)의 원말을 **난포**(亂暴)로 삼고 있으며, **포악**(暴惡)/**횡포**(橫暴) 등의 경우에도 [포]의 발음이 우세한 편이나, 폭리/폭음/폭식 등의 경우에는 [폭]을 취하고 있음.

흉포(凶暴/兇暴)圐 질이 흉악하고 포악함. ¶~**하다**ᄒ

횡포(橫暴)圐 제멋대로 굴며 몹시 난폭함.

강포(強暴)圐 몹시 우악스럽고 사나움.

난포(亂暴)圐 **난폭**(행동이 몹시 거칠고 사나움)의 원말.

광폭(狂暴)圐 ≒**광포**[狂暴](미쳐 날뛰듯이 매우 거칠고 사나움).

일폭(日暴)圐 ① 햇볕에 쬠. ② 나날이 난폭하고 사나워짐.

③ **본음으로 읽는 경우와 속음으로 읽는 경우**

[예제] 그때 정말 내 입장이 곤난했어. ➤ **곤란**의 잘못.

　　　그 말을 듣자 그는 노발대발 대노했다. ➤ **대로**의 잘못.

　　　부친의 승락을 얻는 일이 가장 어려웠다. ➤ **승낙**의 잘못.

　　　쾌히 응락하시던가? ➤ **응낙**의 잘못.

　　　배추는 고냉지 채소의 대표 격이야. ➤ **고랭지**의 잘못.

　　　아직도 공냉식 차가 있어. ➤ **공랭식**의 잘못.

[설명] 한글맞춤법 제52항: 한자어에서 본음으로도 나고 속음으로도 나는 것은 각각 그 소리에 따라 적는다.

▶본음으로 읽는 한자들과 속음으로 읽는 한자들(본음↔속음): 승낙(承諾)/응낙(應諾)↔
수락(受諾)/쾌락(快諾)/허락(許諾); 만난(萬難)↔곤란/논란(論難); 분노(忿怒)↔대로(大
怒)/희로애락(喜怒哀樂); 안녕(安寧)↔의령(宜寧)/회령(會寧); 토론(討論)↔의논(議論);
오륙십(五六十)↔오뉴월/유월(六月); 목재(木材)↔모과(木瓜); 십일(十日)↔시방정토
(十方淨土)/시왕(十王)/시월(十月); 팔일(八日)↔초파일(初八日).

☞ 본음으로 읽는 한자 중 유의해야 할 말: 공랭식/수랭식(空冷式/水冷式), 고랭지(高冷地),
한랭지(寒冷地) 등.

4 두음법칙의 영향을 받는 한자어(예)

* 벌써 경노당에 드나들 나이는 아니잖은가? ➤ **경로당**의 잘못.

[설명] 두음법칙의 적용을 받음. **연륙교**(連陸橋)에서의 **연륙**처럼 **경로**(敬老)를 한 낱
말로 보는 것이며, **등용문**에서의 등과 같은 접두어로 보지 않기 때문에 **경
로**로 표기. 그러나 발음은 [경노]임. 예) 초노(初老)(×)/초로(初老)(○); 촌노
(村老)(×)/촌로(村老)[촐:로](○); 연노(年老)(×)/연로(年老)[열로](○)

5 모음 단순화의 예외

* 그리 팍성/팩성을 낼 까닭이 뭐 있소? ➤ **팍성**(愎性)의 잘못.

[설명] ①다음과 같은 경우는 표준어 규정 10항에 따라 복모음 표기를 단모음으로
적는다(모음 단순화): 괴팩[乖愎](×)/괴팍(○)→괴팍스럽다(○)/괴팍하다(○);
미류나무[美柳~](×)/미루나무(○); 으례(×)으레(○); 켸켸묵다(×)/케케묵다
(○). ②그러나 콩켸팥켸(×)/콩케팥케(○), 각출(×)/갹출[醵出](○) 등에서처
럼 복모음을 살려 적는 것을 표준어로 삼고 있는 경우도 있음.

☞ 위의 괴팍을 제외하고는 아래 낱말들은 모두 '-팍'을 살림.

강팍하다(剛愎-)〖형〗 성격이 까다롭고 고집이 세다.
암팍하다(暗愎-)〖형〗 성질이 엉큼하면서 까다롭고 고집이 세다
오팍하다(傲愎-)〖형〗 교만하고 독살스럽다.
한팍하다(狠愎-)〖형〗 ≒**한려하다**(狠戾—). 성질이 고약하고 사납다.
팍1〖부〗 가냘픈 몸이 갑자기 힘없이 쓰러지는 모양. ¶팍팍1〖부〗
팍2〖부〗 갑자기 성을 내는 모양.
팍팍2〖부〗 ①자꾸 성을 내는 모양. ②지지 아니하려고 강팍하게 자꾸 대드는 모양.
팍성(愎性)〖명〗 너그럽지 못하고 까다로워 걸핏하면 화를 내는 성질.

사이시옷과 한자어(예)

＊전세집/전셋방/세방 ➤ **전셋집/전세방/셋방**의 잘못.

[설명] 한자어와 한자어 사이에서는 사이시옷을 받치지 못한다(원칙).

전세방(傳貰房): '전세＋방'은 한자어 복합이므로 사이시옷 불가.

전셋집(傳貰–)/**전셋값**: '전세＋집/값'은 한자어＋한글이므로 사이시옷 가능

셋방(貰房): '세＋방'은 한자어 복합이므로 사이시옷 불가하나 예외로 인정.

☞ **[요약]** '셋방'은 예외라서 가능하지만 '전셋방'은 원칙대로 불가능. **[중요]** 복합 한자어 중 사이시옷 규정 예외 여섯 낱말: **곳간**(庫間), **셋방**(貰房), **숫자**(數字), **찻간**(車間), **툇간**(退間), **횟수**(回數).

＊넌 촛병마개냐, 죄다 시큰둥하게. ➤ **초병마개**(醋瓶–)의 잘못.

촛점 없는 눈으로 쳐다보던 그녀. ➤ **초점**의 잘못.

[설명] 발음은 각각 [초뼝마개], [초쩜]이지만, 초병(醋瓶)과 초점(焦點)은 한자어이므로 사이시옷을 받치면 도리어 잘못.

＊**차렛상** 차리는 법이 지방마다 달라서. ➤ **차례상**(茶禮床)의 잘못.

젯상 차리는 법. ➤ **제상**(祭床)의 잘못.

[설명] 차례상(茶禮床)은 한자어이므로 사이시옷을 받치지 못함. 제상(祭床)의 발음은 [제:쌍]. ☞ '차례상'은 현재 사전의 표제어로 올라 있지 않으나, 한 낱말. 여기서 '상'은 아래 풀이와 같이 접사 기능을 함.

상(床)**명** 일부 명사 뒤에 붙어 '상차림'을 나타내는 말. ¶다과상/생신상/차례상.

＊그 말은 지금 마굿간에 있어. ➤ **마구간**(馬廐間)의 잘못.

[설명] 한자어이므로 사이시옷을 받치지 못함.

 '녹음기'는 錄音器인가, 錄音機인가?
: –器 다르고 –機 다른 機器類/器機類 표기의 한자어

[예제] 녹음기의 한자 표기는 錄音器인가, 錄音機인가? ➤ **錄音器**
복사기와 계산기의 한자 표기는? ➤ **複寫機/複寫器**와 **計算器/計算機** 병용

'-기(機)'는 동력을 사용하거나 대체로 설비/장치의 크기가 크거나 부속장치들이 많아 구조가 복잡하고, 제조/생산을 목적으로 사용하는 장치에 붙인다. 특히 동력 사용과 무관하게 기계류에 편입되거나 복잡한 장치의 총칭으로 사용될 경우 '-기(機)'가 쓰인다. 예) **비행기**(飛行機)/**세탁기**(洗濯機)/**선풍기**(扇風機)/**발전기**(發電機)/**촬영기**(撮影機)/**사진기**(寫眞機).

'-기(器)'는 그와 달리 장치가 크지 않거나 구조가 비교적 간단하고 작동 원리가 복잡하지 않으며 특정된 단순 기능만을 수행하는 연장/연모/그릇/기구/기관(器官) 따위에 붙여 쓰인다. 예) **호흡기**(呼吸器)/**생식기**(生殖器)/**현악기**(絃樂器)/**관악기**(管樂器); **구석기**(舊石器)/**도자기**(陶瓷器)/**측정기**(測定器)/**감지기**(感知器)/**녹음기**(錄音器)/**조리기**(調理器).

그러나 현재의 실질적인 쓰임새로 볼 때는 당초 출현/제작 당시의 상황과 무척 달라져 표기를 수정해야 할 필요가 있는 것들〔예: **유성기**(留聲機)/**축음기**(蓄音機)/**녹음기**(錄音器)는 각각 留聲**器**/蓄音**器**/錄音**機**로, 크기가 수 킬로미터에도 이르는 입자 가속기(加速器)는 가속기(加速**機**)로, 공장 규모의 태양광 축전기(蓄電器)는 축전기(蓄電**機**)로〕도 적지 않으며, 그 기능이 복잡해지고 장치가 대형화된 것들도 있어서 실제로 혼용 표기하는 사례도 있다〔**복사기**(複寫機/複寫器)/**계산기**(計算器/計算機)〕.

☞ 현재《표준》의 표제어에 '녹즙기'의 한자가 '綠汁**機**'로 표기되어 있는데 이는 실수로 보인다. 특정된 단순 기능만을 수행하는 기구일 뿐만 아니라 조리기(調理器) 표기 등과의 통일성 유지를 고려해서도 '綠汁**器**'로 표기되어야 할 것이다.

기계(機械)**명** 동력을 써서 움직이거나 일을 하는 장치
기계(器械)**명** ① 연장/연모/그릇/기구 따위의 총칭. ②구조가 간단하며 제조/생산을 목적으로 하지 아니하고 사용하는 도구의 총칭.
기구(器具)**명** 세간/도구/기계 따위의 총칭.
도구(道具)**명** 일을 할 때 쓰는 연장의 총칭.

장치(裝置)**명** 어떤 목적에 따라 기능하도록 기계/도구 따위를 그 장소에 장착함. 또는 그 기계/도구/설비.

[사례 7] 특례 입학생 격인 단음절의 몇몇 한자어

문 몇몇 단음절의 한자어 때문에 표기나 띄어쓰기에서 자주 헷갈리는데요. 어떤 것들이 있고, 어떻게 해야 헷갈리지 않고 쓸 수 있을까요?

답 그 심정 이해하고도 남습니다. 저도 헷갈려서 자주 틀리던 때가 있었으니까요. 그런 한자어들은 '특례 입학생'에 비유할 수 있겠는데요. 외래어 표기법의 특별 규정에 따라 **어**(語)/**족**(族)/**민**(民) 등과 같은 단음절의 한자어 앞에 한자어가 올 때와 외래어가 올 때 띄어쓰기가 달라집니다. 또 **난/란**으로 표기가 달라지기도 하지요. **테헤란로**(−路)와 같이 선행어가 외래어일 때 두음법칙을 따르지 않는 예외적인 한자어도 있습니다.

예문으로 확인하기

① 선행어가 한자어인지 외래어인지에 따라 띄어쓰기가 달라지는 단음절 낱말

＊애는 중국어를, 저는 러시아어를 전공하고 있습니다. ➤ **러시아 어**의 잘못.
한족과 <u>몽골족</u>은 전혀 계통이 다른 민족이다. ➤ **몽골 족**의 잘못.
한국인과 <u>몽골인</u>은 외양이 아주 비슷하다. ➤ **몽골 인**의 잘못.
[설명] 아래의 **인**(人)/**어**(語)/**족**(族)과 같은 단음절 한자어는 선행어가 한자어일 때는 붙여 쓰고, 외래어일 때는 띄어 쓴다(원칙). 이는 외래어 표기법에 따른 원칙인데, <u>붙여 쓰기</u>도 허용한다.
인(人): 중국인/한국인/독일인/미국인; 몽골 인/포르투갈 인/쿠바 인/러시아 인
어(語): 중국어/한국어/독일어/영어; 몽골 어/포르투갈 어/러시아 어.
족(族): 한족/조선족/남방족/북방족; 티벳 족/키르키스탄 족/바이킹 족.

2 선행어에 따라 표기가 달라지는 한자어

＊만화는 <u>어린이란</u>에 넣기로 하지. ➤ 어린이난의 잘못.

이번에 <u>독자난</u> 투고 성적이 저조하더군. ➤ 독자란의 잘못.

요즘엔 사원 모집 때 '<u>스펙</u>'란이 거의 없지. ➤ '스펙'난의 잘못.

[설명] '란(欄)'은 "구분된 지면"의 뜻으로, '칸'으로 순화. '란(欄)'은 선행어가 한자어
일 때 쓰이며, 고유어와 외래어 뒤에서는 '난'으로 적음.

☞ 이와 같이 선행어가 한자어일 때와 고유어/외래어일 때 달라지는 것으로는 '량(量)'도 있
는데, '강우량(降雨量)' 등과 같이 선행어가 한자어일 때는 '량'으로 적지만, 고유어/외래
어 뒤에 붙을 때는 다음과 같이 '양'으로 적음: 구름양(구름이 하늘을 덮고 있는 정도), 먹
이양(동물이나 사육하는 가축에게 주는 먹이의 분량), 흐름양(≒유동량(流動量). 유체(流
體)가 단위 시간 동안에 흐르는 양), 견딤양([의학] 그 이하를 사용하면 중독은 되지만 죽
음은 할 수 있는 약물 사용의 최대 한계량).

3 선행어가 외래어일 때, 두음법칙을 따르지 않는 예외적인 한자어

＊다음과 같은 낱말들은 두음법칙에 따르면 한자어 앞에 오는 외래어들이
므로 모두 'ㄹ' 대신 'ㄴ'으로 적어야 하지만, 관행을 존중하여 'ㄹ'로 표기
하는, 예외적인 경우들임: 율리우스력(-曆); 펀치력(-力)/슈팅력(-力); 가
스로(-爐); 모델료(-料)/컨설팅료(-料); 파이론(-論); 햄릿류(-類); 테헤란
로(-路)/조깅로(-路).

덧 금초/벌초/사초 그리고 추행/소분의 뜻

금초(禁草)는 금화벌초(禁火伐草)의 준말로 "무덤에 불조심하고 때맞
추어 풀을 베어 잔디를 잘 가꾸는 일"을 뜻하고, 벌초(伐草)는 "무덤
의 풀을 깎아 깨끗이 하는 일"는 뜻하며, 사초(莎草)는 "무덤에 떼를
입혀 잘 다듬는 일"을 이른다. 그러므로 일반적으로 음력 7월 하순경
산소의 풀을 깎고 깨끗이 손질하는 건 벌초라고 하는 것이 알맞다.
즉, 추석 전(장마철 끝난 뒤)에 무덤의 풀을 깎는 일은 벌초로, 한식(寒
食) 때 하는 벌초는 금초로 표현할 만하다. ☞ 이 '금초(禁草)'라는 말이 '벌
초' 못지않게 두루 널리 쓰이고 있는데도, 《표준》의 표제어에는 보이지 않는다. 희한

하고도 해괴한 일이다.

사초는 무덤에 떼를 입히고 손질하는 일이다. 들잔디(잔디의 대부분을 차지하는, 생활력이 강한 잔디)는 연중 어느 때나 사초를 해도 되지만, 금잔디(들잔디보다 뗏상 형성 능력은 강하나 내한성이 약함)만은 영양번식에 의존하므로 가을~겨울철에 사초를 하면 동사할 수도 있다.

참고로, 성묘(省墓)하러 가는 일을 추행(楸行)이라고 한다. 후손들이 조상의 무덤가에 가래나무를 심은 데서 유래한 말이다. 성묘와 비슷한 말인 소분(掃墳)은 과거 급제나 출사(出仕), 승진, 혼사, 득남 등과 같이 "경사로운 일이 있을 때 조상의 산소를 찾아가 돌보고 제사를 지내는 일"을 뜻하지만 이제는 역사책에서나 보게 되는 말이 되고 말았다.[다만 제주도에서는 이 벌초(伐草)를 '소분(掃墳)'이라고 하는데, 단순히 풀을 제거하는 것에 그치지 않고 성묘의 의미까지도 담겨 있다. 제주도에서 벌초는 가족공동체의 제일 중요한 행사일 정도로 대단히 중히 여긴다. '식게 안 헌 건 놈이 모르곡, 소분 안 헌 건 다 안다'(제사를 지내지 않은 것은 남이 모르지만, 벌초하지 않은 것은 다 안다)는 속담도 있을 정도.] 좋은 풍속이므로, 계속 이 말이 살아서 쓰였으면 좋겠다. 특히 이 나라의 높은 사람들이 높은 자리에 오르면 국민들 보란 듯이 현충원부터 찾는데, 그 전에 소분부터 했으면 좋겠다. 그러면서 자기 조상님들과 일대일로 단단히 다짐을 드리는 게 약속의 효과가 제대로 있을 듯하다.

☞한 가지 더, 산소모종(山所-)이란 말이 있는데 "조상의 산소를 이리저리 옮기는 일"을 놀림조로 이르는 말이다. 예전에는 일이 잘 안 풀리거나 집 안에 흉사가 자주 일어나면 묏자리 탓을 해대곤 하는 바람에 묘지 이장도 드물지 않았다. "안되면 조상(산소) 탓"이라는 속담이 나왔을 정도니까. 그처럼 걸핏하면 묏자리 탓을 하면서 산소를 옮기곤 하는 사람을 놀리기 위해서 나온 말이다.

[사례 8] 어근/의미소에서 죽기도 하고 살기도 하는 한자어

문 쌍둥이(雙−)는 본래 한자어 쌍동(雙童)에서 '童'이 죽고 '둥'이 붙어 된 말이잖아요. 이런 한자어들이 얼마나 더 있는가요?

답 그런 한자어들을 일러 "어근/의미소에서 죽기도 하고 살기도 하는 한자어"라고 할 수 있지요. 대표적으로는 童이 어근/의미소에서 죽기도 하고 살기도 하는데요. **쌍둥이(雙−)**에서는 죽지만 **쌍동아들(雙童−)**에서는 살아납니다. 이런 말이 몇 가지 있는데 한번 볼까요?

예문으로 확인하기

*쌍둥아들/쌍둥딸 ➤ **쌍동아들/쌍동딸**의 잘못.

[설명] ①**쌍동**(雙童)의 어근을 꼭 살려야 할 경우에만 '쌍동'으로 표기. 그러나 **쌍둥이**에서와 같이 "아이"를 뜻하는 경우에는 예외 없이 모두 '둥'으로 적음. ② **팔삭둥이**(八朔−)가 한자어로는 **팔삭동**[八朔童]인데, 이처럼 '−동(童)'만으로 '둥이'의 뜻을 담을 수도 있음. 이때는 '−동(童)'으로만 적어야 하며, '−동이'는 잘못임. 즉, **팔삭동**(八朔童)(○)/**팔삭동이**(×)/**팔삭둥이**(○)인 것임.

약둥이᠎명᠎ 약고 똑똑한 아이.

귀둥이(貴−)᠎명᠎ 특별히 귀염을 받는 아이.

선둥이(先−)᠎명᠎ 쌍둥이 중에서 먼저 태어난 아이.

쌍동딸(雙童−)᠎명᠎ 한 태(胎)에서 나온 두 딸. [유] 쌍녀(雙女)/쌍생녀.

쌍동밤(雙童−)᠎명᠎ 한 껍데기 속에 두 쪽이 들어 있는 밤.

쌍동중매(雙童仲媒)᠎명᠎ 짝을 지어 다니며 직업적으로 중매를 하는 일/사람.

팔삭둥이(八朔−)᠎명᠎ ① ≒**팔삭동**[八朔童]. 제달을 다 채우지 못하고 여덟 달 만에 태어난 아이. ②똑똑하지 못한 사람의 놀림조 말.

*돗데기시장[−市場] ➤ **도떼기시장**의 잘못.

[설명] 이것저것(都) 뒤섞여 있는 시장임을 떠올릴 것. '도떼기−'로 적는 것이 의미소 격인 '도(都)'의 뜻도 살리고, 본뜻과 멀어졌을 때는 소리나는 대로 적는다는 원칙('데기→떼기')과도 부합.

*그런 <u>쌍소리</u>를 입에 달고 사는 사람은? ➤ 쓸 수 있음. **상소리**(常−)의 센말.

그런 <u>쌍놈/상놈</u>이 아직도 있나? ➤ 둘 다 쓸 수 있음. 문맥에 따라 다소 뜻은 다름.

검사라는 자가 그런 **쌍욕**을 하다니? ➤ 쓸 수 있음. **상욕**(常辱)의 센말.

하도 상스러워 <u>상내</u>가 풀풀 난다. ➤ **쌍내**의 잘못. 없는 말.

[**설명**] "본데없고 버릇없다"는 뜻의 센말. 속어로는 **쌍놈**을 쓸 수 있다. 센말로 '**쌍**−'을 쓸 수 있는 것들은 **쌍것**>**상것**; **쌍년**>**상년**; **쌍놈**>**상놈**; **쌍욕**>**상욕**; **쌍말**>**상말**; **쌍소리**>**상소리** 등이 있다. 그러나 **쌍내**의 여린말은 없다.

상놈(常−)**명** ①예전에, 신분이 낮은 남자를 낮잡는 말. ② <**쌍놈**. [속] 본데없고 버릇없는 남자.

상욕(常辱)**명** 상스러운 욕설.

쌍내명 쌍스러운 느낌.

🅣 '**현해탄**'은 우리 것이 아니다

"여인은 현해탄(玄海灘)을 사이에 두고 그를 그리워했다."에서 현해탄은 **대한해협**의 잘못이다.

현해탄(일본어 발음은 [겐카이나])은 대한해협 남쪽, 일본 후쿠오카 현(福岡縣) 서북쪽에 있는 일본의 바다 지명이기 때문이다. 위치상으로도 의미에 맞지 않은 일본의 바다 이름을 굳이 빌려 한일 사이의 바다를 일컬을 필요가 있을까? 그럴 필요가 없을 뿐만 아니라, 실제로 대한해협을 뜻할 경우에도 이 바다는 대한해협의 남쪽일 뿐이므로 '현해탄'을 쓰면 잘못이다.

그럼에도 '현해탄'은 사전에 등재되어 있는 말이며, 뜻풀이는 위에 보인 대로 <u>일본의 바다</u> 이름으로 되어 있다. 우리 바다는 분명히 아니다.

04

외국어 남용과 외래어 오용 백태
꼬인 삶도 풀어주는 우리말 실력

'스펙' 없는 젊은이, 우리말 실력으로 스펙 대신하기

문 취업을 준비하는 젊은이들, 취업 관련 강연이나 알선·지도를 하는 사람들은 어 딜 가나 '스펙, 스펙' 하는데, 맞게 쓰는 말인가요? 만약 엉터리라면 대체 어디서 온 말인데 이렇게 널리 쓰이게 되었나요?

답 모 대기업의 면접장에서 일어난 실화를 하나 소개하지요. 독서 관련 베스트셀러 작가가 저서에 소개한 내용이기도 합니다.

한 젊은이가 대기업의 입사 면접을 보게 되었는데, 그는 당시 취업과 관련하여 이른바 **스펙**이라는 괴상한 용어가 인간의 품질까지도 규정하고 있는 세태를 몹 시 못마땅해 하던 참이었습니다.

그도 그럴 것이, 스펙이란 영어의 **specification**에서 나온 말로, 본래 **시방서**(示 方書)나 **사양**(仕樣)이라는 기계/건설 용어일 뿐입니다. 순화어는 **(제품) 설명서** 이고요. 결코 사람에게 쓰여서는 안 되는 용어가 심지어 사람의 값을 매기기까 지 한다니 심정적 거부감이 든 뒷얘기는 아래에 적겠습니다.

'스펙'이란 용어는 물건/공사와 같은 사물에나 쓰는 말이지, 사람에게 쓰일 수 있는 말은 결단코 아닙니다. 심하게 말해서 '스펙'은 공사판이나 제품 출하 부서로 돌려세운 뒤 "고향 앞으로 갓!" 해야 할 말이죠. 참고 로, 사람의 자질/자격/능력 등을 포괄해서 이력서에 쓸 수 있는 적절한 영어 표기는 **Qualification**(s)입니다. **자격[증]/자질/능력** 등을 포괄하 는 오지랖 넓은 말입니다.

예의 젊은이는 세칭 '스펙'으로만 치면 함량 미달에 가까웠습니다. 이른바 스카이(SKY)는 고사하고 흔한 '명문' 축에도 못 드는(그저 서울에 있어서 지방대보다는 대접이 나은) 대학 출신이었거든요. 다른 항목에서도 그만그만한 수준으로 어중간했습니다. 다만 한 가지, 독서량에서만은 좀 자신이 있었습니다. 닥치는 대로 이것저것 가리지 않고 꽤 읽은 편이었지요. 하지만 입사 시험에 독서량 부분은 없잖습니까. 그런 자신의 위치를 확인할 때마다 세태에는 불만이면서도 개인적으로는 불안했습니다.

그는 자신의 면접 차례를 기다리며 복도 쪽의 다른 방들을 기웃거리고 있는데, 마침 그 방들의 문 하나에 매달린 조그만 간판이 눈에 띄었습니다. TFT라고 적혀 있었습니다. 그의 차례가 되었고, 이런저런 질문과 답이 오간 뒤, 면접관 중 책임자로 보이는 사람이 처음으로 입을 열었습니다. 어떤 내용이건, 그 회사와 관련하여 개선하거나 고쳤으면 좋겠다고 느낀 게 있으면 말해 보라고. 그런 게 없으면 밖에서 본 회사 이미지에 대한 개인적 소감도 좋다고 했습니다.

젊은이는 방문 간판에 쓰여 있던 **TFT** 얘기를 꺼냈습니다. 자신 있게 그 표기의 문제점을 지적한 뒤, 대내적으로도 그 사무실의 존재가 알려지는 게 마뜩찮으면 **TF**로 고쳐 적은 뒤 간판 크기를 현재보다 더 줄여서 걸고, 대내 문서상으로는 **태스크 포스**보다는 **프로젝트 팀**으로 표기하는 것이 좀 더 나을 듯하다고 덧붙였습니다. 개인 의견이긴 하지만 '태스크 포스'는 그 말의 유래대로 군(軍) 냄새가 나는 것 같아서라고, 토를 달았습니다. ☞ 다음에 곧 이어지는 〈외국어 토막말 잘못 밝히다간 무식을 광고하는 꼴 난다〉 항목 참조.

그 면접관은 고개를 끄덕이면서 더 하고 싶은 말이 있느냐고 물었습니다. 그 말이 일종의 격려처럼 느껴지는 순간, 젊은이는 또 다른 사례가 생각났습니다. 차례를 기다리는 동안 심심하면 읽어보라고 나눠준 그 회사의 사보에서 봤던 체험 기사의 일부 문장("그 무거운 **플랑카드**를 둘이서 받쳐 들고 오래 걷다 보니 손이 까졌지만, 그래도 견디면서")이 둥실 떠올랐습니다.

젊은이는 문장 가운데 자신의 시선에 낚인 두 개의 낱말을 떠올리면서 말했습니다. 흔히 쓰는 **플랑카드**는 플래카드의 잘못으로 'ㅇ' 받침은 원어인 placard의 어딜 봐도 없는 잘못된 표기인데, 아무 의심 없이 그냥 쓰고 있더라는 것, 그리고 "손이 까지다"에 쓰인 **까지다**는 "껍질 따위가 벗겨지다"라는 뜻이므로 전혀 못 쓸 바는 아니지만, 손바닥의 표피 같은 걸 다쳐서 아주 조금 벗어지는 경우에는 **제키다**(살갗이 조금 다쳐서 벗어지다)라는 멋지고 아름다운 말이 있으므로 그런 말을 찾아 쓰려고 노력하는 것이, 다른 사람이라면 모르겠지만 사보를 담당하고 있는 홍보실 소속이라면 그렇게 하는 것이 나을 것 같다고 대답했습니다.

그리고 이처럼 아주 사소한 것들을 이야기하는 것이 어쩌면 몹시 좀스러워서 큰일을 하는 데에 **장애물**(障礙物, 가로막아서 거치적거리게 하는 사물)이 될 수도 있다고 생각할지 모르지만 어떤 일이건 그 기본은 아주 사소한 것들을 올바로 챙기는 데서 시작되는 것이라고 믿고 있기에, 그렇게 하는 것이 커다란 **장해물**(障害物, 하고자 하는 일을 막아서 방해하는 일/물건)로 자라기 전에 바로잡을 수 있을 듯해서, 말씀드리는 것이라고 덧댔습니다. 그러면서 그는 "훌륭한 기자는 멋진 말을 많이 쓰지만, 최고의 기자는 제대로 된 말로 쓴다."는 말을 결론 삼아 보냈습니다. 순간적으로 그가 지어낸 말이었습니다. 젊은이는 합격했다는군요. '스펙'으로만 치면 간신히 B°급이나 될까 말까 하는데 말이죠.

그런데 다행히도 이젠 "스펙의 시대는 가고 NCS 시대가 왔다!"고 하는군요. **NCS**란 국가직무능력표준(national competency standards)으로, '스펙'이라는 말도 안 되는 기준을 일거에 제거하고 그 자리에 새로 들어

선 것의 이름이라지요. '스펙'을 적는 칸을 아예 통째로 없애고, 근무 현장에서 필요로 하는 실질적인 직무능력을 최우선하여 적임자를 선발하겠다는 새로운 발상의 집체물이랍니다.

☞ NCS는 공공기관의 신입 직원 선발에 이미 적용하고 있고, 많은 대기업에서 이를 따르고 있어 조만간 선발, 전보, 승진 등의 인사 평가를 주도할 것으로 보인다. 상세한 내역은 http://www.ncs.go.kr에 들어가 보면 알 수 있다.

외국어 토막말 잘못 밝히다간 무식을 광고하는 꼴 난다

문

앞에서 **TFT**가 틀렸다고 했는데, 까닭이 궁금합니다. **TFT**니 **태스크 포스 팀**이니 하는 말을 많이 듣기도 하고 저도 자연스럽게 써 왔는데, 엉터리라니 자세한 사연을 듣고 싶습니다.

답

TFT란 Task Force Team(태스크 포스 팀)의 약자 표기인데, 영문으로 적긴 했지만 정작 영어에는 이런 말이 없습니다. 대충 지레짐작으로 지어낸 무지막지한(?) **콩글리시**인 거죠. 영어로는 **Task Force**라 해야 합니다. 무의식적인 외국어 **남용**(濫用, abuse, 일정한 기준/한도를 넘어서 함부로 씀) 버릇으로 인한 대표적 **오용**(誤用, misuse, 잘못 사용함) 사례이기도 합니다. **태스크 포스**도 아직은 외래어 지위를 얻지 못한 외국어의 한글 표기일 뿐이긴 하지만요.

☞ 《가짜영어사전》(안정효, 현암사)은 이런 콩글리시들을 찾아 모아 상세하게 해설하였다.

태스크 포스(task force)란 영문 표기 'force'에서도 드러나듯 본래 군대의 기동 부대나 경찰의 특수기동대와 같이 상황에 따라 재빠르게 움직이거나 대처하는 능력을 지닌 부대를 말합니다. 즉, 태스크 포스에 들어있는 'force'라는 말 자체가 팀/집단을 포괄하는 부대라는 뜻이지요.

그러던 것이 민간 기관에서도 환경 변화에 능동적으로 대처하고 기존 조직구조가 지니지 못한 신축성과 기동성을 발휘하여 창조적이며 쇄신적인 아이디어를 창출하기 위한 조직이 필요해지자, 이러한 목적으로 탄생시킨 조직 형태가 바로 이 태스크 포스입니다. **프로젝트 팀**(project team)이라고도 합니다.

이처럼 '태스크 포스'는 그 명칭만으로도 '팀/집단'이라는 완전한 의미를 지니고 있습니다. 그럼에도 거기에 '팀'이라는 말을 덧붙여 '태스크 포스 팀'이라고 작명하는 것은 미안하지만 무지로 인한 과잉 친절이라고 해야 합니다. 사족으로서 꼴사나운 **옥상가옥**(屋上架屋, 물건이나 일을 부질없이 거듭함)이 되어 그 순간 영어에서 밀려나 콩글리시에 편입됩니다. 그냥 태스크 포스(Task Force)라고만 적어야 하고, 약자 표기는 **TF**로 족하답니다. (다행히도 외교부에 걸린 사무실 표지판에는 TF로만 표기되어 있더군요.)

이러한 'TFT/TF'와 같은 문제의 **근저**(根底/根柢, 사물의 뿌리/밑바탕이 되는 기초)에는 외국어 남용 버릇이 도사리고 있습니다. 걸핏하면 외국어를 들이대려는 버릇이 은근히 널리 번져 있는데, 특히 잘 알지도 못하면서(알려는 노력은 거른 채), 우선 외국어에 기대고 보는 외국어 남용 습관이 문제입니다. 이 외국어 남용 버릇은 **식자연**(識者然, 학식/견식/상식이 있는 사람인 체)하는 이들의 공통된 태도라고 할 수 있을 정도로 아주 심각합니다.

그런 이들의 의식에는 한글에 비해 영어는 고급언어이자 상류언어로서 신지식과 신기술, 새로운 동향을 멋지게 표현하는 언어라는 생각이 박혀 있습니다. 그런 생각들이 한국어를 하류어로 끌어내리는 거지요. 정작 끌어내려야 하는 것은 잘못 부풀어 오른 그릇된 외국어 선호 의식과, 자신들은 우리말 활용 능력 정도야 기본적으로 (충분히) 갖추고 있다고 믿는 착각인데 말입니다.

　예를 들어보지요. 다음은 2013년에 정부 각 부처에서 배포한 보도자료에 쓰인 말들입니다. 똑똑한 사람들이 모였다는 중앙부처의 중견 이상 간부들이 작성에 참여한 것들인데, 기가 찰 정도로 외국어(외래어도 아닌)를 사랑하고 있습니다. 심지어, 법에 명시된 공문서의 한글 표기 원칙(한자와 외국 글자는 필요 시 괄호 안에 병기)조차도 용감하게 무시하고, 아예 영문 표기를 그냥 들이대고 있기도 합니다. 명백한 국어기본법 위반이지요. 띄어쓰기를 틀린 건 애교로 보일 정도입니다.

- "산업융합은 우리 경제가 **Fast Follower**에서 **First Mover**로 도약할 수 있는 핵심 경제의 전략으로, 주력 산업의 성장 모멘텀을 확보할 수 있는 새로운 성장 **DNA**임을 강조함." (산업자원부 2013. 5. 14.)
- "중대사건은 긴급사건과 마찬가지로 **Fast Track**으로 처리할 계획임." (법무부 2013. 4. 18.)
- "철도시장 특성을 감안하여 **Killer Item** 개발부터 시험·검증, 상용화까지 패키지 지원전략도 마련합니다." (국토교통부 2013. 4. 7.)
- "나눔 문화를 확산하는 계기가 되고자 '**어린T를 벗자**'는 기부행사를 마련해" (여성가족부 2013. 5. 16.)

☞ **한글문화연대** 자료에 따르면, 2013년 4월~6월간 17개 정부 부처와 국회, 대법원에서 낸 보도자료 3,068건 중 국어기본법을 위반한 사례는 8,842회로 건당 평균 2.88회. 그만치, 현재 법규 위반 상태는 심각할 정도를 넘어 위험할 지경에 이르렀다.

'페널티킥'과 '승부차기'는 다르다

문 TFT와 같이 당연한 줄 알았는데 엉터리인 다른 사례도 많을 것 같은데 어떤가요? 참, 축구에서 **페널티킥**이니, PK이니, PK전이니, **승부차기**니 하는 말을 흔히 쓰는데, 이것도 혹시 잘못된 건 아닌가요?

답 2014년 브라질 월드컵에서는 연장전까지 치르고도 무승부라서 페널티킥으로 승부를 내는 일이 유난히 많았습니다. 그럴 때 중계를 하는 이들은 **승부차기**라는 말도 썼지만, **PK전(戰)**이라는 말도 썼습니다. 당시에 시청자들은 지금까지 그래왔듯이 당연히(?) '승부차기'와 'PK전'은 같은 뜻이라고 여겼을 듯합니다.

승부차기에 대한 우리말 사전의 뜻풀이부터 보지요. "축구에서, 골로 승부가 나지 않을 경우 일정한 횟수의 페널티킥을 차서 승부를 내는 일"이라 풀이하고, 동의어로 **PK전**을 들고 있습니다. 즉, 이처럼 《표준》에서조차 **승부차기**와 **PK전**을 같은 것으로 여기고 있습니다.

그러나 승부차기와 PK전은 결과로만 보면 비슷할지 몰라도 그 뜻은 엄연히 다른 말입니다. 영어로 승부차기는 **페널티 슛 아웃(penalty shoot-out)**이라 하고, 그 표기는 물론 뜻도 페널티킥과는 엄격히 구분하고 있거든요. 알다시피 페널티킥은 페널티 지역에서 수비진이 반칙을 했을 때 주어지는 킥이고, 승부차기에서의 킥은 반칙과 무관하잖습니까.

승부차기(penalty shoot-out)에 쓰인 shoot-out은 본래 "두 사람이 서로 상대방이 쓰러질 때까지 총을 쏘는 것"을 뜻합니다. 승부차기에 페널티란 말이 붙은 것은 몇 가지 의미가 있는데, 으뜸 의미는 shoot-out 방식으로 하되(즉 어느 한 쪽이 실수할 때까지 겨루되) 그 킥을 페널티킥 방식으로 한다는 것이고, 두 번째 뜻은 전·후반 및 연장 시간까지 줬는데도 승부를 내지 못했으니 그 벌칙으로 그처럼 피를 말리는 방식으로 겨뤄서라도 어떻게든 승부를 내라는 뜻입니다. 따라서 승부차기의 올바른 영문 약자 표기는 **PS**(Penalty Shoot-out)**전**이 되어야 하고, PK전은 잘못입니다.

☞ **PK전**은 정상적인 골이 아니라 페널티킥으로만 점수가 벌어져 승부가 결정된 경기에는 쓸 수 있는 말이다. 다시 말해, 쌍방이 골에 의한 득점이 전혀 없었거나 골에 의한 득점은 동점인 채로 시합 중 페널티킥으로 얻은 점수로 승패가 갈렸을 때도 "그 시합은 실력이 아니라 상대방의 실수에 의지한 PK전인 셈이었다."라고 적을 수 있다. 아이스하키의 경우에는 공식적으로 '숫아웃' 용어만 쓴다. 골프의 연장전 제도도 숫아웃에 속한다.

물 건너 와서 고생하는, 자동차 관련 영어

문 가만 보면 영어 선호 의식 때문에 영어를 남발하느라 억지(엉터리) 영어를 쓰는 경우가 많은데, 사실 그런 억지는 상당 부분 우리말 실력 부족에서 비롯한 것은 아닐까요? 참, 자동차 관련 영어에도 엉터리가 적잖다는데요. 가령 **탱크로리**(tank lorry)에서 **lorry**가 **트럭**의 뜻인 줄 모르고 **탱크로리 트럭**이라고 하는지, **역전앞**을 당연시하듯, 알고도 그렇게 쓰는지 궁금합니다.

답 유사 휘발유 불법 유통 사건을 다룬 신문 기사를 보니 "대형 탱크로리 트럭 등을 주·야간 가리지 않고 버젓이 정문으로 출입시켜 운행하는 방법으로 유사 휘발유를 중간 판매상들 상대로 울산 등 전국으로 판매해 왔다."는군요.
기사에서 보이는 **탱크로리 트럭**은 **탱크로리**의 잘못입니다. 무지로 인한 또 하나의 과잉 친절 사례라 할 수 있지요.
탱크로리는 tank lorry의 외래어 표기인데, 영국에서는 truck이라고 하는 대형 화물차를 lorry라고 합니다. 그러니까 탱크로리는 탱크 모양의 저장고를 장치한 대형 화물차를 뜻하는 영국 영어입니다. 여기서 '탱크'는 유조차나 사료/우유/시멘트 운반차 등에서 흔히 볼 수 있는 아주 큰 통을 말하는데요. 요즘은 탱크로리나 탱크 트럭을 **탱커**(tanker, 석유·가스·휘발유를 싣고 다니는 대형 선박을 뜻하기도 함)로 줄여 부르기도 합니다.

200

예전에는 이러한 의미 구분 노력이 생략된 채 수십 년을 두고 애용되다가 뒤늦게 조어법상의 잘못이 여러 번 지적된 덕분에 이제는 거의 사라진 말이 되었는데, 아직도 일부에서는 위의 기사에서처럼 그걸 통용시키고 있습니다.

그런 이들은 '로리'가 트럭을 뜻하는 말이라는 것을 모르거나 알아보려 하지 않고 사용하는 것이라고밖에 할 수 없습니다. 그러니 기자들이 그런 말을 사용하는 순간 그것은 무지나 지적(知的) 게으름을 드러내는 꼴밖에 되지 않지요. 거창한(?) 외국어까지 동원해서 무식을 광고할 필요가 있을까요?

그런데 놀랍게도 언어 의식 조사에 따르면 우리나라에는 타인과의 대화에서 외국어 부스러기를 사용하는 것이 은근히 유식함을 드러내는 수단이 되거나, 무식함을 가리는 유효한 수단이 된다고 여기는 사람들이 의외로 많다고 합니다. 특히 잠재적 열등 콤플렉스로 인한 우월 과시 욕구가 강한 이들에게서 흔히 관찰되는 현상이라고 하는군요.

☞ 탱크로리와 탱크 로리

탱크로리는 외국어 tank lorry의 한글 표기인 탱크 로리가 외래어 지위를 획득하면서 복합어로 처리되었기 때문에 붙여 적은 표기이다. 즉, 복합어는 한 낱말이므로 붙여서 적어야 하는 원칙에 따라서 탱크로리로 붙여 적고, 한 낱말로 다룬다. 외래어 지위를 획득한 **탱크로리**는 탱크 로리와 달리 표준어이며, 우리말에 속한다.

(멸) 잘못된 외국어 선호의식과 작가 안정효의 공부론

외국어 선호에 대한 언어 현상적 연구 또는 자녀 교육관의 차이에 따른 예비 부모와 유아기 자녀를 둔 부모의 조기 교육 인식 등과 같은 연구 조사 결과를 보면, 학력이나 외국어에 대한 열등 콤플렉스가 심하면 심할수록 외국어 토막말 사용을 더 선호하거나 의식하는 경향이 있으며, 학력이 높고 외국어에 자신이 없는 부모일수록 자식들의 조기 교육과 외국어 교육의 중요성을 신앙(?)하는 학부모들이 많은 것으로 나온다.

그런데 《하얀 전쟁》의 작가 안정효(1941~)는 **"외국어를 제대로 하려면 올바른 우리말 공부가 선행되어야 한다."**고 주장한다. 그는 올바른 우리말 글쓰기를 위하여 《영어 길들이기》, 《안정효의 글쓰기 만보》 등을 펴내기도 했다. 필자 역시 그의 의견에 전적으로 공감한다. 안정효는 우리말로 소설을 쓰기 전 영문으로 먼저 작품을 쓴, 몇 안 되는 작가에 속한다.

자동차와 관련된 영국 영어 중 우리가 흔히 실수하는 것 중에는 **본네트**(×)/**보닛**(○)도 있습니다. 어쩌면 한국인의 95% 이상이 잘못 발음하는 대표적 영국 영어가 아닐까 싶네요. 표기는 bonnet이지만 올바른 발음은 **보닛**이랍니다. 미국에서는 이것을 hood(후드)라고 하는데요. 차를 고치러 가서 보닛이라고 하면 못 알아듣는 미국인들이 대다수일 정도로, 영국 영어와 미국 영어가 확연히 다른 말 중의 하나입니다. 미국에서는 이 bonnet을 [바:닛]으로 발음하고 주로 "아기들이나 예전에 여자들이 쓰던 모자로, 끈을 턱 밑에서 묶게 되어 있는 것"을 뜻하는 말로 씁니다.

끝으로, 이 '탱크로리 트럭'의 표기와 관련하여 재미있는 얘기 두 가지만 하겠습니다. 우리나라에는 탱크로리와 특수 탱커의 **지입 차주**(持入車主, 운수 회사의 명의로 등록된 개인 소유 차량의 주인) 모임이 있고 그 웹사이트도 있습니다. 그런데 그곳의 한글 표기 이름이 '**탱크로리트럭 트럭연합**(k-truck.co.kr)'입니다. 평가는 여러분에게 맡깁니다.

또 하나. 제임스 본드 역으로 유명해진 영국 배우 숀 코네리(1930~)도 이 '로리'와 친한(?) 편입니다. 그는 가난한 노동자 계급 출신으로 고교도 마치지 못한 채 벌이를 위해 16세에 해군에 입대했는데, 3년 뒤 그마저도 위궤양으로 그만두고 나와서 이 일 저 일 가리지 않고 닥치는 대로 했지요. 그리고 나중에 성인이 된 뒤에는 화물차 운전도 했습니다. 그 직업의 영국식 영어 표기가 lorry driver인데, 우리 식으로 번역하면 '트럭 운전기사'입니다. 그의 운명을 바꾼 첫 007 영화 '닥터 노(Dr. No)' 출연이 그로부터 12년이 지난 만 32세 때(1962년)의 일이니, 20대 청년 시절 빼곡하게 채웠던 그의 직업란 중 하나에 선명히 남아 있는 건 '트럭 운전사(lorry driver)'라는 표기입니다.

어떤 옷도 '메이커' 없는 옷은 없다

수사관: 호랑이 가죽으로 만든 것도 아니고, 호피 무늬일 뿐인 반코트 하나 값이 1,380만 원이면 너무 비싼 것 아닙니까?

김봉남: **메이커** 있는 옷인데다, 옷은 비싸야만 여자들이 더 좋아하거든요. 고급 옷으로 자랑할 수 있으니까요.

수사관: 어째서 옷값 대납을 요구하는 배정숙 씨의 요구를 거절했습니까? 요구받은 금액이 2,200만 원이라고 국회 청문회에서 말씀하셨죠?

이형자: **메이커** 있는 옷이라고는 해도 옷값이 너무 비싼데다가, 남편의 구속 문제가 확실하게 해결된다는 보장도 없고 해서요.

수사관: "**메이커** 있는 옷"이라…. 옷을 만드는 **메이커** 없이도 하늘에서 뚝 떨어지듯 나오는 옷도 있나요?

위 인용문은 1999년 '옷 로비' 사건을 다루기 위한 특별검사제(특검)에서 피의자와 참고인이 조사를 받는 내용으로, 김봉남은 앙드레 김이고, 이형자는 신동아 그룹 최순영 회장의 아내입니다.

온 국민이 IMF 사태로 고통받고 있을 때 1,000만 원도 넘는 옷에 매달려 지내는 고위층 부인들의 행태에 다들 분통을 터뜨렸지만 막상 "국회 청문회에서 거둔 수확이란 게 김봉남이라는 앙드레 김의 본명을 알게 된 것뿐"이었다는 자조가 유행될 정도로 정말 한심하기 짝이 없는 청문회이기도 했지요.

위 대화에 **메이커**란 말이 나오는데, 일반인들도 아주 흔히 쓰는 말이죠. 그처럼 다들 '유명 상표'를 이르는 말로 무심코 자주 쓰는데, 수사관이 정곡을 찔러 잘못을 지적하고 있습니다. 중학생 수준의 단어인 'maker'는 알다시피 "무엇을 만드는 사람(제작자)/회사(제조업체)/기계(제조기)"를 뜻하지요. 그래서 film-maker는 영화 제작자, coffee maker는 커피 끓이는 기구가 되는 거고요. 그러니 어떤 옷이고 간에 그걸 만드는 사람, 곧 maker는 있어야 하는 것 아니겠습니까.

그렇습니다. 옷은 누군가가 만들어야 합니다. 그걸 만드는 사람/업체를 뜻하는 말이 '메이커'입니다. 그러므로 '메이커' 없이는 어떤 옷도 만들어질 수 없습니다. 이 세상에 '메이커 없는 옷'은 단 하나도 없습니다. 유명 브랜드 제품을 지칭하고 싶으면 '메이커' 대신에 그런 뜻을 담은 말로 짚어서 표현하는 게 좋습니다. 특히, 이런 식의 콩글리시가 입에 붙으면 막상 영어로 그런 말을 해야 할 때도 똑같은 실수를 하게 마련이니까요. 쉬운 말로 그냥 "이거 이름난 옷이야." 정도면 어떻습니까.

명품 브랜드 제품을 영어로는 'branded goods'라고 합니다. 이를테면 영어로 "이거, 이래 봬도 싸구려는 아냐. 명품 브랜드 제품이야."라고 말해야 한다면 그때는 "This is not cheapie, no matter what this looks like. This is branded goods." 정도로 표현하면 됩니다. 이럴 때 maker라는 말을 써서는 전혀 뜻이 통하지 않습니다.

현재 이 '메이커'는 '메이커품'(유명한 제작자나 제조업체의 제품)의 동의어로 외래어로 인용(認容)되어 있습니다. 하도 많은 이들이 사용하고 있는데다('쓰임의 조건') 원래의 뜻을 잃어버리고 엉뚱한 뜻으로 쓰이고 있어서('동화의 조건') 외래어가 되기 위한 두 가지 조건을 갖추고 있다고 보아서죠. 즉, 영어의 뜻을 잃어버리고 우리말이 된 것이어서, 영어로 이 말을 쓸 때는 우리가 뜻하는 의미를 지니지 않게 되는 것이죠.

☞ **브랜드 메이커**(brand maker)는 유명 제품을 만드는 기업으로 넘겨짚기 쉬운데 그런 뜻이 아니다. "기업명이나 상표·도메인명·인명 등을 전문적으로 짓는 사람" 곧 "네이미스트(namist, 작명자)"를 이르는 말이다. 우리말로는 **이름 설계사**쯤 되겠다.

외국인들이 되레 한국에서 배우는 영어, '파이팅'

문 우리가 응원할 때 또는 격려할 때 흔히 "힘내라!" "잘하자!"는 뜻으로 쓰는 말로 **화이팅!**이 있잖아요. 그걸 영어 사전에서 찾아보니 어디에도 그런 뜻은 없었어요. 웹스터 대사전까지 들춰봤는데도 말이죠. 게다가 사전 뜻풀이는 모두 '전투' 같은 무시무시한(?) 것들이던데, 대체 이 말을 어떻게 생각해야 하나요? 우리가 제대로 쓰고 있는 건가요?

답 외국어로서의 fighting이 지닌 뜻과 현재 우리가 사용하고 있는 의미만 비교해보자면 그 말 역시 콩글리시라고 할 수 있습니다만, **파이팅**은 현재 외래어로 올라 있는 우리말 감탄사입니다. 다만, '화이팅'이 아니라 '파이팅'이라고 적어야 하고, 명사가 아닌 감탄사로만 써야 합니다.

☞ **파이팅** 역시 **메이커**와 같이 외래어로 인정되기 위한 두 가지 요건, 즉 **쓰임의 조건**과 **동화의 조건**이라는 기준을 충족하고 있다. 원래 fighting이라는 외국어가 지닌 특징(음운, 문법, 의미)을 잃어버리고 우리말에서는 본래의 의미와는 전혀 다른 감탄사로서의 특징을 지니게 된 것이다.

꼬부랑말을 은근히 선호하는 사람들 중에 걸핏하면 달고 살다시피 하는 외국말로 이 **파이팅**(fighting)이 있습니다. 외국어와 담 쌓고 사는 이들까지도 이 말을 애용할 정도로 대중화된 말이지요. 국립국어원에서

아자나 **아자아자** 혹은 **힘내자**로 순화해서 쓰자고 한 지 오래지만, 언중은 아랑곳하지 않고 여전히 '파이팅'도 아닌 '화이팅' 소리를 해댑니다. 엄청 애용하는 일상어 중의 하나가 되어 버렸습니다.

위에서 언급했듯이 영어로서의 'fighting'은 형용사·명사로만 쓰일 뿐이며 감탄사의 기능은 전혀 없습니다. 외래어로서의 우리말 '파이팅'과 전혀 다른 점이지요. 형용사로는 **싸우는; 호전적인/투지 있는; 전투의/교전 중인/전쟁의**라는 뜻을 갖고 있습니다. 그래서 fighting spirit(**투지**); fighting cock(**싸움닭, 호전적인 사람**); fighting men(**전투원, 전사들**); a fighting ship(**군함**); fighting forces[units](**전투 부대**) 등으로 쓰이는데 모두 중고등학교 영어 교과서에 나오는 어휘들입니다.

명사로는 **싸움/전투/교전/회전**(會戰)**; 논쟁; 격투/투쟁** 등을 뜻하는데요. street fighting(**시가전**); a fighting field(**싸움터**); hard fighting(**격전**)에서처럼 쓰입니다. 역시 중고등학교 교과서에 나오는 말들입니다.

이처럼 장황하게 영어 뜻풀이와 활용 낱말까지 적은 데는 그만한 까닭이 있답니다. 눈을 씻고 봐도 외국어로서의 이 'fighting'에는 우리가 애용하는 "힘내라!" 혹은 "잘하자!"의 뜻은 없다는 거죠.

그러니, 우리의 속사정(?)을 잘 모르는 외국인들이 이 말을 들으면 낯빛이 달라지거나 어리둥절해할 수밖에 없습니다. 오락이나 친선 시합인 것들 앞에서 느닷없이 "**전투!**"를 힘차게 외쳐대니 말입니다. 하지만, 이 말의 한국화(?) 현상을 알게 될 정도로 이 땅에 오래 머문 머리 좋은 외국인들은 덩달아 쓰기도 합니다. **토착화**의 지름길은 그 지역 언어에 순응하는 것인 까닭에요.

🔵 재미있는 영어 이야기

① 지구상에 프로야구 팀이 썩 많은 편은 아니지만 1~3군까지 치면 200개는 넘는다. 그중에서 팀명을 'Fighters'라 하여 전투적 이미지를 살린(?) 데가 한 군데 있는데, 바로 일본의 '니혼햄'이다. 이 fighter는 전투기 앞에 붙는 F-15, F-35처럼 주로 전투기를 이르는 것으로 익숙하지만, 본뜻은 '전사(戰士)'이다. 거기서 발전하여 불과 싸우는 소방관은 firefighter라 하고, 돈벌이를 위해 싸우는 프로복서는 prizefighter라 한다.

어쩌면 니혼햄은 한 발 더 나아가 자신들의 혼까지도 뜻하는 '사무라이(さむらい[侍])'라 하고 싶었을지 모르지만, 그 말이 영어에 없다 보니 할 수 없이 'Fighters'라 한 것이 아닌가 싶기도 하다. '칼잡이 시위(侍衛) 무사들'이라는 의미가 'Fighters' 뒤에 숨겨 있는 것이다.

② 참으로 역설적이게도 '파이팅'이 영어에서 온 말이기는 해도 우리말 '파이팅'에 딱 들어맞는 영어가 없다. 그러니 외국인들 앞에서 우리말 '파이팅'의 의미를 영어로 표현해야 할 경우에는 어찌해야 할까?

가장 흡사한 말로는 "Go for it!"이 있다. "자, 해봐!, 어서!, 힘내!"라고 할 때 영어로는 "You can do it! Go for it!"이라고 한다. 선수들끼리 기운을 북돋우기 위해서 짧게 외칠 때는 힘을 주어 "Go, go, (go)!"라고 하기도 한다.

우리말로 "청군 이겨라!"는 "Sweep to victory, Blue Team!"쯤 되고, "잘한다, 우리 팀!"은 "Way to go! Our Team!"이다. Way to go는 Good work, guys! Way to go!에서처럼 "잘 했어, 자네들! 아주 잘 했어!" 하는 식으로 쓰이는 말이다. "힘 좀 내! 잘 좀 해봐!" 등으로는 "Come on, stir yourself!"가 어울리는데, 몸을 좌우로 크게 흔들며 힘을 내라는 그런 말이다. "이영차/영차" 등의 구호로는 "yo-(ho-)ho (혹은 Yo-ho)"가 있다. 줄다리기 같은 데서 응원할 때 영어로는 'Yo-ho! Yo-ho! Hustle!'이라 하면 어울린다. "hustle up!"(서둘러. 힘내라)도 쓸 수 있다.

참, 우리말 책에서 웬 영어 얘기냐고요? 눈치들 채셨겠지만, 외국어를 정말로 잘하는 사람은 우리말 실력이 빼어나답니다. 그걸 덤으로 꼭 기억들하시라고 말씀드리고 싶네요.

거듭 말하지만, 현재 이 '파이팅(fighting)'은 외래어로 등재된 우리말 감탄사입니다. 그러므로 조심해서 써야 합니다. "운동 경기에서, 선수들끼리 잘 싸우자는 뜻으로 외치는 소리. 또는 응원하는 사람이 선수에게 잘 싸우라는 뜻으로 외치는 소리"를 뜻하는 감탄사로만 한정되어 있다는 걸 잊어서는 안 됩니다. 따라서 "그는 파이팅이 좋은 선수"라든가, "좀 더 파이팅을 해야 합니다"라는 식으로는 쓸 수 없습니다. 그러면 여지없이 콩글리시 구사 동호회에 합류하게 됩니다. 명사로서의 '파이팅'은 기본적으로 '전투/싸움'을 뜻하기 때문입니다.

참고로, 국립국어원에서는 이 말을 따로 **힘내자**로 순화하자는 의견을 내놓은 바 있는데, 공식적으로 순화된 표현은 **아자**(2004년)입니다.

☞ **공식 순화어**: 순화어는 국립국어원이 개설·운영하고 있는 '모두가 함께하는 우리말 다듬기' 사이트를 통하여 국민의 의견을 들어 확정된다(최근에는 이러한 의견 수집 절차를 없애고 위원회 회의만으로 확정하고 있다). 이처럼 **확정된 순화어는 법에 의하여 각급 기관(중앙 부처 및 지방자치단체)의 문건 작성 시에 반영하도록 되어 있는데(국어기본법 14조)**, 그 시행 책무를 맡고 있는 각급 기관의 **국어책임관**이 현재 겸직 체제여서 법과 현실 사이의 간극이 크다. 이 국어책임관 제도와 관련해서는 뒤에 다루기로 한다.

그 '관계쉽'은 '바란스'가 맞는 건가

문
"저 분이 아까부터 자꾸만 중요하다고 얘기하는 **관계쉽**이라는 말이 대체 무슨 뜻입니까? 제 짐작엔 중국에서 흔히 말하는 그 **꽌시**(关系)와 비슷한 것 같기도 한데, 정확한 의미를 모르겠어서요."〔미국 시민권자인 동포 지인 하나가 목소리를 낮춰서 내게 물어왔습니다. 합석 중이던 사업가가 화장실행으로 잠시 자리를 비웠을 때입니다. 나는 웃음이 터졌습니다. 한국을 오래 떠나 있던 그로서는 **요해**(了解, 깨달아 알아냄) 불능의 말일 수도 있으니까요.〕

답
관계쉽이란 말은 '관계'라는 한자어에 영어의 '–ship'을 결합한 다국적 혼혈어입니다. relationship이라는 영어 낱말을 알고 있지 못하거나 제대로 구사할 능력이 없는 사람들이 귀동냥으로 체득한 말 중의 하나인데, 알게 모르게 제법 널리 사용되고 있습니다. 경우에 따라 '인간관계'나 '연줄' 또는 '인맥 관리' 등을 뜻하기도 하지만, 때로는 그 모두를 아우르는 의미로 쓰이기도 합니다. **연줄**(인연이 닿는 길)의 의미로 더 많이 쓰이는 중국어 **꽌시**(关系)와 아주 가깝습니다. 그래서 다국적 혼혈어라 한 것이죠.

인간관계나 **인맥/연줄**이란 말을 써도 될 자리에서 이런 괴상한 부스러기 외국어를 굳이 쓰려드는 이들의 배경에는 학력과 외국어의 **열등콤플렉스**(inferiority complex. 정상적인 일상생활을 하는 데 방해가 될 정도로 마음속에 맺혀 있는 열등감. 흔히 쓰는 '콤플렉스'는 중립적 용어로서 긍정적/부정적 요소 모두를 포괄한다)가 똬리를 틀고 있을 때가 흔합니다. 하기야 인간관계나 인맥/연줄과 같은 말을 떠올린 뒤 골라 쓸 정도의 언어적 소양을 갖춘 사람은 이미 그러한 열등콤플렉스에서 벗어나 있을 때가 많지만요.

　더구나 열등콤플렉스는 자신의 열등감을 극복/보상하고자 하는 심리작용이 힘이나 우월의 욕구로 뻗치게 마련이므로 언어를 통해서라도 우월감을 과시하려 들게 마련이지요. 하지만, 그것이 도리어 웃음거리가 될 수도 있음을 당사자는 모르고 있을 때가 흔합니다. 특히 영어 부스러기를 덧붙인 괴상한 말들을 즐겨 쓰는 이들일수록 더욱 그런 편이라 할 수 있을 것입니다.

　이와 같이 외국어 부스러기를 사용하여 조금이라도 우월감을 표시하고자 하는 이들이 내놓고 쓰는 말 중에는 **바란스**도 있습니다. 이 또한 국적불명의 사생아 낱말이죠.

　바란스는 영어 'balance'의 자연스러운 우리말 표기일 듯도 싶지만, 아닙니다. **밸런스**로 적고 읽어야만 우리말(외래어)이 됩니다. 그럴 때만 '균형'을 뜻하는 외래어가 되는데요. 이유는 두 가지랍니다. 영어 balance는 어떻게 읽어도 [바란스]가 되지 않으며(영어에서도 [밸런스]로 읽는다), 이걸 외래어 표기법에 따라 적으면 '밸런스'가 되기 때문이죠.

　바란스는 '스리퍼(×)/**슬**리퍼(○)[slipper]'에서와 같이 영어의 [l]과 같은 설측음 발음이 약점인 일본인들의 발음 버릇을 얼결에 따라하게 된 사람들이 잘못 퍼뜨린 말이기도 하지만, 스스로의 검증을 생략한 채 무조건 따라하고 보는 습관의 합작품이기도 합니다. 차라리 **균형**이나 **형평** 등의 우리말로 쓰면 좋으련만, 위에서 언급한 열등콤플렉스에서 비롯된 우월 과시 버릇에 젖어 도리어 자신의 값을 떨어뜨리곤 하는 거지요.

☞**우리말의 'ㄹ'**: 'ㄹ'은 초성으로 쓰일 때와 종성으로 쓰일 때 그 음이 다르다. 언어학적으로 구분하면 '바란스'의 '란'에 쓰인 초성 'ㄹ'은 **탄설음**(彈舌音, 두들김소리, 혀끝과 잇몸 사이

가 한 번 닫혔다가 열리는 동안 혀 옆으로는 공기가 새어 나가면서 나는 소리. 치조 탄음 [ɾ])이라 하고, '밸런스'의 '밸'에 쓰인 종성 'ㄹ'은 **설측음**(舌側音. 혀옆소리. 혀끝을 윗잇몸 에 아주 붙이고, 혀 양쪽의 트인 데로 날숨을 흘려 내는 소리. '쌀/길' 따위에서의 'ㄹ'음. 치 경 설측 접근음[l])이라 하여 구분한다. 여기서 더 엄밀히 구분하자면 현대 한국어에서는 모 음 'ㅣ/ㅑ/ㅒ/ㅕ/ㅖ/ㅛ/ㅠ' 앞에서의 경구개 **설측 접근음**[ʎ]으로 구개음화하는 경우까지 있 어서, 세 가지가 된다.

☞ **또 다른 '밸런스'**: "커튼의 봉/고리 따위가 보이지 않도록 가려 주는 장식/장막"도 balance 라고 하는데, 이 또한 '밸런스'로 표기할 수 있는 외래어다. **밸런스커튼(balance curtain)**이 라고도 하는데, 앞서 언급한 '탱크로리'처럼 한 낱말의 복합어로 처리된 외래어이므로 띄어 적지 말고 붙여 적어야 한다.

설측음 [l] 대신 탄설음 [ɾ] 발음으로 잘못 표기된 '바란스'와는 정반대 로, 본래 설측음이 없는데도 이상하게 없는 걸 굳이 끼워 넣어서 도리어 잘못된 발음을 고집하는 경우도 있는데요. 바로 **백밀러/사이드밀러** 등 에 쓰이는 **밀러**(×)/**미러**[mirror](○)가 그것입니다. **백미러/사이드미러** 가 옳은 발음이자 올바른 표기이지요.

☞ 이와는 조금 다르지만, 영어에 없는 발음을 넣어 괴상하게 된 것으로는 **쇼파/소파**(sofa) 또 한 만만치 않은 오기 사례에 든다. 조금 어려운 경우로는 흔히 '세무 잠바' 등으로 쓰는 **세무** 도 있는데, **섀미**(chamois. 무두질한 염소·양의 부드러운 가죽)의 잘못이다.

'바란스'처럼 외국인 앞에서 기껏 영어로 말했는데도 알아듣지 못하는 콩글리시 중에는 **라벨**(label)도 있습니다. 올바른 발음은 **레이블**이지요. 하지만 이 말은 '바란스'와는 다른 대우를 받고 있는데요. 하도 많은 이 들이 오랫동안 사용해 온 말이어서 '라벨'은 현재 외래어로 채택되어 있 습니다. 또한 올바른 발음에서 온 '레이블'도 외래어로, 두 말은 동의어 이며 복수 표준어랍니다.

'웰빙' 사업이 '타겟'이라고 '플랑카드'를 내걸까

문 듣다 보니 흥미롭기도 하지만 씁쓸하네요. 이 밖에도 그런 엉터리 말들이 참 많을 것 같은데, 또 뭐가 있을까요?

답 그런 국적불명의 표기 중 근래 온 나라를 휩쓸고 있는 것의 대표 격으로는 **웰빙**이 있습니다. 알다시피 영어 표기는 **well-being**으로 '행복(감)'을 뜻하는 말인데, 우리나라에서는 '웰빙'이라는 한글로 바뀌면서 그 뜻도 "심신의 안녕과 행복을 추구함"이라는 거창한 뜻으로 몇 단계나 껑충 뛰어올랐습니다. 그런데 문제는 이것을 '웰빙'으로 적고 발음하면 그런 영어는 없게 된다는 점입니다. '웰빙'은 잘해야 **wellbing/welbing**일 수밖에 없기 때문입니다. 알다시피 well-being은 [웰비잉]으로 발음되는 말이고, 외래어 표기법대로 적어도 **웰비잉**이지 웰빙은 될 수가 없습니다. 웰빙으로 표기하는 한, 그 의미의 원천인 영어는 없는 말이 됩니다.

이 때문에 국립국어원에서도 이 '웰빙'만은 어떻게 해도 외래어로 대우할 수 없어서 아직까지도 사전에 올리지 못하고 신어 목록에만 담아 두고 있지요. [웰비잉] 발음에 의거한 올바른 표기로 돌아가면 외래어로 처리될 수 있겠지만, 이미 언중의 입에 익은 '웰빙'과의 결별은 **환골탈태**(換骨奪胎, 사람이 보다 나은 방향으로 변하여 전혀 딴사람처럼 됨)보다도 더 어려울 듯합니다.

이 '웰빙'의 문제는 발음 탓이 큽니다. 대충 발음한 대로 대충 적으려든 게 잘못의 출발입니다. 이처럼 한번 잘못된 발음이 유통되고, 생각 없이 그것을 따라 하기 시작하면 나중에는 그걸 고치기가 엄청 힘들게 됩니다. 그런 말 중에 몇 가지 예를 들자면 **타켓/플랑카드/미세스**(Mrs.)/**말티즈/런닝 맨/썸머 스쿨** 따위도 있습니다.

타켓(타케트)은 target에서 온 말인데 영·미어 어디서건 [**타깃**]으로 발음됩니다. 어떤 연유로 타켓(타케트)과 같은 국적불명의 발음이 유통되게 되었는지 참으로 귀신이 곡할 노릇입니다. 영어도 2음절어이고(tar-get), -g-이므로 '타깃'으로 적어야 하는데 말입니다. '타깃'은 현재 외래어로 인정된 우리말입니다. 그 관련어인 **타깃존**(target zone, 변동 환율제에서, 환시세의 목표로 정한 환율대), **타깃앵글**(target angle, 자신의 위치에서 바라보는 다른 항공기 또는 선박에 대한 방위), **타깃타이밍**(target timing, 레이더 목표의 계속적인 각 위치의 시간 측정) 등도 외래어이고요.

이와 같이 뜬금없는 발음 왜곡 때문에 어리둥절하게 만드는 말로 앞서 다룬 **플랑카드/플랭카드**도 있습니다. 본래 **플래카드**(placard)인데, 느닷없이 원어 표기에도 없는 받침 -ㅇ-까지 붙여서 발음하는 이들이 참으로 많습니다. [플래카드]로 적고 발음해야 합니다. 아예 자신이 없으면 '현수막'이라는 말을 쓰는 게 낫습니다. 국립국어원에서 정한 '플래카드'의 순화어가 **현수막**입니다.

☞ **가로로 걸린 것도 '현수막'이라 할 수 있는가?**: 할 수 있다. 본래 **현수막**(懸垂幕)이란 세로로 길게 드리운 막을 뜻했다. 하지만 요즘 《표준》의 뜻풀이를 보면 "①극장 따위에 드리운 막. ②선전문·구호문 따위를 적어 걸어 놓은 막" 등으로 되어 있다. 즉, 세로로 드리워진 것이라는 설명이 빠져 있다. 그렇게 하여 현수막의 형태와 관계없이, 가로로 걸린 것에도 이 말을 쓸 수 있도록 하였다. 즉, 가로로 걸린 플래카드를 '현수막'으로 순화하면서 완화된 뜻풀이이기도 하다. 현재 '플래카드'의 뜻풀이는 "(형태에 관계없이) 긴 천에 표어 따위를 적어 양쪽을 장대에 매어 높이 들거나 길 위에 달아 놓은 표지물"로 되어 있다.

플랭카드처럼 원어의 철자에 들어 있지도 않은 엉뚱한 발음/표기로 유통된 것으로는 **스티로폴**(×)도 있습니다. 원어는 styrofoam이므로 '스티로폼'으로 적어야 합니다. 원어의 어디에도 '폴'로 적을 근거가 없는 말이었는데, 다행히도 지금은 올바른 표기로 꽤 많이 바로잡혔습니다.

Mrs.를 철자에도 없는 [미세스]로 발음하는 것 또한 잘못된 발음 버릇이 아주 널리 유포된 경우에 속합니다. [미시즈]라고 해야 하며, 영·미어 어디에서도 [미세스]로 발음하는 경우는 없습니다. 그러니 어디 가서 굳이 "미세스!"를 외쳐서 무식을 자랑(?)할 필요는 없습니다.

이와는 조금 다른 얘기지만, 구분 표기가 아주 까다로워서 헷갈리거나 실수하는 말도 있습니다. 집시들의 춤이라고 하면 대뜸 떠오르는 춤 있죠? 그 춤을 뭐라고 할까요? **플라밍(멩)고**라고요? 땡~. **플라멩코**(fla-menco)가 올바른 표기랍니다. **플라밍고**(flamingo)는 홍학과의 아름다운 새로, 몸빛 일부와 부리 그리고 다리가 붉은색이죠. 그러니까 홍학은 '플라밍고'이고, 그 유명한 춤 이름은 '플라**멩코**'라고 해야 올바릅니다. 까다롭죠?

개 이름으로 가볼까요. 애완견 중 우리나라에서 가장 많이 기르고 있는 품종으로 섬나라 **몰타**(Malta)가 원산지인 **Maltese**가 있습니다. 세계 지도를 보면 몰타 섬은 지중해에서 가장 큰 섬인 시칠리아 아래쪽에 점 하나 찍은 것처럼 작은 섬(서울시 면적의 절반 정도. 시칠리아 섬의 1/80 크기)이지만 버젓한 국가죠.

그처럼 작은 나라인데도 참으로 다행스럽게도 우리나라 사람들이 이 섬나라 **몰타**라는 이름과 발음에는 대체로 익숙합니다. 그런데 Maltese에만 이르면 하나같이 **말티즈**라고 해댑니다. 그런 개 품종은 없습니다. **몰티즈**라고 해야 합니다. 왜냐? **몰타** 섬 출신이니까요. '몰티즈'는 현재 개의 품종을 뜻하는 외래어로 인정되어 있는 말이고, '말티즈'는 당연히 없는 말입니다.

'런닝 맨'은 달리는 사람인가, 달리기용 사람인가

문 제가 즐겨 보는 방송 프로그램 중에 〈**런닝 맨**〉이 있는데요. 가만 보니, 영어가 'running man'이므로 '러닝 맨'으로 적어야 바를 듯한데, 어떤가요?

답 맞습니다. 최소한 **러닝 맨**으로 적어야 running man을 뜻하게 되지만, 그렇더라도 도대체 무슨 뜻인지 알 길이 없는 콩글리시입니다. 발음/표기 이전에 더 큰 문제가 있다는 거죠. 이 말을 작명하면서 어쩌면 단순히 "달리는 사람"이라는 뜻으로 사용하고자 한 것일 테지만, 그런 뜻이라면 'runner'라고 하거나 어순을 바꿔야 합니다. a man running all the way(줄곧 달리는 사람), a man running on the street(거리에서 달리는 사람) 등에서 보듯 running을 뒤에 붙이고 그 다음 갈무리에 신경 써야 합니다. 'running man'으로 표기할 경우 자칫 '달리기(용) 인간, 잘 달리는 인간' 정도로 오인될 수도 있기 때문이죠. 운동화를 running shoes(**러닝슈즈**), 부통령 후보나 동반 출마자를 running mate(**러닝메이트**)라고 하는 데서 알 수 있듯이 명사 앞에서 쓰이는 영어 'running'은 용도나 목적이 으뜸 의미거든요.

이 'running man'과 관련된 **일화**(逸話, 세상에 널리 알려지지 아니한 흥미 있는 이야기) 하나를 소개하겠습니다.

혹시 **달리는 기관차**(running locomotive)라는 말 들어보셨나요? 1952년 헬싱키에서 올림픽이 열렸을 때인데요. 우리나라도 참가하여 전쟁 중임에도 동참했다고 많은 나라의 박수를 받았지요. 그 올림픽에서 영웅이 된 체코의 육군 중위 에밀 자토펙은 육상 10,000m와 5,000m에서 금메달을 얻고 난생처음 출전한 마라톤에서도 금메달을 목에 걸었습니다. 정말 믿기 어려운 일이지요. 그래서 그에게 붙여준 칭호가 '달리는 기관차'였습니다. '인간 기관차'라고도 했지요.

그처럼 주자(走者)를 뜻하는 runner라는 말이 버젓이 있음에도, '달리는 사람'을 뜻한답시고 '런닝 맨'에서처럼 running을 앞에 붙이면 '달리기용 인간'과 같은 비유적인 뜻이 될 뿐 정작 '달리는 사람'이란 뜻과는 멀어집니다. 그래서 콩글리시라 한 것입니다. 좀 더 쉽고 흔한 예를 하나 더 들어보겠습니다.

'헬스클럽'(이 또한 한국에서 유통시킨 조어인데, 구미에서는 '피트니스센터(fitness center)'라고 하며, '헬스클럽'이라고 하면 본격적인 운동을 하는 체육관을 뜻한다)에 가면, 그곳의 필수 기본 장비로 **런닝 머신**이 있습니다. **런닝**이라고 힘주어 발음까지 하는 기계 말입니다. 그런데 이 말을 영어 사전에서 찾아보면 나오질 않습니다. 그런 기본적인 낱말이 없다니 어째서일까요? 섭섭하게도 이 또한 콩글리시이기 때문입니다.

왜냐하면 위에서 설명한 대로 'running machine'이란 그런 장비를 뜻하는 게 아니라 "기계처럼 달리는 것(사람)"을 뜻하는 비유적 의미일 뿐이지, 실제의 올바른 장비 명칭은 아니거든요. 그래서 이 기계의 진짜 이름을 찾아보면 **트레드밀**(treadmill)이라고 나옵니다. 다람쥐 쳇바퀴처럼 계속 돌아가는 기계, 디딜방아처럼 발로 밟아 돌리던 예전의 기구들을 뜻하는 말이지요. 그러니 이제부터라도 그 기계를 보거든, 런닝 머신이라 하지 말고 트레드밀이라 하셔요. 아셨죠?

앞에서도 얘기했지만 '런닝 맨'은 외래어 표기에서도 잘못입니다. running은 실제로 영·미어에서도 [러닝]으로 발음하고, 외래어 표기법에서도 '러닝'으로 적어야 올바른 표기가 됩니다. 외래어 표기에서는 -nn-/-mm-과 같은 경우에 겹자음 표기가 허용되지 않기 때문이죠.

그런 점에서 'summer school'을 **썸머 스쿨**로 표기하거나 발음하는 것 또한 잘못이지요. **서머스쿨**로 적고 그렇게 읽어야 외래어로도 합격이고, 영어로도 뜻이 통하는 말이 됩니다(실제의 영어 발음에서는 's'가 된소리로 난다). 참고로, **서머스쿨**은 외래어로 인정된 우리말이지만, 지정된 순화어로 **여름학교**도 있어요.

이처럼 -nn-/-mm-과 같은 경우에 겹자음 표기가 허용되지 않는 말 중 흔히 실수하는 것으로는 **컨닝**(cunning), **캔낫**(cannot) 따위도 있는데요. 외래어 표기 규정에 따를 경우에도 각각 '커닝/캐낫'으로 적어야 하지만, 영어 발음에서도 [러닝]처럼 **[커닝/캐낫]**으로 읽어야 올바른 발음이 됩니다.

☞ **외래어 표기와 외국어 발음과의 관계:** 외래어 표기법의 근본 목적은 외국어에서 비롯되었으나 **우리말 속에 들어와 우리말로 사용되는 말들을 통일된 방식으로 적기 위한 것이지, 외국어 발음 교육을 위한 것은 아니다.** 외래어 표기법은 한국어로 일상적인 의사소통을 하는 가운데 표준 표기형을 제공하기 위한 것일 뿐이며, 외국어를 말할 때에도 그대로 발음하라는 것은 아니다.

'러닝-'이 들어간 외래어 정리

러닝메이트(running mate) [명] ①어떤 특정한 사람과 항상 붙어 다니는 사람. ②어떤 일에 보조로 함께 일하는 동료. '동반자'로 순화. ③경마에 출전하는 말의 연습 상대가 되는 말. ④미국에서, 헌법상 밀접한 관련이 있는 두 관직 중 차위(次位) 직의 선거에 출마한 입후보자. 특히 부통령 입후보자.

러닝셔츠(running shirt)≒러닝샤쓰 [명] 운동 경기할 때 선수들이 입는 소매 없는 셔츠. 또는 그런 모양의 속옷.

러닝슈즈(running shoes) [명] 경주할 때 신는 신발.

러닝슛(running shoot) [명] 농구·핸드볼 따위에서, 골을 향해 뛰어 들어가며 공을 던져 넣는 일.

러닝패스(running pass) [명] 축구·럭비·농구 따위에서, 달리면서 같은 편의 선수에게 공을 넘기는 일.

러닝타임(running time) [명] 방송 프로그램이나 영화의 상영 길이.

러닝캐치(running catch) [명] 야구·농구·핸드볼 따위에서, 달리면서 공을 잡는 일.

러닝백스(running backs) [명] 미식축구에서, 라인 후방에 있다가 공을 받아서 달리는 공격 팀의 선수를 통틀어 이르는 말.

러닝브로커(running broker) [명] 자기 자본으로 장사를 하는 것이 아니라 시장에서 상인들을 중개해 주고 구문을 받는 사람.

러닝호머(running homer) [명] 야구에서, 타구가 펜스를 넘지는 않았지만 야수가 공을 쫓고 있는 사이에 타자가 베이스를 돌아 홈인하는 일. ←**장내홈런**(場內 home run)은 신어 목록에 있지만, 아직은 표준어가 아님. ☞'장내홈런'을 뜻하는 올바른 영어 표기는 Inside-[the]-park home run[homer].

러닝보어경기(running boar 競技) [명] ≒**러닝 게임 타깃 사격**(라이플 사격에서, 움직이는 표적을 쏘는 경기).

[덤] 미국에는 왜 '맥아더'가 없을까?

미국인들과의 대화에서 맥아더 얘기가 나왔을 때, 그들에게 **Mac Arther[맥아더]**라고 말하면 고개를 갸우뚱한다. 어떤 이는 그런 사람이 미국에 없다고도 말한다. 아니, 인천상륙작전으로 유명한 그 '맥아더' 원수, 미국에서 마지막 별 다섯 개 자리를 화려하게 장식하고서 "노병은 죽지 않는다. 다만 사라질 뿐이다!"라는 명언을 남긴 사람, 원수(元帥)가 해임될 수도 있다는 신기록까지 세운 사람을 모르다니. 무식해도 분수가 있지…. 하지만 알고 보면 그리 씩씩거릴 일은 못 된다.

그들에게 우리의 [맥아더]는 **[매카서]**이다. [매]를 발음하고 아주 짧은 휴지를 둔 뒤 '아서'의 '아'에 힘(악센트)을 주어 발음하기 때문에 우리 귀에는 [매카서]로 들리는 거다. 그래서 우리도 우리의 맥아더 장군을 의미하려면 그리 발음해야만 미국인들이 알아듣는다. 위에서 외래어 표기가 외국어 발음 교육을 위한 것은 아니라고 적은 것과도 연결된다.

더구나 우리의 '맥아더'는 외래어 표기에서 관용 표기를 따른 경우이기도 하다. 외래어 표기법에 따라 적으면 '맥아**서**'가 되어야 하니까. 그래서 영국의 아**서**(Arther) 왕을 적을 때 아**더** 왕으로 적으면 잘못이다. 하지만 '맥아더' 장군은 이미 우리 입에 그렇게 익은 이름이기 때문에 뒤늦게 표기법을 고집하기 어려워서, 관행대로 표기한 것이다.

이처럼 물 건너 나가서 우리의 외래어 표기 방식대로 발음하면 전혀 의사소통이 되지 않는 것들이 몇 가지 있다. 앞에 Mac(또는 Mc. ~의 아들/자손이라는 뜻) 따위가 붙은 말들이 대표적이다. 햄버거 체인점으로 유명한 MacDonald's도 마찬가지다. 배가 고파서 택시를 타고 '맥도널드'로 데려가 달라고 하면 알아듣지 못한다. [맥]에서 짧게 휴지를 둔 뒤 [다날즈]의 '다'를 아주 힘차게 발음해야 알아듣는다. [맥 **다날즈**]가 되는데, 앞의 [맥]은 때로 거의 들리지 않아도 된다. 그냥 [**다날즈**]라고 해도 알아들을 정도니까.

이와 비슷하게 앞의 꾸미개 말을 아주 약하게 발음하고 뒤의 첫 음절을 강하게 발음하는 것으로는 **몽고메리**(Montgomery)와 같은 것도 있다. 영국의 전쟁(제2차 세계대전) 영웅인 몽고메리 원수도 있고, 미국 앨라배마 주의 유명 도시 이름이기도 하다. 《빨간 머리 앤》의 저자인 캐나다 여류 소설가도 루시 몽고메리로 표기한다.

이 '몽고메리' 역시 외국어로 발음할 때는 'Mont'을 살짝 발음한 뒤 짧은 휴지를 두고 나서 나머지 '-gomery'를 발음해야 한다. 실제 발음은 [멍**가머리**]에 가깝다. 40여 년 전 얘긴데, 앨라배마 주에서 우리나라 영문학자가 택시를 타고 '몽고메리'로 가자고 했는데 엉뚱한 곳으로 데려다 주었다는 일화는 유명하다. 그분이 용감하게도 그런 얘기를 악센트의 중요성을 언급하면서 털어놨기 때문에 알려진 거지만.

이래서 우리의 외래어 표기가 외국어 발음 교육과는 무관하다는 것이다.

외래어도 아닌 엉터리 외국어 사용 백태

문 여고 1년생인데요, 며칠 전 미용실에 가서 순서를 기다리다가 거기에 있는 여성 잡지들을 봤어요. 그런데 그곳 기사에 나온 말들을 하나도 제대로 이해할 수가 없더라고요. 외국 말이 우리말보다도 더 많았어요. 우리말에 그런 말들이 없어서 그리 적은 것인지 아니면 다른 이유들이 있는 건지 궁금해요. 그리고 알려주시는 김에 그런 말들을 제가 올바로 알아들을 수 있는 쉬운 말들로 바꾸어 주실 수 없나요? 제 짐작과 맞춰보고 싶어서요. 아래에 그런 말들을 적어 놓았어요.

답 참으로 기특한 학생이라고 칭찬부터 해주고 싶네요. 요즘 많은 학생들이 그런 것을 대하고서도 그냥 지나치거나 아예 관심조차 두지 않기가 쉬운데, 학생처럼 이렇게 삶의 주변에서 궁금한 것들을 한 가지씩이라도 자신의 힘으로 알아가려 하니 말입니다. 그게 진짜 공부이기도 하고, 그런 사람들이 훗날 삶의 모든 영역에서 알차게 마련이지요.
그럼 학생이 적어 놓은 그런 말들을 하나씩 짚어가면서 알아볼까요?

- 이날 출국장에 모습을 드러낸 ○○○는 산뜻한 **트렌치 코트**에 **화이트 데님 진**을 매치했다. **다크블루** 색상의 **페도라**가 **포인트**였다.
- ○○○은 봄 분위기가 물씬 풍겨오는 **화이트 재킷**에 화려한 나염 **스키니 팬츠**로 **패셔니스타**다운 면모를 보여주고 있었다. 그녀는 긴 **웨이브 헤어스타일**에 **오버사이즈 보잉 선글라스**로 내추럴한 **스타일링**을 완벽히 소화하며 세련미를 과시했다.

– 최명길, '올 화이트 룩이 엘레강스하네' [기사 제목]
– 카리스마 있는 섹시미
– 시크릿 팬 미팅에서 팬들에게 "솔로도 달달하세요"… 팬 하나는 "시크릿 팬 미팅에 온다는 자체가 계 탄 거예요. 제가 올 수 있었다니, 정말 시크릿하네요"라며 울먹였다.
– 팬도 못 본 대기실 비하인드도 나갑니다. 디스패치의 촉을 피할 수는 없지요.

'촉'을 보니 생각나는 일화가 있네요. 대기업 면접장에서 어떤 사람이 대답을 하면서 "제게도 촉이란 게 있잖아요."라고 한마디 보탰는데, 결국 낙방했지요. 그런 말 한마디 때문에 떨어진 건 아니겠지만, 사람의 내면이나 품격 그리고 참 실력은 그런 자리에서 얼결에 드러나는 말 한마디로도 알 수 있게 되는 경우가 흔하거든요. 언어는 그 사람이니까요. 앞으로도 죽 이런 태도를 지켜갔으면 좋겠어요. 그러실 거죠?

질문 내용이 여러 가지라서 답변은 아래에 따로 적을게요.

우리말이나 쉬운 말로 풀어 쓰는 건 설명을 참고하면서 ○○ 양이 한번 해보도록 하셔요. 그것도 좋은 공부니까요. 그리고 한 가지 더요. 이런 잘못된 언어들의 유통은 대부분 일시적이란 거예요. 일종의 유행이죠. 시간이 흐르면 저절로 걸러지거나 폐기되는 것들도 많으니, ○○ 양의 경우는 지금처럼 올바른 말에 관심하는 버릇만 계속 갖고 있으면 돼요. 친구들과의 소통은 지금처럼 그런 식으로 때우듯 해서 넘길 수 있으면 최상이구요. 외톨이로 밀려나지만 않으면 되는 것 아니겠어요.

기특한 ○○ 양에게 선물 하나 드릴게요. 적어 놓은 문장에 '시크릿 팬 미팅' 등의 표현이 있는 걸 보니 아마도 요즘 흔히 말하는 '아이돌 스타' 관련 기사인가 본데, '아이돌 스타'는 '아이들 스타(idol star)'의 잘못이어요. 외래어 표기법상으로도 잘못이지만 막상 영어권에 나가서도 '아이돌 스타'라고 말하면 그쪽 사람들은 무슨 소린지 전혀 알아듣지 못하고 어리둥절해 한답니다. 그러니 그처럼 엉터리 영어 부스러기가 들어가 있는 말들을 일부러 애를 써서 익히고 창피당할 필요는 더욱 없겠죠? 참고로, 이 말은 현재 외래어로 채택되지는 않았지만, 신어 표기로는 '아이돌 스타'를 씁니다.

아닌 게 아니라 질문자가 예를 든 것처럼 우리의 주변에서 보이고 쓰이는 말들 중에는 어이가 없을 정도로 부스러기 외국말이 어지럽게 설칩니다. 패션 관련 기사를 보면 글자만 한글일 뿐 태반이 외국어들인데, 진짜 문제는 그런 외국어들이 엉터리인 경우도 흔하다는 점입니다. 그런 말들에 오래도록 노출되면 자신도 모르게 그런 말들을 불쑥 사용하게 되거든요. 진짜 외국어를 써야 할 자리에서 말이죠.

흔히 외국어를 잘하지 못하는 사람일수록 부스러기(엉터리) 외국어를 남용하는 버릇이 있는데요. 그런 경향까지 보태져 그릇된 현상을 더욱 부채질하고 있는 듯합니다. 그 바람에 엉터리 말들이 우리말 환경은 물론 외국어까지도 오염시키고 있고, 황사로 오염된 바람처럼 널리 번지고 있어서 상황이 심각하죠. 그 손해가 그런 말들을 사용하고 유통시키는 이들에게만이 아니라 같은 언어 환경에 처해 있는 이들에게까지 직접적인 피해가 미친다는 점에서요. 마치 간접흡연의 폐해만치나 심각하달 수 있습니다.

○○ 양이 적어 놓은 문제의 문장들을 하나씩 살펴보기로 하죠.

이날 출국장에 모습을 드러낸 ○○○는 산뜻한 **트렌치 코트**에 **화이트 데님 진**을 매치했다. **다크블루** 색상의 **페도라**가 **포인트**였다.

짧은 두 문장에 외국말이 6개나 들어가 있군요. 그중에는 (불행히도) 우리말로 적절하게 옮길 수 없는 말이 두 개 있군요. **트렌치코트**와 **페도라**(fedora, 챙이 말려 있고 높이가 낮은 중절모). 그 밖의 것들은 문제적 표현이거나 우리말로 바꿔 써도 좋은 말들이고요.

트렌치코트(trench coat)는 익숙한 말로, "길이가 짧고 방수(防水)가 되는 외투"를 이르는 외래어죠. 따라서 영어 단어로는 두 낱말이지만(영어에서도 최근 한 낱말로 붙여 쓰기도 한다) 우리말인 외래어로 편입되어서는 한 낱말인 '트렌치코트'로 붙여 써야 합니다.

'데님 진'에 쓰인 **데님**(denim)은 옷감의 명칭으로, "두꺼운 무명실로 짠 능직(綾織)의 면직물"을 이르는데요. 이를테면 청색의 **블루데님**이 바로 **진**(jean, 올이 가늘고 질긴 능직의 무명. 또는 그것으로 만든 옷. 주로 작업복이나 평상복으로 사용)입니다. **블루진**을 우리말로 **청바지**라고 하는 것처럼 '진'은 기본적으로 청색이지요.

☞ 요즘 허리/엉덩이부터 발목까지 몸에 딱 달라붙는 청바지들을 즐겨 입는데, 그 영어 명칭은 **skinny jeans**이다. 우리말로는 **스키니진**으로 적는데, 이 외래어의 순화어는 **맵시청바지**.

위의 기사에 "화이트 데님 **진**"이라는 표현이 보이는데요. 우리말로 하자면 흰색의 능직 바지인 듯한데, 그렇다면 그것은 "화이트 데님 **바지**"를 잘못 표기한 것입니다. 왜냐하면, '진'은 기본적으로 '청바지'이므로 '**데님 진**'은 '능직 청바지'가 되는 것이거든요. 그러니 그 앞에 붙인 '화이트'와는 전혀 '매치'되지 않는(하얀 데님 **청바지**가 되므로) 거죠. 심하게 말해서 엉터리 표현이 되는 겁니다. 그런 경우에는 그냥 '하얀 데님 바지'라고 하는 것이 더 명확하고 올바른 편이었고, 작성자의 무지를 드러내지 않는 길이었습니다.

위에서도 쓰였듯 걸핏하면 남용하는 말 중에 **매치**(match)가 있습니다.

주로 조화를 이루어 잘 어울린다는 뜻으로 자주 쓰는데요. 영어에는 그런 뜻 외에 **맞먹다/필적[경쟁]하다**라는 좀 심각한(?) 뜻도 있습니다. "The two players were evenly matched."라 하면 "두 선수는 대등하게 맞먹었다."가 되는 식입니다. 그러므로 이 말을 "잘 어울린다."는 부드러운 뜻으로만 익혀온 경우에는 이처럼 쉬운 영문 표현 앞에서도 당황하거나 제대로 사용하질 못하는 경우가 아주 흔합니다. 그러니 **매치된다/매치시킨다**는 말보다는 **잘 어울린다/어울리게 한다**는 우리말을 쓰는 편이 진짜 영어 실력 배양에도 도움이 된다는 걸 알 수 있겠죠?

▶ 부스러기 영어 애용자의 영어 실력

누차 말하지만 영어를 잘하는 사람은 일상생활에서 이런 부스러기 도막 영어를 쓰지 않는다. 왜냐하면 **매치**(match) 자체가 **어울리게 하다/어울리다**의 뜻인데, 거기에 다시 '-된다/-시킨다' 따위의 불필요한 말을 덧대면 말도 괴상해지고 언어 경제적으로도 낭비가 된다는 걸 알기 때문에. 그러므로 **미스테리하게**와 같은 엉터리 토막 영어를 애용하는 이들의 영어 실력은 바닥이라고 생각하면 거의 틀림없다. 영어로도 [미스터리]로 발음하고, 외래어로도 **미스터리**로 표기하는 말로, 미스테리가 아니다. 미스테리하게라는 표현도 상황에 따라 **괴이하게/이상하게/이상야릇하게/알 수 없게** 등으로 얼마든지 우리말로 표현할 수 있고 그런 편이 훨씬 나은 표현이다.

이런 부스러기 영어 애용자의 영어 실력과 관련하여 아주 재미있는 조사 결과가 있다. 모 신문사의 국어연구소에서 중고생들에게 **아이돌**(idol, '우상'이라는 뜻으로 '아이들'의 표기 잘못)의 의미를 물었더니, 60%가 넘는 학생들이 그 정확한 뜻을 모르고 있었다고 한다. 입에 달고 사는 말인데도.

이와 관련하여, 일부 의견으로는 그처럼 영어에 '절망' 상태인 사람들이 그나마 부스러기라도 만지고 싶어 하는 것이 그게 무어 그리

나쁘냐고 하면서 아무 소리도 하지 말자는 의견도 있다. 선택은 각자의 몫이다! 인생 자체가 통째로 선택인 터에….

"**다크블루** 색상의 **페도라**가 **포인트**였다."라는 표현도 한껏 외국말 덧칠로 멋을 부린 문장인데요. 이것은 "**암청색**의 페도라가 (단연) 눈길을 끌었다."거나 "**암청색**의 페도라가 **주목거리**였다."는 식으로, '페도라'를 제외하고는 얼마든지 우리말로 표현해도 내용이 손상되지 않습니다. 되나 못 되나 무조건 외국말 부스러기를 갖다 붙이려는 그 사고방식과 태도와 버릇이 문제죠. **다크블루** 색상이란 긴 말 대신에 그냥 **암청색**이라고 표현한다고 해서 어디 그 격이 떨어지기라도 하나요?

다크블루와 같은 외국어 애용 버릇은 요즘 너도 나도 따라 쓰기에 바쁜 **버건디**(burgundy color, 붉은 포도주와 같은 진한 자주색) 어쩌고 하는 데서도 드러납니다. 버건디 대신에 **진자주색/진홍색/암적색**이라는 말을 쓰면 버건디를 잘 모르는 이들과도 쉽게 소통되는데, 굳이 버건디를 갖다 붙이는 겁니다. 모름지기 언어란 소통이 그 으뜸 목적인데도요.

그런데 정말 우스운 것은요. 막상 이 버건디란 말을 애용하는 사람에게 정작 그 본뜻을 아느냐 물으면 선뜻 답하지 못한다는 겁니다. 아주 흔한, 어디서고 쉽게 접하는 사례이기도 합니다. 그도 그럴 것이 이 버건디는 프랑스의 부르고뉴(Burgundy)산 포도주를 이르는 까다로운 영어이기 때문이죠.

이런 예는 또 있답니다. 널리 알려진 **코냑**이 그렇습니다. 포도주를 증류하여 만든 술이 **브랜디**인데, 코냑은 그 브랜디 중에서도 (당시) 왕실의 제조면허를 받아 일정한 지방(코냐크)에서만 생산된 일정 품질의 것에만 그 이름을 붙이도록 특별히 허가하였기 때문에 붙여진 이름이거든요. 즉, **코냑**도 브랜디의 한 가지일 뿐인데, 상당수의 사람들은 그 두 가지가 포도주를 원료로 해서 만든 같은 증류주라는 걸 모르는 이들이 아주 많습니다. 태반이 그렇습니다.

지금 아무나 붙잡고 물어보세요. 코냑도 브랜디의 한 가지라는 사실을 아는 이는 상당한 교양을 갖춘 이라고 봐도 됩니다. 술꾼 여부와 관계없이요. 코냑도 브랜디의 하나일 뿐이라는 걸 통 모르는 그런 이들일수록 다른 유명 브랜디, 예를 들면 코냑에 못지않은 **아르마냑**(Armagnac, 프랑스 보르도 지방의 남쪽 피레네 산맥에 가까운 아르마냑 지역에서 생산되는 브랜디의 이름)과 같은 것에는 무지한 채, 그저 코냑이 최고라는 소리만 해댑니다. 취향에 따라서는 이 아르마냑을 코냑보다 더 좋아하는 이들도 적지 않은데 말이죠.

이처럼 정작 영어나 외국어 실력이 부실한 사람들, 외국 풍물에 정통하지 못한 이들일수록 이 외국어 부스러기를 마치 **애완물**(愛玩物)처럼 끼고 다닙니다. 초면의 사람과 대화할 때 그 사람이 유독 영어(외국어) 부스러기를 많이 사용한다면 그는 영어(외국어) 콤플렉스가 심한 사람이거나 고등교육 수준에서 좀 처지는 사람으로 보면 십중팔구 맞습니다. 그러므로 그런 반도막 외국어 끼워 넣기 버릇을 버리는 것이 영어(혹은 외국어) 콤플렉스에서 당당하게 벗어나는 한 가지 길도 됩니다.

나아가, 그까짓 영어 좀 못한들 하늘이 무너질 일은 없습니다. 영어가 전혀 통하지 않는 외국 땅에서 길을 찾을 때 미소를 띤 채 상냥한 어조로 우리말을 천천히 하면서 손짓 발짓을 사용하고, 필요하면 땅바닥에 그림까지 그려서 의사를 전달해 보세요. 생각 외로 수월하게 상대방이 알아듣습니다. 상대방 역시 그 나라 말로 그대가 했던 몸짓, 그림들을 이용하여 대답해 옵니다. 그런 것입니다. 언어는 태도의 소산이기도 하거든요.

> ○○○은 봄 분위기가 물씬 풍겨오는 **화이트 재킷**에 화려한 나염 스
> **키니 팬츠**로 **패셔니스타**다운 면모를 보여주고 있었다. 그녀는 긴 **웨이**
> **브 헤어스타일**에 **오버사이즈 보잉 선글라스**로 **내추럴**한 **스타일링**을 완
> 벽히 소화하며 세련미를 과시했다.

이 표현을 대하니, 문득 한때 회자되던 짧은 광고 대사 하나가 생각납
니다. 한쪽에서 "**디지털!**" 하니까 나이 드신 분께서 "**돼지털?**" 하고 되
묻던 어느 대기업 광고 말입니다. 위의 글을 중·장년 남성들에게 보여
줘도 그와 비슷한 반응이 나오지 않을까싶네요.

하기야, 패션 용어 중에는 정확히 들어맞는 우리말 번역어가 없거나
번역하면 도리어 아주 긴 말이 되어 불편해지는 것들도 있긴 합니다. 위
의 글 중에서는 **재킷**(jacket), **웨이브**(wave), **스키니 팬츠**(skinny pants)
등이 그런 말이 되겠죠.

하지만, 다른 말들인 **패셔니스타, 오버사이즈, 내추럴한, 스타일링** 등
은 우리말로 바꿔 쓸 수 있는 말이고, 바꿔 쓴다고 해서 격이 떨어지거
나 하지도 않습니다. 예를 들어 **패셔니스타**(fashionista)는 "뛰어난 패션
감각과 심미안으로 대중의 유행을 이끄는 사람"을 뜻하는데, 순화어로
맵시꾼이라는 말이 있거든요. 비교적 널리 알려진 쉬운 외래어로는 **패**
션리더도 있고요. **오버사이즈**(oversize)는 **특대형**으로 표현해도 되고(때
로는 '너무 큰'이란 말이 어울릴 때도 있다), **스타일링**은 여기서는 **맵시 가꾸**
기/다듬기쯤으로 바꿔 쓸 수 있겠네요.

여기서 가장 거슬리는 부분은 **내추럴한**이라는 괴상한 혼혈 표현입니
다. 앞서 언급한 **매치된다**나 **미스테리하게** 따위와 똑같습니다. 이 말들
은 각각 우리말로 **자연스러운/어울린다/괴이하게**라고 표현하면 될 것
을 굳이 '내추럴'이라는 영어에 우리말 '-한'을 덧붙여 부자연스러운 혼

혈 사생아 말을 조립하고 있습니다.

마치 '세련된'이라는 적절한 표현이 있는데도 요즘 굳이 영어 '시크'에 우리말 '-한'을 덧붙여 **시크한**이라는 괴상한 비정상 조어를 어디에고 간에 갖다 붙이고 보는 것과도 상통합니다. 막상 거기에 쓰인 **시크**(chic)의 영어 철자가 뭐냐고 물으면 제대로 답하지 못하는, 덜 '세련된' 이들일수록 그리하지요.

☞ 영어에서 **세련된**의 뜻을 가진 refined에는 **교양 있는/품위 있는/고상한**의 뜻도 있는데, 그처럼 학식과 교양을 갈고 닦은 품격 있는 사람을 세련되었다고 말한다. 그래서 refined society는 **상류사회**라는 뜻이 된다. 우리말에서도 **세련되다**는 "말쑥하고 **품위**가 있다"는 뜻이다. 유행하는 도막 외국어 따위를 따라하는 겉모양 베끼기만으로는 결코 세련된 사람이 될 수가 없다. 동서양을 막론하고.

위의 문례에서 정작 크게(?) 문제 삼아야 할 말은 따로 있는데요. **나염**이라는 표기가 그겁니다. 이 말은 **날염**(捺染, 피륙에 부분적으로 착색하여 무늬가 나타나게 염색하는 방법)의 잘못이거든요. 피륙에다 무늬가 새겨진 본을 대고 누른 뒤 풀을 섞은 물감을 발라 물을 들이는데, '捺染'을 한자사전에서는 '무늬찍기'라고 할 정도로 누르는 일이 요긴합니다. 그래서 捺(누를 날)을 씁니다. 이 말에서 '날(捺)'은 그만큼 중요한 의미소이므로 어떻게 해도 '나'로 표기될 수도 없고, 되어서도 안 됩니다. 그런데도 수많은 이들이 확인도 없이 그냥 '나염'으로 쉽게 베껴 쓰고 있지요. (심지어 전문용어 설명 책자에도 '나염'으로 표기된 경우가 숱합니다.)

위 기사의 작성자도 의상 관련 용어들을 외제로 잔뜩 치장만 해놓았지, 정말로 중요한 '날염'과 같은 염색 용어는 없는 말, 틀린 말을 사용하고 있습니다. 이제 제대로 알고 써야 하겠죠? '날염'은 눌러서 무늬를 착색하는 것이기 때문에 '**누를 날(捺)**'을 꼭 써야 한다는 것을요. 도장은 꾹 눌러찍기 때문에 **날인**(捺印. 도장을 찍음)이라고 하고, 눌러서 하는 부분

염색이므로 '**날염**(捺染)'이라고 한다고 기억해 두면 편리합니다.

최명길, '**올 화이트 룩**이 **엘레강스**하네' [기사 제목]

이 기사 제목에도 외국어 부스러기 남용이 심하지만, 문제점은 두 가지로 압축할 수 있을 것 같군요. 첫째 **올 화이트 룩**에 쓰인 **올**이라는 표현은 불필요한 덧대기입니다. **화이트룩**(white look, 상의와 하의를 모두 흰색으로 입는 옷차림)만으로도 충분하지요. **올 화이트 룩**은 마치 **역전앞**(驛前－)과 같은 겹말입니다. 머리까지 흰색으로 물들이고 흰 구두까지 신어서 전신을 흰색으로 도배(?)하다시피 한 게 아니라, 위아래 옷을 흰색 계통으로 통일한 것이라면 화이트룩만으로 충분하거든요. 화이트 룩으로 친절하게 띄어 적은 것으로 보아, 외래어 표기법을 잘 모르고 있는 듯도 하군요. 누차 말하지만 외래어로 표기하려면 한 낱말이므로 화이트룩으로 붙여 적어야 합니다.

엘레강스하네는 지금까지 다뤘던 말들, 곧 **내추럴한/시크한/매치된다/미스테리하게**와 마찬가지로 괴상한 혼혈 사생아 낱말입니다. 고인이 된 유명 디자이너 앙드레 김이 혀를 굴리며 이 말을 발음하곤 해서 그분의 전매특허처럼 굳어진, 프랑스어에서 온 말입니다. 그런데 이 기사를 쓴 기자가 만약 이 말의 형용사인 **elegant**를 알고 있었다면 **엘레간트하네**라고 하였을까 아님 **엘리건트하네**라고 하였을까 문득 궁금해집니다. 위의 표현을 우리말로 직역(?)하자면, "최명길, 위아래 흰색 차림의 우아함" 정도인데, 조금 멋을 부리자면 "최명길, 순백색의 통일미, 우아함의 극치"쯤으로도 할 수 있을 듯합니다.

다른 어느 분야보다도 우리나라의 패션 관련 기사는 이런 엉터리 외국어 남용 문제가 심각합니다. 심하게 말해서 무식해서 용감한 건지, 용감하다 보니 무식해진 건지 모를 정도로요. 오죽하면 두세 해 전부터 **보그병신체**(-病身體)라는 말까지 유행하고 있을까요. 패션계에서 흘러넘치고 있는 잘못된 행태, 곧 '엘레강스하네'처럼 외국어를 소리 나는 대로 한글로 적는 괴상한 외국어 애용 버릇을 "병신들이 만든 병신 같은 문체"라는 뜻으로 직격탄을 날린 건데요. 자세한 것은 뒤에 붙인 〈**보그병신체를 작명한 이의 이유 있는 분노**〉를 보시길.

카리스마 있는 섹시미

질문한 학생처럼, 필자 또한 정확히 어떤 뜻으로 이런 표현을 했는지 몹시 궁금합니다. 특히 "카리스마 있는"이라는 표현 앞에서 머뭇거리게 됩니다. **카리스마**란 "①예언/기적을 나타낼 수 있는 초능력이나 절대적인 권위. ②대중을 심복시켜 따르게 하는 능력/자질"을 뜻하는 말이니, 카리스마와 관련되는 섹시미라면 성적 매력으로 초능력/절대적인 권위를 지니거나, 대중을 따르게 하는 자질 중의 하나를 지녀야 할 텐데, 그런 뜻이라면 큰일 납니다. 대상이 되고 있는 여인이 졸지에 초능력자 내지는 대중의 리더 역할까지 떠맡아야 할 터이니까요. 그것도 섹스와 관련해서 말입니다.

짐작건대 이 **카리스마 있는 섹시미**란 "감탄을 자아내는 독보적인 성적 매력을 풍기는 아름다움" 또는 "독보적(혹은 독특한) 감탄을 자아내는 **섹시미**(성적인 매력을 느끼게 하는 아름다움)" 정도의 뜻인 듯합니다. 그런데 이걸 쓴 이(기자?)는 우리말을 이용한 맛깔스러운 자신만의 표현에 신경 쓰기보다는 유행어에 무임승차하여 그저 대충 그럴 듯한 표현을 갖다 붙이는 즉석 기성품 조립 방식을 주로 택하고 있습니다. 그런 이들에게 정작 카리스마의 본래 의미를 풀이하라고 하면 어찌 답할까요? 그 또한 무척 궁금해지는 부분입니다.

카리스마는 독일의 사회학자 베버가 지배의 세 가지 유형으로 합리적 지배, 전통적 지배와 함께 카리스마적 지배를 든 이후로 일반화하였다는 점에서, 위에서 단순하게 국어학적으로 압축한 의미 외에도 그것들을 함께 익힐 때 그 의미가 더욱 또렷해지는 좀 복잡한 말이랍니다. 쉽게 말하자면 좀 체계적으로 꽤나 유식(?)해야만 자신 있게 쓸 수 있는 말에 듭니다. 떠도는 기성품 유행어를 단순 채집해서 손쉽게 써 먹는 이에게는 거리가 먼 얘기죠.

언어는 그 사람입니다. 유행어에 의탁하여 인스턴트 식 어법을 애용하는 사람은 그 사람의 품격이나 내용물도 즉석 대용품 정도로 낮아지지요. 조금 더 거창하게 비유하자면요. 농업의 발전 과정을 크게 분류할 때 ①원시적 채집 단계(야생의 것을 단순 채취하는 단계. 떠돌이/유목민 시대), ②경작 단계(씨를 뿌려 가꾸어 수확. 정착민 시대), ③개발/부가가치 창출 단계(신품종 개발. 2~3차 가공으로 부가가치 창출. 고도산업사회 시대) 등으로 나눌 수 있는데요. 유행어들을 채집하여 대충 써먹는 그런 이들은 1단계 채집 단계에 머물러 있다고 해야 할 것입니다. 머리를 쓰고 노력해서 남들보다 더 높은 가치를 창출하기 위해 애를 쓰고 있는 고도의 후기 산업사회 시대에서, 그런 이들은 낡은 원시시대에 머무르고 있다는 거죠.

언어에 대한 태도 하나. 아무것 아닌 듯해도 그처럼 큰 차이를 만듭니다. 언어의 힘은 무섭습니다. 언어는 사람(혹은 사람의 가치)을 만들기도 하고 끌어내리기도 하거든요.

이제 마지막 질문 묶음 부분을 살펴보겠습니다.

시크릿 팬미팅에서 팬들에게 "솔로도 달달하세요." 팬 하나는 "시크릿 팬미팅에 온다는 자체가 계탄거에요. 제가 올 수 있었다니, 정말 시크릿하네요."라며 울먹였다.

시크릿 팬미팅이라는 걸 찾아보니 유명 연예인이 소수의 팬을 선별하여 소규모로 갖는 것을 뜻하는 유행어이더군요. 비밀회담 같은 것을 secret meeting이라 하고 유명 연예인/선수 등이 팬과 만나는 걸 팬미팅(fan meeting)이라고 하니까, 어쩌면 제한적 소수와의 비공개 팬미팅을 시크릿 팬미팅(secret fan meeting)이라 한 듯합니다. 어법상으로 이 말을 쓰지 못할 바는 아닙니다. 아직 외래어 대접은 받지 못하고 있기에 기사 따위와 같은 공식적인 글에서는 쓸 수 없지만요.

그런데 그곳에 참가하게 된 사람의 소감에 쓰인 "정말 시크릿하네요"가 참 엉뚱합니다. 그 말 앞에서 고개를 한참 갸우뚱하게 됩니다. 어떻게 해도 시크릿하다라는 괴상한 혼혈 사생아 낱말은 "비밀스럽다/은밀하다" 외의 다른 뜻을 유추해내기 어려운 말이거든요. secret이 형용사로서 명사 앞에 쓰일 때는 "비밀의/남몰래 하는/남이 모르는"을 뜻하지만, 위의 경우와 같이 보어로 쓰일 때는 그 두 뜻 외에 다른 건 없습니다. 이 말을 쓴 이가 '계탄거'라는 말 다음에 이 말을 쓴 것으로 보아, 어쩌면 '시크릿' 자체를 "은밀하게 엄청 횡재한 것"쯤으로 대충 착각하고 있는 건 아닐까요. 중학교 수준의 영어 단어 하나를 제 손으로 공부하지 않으면 이런 엉뚱한 확대 해석 내지는 망상에도 빠지기 쉬우니까요.

여기서도 잠시 살피고 가야 할 것 하나가 있습니다. "계탄거에요"라는 짧은 말이 그것인데, 이것은 "계 탄 거예요"의 잘못입니다. 띄어쓰기와 표기가 엉망입니다. 계(契)를 게라고 적지 않은 것만이라도 다행이랄 정도로, 요즘 젊은이들의 무지막지한 띄어쓰기 무관심 내지는 무식이 그대로 드러납니다. **계타다**라는 동사는 없으니 **계 타다**로 띄어 적어야 하고, **거에요(×)/거예요(○)**인 것은 '거'가 '것'의 구어체일 뿐이므로 '것이에요→것예요'를 떠올려 보면 됩니다. 좀 까다로운 것이긴 하지만, 의심스러우면 꼭 확인해 두는 버릇은 참으로 유익한 습관이죠.

이런 말을 사용한 이가 유명인(예컨대 미스코리아 따위)이 되었다고 가정해 보죠. 그녀는 그녀 수준의 언어 능력자와 결합해야 그런 대로 살아내지, 지적 능력이나 지적 활동 영역에서 한참 차이가 나는 이와는 (요행히 엮이게 된다 하더라도) 백년해로의 꿈은 이루지 못합니다. 부부 사이에도 언어 수준의 차이가 심하면 몇 해 가지 못하고 결별의 길을 걷기 십상이거든요. 언어 수준의 차이는 사고방식의 차이로 이어지기 때문에요.

그것이 걸핏하면 애용(?)되는 이혼 사유 용어인 '성격차이'라는 말의 주요 구성 성분이자 행로이기도 합니다. 신혼 이후의 부부생활이란 언어로 표현되는 의식(意識)의 공유와 공명(共鳴)이 실생활 못지않게 큰 몫을 차지하기 때문이고, 그 비율은 결혼생활의 햇수와 비례하기 마련이거든요. 두 사람의 언어 수준 차이는 곧 사고방식의 차이로 이어지는 까닭에 그 차이가 큰 사람들의 결혼생활이 아주 오래는 못 간다고 추정한 이유입니다.

위의 문례로 되돌아 가보죠. 팬들에게 한 말로 "솔로도 달달하세요"라는 표현이 보이는데, 그 표현 앞에서 다시 **디지털? 돼지털!**의 심정이 됩니다. 기를 쓰고 추측해 보자면, "오늘 여기 홀로 온 분, 혹은 이성 친구나 애인이 없는 분도 여기서는 외로움 타지 말고 좋은(달콤한) 시간 보내세요"의 의미가 아닐까 싶긴 합니다만.

어찌 생각하면 이런 깊은(?) 뜻을 간단한 말 몇 마디인 "솔로도 달달하세요"에 담아내는 것이 신통하기도 합니다. 하지만, 한편으로는 이 책에서 여러 번 다룬 사투리인 **달달하다**가 얼마나 깊이 번지고 있는지를 짐작할 수 있게도 하는군요.

> 팬도 못 본 대기실 **비하인드**도 나갑니다. **디스패치**의 촉을 피할 수는 없지요.

여기서 보이는 **비하인드**는 짐작하기에 외래어인 **비하인드스토리**(behind story, 뒷이야기)를 뜻하는 듯합니다. 긴 말이다 싶으니 자르고 보는 바람에, 국적 불명의 사생아가 되었습니다만…. 말이 길다고 잘라 버릇하면 성격도 급해집니다. 말을 빨리하는 사람은 그 성격도 점점 급해지듯 말예요.

☞ 실은 이 behind story란 말도 억지로 줄여진 말이긴 하다. 자세히 보면, behind가 형용사적으로 쓰이고 있는데, behind는 전치사가 주된 기능이며 아직도 형용사는 아닌 말이어서 말꼴이 좀 비정상이다. 그도 그럴 것이 본래 이 말은 제대로 된 말, **behind-the-scenes story**에서 온 것으로, **비화**(秘話)/**흑막**(黑幕) 등을 뜻한다.

아무튼, 외래어가 길다고 잘라서 쓰기 시작하면 외국어 실력까지도 엉터리가 되기 십상이어요. 일본에서 엉터리로 조립한 **코스프레**(costume play를 줄인 영어 cosplay를 일본어 식으로 발음하면서 끝의 '이'를 빼고 또 줄인 것)와 같은 말을 애용하다 보면 정작 **cos-play**나 **costume play**라고 해야 할 경우에 그런 말을 사용할 수가 없게 되거든요. 생각도 안 나지만, 챙겨서 익히지 않은 한은 모를 때가 더 많으니까요. 제대로 된 말을 한 번이라도 본 적이 있어야 말이죠. '아이돌'을 입에 달고 지내는 아이들이 정작 그 낱말 뜻조차 알지 못하고 있는 것과 대동소이입니다.

"**디스패치**의 촉을 피할 수는 없지요."에서 **디스패치**(dispatch)의 의미를 제대로 아는 사람은 기본 수준을 넘기는 영어 실력자라 해도 됩니다.

본래 군대에서 쓰던 말이거든요. 장교나 고급 관리들 사이에서 긴급하게 주고받던 공문[보고]/급보 등을 뜻합니다. 거기서 지금은 급파/파견/긴급 발송 등의 의미로 넓혀져 쓰이는데, 명사 외에 동사로도 쓰이죠. 아마도 위의 글을 작성한 기자는 팬미팅에 긴급 투입된 기자를 특파원쯤으로 여기도록 만들고자 이 말을 쓴 것이 아닌가 짐작됩니다. 하기야, 요즘 연예인들의 시시껄렁한 뒷얘기/뒷소문('스캔들'의 순화어)들을 전문적으로 캐고 다니는 잡지 이름에도 이 말이 붙어 있는 걸 보면, 어쩌면 뭔가를 캐내기 위한 임무를 받은 기자를 그런 식으로 미화하려는 것인지도 모르겠습니다. 하지만 어떻게 해도 **디스패치**의 본뜻은 "급히 보내는 것(사람)"이란 것쯤은 알고 써야겠죠.

참, 신문사나 방송사에서 내보내는 진짜 **특파원**을 영어로 뭐라고 하는지 위의 기자가 알고 있을까 하는 짓궂은 의문이 듭니다. 답부터 말하자면, 일정 지역에 파견하는 주재원 성격의 특파원은 correspondent라 하고, 특별한 목적(취재)을 위해 파견한 진짜 **특파원**(특별한 임무를 위하여 파견된 사람)은 special correspondent라 합니다. 종군기자는 war correspondent가 되지요.

이런 말을 하는 이유는, 특파원과 유사한 의미로 '디스패치'를 갖다 붙인 기자가 진짜 '특파원'이라는 뜻의 영어를 알고 있을 것 같지 않아서입니다. 거듭 말하지만 반도막 영어 부스러기를 애용하는 사람의 영어 실력은 바닥 수준이게 마련입니다. 재삼재사 강조합니다. 외국어, 특히 영어 하나라도 제대로 하고 싶은 분들은 우리말 공부를 제대로 하시면 됩니다. 그게 진정으로 외국어를 제대로 고급스럽게 익힐 수 있는 첫걸음이 된다는 걸 꼭 명심하셔요. 나중에 외국어를 아주 잘하게 되면 이 말뜻이 무엇인지를 깨닫게 되면서 무릎을 치게 될 겁니다.

디스패치의 촉에 쓰인 **촉**도 요즘 한창 유행 중인 말입니다. 하다못해 예능 프로그램을 진행하는 아나운서 출신의 진행자까지도 생각 없이 갖다 붙일 정도로 많이 쓰더군요. 앞서 질문의 답 글에서 간단히 인용(引用)했듯이, 대기업 면접장에서 무의식중에 이 말을 갖다 붙이는 사람조차 있을 정도이니까요.

여기에 쓰인 **촉**(觸)은 촉각/감촉 등에 쓰이는 '촉'에서 나온 말입니다. 만지거나 닿아서 느낀다는 뜻이죠. 하지만, 실제로 쓰이는 걸 보면 **시각/후각/청각/촉각/미각**과 같은 온갖 감각을 뛰어 넘는 **육감**(六感≒第六感, 오관 이외의 감각. 사물의 본질을 직감적으로 포착하는 심리 작용)을 뜻하는 경우도 있고, "걔는 너무 촉이 없어"라고 할 때는 눈치코치가 없다는 뜻으로도 쓰이는 듯합니다.

그런데 이 **촉**은 한자어로 쓰일 때 **접촉/감촉, 촉각/촉수** 등에서 보듯, 수식하거나 구체화하는 말이 없이 홀로 쓰이지는 못합니다. 그래서 실제로 유통되고 있는 용례들(예: '촉이 왔다/촉을 느낀다/촉이 있다' 등)은 어법에 전혀 맞지 않습니다. "완전 좋아"에서처럼 요즘 청소년들의 일상어가 되어버린 **명사 완전**(필요한 것이 모두 갖추어져 모자람이나 흠이 없음)이 갑자기 어법에도 없는 부사적 용법으로 쓰이는 것만치나 어법에 맞지 않습니다. (하지만, 명사 꼴 그대로 부사로 쓰이는 것들도 있으므로 세월이 흐르면 이 '완전'도 부사로 인정받게 되는 날이 올지도 모르겠습니다.)

그 때문에 이 '촉'은 현재 일부 집단(일부 청소년이나 예능인 집단 따위)에서 사용하는 비문법적인 말일 뿐이므로 은어로 밀립니다. 표준어가 아니므로 공식적인 자리나 문서에는 쓰일 수 없고, 문어체가 쓰여야 할 곳에서도 사용하지 못합니다. 사람값이 떨어지거든요. 그 사람이 구사하는 언어가 곧 그 사람인 까닭에요. 그러니, 언어 구사 수준으로 그 사람의 내면적인 능력까지도 점검하는 면접장에서 이런 '촉'과 같은 말을 사용하는 사람은 정말 '촉'이 없어도 한참 없는 사람이 됩니다.

어떻게든 영어 냄새를 피우는 것이 왠지 더 멋져 보이고 근사할 것 같아서 매달리다 보니 청소년들의 필수 어휘가 되어 버린 성싶은 요즘 말 중에 **썸**도 있습니다. **썸탄다**느니 애인은 아니고 그저 **썸타는** 정도라는 말에서부터 아예 **썸남썸녀**들의 만남 등으로까지 쓰입니다. 이 **썸타다**는 대체로 "이성에게 관심이 간다[끌린다]/관심을 끈다/사귀고 싶은 마음이 든다" 정도의 뜻인 듯합니다. **썸남썸녀**는 "관심이 갈[끌릴] 정도로 잘 생긴 남녀들"이라는 뜻쯤 되려나요.

이 **썸**은 something에서 유래한 말입니다. 온 말을 썸딩/썸띵/썸싱 등으로 표기하려면 귀찮은데다 어느 것이 옳은 표기인지 자신도 없고, 줄이면 시간 절약도 되는데다 자르면 뭔가 더 은밀한 뜻이 될 듯싶어서 '썸'으로 잘라버린 것 같습니다.

영어에서 **something**은 여러 가지 뜻으로 쓰이지만, 사람이나 물건[일]을 보고 something이라고 하면 "중요한[대단한] 것[일][사람]"의 의미도 됩니다. 우리말로는 **물건**(제법 어떠한 구실을 하는 존재를 비유적으로 이르는 말)에 가까운 뜻입니다. 그래서 생각이나 제안 같은 것에 대해 something이라고 하면 좋다거나 진지하게 생각할 만한 것이라는 뜻이 됩니다. 호감을 바탕에 기본으로 깔고 있지요.

이를테면, "The doors here are really something, all made of good wood like mahogany."는 "여기 이 문들은 아주 좋은데, 정말 '물건'이야. 전부 마호가니 같은 좋은 목재로 만들었군."이 되고, "Could there be something in what she said?"는 "그녀가 말한 것 중에 뭔가 좀 괜찮은 것(진지하게 생각할 만한 것)이 있을까?"가 되는 식입니다.

그런데, 여기서 문득 되풀이해 온 의문이 듭니다. 과연 이 **썸탄다**는 말을 입에 달고 사는 아이들 중에 something의 이러한 기본적인 의미를 제대로 꿰고 있는 아이들이 얼마나 될까 하는…. 위의 예문으로 사용된 영어 정도를 능숙하게 구사하는 학생들이 얼마나 있을까 하는 의문 앞에서, 갑자기 기운이 빠지는군요.

생각을 생략한 채 그저 유행에 편승하여 **썸남썸녀**까지 써대고 있는 아이들이나 성인들 중에, 이 something의 의미를 제대로 아는 사람이 단 10%라도 되었으면 하는 바람이 간절합니다. 생각 없는 언어의 편승/선택은 생각 없이 살아가는 삶으로 직결되기 때문이죠. 폴 발레리는 말했습니다. "생각 없이 살아가는 사람은 살아가는 대로 생각하게 된다."

마지막으로, 한글학회에서 우리말 대사전인 《큰사전》(1929년에 시작하여 1957년에 전6권으로 완간)을 처음으로 만들어내면서 개탄한 말(머리글)을 소개합니다.

조선말은 조선 사람에게 너무 가깝고 너무 천한 것이기 때문에, 도리어, 조선 사람에게서 가장 멀어지고 설어지게 되었다. 우리들이 항상 힘써서 배우고 닦고 한 것은 다만 남의 말, 남의 글이요, 제 말과 제 글은 아주 무시하고 천대해왔다.

🅣 '보그병신체'라고 작명한 이의 이유 있는 분노

머스큘러하고 텐션이 있는 보디라인을 살려주는 퍼펙트한 써클 쉐입, 버닝하는 열정을 보여주면서 잔근육 같은 디테일이 살아 숨쉬는 템테이셔널, 클리어한 뷰를 보여주면서도 단단하고 탄력 있게 벌크업…

분명 한글이긴 한데 무슨 말인지 도통 알 수 없는 이 문구는 2015년 초 서울 지하철 9호선 일부 객차 안에 등장한 기아의 '프라이드' 광고 카피다. 광고 카피란 소비자에게 물건을 팔고자 내세우는 글인데, 대체 무슨 뜻인지 해독조차 할 수가 없다. 보는 이를 하도 황당하게 만들어서인지 트위터 등 SNS엔 이 광고를 조롱하는 내용이 적잖게 오르내렸다.

문제의 근원은 이 광고에 쓰인 '보그병신체' 때문이었다. 2~3년 전에 만들어진 이 신조어는 세계적인 패션 잡지 《보그(Vogue)》에다 비속어 '병신'을 결합한 말로, 한글 대신 영어 단어를 소리 나는 대로 쓰고 조사나 어미만 갖다 붙인 문체를 뜻한다. '보그'를 비롯해 라이선스 패션 잡지 한국어판에서 이런 어처구니없는 글쓰기를 아무렇지도 않게 한다고 해서 누군가 붙인 이름이다. "병신 같은 것들이 만들어낸 병신 같은 표현 투"라는 뜻을 담은, 직설적인 비하 작명이다. 그런데도 이런 '보그병신체'가 차량 광고에까지 등장한 것이다. 비웃음 따위에도 아랑곳하지 않는 일부 사람들은 영어라면 이른바 '있어 보인다'는 고집을 부리며 어설픈 영어를 열심히 가져다 쓰는 것이다. 그렇지만 결과는 어땠을까? 좀 더 많이 팔기 위해서 돈 들여 광고까지 했지만, 도리어 광고 카피의 대상이 되었던 차까지도 손가락질을 받았다. 애꿎은 차가 '병신체'의 주인공 대신 희생물이 되었고, 제조회사까지도 욕을 먹었다.

이 지하철 광고 카피의 문제를 다룬, 의식 있는 기자(중앙SUNDAY, 안혜리)는 아래의 말로 결론을 맺고 있다. 우리도 같이 한번 생각해 보자. 광고 카피에 쓰이는 언어 하나도 우리의 삶과 의식에 크게 영향을 끼치는 데에서는 예외가 아니니까.

좋은 광고 카피는 트렌드를 발 빠르게 포착할 뿐만 아니라 긍정적인 사회적 변화까지 이끌어낸다. 10여 년 전 앞만 보고 달리던 한국인들에게 "열심히 일한 당신, 떠나라"며 가슴을 울리던 현대카드의 광고 카피처럼 말이다.

뜻도 모르면서 무심코 따라 쓰는 '에지있게'

문 즐겨 봤던 드라마에서 주인공이 **에지있다**는 말을 쓰던데 왠지 **에지있어** 보이더라고요. 그러나 친구가 그 말뜻을 물어왔을 때는 말문이 콱 막혔습니다. 무슨 뜻인가요? 어법에 맞기는 한 말인가요?

답 한마디로 엉터리 말입니다. 이 말은 모 방송 드라마에서 주인공이 대사로 쓰면서 유행되었다고 하는데, "뭔가 남들과 다르고 뚜렷하게 두드러진다"라는 뜻으로 쓰인 듯합니다. **에지있는 디자인/삶** 등으로까지 쓰이고 있더군요. 이 말은 예전에 **독특한/특별한**의 의미로 쓰이던 **유니크**(unique) 대신 발굴한(?) 말인 듯한데, 헛웃음부터 먼저 나옵니다. 이것 또한 미안하게도 대표적인 콩글리시라 해야 할 말이거든요.

외국인에게 영어로 "나 **에지있는** 사람이야!"라고 하고 싶어서 온갖 표현을 구사해 보세요. I'm a man with edge./I have an edge./I'm living with edge./I'm edged person. 등등으로요. 아마 외국인 열 중 아홉은 처음에는 어리둥절해하다가 "너 뭘 갖고 있는데?/무슨 에지를 말하는 거야?/혹시 칼 같은 거 갖고 있냐?/뭘 또 작심한 게 있냐?" 등으로 되물을 겁니다.

영어로 **edge**는 기본적인 의미가 "(가운데에서 가장 먼) 끝/가장자리/모서리/언저리"라는 뜻입니다. 비행기 날개에서 최초로 공기와 맞부딪는 최전방 부분을 'leading edge'라고 하는 것이나, 'the edge of the cliff/town/table'라고 하면 '벼랑/시내/탁자의 끝'을 뜻하게 되는 것은 그래서입니다.

칼날은 칼 등에서 가장 멀기 때문에 knife-edge라 하고, 칼날이 날카로우면 sharp edge가 되는 거지요. 벼랑 끝과 같이 끝으로 몰리게 되는 상황도 있기 때문에 그래서 비유적으로는 the edge가 '위기'가 되기도 합니다. 벼랑 끝에 서게 되면 이를 악물고 통렬하고 강력하게 대응하게 되기 때문에 그럴 경우에 무슨 무슨(혹은 어떠어떠한) 통렬함이 있다고 할 때도 "have a hard edge to ~" 등으로 표현할 수 있습니다.

다시 말해서, **edge**는 근본적으로 가장자리 또는 언저리를 뜻하는 말입니다. 그래서 가까운 장래에 벌어지는 인류 멸망을 그린 영화 〈**Edge of Tomorrow**〉(2014)는 내일의 가장자리이므로 '내일의 문턱(혹은 과장하자면 종말)' 정도가 되고, 레이디 가가가 작사하고 부른 노래(그녀의 할머니가 결혼 생활 60년을 함께한 할아버지의 임종을 지켜보는 광경을 대하고 작사함) 〈**The Edge Of Glory**〉는 '영광의 종말'이라는 의미를 담고 있다고 보이는 것이지요.

어떻게 해도, "남들과 달리 튀어 보이고, 뭔가 달라서 그럴 듯해 보이는 독특인 태도"를 뜻하는 콩글리시 '에지'와는 전혀 무관한 말입니다. (그래서, 이 말을 유행시킨 장본인이 누구인지 참 궁금해집니다.) 결론은 뻔합니다. 영어 낱말 하나라도 제대로 익히고 싶은 사람들은 이런 엉터리 콩글리시, 절대로 가까이 하지 마세요! 그럴 시간에 사전 펴들고 edge의 용법 하나라도 제대로 익히는 게 살아가는 데에 피가 되고 살이 되니까요.

이와 같이 비유적 의미로 쓰인 재미있는 경우를 하나 소개하지요. 전에 삼성의 신형 스마트폰 갤럭시 S6와 S6에지(Edge)의 시판을 앞두고 있을 때의 일입니다. 영문 일간지가 이런 재미있는 제목을 달았습니다.

S6, Edge to determine Samsung fate! (The Korea Times, 2015. 4. 2.)

우리말로 옮기면, "S6 (시리즈), 삼성의 운명을 결정할 결정판!" 이것은 삼성 제품명에 들어 있는 Edge를 이용하여, 본래 edge가 가지고 있는 의미를 재미있게 활용한 경우입니다. 삼성에서 S6에 Edge를 사용한 것은 그런 거창한 의미로 붙인 건 아니고 그냥 '귀퉁이'라는 뜻으로 쓴 것일 뿐입니다. S6 Edge는, 갤럭시 노트4 Edge의 오른쪽 스크린 귀퉁이를 휘게 했던 것과 마찬가지로, 디스플레이 패널의 귀퉁이(에지)가 약간 구부러져 있기 때문에 구분하기 위해서 붙인 것일 뿐이거든요. Edge 표기가 없는 건 그렇지 않고요. 그러니, 삼성의 Edge는 "에지 있게 사네 어쩌네" 따위와는 전혀 무관한 표기라는 것, 이제 아셨죠?

Booksori(북소리) 행사장에 소리 나는 북이 없다

 해마다 10월이면 파주 출판단지에서는 '파주 북소리'라는 행사가 열립니다. 그런데 축제 명칭 가운데 **북소리**의 영문 표기가 **Booksori**입니다. 축제 기간 중 자원봉사를 하면서 외국인을 안내한 적이 있는데 Booksori가 무슨 뜻이냐고 묻는 거예요. 예상치 못한 질문에 진땀이 나더군요. 그래서 좀 생각하다가 제 나름대로 번안(?)을 하여 둘러댔지요. 'sori'에는 sound와 voice 두 가지 뜻이 있는데, 본래 한국어 발음대로 [booksori]를 읽으면 sound of drum이 되지만, 여기서는 voice of book의 의미를 강조하기 위해서 그런 표기를 한 것 같다고 말입니다. 영문 표기를 그런 식으로 해놓으니, 우리에겐 재미있을지 몰라도 막상 영어를 사용하는 원어민들에게는 도리어 그 영어 표기가 큰 걸림돌이 된다는 걸 그때 알았습니다. 마치 '유월愛'를 '六月愛'라는 한자로 써놓았는데 도리어 중국인들이 말뜻을 몰라 어리둥절해하는 그런 경우랄까요? 이런 괴상한 조어법이 이대로 통용되어도 좋을는지요? 심지어, 이곳 파주시에서 독서 문화 확산을 위해 주최하는 행사 이름이 '夜한 토론회'인데, 토론회가 '夜한' 게 있는 건지, '夜한' 토론회라는 게 도대체 뭘 말하는 건지, 저는 한국 사람이면서도 그 말뜻을 도무지 모르겠습니다. '野한' 거라면 또 몰라도요.

답 그 번안 참 근사한데요. 아주 멋지게 잘하셨어요. 요즘 말로 10점 만점에 15점 정도는 드려야겠습니다. 하하하. 말씀하신 대로 그런 '괴상한 조어법'이 번지고 있어서 실은 적잖은 문제가 되고 있습니다. 마치 어린애들이 잘못 쓰는 말을 어른들이 따라서 쓰면서 되레 더 퍼뜨리고 있는 형국이라고나 할까요.

Booksori는 영문 표기이니 외국인들이 쉽게 알아볼 듯싶지만, 질문자가 겪었듯이 외국인들은 도무지 그 뜻을 알 수가 없어서 도리어 고생하는 표기죠. 우리끼리만 재미있자고 해놓은, 말도 안 되는 표기라고 해야 할 것입니다. 일종의 글자놀이랄까요. 외국인들이 도리어 알아보지 못하고 어리둥절해하는 게 그 명백한 증거지요. 외국인을 위한 것이라면 차라리 소박하게 Book Festival이라 적고 그 뒤에 PaJoo Booksori를 고유명사처럼 사용하는 표기, 곧 **Book Festival−PaJoo Booksori**라고 적는 것이 외국인들에겐 얼른 쉽게 의미 파악이 이뤄지게 하는 방법일 듯싶군요. 한글로는 그냥 '북소리'라 적더라도 말예요.

'유월愛' 같은 것도 크게 보면 'Booksori'와 다름없이 글자 장난에 가깝다고 해야 할 것입니다. '유월에'라는 표기에 무리하게 '유월의 사랑'이라는 뜻을 실은 문자 놀이인 셈인데, 그 속셈이야 훤한 거 아니겠습니까. 그렇게 튀어서라도 독자나 관객의 관심을 우선 끌고 보자는 것 아닐까요.

사실 이 표기의 원조(?)랄 수 있는 영화 〈**시월애**〉(이현승 감독, 2000)의 한자 표기는 時越愛였습니다. "시간을 건너뛰어 넘는(초월하는) 사랑"이라는 엄청 어려운(?) 뜻이었지요. 주인공 두 사람이 현재에 설정한 과거의 시간들을 넘나드는 좀 복잡한 구도의 작품에 걸맞은 그런 고차원의 제목이었습니다.

그런데 그 뒤에 이걸 **시월愛**로 유통시킨 이들은 그런 복잡한 의미를 담은 말인 줄도 모른 채 그냥 글자 유희에만 빠진 것이죠. 그 바람에 요즘 우리들은 그런 괴상한 말들에 익사할 지경이 되었고요. '夜한 토론회'와 같은 것도 그 좋은 예죠. 말장난에 불과한 글자 놀이에 우리말이 압사당할 지경에 이르렀습니다.

그걸 이대로 방치하면 정말 큰일 납니다. 반 도막 한자를 뒤섞는 괴상한 사생아 어법을 퍼뜨리게 될 뿐만 아니라, 그걸 국어사 측면에서 살펴보면 천 년 이상을 후퇴시키는 일, 곧 신라시대 이후로 이어져 내려온 이두식 표기로 되돌아가는 일이기도 하거든요. 그처럼 심각한 문제가 될 수도 있다는 걸 생각조차 못하고 있기에 더욱 문제적이랍니다. 이와 관련하여, 몇 가지를 짚어보기로 하지요.

영화 〈**구르믈 버서난 달처럼**〉(이준익 감독, 2010)은 원작이 박흥용의 동명 제목 만화였는데, 인지도와 인기를 고려하여 만화 제목을 그대로 잇기 위해서 어법에 벗어난 표기를 그대로 채택한 경우고요. 독립 영화로 드물게 크게 성공한 〈**님아 그 강을 건너지 마오**〉와 〈**워낭소리**〉는 각각 '임아~'와 '워낭 소리'의 잘못이지만, 그 또한 창의성을 발휘한 제목(저작권의 일부)이라고 인용(認容)하여 한 발 물러설 수 있는 '벗어남'에 포함됩니다.

이처럼 영화나 만화의 제목은 작가의 필요에 따라 임의로 어느 정도 비틀기를 할 수도 있다고 봅니다. 하지만 **시월애**의 알맹이는 **時越愛**임에도 불구하고 그 뜻을 무시한 채(혹은 뜻도 모른 채) 그걸 단순히 **유월愛/시월愛**로 표기만 바꿔서 껍데기만 베끼는 일은 참으로 유치하고도 위험스러운 모방일 뿐입니다. 그렇지 않을까요?

그런 점에서도 질문에서 언급된 **夜한 토론회**에 쓰인 '**夜**'의 경우는 그야말로 웃음거리라 할 것입니다. **유월愛/시월愛** 등에 들어 있는 愛에는 그나마 '사랑'이라는 뜻이라도 있지만, **夜하다**는 도대체 무슨 뜻일까요? 어쩌면 마광수 씨가 채용한 《나는 야한 여자가 좋다》에 나오는 그 야하다란 말이 왠지 멋져보여서, 그 말에 그냥 '끌려서'(요즘의 청소년 은어로 하자면 '꽂혀서'가 되겠군요) 夜하다를 부여잡은 것이나 아닐는지요. 만약 그렇다면 그야말로 또다시 껍데기만 부여잡은 우스꽝스러운 꼴이지요. 이 **夜한 토론회**라는 표현에는 네 가지 문제가 도사리고 있습니다. 그냥 웃어넘길 문제가 아니라는 말입니다.

우선 **야하다**라는 말은 어떻게 해도 마 교수가 자의적으로 해석한 의미와는 전혀 다른, 격이 떨어지는 뜻이 담겨 있는 말이라는 걸 언어 선택자들이 잘 모르고 있는 성싶다는 게 첫 번째 문제점입니다. **야하다**에는 다음과 같은 뜻들이 있습니다.

> **야하다**[冶-]: ① 천하게 아리땁다. ② 깊숙하지 못하고 되바라지다.
> **야하다**[野-]: ① 천박하고 요염하다. ② 이곳에만 밝아 진실하고 수수한 맛이 없다. ③ 겉치레를 하지 아니하여 촌스럽고 예의범절에 익지 아니하다.

본뜻이 이러한데도 그런 걸 모른 채(혹은 무시한 채) 짐작으로만 '야하다'가 좋은 말로만 비쳐진다면 그야 할 수 없는 노릇이죠. 정작 문제는 이처럼 문제적 의미를 지닌 말인데도 그걸 공공의 목적으로, 그것도 독서 토론회의 제목으로 쓰고 있으니 그게 문제라는 겁니다. 참으로 소가 웃을 일인 거죠. 그렇지 않나요?

둘째로, 그 책 속에서 쓰이고 있는 뜻으로 돌아봐도 참으로 문제적 표현이어요. 마 교수가 책 속에서 언급한 **야한 여자**를 보면 긴 손톱에 매니큐어를 바른 여자인데, 자세히 들여다보면 그런 손톱이 상할 정도의 험한 일 따위는 안 해도 먹고 살만 한 계층에 속하는 의식이 자유로운 여성입니다. 지적 수준이나 배경이 마 교수와 비슷하거나 낮지만 내숭 떨지 않고 자존심 내세우지 않는, 그래서 대하기에 아주 만만한 그런 여자를 '야한 여자'라고 하고 있거든요. 보통 까다로운 요건을 갖춘 게 아니지요. 게다가 그런 여자가 만만한 여자여야만 하니, '보통 남자'들에게는 그야말로 꿈만 같은 얘기지만요.

다시 말해서, 어떤 야를 쓰든 **야한 여자**에 쓰인 **야한**이라는 말은 사전적인 의미로도 천박한 여자에 가깝고, 마광수의 글 속에 드러나는 여자 또한 어찌 보면 정숙한 여인에 비해서는 좀 덜 단단한 듯해서 문제적인 그런 여자를 뜻하는 말일 뿐입니다. 그것이 우리말 '야한'이란 말을 앞뒤로 뒤집어 놓고 보았을 때 드러나는 민망스러운 민낯의 모습입니다.

그런데 이러한 말과 발음이 똑같고 한자만 살짝 바꾼 '夜한 토론회'란 말을 마치 무슨 걸작 작명이라도 되는 듯이 반겨하면서 해가 바뀌도록 계속 사용하고, 이와 같은 작법의 명칭이 서울 이곳저곳의 지자체 기획 행사에서까지 눈에 띨 정도로 자꾸만 번지고 늘어나는 건 참으로 우려스러운 일입니다. 기가 찰 노릇이지요.

만약 단순히 '저녁에 열리는 토론회' 정도를 뜻하는 거라면 그냥 '저녁 (야간) 토론회'라거나 (야외 행사라면) '달빛 토론회' 따위로 명확하게 표현하면 될 일입니다. 그걸 '夜한 토론회'로 한다고 해서 격식이나 품위가 더 올라가는 건 아니죠. 되레 모호함을 더해서 지저분해진 말이 되었습니다.

이런 흐름이 번지다 보니, "성년을 맞은 청소년들이 나눔 문화를 확산하는 계기가 되고자 '어린T를 벗자'는 기부행사를 마련해…"와 같은 괴상망측한 표현까지도 버젓이 중앙부처의 문서에까지 오르게 되었습니다. 여성가족부의 보도 자료(2013년 5월 16일자)에 담긴 내용입니다. 이 글 속의 '어린T'는 "경험이 적거나 다 자라지 못한 어린 티"를 뜻하는 **풋내**와 **티셔츠**의 준말인 **티**의 중의적 의미로 재미있게 쓴다고 한 것인데요.

그럼에도 불구하고, '어린 티'는 띄어 써야만 **풋내**를 뜻하게 되고, **어린T**를 보고서 어렸을 때 입었던 티셔츠를 뜻하는 것으로 알아챌 천재는 일반인 중에는 드물다는 게 문제입니다. '티셔츠'의 줄임말인 **티**는 한글로 적어야(예: 땀에 전 티를 벗었다) 뜻이 통하는 우리말이 되는 것이지,

달랑 T로만 적어서는 그저 영문 글자 표기일 뿐이거든요. 그러니, 막상 어릴 때 입었던 '티'를 벗고 싶어도 제대로 말귀가 전달되지 않아서 '티(티셔츠)'를 못 벗게 되지 않을까도 싶습니다.

그리고 또 하나 중요한 문제가 있어요. 이처럼 행정기관에서조차도 말도 안 되는 반 도막 한자나 영문자를 섞어 쓰는 일은 명백한 국어기본법 위반이란 겁니다.

국어기본법에는 **국어책임관**이라는 자리가 있는데요. 각급 기관에서 국어의 발전과 보전을 위한 업무를 총괄하는 역할을 합니다. 국어기본법에서는 "지정할 수 있다"고 했지만 시행령에서는 "지정해야 한다"고 더 강하게 규정하고 있습니다. 현재 중앙행정기관의 43명과 기타 정부 부처 및 지자체 인원을 포함해서 모두 508명이 국어책임관으로 지정되어 있지요.

시행령에 나와 있는 국어책임관의 임무는 해당 기관 정책의 효과적인 홍보를 위한 용어의 개발과 보급 및 정확한 문장의 사용 장려, 해당 기관 직원들의 국어 능력 향상을 위한 시책의 수립과 추진, 기관 간 국어와 관련된 업무 협조 등입니다.

이 508명은 현재 홍보 담당 부서장이나 그에 준하는 직위의 공무원들인데, 불행히도 이들은 겸직입니다. 그래서 국어책임관의 임무에만 전념할 수도 없고 이른바 끗발 있는 부서도 아니어서 **말발**(듣는 이로 하여금 그 말을 따르게 할 수 있는 말의 힘)도 별로입니다. 그런 터라서, 위에서 살펴본 **夜한 독서회**나 **어린T**와 같은 문제적 표현들이 그대로 보도 자료로 배포되고 있는 것이죠. 국어책임관이 끼어들지도 못하는 판국이다 보니, 정부 기관이 법을 지키지 않고 있는 꼴이 계속되고 있습니다.

마지막 문제점이자 어쩌면 제일 중대한 문제일지도 모르겠네요. 이처럼 재미 삼아 해대는 **夜한 독서회**나 **어린T**와 같은 괴상망측한 탈법 조어는 우리 국어의 발전을 천 년 이상 후퇴시키는 일도 된다는 겁니다. 국어 발전사의 역행 또는 **퇴행**(退行, ①공간적으로 현재의 위치에서 뒤로 물러가거나 시간적으로 현재보다 앞선 시기의 과거로 감. ②늑퇴화(退化, 진보 이전의 상태로 되돌아감))이라 할 만한 대사건이죠. 무슨 말이냐고요? 이러한 표기법을 그대로 두는 일은 신라 시대의 표기법, 곧 이두/향찰 시대로 돌아가는 일도 되기 때문이죠.

'이두'란 말, 아실 겁니다. 좁은 의미로는 한자를 한국어의 문장 구성법에 따라 배열하고 토를 붙인 것을 뜻합니다. 문장을 표기할 때 우리 글자가 없어서 한자의 음(소리)과 훈(뜻)을 이용하여 적었는데요. 대체로 의미부(意味部)는 한자의 훈을 취하고 형태부(形態部)는 음을 취했지만, 그 표기 방식이 한문과는 달리 우리말 어순을 따른 것이 특징이었습니다. 신라시대에만 쓰인 것이 아니라 조선시대에 이르기까지 아주 오랫동안 쓰였습니다.

예를 들면 다음과 같은 것입니다. 초기 이두 표기의 일례로 〈신라화엄경사경조성기〉의 일부만 우선 보죠.

'**經成內 法者** 楮根中 香水 散尓 生長 令只彌'은 '경을 이루는 법은 닥나무 뿌리에 향수를 뿌려서 생장시키며'로 읽히는데요. 어순 자체도 한문 투가 아니라 자연스러운 국어의 어순이고, '經/法/楮根/香水/生長'과 같은 한자어를 제하면 나머지는 모두 우리의 고유어로 풀이되거나 읽힙니다.

조선 시대에 아주 유용하게 쓰인 이두의 대표적인 사례로는 《대명률직해》가 손꼽힙니다. 중국 법률을 일반인들이 이해하기 쉽도록 이두문으로 번역한 것이죠. 그중 일부 번역문을 보면요. '萬一殘疾·老弱及妾妻子息·收養子息等乙 兩邊戈只 仔細相知疾爲良只'라 되어 있는데, 여기서 밑줄 그어진 부분들, 곧 等乙→**들을**('들'은 복수접미사), 戈只→**이/이기**('이' 또는 'n'의 뜻으로 주격을 나타내는 말), 爲良只→**하얏기**('하였기/하여'

와 같은 뜻) 등이 이두입니다.

이걸 보면 이두 표기 방식이 무엇인지 이해하시겠지요? 의미부(意味部)는 한자의 훈을 취하고 형태부(形態部)는 음을 취했지만 어순은 한문식이 아니라 대체로 우리말을 따른 것이 이두문의 특징입니다.

그런데… 21세기에 들어선 지금, 천 년도 더 지난 과거의 이두식 표기라니요. 복고주의치고는 너무 지나친 거 아닐까요? 국어 발전사의 퇴행이라고 한 것은 그 때문이랍니다.

게다가 이두문은 한글이 없어서 한자를 빌려다가 고유어를 표기했지만, 요즘의 괴상망측한 표기들은 버젓이 한글이 있음에도 얼토당토않은 한자나 영어 글자를 빌려 끼워 넣은 것일 뿐입니다. 똑똑한 조상님들이 창안해낸 이두식 표기는 뜻이라도 제대로 통하는데, 후손들이 만든 현대판 한자/영문 합작 이두문 표기는 뜻조차도 제대로 통하질 않습니다. 알고 보면 참으로 멍청한 후손들입니다.

이처럼 힘을 주어 험하게 이야기하는 데에는 또 다른 이유가 있습니다. 요즘 일부 현상을 보면 이 이두문 표기에서 한발 더 후퇴/발전(?)하여, 아예 **군두목[軍都▽目] 시대**로 들어서고 있는 조짐까지 보이기 때문입니다.

군두목은 "본래 말이 한자어이든 우리말이든 가리지 않고, 그 표기에서 한자의 뜻은 상관하지 아니하고 음이나 새김을 취하여 물건의 이름을 적는 법. 또는 그런 식으로 적은 책의 이름이기도 한데요. 예를 들면 우리말 **괭이/등심/콩팥**을 각각 廣耳/背心/豆太로, 한자어 지갑(紙匣)을 地甲으로 적는 따위죠. 이두보다 한 발 더 '후퇴/발전'했다고 하는 것은 이 군두목에서는 아예 한자의 뜻은 완전히 무시해 버리고 오로지 소리나 일부 뜻만 취해서 우리말을 적기 때문입니다.

☞ **군두목**[軍都▽目]: 1896년에 쓰인 편자 미상의 국어 어휘집. 군도목(群都目)이라고도 한다. 1책. 필사본. 한어식(漢語式)의 물건 이름이나 한자의 글자 뜻에 얽매임 없이 그 음과 새김을 따서 물건 이름을 적고 그에 대한 당시의 국어식 호칭을 한글로 병기해 놓은 어휘집이다. 물품 관리를 맡고 있던 서리/아전들의 실용서로, 수록된 어휘는 1,130여 개. 규장각 도서로 서울대 도서관 소장.

요즘 그런 '군두목식' 표기가 상품명에는 물론, 온갖 광고, 심지어는 국가 기관의 행사명 표기에까지 쓰이고 있습니다. 아래의 몇 가지 예를 살펴보죠.

> **秀**타일과 함께 간다; **色視美** 있는 옷; 난리**蘭** 여름 특상; **강안**비뇨기과; **神**데렐라 의원; 청소년을 위한 k픽션 **book** 톡 콘서트(국회); 툭 터 놓고 톡(talk)하실 분들을 초대합니다(국방부 국민토론회 안내문)⋯

외국에서 한국어를 공부한 외국인이라면 아마도 위의 내용을 제대로 이해할 사람이 거의 없을 겁니다. 혹시 이 글을 읽는 분들 중에도 그런 분이 계실지 모르니, 간단한 설명을 보태면요. 각각 '**秀**타일←스타일; **色視美**←섹시미; 난리**蘭**←난리 난; **강안**←강한; **神**데렐라←신데렐라; **book** 톡←책 이야기; 톡(talk) 하실 분←이야기하실 분'으로 풀이됩니다.

이 중에서도 '난리**蘭** 여름 특상'은 '난초 무늬가 들어가서 인기인 여름 특별 상품'의 준말이라네요. **강안**은 《강안남자》라는 소설로 알려진 '강한 남자'에서 온 말이고요. 신데렐라를 **神**데렐라로 표기한 건 어느 드라마에서 여주인공이 성형 수술로 사람들이 전혀 못 알아볼 정도로 외모를 바꾼 뒤 이름도 **神**데렐라로 하고 벌인 복수극이 유명해져서 거기서 따온 거랍니다. 국회와 국방부에서 신이 나서 사용한 '톡'이라는 표기는 영어 talk를 줄인 것인데, 올바른 외래어 표기는 **토크**죠.

외래어 표기 하나 제대로 챙길 줄 모르는 사람들이 국록을 받아먹고 있는 나라라서 우리는 슬퍼하지만, 그들은 즐거워합니다. '톡'이라는 신어 발굴의 성과(?) 앞에서요. 걸핏하면 자기들끼리 그토록 박수치기로 즐거워하던 만화 영화 속의 텔레토비들이 떠오릅니다.

이런 조어법에 무임승차해대는 이들은 한자나 영어 글자를 써서 비틀면 이른바 뭔가 '있어 보이는' 그런 착각에 빠져 있는 것은 아닐까요? **보그병신체**가 횡행하는 근저에는 그런 착각을 뒷심 삼고 있듯이 말입니다. 아니면, 대다수에게 무관심이 주식(主食)이 되어가고 있는 시대를 탓해야 할까요?

어떤 경우든, 이제는 집단적으로 무식(無識)을 포용하고 눈감아주는 저의식 시대의 틀을 깨고 나와 깨어 있는 얼이 살아 있는 의식 지대로 돌아와야 할 것입니다. 정신을 차려서 하루바삐 한글 제자리 찾아주기를 해야 하지 않을까요. 그래야만 할 것입니다. 그것도 시급히요. 요즘의 '이두식'이나 '군두목식' 표기는 정녕 우리가 부끄러워해야 할 추태일 뿐이니까요.

버젓한 우리 한글이 있는데도, 우리 문자가 없어서 한자를 빌려다 썼던 그 어둡고 창피하던 시절로 알아서 제 발로 돌아가서야 되겠습니까. 한쪽에서는 우리 한글의 우수성을 자랑하면서 조금이라도 더 널리 알리려고 기를 쓰고 있는데 말입니다. 최초의 컴퓨터 한글 서체 개발로 떠들썩했던 시절도 이미 30여 년이 되어가는 이 초현대 한글 시대에 이두식 표기라뇨. 심하게 말하면 최신형 양복을 싹 빼 입고 거기에 갓을 쓰고서 멋도 모르고 으스대는 짓과 다를 바 없는 일입니다.

세계에서 유일하게 처음부터 과학적으로 창제된 문자는 우리 한글밖에 없습니다. 나머지 문자들은 죄다 오랜 시간에 갊히고 굵히며 다듬어지는 과정을 통해서 갖춰 진 것들인데다, 과학적인 것과는 거리가 멉니다. 모두 다 처음에는 그저 소리를 표기하기에 급급했고 시간이 흐르면서 도형문자/상형문자/표의문자 등의 꼴을 갖춰 간 것들이죠.

처음부터 꼴을 제대로 갖춘, 완성형 문자로 태어난 유일한 문자가 한글이랍니다. 그러니 꼬부랑글씨와 단음절 한자 하나 따위에 혹해서, 우리 문자가 없어서 남의 문자를 빌려다 쓰던 시대의 수법으로 돌아가, 그처럼 빼어난 우리의 한글을 하대하는 그런 창피한 짓을 앞장서서 해서야 쓰겠습니까?

🔲 '노다지'는 외래어가 아니다

"**노다지**는 영어의 **노타치**(no touch)에서 온 말"이라는 '설'은 민간 어원에 불과하여 믿을 수 없다. '노다지'의 '노다'는 '노두(露頭)'일 가능성이 있는데, 노두(露頭)는 "광맥/암석/지층/석탄층 따위가 땅거죽에 드러난 부분"을 가리키므로, "광물이 묻혀 있는 광맥"을 뜻하는 노다지와 의미상 관련된다. 하지만 노다지의 노다를 노두(露頭)와 관련시켜 이해한다 해도 '지'가 무엇인지는 잘 알 수 없다. 지를 한자 '地'로 보기도 하고 접미사로 처리하기도 하나, 한자 地나 접미사 '-지'가 아닐 가능성도 있다. 만약 한자 地로 본다면 '노두지(露頭地)'는 "노두(露頭)가 있는 땅"으로 해석된다. (출처: 21세기 세종계획 누리집, 한민족 언어 정보화, 국어 어휘의 역사)

노다지₁圐 ①[광] 캐내려 하는 광물이 많이 묻혀 있는 광맥. ②[비유] 손쉽게 많은 이익을 얻을 수 있는 일감.
노다지₂튀 '언제나/노상'의 잘못. ¶노다지(×)/언제나(○)/노상(○) 되풀이되는 같은 핑계.

똘레랑스와 꽁뜨가 된다면 모스끄바도 된다

우리나라에서 **똘레랑스**라는 말이 제법 뜨겁게 유행한 적이 있습니다. **관용**(寬容, toleration)을 뜻하는 불어 tolerance를 소리 나는 대로 적은 말이죠. 자신의 신념/기호에 기초하여 자신이 나쁘다거나 혐오스럽게 생각하는 것을 표현·실행하는 다른 주체에 대해 박해 등의 영향력을 행사할 수 있음에도 불구하고 이러한 권력 행사를 삼가고 그 공존을 인정하는 종교/정치/사회학적 용어입니다.

현재 이 똘레랑스는 외래어로 인정받지 못했는데요. 두 가지 이유 때문입니다. 외래어 표기에서 가장 기본적인 원칙인 원지음(原地音)에 가깝게 쓰려면 tolerance는 Paris/conte/report(**빠리/꽁뜨/르뽀**)에서처럼 **똘레랑스**가 되어야 하지만, 외래어 표기법 제4항 "파열음 표기에는 된소리를 쓰지 않는 것을 원칙으로 한다."는 규정에 따라 모두 **파리/콩트/르포/톨레랑스**로 적어야 하기 때문이죠.

즉, **똘레랑스**는 **톨레랑스**로 적어야만 외래어 표기법에 맞는 표기가 되는데, 톨레랑스로 표기하더라도 외래어로 인정되기 어려운 것은 이와 똑같은 뜻을 지닌 전문용어가 이미 우리말에 있기 때문입니다. 위에 뜻풀이되어 있는 바와 같은 **관용**이 우리말에 있거든요. 즉, 톨레랑스라는 말을 특별히 추가로 인정해야 할 필요성이 적은 것이기 때문에 외래어로 인용되지 못한 것이랍니다.

빠리/꽁뜨/르뽀는 각각 **파리/콩트/르포**로 적어야 합니다. 외래어 표기법에서 파열음 표기에 된소리(ㄲ/ㄸ/ㅃ/ㅆ/ㅉ)를 쓰지 않는다는 원칙 때문이지요. 그래서 러시아의 수도 Moscow의 경우에도 원지음에 충실 하려면 모스<u>ㄲ</u>바로 적어야 하지만, 된소리로 적을 수 없으므로 모스<u>ㅋ</u> 바로 표기하는 것이고요.

원지음이 불어인 경우의 표기와 관련하여, 두 가지만 더 짚고 가겠습 니다. 프랑스의 아카데미 **공**쿠르(Academie Goncourt)가 해마다 가장 우 수한 소설 작품 하나를 뽑아 수여하는 대표적인 문학상으로 **공쿠르**상(Le Prix de Goncourt)이 있는데, 이를 **콩**쿠르로 잘못 표기하는 경우가 흔합 니다. **공**쿠르(Goncourt)로 적어야 합니다. 이는 어쩌면 각종 예술 분야, 특히 음악 부분에서 기능의 우열을 가리기 위해서 여는 경연회를 뜻하 는 **콩**쿠르(concours)란 말과 오랫동안 친숙해진 데서 오는 착각 탓이 아 닐까 싶기도 합니다만.

또 하나, 아주 널리 번진 것 중에는 실수인 줄을 전혀 의식하지 못한 채 유통되고 있는 것도 있습니다. 우리나라에 《어린 왕자》의 작가로 유 명한 이의 잘못된 이름 표기가 그것인데요. 올바른 표기는 **생텍쥐페리** (Saint-Exupéry)인데 **쌩떽**쥐**베**리/생텍쥐**베**리로 적거나 부르는 경우가 많 습니다. '생텍쥐-'로 올바로 적는 경우에도 뒤에 가서는 대부분 '-**베**리' 로 잘못 적습니다. 원어 표기에서 보듯 '-**페**리'가 맞습니다. 원어 표기 대로 분절해서 적으면 '생-텍쥐페리'가 됩니다.

이와 같이, 외래어 표기에는 지켜야 할 몇 가지 원칙이 있답니다. 이 참에 그러한 기본 원칙 몇 가지를 훑어보기로 하지요.

[외래어 표기 원칙 1] 원지음(原地音) 따르기

외래어 표기법 규정 제4장(인명, 지명 표기의 원칙) 제2항을 보면, "제3장에 포함되어 있지 않은 언어권의 <u>인명, 지명은 원지음을 따르는 것을 원칙으로 한다</u>."라고 되어 있습니다. 이 규정을 표면적으로만 이해하면 인명과 지명의 표기 외에서는 원지음을 따르지 않아도 된다는 말이 될 수도 있는데요. 하지만, 그렇지 않답니다.

규정 속에 나오는 제3장은 언어권별 표기 세칙을 다루고 있는데, 언어권별 표기 규정 자체가 바로 **원지음**(原地音) 규정이라 할 수 있기 때문이죠. 제3장은 일차적으로 어떤 대상언어에 대해 그 말이 본디 생성/유통된 곳이 어떤 곳인가를 따져서 해당 언어권에 편입시킨 뒤, 그 뒤에야 본격적으로 표기법을 다루고 있거든요.

☞ **원지음**(原地音): 대상 언어가 생성/유통되던 본디 지역의 발음을 뜻하는데, 현재 쓰이고 있는 곳의 발음이라는 뜻의 **현지음**(現地音)과는 구별해야 한다. 그런데 참으로 희한한 것은 이처럼 우리말 규정에까지 쓰이고 있는 원지음이란 낱말이 현재의 《표준》에는 표제어로 등재되지 않았다. 국립국어원의 제법 심각한 직무해태(懈怠)로 보인다.

손쉬운 예로 alcohol을 보겠습니다. 영·미어 발음에서 모두 [-h-] 발음이 나지만, 이 말은 본래 아랍어인 까닭에 **알코올**로 적습니다. 바로 원지음 규정 때문이지요. superman을 미국에서는 **수퍼맨**이라 하지만 **수퍼맨**(×)/**슈퍼맨**(○)인 것은 이 말이 본래 영국 영어이고, 영국에서는 '슈퍼맨'이기 때문이어요. **수퍼스타**(×)/**슈퍼스타**(superstar)(○)인 것도 마찬가지 이유로 영국식 발음을 따라 적어야 해서입니다. 외래어로서는 미국식 발음으로 표기한 '수퍼스타'는 그래서 잘못입니다.

그런데 Columbus는 왜 **컬럼버스**(×)/**콜럼버스**(○)일까요? 영어로 널리 알려진 사람이지만 사실은 이탈리아 사람이므로, 영어 발음 '컬럼버스'가 아니라 원지음 규정을 따라 '콜-'로 적어야 하는 것이죠.

☞ **슈퍼마켓(supermarket)과 슈퍼맨(superman)의 원조는?**: 우리가 흔히 미국식 영어에 더 많이 노출되어 있기 때문에(심지어는 교과서까지도) 이 말들이 미제(?)인 것으로 생각하기 쉽다. 그러나 영국 영어다. 미국으로 건너가서 더욱 각광을 받게 된 말일 뿐이다. 실생활에서 실물로 번지고('수퍼마켓'), 만화와 영화로 유명해지고('수퍼맨') 해서. 하지만 원지음 규정에 따라서 본고향인 영국식 발음법을 좇아 적게 된 말이므로 **수퍼-**(×)/**슈퍼-**(○)이다.

일례로, 이 Superman은 미국에서 최초의 밀리언셀러 만화로 기록된 《액션 코믹스 1호》에 나오는 주인공 이름이기도 한데, 만화는 1938년에 출간되었고 영화 〈슈퍼맨〉은 그 뒤에 이 만화를 기초로 해서 만들어졌다. 그렇지만 이 superman이라는 말은 그보다 훨씬 전인 1903년에 이미 영국에서 G. B. 쇼의 유명한 희곡 〈사람과 초인(Man and Superman)〉으로 널리 알려져 있을 정도의 영국식 영어다.

원지음과 관련하여 아래의 문답을 살펴보죠.

문
크리스마스 캐럴 등으로 자주 쓰기도 하는 **carol**은 영국에서 나온 말이고 '캐롤'로도 읽히는 듯한데, 어째서 **캐럴**로 적어야 하는가요?

답
이것을 영국에서 '캐롤'로 읽는다고 생각하는 것은 그렇게 표기된 번역 문학 작품의 제목 등을 많이 대했기 때문에 만들어진 착각입니다. 영국에서도 **캐럴**로 읽습니다. 그러므로 원지음 규정에 따라 캐럴로 적습니다. 이처럼 원지음 규정은 힘이 셉니다. 2002년 월드컵 시절, '자일징요' 등으로도 불리던 이름이 갑자기 **자이르지뉴**로 통일된 적이 있는데, 바로 원지음 규정에 따라 포르투갈 어 발음을 따라 그리된 것이죠.

문
미국에 오레곤(Oregon) 주(洲)가 있잖습니까. 그걸 '오레곤'으로 적었더니 외래어 표기법으로는 잘못된 표기라고 하더군요. 철자대로 올바로 적었는데, 왜 잘못인가요?

답
원지음 규정 때문입니다. 미국에서는 **Oregon**을 **오리건**으로 발음합니다. 따라서 외래어 표기에서는 **오리건 주**로 적어야 올바른 표기가 됩니다. 이와 관련하여 위 마지막 질문에 대한 답은 두 가지 이유에 바탕을 둔 것이어요. 하나는 기본적으로 외래어 표기는 원지음을 따라야 하기 때문이고, 둘째로는 이 원지음 표기에 사용된 국제 음성 기호를 한글로 적을 때 〈외래어 표기법 제2장: 표기 일람표〉에 제시된 '국제 음성 기호와 한글 대조표'에 따라 적어야 하기 때문이죠. 예를 들어 원지음이 [ɑ]일 때는 '아'로, [ɔ]는 '오'로, [ʌ/ə/e/ɚ]는 모두 '어'로 표기합니다. 이에 따라 Valentine은 [-æ-]로, Ballantine은 [-ɑ-]로 발음되기 때문에 대조표에 따라 각각 '밸-'과 '발-'로 적는 것이지요. cutter/Gulliver의 [-ʌ-] 발음도 이 규칙에 따라 '카-/갈-'이 아닌 '커-/걸-'로 적습니다.

참고로, 밸런타인데이는 외래어로 인정된 말이지만, 위스키 발렌타인은 아직 외래어로 인정받지 못한 말이랍니다. 아울러 위스키 명칭 발렌타인의 정식 영문 표기는 Ballantine이 아니라 Ballantine's(발렌타인즈)이고요. 위스키 병에 부착된 레이블을 잘 보시면 필기체로 크게 표기된 내용을 확인하실 수 있을 거여요. 처음 그걸 만들어 자신의 식품점에서 판매한 농부 발렌타인의 이름에서 유래한 것으로 "발렌타인 가게의 것"이라는 뜻이지요.

참, 밸런타인데이가 2월 14일인데, 이날은 마침 안중근 의사가 사형 선고를 받은 날이기도 합니다(약 한 달 후인 3월 26일 사형 집행). 이날 사랑하는 사람끼리 선물이나 카드를 주고받는 풍습이 있는데, 유독 우리나라와 일본에서는 여성이 먼저 남성에게 사랑을 고백해도 좋다는 근거 없는 속설이 퍼져 있고, 이것이 초콜릿 회사의 상술(商術)과 맞아떨어져 최근에 널리 퍼진 축일이기도 하죠. 그래서 일각에서는 근거도 없는 이러한 풍습 대신에 이날을 안중근 의사 순국추모일로 공식화하자는 의견이 있고 이에 동조하는 분들도 꽤 됩니다. 참고로, 2017년은 안 의사 순국 107주년입니다.

[외래어 표기 원칙 2] 중모음과 장모음 표기 인정하지 않기

영어의 외래어 표기에서, 조심하여야 할 것의 하나로 '오우' 등과 같은 중모음이 있습니다. 원칙적으로 외래어 표기에서는 중모음을 인정하지 않으며, 중모음은 각 단모음의 음가를 살려서 적되, [ou]는 '오'로, [auə]는 '아워'로 적습니다. 즉, boat와 tower의 경우 각각 '보우트(×)/보트(○)', '타우어(×)/타워(○)'입니다.

즉, 영어에서 '오우'로 발음될 경우에도, 표기는 다음의 예에서 보듯 '오'로만 적어야 하는 것이지요(외래어 표기법 제2항). 예) 레인보우(×)/레인보(○); 스노우보드(×)/스노보드(○); 아이섀도우(×)/아이섀도(○); 브로우치(×)/브로치(brooch)(○); 노우트북(×)/노트북(○); 토우스트(×)/

토스트(○). ☞상세 규정은 외래어 표기법 제3장[표기 세칙] 제1절[영어] 제8항에 있다.

외래어 표기에서는 장모음의 장음은 따로 표기하지 않습니다(외래어 표기법 제2항). 이에 따르면 'team/route'는 '티임/루우트'가 아니라 '팀/루트'가 됩니다. 조금 더 예를 들면, '치이타(×)/치타(○); 미이라(×)/미라(○); 모옴(×)/몸(○); 오오사카(×)/오사카(○)[大阪]; 유우머(×)/유머(○); 플루우트(×)/플루트(○)' 등이 있습니다. ☞상세 규정은 외래어 표기법 제3장[표기 세칙] 제1절[영어] 제7항에 있다.

[외래어 표기 원칙 3] 파열음 표기에는 된소리(경음)를 쓰지 않는 것을 원칙으로 하되, 관용으로 굳어진 것은 예외로 함

꽁뜨(×)/콩트(○); 빠리(×)/파리(○); 모스끄바(×)/모스크바(○); 싸이코(×)/사이코(psycho)(○); 싸인(펜)(×)/사인(펜)(○); 쎄느 강(江)(×)/센 강(○); 째즈(×)/재즈(○) 따위에서처럼 된소리를 쓰지 않는 것을 원칙으로 하되 **삐라/껌/히로뽕/빨치산**(○) 따위와 같이 관용적으로 굳어진 말은 예외로 한다는 것이죠.

[외래어 표기 원칙 4] 이미 굳어진 외래어는 관용을 존중하여 표기

외래어 중에는 본래 발음과 무관하게 이미 굳어진 것들이 있는데, 이 것을 외래어 표기법 원칙에 따라 무리하게 바꿀 경우, 불필요한 혼란이 올 수 있고 언중의 언어생활에 많은 불편을 초래할 수 있습니다. 그래서 이미 굳어진 외래어는 관용을 존중하여 표기하기로 한 것이죠. 다만, 그

범위와 용례(외래어 표기법 제5항)는 따로 정하는 것으로 되어 있습니다.

이러한 경우에 해당되는 것으로는 **박스**(box. 상자), **복스**(box. 운동), **오믈렛**(omelet), **로켓**(rocket), **소켓**(socket), **라디오**(radio), **가톨릭**(Catholic), **바나나**(banana), **추리닝**(←training), **사이다**, **잠바**, **비로드**, **오리엔탈**, **카레**(←curry), **돈가스**, **코냑**, **파마**, **콤마**(comma), **맥아더** 따위가 있는데, **라디오/바나나/코냑** 같은 것들을 왜 관용적 표기라고 하는지 아래의 문답을 보기로 하지요.

☞ ①**잠바**와 **점퍼**, **비로드**와 **벨벳**, **팬츠**와 **팬티**는 모두 복수 외래어. ②**맥아더**에 관해서는 218 쪽 〈미국에는 왜 맥아더가 없을까?〉 항목 참조.

 라디오와 **바나나**가 원칙에서 벗어난 관용 표기라고 하는데, 왜 그렇죠? 그것들은 외래어 표기법대로 적어도 **라디오**와 **바나나**가 되지 않나요?

 radio를 미국식과 영국식으로 발음하면 각각 **레이디오우/레이디어우**가 됩니다. 즉, 어떤 경우든 [ra-]의 발음은 '레이-'가 되는 것이죠. 그러나 외래어 표기에서 원칙상 1음운은 1기호로 적어야 하는데다 관용적인 발음이 '라-'이기 때문에 '라-'로 표기한 것이죠. 그래서 원칙에서 벗어난 표기라고 하는 것입니다.

☞ **레이더**는 같은 [ra-]지만 '레이-'로 적는다. 이 또한 1음운은 1기호로 적어야 하는 원칙에서 벗어난 예외적인 경우라 할 수 있다. 아울러 최근의 국립국어원 표준어 추가에서 **레이더** 외에 **레이다**도 복수 외래어 표기로 인정하였다. (2014 .8. 29.)

위의 답에 덧붙이면, **radio**의 발음에서 '오우'와 '어우'로 나뉘는 'o'의 표기 역시 복모음 표기가 허용되지 않기 때문에 한 가지로 통일되어야 하는데 이때 이것을 관용적으로 많이 쓰는 '오'로 통일한 것이기 때문에, 관용적 표기라고 하는 거랍니다.

또한, 외래어 표기의 으뜸 원칙이랄 수 있는 것으로 앞서 다룬 원지음 규정이 있는데요. 이 radio의 본고장은 미국이 아니라 영국입니다. 미국은 영국 영어를 빌려 쓴 것이죠. 따라서 이 말의 표기는 영국식 영어 발음을 따라야 하는데도 이를 무시하고 '오'를 택한 것인데, 그 때문에도 관용적 표기에 속하게 되는 것이고요.

banana 역시 미국식과 영국식 발음이 다른데요. 각각 **버내너/버나아너**로 발음합니다. 이 말의 원지음 역시 영국이지 미국이 아니랍니다. 그리고 미국식이든 영국식이든 어느 것을 따르더라도 '버−'가 되어야 하지만, 관용적인 발음은 '바−'이므로 '바−'로 표기한 것이지요. 두 번째 음절 '−na'도 '내'나 '나아'로 적어야 하는데, 복모음이나 장모음 표기를 하지 않는다는 규정에 따라서 '나'로 적은 것이고요. 이런 이유들 때문에 원칙에서 벗어난 관용 표기라고 하는 것이랍니다.

참고로, 코냑(Cognac)은 프랑스 코냐크(Cognac) 지방에서 생산되는 고급 브랜디의 상품명인데, 관행적 표기인 코냑을 존중하여 '코냐크'가 아닌 '코냑'으로 표기한 경우입니다.

[외래어 표기 원칙 5] 고유명사와 외국인 인명 표기에 주의

조금 까다로운 내용인데요. 《표준》사전 편찬 지침에 따르면, 고유명사의 표기에서 외래어가 들어가면 다음과 같이 띄어 씁니다. 그러나 한자로 취음한 경우에는 우리말처럼 붙여 씁니다.

− 동경역/북경역/서울역; 도쿄 역/베이징 역.
− 압록강/두만강; 양쯔 강, 리오그란데 강, 미시시피 강.

– 발리 섬(Bali–), 타이완 섬(Taiwan–), 뉴아일랜드 섬(New Ireland–)

그러나 외래어 표기의 <u>글자체가 다를 때</u>는 붙여 쓸 수 있습니다. 즉, 위의 경우에서 **리오그란데강, 미시시피강, 타이완섬**으로 적을 수 있습니다. 띄어 적지 않더라도 글자체가 달라 외래어임을 쉽게 알 수 있기 때문이죠.

인(人)/**어**(語)/**족**(族)과 같은 단(單)음절 한자어들은 외래어 다음에서는 띄어 쓰거나(원칙) 붙여 쓸 수 있고(허용), 한자로 취음한 경우는 우리말처럼 붙여 씁니다.

– 중국인/일본인/한국인/독일인; 프랑스 인(원칙), 프랑스인(허용)
– 한국어/중국어/일본어; 인도네시아 어(원칙), 인도네시아어(허용)/베트남 어(원칙), 베트남어(허용)/라틴 어(원칙), 라틴어(허용)
– 여진족/만주족; 몽골 족(원칙), 몽골족(허용)/베두인 족(원칙), 베두인족(허용)

외국인 인명 표기에서 중국인명과 일본인명 표기는 아래와 같이 다릅니다. 좀, 까다로운 부분입니다.

– 중국인: 등소평(鄧小平)이나 덩 샤오핑, 장개석(蔣介石)이나 장 제스 모두 가능.
– 일본인: 加藤淸正/豊臣秀吉의 경우, 가등청정/풍신수길로 읽는 것을 원칙적으로 허용치 않음. 따라서 한글 표기 시에는 가등청정/풍신수길로 적으면 안 되며, 加藤淸正/豊臣秀吉로 표기하더라도 가토 기요마사/도요토미 히데요시로만 읽어야 함. 즉, 표기는 加藤淸正/豊臣秀吉과 가토 기요마사/도요토미 히데요시 모두 허용하지

만, 읽을 때는 가토 기요마사/도요토미 히데요시로만 가능. 왜냐하면 우리말로 가등청정/풍신수길이라고 표기하거나 읽을 경우, 그런 일본인은 존재하지 않기 때문이기도 하지만, 일본인의 경우에는 중국인과 달리 인명에 쓰인 한자가 같은 한자라 할지라도 사람마다 달리 읽는 경우가 흔하기 때문.

종합 정리: 외래어 표기 중 흔히 실수하거나 헷갈리는 것들

(용례: 빗금 부호 뒤의 것이 옳은 표기)

가디건(×)/카디건(○)(cardigan); 가스켓/개스킷(gascket); 가에야/가이야(Gaea. 대지의 여신); 갈리버 여행기/걸리버(Gulliver)~; 구찌 백/구치(Gucci) 백; 구텐베르그/구텐베르크([독]B. Gutenberg. 참고: Heidelberg→하이델베르크); 구피/거피(guppy. 열대 담수어); 글래스/글라스(glass. **단, class는 '클래스'**); 까나페/카나페([프]canapé); 꽁뜨/콩트(○)([프]conte); 나레이터/내레이터; 나이롱/나일론(nylon); 내프킨/냅킨; 넌센스/난센스; 넌픽션/논픽션; 넷워크/네트워크; 노블리스 오블리쥬/노블레스 오블리주([프]noblesse oblige); 노우트북/노트북; 뉴앙스/뉘앙스([프]nuance); 다이어먼드/다이아몬드(diamond); 달라화/달러(dollar)화; 덕아웃/더그아웃(dugout); 덤블링/텀블링(tumbling); 도요다·토요타도요타(とよた); 독/도그(dog); 뒤퐁/듀폰(Du Pont. 영어로 인식); 드라큐라/드라큘라(Dracula); 드로잉/스로인(throw-in); 드루패스/스루패스(through pass); 디지탈/디지털(digital); 딤썸/딤섬([중]〈-點心〉); 똘레랑스/톨레랑스([프]); 라스베가스/라스베이거스; 라이센스/라이선스(license); 라케트/라켓; 랑데뷰/랑데부; 런닝셔츠[메이트]/러닝셔츠[메이트]; 레몬에이드/레모네이드(lemonade); 레이다(○)/레이더(○) [←둘 다 맞음. 2014년 개정]; 레인보우/레인보; 레포트/리포트(report); 렌트카/렌터카(rent-a-car); 로또/로토(lotto); 로빈 홋/로빈 후드(Robin Hood); 로보트/로봇; 로케트·로킷/로켓(**관용**); 로숀/로션; 롭스터/로브스터(또는 랍스터); 루

불/루블(rubl'(рубль). 러시아 화폐); 룻/루소(Rousseau, Jean Jacques); 르뽀/르포([프]reportage의 줄임말); 리더쉽/리더십; 리모콘/리모컨; 링게르/링거; 말티즈/몰티즈(Maltese. 개의 한 품종); 맘모스/매머드(mammoth); 맛사지/마사지; 매니아/마니아; 메뉴얼/매뉴얼(manual); 메론/멜론(melon); 메세지/메시지; [와이어]메쉬/[와이어]메시([wire] mesh); 메카니즘/메커니즘; 미세스/미시즈(Mrs); 메타세콰이아/메타세쿼이아(Metasequoia); 몽마르뜨/몽마르트르(Montmartre); 미니애처[춰]/미니어처(miniature); 미디아/미디어(media); 미디움/미디엄(medium); 미스테리/미스터리; 미이라/미라([포] mirra); 바디가드/보디가드(bodyguard); 바베큐/바비큐(barbecue); 바스킷·배스켓/바스켓(basket); 바이얼린/바이올린; 바켓[바케스]/버킷(bucket); 바톤/바통(○)·배턴(○); 바란스·발란스/밸런스(balance); 바하/바흐[독] J. S. Bach); 발렌타인데이/밸런타인데이(Valentine Day. **단, 위스키 Ballantine은 발렌타인**); 밤바/범퍼(bumper); 백밀러/백미러(back mirror); 뱃지(뺏지)/배지(badge); 버본위스키/버번위스키(bourbon whiskey); 베지색/베이지(beige)색; 보봐르 부인/보부아르 ~(Beauvoir, Simone de); 보스톤/보스턴(Boston); 본네트/보닛(bonnet); 부라보(×)/브라보(bravo); 부저(×)/버저(buzzer); 부페(×)/뷔페[프]; 불독(×)/불도그(bulldog. 개의 한 품종); 브라자/브래지어; 브라켓/브래킷(bracket); 브로우치/브로치(brooch. 장신구); 브릿지/브리지(bridge); 블라디보스톡/블라디보스토크(Vladivostok); 블록/블록(block, bloc); 비로도·빌로드/비로드(veludo[포]. **관용**); 비박/비바크(Biwak. 등산에서, 텐트를 사용하지 않고 지형지물을 이용하여 하룻밤을 지새우는 일); 비스켓/비스킷(biscuit); 비젼/비전; 비지니스/비즈니스; 빤스/**팬츠(pants)·팬티(←panties)**; 빵꾸/펑크(←puncture); 삐에로/피에로(pierrot); 사루비아/샐비어; 사이더/사이다(cider. **관용**); 사이클링히트/사이클히트; 삿뽀로/삿포로; 샨[산]데리아/샹들리에([프]chandelier); 색스폰/색소폰; 샌달/샌들(sandal); 샷다/셔터(shutter); 서므싯 모옴/서머셋 몸(Somerset Maugham); 선글래스/선글라스; 세리모니/세리머니; 세무/섀미(chamois. 무두질한 염소/양의 부드러운 가죽); 세빌랴의 이발사/세비야(Sevilla)의 ~; 세퍼[파]드[트]/세퍼드(shepherd. 개의 한 품종); 소세지/소시지; 소킷/소켓(socket, 관용); 쇼파/소파(sofa); 숏패스/쇼트패스; 수틀/스툴(stool. 등받이와 팔걸이가 없는 서양식의 작은 의자); 쉐익스피어/셰익스피어(Shakespeare); 수퍼마켓/슈퍼~; 수퍼스타/슈퍼~; 스웨타/스웨터(sweater); 쉐프/셰프(cheff); 스노우보드/스노보드; 스리퍼/슬리퍼(slipper); 스카웃/스카우트(scout); 스티로폴/스티로폼(styrofoam); 스프·수우프/수프(soup); 스프링쿨러/스프링클러(sprinkler); 스피카/스피커(speaker); 슬로간/슬로건(slogan); 시[쉬]바이처[쩌]/슈바이처(A. Schweitzer); '신드밧·신밧드의 모험/신드바드(Sindbad)'의 ~; 심볼/심벌; 싸이코/사이코(psycho); 싸이폰/사이펀(siphon); 싸인(펜)/사인(펜); 쌩떽쥐베리·생떽쥐뻬리/생텍쥐페리(Saint-Exupéry); 썸머·써머(스쿨)/서머(스쿨); 쎄느 강(江)/센 강; 아이돌스타/아이들스타(idol star. 단, 외래어로 인정된 것은 아니나, 신어 표기로는 '아이돌스타'); 아이섀도우/아이섀도; 아인쉬[시]타인/아인슈타인(A. Einstein); 아일란드/아일랜드(Ireland. 단, Iceland/Greenland는 아이슬란드/그린란드); 아쿠아에어로빅/애쿼[아쿼]에어로빅(aqua aerobic); 아킬레스근/아킬레스건(Achilles腱); 아프터서비스/애프터서비스; 악세사리/액세서리; 액센트/악센트; 악셀/액셀(accel-); 알라스카/알래스카; 알미늄/알루미늄; 알미늄 호일/알루미늄 포일; 알카리/알칼리(alkali); 알콜/알코올(alcohol); 앙케이트/앙케트([프]enquête); 앙콜/앙코르([프]encore); 애드립/애드리브; 앰불란스/앰뷸런스; 억세스/액세스(access); 업사이드/오프사이드(offside); 에니메이션/애니메이션; 에디오피아/에티오피아(Ethiopia); 에어로솔/에어로졸(aerosol); 에이프론/에이프런(apron); 에띠켓[에티케트]/에티켓([프]étiquette); 엔돌핀/엔도르핀(endorphin); 옐로우/옐로; 오랑우탕/오랑우탄(orangutan); 오랜지(오린쥐)/오렌지; 오레곤주/오리건(Oregon)주; 오리엔틸/오리엔탈(관용); 오무라이스/오므라이스; 오믈릿/오믈렛(관용); 오오사카/오사카(Oosaka[大阪]); 오울드블랙조우[죠]/올드블랙조(Old Black Joe); 와싱톤[튼]/워싱턴(Washington); 와이어레스·와이얼레스/와이어리스(wireless); 완투[펀치]/원투[펀치](one-two punch); 워크샵/워크숍(work shop. 참고 : coffee shop→커피숍); 웰빙/웰비잉(well-being); 윈도우/윈도; 유로달러[머니]/유러달러(Eurodollar)[머니]; 유우머/유머; 자스민/재스민; 자켓/재킷; **잠바(○)/점퍼(○)**; 쟝발장·쟝발 쟝/장발장(Jean Valjean); 전자렌지/전자레인지; 쥬스/주스; 지놈/게놈([독] Genom); 짚시/집시(Gypsy); 째즈/재즈; 초코렛/초콜릿(chocolate, 단, **violet 은 바이올렛**); 치이타/치타(cheetah); 카라/칼라(collar. 옷깃); 카바(카버)/커 버(cover); 카운셀링/카운슬링; 카터/커터(ccutter); 카터필러/캐터필러(cat-erpillar. 무한궤도); 카[커]텐/커튼(curtain); 카톨릭/가톨릭(관용); 카페트/카 펫(carpet. 참고 : trumpet 트럼펫); 카푸울/카풀(car pool); 칼러[라](-판, -필 름, -사진)/컬러(color); 칼렌다/캘린더(calendar); 칼빈[빙]총/카빈총(carbine 銃); 칼카[커]타/캘커타(Calcutta); 캐롤/캐럴; 캐랙터/캐릭터(character); 캐 리캐처/캐리커처(caricature); 캐시미르/캐시미어(cashmere); 커누/카누 (canoe); 컬럼버스/콜럼버스([이] Columbus); 머리 컷/커트; 영화 커트/컷; 케일/케이크; 코메디/코미디; 코스모폴리탄/코즈모폴리턴; 커피폿/커피포 트(coffeepot); 컨닝/커닝(cunning); 컨셉트/콘셉트(concept); 컴머셜프로그 램/커머셜프로그램(commercial program) 코너웍/코너워크(corner work); 코 사지/코르사주([프]corsage. 장신구); 콘돌/콘도르(condor); 콘테이너/컨테이 너(container); 콩쿨/콩쿠르; 큐바/쿠바(Cuba); 크로바·클로바/클로버(clo-ver); 크리스찬/크리스천; 크리스탈/크리스털(crystal); 타켓[겟]/타깃(tar-get); 태스크 포스 팀/태스크 포스('포스'에 '팀'의 뜻 포함); 탱크로리 트럭/탱 커(혹은 '탱크로리'나 '탱크트럭'); 턴널/터널(tunnel); 토오쿄오·토쿄/도쿄 (Tokyo[東京]. 참고 : 교토 〈-Kyôto[京都]); 토우스트/토스트(toast); 토탈/토털 (total); 트롯/트로트(trot); 팀웍/팀워크(teamwork); 파커(parka)/파카; 패러 슈트/파라슈트(parachute. 단, **패러글라이딩**); 판넬/패널(panel); 판타롱(판탈 론)/판탈롱([프]pantalon); 팜므파탈/팜파탈([프]femme fatale); 팜플렛/팸플 릿(pamphlet); 퍼머/파마(**관용**); 펀[훤]더멘탈/펀더멘털(fundamental); 포탈/ 포털(portal); 프러그/플러그(plug); 프레미엄/프리미엄(premium); 프로그 람/프로그램(program); 프로이드주의/프로이트주의([독] S. Freud); 프리젠 테이션/프레젠테이션(presentation); 플라밍고(플라멩고) 춤/플라멩코 춤('플라밍고'는 홍학과의 새); 플랑카드/플래카드(placard); 플루우트/플루트(flute); 플루타크영웅전/플루타르크-(Plutarch); 피라밋/피라미드; 피짜/피자([이]pizza); 픽업트럭/픽업트럭(pickup truck); 하이덱거/하이데거([독]M. Heidegger); 하이얏·하얏트/하이엇(Hyatt. 셀룰로이드 발명가); 하이텔[텍]/하이테크(hightech); 하이화이브/하이파이브(high five); 하일라이트/하이라이트; 핼로우윈/핼러윈(Hallowe-e'en); 햄[함]벅스테이크/햄버그스테이크(hamburg steak); 헬밋/헬멧; 호돈(N. Hawthorn)의 주홍글씨/호손의 ~; 호스테스/호스티스(hostess); 홀몬/호르몬; 후라이드치킨/프라이드치킨; 화운데이션/파운데이션(foundation); 후라이팬/프라이팬; 후크 (선장)/훅(Hooke. 참고 : skyhook→스카이훅); 훼어플레이/페어플레이(fair play); 힙(엉덩이)/히프(hip)

🖐 한국인 열의 아홉이 실수하는 외래어

외래어 중 유독 몇몇 낱말들은 아주 많은 사람들이 거의 잘못 쓴다. 마치 약속이나 한 듯이. 처음에 잘못된 말이 번졌는데 그 말에 노출된 수많은 사람들이 그냥 따라서 사용한 탓이 큰 듯하다. 그중 몇 가지만 아래에 예를 들어 보기로 한다.

이 말들 중 아무 거나 시험 삼아 주변 사람에게 한번 물어 보면 십중팔구는 잘못된 표기를 쓴다. 그럴 때 점잖게 한마디 하면서 바로잡아 준다. 올바른 표기가 어떤 것이라는 걸. 아래에 예를 든 것들 말고도 제법 되지만, 나머지 것들은 위에 열거된 것들을 참고한다.

[용례: 빗금 부호 뒤의 것이 옳은 표기]
플라**밍고**(플라멩고) 춤(×)/플라**멩코** 춤(○)←플라밍고는 홍학과의 새; 쌩**떽쥐**베리·생**텍쥐**베리/생**텍쥐페**리(Saint-Exupéry); **콩쿠르**(concours) 상/**공쿠르상**(Le Prix de Goncourt. 프랑스 예술원이 주는 상)←콩쿠르(concours. 음악 부분에서 기능의 우열을 가리기 위해서 여는 경연회); 코**메**디/코**미**디; 쇼파/소파(sofa); 타케트·타켓/**타깃**(target);

플랑카드/플래카드(Placard); 리모콘/리모컨; 앙케이트/앙케트([프] enquête); 미세스(Mrs.)/미시즈; 신드밧·신밧드의 모험/신드바드 (Sindbad)'의 모험; **본네트**[bonnet. 자동차의 엔진이 있는 앞부분의 덮개]/**보닛**; **삐**에로/**피**에로(pierrot); 노블리스 오블리쥬/노블레스 오블리주([프]noblesse oblige); **발렌타인데이/밸런타인데이**; 라스**베** 가스/라스**베이**거스; 맨하탄/맨해튼; 링게르/링거; 팜므파탈/**팜파탈** ([프]femme fatale); 메타세**콰**이아/메타세**쿼**이아(Metasequoia); 말티 즈/몰티즈(Maltese. 개의 한 품종); **판넬/패널**(panel); 하이**얏**·하얏트/ 하이**엇**(Hyatt. 셀룰로이드 발명가. 호텔 이름도 같음.)

차곡차곡 쌓인 우리말의 자취

먹을거리와 식생활

'좁쌀'은 쌀이 아니지만 쌀이기도 하다

문 우리가 흔히 쓰는 '좁쌀영감'이라는 말에 들어 있는 '좁쌀'의 정확한 의미가 무엇인지요? 혹시 부스러진 싸라기 쌀 같은 것을 말하는 게 아닌가요?

답 아닙니다. '좁쌀'은 "조(粟)의 열매를 찧은 쌀"을 말합니다. 여기서 쌀은 "흰쌀밥의 쌀"이 아니라 "곡식의 껍질을 찧어 벗긴 알맹이"를 뜻하는 일반적인 용어입니다.
'좁쌀'은 하도 자디잘아서(낟알의 크기가 3mm 안팎), 비유적으로는 "작고 좀스러운 사람이나 물건"을 뜻하기도 합니다. '좁쌀영감'도 여기서 유래되었습니다. '조바심'과도 연관이 있지요.

우리말에는 '-쌀'이 들어간 말들이 제법 됩니다. 이를테면, **찹쌀/멥쌀/입쌀**에서부터 **보리쌀/좁쌀**, **밀쌀/귀리쌀/기장쌀/핍쌀/수수쌀/옥수수쌀**, 그리고 **녹쌀/상수리쌀/메밀쌀** 등등 여러 가지가 있지요.

이런 말들 앞에서 흔히 드는 의문으로는 어째서 이처럼 '-쌀'을 붙인 명칭을 쓰는지 하는 것과, **좁쌀**도 쌀의 한 가지인가 하는 것일 듯합니다.

흔히 쓰는 **쌀**에는 크게 두 가지 뜻이 있는데요. 하나는 쌀밥이라고 할때에 쓰이는 쌀로, 일반적으로 널리 알려진 의미, 곧 "벼에서 껍질을 벗겨 낸 알맹이"를 뜻합니다. 다른 하나는 "볏과에 속한 곡식의 껍질을 찧어 벗긴 알맹이"를 통틀어 이르는 뜻입니다. '보리쌀, 좁쌀' 따위에서의 쓰임이 그것입니다.

쉽게 말해서 벼에서 껍질을 벗겨야 쌀이 되듯이 보리나 조 또한 껍질을 벗겨야만 밥을 해먹을 수 있는데, 이때 밥으로 해먹을 수 있도록 껍질을 벗긴 것을 '–쌀'이라고 합니다. 그래서 **좁쌀**은 "조의 껍질을 벗긴 (찧은) 것"이 되지요. 참고로, **좁쌀밥**과 **조밥**은 동의어인데, 뜻은 두 가지입니다. 맨 좁쌀로 지었거나, 입쌀에 좁쌀을 많이 두어서 지은 밥을 말합니다.

이와 같이 곡식을 찧어 겉껍질을 벗긴 것들은 그 뒤에 '–쌀'을 붙여 표기합니다. 따라서 **밀쌀/귀리쌀/기장쌀/핍쌀/수수쌀/옥수수쌀**은 각각 밀/귀리/기장/피/수수/옥수수의 겉껍질을 벗겨낸 알맹이들이 됩니다.

이처럼 겉껍질을 벗겨 내기 위해서는 찧는 방법 외에 갈거나 빻기도 하는데, 그때에도 '–쌀'을 붙여서 쓸 수 있고, 볏과 식물이 아닌 것에도 붙여 쓸 때도 있습니다. **녹쌀**(녹두, 메밀, 장목수수 따위를 갈아서 쌀알처럼 만든 것), **상수리쌀**(상수리의 알맹이를 빻은 가루), **메밀쌀**(메밀은 볏과가 아닌 마디풀과 소속) 등이 그 예입니다. 주의할 것은 **멥쌀**이 '멥쌀'을 뜻할 때는 잘못이지만, **멥쌀**에는 "쪄서 약간 말린 다음, 찧어서 껍질을 벗긴 메밀"이라는 뜻도 있다는 점입니다. 그럴 때는 **메밀쌀**(메밀을 찧어서 껍질을 벗기어 낸 알맹이)의 유의어입니다.

덤 '조'와 관련하여 짚고 넘어갈 말들

■ **좁쌀영감**: '좁쌀영감' 외에 '좁쌀–'이 들어간 재미있는 말에는 **좁쌀과녁**(좁쌀같이 작은 물건을 던져도 빗나가지 아니하고 잘 맞는 과녁이라는 뜻으로, 얼굴이 매우 큰 사람을 비유적으로 이르는 말)과 **좁쌀여우**(성격이 좀스럽고 요변을 잘 부리는 아이를 비유적으로 이르는 말)도 있다.

■ **조바심과 조**: 조바심은 "①조마조마하여 마음을 졸임. 또는 그렇게 졸이는 마음." "②조의 이삭을 떨어서 좁쌀을 만듦"이라는 서로 다른 뜻을 지닌 말이다. ②의 뜻에서 ①의 뜻이 나왔다고도 하지만,《표준》에서는 두 말을 전혀 관련이 없는 별개의 낱말로 처리하고 있다.

■ **왜 '조쌀'이 아니고 '좁쌀'로 적는가**: 본래 '쌀'의 옛말이 ㅄ+ᄋ+ㄹ(ᄡᆞᆯ)로 표기되었던 까닭에 복합어를 이룰 때에도 어원을 밝히기 위해 초성 중의 'ㅂ'을 살려 적기 때문이다. 이 때문에 '그해에 난'의 뜻을 더하는 접두사로는 대부분 '해–'와 '햇–'을 붙이지만(예: 해깍두기/해쑥/해암탉/해콩/해팥; 햇감자/햇것/햇고구마/햇과일/햇마늘/햇밤/햇닭/햇벼/햇보리/햇솜), '**햅**쌀/**햅**쌀밥'만은 이 'ㅂ'을 살려 '햅–'으로 적는다.

'–쌀'이 들어간 말 정리

밉쌀[명] 참외 서리, 닭서리 따위의 대가로 그 부모가 내놓는 쌀.

밑쌀[명] 잡곡을 섞어서 밥을 지을 때에 주가 되는 쌀.

웁쌀[명] 솥 밑에 잡곡을 깔고 그 위에 조금 얹어 안치는 쌀.

심쌀(心–)[명] 죽을 끓일 때 넣는 쌀.

옴쌀[명] 인절미에 덜 뭉개진 채 섞여 있는 찹쌀 알갱이.

입쌀[명] 멥쌀을 보리쌀 따위의 잡곡/찹쌀에 상대하여 이르는 말.

찹쌀[명] 찰벼(낟알에 찰기가 있는 벼)를 찧은 쌀.

멥쌀[명] 메벼(낟알에 찰기가 없는 벼)를 찧은 쌀. [주의] '**맵**쌀/**멧**쌀'은 잘못.

맵쌀[명] 쪄서 약간 말린 다음, 찧어서 껍질을 벗긴 메밀.

메밀쌀[명] 메밀을 찧어서 껍질을 벗기어 낸 알맹이.

고른쌀[명] 속에 섞여 있던 돌, 뉘, 지푸라기 따위의 잡것을 골라낸 쌀.

궂은쌀[명] 잘 쓿지 아니하여 빛이 깨끗하지 아니하고 겨가 많이 섞인 쌀.

쓿은쌀[명] 쓿어서 깨끗하게 한 쌀.

희나리쌀[명] 덜 익은 채로 마른 벼의 쌀.

사래쌀團 묘지기나 마름에게 수고의 대가로 주는 쌀.

상두쌀(喪—)團 초상 비용을 마련하기 위하여 조직한 계에서 마련하는 쌀.

찧다/빻다/쓿다의 차이

찧는 것은 "쓿거나 빻으려고 절구에 담고 공이로 내리치는" 것을 말한다. 빻는 것은 "찧어서 가루를 만드는" 것이고, 쓿는 것은 "찧어서 속꺼풀만 벗겨서 깨끗하게 하는" 것을 뜻한다. '빻다'는 [빠:타]로 길게 발음한다. 그 밖에 좀 어려운 고급 낱말로는 **엽치다/늠그다/능그다/대끼다/꺼끙그리다/마다**와 같은 것들도 있다.

찧다툉 ①곡식 따위를 쓿거나 빻으려고 절구에 담고 공이로 내리치다. ②무거운 물건을 들어서 아래 있는 물체를 내리치다. ③마주 부딪다.

쓿다툉 거친 쌀, 조, 수수 따위의 곡식을 찧어 속꺼풀을 벗기고 깨끗하게 하다.

빻다툉 짓찧어서 가루로 만들다.

사르다툉 키 따위로 곡식을 까불러 쓸모없는 것을 떨어 버리다.

늠그다툉 곡식의 껍질을 벗기다.

능그다툉 곡식 낟알의 껍질을 벗기려고 물을 붓고 애벌 찧다.

엽치다툉 보리/수수 따위의 겉곡식을 대강 찧다.

대끼다툉 애벌 찧은 수수/보리 따위를 물을 조금 쳐 가면서 마지막으로 깨끗이 찧다.

꺼끙그리다툉 겉곡식을 방아에 약간 쓿어 내다.

마다툉 짓찧어서 부스러뜨리다.

김칫속과 김칫소, 만둣속과 만두소

김치를 담글 때 배추/무/오이에 넣는 것은 '–소'이며, '–속'은 잘못된 말입니다. '소'란 "통김치/오이소박이김치 따위의 속에 넣는 여러 가지 고명"을 뜻하고, 나아가 "송편/만두 등을 만들 때 맛을 내기 위해 익히기 전에 속에 넣는 여러 가지 재료"를 뜻하기도 하지요. 송편 속에 들어가는 팥·콩·대추·밤 등은 '송편 소'이고, 만두 속에 넣는 고기·두부·채소 등은 '만두소'라고 합니다. '만둣소'가 잘못인 것은 표준 발음이 [만둗소]가 아닌 [만두소]이기 때문입니다.

다만, 예외적으로 배추로 포기김치를 담글 때 배추 잎 사이에 넣는 양념만은 '배춧속'이라 합니다. 이는 '소'를 만드는 재료를 뜻하는 말이 '솟거리'인데 그 복수표준어로 '속거리'도 인정하고 있어서, 준말로 전성되는 과정에서 '배추 속거리→배춧속거리→배춧속'으로 줄어든 것으로 보기 때문입니다. '김칫소'와 관련하여 주의해야 할 것은, '김치소'로 적으면 잘못이라는 점입니다. '김치소'는 "솟거리의 주재료가 김치"라는 뜻으로, '김칫소'와는 전혀 다른 뜻입니다.

– "김장할 때 배추 속에 버무려 넣는 <u>김칫속</u>이 중요해." → **김칫소**(혹은 **배춧**

속)의 잘못.

− "만두 솟거리로는 김치를 잘게 썰어 만든 <u>김칫소</u>도 맛있다."→**김치소**의 잘못.

− "김치를 맛있게 담그려면 <u>김치소</u>가 맛있어야 해."→**김칫소**의 잘못.

김치나 만두 등과 같은 것에 맛/색깔을 내기 위해 넣는 것은 '속'이 아니라 '소'가 올바른 명칭이기 때문에, 그러한 음식 이름 뒤에 '소'를 붙여 표기합니다. 즉, "~를 만들 때 ~에 들어가는 소"라는 뜻입니다. 따라서 '김칫소'는 "김치에 들어가는 소"가 되고, '만두소'는 "만두에 들어가는 소"를 뜻합니다. ☞이때 사이시옷의 기능 중에는 소유격 역할이 있음(김칫소→김치의 소)을 상기하면 구분하는 데에 도움이 된다.

김칫속이나 만둣속/만두속이 잘못인 것은 '−속'에는 '−소'가 지닌 그런 뜻이 없이 '안[內]'만 뜻하기 때문입니다. 다만, '배춧속'만은 '배추 속거리'의 준말로 보아 인용(認容, 인정하여 용납함)하고 있지요.

🅓 술 담글 때 쓰는 술밥은 '고두밥'이 아니다

술을 담글 때면 보통 시루에 찐 밥을 **술밑**(누룩을 섞어 버무린 지에밥) 재료로 쓴다. 그걸 **술밥**이라고 한다. 이때 시루에 찐 밥을 자칫 **고두밥**이라고 하는 경우가 잦은데, 이는 **지에밥**의 잘못이다. **고두밥**은 "아주 되게 지어져 고들고들한 밥"을 이르고, "찹쌀/멥쌀을 물에 불려서 시루에 찐 밥"으로 약밥/인절미를 만들거나 술밑으로 쓰는 것은 '**지에밥**'이라 한다. **지에/계밥**으로도 부르는데, **계밥**은 '지에밥'의 준말이다. 물론 지에밥을 누룩과 섞기 위해서 펼쳐 널거나 할 때면 고들고들하긴 하다. 하지만 솥을 이용하여 본래 되게 지은 고두밥과는 다르다. 물이 안 닿게 시루에서 찐 것과 솥에서 물을 섞어 삶아 익힌 것과는 근본적으로 그 상태가 다르기 때문이다.

'식해(食醢)'와 '식혜(食醯)'는 둘 다 삭힌 건 마찬가지인데?

문 발음이 비슷한 **식해**와 **식혜**가 실제로는 다른 것이어서 명확하게 구별해서 써야 한다고 들었습니다. 둘 다 삭혀서 만드는 것이라는데 어떻게 다른지요? 그리고 명절 때 흔히 먹는 **식혜**와 **감주**도 조금 다르다고 하는데, 다르다면 어떻게 다른가요? 혹시 똑같은 것을 지방이나 먹는 법에 따라서 달리 부르는 것일 뿐 아닌가요?

답 **식해(食醢)**와 **식혜(食醯)**는 만드는 과정에서 삭힌다는 점에서는 비슷하지만, 젓갈인 식해와 음료인 식혜는 전혀 다른 음식입니다. 그럼에도 식해와 식혜는 발음도 비슷한데다 한자 표기까지 흡사해서, 주의하지 않으면 헷갈리기 쉽지요. **醢**(해)나 **醯**(혜)는 둘 다 절이거나 삭힌다는 뜻이라서 더욱 그렇지요.

식해는 넓은 의미의 **생선젓**(생선을 소금에 절여서 삭힌 것)에 속하는데, 생선젓 중에서도 "생선 안에 소금과 밥을 함께 넣고 삭힌 것"을 말합니다. 생선젓이라고만 해도 식해를 뜻할 때가 있을 정도로 널리 쓰이는 말이긴 하지만, **식해**는 "어느 정도 생선의 형체가 유지되도록 삭힌 것"이라는 점에서(그 때문에 명태식해와 가자미식해가 대표적이다) 흐무러지도록 발효시킨 일반적인 젓갈과는 다르죠.

식혜와 **감주**(甘酒)도 둘 다 삭힌 음료이긴 하지만, 똑같은 것은 아니랍니다. 먹기 직전의 요리법 자체가 좀 다르거든요.

식혜는 엿기름을 우려 거른 맑은 웃물에 쌀밥을 넣고 삭혀서 밥알이 뜨면 밥알을 건져내고 거기에 설탕(및 생강 등)을 넣고 다시 끓인 뒤 차게 식혀 뒀다가, 먹을 때 앞서 건져서 물기를 빼두었던 밥알을 대추나 잣 등의 고명을 함께 다시 넣어서 먹는 우리나라의 전통 음료입니다.

반면, **감주**는 엿기름을 우린 웃물('엿기름물'이라고도 하지요)에 밥알을 넣어 삭히는 것은 식혜와 같지만, 밥알을 건져내거나 다른 감미료를 넣고 다시 끓이는 일이 없이 삭힌 그대로 먹는다는 점이 다릅니다. 그래서 **단술**이라고도 하지요.

식혜는 시원하고 깔끔한 맛을 위해 대체로 차게 해서 먹지만, 감주는 대체로 따뜻한 상태로 해서 먹지요.

어느 소설에 "안방으로 돌아오자 진명이 밥알이 곱게 뜬 감주를 팔각상에 받쳐 놓고 기다리고 있었습니다."라는 표현이 보이는데, "밥알이 곱게 뜬" 것을 "팔각 상에 받쳐 놓고 기다리고" 있을 정도이면 필경 식혜이지 감주는 아닙니다. 감주는 충분히 삭은 밥알을 다시 끓인 것이어서 밥알이 불어서 곱게 뜨지 않거든요. 가라앉은 것이 더 많아서 휘휘 저어 먹어야 할 정도입니다.

🔵델 '돼지 곱창'은 없다?

현재의 《표준》에 따르자면 **돼지 곱창**은 잘못이다. **곱창**을 "소의 작은창자"로 한정해 놓아 돼지를 비롯한 다른 가축의 경우는 곱창이 있을 수 없게 되었다. 그래서 현재로는 **돼지 작은창자**(소장) 정도로 표기해야 한다. 하지만 곱창은 본래 기름이라는 뜻의 '곱'과 창자의 '창'이 결합하여 만들어진 낱말이다(출처: 21세기 세종계획, 한민족 언어 정보 검색). 따라서 곱창의 뜻풀이를 "소, 돼지와 같은 식용 가축의 작은창자"로 바꾸면 어법에도 어긋나지 않을뿐더러 손쉽게 '돼지 곱창'을 허용할 수 있게 된다. ☞56쪽 〈어엿한 표준어 자격을 갖췄음에도 표제어에서 빠진 말들〉 항목 참조.

'액젓'과 '젓갈'은 무엇이 어떻게 다른가?

문 김장철에 보면 지방에 따라 멸치젓이나 새우젓을 쓰고 까나리액젓도 쓰고 하던데, **액젓**과 **젓갈**은 무엇이 어떻게 다른 것인가요?

답 넓게 보면 **액젓**도 **젓갈**에 포함됩니다. 다만, 제조 과정에서 액젓은 공이 좀 더 들어가는데요. 두 가지 점, 즉 형태와 숙성 기간에서 크게 차이가 나지요.

젓갈은 "젓으로 담근 음식"인데, 젓은 알다시피 "새우/조기/멸치 따위의 생선이나 조개/생선의 알/창자 따위를 소금에 짜게 절여 삭힌 음식"이죠. 양념을 넣어서 만들기도 하고, 먹기 전에 양념을 하기도 합니다. 즉, 젓갈은 재료를 소금에 절여 삭힌다는 게 핵심으로, 재료에 따라 다르지만 대개 2~3개월 정도면 먹을 만큼 숙성이 됩니다.

액젓은 이 "젓갈을 갈아 액화시킨 것"으로, 가장 큰 차이점은 숙성 기간이랍니다. 액젓은 젓갈을 6~24개월 정도로 장기간 숙성시킨 뒤 여과장치로 걸러 만들지요. 소금에 절여 발효시키는 방법에서는 젓갈과 동일하지만, 일반 젓갈은 2~3개월 숙성 발효시켜 원료가 완전히 분해되지 않은 상태에서 식용하고요(때로는 그보다 더 장기간 보관), 액젓은 숙성 기간이 6~24개월이어서 원료의 육질이 효소 가수 분해되기 때문에 젓갈과 달리 맛과 향이 뛰어납니다. 또 숙성 후 여과장치로 걸렀기 때문에 젓갈 재료의 건더기가 전혀 보이지 않는다는 점에서 크게 차이가 난다고 할 수 있겠네요.

☞ **까나리액젓, 멸치액젓의 띄어쓰기**: 이 두 말 외에도 액젓의 복합어는 현재 표제어에 올라 있지 않다. 그러므로 원칙상으로는 **까나리 액젓, 멸치 액젓** 등으로 띄어 써야 한다. 그러나 전문용어의 지위에 오를 만한 말들이므로, 붙여 쓰기도 허용해야 하지 않을까 싶다.

문 돼지고기·개고기 수육은 쓸 수 있는 말인가?

쓸 수 있는 말이다. **수육**은 **숙육**(熟肉)에서 온 말이다. 예전에는 **육**(肉)을 쇠고기로 한정하여 "삶아 익힌 쇠고기"로만 규정하였으므로 개고기 수육 등은 잘못된 표현이었지만, 지금의 《표준》에서는 "삶아 내어 물기를 뺀 고기"로 뜻을 넓혔기 때문에, 쇠고기뿐만 아니라 다른 동물들의 고기도 포함하게 되었다. 다만, **육즙/육개장** 등에서는 현재도 본래의 쇠고기 뜻을 유지하고 있으며, **육포**의 경우에는 재료 이름을 그 앞에 붙여 구분한다.

수육(-肉)〔명〕 삶아 내어 물기를 뺀 고기.
수육(獸肉)〔명〕 쇠고기/돼지고기 따위의 사람이 먹을 수 있는 <u>짐승의 고기</u>.
육개장(肉-醬)〔명〕 쇠고기를 삶아서 알맞게 뜯어 넣고, 얼큰하게 갖은 양념을 하여 끓인 국.
육즙(肉汁)〔명〕 쇠고기를 다져 삶아 짠 국물.
육포(肉脯)〔명〕 쇠고기를 얇게 저며 말린 포.
제육포(-肉脯)〔명〕 돼지고기에 소금을 쳐서 약간 말린 것을 물 탄 술에 넣어 무르게 삶아 낸 후 말려 만든 포.
치육포(雉肉脯)〔명〕 꿩고기로 만든 포.

알아두면 더 맛있게 먹을 수 있는 젓갈의 종류

문 [옛 시조 한 수]
宅(댁)들에 **동난지이** 사오. 져 쟝스야, 네 황화 긔 무서시라 웨는다. 사쟈.
外骨內肉(외골 내육), 兩目(양목)이 上天(상천), 前行(전행) 後行(후행), 小(소)아리
八足(팔족) 大(대)아리 二足(이족), 淸醬(청장) 아스슥 하는 동난지이 사오.
쟝스야, 하 거복이 웨지 말고 **게젓**이라 하렴은. _《청구영언》

[현대어 표기]

사람들이여 **동난지이** 사오. 저 장수야, 네 물건 그 무엇이라 외치느냐? 사자.
껍데기는 단단하고 속에는 연한 살이 있으며, 두 눈은 위로 솟아 하늘을 향하
고, 앞으로 갔다 뒤로 갔다. 작은 발 여덟 개 큰 발 두 개, 청장(에 담가 먹으면)
아스슥 소리가 나는 동난지이 사오.
장수야, 그렇게 거북하게(어렵게) 외치지 말고 **게젓**이라 하려무나.

이 시조는 쉬운 말로 해도 될 것을 굳이 어려운 말로 유식한 척하는
세태를 비꼬는 희화적 작품입니다. 시조 속에 나오는 **동난지이**는 "방게
로 담근 게젓"을 이르는데, **방게젓**과 같은 말로서 오늘날에도 쓰이고 있
습니다. 이로 미루어 볼 때 방게로 담근 게젓은 서민들이 먹어 온 대표
적인 게젓 중의 하나라 할 수 있겠군요.

☞ **방게**: 대표적인 게젓 재료 중의 하나인데, 등딱지의 길이는 3cm, 폭은 3.5cm 정도이며 회
록색이고 단단하다. 몸은 사각형으로 등에 H자 모양의 홈이 뚜렷한 특징이 있고, 해변에서
가까운 민물, 특히 개펄에 구멍을 깊이(60~80cm) 뚫고 산다.
동난젓: **동난지이**는 표준어지만, 동난젓은 잘못이다. **방게젓**이나 **동난지이** 중 하나로 적어
야 한다. 하지만, '**동난젓**'을 버린 이유가 뚜렷하지 않아서, 아무래도《표준》의 편찬 실무 과
정에서 실수로 누락된 듯하다.

이와 같이 젓갈은 그 재료를 무엇으로 썼느냐에 따라서 그 명칭이 달
라지는데, 이름만 듣고도 재료를 손쉽게 알 수 있는 것이 있는가 하면,
정반대로 특이한 명칭이어서 정확히 그 낱말을 익히기 전에는 내용물(?)
이 무엇인지 알 수 없는 것들도 적지 않습니다.

아울러 재료 중에는 내장이나 창자 혹은 아가미로만 담근 것도 있고,
심지어 **태안젓**(太眼-, 명태의 눈으로 담근 젓)처럼 눈[眼]으로 담근 것도
있습니다. 젓갈의 종류는 아래에 자세히 나눠 놓았습니다.

▶재료가 특이하고 이름도 독특한 젓갈

구제비젓몡 생선의 내장으로 담근 젓.

속젓몡 조기의 내장으로만 담근 젓.

도라젓몡 숭어 창자로 담근 젓.

대창젓[大腸▽-]몡 대구의 창자로 담근 젓.

뛰엄젓몡 개구리로 담근 젓

해삼창젓(海蔘-)몡 해삼의 내장에 소금을 뿌려 담근 젓갈.

갈치속젓몡 갈치의 속만을 모아서 삭힌 젓갈.

장재젓몡 대구 아가미로 담근 젓.

명란젓(明卵-)몡 명태의 알을 소금에 절여 담근 젓.

창난젓≒태장젓(太腸-)몡 명태의 창자에 소금/고춧가루 따위의 양념을 쳐서 담근 젓.

태안젓(太眼-)몡 명태의 눈으로 담근 젓.

고지젓몡 명태의 이리(수컷의 배 속에 있는 흰 정액 덩어리)로 담근 젓.

▶생선의 종류에 따라 이름이 붙여진 것들

황석어젓(黃石魚-)몡 **황석어**(참조기)로 담근 젓.

조기젓몡 **조기**(보구치, 수조기, 참조기의 총칭)로 담근 젓

난사젓몡 양미리 새끼로 담근 젓갈.

감동젓몡 푹 삭힌 곤쟁이[紫蝦, 몸길이 1cm 정도의, 작은 새우같이 생긴 짓]젓.

동난지이몡 방게를 간장에 넣어 담근 젓.

뱅어젓몡 괴도라치의 잔 새끼(설치)로 담근 젓.

조침젓몡 여러 가지 물고기를 섞어 담근 젓.

토하젓(土蝦-)≒생이젓몡 생이(민물 새우. 몸의 길이는 3cm 정도이며, 몸 빛깔은 갈색)로 담근 젓.

오사리젓몡 초여름 사리 때에 잡은 새우(잡젓이 많이 섞여 있다)로 담근 젓.

▶만드는 방식에 따른 이름

어리젓ⓜ 소금을 약간 뿌려서 절여 담근 젓. 어리굴젓, 어리뱅어젓 따위.

어리굴젓ⓜ 고춧가루 따위를 풀고 소금을 약간 뿌려서 담근 굴젓. 생굴의 적
  을 따고 물에 잠깐 헹군 다음 소금을 짜지 않게 뿌려서 삭으려 할 때, 고
  춧가루나 마늘·생강 따위의 양념에 버무려 담근다.

어리뱅어젓ⓜ 고춧가루를 넣고 짜지 않게 담근 뱅어젓.

왜 '어리굴젓 같은 놈'이라고 놀릴까?

> **문** 절친한 친구 중에 **어리굴젓** 생산지가 고향인 이가 있습니다. 그런데 그는 나를
> 핀잔할 때 가끔 "어리굴젓 같은 놈"이라고 놀립니다. 그게 정확히 무슨 뜻인지
> 요? 제 혼자 짐작으로는 "약지 못하고 좀 모자라는 사람이거나 우유부단하다"
> 는 뜻인 듯한데, **어리굴젓**에 그런 뜻도 있는 건가요?

> **답** 무척 재미있는 친구이군요. 답부터 말하면 **어리굴젓**에는 그러한 뜻이 전혀 들어
> 있지 않습니다. 다만, 그분은 **어리굴젓**의 외양이나 상태를 보고 그런 말을 하지
> 않았을까 추측되는군요. 그리고 혹시나 그분이 **어리굴젓**에 쓰인 '어리-'라는 접
> 두어의 뜻을 유추하여 사용한 것일지도 모르겠고요.

  어리굴젓은 "고춧가루 따위를 풀고 소금을 약간 뿌려서 담근 굴젓"인
데, 대체로 생굴의 적을 따고 물에 헹군 다음 소금을 짜지 않게 뿌려서
며칠 뒤 삭으려 할 때, 고춧가루나 마늘·생강 따위의 양념에 버무려서
담급니다.

  가장 유명한 어리굴젓 산지인 충남 간월도에서는 요즘 보름 정도 충
분히 잘 삭힌 뒤 양념에 버무리는 방법으로 바뀌었다고 합니다. 즉, 이
어리굴젓은 다른 것들과는 달리 젓갈에 고춧가루가 들어간다는 점이 으

뜸가는 특징입니다.

이 어리굴젓의 외양은 다른 어패류 젓갈에 비하여 좀 흐물흐물합니다. 보기에 따라서는 줏대 없는 것으로 보일 수도 있지요. 그 때문에 위의 놀림조 말은 어쩌면 마음이 여리거나 우유부단한 것을 그러한 모양에 빗대어 표현했다고 여길 수도 있을 듯합니다.

한편, 어리굴젓에 쓰인 '어리-'의 뜻에 착안해서 놀림조 말로 쓴 것일 수도 있습니다. 이 **어리**는 어리굴젓에 고춧가루가 들어가기 때문에 **아리다**(혀끝을 찌를 듯이 알알한 느낌이 있다)에서 왔다는 설도 있고, **덜된/모자라는/어중간한과 분명하지 못하게/대충**의 뜻을 더하는 접두사 '얼-'에서 파생되었다는 설도 있습니다.

'얼-'에서 파생되었다고 보는 **어리-**가 들어간 말들을 살펴보면, 분명하지 못하거나 어중간한 상태에서부터 다부지지 못하다는 뜻까지 다양하게 담겨 있습니다.

얼-/어리- 정리

어리마리(부) 잠이 든 둥 만 둥하여 정신이 흐릿한 모양.

어리바리(부) 정신이 또렷하지 못하거나 기운이 없어 몸을 제대로 놀리지 못하고 있는 모양. ☞흔히 쓰는 '어리버리'는 없는 말로 **어리바리**의 잘못.

어리보기(명) 말/행동이 다부지지 못하고 어리석은 사람을 낮잡는 말.

얼뜨기(명) 겁이 많고 어리석으며 다부지지 못하여 어수룩하고 얼빠져 보이는 사람을 낮잡는 말.

얼비추다(동) 어렴풋하게 비추다.

어리굴젓(명) 고춧가루 따위를 풀고 소금을 약간 뿌려서 담근 굴젓.

쓸모만큼이나
많은 이름을 가진 명태

명란젓과 창난젓, 왜 '창란'이 아닌가

문 명태의 알로 만든 젓갈을 **명란젓**이라 하는데, 명태의 창자로 만든 것은 왜 '창란젓'이라 하지 않고 **창난젓**이라고 하는지요?

답 명태의 알을 **명란**(明卵)이라 합니다. 한자어이지요. 하지만 **창난**은 "명태의 창자"를 뜻하는 고유어랍니다. 명태의 창자로 젓갈을 담그기 때문에 **창난젓**이라 하고, 명태의 알로 담갔기 때문에 **명란젓**이라 하는 것이죠. '명란'의 표기에 이끌려 흔히 '창란'으로 잘못 적기 쉬운데, **창란**(×)/**창난**(○)은 이처럼 손쉽게 유사 유어(類語) 유혹에 빠져 착각을 하게 되는 경우의 대표적인 말이기도 합니다.

명태의 창자를 유식하게(?) 한자어로 적으면 **태장**(太腸)이 되기 때문에, 창난젓을 한자어로는 **태장젓**이라고도 합니다.

대구의 창자로 담근 젓갈도 있습니다. 그걸 태장젓처럼 대구의 창자(大腸)를 한자어로 표기한 '대장젓(大腸-)'으로 하게 되면, 대장(大腸)은 사람과 동물의 큰창자를 뜻하는 한자어이기도 하므로 의미 혼돈을 부를 수도 있습니다. 그래서 "대구의 창자로 담근 젓갈"은 창자의 발음을 살려 **대창젓**(←대구의 창자)으로 표기합니다. 이와 같이 창자로 담근 것에 장(腸)이 아닌 창을 붙여 표기하는 것에는 **해삼창젓**도 있답니다.

명태의 눈으로 담근 젓도 있는데, **태안젓**(太眼-)이라고 합니다. 특히 명태의 **이리**(수컷의 배 속에 있는 흰 정액 덩어리)로 담근 젓은 **고지젓**이라는 특별한 이름으로 부른답니다.

명태 알탕 속의 그것은 '고니'인가 '곤이'인가

문 동태탕과 같은 음식을 주문할 때, 명태 내장 중 알 비슷하게 생긴 걸 좀 더 많이 넣어 달라면서 하는 말 중에 **"고니/곤이/고지** 좀 많이 주세요!"라고들 하는데, 어느 말이 맞는 말인지요? 그리고 그 말은 정확히 무엇을 가리키는 것인가요?

답 아마도 **곤이**(鯤鮞)를 지칭한 듯합니다. 곤이(鯤鮞)는 명태뿐만 아니라 "물고기 뱃속에 들어 있는 알(혹은 새끼)"을 통칭하는 한자어입니다. 그리고 명태 뱃속에 있는 내장을 통틀어 이르는 말은 **고지**이고요. 즉, 명태의 이리와 알, 내장을 통틀어 고지라고 하는데, **고지젓**이라고 할 때는 그중 **이리**로만 담근 것을 뜻합니다. **이리**는 명태뿐만이 아니라 "물고기 수컷의 배속에 있는 흰 정액 덩어리"를 널리 뜻하는 말이지요.

정리하자면 **곤이**는 알을, **이리**는 정액 덩어리를, **고지**는 내장의 총칭입니다. 앞의 두 말은 다른 물고기에도 공통으로 쓰일 수 있는 말인데 비하여, **고지**는 명태에만 쓰입니다.

곤이란 말이 널리 쓰이는 것은, 명태 알 부위만을 콕 찍어서 말하고 싶을 때는 명란이라 하는 게 명확한 표현이긴 하지만, 알이 완전히 성숙되지 않은 것이거나 알을 감싸고 있는 다른 부위들도 구분되지 않은 채로 함께 요리될 때도 있으므로, 그것들을 통틀어 이를 때 편리하기 때문이 아닌가 싶습니다.

명태는 어쩌다 그 많은 이름들을 갖게 되었을까

문 명탯국을 보면 생태탕, 동태탕 등 여러 가지가 있는데 가만히 보면 재료로 쓰이는 명태의 상태에 따라 붙인 이름인 듯합니다. 즉, 얼리거나 말리지 않은 명태를 쓰면 생태탕이고 얼린 명태를 쓰면 동태탕 하는 식으로요. 명태와 관련된 명칭 중에 생태나 동태 또는 북어 외에 또 다른 것들이 있는지 알고 싶습니다.

답 그렇습니다. 명태에는 널리 쓰이는 **생태/동태/북어/노가리**라는 명칭 외에도 아래 보이는 바와 같이 많은 이름이 있습니다. 그만큼 우리의 생활과 밀접하게 사랑받은 쓸모 있는 생선이었기 때문이 아닌가 생각됩니다. 사랑받는 것들에는 이름도 많고 별명도 많듯이 말이죠. (거기에는 사람도 포함되지만요.)

참, 우리가 실생활에서 흔히 쓰는 **코다리**(생태의 턱 밑에 구멍을 내어 겨울철 찬바람에 꾸덕꾸덕 반건조한 것)는 아쉽게도 아직은 《표준》에 올라 있지 않답니다. 이제는 사용 빈도나 분포 어느 것을 보아도 너끈히 표준어 대열에 오를 만한 낱말인데 말이죠. 더구나 조어법상으로도 문제가 없어 보이거든요. **명다리**(命-, 토속 신앙에서, 신/부처를 모신 상 앞의 천장 가까운 곳에 매다는 모시/무명)에서 보이는 '명'+'다리'의 경우처럼, '코'(코처럼 구멍을 내어 꿰어달도록 한 부분)+'다리'(동사 '달다'에서 전성된 접사)의 꼴이니까요.

명태 관련 낱말 정리

생태(生太)명 얼리거나 말리지 아니한, 잡은 그대로의 명태.
선태(鮮太)명 갓 잡은 싱싱한 명태.
동태(凍太)명 얼린 명태.
북어(北魚)명 말린 명태.
코다리명 생태의 턱 밑에 구멍을 내어 겨울철 찬바람에 꾸덕꾸덕 반건조한 것. 아직은 비표준어.

왜태(-太)圐 큰 명태.

아기태(-太)圐 어린 명태.

노가리圐 명태의 새끼.

춘태(春太)圐 봄에 잡은 명태.

오태(五太)圐 오월에 잡히는 명태.

막물태(-太)圐 ①맨 끝물에 잡은 명태. ②(비유) 별로 충실하지 못하고 뭔가 부족한 듯한 사람.

북흥어(北薨魚)/북횡어[北薨▽魚]圐 얼려 말린, 가장 품질이 좋은 명태.

간태(杆太)圐 강원도 간성 앞바다에서 잡히는 명태.

명태덕(明太-)圐 명태를 말리는 덕.

은어받이圐 음력 시월 보름 전후로 함경도 연안에 몰리는 명태의 떼. 몸이 크고 암컷이 많다.

동지받이圐 동짓달 보름께에 함경도 바다로 몰려드는 명태의 떼. 볼이 붉고 등이 넓으며 알배기가 많다.

섣달받이圐 음력으로 섣달 초순에 함경도 연안에 몰려드는 명태의 떼.

> ☞ **왜태**(큰 명태)의 **왜**–는 겉보기에 좀 큰 것을 뜻하는 접두사적 기능을 하는 고유어. 일본을 낮잡는 **왜**(倭)와는 무관한 말로, **왜배기**(겉보기에 좋고 질도 좋은 물건의 속칭), **왜장녀**(몸이 크고 부끄럼이 없는 여자) 등에서 쓰인다.

덤 엉덩이/궁둥이/방둥이는 어떻게 다를까?

꽤 오래 전에 '여자들의 히프의 종류'라는 제목으로 유머가 떠돈 적이 있는데, 그 내용은 이렇다.

과부의 그것은 궁기가 들어서 궁뎅이, 아줌마의 그것은 응해 주니까 응뎅이, 처녀의 그것은 꽃다우니까 방뎅이. 결론부터 말하자면 이건 음담패설용으로 지어낸 엉터리 말들이다. 모 소설에서 부분적으로 사용된 것인데, 그걸 확대시켜 유포한 것이다. 이 말들의 올바른 뜻부터 보이면 아래와 같다.

궁둥이: 볼기의 아랫부분. 앉으면 바닥에 닿는, 근육이 많은 부분.

엉덩이: 늑둔부/히프. 볼기의 윗부분.

방둥이: ①길짐승의 엉덩이. ¶말 방둥이. 방둥이 부러진 소. ②(속) 사람의 엉덩이. 주로 여자의 것을 이를 때 쓴다.

볼기: 뒤쪽 허리 아래, 허벅다리 위의 양쪽으로 살이 불룩한 부분.

달리 말하면, 앉았을 때 바닥에 닿는 부분이 **궁둥이**이고, 닿지 않는 윗부분은 **엉덩이**라고 한다. 흔히 '히프'라고도 하는 부분이다. **궁둥이와 엉덩이를 포괄하는 말이 볼기**이다. **방둥이**는 말 방둥이처럼 길짐승에만 쓰이는데, 속어로는 여자의 엉덩이를 뜻하는 말로도 쓸 수 있으니, 위의 유머에서 **처녀 방둥이**로 쓸 수는 있겠다. 그러나 '방뎅이'는 당연히 잘못된 말이다.

사연만큼이나 이름도 많은 조기

문 시장에 가서 조기와 비슷하지만 배 쪽이 흰 것을 사왔는데, 생선 가게 주인은 '백조기'라고 했습니다. 그런데 집에 와서 국어사전을 살펴보니 대사전인데도 그 말은 없더군요. 그리고 한참 뒤 조기보다는 훨씬 커서 먹음직해 보이는 걸 샀는데, 가게 주인은 '부서'라고 했습니다. 그런데 그 말 역시 대사전에 없었습니다. 흔히 들어온 말이었는데도 말이죠. '백조기'나 '부서'는 무엇을 두고 부르는 명칭인지요? 사투리인가요?

답 우리가 흔히 조기라고 하는 것은 '참조기'를 뜻하는데, 이 참조기와 모양이 비슷한 것들이 실은 몇 가지 더 있습니다. 같은 민어과 소속이므로 참조기의 사촌뻘이라고 할 수 있는데, 일반인들로서는 명확히 구분하기가 여간 까다롭지 않은 편이지요. 그중 '백조기'는 부산 지방에서 흔히 쓰는 말인데요. 표준어로는 **보구치**라고 하는 겁니다. 이 **보구치**를 전남 지방에서는 '흰조기'라고 하고, 굴비의 산지인 법성포에서는 '보거치'라고도 부르지요. 즉, 백조기나 흰조기, 보거치는 모두 보구치의 사투리랍니다.

많이 쓰는 '부서'는 **부세**(富世)의 잘못입니다. 부세는 조기와 비슷한 것 중에서 몸집이 가장 큰 편인데, 김포나 강화에서는 '백조구'라 하고, 부산에서는 이와 달리 '수조기'를 두고 부세라고 부르지요. 맛은 참조기보다 조금 떨어지는 편이고요.

조기는 우리 식생활과 아주 밀접합니다. 위에 적은 것처럼 우리가 흔히 조기라고 부르는 것은 **참조기**(한자어로는 황석어(黃石魚))인데, 이 참조기와 비슷해서 사촌이라 할 만한 것들로는 보구치, 부세 외에 수조기도 있습니다.

조기는 민어과의 어류인데, 우리가 통상적으로 조기라고 할 때는 '참조기'를 말합니다. 이 민어과에 속하지만 참조기와 비슷해서 일반인들이 쉽게 구분하기 어려운 것으로는 **보구치, 부세, 수조기** 등도 있지요. (민어도 당연히 민어과에 속하지만 크기나 외양이 이것들과 확연히 다르므로 제외합니다.) 게다가 같은 것을 두고도 지방에 따라서 부르는 이름들이 달라서 더욱 헷갈리게 되지요.

☞ **푸조기**: 《표준》에는 **푸조기**란 조기가 있다. "참조기에 비하여 머리가 작고 몸빛이 희며 살이 단단한 조기"로 풀이되어 있는데, 정작 주관 부서인 국립수산과학원 등에 집대성된 자료에는 전혀 모습이 보이지 않는다. 이 말의 산란지가 문득 궁금해진다.

크기로만 보면 부세(50cm)를 제외하고는 참조기/보구치/수조기 등은 길이가 비슷한데(30cm), 수조기(40cm)가 참조기/보구치보다 조금 더 큰 편입니다.

가장 큰 차이가 나는 것은 몸과 배 쪽의 색깔이고, 그 밖에 지느러미의 색깔이나 주둥이 모양, 몸에 나 있는 반점이나 측선 등에서 조금씩 차이가 나지만 전문가 수준이 아니고서는 그것을 제대로 구분하기가 쉽지 않답니다. 나아가, 이러한 점을 악용하여 보구치/부세와 같은 정식 명칭을 사용하면 소비자가 조기의 격이 떨어진다고 여길 듯싶어서, 일부 상인들이 백조기/수조기 같이 참조기의 유사 명칭을 남발하는 것도 혼란을 부추기는 데에 한몫하고 있지요.

이 중 우리나라에서 가장 많이 잡히는 것은 흔히 백조기로 부르는 보구치인데, 값도 참조기에 비해서는 싼 편입니다. 그 다음이 참조기이고 수조기가 가장 적게 잡힙니다.

최근에 우리나라도 참조기를 양식하기 시작했습니다. 중국은 일찍이 부세 양식에 성공하여 주로 어묵 재료 공급원으로 쓰고 있고요. 중국산 부세는 우리나라 연안산 부세와 구분이 용이하지만, 참조기는 같은 종에다 같은 개체군이어서 실제로는 전문가도 구분하지 못할 정도라고 합

니다(국립생물자원관 설명 자료). 참고로 아래에 이 조기 사촌뻘들의 정리
용 자료를 붙입니다.

☞ 국어사전/백과사전을 포함한 시중의 일반 자료 중에는 자료 간의 불일치 부분이 적지 않은
데, 여기서는 국립수산과학원의 자료를 참고하여, 국립생물자원관의 한반도 **생물자원**
(SPECIES KOREA) 자료를 중심으로 재정리하였다.

조기 관련 낱말 정리

참조기: 민어과의 바닷물고기. 한자어로는 **황석어**(黃石魚)라고 하며, 지역에
따라 황조기, 노랑조기, 조구 등으로도 부른다. 몸의 길이는 30cm 정도
이고 꼬리자루가 가늘고 옆으로 납작하다. 몸은 황갈색이며 배는 진한 노
란색이고 입술은 불그스름하다. 모든 지느러미는 연한 노란색을 띤다. 민
어와는 가슴지느러미의 색깔(민어는 검다)에서 잘 구별되며, 동일 속의 부
세와는 뒷지느러미 연조 수[연조(軟條)는 "물고기의 지느러미를 이룬 연한 뼈"
를 말하는데, 부세는 주로 8개이고, 참조기는 9~10개)로 구분할 수 있다. 4월
22일부터 8월 10일까지는 금어기. 최근에 양식을 시작하고 있다. 산란기
중에는 산란장에 모여 개구리 울음소리와 비슷한 소리를 내거나 물 위로
뛰어 올라오는 습성이 있다. 굴비로는 초봄에 말린 전남 영광군 법성포산
이 가장 유명하다. 원래 영광굴비는 법성포 앞바다에서 잡은 참조기를 말
린 것을 의미하나, 최근에는 더 남쪽에서 잡힌 것들을 법성포에서 말려
영광굴비로 판매한다. 중국산 참조기와 국내산 참조기는 모두 같은 종이
며 같은 개체군으로 구분할 수 있는 방법은 없다.

보구치: 민어과의 바닷물고기. 몸의 길이는 30cm 정도로 참조기와 비슷하나
등은 회갈색이면 배는 은백색이다(그래서 흔히 '백조기/흰조기' 등으로 불리지
만, 표준어는 아니다). 가슴지느러미가 길며 아래턱이 위턱을 덮고 있다. 겨
울철에는 제주도 서남쪽에서 월동을 하고 산란기인 초여름이 되면 연안
의 수심 얕은 곳으로 이동한다.

민어과의 비슷한 4개 어종 중 우리나라에서는 이 보구치가 가장 많이 어

<u>획</u>되는데다 참조기에 비해 맛이 조금 떨어지는 편이어서 가격은 싼 편이다. 지역에 따라 **백조기**(부산), **흰조기**(전남), **보거치**(법성포)라고도 부른다.

수조기: 민어과의 바닷물고기. 민어와 비슷한데 몸의 길이는 40cm 정도이며, 몸은 연한 회갈색이고 배는 노랗다. 비늘은 작고 위턱이 아래턱보다 길다. 측선을 따라 위쪽과 아래쪽에 검은 줄무늬가 사선으로 있다. 계절회유를 하는데 수온이 내려가는 가을에 제주도 근처의 남쪽으로 남하하여 월동을 하고 봄이 되면 북쪽으로 이동한다. 참조기와 보구치에 비해 잡히는 양이 적은 편이다. 부산에서는 '부세'라고 부른다.

부세(富世): 민어과의 바닷물고기. <u>몸의 길이는 50cm 정도로 민어과 대표 어종 중 민어(60cm 이상)를 제외하고 가장 크다.</u> 등은 회황색이고 배는 황백색. 참조기와 거의 비슷하지만 주둥이 끝이 약간 둥글고 머리 모양이나 제1등지느러미 높이가 더 낮다. 전남 비금도 근해에서 많이 잡힌다. 우리나라 서해와 남해 서부에 서식하며, 동중국해, 남중국해 등까지 분포한다. 굴비처럼 말려서 이용하지만 맛은 참조기에 비해 떨어진다. 부산에서 '부세'라고 하면 그것은 수조기를 이르는 것이며, 김포·강화 등에서는 '백조구'라 한다. 중국에서는 대량으로 양식하며 어묵의 원료로도 쓰인다. 서해산은 등 쪽이 황갈색으로 몸의 형태가 꼬리 쪽으로 가늘어지는 긴 삼각형에 가까우며, 이에 비하여 중국의 양식산은 자연산에 비해 체고가 높고 크며 살이 많아 보인다. 또한 배 쪽의 황금색이 유난히 선명하며 구분이 가능하다.

무조기몡 얼음에 채우지 아니하여서 내장이 발효하여 영양소로 분해된 조기.

가조기몡 배를 갈라 넓적하게 펴서 말린 조기.

오사리조기몡 초여름 사리 때 잡은 질이 좋은 조기.

파사리조기(罷-)몡 파사리 때에, 즉 소만이나 입하 때에 잡히는 조기. 알이 없고 맛이 떨어져 등급이 낮다.

☞ **오사리, 오사리조기**: '오사리조기'에 쓰인 **오사리**는 "초여름의 큰 사리"를 뜻하는데 이때 잡은 조기는 상품(上品). 반면, '오사리젓'을 담글 때 쓰이는 새우는 이른 철의 사리 때에 잡은 것으로 잡것이 많이 섞여 있어서 하품(下品)에 속한다(이 새우에는 '-새우'를 붙이지 않은

채로 '오사리'라고만 표기). 즉, **오사리조기**는 좋은 것이지만, '오사리(새우)'로 담근 **오사리 젓**은 질이 떨어진다. '오사리'에는 다음과 같은 세 가지의 서로 다른 뜻이 있다. **오사리**🅜 ①이른 철의 사리 때에 잡은 해산물. ¶**오사리조기**. ②이른 철의 사리 때에 잡은 새우. 잡은 것이 많이 섞여 있다. ¶**오사리젓**. ③이른 철에 농작물을 거두는 일. 또는 그 농작물.

🅓 횟집에서 즐겨 먹는 광어와 넙치는 같은 말일까?

같은 말이다. 본래 **넙치**인데, 넓적한 물고기라는 뜻에서 생활어로는 **광어**(廣魚)가 더 많이 쓰이고 있다. 광어와 도다리를 구분할 때도 흔히 **좌광우도**라 할 정도다. 수산 용어인 넙치와 생활어인 광어는 동의어지만, 광어(廣魚)에는 건어물 시장 용어로 "짜개어 말린 넙치"라는 뜻도 있다.

넙치(광어)와 모양이 흡사한 것으로 **가자미**(○)/**가재미**(×)가 있는데, 크기와 두께가 넙치보다 작다. 넙치(광어)와 가자미는 눈이 몰려 있기 때문에 그런 눈의 모양에서 **넙치눈이**≒**광어눈이**(①두 눈동자를 넙치 눈처럼 한군데로 모으기를 잘하는 사람. ②눈을 잘 흘기는 사람을 놀림조로 이르는 말)와 **가자미눈**(화가 나서 옆으로 흘겨보는 눈)이라는 말도 나왔다.

횟집에서 흔히 먹는 것으로, 광어와 **도다리**가 있다. 광어는 양식도 많은 편이지만 도다리는 거의 자연산인이다. 왜냐하면 도다리가 다 자라려면 3~4년이 걸리기 때문에 수익성도 떨어지고, 다 자라도 기껏 24cm 정도여서 1m까지도 자라는 광어에 비해 양이 적기 때문이다.

☞ **좌광우도:** 광어와 도다리를 구분할 때 흔히 쓰는 말이다. 광어와 도다리의 등지느러미가 보는 이의 눈앞에서 위로 오도록 놓으면, 눈은 각각 좌측과 우측을 향하게 되는데 그것으로 광어와 도다리를 구분한다. 즉, 등 쪽이 위로 가도록 하고, 배가 바다 쪽을 향하도록 놓고 보아야 한다. 배가 보이도록 놓고 보면 반대로 **좌도우광**이 된다. 가자미도 도다리와 같이 눈이 오른쪽으로 몰려 있다.

왼눈 광어   오른눈 도다리

오사리잡놈은 새우와 친척?

문

이런저런 못된 짓을 일삼는 사람에게 욕을 할 때 **오사리잡놈**이라고 하잖습니까. 그때 쓰이는 **오사리**는 무슨 뜻인가요? 그리고 이 **오사리잡놈**과 **오색잡탕/오구잡탕**은 같은 말이라고 하던데, 왜 '오합잡놈'은 쓸 수 없는, 잘못된 말이 되는지요?

답

오사리잡놈이라는 말에 들어 있는 **오사리**에는 세 가지 뜻이 있습니다. ①이른 철의 사리 때에 잡은 해산물. ¶오사리조기. ②이른 철의 사리 때에 잡은 새우(잡것이 많이 섞여 있다). ¶오사리젓. ③이른 철에 농작물을 거두는 일. 또는 그 농작물 그것인데요. 오사리잡놈의 오사리는 그중 두 번째의 뜻으로 쓰인 경우랍니다. 즉, 잡것이 많이 섞인 것이라는 뜻으로 행실이 깨끗하지 못한 것을 낮잡는 것이지요. 그래서 오사리잡놈은 "온갖 못된 짓을 거침없이 하는 잡놈"이라는 뜻을 갖게 되었습니다.

오사리잡놈과 같은 뜻을 지닌 말(동의어)로는 **오사리잡탕놈**(-雜湯-), **오가잡탕**(-雜湯), **오색잡놈**(五色雜-), **오구잡탕**(烏口雜湯)이 있습니다.

그러나 '오합잡놈(烏合雜-)'은 오사리잡놈의 잘못입니다. 오합(烏合)은 까마귀들이 모인 것일 뿐인데, 그것을 잡놈 집단(?)으로까지 매도할 수는 없기 때문이죠. 글자 그대로만 보자면, 다른 것들이 섞이지 않은 채 오직 까마귀들만 모인 것이므로 잡놈들이 아니라 되레 순정한(?) 모임이라고 해야 할 것입니다. 이 오합잡놈(烏合雜-)은 흔히 쓰는 **오합지졸**(烏合之卒, 까마귀가 모인 것처럼 질서가 없이 모인 병졸이라는 뜻으로, 임시로 모여들어서 규율이 없고 무질서한 병졸 또는 군중을 이르는 말)이라는 말에 익숙하여 무의식적으로 성급하게 사용하게 된 탓도 곁들여 있다고 할 수 있습니다.

오늘은 묵나물밥이나 해먹을까

문
시할머니께서 "오늘은 **묵나물밥**이나 해먹자"고 하시기에, 저는 그 말씀을 묵으로 나물을 만들어서 밥을 먹자는 것으로 알아듣고서, 묵을 무쳐서 해드렸더니 웃으시더군요. **묵나물**은 묵으로 만드는 것 아닌가요? 아니라면, 혹시 묵을 채 썰어서 거기에 양념을 넣고 오이 같은 것을 함께 넣어 국수처럼 만들어 먹는 것을 **묵나물밥**이라고 하는 것인지요?

답
할머니께서 웃으실 만도 하시네요. 하하하. 할머니께 해드린 것도 '묵나물'이라 할 수는 있겠습니다만, 그런 뜻으로는 북한어랍니다. 할머니가 말씀하신 **묵나물밥**이란 "**묵나물**(뜯어 두었다가 이듬해 봄에 먹는 산나물)을 이용해서 그걸로 반찬 삼아 먹는 밥"이라는 뜻이지요. 다시 말해서, 묵은 나물로 반찬을 해서 밥을 먹자고 하신 겁니다. 대체로 정월 대보름에 그 음식을 해서 먹는데, 요즘에는 묵은 나물들이 흔해서 특별한 때가 아닐 때도 묵은 나물로 요리를 하는 경우들이 흔해졌습니다.

이처럼 **묵나물**이라 하면 대체로 묵으로 만든 나물로 생각하기 쉬운데, 위에서 설명한 대로 "묵은 나물"을 뜻하는 말이랍니다. 이때의 '묵-'은 **묵밭**(≒묵정밭. 오래 내버려 두어 거칠어진 밭), **묵장**(≒묵은장/묵은장군. 장기에서, 쌍방이 모두 모르고 지나쳐 넘긴 장군. 한 수 이상 지나쳐 넘긴 장군) 등에서 쓰인 '묵-'과 같이 **묵다**(일정한 때를 지나서 오래된 상태가 되다)에서 온 말이죠.

문의하신 내용 중 "묵을 채 썰어서 거기에 양념을 넣고 오이 같은 것을 함께 넣어 국수처럼 만들어 먹는 것"을 일부에서는 '묵사발'이라고도 하지만, 아래의 뜻풀이에서 보듯 묵사발에는 그런 뜻이 없습니다. 굳이 이름을 붙이자면 '묵채 국수' 정도가 어떨까 싶습니다. "녹두묵을 채 썰어서 양념에 버무린 음식"을 '청포채(淸泡-)'라 하므로, 묵을 채 썰어서 양념에 버무린 것은 '묵채'라 할 수 있을 것이기 때문입니다.

나물에는 세 가지 뜻이 있습니다. 첫째는 음식 종류를 뜻합니다. "사람이 먹을 수 있는 풀/나뭇잎 따위를 삶거나 볶거나 또는 날것으로 양념하여 무친 음식"을 뜻하는데, **무나물** 같은 경우가 좋은 예입니다. 둘째로는 이러한 음식의 재료를 뜻할 때입니다. "사람이 먹을 수 있는 풀/나뭇잎 따위"를 총칭하는데, **봄나물/햇나물/산나물** 등에 보이는 나물이나 **묵나물**에 쓰인 나물이 이러한 경우죠.

이 두 가지 뜻을 겸하는 경우도 있는데, 손쉬운 예로 **숙주나물**이 있습니다. 숙주나물은 "녹두에서 싹이 난 나물(이를 '숙주'라고 줄여 부르기도 한다)"이라는 뜻과, 이 "숙주(숙주나물)를 이용하여 나물로 요리한 것" 모두를 숙주나물이라 합니다. 즉, 재료와 음식 모두에 '-나물'을 붙여 부르고 있지요.

세 번째로는 식물 명칭에 이 '-나물'을 붙여 부르는 경우가 있습니다. 즉, 합성어의 형태소 역할을 합니다. 흔히 '돗나물'로 잘못 쓰기도 하는 **돌나물**이 그와 같은 경우입니다. 이러한 식물 명칭 중에는 까다로워서 자칫하면 나물 음식 이름으로 착각하기 쉬운 것도 있지요. '꽃나물'이 그 좋은 예인데, 꽃을 이용하여 만든 나물이 아니라 식물 이름으로서 '들현호색'(현호색과의 여러해살이풀)을 말합니다. 이처럼, 음식으로서의 나물을 뜻하는 게 아니라 식물 명칭용으로 '-나물'이 붙은 것들도 적지 않은데, **끈끈이대나물; 박조가리나물**(≒뿌리뱅이)**; 애기우산나물; 둥근애기고추나물**(≒좀고추나물)**; 물레나물** 등은 음식 이름으로 착각하기 쉬우니 주의해야 합니다.

어떤 이가 봄나물의 으뜸 버금을 다투는 것으로 **홀잎나물**이 있다고 해서 사전을 찾아보니 없더군요. 무엇으로 만든 나물인지요?

홀잎나물은 "화살나무의 새순을 따서 만든 나물"인데 씹는 맛과 고소한 맛이 빼어나서 사람에 따라서는 봄나물의 으뜸이라고 하는 이도 있습니다. 그러나 이 **홀잎나물**은 경남 지방에서 많이 쓰이는 방언으로, 표준어가 아니어요. 지역에 따라서는 **훗잎나물**이라고 하는 곳도 있지요.

이와 같이 나물의 재료 이름과 음식으로서의 나물 명칭이 서로 다른 것 중 대표적인 것으로는 **넘나물**이 있습니다. 원추리를 데쳐서 양념을 한 음식은 **원추리나물**이라고 부르지만, 원추리의 잎과 꽃으로 무쳐 먹는 나물만은 **넘나물**이라는 특별한 명칭으로 부릅니다.

조금 다른 얘기지만, 나물과 비슷한 요리로 **무침**이 있습니다. 일반적으로 "양념을 해서 무친 반찬"을 뜻합니다. 하지만 **나물**도 조리 과정에서 무쳐서 만듭니다. 그 때문에 **무침**과 **나물**은 같은 것을 뜻할 때도 있지만(예: **박속나물≒박속무침**), 일반적으로는 **나물**(삶거나 볶거나 또는 날것으로 양념하여 무친 음식)이 **무침**보다 광의의 개념입니다.

무침 요리 명칭으로는 **초무침**(醋-)/**묵무침**/**오이지무침** 따위가 흔한 편인데요. 그 밖에 **게포무침**(게포(농게의 살을 뽑아서 말린 포)를 두드려서 부풀리어 기름, 간장 따위를 넣고 무친 반찬)과 **북어대가리무침**(北魚-)과 같은 특이한 것도 있답니다.

이 나물과 관련된 말 중에 익혀둘 만한 것으로 **갬대/좨기/자밤** 등이 있습니다. **갬대**는 "풀/나물 따위를 캐는 데 쓰는, 칼처럼 생긴 나뭇조각"을 뜻합니다. 봄나물을 캘 때는 칼보다도 이 갬대가 훨씬 쓸모가 있지요. 뿌리 같은 것을 상하지 않게 캐야 할 때, 특히 그렇습니다. 조상들의 지혜가 돋보이는 대목입니다.

쾌기는 "데친 나물이나 반죽한 가루를 둥글넓적하고 조그마하게 만든 덩이"를 말합니다. 대체로 한 주먹으로 쥘 만한 크기죠. **쥐다**와 관련된 말로 보입니다. 이와 같이 나물을 잡는 동작과 관련된 말로는 **자밤**도 있습니다. "나물/양념 따위를 손가락 끝으로 집을 만한 분량을 세는 단위"를 뜻하는데, **잡다**와 관련이 있는 말이죠. **자밤자밤**은 이 '자밤'에서 파생된 부사이고요.

끝으로, **소루쟁이탕**(-湯)이 있는데, 궁중에서 '봄나물 국'을 이르던 말이지요. 식물 중에 **소루쟁이**(마디풀과의 여러해살이풀)가 있는데, 이것으로 끓인 국을 뜻하는 말이 아니니 주의해야 합니다. 그리고 **거섶안주**라는 말도 있는데 "나물로 차린 초라한 안주"를 의미합니다. **거섶**은 '비빔밥에 섞는 나물'이고요. 비빔밥 얘기가 나온 김에 덧대자면 한자어로는 비빔밥을 **골동반**(骨董飯)이라고 합니다. 즉, 비빔밥과 골동반은 동의어랍니다.

나물 관련 낱말 정리

나물[명] ①사람이 먹을 수 있는 풀/나뭇잎 따위의 총칭. ②사람이 먹을 수 있는 풀/나뭇잎 따위를 삶거나 볶거나 또는 날것으로 양념하여 무친 음식.

무침[명] ①채소나 말린 생선, 해초 따위에 갖은 양념을 하여 무친 반찬.
 ②'양념을 해서 무친 반찬'의 뜻을 나타내는 말.

 초무침(醋-)[명] 초를 넣고 무침. 또는 그렇게 무친 요리.

 묵무침[명] 묵에 무채 따위의 여러 가지 채소를 넣고 무친 음식.

 게포무침(-脯-)[명] **게포**(농게의 살을 뽑아서 말린 포)를 두드려서 부풀리어 기름, 간장 따위를 넣고 무친 반찬.

 오이지무침[명] 오이지를 통으로 얇게 썰어서 물에 헹구어 꼭 짠 다음에 장, 기름, 설탕, 고춧가루를 쳐서 무친 반찬.

 북어대가리무침(北魚-)[명] 북어의 대가리를 짓찧어서 갖은 양념을 하여 무친 반찬.

무나물⸰몡 무를 채 쳐서 삶은 뒤 바로 양념을 하거나 또는 다시 볶으면서 양념을 하여 무친 반찬.

묵나물1⸰몡 뜯어 두었다가 이듬해 봄에 먹는 산나물. ☞묵혀 두었다가 먹는 나물이라 하여 묵은 나물 또는 묵나물이라고 하는데 한자어로는 **진채**(陳菜)/**진채식**(陳菜食)이라 함(한국민족문화대백과사전)

묵나물2⸰몡 [북한어] 묵을 썰어서 무친 나물.

　묵나물밥≒진채식⸰몡 음력 정월 대보름날에 묵은 나물로 하여 먹는 음식.

삼색 나물: 나물 요리를 담는 방법의 기본형으로 도라지, 고사리, 시금치를 사용하여 흰 나물, 갈색 나물, 푸른 나물을 함께 담는다. 흔히 추석 음식으로 쓰이는데, 일설에 의하면 흰색은 조상을, 갈색은 부모를, 푸른색은 나를 뜻한다고도 하고, 또 다른 설로는 각각 과거, 현재, 미래를 뜻한다고도 하지만, 두 가지 모두 확실한 전거는 없음.

묵사발⸰몡 ①묵을 담은 사발. ②(속) 얻어맞거나 하여 얼굴 따위가 형편없이 깨지고 뭉개진 상태. ③(비유) 여지없이 패망한 상태.

　묵무침⸰몡 묵에 무채 따위의 여러 가지 채소를 넣고 무친 음식.

도끼나물≒도끼버섯⸰몡 절에서, 쇠고기 따위의 육류를 이르는 말.

　칼나물⸰몡 승려들의 은어로 '생선'을 이르는 말.

거섶안주(-按酒)⸰몡 나물로 차린 초라한 안주.

　거섶⸰몡 삼굿 따위의 위에 덮는 풀. 비빔밥에 섞는 나물.

원추리나물⸰몡 원추리를 데쳐서 양념을 한 음식.

　넘나물⸰몡 원추리의 잎과 꽃으로 무쳐 먹는 나물.

심나물⸰몡 마른 쇠심을 물에 불려서 가늘게 자른 다음, 끓는 물에 데쳐 숙주나물과 함께 무친 음식.

감자나물≒감자채⸰몡 감자를 채 쳐서 볶은 반찬.

가지나물≒가자채(茄子菜)⸰몡 가지를 찌거나 볶은 다음 양념을 해서 무친 나물.

박속나물≒박속무침⸰몡 덜 여문 박을 쪼개 삶아, 씨가 박힌 부분은 버리고 살만 긁어서 무친 나물.

숙주나물몡 ①녹두를 시루 같은 그릇에 담아 물을 주어서 싹을 낸 나물.

②숙주를 양념에 무친 반찬.

노각나물(老-)몡 늙은 오이로 만든 나물. 껍질을 벗기고 씨를 없앤 늙은 오이를 채를 쳐서 소금에 절였다가 기름에 볶아 양념하여 무친다.

청둥호박나물몡 늙은 호박의 껍질을 벗기고 넓적하게 썰어서 볶아 간장/소금으로 간을 하고 참기름과 깨소금, 고춧가루를 쳐서 만든 나물.

청둥호박몡 늙어서 겉이 굳고 씨가 잘 여문 호박.

맏나물몡 그해에 맨 먼저 나온 나물.

햇나물몡 그해에 새로 난 나물.

풋나물몡 봄철에 새로 난 나무나 풀의 연한 싹으로 만든 나물.

봄나물몡 봄에 산이나 들에 돋아나는 나물.

들나물몡 들에서 나는 나물.

먼산나물(-山-)몡 먼 산에 가서 나물을 캐거나 뜯는 일. 또는 그 나물.

생나물(生-)몡 ≒**생채**(익히지 아니하고 날로 무친 나물).

푸른나물≒**청채**(靑菜)몡 통배추의 푸르고 연한 잎을 데쳐 내서 간장, 초, 겨자를 치고 무쳐 만든 나물 반찬.

꽃나물몡 ≒**들현호색**(현호색과의 여러해살이풀). 식물 이름에 '-나물'이 들어간 것들로, **돌나물**(돌나물과); **끈끈이대나물**; **박조가리나물**; **애기우산나물**; **둥근애기고추나물**≒**좀고추나물**; **물레나물**(물레나물과)

돗나물몡 **돌나물**(돌나물과의 여러해살이풀)의 잘못.

땃두릅나물/땅두릅나물몡 ≒**독활**(두릅나뭇과의 여러해살이풀).

푸성귀몡 사람이 가꾼 채소나 저절로 난 나물 따위의 총칭.

소루쟁이탕(-湯)몡 궁중에서, 봄나물 국을 이르던 말.

갬대몡 풀/나물 따위를 캐는 데 쓰는, 칼처럼 생긴 나뭇조각.

좨기몡 데친 나물이나 반죽한 가루를 둥글넓적하고 조그마하게 만든 덩이.

자밤몡 나물/양념 따위를 손가락 끝으로 집을 만한 분량을 세는 단위.

자밤자밤閈 나물/양념 따위를 손가락 끝으로 집을 만한 정도의 분량만큼 잇따라 집는 모양.

담배가 기호 식품이라는데, 정말 식품이긴 한 건가요?

친구 분 말 가운데 '앞말 뒷말'이라는 재미있는 표현이 있는데, 아마 '보는 앞에서 대놓고 하는 말'로 '앞말'을 사용하고 그 상대어로서 '뒷공론'과 비슷한 '뒷말'을 쓰신 듯합니다. '앞말'의 사전적 정의는 '①앞에서 한 말. ②앞으로 할 말'인데, 이 뜻풀이에서 쓰인 '앞'은 시간적인 의미여서 어떤 사람의 면전을 뜻하는 '앞'과는 거리가 있지요. 즉, 친구 분이 사용한 '앞말'의 뜻과는 조금 다르답니다.

하나 더 말씀드리면, 이처럼 '앞말 뒷말'과 같이 어조를 맞추기 위해서 진정한 뜻과는 무관한 말을 삽입하는 것을 (대응형) 군소리 어법이라고 합니다. 이것은 '세월아 네월아'에서 뒤의 '네(四)월'은 시간을 뜻하는 세월(歲月)과는 전혀 무관한 말(군소리)인데도 그걸 끼워 넣어 어조를 맞추는 것과 흡사한 방식이지요. **눈치코치/미주알고주알**에서의 '코치'와 '고주알'도 그와 비슷하고, **동문서답**(東問西答)을 낮잡는 말인 **동문빨래**의 경우도 서답(西畓)을 그와 전혀 뜻이 무관한 서답(빨래의 방언)으로 재치 있게 바꾼 경우인데, 친구 분의 어법도 그에 못지않습니다. 무척 재미있는 분입니다.

기호품(嗜好品)에는 '①술/담배/커피 따위와 같이, 영양소는 아니지만 독특한 향기/맛이 있어 즐기고 좋아하는 음식물. ②장난감/보석/골동품 따위와 같이 사람들이 취미로 즐기거나 좋아하는 물품'이라는 두 가지 뜻이 있습니다. ①의 의미로는 **기호물**(嗜好物)/**기호료**(嗜好料) 등이 동의어죠.

담배는 우리말 사전에 "담뱃잎을 말려서 가공한 **기호품**"으로 규정되어 있습니다. 그리고 위의 정의에서 보듯, 기호품은 음식물의 하나로 풀이되어 있으므로 담배가 국어학적으로는 식품에 속한다고 할 수도 있겠네요. 그러나 위에서도 언급했듯, '기호식품'이란 낱말은 없으므로, '식품'을 붙여서 표기할 경우에는 **기호 식품**으로 띄어 적어야 합니다.

문 예전에 길거리 가판대에서 낱개로 팔던 **까치담배** 있잖습니까? 담뱃값이 올라서 예전의 그 까치담배가 다시 등장했다는 기사를 보았습니다. 그런데 그 까치담배가 옳은 표기라고 하던데 사실인지요? 소사전에는 보이지 않는 말이어서요.

답 '**까치담배**'는 **가치담배**의 잘못으로, 가치담배가 표준어랍니다. 그런데 여기서 유의해야 할 것은 가치담배에 쓰인 **가치**도 실은 **개비**(가늘게 쪼갠 나무토막이나 기름한 토막의 낱개)의 잘못이라는 점입니다. 그런데도 이것을 표준으로 인정한 것은 관행 때문입니다. 언중의 입에 익었을 뿐만 아니라 사용 빈도가 높은 말이기 때문에 '가치'가 비표준어임에도 **가치담배**는 표준어가 되었습니다.

담배 이야기가 나온 김에 담배 관련 낱말들을 몇 가지 살펴보겠습니다.

대객초인사(對客初人事)란 말이 있는데, 찾아온 손님에게 우선 담배 한

대를 권한다는 뜻입니다. 예전에는 손님이 오면 자리에 앉히고서 첫인사로 담배를 권했기 때문이죠. 그런 담배 건네기 인사법에는 남녀의 차이가 없어서 중년 부인네들 사이에서도 예사로 그리했습니다. 어찌 보면 그 시절에 오히려 더 남녀평등이었다고나 할까요. 예전에는 40대만 되어도 여성들이 아무데서고 눈치 보는 일 없이 서로 담배를 권하고 피웠습니다. ☞조선시대 후기에 양가의 마님들은 나들이를 할 때 항상 담뱃대와 담배쌈지를 든 담배 전담 여종을 뒤따르게 했는데, 이들을 **연비**(煙婢)라고 따로 부를 정도였다.

그리할 수 있었던 데에는 당시 담배가 널리 일반적으로 대접받는 기호식품이기 때문이었죠. 마치 요즘 손님이 오면 차나 커피를 대접하는 것처럼 담배가 접대용 기호품으로 손색이 없었습니다. 담배를 피우면 걱정 근심을 잊게 된다는 뜻에서 **망우초**(忘憂草)라고도 했고, 심심풀이로 피우는 풀이라는 뜻으로 **심심초**라고도 부르면서 가까이했거든요. 요즘 같은 세상에서 손님이 왔을 때 '대객초인사'를 한답시고 담배를 꺼내서 권했다가는 사무실은 물론 가정집에서조차 쫓겨나기 십상이겠지만요.

우리나라에는 독특한 흡연 예절이 있어 "술상을 앞에 놓고 노소가 같이 즐기는 일은 있어도 담배만큼은 맞담배질하지 않는 것이 예의로 되어" 있습니다. 나이 차이가 나는 사람 앞에서 **맞담배질**(서로 마주 대하여 담배를 피우는 짓을 낮잡는 말)을 하다가는 버릇없는 놈이라고 혼쭐나기 마련입니다. 다른 나라에서는 좀처럼 볼 수 없는 예의 규범이죠.

'맞담배'와 발음이 유사한 **막담배**는 "품질이 좋지 아니한 담배"인데, 예전에 시골 아낙네나 머슴들이 많이 피우던 **살담배**(칼 따위로 썬 담배)로 유명했던 상표명 **풍년초**가 그런 막담배라 할 수 있습니다. 담배를 많이 피우는 사람을 놀림조로 '골초'라고 하는데, 실은 골초의 으뜸 의미는 "품질이 낮은, 쓰고 독한 담배"라는 뜻이랍니다. 막담배보다도 못한 담배이니 골초는 막담배의 사촌쯤 되려나요.

풍년초는 봉지에 담겨 있었는데, 봉지 안에서 꺼내서 담뱃대에 재워 피우기도 하고 종이에 말아 피우기도 했습니다. 그래서 그 풍년초를 아예 **봉초**(封草, 담뱃대에 넣어서 피울 수 있도록 잘게 썰어 봉지로 포장한 담배) 라고 부르게 되었지요.

한편, 풍년초처럼 썰어서 담은 살담배와는 달리 종이나 담뱃잎으로 말아 놓은 담배를 **궐련**[卷▽煙▽](① 얇은 종이로 가늘고 길게 말아 놓은 담배. ② 지궐련과 엽궐련의 총칭)이라 합니다. 그중에서 담뱃잎으로 말아 놓은 엽궐련이 이른바 **시가**(cigar)이고요. 마피아와 같은 폭력배를 다룬 영화나 바다를 배경으로 러브 스토리를 다룬 영화에서 심심찮게 등장하는 엽궐련의 외래어 표기가 바로 이 '시가'인데, 피카소와 헤밍웨이는 시가를 달고 살았다고 합니다.

종이로 작게 만 지궐련의 영어 표기가 cigarette인 것은 이 cigar를 작게 나누어 말았다는 뜻입니다. 시가는 **엽궐련**[葉卷▽煙▽] 외에 **잎궐련/여송연**(呂宋煙)이라고도 하지요. ☞ 담뱃값 인상이 문제가 되었을 때 상당히 많은 매스컴들이 그 소식을 다루면서 **궐연**이라는 표기를 사용했는데, 이는 **궐련**의 잘못이다. 주무 부서인 보건복지부 일부 자료에서도 처음엔 오기가 눈에 띄었으나 나중에는 바로잡혔다.

참고로, **여송연**에 쓰인 **여송**(呂宋)은 필리핀 루손 섬의 음역 표기랍니다. 1960~70년대의 우리나라 문학 작품, 특히 희곡이나 시나리오 등에서 "시가를 입에 물었다"라고 표기해도 좋을 장면에서 '시가' 대신에 '여송연'이라 표현했을 정도로 애용된 말이었지요.

홧김에 담배를 피우면 그건 **홧담배**가 됩니다. **뻐끔담배**는 "연기를 깊이 들이마시지 아니하고 입 안까지만 넣었다 내보내며 담배를 피우는 일"이고요. 흔히 "생담배 타는 연기가 더 독하다"라고들 하는데 그 **생담배**는 "피우지 아니하고 공연히 태우거나 저절로 타는 담배"를 뜻하지만,

물부리(담배를 끼워서 빠는 물건)에 끼우지 아니하고 피우는 담배 역시 생담배라고 하죠.

지궐련의 생담배는 대체로 '꽁초'일 때가 많은데, **담배꽁초**나 **꽁초**는 같은 말이며, '꽁추'는 잘못입니다. "살담배를 피울 때 담뱃대에 덜 타고 남아 있는 담배"는 '꽁초'라 하지 않고 **탄지**라는 말로 달리 부릅니다. 종이에 만 담배가 아니어서 재와 담뱃가루가 뒤섞여 있기 때문이지요.

봉초(封草)를 피울 때 흔히 쓰던 **곰방대**는 "담뱃대 중에서 좀 짧은 것"에 붙여진 명칭입니다. 이 곰방대 하나에도 세 가지 부품이 들어갔는데요. 각각 **담배통, 담배설대/설대, 물부리/빨부리**라고 합니다. **물부리≒빨부리**는 복수표준어로 "입에 대고 빠는 부분"이고, **담배통**은 "살담배를 담는(재는) 곳"으로 담뱃대 중 맨 아래쪽이며, **담배설대/설대**는 "담배통과 물부리 사이에 끼워 맞춘 가느다란 대"를 말합니다. 담배설대 중에서도 특별히 잘 만든 것을 **별간죽**[別簡竹]이라 했는데, 그만치 담뱃대의 품격이 한눈에 잘 드러나는 부분이었던 까닭도 있습니다. **맞담배질**을 한자로는 **통죽**(通竹)이라 표기하기도 했는데, 바로 이 담배설대가 대나무로 만들어진 데서 온 말입니다.

골초는 앞서 적었듯, "담배를 많이 피우는 사람을 놀림조로 이르는 말"이기도 하답니다. 담배 중에서도 "품질이 좋지 않은 쓰고 독한 담배인 '골초'조차도 즐겨 피는 사람"이라는 뜻이지요. 이처럼 담배를 많이 피우는 사람들에게 붙여진 재미있는 놀림조 말들이 있는데요. **철록어미**(담배를 쉬지 않고 늘 피우는 사람의 놀림조 말)와 **용고뚜리**(지나치게 담배를 많이 피우는 사람의 놀림조 말)가 그것인데, 속담에 **"철록어미냐 용귀돌이냐 담배도 잘 먹는다"**(늘 담배만 피우고 있는 사람을 놀림조로 이르는 말)는 말이 있을 정도로 유명한(?) 두 사람의 예화에서 나온 말들이랍니다.

그중 **용고뚜리**는 속담에도 나오는 **용귀돌**이 변해서 된 말로 보입니다. 예전에 **용귀돌**(龍貴乭)이라는 사람이 담배를 무척 좋아하여 담뱃진이 뇌 속에 꽉 차면 스스로 돌로 머리를 깨고 냇물에 가서 씻었다는 이야기가 있다는 설도 있지만(우리말 유래 사전, 1994) 확실한 전거는 보이지 않습니다. 담배와 관련된 속담은 제법 많지만 그중 재미있는 것으로는 **담배씨네 외손자**가 있습니다. 담배씨가 몹시 자디잔데 그에 빗대어 "성질이 매우 잘거나 마음이 좁은 사람"을 비유적으로 이르는 말이지요.

끝으로, "몰래 숨어서 피우는 담배"를 **도둑담배**라고도 하는데 아직 《표준》에는 실려 있지 않은 말입니다. **도적**(盜賊)**담배**가 그런 걸 뜻하는 말이지만, 이는 불행히도 북한어입니다. **담배기갈**(-飢渴, 담배를 피우고 싶어서 나는 기갈) 역시 북한어죠. 위에 언급한 맞담배질의 한자 표기인 **통죽**(通竹)도 《표준》에는 아직 실려 있지 않습니다.

흡연 관련 낱말 정리

▶ **담배 관련 낱말**

대객초인사(對客初人事)몡 손님을 대할 때의 첫인사라는 뜻으로, 찾아온 손님에게 우선 담배 한 대를 권함.

심심초(-草)몡 심심풀이로 피우는 풀이라는 뜻으로, '담배'의 속칭.

망우초(忘憂草)몡 ① ≒**원추리**. ② ≒**담배**

농장사(籠-)몡 예전에, 근(斤)담배를 채롱에 담아 지고 다니면서 팔던 일.

낱담배≒**가치담배**몡 갑에 넣지 않고 낱개로 파는 담배. ☞'가치'는 '개비'의 잘못인 데도 인정! '까치담배'는 '가치담배'의 잘못.

　개비몡 ①가늘게 쪼갠 나무토막이나 기름한 토막의 낱개. ②가늘고 짤막하게 쪼갠 토막을 세는 단위. '개피'는 '개비'의 잘못.

막담배몡 품질이 좋지 아니한 담배.

맞담배몡 서로 마주 대하여 피우는 담배.

입담배몡 담배 연기를 들이마시지 아니하고, 입 안에서 토하여 내면서 피우는 담배.

뻐끔담배᠍명 연기를 깊이 들이마시지 아니하고 입 안까지만 넣었다 내보내며 담배를 피우는 일.

코담배명 콧구멍에 대고 향기를 맡거나 약간 들이마시는 가루담배.

홧담배(火-)명 홧김에 피우는 담배.

살담배↔궐련명 칼 따위로 썬 담배.

맷담배명 조금씩 떼어서 썰어 파는 담배.

궐련[卷▽煙▽]명 ①얇은 종이로 가늘고 길게 말아 놓은 담배. ②지궐련과 엽궐련의 총칭.

엽궐련[葉卷▽煙▽]≒**시가(cigar)/잎궐련/여송연(呂宋煙)**명 담뱃잎을 썰지 아니하고 통째로 돌돌 말아서 만든 담배. ☞'여송(呂宋)'은 필리핀 루손 섬의 음역.

생담배(生-)명 ①피우지 아니하고 공연히 태우거나 저절로 타는 담배. ②물부리에 끼우지 아니하고 피우는 담배.

탄지명 담뱃대에 덜 타고 남아 있는 담배.

꽁초≒담배꽁초명 피우다가 남은 작은 담배 도막.

담뱃진(-津)명 담배에서 우러난 진.

▶흡연 기구 관련 낱말

담뱃대명 담배를 피우는 데 쓰는 기구. 담배통, 담배설대, 물부리로 이루어짐.

물부리≒빨부리명 담배를 끼워서 빠는 물건.

담배설대≒설대/간죽(竿竹/簡竹)명 담배통과 물부리 사이에 끼워 맞추는 가느다란 대.

담배쌈지명 살담배나 잎담배를 넣고 다니는 주머니.

　줄쌈지명 개 가죽으로 만든 담배쌈지.

담배틀명 담배를 피울 때 필요한 도구 전부를 한곳에 갖춘 것.

담뱃서랍명 담배를 담아 놓는 그릇. 나무, 돌, 쇠 따위로 만듦.

곰방담뱃대명 ≒**곰방대**(살담배를 피우는 데에 쓰는 짧은 담뱃대).

고불통대(-桶-)명 고불통에 맞춘 담배설대.

고불통(-桶)몡 흙을 구워서 만든 담배통.

조대몡 대나무나 진흙 따위로 담배통을 만든 담뱃대.

별간죽(別簡竹)몡 특별히 잘 만든 담배설대.

▶**흡연자 관련 낱말**

골초(-草)몡 ①품질이 낮은, 쓰고 독한 담배. ②(놀림조) 담배를 많이 피우는 사람.

줄담배몡 ①새끼줄 같은 데에 길게 엮어 놓은 잎담배. ②잇따라 계속 피우는 담배.

철록어미몡 담배를 쉬지 않고 늘 피우는 사람의 놀림조 말.

용고뚜리몡 지나치게 담배를 많이 피우는 사람의 놀림조 말.

담배씨네 외손자쏙 성질이 매우 잘거나 마음이 좁은 사람의 비유.

　담배씨몡 ①담배의 씨. ②(비유) 아주 작거나 적은 것.

　담배씨로 뒤웅박을 판다(딴다)쏙 ①작은 담배씨의 속을 파내고 뒤웅박을 만든다는 뜻으로, 사람이 매우 잘거나 잔소리가 심함의 비유. ②성품이 매우 치밀하고 찬찬하여, 품이 많이 드는 세밀한 일을 잘함의 비유.

　담배 잘 먹기는 용귀돌(龍貴乭)**일세**쏙 (비유) 옛말에 나오는 용귀돌이처럼 담배를 아주 즐기는 사람.

　철록어미냐 용귀돌이냐 담배도 잘 먹는다쏙 늘 담배만 피우고 있는 사람을 놀림조로 이르는 말.

▶**기타 낱말**

담배꼬투리몡 ①마른 담뱃잎의 단단한 줄기. ②≒**꽁초/담배꽁초**

꼬투리몡 ①≒**담배꼬투리**(마른 담뱃잎의 단단한 줄기). ②어떤 이야기/사건의 실마리 ③남을 해코지하거나 헐뜯을 만한 거리.

기생지팡이(妓生-)몡 죄수들의 은어로, 담배 몰래 피우는 담배.

영산마지(靈山麻旨)몡 ①'담배'를 달리 이르는 말. ②담배를 피우는 일.

부주초육(不酒草肉)몡 승려가 술, 담배, 고기를 입에 대지 아니하는 일.

순써리(筍-) 명 담배의 순을 말려서 썬 것. 질이 낮은 담배.

순저리 명 담배 따위에서 품질이 좋은 잎사귀를 따 내고 남은 순. 찌꺼기 잎사귀.

담뱃순(-筍) 명 담배의 길게 돋은 싹.

🔵 엽궐련은 담뱃잎을 그냥 둘둘 만 것일까?

흔히 **시가**로 더 많이 불리는 **엽궐련**(≒잎궐련/여송연)의 사전적 정의가 "담뱃잎을 썰지 아니하고 통째로 돌돌 말아서 만든 담배"이다 보니, 그렇게 생각할 수도 있겠다. 하지만 시가는 담뱃잎 몇 장을 그냥 단순하게 둘둘 만 것이 아니라 실제로는 서로 다른 부위의 여러 가지 담뱃잎을 사용하여 여러 과정을 거쳐 만든다.

최고급으로 치는 쿠바 산 시가를 기준으로 하면, 다섯 종류의 담뱃잎이 들어간다. 꼭대기 쪽에 있는 잎인 **리게로**(Ligero)는 햇빛을 많이 받아 맛이 제일 강하고, 중간 부분에 달린 잎 **세코**(Seco)는 향이 풍부해서 시가의 맛을 결정한다. 맨 아랫부분 잎은 **볼라도**(Volado)인데, 강하고 진한 맛을 희석하는 역할을 한다. 이 세 가지 잎을 합친 것을 필러(Filler)라 한다 이 필러를 촉촉하고 탄성이 있는 잎으로 감싼 다음, 다시 한 번 색상이 고르고 잘 숙성된 부드러운 잎으로 감싼다. 그때서야 비로소 시가라는 이름이 붙는다.

이 모든 과정이 시가 롤러를 사용하여 수공으로 이뤄진다. 이름 있는 시가 장인(匠人, 이들의 호칭 역시 시가를 마는 사람들이라는 뜻의 **시가 롤러**)이 만든 것일수록 명품이 되고 값도 올라간다. 트리니다드(Trinidad), 우프만(H.Upman), 오요(Hoyo), 포르 라라냐가(Por larranaga), 코이바(Cohiba) 등이 유명하다. 조금 비싼 편인 코이바(Cohiba)는 현지 면세점에서도 개비당 1만 2000원에서 2만 원까지 한다.

소® ①통김치/오이소박이 등의 속에 넣는 여러 가지 재료(고명). ②송편/
만두 등을 만들 때 맛을 내기 위해 익히기 전에 속에 넣는 여러 가지 재
료. ¶송편 소. 만두소.

솟거리≒**속거리**® 김치/떡/만두 따위의 소를 만드는 재료. ¶밤소. 팥소. 김
치소. 잡채 소.

김칫소® 김치를 담글 때, 파·무채·젓갈 따위의 고명을 고춧가루에 버무려
절인 배추나 무에 넣는 소.

김치소® 김치를 잘게 썰어서 두부, 기름, 양념 따위와 함께 섞어 만든 솟거
리. ☞포기김치나 김장김치용 솟거리는 김칫소

배춧속® ①배추에서 겉잎에 싸여 있는 속의 연한 잎. ②배추로 포기김치를
담글 때 배추 잎 사이에 넣는 양념. ☞배추 속거리→배춧속거리→배춧속

식해(食醢)≒**생선젓**® 생선에 약간의 소금과 밥을 섞어 숙성시킨 식품.

식혜(食醯)® 우리나라 전통 음료의 하나. 엿기름을 우린 웃물에 쌀밥을 말아
독에 넣어 더운 방에 삭히면 밥알이 뜨는데, 거기에 설탕을 넣고 끓여 차
게 식혀 먹습니다. 요즘에는 전기밥솥을 이용해 밥알을 삭히기도 한다.

감주(甘酒)® ①엿기름을 우린 물에 밥알을 넣어 식혜처럼 삭혀서 끓인 음
식. '단술'로 순화. ②맛이 좋은 술.

젓갈® 젓(새우/조기/멸치 따위의 생선이나, 조개/생선의 알/창자 따위를 소금에
짜게 절이어 삭힌 음식. 양념을 넣어서 만들기도 하고 먹기 전에 양념을 하기도
함)으로 담근 음식.

액젓(液−)® (6~24개월 정도 오래 숙성시킨) 젓갈을 갈아 액화한 것. ¶까나리
액젓; 멸치 액젓.

명란젓(明卵−)® 명태의 알을 소금에 절여 담근 젓.

창난젓≒**태장젓(太腸−)**® 명태의 창자에 소금, 고춧가루 따위의 양념을 쳐서
담근 젓.

태안젓(太眼−)® 명태의 눈으로 담근 젓.

고지젓® 명태의 이리로 담근 젓.

고지명 명태의 이리, 알, 내장의 총칭.

고지젓명 명태의 이리로 담근 젓.

곤이(鯤鮞)명 ① 물고기 배 속의 알. ② 물고기의 새끼.

이리명 물고기 수컷의 배 속에 있는 흰 정액 덩어리.

생활 속 재미난 우리말 1

'오빠'에서부터
김정은의 머리까지

남편더러 '서방님'이나 '오빠'라니?

문

어느 집에 갔는데 그 집 여주인이 남편에게 애교를 부리면서 **서방님**이라고 하자, 같이 간 직장 동료가 그 호칭은 잘못된 것이라고 귓속말로 얘기해 주더군요. 정말 그런가요? 그리고 요즘 보면 젊은이들 사이에서 남편을 **오빠**라고도 부르는 이들을 보는데, 그건 정말 대단히 잘못된 호칭이겠지요? 그리고 제가 아내의 오빠의 부인을 대놓고 부를 때 뭐라고 불러야 할지 난감할 때가 많습니다. 할 수 없이 아이들 이름을 붙여 '○○ 엄마'로 부르지만, 제대로 부르려면 뭐라고 해야 하는지요?

답

남편을 높여 서방님이라 부를 수도 있습니다. 이때의 **서방님**은 **남편의 높임말**입니다. 그러나 일반적으로는 "결혼한 시동생이나 손아래 시누이의 남편"을 이르거나 부를 때 '서방님'이라고 합니다. 특히, 남편의 형님들은 결혼 여부와 관계없이 '아주버님'으로 부르지만, 시동생은 결혼한 사람만 '서방님'이고 결혼하지 않은 이는 '도련님'으로 구분하여 부르지요.

오빠에는 "①같은 부모에게서 태어난 사이이거나 일가친척 가운데 항렬이 같은 손위 남자 형제를 여동생이 이르거나 부르는 말. ②남남 끼리에서 나이 어린 여자가 손위 남자를 정답게 이르거나 부르는 말"이라는 두 가지 의미가 있지요. 따라서 연애 시절과 같은 때에 손위 남자를 정답게 부를 때는 쓸 수도 있습니다. 다만, 결혼 후 남편과 아내의 관계에서는 아무래도 적절한 호칭으로 보기에는 무리가 있을 듯합니다. 부부가 남남일 수 없다는 점에서 특히나요.

《표준 언어 예절》(국립국어원. 2011)에 따르면, 아내 오빠의 아내는 '아주머니'로, 아내 남동생의 아내는 '처남댁'으로 호칭합니다. 그 사람을 가리켜 이르는 지칭어의 경우, 당사자에게 지칭할 때에는 호칭어와 같고, 아내에게 지칭할 때에는 아내 오빠의 아내나 아내 남동생의 아내를 모두 '처남댁'으로 지칭합니다. 그중 '아주머니'는 "부모와 같은 항렬의 여자" 또는 "같은 항렬의 형뻘이 되는 남자의 아내"에 대한 지칭어 겸 호칭어인데요. 사용 범위가 넓기도 하지만 그만큼 까다롭다고도 할 수 있는 말이지요.

국립국어원에서는 《표준 화법 해설》(1992)과 《표준 언어 예절》(2011)을 통하여 표준 호칭어를 정리·제정한 바 있는데, 부부 상호간의 호칭은 다음과 같이 정리했습니다.

–신혼 초(아내→남편): '여보/○○ 씨'를 표준으로 하고 '여봐요'도 허용.
–젊은 부모(아내→ 남편): '여보' 또는 '○○ 아버지/○○ 아빠'.
–장·노년층(아내→남편): '여보'를 쓰되, '영감/○○ 할아버지/○○ 아버지'도 허용.
–(남편→아내): '여보', '○○ 씨', '○○(자녀) 엄마', '임자', '○○(손주, 외손주) 할머니'.

☞ **호칭어와 지칭어**: **호칭어**(呼稱語)는 아내가 남편을 "여보"라고 부를 때처럼, 자신이 어떤 사람을 부를 때 쓰는 말을 뜻하고, **지칭어**(指稱語)는 "이 사람이 제 집사람입니다."에서처럼 다른 사람(들)에게 어떤 사람을 가리켜 이를 때 쓰는 말('집사람')을 뜻한다.

한편 가끔 나이 지긋하신 분들에게서 **임자**라는 말을 들을 수 있는데요. 이 임자는 다른 말들이 명사나 감탄사인 것과는 달리 **2인칭 대명사**랍니다. 그래서 부부간 외에도 나이가 비슷하면서 잘 모르는 사람이나, 알고는 있지만 '자네'라고 부르기가 거북한 사람, 또는 아랫사람을 높여 부를 때에도 사용할 수 있는 말이지요. 박정희 대통령이 아끼는 부하들을 호칭할 때 애용하던 말이기도 했습니다.

아는 사람에게(지위/연령의 고하를 막론하고) 아내를 지칭할 때는 **집사람**이 가장 무난한데요. 그 밖에 ○○(자녀) **엄마/안사람/아내/처**를 쓸 수도 있습니다. 그러나 다른 사람들에게 **마누라/와이프** 따위를 사용하면 그것은 자신의 인품과 교양에 스스로 흠집을 내는 일이 될 수도 있으니, 주의하는 게 좋겠죠.

국립국어원에서는 아내에 대한 **지칭어**를 세분하여 다음과 같이 정리했는데요. 그중 **어멈**(자식 있는 남자가 웃어른에게 '자기 아내'를 낮추어 이르는 말)은 친부모는 물론 장인·장모와 그 밖의 친가/처가 쪽 웃어른들에게만 남편이 아내를 지칭할 때 쓸 수 있는 말이므로 사용할 때 신경 써야 합니다. ☞ **아범**은 자식 있는 여자가 웃어른에게 '자기 남편'을 낮추어 이르는 말.

–친부모에게: 어멈/어미/집사람/안사람/○○(자녀) 엄마
–자녀에게: 어머니/엄마
–친구에게: 집사람/안사람/아내/애어머니/애 엄마/○○(자녀) 엄마/○○(자녀) 어머니
–아는 사람에게: ○○(자녀) 엄마/○○(자녀) 어머니/집사람/안사람/아내/처
–모르는 사람에게: 집사람/안사람/아내/처/애어머니/애 엄마

외가 쪽 족보 따지기는 참 힘든 일

문 여러 해 전 박근혜 대통령이 은지원의 **고모**라는 기사가 쫙 퍼진 적이 있었는데요. 그게 사실이라면 은지원의 아버지가 박근혜 대통령과 남매간이 되어야 하는데, 은지원은 예명이 아니라 본명이라니까 아버지는 박씨가 아닌 은씨잖아요? 그럼 그건 루머였었나요? 그때 그게 엄청 궁금했었어요.

답 답부터 드리자면 박근혜 대통령은 은지원의 고모가 아니랍니다. 굳이 표현하자면 **고모뻘**(비공식 용어로는 **외종고모** 또는 **외당고모**)이라고는 할 수 있지만요. 은지원의 할머니인 박귀희(1902~1974) 씨는 박정희 대통령의 큰누나로서 3남 2녀를 두었는데 그중 3남인 은희만 씨가 은지원의 아버지이거든요. 즉, 박근혜 대통령은 은지원 아버지의 **외가**(外家) 쪽 외사촌누이랍니다. 은지원에게 아버지의 외가는 **진외가**(陳外家)가 됩니다.

우리나라에서는 촌수를 방계혈족〔傍系血族, 같은 시조(始祖)에서 갈라져 나간 혈족. 백부모, 숙부모, 생질, 형제자매 등〕에만 적용하기 때문에 이런 경우엔 촌수 자체가 존재하지 않지만, 굳이 따지자면 '5촌뻘'이 되므로 '고모뻘'이라 한 것입니다. 이때의 '-뻘'은 '그런 관계'의 뜻을 더하는 접미사인데, **아비뻘/손아래뻘** 등으로 쓸 수 있지요.

참고로, 아버지의 친사촌누이는 **종고모**(혹은 **당고모**, 5촌)라 하지만, 외사촌누이일 때는 우리말 사전에 보이는 명칭이 없습니다. 우리나라에서는 친인척의 호칭에서 남자 쪽을 중심으로 하고, 여자 쪽의 경우는 아예 무시하거나 극히 제한적으로만 다루었기 때문이죠. 다만, 이와 같은 경우 민간에서는 **종고모/당고모** 앞에 '외'를 붙여 **외종고모/외당고모**라 부르기도 하지만, 편의상 호칭일 뿐 정식으로 인정된 호칭은 아니어서 무척 아쉽습니다. 현실을 수용하여 새로운 말들로 삼기만 하면 될 간단한 일이니까요. 가부장 제도의 대표적 잔재 중 하나라 할 수 있습니다.

우리나라에서는 촌수 관계를 따질 때, 대체로 남자(아버지/할아버지) 중심이기 때문에 외가(어머니) 쪽은 자연히 홀대되기 마련인지라, 할머니나 외할머니 쪽의 혈족에 대해서는 호칭이 아예 없거나 있어도 미미합니다. 그나마 여자 쪽에서 약간의 호칭이라도 제대로 붙일 수 있는 것은 당사자(여자)가 '나'(當代)일 때뿐입니다.

외가(外家)는 '어머니의 친정'을 뜻합니다. 그러나 '아버지의 외가, 곧 할머니의 친정'도 있습니다. 이를 **진외가**(陳外家)라 하는데, 이에 상대되는 어머니의 외가는 **외외가**(外外家)라 합니다. 이 진외가는 아버지 쪽에 속하므로, 약간의 호칭이 있습니다. 예를 들어, 육영수 여사의 경우는 은지원 아버지의 외숙모인데(은지원 아버지에게는, 육영수 여사가 어머니인 박귀희 여사의 남동생인 박정희의 부인이 되므로), 은지원에게는 **진외종조모** (陳外從祖母)가 됩니다.

　흔히 쓰는 일반적인 친족 호칭에 대해서는 아래의 **계촌표**(計寸表, 일가의 촌수를 따지는 데 쓰는 표)를 이용하여 간단히 살펴보겠습니다.

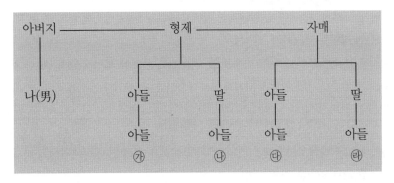

촌수 계산법
① 두 사람(A, B)의 세수를 알아본다. ② 공동 선조(같은 할아버지)를 찾아 세수를 알아본다. ③ (A세수−같은 할아버지 세수)+(B세수−같은 할아버지 세수)로 한다.
※ A는 30세 B는 31세이며 공동 선조의 세수가 21세일 경우는 (30−21)+(31−21)=19가 되어 19촌이 된다.

▶**나(男)와 ㉮ ㉯ ㉰ ㉱와의 관계**

　㉮는 나에게 **당질＝종질**. ㉮가 딸일 경우에는 나에게 당질녀＝종질녀.

　㉯는 나에게 무엇이 되는지 뚜렷한 말이 없음. 다만 논리적으로는 종생질을 생각해 볼 수 있으나 그런 낱말 자체가 없음.

　㉰는 나에게 **내종질＝고종질**. ㉰가 딸일 경우에는 나에게 **고종 질녀**.

　㉱는 나에게 무엇이 되는지 뚜렷한 말이 없음. 논리상으로는 내종 생질[고종

생질]이 되어야 함.

▶㉮ ㉯ ㉰ ㉱가 나(男)를 부르는 말

㉮에게 나는 **당숙(堂叔)＝종숙(從叔)**. ㉮가 나를 가리키는 지칭어는 **당숙, 종숙, 오촌 아저씨, 아저씨**(당사자에게, 또는 듣는 사람이 누구를 가리키는지 알 경우) 등이며, 호칭어는 아저씨.

㉯에게 나는 **외당숙＝외종 숙부**. ㉯가 나를 가리키는 지칭어는 **외당숙, 외종 숙부, 아저씨**(당사자에게, 또는 듣는 사람이 누구를 가리키는지 알 경우) 등이 무난하며, 호칭어는 아저씨가 무난함.

㉰에게 나는 **진외오촌＝진외당숙**. ㉰가 나를 가리키는 지칭어는 **진외당숙, 진외가 아저씨**(당사자에게, 또는 듣는 사람이 누구를 가리키는지 알 경우) 등이 무난하며, 호칭어는 아저씨가 무난함.

㉱에게 나는 무엇이 되는지 뚜렷한 말이 관련 문헌에 보이지 않음. 논리상으로는 내가 ㉰에게 **진외당숙**(진외가 쪽의 당숙이라는 뜻)이 되는 것에 비추어 ㉱에게 나는 외외가(어머니의 외가) 쪽의 당숙이 되므로 '외외당숙'이라고 할 수 있을 것으로 보이지만 사전에는 없음. ㉱가 나를 부르는 호칭어는 아저씨. 참고로 당숙을 제외한 나머지의 경우 지칭어로 지역 이름을 넣어 ○○ 아저씨(포항 아저씨 등)라고 해도 괜찮은 것으로 봄.

할아버지가 내게 물려주신 가보는 '3대'째가 아니다

문

이야기 끝에 '5대조(五代祖) 할아버지'라는 말이 나왔는데, 어떤 이는 고조할아버지를 이르는 것이라 하고, 어떤 이는 고조할아버지의 윗대, 곧 고조할아버지의 부친을 이르는 것이라며 논쟁했습니다. 고조할아버지라고 주장하는 이는 자기가 고조부→증조부→조부→아버지→나로 내려오는 5대이므로, '5대조 할아버지'는 고조할아버지라고 했습니다. 그런데 반론을 제기한 이는 자기가 제대로 설명할 수는 없지만 고조할아버지는 아니라고 했습니다. 누구의 말이 맞지요?

답

예전엔 심심찮게 벌어지는 논쟁이었는데, 요즘에는 좀처럼 보기 드문 일이 되었지요. 답부터 말씀드리면, **5대조(할아버지)**는 '고조할아버지의 부친'을 이르는 말입니다. 고조할아버지라고 주장한 분은 '대(代)'를 따지는 방법에서 실수했군요. 대(代)는 아버지와 내가 1대인 것처럼 두 세대가 되어야 1단계, 곧 1대를 이룹니다.

이 '대'와 관련하여, 본관(시조(始祖)가 난 곳)을 밝힌 뒤 항렬(行列, 같은 혈족의 직계에서 갈라져 나간 계통 사이의 대수 관계를 나타내는 말)을 따질 때 흔히 자신은 시조 누구의 몇 대손(혹은 몇 세손)이라고도 하는데, 이때 유의해야 할 게 하나 있습니다. '대(代)'와 '세(世)'로 말할 때는 서로 숫자 하나의 차이가 난다는 거지요. '대'가 '세'보다 적어서 5대손은 6세손이라는 말과 같은 말입니다. 그 이유는 아래에 자세히 적었습니다.

참고로, 고조(高祖)를 고조할아버지라고도 하는데, 조(祖)가 할아버지의 뜻이므로 의미 중복이지만, 복수표준어로 인정되고 있습니다. 5대조의 경우에도 이와 마찬가지로 허용되어야 할 것으로 보입니다. 5대조와 5대조할아버지를 복수표준어로 인정하는 것이지요.

계보를 따질 때 흔히 '몇 대손(代孫)'이라거나 '몇 세손(世孫)'이란 말을 쓰는데, 이때 꼭 알아두어야 할 게 하나 있습니다. '몇 대'라고 할 때는 기준점(시조나 기준이 되는 분 혹은 자기 자신)이 제외되지만, '몇 세'라고 할 때는 포함된다는 점입니다.

　왜냐하면 '대'란 "이어져 내려오는 종족의 한 **단계**"이기 때문에 1대가 되려면 아버지와 아들에서처럼 두 세대가 필요하기 때문이고, 그 반면 '세'는 나폴레옹 1세처럼 당대(기준점/출발점)에서부터 헤아리기 때문입니다. 즉, '세'는 단순히 가계/지위의 차례나 임금의 순위를 나타내는 의존명사이기 때문에 나폴레옹 1세처럼 기준점/출발점 자체가 1이 되는 것이고, '대'는 단계(기간)이기 때문에 기준점/출발점에서 다음에 이르러서야 비로소 1대가 완성되는 **구간**(區間)의 순서 개념입니다.

　위의 경우를 예로 들면 '5대조'란 나와 5대가 되는 할아버지를 이르는 말이므로, 나 혹은 5대조를 기준으로 5대를 각각 상향식으로(혹은 하향식으로) 따져보면 이렇게 되는데요. 어떻게 따져도 결과는 같습니다.

나를 기점으로 아래에서 위로	5대조를 기점으로 위에서 아래로
① 5대조 − 나: 5대	5대조 − 고조: 1대
② 5대조 − 아버지: 4대	5대조 − 증조: 2대
③ 5대조 − 조부: 3대	5대조 − 조부: 3대
④ 5대조 − 증조: 2대	5대조 − 아버지: 4대
⑤ 5대조 − 고조: 1대	5대조 − 나: 5대

　즉, 나와 5대를 이루는 할아버지가 되려면 고조와 1대를 이루는 분이어야만 하므로 고조할아버지의 아버지가 됩니다. 이때, 짚어보는 순서는 나를 기준으로 삼아 상향식으로 하든, 아니면 반대로 몇 대조에서부터 시작하여 하향식으로 하든 관계가 없습니다. 같은 결과가 되지요.

　이러한 5대조를 **세**(世)로 따져보면, 5대조가 순위 1번, 곧 1세가 되므로 순차적으로 내려가면 되는데, '나'는 5대조의 6세손이 되지요.

5대조(1세) − 고조(2세) − 증조(3세) − 조부(4세) − 아버지(5세) − 나(6세)

　흔히들 할아버지가 물려준 가보를 두고 '3대째 내려오는 가보'라고 하는데 이는 잘못입니다. 아버지까지가 1대이고 '나'는 할아버지와 2대의 관계이므로 '2대째 내려오는 가보'라고 해야 옳습니다. 그러므로 '3대째 내려오는 가보'는 증조부터 내려오는 가보라는 걸, 이제 확실히 아시겠지요? 할아버지가 내게 물려주신 가보가 3대째가 되려면 나의 아들, 곧 할아버지의 증손자대에까지 가야만 합니다.
　다만, '초대 대통령, 2대 청장, 3대 장관'과 같은 경우는 지위나 시대가 이어지고 있는 동안을 뜻하는 기간 개념의 보통명사가 아니라, 차례/순서를 나타내는 단위로서 의존명사입니다. 이 '대(代)'를 쓸 때는 동안을 뜻하는 보통명사인지, 순서를 뜻하는 의존명사로 쓰인 것인지를 잘 구분해야 합니다.

 이제 직장에서는 압존법을 쓰지 않아도 된다

[예제]
－ 사장님. 그건 아까 전무님께서 다 **말씀**해 주신 겁니다. (허용)
－ 연대장님. 저희는 대대장님 **말씀**을 따랐을 뿐입니다. (허용)
－ 할아버님. 아까는 아버님 앞이라서 **말씀**드리기가 그랬습니다. (허용)
－ 영전을 **축하드립니다**. (허용)

압존법은 "문장의 주체가 말하는 이보다는 높지만 듣는 이보다는 낮을 때 그 주체를 높이지 못하는 어법"이다. 국립국어원에서는 현행 언어 현실을 감안하여 그동안 무조건 적용해오던 압존법을 2011년에 대폭 완화하였다. 즉, "가정에서는 압존법을 쓰는 것을 전통으로 하며, 직장 등에서는 쓰지 않는 것을 원칙으로 한다."고 규정하였다.

이제는 과거와 달리 일반 가정에서는 지키면 좋으나 안 지켜도 잘못된 것으로는 보지 않게 되었다.

참고로, 예문에 쓰인 **말씀**에는 두 가지 쓰임이 있다. 남의 말을 높여 이를 때(**존댓말/높임말**), 자신의 말을 낮추어 이를 때(**겸양어/겸사말**)에 모두 쓸 수 있는 말이다. ¶선생님 말씀대로 하겠습니다. ; 저도 한 말씀 올리겠습니다. **축하드리다**와 같은 표현도 예전에는 적절치 않은 표현으로 보았지만, **축하+드리다**('공손한 행위'의 뜻을 더하고 동사를 만드는 접미사)의 꼴이 있음에 비추어 허용하였다.

두음법칙과 성명 표기

문 성명의 표기와 읽기에서 곤란할 때가 아주 많은데요. 예를 들어서 류길재 통일부 장관/라종일 교수 등과 같은 경우, 두음법칙을 따르면 각각 **유길재/나종일**이 되어야 하는데 류길재/라종일로 적은 것도 심심찮게 눈에 띄더군요. 그렇게 적어도 되는 건지요?

저명한 분으로 **李御寧** 전 이화여대 교수가 계시잖습니까. 그런데 그분을 두고 어떤 이는 **이어녕**이라 하고 어떤 이는 **이어령**이라고도 하던데, 어떻게 읽는 것이 올바른 것인지요? 그리고 만약 '이어령'이 올바른 것이라면 작고하신 **이숭녕(李崇寧)** 교수는 왜 '녕'으로 읽는지요? 가만히 보면 그 두 분은 똑같은 한자인 '寧'을 쓰고 있는데요.

답 하하하. 재미있는 질문입니다. '녕(寧)'의 경우, 앞말에 받침이 있으면 본음인 '녕'으로, 없으면 속음인 '령'으로 읽습니다. 그러나 이것이 절대적인 원칙은 아니며 관행적인 표기이므로, 아래의 예를 참고하시기 바랍니다.

질의하신 **류길재/라종일**의 표기는 가능합니다. 성씨의 경우에는 성을 사람의 혈통을 표시하는 고유명사로 보아 **柳(류)·羅(라)·李(리)**처럼 소리 나는 대로 적는 것을 허용하고 있습니다(대법원 예규 개정, 2007). 즉, 현행 법규상 허용되는 표기입니다. 리영희 선생도 그런 경우이지요.

☞ 이숭녕(李崇寧)↔이어령(李御寧), 충녕대군(忠寧大君)/양녕대군(讓寧大君)↔효령대군(孝寧大君), 金寧(김녕)/昌寧(창녕)↔載寧(재령)/會寧(회령)/宜寧(의령) [예외] 언중의 습관음 표기에 따르기: 돈령부[敦▽寧府](○)/돈녕부(×).

성명의 올바른 한글 표기 앞에서 어려워하거나 헷갈리게 되는 경우가 많습니다. 그런 데에는 몇 가지 원인이 있지만, 크게 보면 세 가지입니다.

하나는 성명의 표기, 그중에서도 특히 성씨의 표기에서도 두음법칙을 지켜야 한다고 생각하기 때문입니다. 하지만 위에 설명한 대로 성씨 표기의 경우에는 성을 사람의 혈통을 표시하는 고유명사로 보아, 소리 나는 대로 적는 한글 표기를 허용하는 쪽으로 대법원 예규가 2007년에 개정되었기 때문에 柳(류)·羅(라)·李(리)와 같이 두음법칙을 무시한 표기도 이제는 허용됩니다(대법원예규집, 가족관계등록편).

이름의 표기에서도 발음 편의에 따라 두음법칙을 지키지 않아도 됩니다. 예를 들어, 원칙적으로는 성씨 다음의 이름자는 두음법칙을 따라야 하기 때문에 박련희(×)/박연희(○); 정락영(×)/정낙영(○); 공로명(×)/공노명(○)으로 적었지만[등+용문→등용문의 경우처럼, 성씨를 접두어로 보는 것. 접사 뒤에서는 두음법칙이 적용되므로 룡문(×)/용문(○)임], 앞서 살펴본 것처럼 "한자어에서 본음으로도 나고 속음으로도 나는 것은 각각 그 소리에 따라 적을 수도 있기 때문에"(한글 맞춤법 제52항), 이름의 표기에서도 발음 편의에 따라 (특히, 앞말에 받침이 있는 경우는) 속음으로도 적을 수 있도록 하고 있습니다. 예를 들면, 안녕(安寧)은 본음으로, 의령(宜寧), 회령(會寧)은 속음으로 나지요.

☞ **한자어에서의 속음(俗音)**: 속음은 세속에서 널리 사용되는 습관음이므로, 표준어도 속음으로 된 발음 형태를 표준어로 삼게 되어 맞춤법에서도 속음에 따라 적게 된다. 즉, 표의문자인 한자는 하나하나가 어휘 형태소의 성격을 띠고 있으므로, 본음 형태와 속음 형태를 동일

형태소의 이형태(異形態)로 본다. 다시 말해서, 속음으로 적는다고 해서 표준어가 아닌 것은 아니다.

셋째로, 근래 아주 크게 바뀐 것으로 개정된 호적법의 근본정신에 충실한 이름 표기 허용이 있습니다. 이름의 경우, 신고자의 선택을 헌법상 기본권인 인격권 또는 자기결정권으로 본 호적법의 규정에 따라, 속음으로 적을 수도 있게 되었거든요. 즉, 본음이든 속음이든 신고자의 한글 표기 방식을 허용하므로, 김덕룡[金德龍](ㅇ)/김덕용(ㅇ), 박연련[朴蓮練](ㅇ)/박연연(ㅇ)의 어느 것도 가능합니다.

☞ 이 경우 원칙대로라면 두음법칙에 의거하여 각각 **김덕룡/박연련**이 되어야 옳다. 이후락[李厚洛]/정청래[鄭淸來]/이응로[李應魯]; 김낙산[金洛山]/장내순[張來淳] 등도 두음법칙에 따른 표기의 예.

이러한 변화에 따라, 특히 헷갈리는 경우는 이름이 외자(한 글자)인 역사적 인명의 한글 표기입니다. 역사적 인명의 경우는 관습적으로 표기해 온 것과 새로운 원칙 사이에서 충돌이 있을 수 있기 때문이죠. 예를 들어 하륜[河崙]/신립[申砬]/최린[崔隣]의 경우, 원칙(두음법칙)에 따라 표기하면 하윤/신입/최인이어야 하지만, 속음을 따른 관습적 표기법에 따를 경우는 문제없는 표기가 됩니다. 즉, 한글로는 하륜/신립/최린으로 적어도 되는 거죠. 이와 같이, 이름이 외자인 경우에 그 한글 표기는 역사적 인명의 경우는 관습적 표기를 따르고, 현대인의 경우는 대법원 개정 예규에 따라 본음/속음과 무관하게 신고자가 임의로 선택하여 적으면 됩니다.

유의할 것은 이러한 규정이 한자음의 한글 표기와 관련된 경우에만 적용되는 것이며, 고유어 표기에서는 적용되지 않는다는 점입니다. 따라서 **주리니/주리라/주리아/주리오**라든가, **이루다/이루리/이루고** 등에 쓰인 이름이 고유어 표기라면 이러한 규정과 전혀 무관하므로, 한글로 만 적을 수 있습니다. 이럴 경우 호적에 등재할 때 이름의 한자 칸은 빈 칸으로 두게 됩니다. ☞ 위의 한글 이름들은 실존 이름임.

호칭 관련 낱말 정리

호칭어(呼稱語)몡 사람/사물을 부르는 말. 아버지, 어머니, 여보 따위.

지칭어(指稱語)몡 다른 사람(들)에게 어떤 사람을 가리켜 이를 때 쓰는 말.

서방님(書房-)몡 ①남편(男便)의 높임말. ②결혼한 시동생을 이르거나 부르 는 말. ③손아래 시누이의 남편을 이르거나 부르는 말.

아주버님몡 ①**아주버니**(남편과 항렬이 같은 사람 가운데 남편보다 나이가 많은 사람)의 높임말. ②손위 시누이의 남편을 부르거나 이르는 말.

도련님몡 ①**도령**(총각을 대접하여 이르는 말)의 높임말. ②결혼하지 않은 시 동생을 높여 이르거나 부르는 말.

오빠몡 ①같은 부모에게서 태어난 사이이거나 일가친척 가운데 항렬이 같 은 손위 남자 형제를 여동생이 이르거나 부르는 말. ②남남 사이에서 나 이 어린 여자가 손위 남자를 정답게 이르거나 부르는 말.

집사람몡 남에 대하여 자기 아내를 겸손하게 지칭하는 말.

아주머니몡 ①부모와 같은 항렬의 여자를 이르거나 부르는 말. ②남자가 같 은 항렬의 형뻘이 되는 남자의 아내를 이르거나 부르는 말. ③남남 사이 에서 결혼한 여자를 예사롭게 이르거나 부르는 말.

어멈몡 자식 있는 남자가 웃어른에게 자기 아내를 낮추어 이르는 지칭어.
☞ 남편이 아내를 지칭할 때 웃어른들에게만 쓸 수 있는 말.

임자대 ①나이가 비슷하면서 잘 모르는 사람이나, 알고는 있지만 '자네'라고 부르기가 거북한 사람, 또는 아랫사람을 높여 이르는 이인칭 대명사. ②나 이가 지긋한 부부 사이에서, 상대편을 서로 이르는 호칭 대명사.

촌수(寸數)몡 친족 사이의 멀고 가까운 정도를 나타내는 수. 또는 그런 관계.

계촌(計寸)圐 일가의 촌수를 따짐. 또는 그렇게 하여 친족 관계를 찾음.

　계보(系譜)圐 ①조상 때부터 내려오는 혈통과 집안의 역사를 적은 책. ②혈연관계/학풍/사조(思潮) 따위가 계승되어 온 연속성.

족보(族譜)圐 ①한 가문의 계통과 혈통 관계를 적어 기록한 책. ②한 가문의 계통과 혈통 관계.

　대동보(大同譜)圐 동성동본에 딸린 모든 파(派)의 족보를 합쳐서 엮은 족보.

고모(姑母)圐 아버지의 누이

　종고모(從姑母)≒**당고모(堂姑母)**圐 아버지의 사촌 누이.

당숙(堂叔)≒**종숙(從叔)**圐 아버지의 사촌 형제로 오촌이 되는 관계.

　외당숙(外堂叔)≒**외종숙**圐 어머니의 사촌 오빠나 남동생.

외가(外家)圐 어머니의 친정.

　진외가(陳外家)圐 아버지의 외가. 즉, 할머니의 친정

　외외가(外外家)圐 어머니의 외가. 즉, 외할머니의 친정.

외종(外從)圐 외삼촌의 자녀.

이종(姨從)圐 이모의 자녀.

내종(內從)圐 '고종(姑從)'을 외종에 상대하여 이르는 말.

고종(姑從)圐 고모의 자녀.

재종(再從)圐 육촌이 되는 관계.

혈족(血族)圐 ①같은 조상으로부터 갈려 나온 친족. ②혈통이 이어진 친척. 또는 법률이 입양 따위에 따라 이와 같다고 인정하는 사람.

　방계혈족(傍系血族)圐 같은 시조[始祖]에서 갈라져 나간 혈족. 백부모/숙부모/생질/형제자매 등이며 법률에서는 8촌 이내 방계 혈족 사이의 혼인을 무효로 인정함.

　방계인족(傍系姻族)圐 배우자의 방계 혈족과 방계 혈족의 배우자를 총칭하는 말.

인척(姻戚)≒**인족(姻族)**圐 혼인에 의하여 맺어진 친척. ←혼인+친척.

　☞흔히 쓰는 **친인척**은 현재로는 없는 말이며, **친·인척**으로는 표기 가능! '친인척'의 표제어 누락은《표준》의 실수임.

윷판을 이루는 말, 윷놀이에 얽힌 말

윷의 원리와 말이 머물다 가는 밭들

문

명절에 시골에 갔는데 친척집에서 윷으로 하는 재미있는 노름을 보았습니다. 물주가 정해지면 나머지 사람들이 100원짜리 동전을 걸고 싶은 만큼 태운 뒤 물주가 먼저 윷을 던지는데 윷이나 모가 나오면 판돈 모두를 물주가 갖고, 그렇지 않을 때만 윷을 놀아 물주와 끗발을 겨루어 이기고 지는 것에 따라 건 만큼 돈을 주고받고 하더군요.

기껏해야 한 판에 1000원 안팎이 오가지만, 가족들이 몰려들어 하니까 무척 재미있었습니다. 그 놀이의 이름을 무엇이라고 하는지요?

답

그것은 **덕대놀이**라고 하는 노름입니다. **덕대**는 광산업에서 나온 말인데 "①광산 임자와 계약을 맺고 광산의 일부를 떼어 맡아 광부를 데리고 광물을 캐는 사람. ②≒굿덕대(광산에서, 한 구덩이의 작업을 감독하는 책임자)"를 뜻합니다. 그 노름판에서는 물주가 마치 덕대처럼 자기가 정한 판돈 내에서 그 게임을 이끌어 가기 때문에 그런 이름이 붙었지요.

지역에 따라서는 물주에게서 윷이 나오면 도리어 끗수 겨루기를 하지 않고 건 돈을 무조건 주고, 모가 나왔을 때만 가져가도록 하는 경우도 있답니다. 덕대가 아닌 사람에게서 모가 나오면 건 돈의 두 배를 주는 곳도 있고요.

위와 같은 노름 형식이 아니더라도, 명절 때 무척 인기 있는 우리의 오랜 민속 가족 놀이로 윷놀이가 있습니다. 이 윷놀이에 관하여 지금까지 알려진 가장 오래된 자료로는 중국의 《북사(北史)》와 《태평어람(太平

御覽)》이 있는데, 이 책에 부여(扶餘)의 **저포**(樗蒲, 주사위 같은 것을 나무로 만들어 던져서 그 끗수로 승부를 겨루는 것으로, 윷놀이와 비슷. 고려 시대에는 윷놀이를 '저포'라 했으며 현재의 윷판과 같은 것으로 윷말을 써 가며 했다) 등의 잡희(雜戲)가 소개되어 있는 것으로 보아, 윷놀이의 기원은 삼국시대 이전일 것으로 봅니다.

윷놀이에는 말판과 말판 쓰기가 필수죠. 그런데 이 말판 쓰기에서 오늘날 우리가 흔히 사용하고 있는 용어 중의 3분의 2가량은 올바른 말들이 아니랄 정도로, 조상들이 사용해 온 것들과는 무척 다릅니다. 말판에서 쓰이는 용어들은 윷놀이의 역사만큼이나 오랜 세월에 걸쳐서 깎이고 다듬어져 온 깊이 있는 말들인지라 은근히 까다로운 편인데요. 그런 말들과 접할 기회라고는 명절 때뿐이었던 탓도 있습니다. 재미 삼아서 몇 가지를 짚고 가보기로 하겠습니다.

그 전에 말판의 자리와 윷 패에 관련된 기본적인 용어 몇 가지를 알아두어야만 이해에 도움이 되므로, 그것부터 다루기로 합니다. 말판을 보면서 익히는 게 빠르므로 말판 그림을 보지요.

참먹이라 표기된 출발점에서부터 모까지, 즉 도에서 모까지의 다섯 자리를 **앞밭(먹임밭)**이라고 합니다. 그리고 앞밭에서 **방** 쪽으로 가지 않고 바깥쪽으로 돌아가는 곳 즉 출발점에서부터 6~10번째 자리까지는 **뒷밭(꽂은밭)**이라 하죠. **쨀밭(훈련밭)**과 **날밭**은 각각 11~15번째 구간과 16번째~참먹까지를 이르는 명칭입니다. 그러므로 말판을 밖으로 한 바퀴 돌면 **앞밭→뒷밭→쨀밭→날밭**의 순서가 됩니다.

☞ 이처럼 말판 쓰기에서 윷판의 사방을 돌아 가장 먼 길로 가는 것을 **팔방돌이**라고 한다.

윷놀이에서는 말이 머무는 곳을 **밭**이라 하는데, 이렇게 부르게 된 것은 윷 패에 붙여진 이름 때문이어요. 즉, **도/개/걸/윷/모**는 각각 돼지/

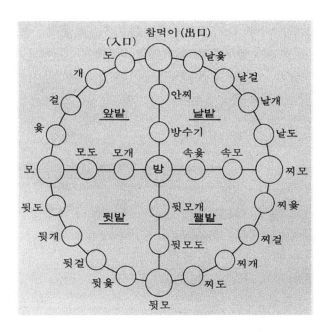

개/양/소/말을 상징하는데, 이들은 모두 밭과 연관이 있는 초식동물인 까닭에서지요("정한 범위를 벗어난 바닥"을 **난밭**이라 하는데, 이 말도 윷놀이에서 연유한 말). 위에서 살펴본 앞밭/뒷밭/쨀밭/날밭 등의 명칭도 그 같은 이유에서 붙여진 것들이고요.

　윷 패에 따라 밭(자리) 수를 계산하는 근거는 동물의 걸음걸이에서 연유했습니다. 즉, 말이 가장 멀리 뛰고 빠르기 때문에 모가 된 것처럼, 가축의 크기와 빠르기에 따라 밭 수가 정해졌지요. 보폭이 좁고 느린 돼지는 **도**, 그보다 보폭이 조금 더 크고 빠른 개는 **개**라고 하는 식으로요.

　앞밭/뒷밭/쨀밭/날밭 구역에 있는 각각의 밭(자리)에 이르거나 머무는 윷 패에도 각각 다른 명칭이 있답니다. 첫 밭인 앞밭은 우리가 흔히 부르는 대로 도/개/걸/윷/모(혹은 **돗밭/갯밭/걸밭/윷밭/모**라고도 한다)입니다. 즉, 도/개/걸/윷/모는 윷을 던져 나오는 패의 이름이기도 하지만 **앞**

밭의 각 자리를 뜻하는 이름이기도 하지요.

뒷밭의 각 자리는 **뒷도/뒷개/뒷걸/뒷윷/뒷모**라 하고, **쨀밭**의 각 자리는 **찌도/~개/~걸/~윷/~모**라 합니다. 마지막으로 **날밭**의 각 자리는 **날도/~개/~걸/~윷/~모**인데, **날모**는 곧 **참먹이**(윷판의 맨 마지막 자리. 말의 출구로 여기서 먼저 빠져나가는 편이 이긴다)가 됩니다.

말판 쓰기에서 '방치다'인가 '방이다'인가

윷놀이에서 모와 걸이 나오면 대번에 '방친다'고 하잖습니까. 그런데 이 말이 **방이다**의 잘못이라고 하던데, 왜 그런가요? '방치다'가 훨씬 자연스럽고, **방이다**는 어색할 뿐만 아니라, 지금까지 한 번도 들어본 적이 없을 정도로 낯선 말로 거의 쓰이지 않는 말 아닌가요?

'방치다'는 윷놀이에서 가장 흔하게 잘못 쓰는 말 중의 하나인데, 들으신 대로 **방이다**가 옳은 말이고, '방치다'는 아예 없는 말입니다. 다만, **방치다**는 **돌라방치다** <**둘러방치다, 얼러방치다**와 같은 합성동사에서만 간혹 쓰입니다.
방이다는 **방이어(방여)/방이니** 등으로 활용하는데, 아닌 게 아니라 몹시 까다로운 말이랍니다.

방이다는 '방'+'이다'로 분석되는데, **방**은 "윷판의 한가운데에 있는 밭"으로, 말판의 정중앙 곧 十자로 갈리는 곳을 이릅니다. 고유어이므로 '**방**(方)'이 아닙니다. 흔히 앞밭의 모 자리(그림에서 **앞밭**이 위치한 곳)나 윷판의 둘레를 따라 열 번째 자리인 **뒷모**(그림에서 **뒷밭**이 위치한 곳)도 **방**이라 하지만 이는 잘못이어요. **방**은 <u>말판 전체에서 정중앙의 밭 한 군데뿐</u>이거든요.

☞ 예전에 별자리(28수)를 사용하여 만든 말판에서는 이 **方**을 추(樞)로 표기했다. 추는 지도리(돌쩌귀), 추성(樞星, 북두칠성의 첫째 별), 근원, 가장 중요한 것 등을 뜻한다. 그러므로 여러 곳에 있을 수 없고 오직 한 곳뿐이다.

'방+이다'는 **方** 뒤에 결합한 **이다**의 뜻이 문제인데요. 표준어 선정에서 버려진[표준어 규정 3장 4절 25항] 말인 **방구다**(방이다의 강원도 방언)가 해석에 도움이 됩니다. 방구다는 '방+**구다**'로 분석되는데, 이때의 **구다**는 '下蠱'을 '노올(蠱, 기생충의 옛말) 구다(下)'로 역해한 데서 보듯이, (내려)놓다를 뜻하는 고어입니다[역해유해(1690) 상:62].

이다 또한 표준어 사정에서 '이으다'를 버리고 선택된 말로[표준어 규정 2장 4절 17항], '이으다'는 현재 **잇다**로 축약되어 사용되고 있습니다. '이다'는 주로 "머리 위쪽에 얹거나 두다"의 의미로만 쓰이고 있지만, '이다'와 '이으다'가 둘 다 함께 쓰이던 시절의 주된 의미는 '걸쳐놓다'였습니다. 따라서 '방+이다'는 "방에 걸쳐놓다, 방에 놓다"를 뜻하게 되지요.

한데, 이것을 흔히 '방치다'로 쓰게 된 것은 '방이다'가 갖고 있는 두 번째 뜻, 곧 "어떤 부분을 힘 있게 후려치다"에 영향을 받아 '방치다'의 정확한 의미 점검을 생략한 채 '방이다≒방치다'로 손쉽게 동일시하여 두 말을 뒤섞어 쓰게 되고, 결국은 '방치다' 쪽이 우세하게 됨에 따라 '방이다'를 밀어내고 그 자리를 차지하게 되어 벌어진 수의적 현상이 아닌가 생각됩니다.

'방치다'가 말이 안 되는 것은 '방'은 윷말이 가서 머무는 '밭(자리)'의 하나이므로, '방치다'를 용인하면 '밭(을) 치다'가 되어 윷말이 밭을 치는 괴이한 일을 용인하는 것이나 마찬가지가 되기 때문이지요.

또한, 위에서도 잠깐 언급했듯 '방치다'는 독립 낱말로는 전혀 쓰이지 않는 말입니다. 아래의 세 낱말에서 "(대충) 때우다"의 의미로 합성동사의 형태소로만 쓰일 뿐이므로, '방치다' 대신에 '방이다'의 제자리를 하루

속히 되찾아 주어야 할 것입니다.

☞ **돌라방치다<둘러방치다**⑤ 무엇을 살짝〈슬쩍 빼돌리고 그 자리에 다른 것을 대신 넣다.
얼러방치다⑤ ①두 가지 이상의 일을 한꺼번에 하다. ②일을 얼렁뚱땅하여 넘기다.

한편, 이 '방이다'를 '방이+다'의 꼴로 유추할 수도 있긴 합니다. 《중경지(中京誌)》〈사도설조(柶圖說條)〉에서 김문표(金文豹)는 윷판 중앙의 **방혀**는 북극성이라고 예시하고 있는데〔위에서 언급한 추성(樞星)이 아닌 북신(北辰)으로 본 것임〕, '방이+다'는 '방이+(하)다'의 줄임 꼴로도 볼 수 있으므로, 이를 따르면 '방혀+(하)다→방혀다→방이다' 즉 "북극성(중심)에 놓다"의 뜻이 되는 거지요. 오늘날에도 쓰이는 **방여**(方輿)는 "대지(大地) 또는 지구(地球)"를 이르는 말인데, 이 말을 이용하여 위와 같은 변화를 따르면 '방여(方輿)+(하)다→방여다→방이다'가 됩니다. "대지에(대지의 한가운데에) 놓다"의 뜻입니다. 하지만 이러한 고찰은 필자의 유추일 뿐, 확실한 전거가 있는 것은 아닙니다.

이 '방이다'와 관련하여, 익혀둬야 할 말로는 **뒤방이다**가 있습니다. 흔히 '뒷방치다'라고도 하는데, '뒷방치다'는 없는 말로 '뒤방이다'의 잘못입니다. 이 **뒤방이다**는 말판의 첫 밭에서 다섯 번째 자리인 모에서 중앙 쪽인 방 방향으로 가지 못하고(예를 들어 말이 윷자리에 있는데 개나 걸이 나온다든가 해서) 모 자리를 넘어가게 되어(즉 **뒷밭**으로 가게 되어) 뒷모 자리에서야 이윽고 방 쪽으로 방향을 틀어 나아가서 방이는 것을 말합니다. 출발점에서 보자면 열 번째 밭에서 방 쪽으로(위쪽으로) 꺾여 올라가 방이는 것이니, 13번째 밭이 되겠네요.

말판 쓰기에서 사용되는 알 수 없거나 헷갈리는 말들

문 명절 때 처가에 가서 동네 분들과 윷놀이를 하는데 어르신 한 분이 "두동사니 혼동이니 쨀밭으로 돌아! 그렇게 해서라도 가는 게 빨라!"라고 말씀하시던데, 도무지 그 말이 무슨 말인지 감조차 잡히지 않았습니다. 사투리인지요?

답 하하하. 언뜻 들으면 사투리라고 생각할지도 모르겠습니다. 하지만, 그 어르신은 바른 말을 아주 정확하게 사용하셨습니다.

두동사니는 "한 개의 말에 두 개의 말을 어우른 것"을 말합니다. 우리가 흔히 **두 동짜리, 석 동짜리** 하는 식으로 말하곤 하는데 이보다 훨씬 더 멋진 말은 각각 **두동사니/두동무니, 석동사니/석동무니**라고 하는 것이죠. 참고로, "한 개의 말에 여러 말을 어우르는 것"을 간혹 '묶(는)다'라고도 하는데 그건 잘못된 말이고요, 올바른 말은 **어우르다/업다/굽다**입니다. 또 하나 **새김**이라는 말을 알아두면 아주 좋은데요, "모나 윷이 나온 뒤나 상대편의 말을 잡았을 때, 윷을 한 번 더 던지는 것"을 이릅니다.

동무니는 의존명사로 "한 개의 말에 어우른 말을 세는 단위"입니다. 동의어로는 **동사니**가 있습니다. 예전에는 '동사니'가 의존명사로서는 '동무니'의 잘못으로 되어 있었지만 현재는 같은 말로 인정하고 있습니다.

두동사니 혼동이라는 말은 "윷말 하나에 두 동을 어우른(업은) 말 하나"라는 뜻입니다. **혼동**은 **혼**이라고도 하며 "말이 하나만(혼자) 가는 것"을 뜻하는데, **단동**이든 **두동사니**든 거기에 어우른 말의 숫자와는 무관합니다. 말판에 있는 말의 숫자에만 집중한 표현이거든요. '혼동'과 달리 '단동'은 "다른 말을 어우르지 않은 한 개의 말"을 뜻하며 '홀 말'이라고도 합니다.

쨀밭은 [쨀빤]이라고 발음하는데, 위에서 설명한 바와 같이 "윷판의 둘레를 따라 처음부터 열한 번째 자리인 찌도부터 열다섯 번째 자리인 찌모까지의 밭"을 뜻합니다. 위의 그림에서는 '뒷밭'과 '쨀밭'의 표기가 있는 사이의 밭인데, 말판 쓰기에서 가장 멀리 돌아가는 길이라고도 할 수 있지요.

윷 관련 낱말 정리

말판몡 고누, 윷, 쌍륙 따위에서 말이 가는 길을 그린 판.

밭몡 장기판, 고누판, 윷판, 바둑판 따위에서 말이 머무르는 자리.

  ☞**말판의 자리(밭) 이름:** 도/개/걸/윷/모(혹은 '돗밭/갯밭/걸밭/윷밭/모'라고도 함. 이곳을 **앞밭**이라 함)→뒷도/뒷개/뒷걸/뒷윷/뒷모(이곳을 **뒷밭**이라 함)→찌도/~개/~걸/~윷/~모(이곳을 **쨀밭**이라 함)→날도/~개/~걸/~윷/~모(이곳을 **날밭**이라 함)

참먹이몡 윷판의 맨 마지막 자리. 말의 출구로 여기서 먼저 빠져나가는 편이 이김. ☞출발할 때는 이곳을 **참**이라 하고, 빠져나갈 때는 **참먹이**라 하기도 함. 단, '참'은 《표준》에 없는 말로 민속사전에서 쓰이는 말.

방몡 윷판의 한가운데에 있는 밭. 말판의 정중앙. ╋자로 갈리는 부분. →**방치다**(×)/**방이다**(○)

  방이다동 ①말을 방에 놓다. ←'방치다'는 잘못. '방이어(방여)/방이니' 등으로 활용. ②어떤 부분을 힘 있게 후려치다.

  방구다동 '방이다'의 강원도 방언. ←표준어 사정에서 제외되었음.

  방을 따다관 윷놀이에서, 말을 방에서 첫 밭에 놓다.

  뒤방이다동 윷놀이에서, 뒷밭을 거쳐 말을 방에 놓다.

업다≒굽다동 한 말이 다른 말을 어우르다.

어우르다동 윷놀이에서 말 두 바리 이상을 한데 합치다.

앞밭몡 윷판의 첫 번째 자리인 도부터 다섯 번째 자리인 모까지의 밭.

  뒷밭몡 윷판의 둘레를 따라 여섯 번째 자리인 뒷도부터 열 번째 자리인 뒷모까지의 밭.

쨀밭(쨀빤)圐 윷판의 둘레를 따라 처음부터 열한 번째 자리인 찌도부터 열다섯 번째 자리인 찌모까지의 밭.

날밭(날빤)圐 윷판의 둘레를 따라 처음부터 열여섯 번째 자리인 날도부터 스무 번째 자리인 참먹이까지의 밭.

난밭圐 정한 범위를 벗어난 바닥.

꽂은밭圐 윷놀이에서, 윷판의 앞밭과 뒷밭 사이의 밭.

풋밭圐 윷판에서, 돗밭으로부터 윷밭까지의 밭.

앞모개≒**모개**圐 윷판의 모에서 방으로 가는 두 번째 자리.

사려圐 윷판의 방에서 참먹이로 가는 첫 번째 밭.

안찌圐 윷판의 방에서 참먹이로 가는 두 번째 밭.

안찌대다圖 윷놀이할 때에, 안찌에 말을 놓다.

속윷/속모圐 윷판에서, 모에서 찌모로 가는 네/다섯 번째 자리. 가장 멀리 돌아가는 길임.

사위圐 ①주사위/윷을 놀 때에 목적한 끗수. ②≒**큰사위**(놀이/노름에서 단번에 얻을 수 있는 많은 끗수. 주로 윷놀이에서의 모/윷).

단백사위圐 윷놀이에서, 마지막 고비에 이편에서 윷을 던져 이기지 못하면 그 다음에 상대편에서 도만 나도 이기게 될 때 이편에서 쓰는 말.

새김圐 윷놀이에서, 모나 윷이 나온 뒤나 상대편의 말을 잡았을 때, 윷을 한 번 더 던지는 일.

첫윷圐 윷놀이에서, 한 판의 맨 처음에 나오는 윷.

덕대놀이圐 윷으로 하는 노름의 하나. 한 사람을 덕대라고 정하고, 나머지 사람은 각각 돈을 태운 다음, 정해진 덕대가 윷을 던져 윷이나 모가 나오면 판돈을 그냥 차지하고, 그 이하일 때에만 윷을 놀아 승부를 결정한다.

덕대圐 ①광산 임자와 계약을 맺고 광산의 일부를 떼어 맡아 광부를 데리고 광물을 캐는 사람. ②≒**굿덕대**(광산에서 한 구덩이의 작업을 감독하는 책임자).

사리圐 ①윷놀이에서, '모'/'윷'을 이르는 말. ②≒**사려**(윷판의 방에서 참먹이로 가는 첫 번째 밭). ③'모'/'윷'을 던진 횟수를 세는 단위.

동圐 ①윷놀이에서, 말이 첫 밭에서 끝 밭을 거쳐 나가는 한 차례를 세는 단위. ②≒**바리**. 윷놀이에서, 말을 세는 단위.

동무니의 ≒**동사니**. 한 개의 말에 어우른 말을 세는 단위.

☞ '동사니/동무니'는 의존명사지만 복합어를 만들기도 함(예: 두동사니≒두동무니; 석동사니≒석동무니; 넉동사니≒넉동무니).

바리명 ①마소의 등에 잔뜩 실은 짐. ②마소의 등에 잔뜩 실은 짐을 세는 단위. ③윷놀이에서, 말 한 개를 이르는 말.

혼동≒**혼**명 윷놀이에서, 말이 하나만(혼자서, 단동 여부 불문) 가는 일.

단동(單−)명 ①윷놀이에서, 말이 첫 밭에서 끝 밭을 거쳐 나가는 첫 번째 차례. 첫 번째 나는 말. ②윷놀이에 쓰는 한 개의 말. ≒**홑 말**.

참윷명 윷가락이 곧추 올라갔다가 떨어지게 위로 높이 던지는 윷.

벌윷명 ①윷놀이에서, 정한 자리 밖으로 떨어져 나간 윷짝. ②윷판 없이 노는 윷.

풋윷명 익숙하지 못한 윷 솜씨.

장작윷(長斫−)명 길고 굵게 만든 윷.

밤윷명 밤을 쪼갠 조각처럼 잘고 뭉툭하게 만든 윷짝.

생윷(生−)명 윷놀이에서, 말을 새로 달아 네 밭을 따로따로 쓰게 된 사위.

보리윷명 법식도 없이 아무렇게나 던져서 노는 윷을 낮잡는 말.

팔방돌이명 ①이곳저곳 여러 군데를 도는 일. ②윷놀이에서, 말이 윷판의 사방을 돌아 가장 먼 길로 가는 일.

윷놀이채찍명 대궐을 지키는 병정이 가지던 채찍.

윷진아비명 내기나 경쟁에서 자꾸 지면서도 다시 하자고 자꾸 달려드는 사람의 비유.

윷짝 가르듯관 [비유] 판단이 분명함.

울고 웃는 노름판은
인생의 축소판

우린 어쩌다 노름판의 '대박'까지 꿈꾸게 되었을까

문 2014년 신년 기자회견에서 박근혜 대통령이 "통일은 대박"이라는 말을 했는데, 한 재미동포가 그와 똑같은 내용의 광고를 2014년 2월 5일 뉴욕 맨하탄 중심가 타임스스퀘어에 게재하여 주목을 받은 적이 있습니다. 여기서 사용된 '대박'이라는 말이 제가 알기로는 노름판에서 나온 것으로 알고 있는데 맞는지요? 그리고 이런 노름판 용어와 같은 속어를 대통령이 스스럼없이 내놓고 사용해도 되는 건가요?

답 그렇습니다. **대박**은 노름판에서 연유한 말입니다. **대박**은 박 중에서도 아주 큰 박으로 "어떤 일이 크게 이루어짐"을 뜻하는 말로 발전되었지요. 여기서 쓰인 **박**은 "노름판에서 여러 번 패를 잡고 물주 노릇을 하는 사람"을 뜻하는 **박주**(-主)의 준말이기도 하지만, 노름에서 "여러 번 지른 판돈을 세는 단위"이기도 합니다. 즉, **박**은 이미 여러 번 돈을 건(태운) 상태이기 때문에 판돈은 클 수밖에 없고, 그런 박 중에서도 아주 큰 박이니 정말 큰돈일 수밖에 없고요. 그래서 요즘은 **대박**이 그와 같이 "어떤 일이 아주 크게 이뤄진 것"을 비유적으로 이르는 말로 쓰이게 되었지요. 따라서 속어가 아닌 중립적인 말이므로, 공식 용어로 사용해도 되는 말이라 할 수 있습니다.

☞ 질문에서 '맨하탄'으로 표기한 Manhattan의 올바른 외래어 표기는 원지음 규정에 따라 **맨해튼**이다. 흔히 쓰는 말이면서도 틀리기 쉬운 까다로운 표기 중의 하나이다. '해'에 악센트가 들어가 있어서 그렇다.

노름판에서 벌어지는 일들은 변화무쌍하고 그 변전을 예측할 수 없으며, 급전직하가 있는가 하면 그 반면에 운수가 좋아 요행히 행운을 거머쥐는 드문 일도 생기죠. 그런 점에서 노름판과 인생은 부분적으로 닮은 꼴로 여겨질 때도 있고요. 그래서일까요. 노름판에서 벌어지는 일들이 인생 판에서도 비슷하게 일어날 때 노름판 용어를 그대로 갖다 쓰는 일들이 많습니다.

이를테면 **끗발**은 본래 "좋은 끗수가 잇따라 나오는 기세"를 뜻하는 노름판 용어인데요. 삶의 현장에서의 끗발은 "아주 당당한 권세/기세"가 됩니다. **장땡** 역시 원래는 화투 노름의 하나인 **도리짓고땡**(≒짓고땡. 다섯 장의 패 가운데 석 장으로 열 또는 스물을 만들고, 남은 두 장으로 땡 잡기를 하거나 끗수를 맞추어 많은 쪽이 이기는 화투 노름)에서 "열 끗짜리 두 장을 잡은 제일 높은 끗수"를 뜻하는 말인데, 우리의 삶 속에서는 "가장 좋은 수/최고"를 뜻하는 속어로 자리 잡은 지 오래지요.

☞ 도리짓고땡에서 일부 유통되고 있는 **(삼팔) 광땡**은 변형 규칙으로 일부에서 채택한 것이어서 **광땡**이라는 말 자체가 사전에 없다. 속어로 쓰일 때는 **왕땡**(王-)이 **장땡**과 같은 말이다.

노름에서 가장 낮은 끗수라서 아주 하찮고 제일 힘없는 것은 한 끗(**따라지**)입니다. 여기서 하찮고 따분한 처지를 이르는 **따라지신세**라는 말이 나왔습니다. "남에게 매여 보람 없이 사는 하찮은 목숨"이라는 뜻의 **따라지목숨**도 그렇게 해서 만들어졌고요. '따라지' 중에서도 세 끗과 여덟 끗을 합하여 된 한 끗을 특히 **삼팔따라지**라는 말로 가장 하찮게 여기는데요. 거기에 38선으로 분단된 민족적 특수 상황이 덧칠되면서 '삼팔따라지'는 "삼팔선 이북에서 월남한 사람"을 뜻하는 속어로도 널리 쓰이게 되었습니다. 노름판에서 가장 하찮게 여겨지는 따라지가 인생 판에서도 가장 하찮고 힘없는 존재를 뜻하게 된 것이죠. 정녕 인생이란 것이 언제든 맘만 먹으면 그 판에서 뛰쳐나올 수도 있는 도박 따위와 같은 가벼운 것이 결코 아님에도 말이죠.

이 '대박'과 연관되는 **박/물주/끗발/장땡/(삼팔)따라지** 등의 관련 낱말은 뒤에 한군데로 몰아 정리하겠습니다. 그중 "일/행동의 맨 처음 국면"을 뜻하는 **첫밗**은 흔히 '첫박'으로 잘못 적기도 하는데 주의해야 합니다.

따도 잃어도 이래저래 그만두기 힘든 노름

"노름에 미쳐 나면 여편네(처)도 팔아먹는다."는 속담이 있잖습니까? 풀이를 보니 "사람이 노름에 빠지면 극도로 타락하여 노름 밑천 마련에 수단을 가리지 않음을 비유적으로 이르는 말"이라고 되어 있더군요. 이때 쓰인 **노름 밑천**과 "본전 생각난다."고 할 때의 **본전(本錢)** 그리고 노름판에서 본전 대신에 쓰는 **살돈**이란 말도 보이던데 이것들은 어떻게 다른가요?

밑천이란 "어떤 일을 하는 데 바탕이 되는 돈/물건/기술/재주 따위"를 이르는 일반적인 말입니다. (속어로는 남자의 성기를 뜻하기도 합니다). 그리고 **본전(本錢)**에는 여러 가지 뜻이 있지만 노름판에서 이르는 본전은 "장사/사업을 할 때 본밑천으로 들인 돈"으로, 노름 밑천이란 말과 흡사하지만 똑같은 말은 아니랍니다. **살돈**은 "노름의 밑천이 되는 돈"이므로 노름 밑천이란 말 대신에 쓸 수 있는 말이고요.

노름 밑천을 특히 **살밑천**(노름할 때 쓰는 밑천)이라고도 하는데, 여기서 살이란 "노름판에서, 걸어 놓은 몫에 덧붙여 더 태워 놓는 돈"을 말합니다. **본살**[本-](노름판 따위에서 밑천으로 가졌던 본디의 돈. 흔히 잃은 것을 셈할 때 쓴다)이란 말도 노름 밑천과 밀접하게 관련되는 말이고요.

노름 밑천/본전 등과 관련된 말 중 **불전**(노름판 자리를 빌려준 집주인에게 떼어주는 돈)과 **주머니밑천**(주머니에 늘 넣어 두고, 좀처럼 쓰지 아니하는 약간의 돈) 등은 기억해 둘 만합니다. 위에 보인 '불전(-錢)'은 [불쩐]으로 발음합니다. '밑천' 관련 낱말은 '노름 관련 낱말 정리' 말미에 정리해 붙일 테니 참고하셔요.

속거나 속이거나, 노름판은 야바위판

문 무슨 시합이나 게임 같은 데서 속임수를 써서 이기면 **야바위판**이라고들 하잖습니까? **야바위판**의 정확한 의미가 무엇인지요? 노름판의 속임수에서 온 말인가요?

답 그렇습니다. 본래 **야바위**는 "속임수로 돈을 따는 중국 노름의 하나"를 뜻하는 말인데, 이 속임수를 쓰려면 그럴듯하게 여러 가지를 꾸며야 하기 때문에 나중에는 협잡(挾雜, 옳지 아니한 방법으로 남을 속임)의 수단으로 그럴듯하게 꾸미는 일까지도 야바위라 이르게 되었습니다. 흔히 '네다바이'라고도 하던 **네타바이**([일본어]. 교묘하게 남을 속여 금품을 빼앗는 짓)도 이 야바위와 비슷한 말인데요. 야바위는 우리말이고 네타바이는 외래어로 **사기/야바위**로 순화해서 써야 할 말입니다.

야바위판이란 결국 "여러 사람이 야바위 치는 판국"이지요. 정치판을 두고 야바위판이라고 비하하거나 자탄하는 경우가 잦은데, 아무래도 옳지 아니한 방법으로 목적을 쟁취하거나 임시변통으로 국민을 속이는 일이 잦아서 그러지 싶습니다.

이 야바위 외에도 "노름판 따위에서, 속임수를 써서 남의 돈을 빼앗는 짓"을 **생생이**라고 합니다. 그런 판은 **생생이판**이 되고요. 노름판에서는 '패를 속이는 짓'이 가장 흔히 벌어지는데, 그것은 **가장질**이라 하지요.

이러한 가장질 따위를 하지 않고도 운 좋게 좋은 패들이 잘 나오는 날이 있습니다. 그럴 때 "오늘은 손속이 좋다"거나 "손덕이 붙는다."고 하는데요. 이때의 **손속**은 "노름할 때에 힘들이지 아니하여도 손대는 대로 잘 맞아 나오는 운수"를 뜻하고, **손덕**은 "노름할 때에 우연히 잘 맞아 나는 운수"를 뜻합니다. 손속을 한자어로는 **수덕**(手德)이라고도 하지요.

노름 관련 낱말 정리

박 [명] ① ≒**박주**(-主) 노름판에서, 여러 번 패를 잡고 물주 노릇을 하는 일. 그런 사람. ②노름에서 여러 번 지른 판돈을 세는 단위.

물주(物主) [명] ①공사판/장사판에서 밑천을 대는 사람. ②노름판에서, 선을 잡고 아기패를 상대로 이기고 짐을 겨루는 사람.

아기패 [명] 노름판에서, 물주를 상대로 승부를 다투는 사람/패거리.

대박(大-) [명] [비유] 어떤 일이 크게 이루어짐.

자박 [명] 사금광에서 캐어 낸 생금(生金)의 큰 덩어리.

첫박 [명] **첫밗**(일/행동의 맨 처음 국면)의 잘못.

끗발 [명] ①노름 따위에서, 좋은 끗수가 잇따라 나오는 기세. ②아주 당당한 권세/기세.

장땡 [명] ①화투 노름에서, 열 끗짜리 두 장을 잡은 제일 높은 끗수. ②[속] ≒ **왕땡**(가장 좋은 수/최고).

따라지 [명] ① ≒**삼팔따라지**. ②[속] 보잘것없거나 하찮은 처지에 놓인 사람/물건.

삼팔따라지(三八-) [명] ①노름판에서 세 끗과 여덟 끗을 합하여 된 한 끗. ②[속] 삼팔선 이북에서 월남한 사람.

따라지목숨 [명] 남에게 매여 보람 없이 사는 하찮은 목숨.

따라지신세 [명] 노름에서 삼팔따라지를 잡은 신세라는 뜻으로, 하찮고 따분한 처지.

가보(←(일본어) kabu)명 노름에서, 아홉 끗을 이르는 말.

가보치기/가보대기(←(일본어) kabu-)명 **가보잡기**(노름에서, 두 장이나 석 장을 뽑아서 아홉 끗 잡기를 내기함)의 잘못.

가보낭청(←(일본어) kabu-)명 노름에서 가보 쪽을 내놓으며 외치는 말.

켜명 노름하는 횟수를 세는 단위.

두럭명 ①놀/노름을 하기 위하여 모인 사람의 무리. ②여러 집이 한데 모여 이루어진 집단.

개평명 노름/내기 따위에서 남이 가지게 된 몫에서 조금 얻어 가지는 공것. ¶~꾼.

개평술명 노름/내기 따위에서 이긴 사람이 진 사람을 위하여 내는 술.

가장질명 노름판에서 패를 속이는 짓.

야바위명 ①속임수로 돈을 따는 중국 노름의 하나. ②협잡의 수단으로 그럴 듯하게 꾸미는 일.

야바위판명 여러 사람이 야바위 치는 판국.

생생이명 노름판 따위에서 속임수를 써서 남의 돈을 빼앗는 짓. ¶생생이판

뺑뺑이명 ①판이 돌아가는 동안 화살 같은 것으로 맞혀 그 등급을 정하는 기구. 또는 그런 노름. ②[속] 춤 교습소에서 남녀가 춤추는 일.

먼지떨음명 ③[비유] 노름/내기 따위를 할 때 연습 삼아 한번 겨루어 봄. ①[비유] 겨우 옷의 먼지만 떨 뿐이라는 뜻으로, 어린아이에게 엄포하기 위해 아프지 않을 정도로 때리는 일. ②[비유] 걸어 두었던 옷의 먼지를 떤다는 뜻으로, 오래간만에 나들이하는 일.

곤드기장원(-壯元)명 노름판에서, 서로 비기게 된 일.

맞통명 노름에서, 물주와 아기패의 끗수가 같게 된 경우를 이르는 말.

대매명 노름/내기 따위에서, 승부를 마지막으로 결정함. 또는 그런 일. ¶~하다동

맞대매명 단 두 사람이 마지막으로 우열/승부를 겨룸.

판막음≒판막이명 그 판에서의 마지막 승리. 또는 마지막 승부를 가리는 일.

판몰이명 노름판에서 한 사람이 판돈을 모두 따서 몰아가는 일.

고주(孤注)명 노름꾼이 남은 돈을 한 번에 다 걸고 마지막 승패를 겨룸.

막걸다통 노름판에서 가진 돈을 모두 걸고 단판 내기를 하다.

막놓다통 노름에서 몇 판에 걸쳐서 잃은 돈의 액수를 합쳐서 한 번에 걸고 다시 내기를 하다.

엎어삶다통 ①그럴듯한 말로 남을 속이어 자기의 뜻대로 되게 하다. ②노름판에서 그 판에 이겨 차지할 돈/물건 따위를 전부 그대로 태워 놓고, 다음 승부를 겨루다.

엎다통 이미 있어 온 일/주장 따위를 깨뜨리거나 바꾸어서 효력이 없게 하다. ¶통설을 엎다

곱새치기명 노름판에서 돈을 곱거는 일. 또는 그런 노름.

홀거리명 투전 노름에서 일·이에 돈을 태울 때에 일에 태우는 돈.

뒤걸이명 투전 따위의 노름에서 돈을 걸라고 바닥에 몇 장 깐 것 가운데 맨 끝의 것에 돈을 거는 일. 또는 거기에 건 돈.

뒤턱명 노름판에서 남에게 붙여서 돈을 태우는 짓.

길꾼명 노름 따위에 길이 익어 능숙한 사람.

손덕(-德)명 노름할 때 우연히 잘 맞아 나는 운수.

손속≒수덕(手德)명 노름할 때에 힘들이지 아니하여도 손대는 대로 잘 맞아 나오는 운수.

삼십육계(三十六計)명 ①물주가 맞힌 사람에게 살돈의 서른여섯 배를 주는 노름. ②서른여섯 가지의 꾀. 많은 모계(謀計)를 이른다.

삼십육계 줄행랑을 놓다(부르다/치다)관 매우 급하게 도망을 치다.

큰사위명 놀이/노름에서 단번에 얻을 수 있는 많은 끗수. 주로 윷놀이에서 모/윷을 이른다.

싸래기명 예전에 장터에서, 창호지를 썰어 녹두알처럼 작게 만들어 접시 위에 놓아두고 글씨가 쓰인 알을 집는 사람이 이기는 노름.

덕대놀이명 윷으로 하는 노름의 하나. 한 사람을 덕대라고 정하고, 나머지 사람은 각각 돈을 태운 다음, 정해진 덕대가 윷을 던져 윷/모가 나오면 판돈을 그냥 차지하고, 그 이하일 때에만 윷을 놀아 승부를 결정한다.

오불효(五不孝)명 다섯 가지의 큰 불효. 게을러서 부모를 돌보지 않는 일, 노름/술을 좋아하여 부모를 돌보지 않는 일, 재물/처자만 좋아하여 부모를 돌보지 않는 일, 유흥에 빠져 부모를 욕되게 하는 일, 성질이 사납고 싸움을 잘하여 부모를 불안하게 하는 일을 이른다.

잡기판(雜技-)명 잡스러운 여러 가지 노름을 하는 자리.

주색잡기(酒色雜技)명 술과 여자와 노름을 아울러 이르는 말.

동당치기명 투전/골패 따위로 하는 노름의 하나.

가귀대기명 투전에서 열다섯 끗 뽑기로 내기하는 노름.

격뜨기(格-)명 골패/화투 따위로 끗수를 맞추어 내기를 하는 노름. ¶~하다[格-]동

느러땡이≒늘어땡이명 골패 노름의 하나.

갚아먹기명 노름의 하나. 돈치기할 때 맞히는 대로 따는 내기를 이른다.

땡땡구리명 골패/투전 따위의 노름에서 돌려 가며 짝을 뽑다가 같은 짝을 뽑는 것.

태우다동 노름/내기에 돈/물건을 걸다.

지르다동 도박/내기에서 돈/물건 따위를 걸다.

곱걸다동 노름/내기에서 돈을 곱으로 걸다.

따내다동 ①노름, 내기, 경기 따위에서 이겨 돈/상품 따위를 얻어 내다. ②점수/자격 따위를 얻어 내다.

도둑노름하다동 으슥한 곳에 들어앉아 남에게 들키지 않게 몰래 노름하다.

▶밑천 관련 낱말

본전(本錢)명 ①꾸어 주거나 맡긴 돈에 이자를 붙이지 아니한 돈. ②장사/사업을 할 때 본밑천으로 들인 돈. ③원가 또는 그것에 해당하는 돈.

밑천명 ①어떤 일을 하는 데 바탕이 되는 돈/물건/기술/재주 따위. ②[속]남자의 성기.

본밑천(本-)명 실제로 자본으로 들여놓은 본디의 기본 자산(資産).

한밑천명 한몫할 만한 밑천이란 뜻으로, 일을 이루는 데 큰 도움이 될 만

한 돈/물건 따위.

주머니밑천몡 주머니에 늘 넣어 두고, 좀처럼 쓰지 아니하는 약간의 돈.

살밑천몡 노름할 때 쓰는 밑천.

글밑천몡 글을 배워서 알고 있는 지식.

말밑천몡 ①말을 끊지 아니하고 계속 이어 갈 수 있는 재료. ②말하는 데 들인 노력.

살몡 노름판에서 걸어 놓은 몫에 덧붙여 더 태워 놓는 돈.

살돈몡 노름의 밑천이 되는 돈.

본살(本-)몡 노름판 따위에서 밑천으로 가졌던 본디의 돈. 흔히 잃은 것을 셈할 때 쓴다.

본살하다(本-)동 노름판 따위에서 잃었던 밑천을 되찾다.

노름채(-債)몡 노름판에서 물어 줄 돈.

불전(-錢)[불쩐]몡 노름판에서 자리를 빌려 준 집주인에게 떼어 주는 얼마의 돈.

참으로 곤란한 '곤색'은 어디서 왔을까?

문

아래 예로 든 언론 기사나 유명인의 글을 보면 아직도 **곤색**이라는 말이 심심찮게 나오더라고요. 우리말 순화 운동으로 사라진 줄 알았는데…. 그거 일본어 아닌가요?

답

맞습니다. **곤색**은 그동안 일본어 투 추방 운동에 힘입어 대부분 이 말의 표기가 **감색**으로 바로잡혔지만 일부 언론에서는 아직도 걸러지지 않은 채로 쓰일 정도로, 뿌리 깊게 퍼져 있는 대표적인 반쪽 일본어 혼혈종입니다.

원세훈 전 국정원장은 법정에서 입었던 푸른색 수의 대신 짙은 **곤색** 양복에 흰색 셔츠 차림이었다. (ㄱ일보, 2014. 5. 24.)

곤색 양복에 흰색 점이 박힌 파란색 넥타이를 맨 박원순 당선인은 연회색에 검정색 바지를 입은 부인과 함께 환호하는 지지자들과 일일이 악수를 나누면서 그동안의 노고를 치하했다. (ㄴ일보, 2014. 6. 5.)

여기서 사용된 **곤색**은 우리말에 없는 말입니다. '곤색'의 곤-은 일본어 표기 紺色에서 紺을 음독한 것으로, **감색**(紺色)의 잘못이거든요. **감색**은 "① 짙은 청색에 적색 빛깔이 풍기는 색. ② 어두운 남색"으로 암청색

(暗靑色, 어두운 파란색) 또는 검남색에 가까운 색을 뜻합니다. 감색 양복은 우리나라 사람들이 가장 흔히 입는 정장 양복 색깔이기도 해서 이 '곤색'이라는 말이 널리 퍼지게 되었습니다.

☞ **'곤색'의 외래어 인정**: 일본어에서는 **紺色**을 곤이로로 읽는데, 그중 곤만을 따라서 우리말 색(色)과 결합시킨 것이기 때문에 반쪽이라 한 것이다. 그런데 이 **곤색**에 대해서 《표준》에서는 원말을 **감색**으로 규정하여 외래어로 인정하는 태도를 보이고 있다. 그것도 "어두운 남색"의 의미로만 제한적으로 인정하고, "짙은 청색에 적색 빛깔이 풍기는 색"으로는 여전히 **감색**만을 인정하고 있다. 이러한 어정쩡한 조치는 아무래도 **곤색**의 사용 빈도가 높은 점을 고려한 듯하지만, **감색**이라는 버젓한 우리말이 있는데다, 그동안 힘들여 벌인 일본어 투 추방 운동으로 얻은 소중한 소득(**감색**으로의 복귀)을 고려하지 않은 일이기도 해서 어떤 식으로든 **곤색**을 외래어로 인정하는 것은 문제적이라 아니할 수 없고, 뜻 또한 까다롭게 제한해 놓아 옹색하기 그지없다. 차라리 하지 않음만 못하다.

참고로, 북한에서는 **감색**(짙은 청색에 적색 빛깔이 풍기는 색)의 의미로는 **곤청색**([일본어]kon[紺]+靑色)을 표준어로 삼고 있습니다.

'소라색'이 하늘색이라고?

문 연예인 동정 보도 기사에서 아래 예와 같이 "**소라색** 블라우스"라는 표현이 있던데, 소라색이 무슨 색인가요? 바닷가에서 대하는 소라라면 좀 어둡거나 칙칙한 암갈색 내지는 회갈색일 텐데, 그런 색을 뜻하는 말인가요?

답 아닙니다. 흔히 쓰는 **소라색**은 갑각류 소라에서 온 말이 아니라, 일본어에서 하늘을 뜻하는 공(空)을 훈독한 **소라**(そら)에서 온 말이랍니다. **소라색**은 앞에서 설명한 **곤색**과 마찬가지로 일본어에서 '소라'라는 발음을 따오고 그 뒤에 우리말 '색(色)'을 붙인 기형적인 혼혈어라 할 수 있습니다. 그냥 **하늘색**으로 써도 될 것을 **소라색**이라는 말로 품격을 좀 높인다고 한 것인데, 실은 무지를 드러내는 일이기도 하지요.

> 티파니는 하늘거리는 **소라색** 블라우스에 블랙 핫팬츠로 사랑스러운 분위기를 풍겼다. (ㅁ일보, 2013. 07. 26.)
>
> 인천공항에 모습을 드러낸 한지혜는 역시 모델 출신답게 통이 넓은 긴 바지에 **소라색** 블라우스를 매치해 시크한 공항 패션을 선보였다. (ㅋ-TV 2011. 05. 10.)

저도 모 일간지에서 무더운 여름철에 입을 민소매 원피스를 권하면서 "보라, 핑크, **소라** 등 3가지 색으로 산뜻하면서도 사랑스럽게 연출하기 좋다"는(ㅁ경제, 2010. 07. 19.) 식으로, 아예 **소라**를 멋있는(?) 색깔의 명칭으로 독립시킨 것을 보았는데요. 이는 지나친 '반쪽 외국어' 남용 버릇과 더불어 패션계에 종사하는 이들의 관행적 실수 중 하나라고 해야 할 것입니다. 거듭 말하지만, 우리말 **하늘색**(맑은 하늘의 빛깔과 같은 연한 파랑)만으로도 충분히 색감을 표현하고 남거든요.

☞ **'반쪽 외국어' 남용 버릇**: 위 기사에 쓰인 **시크한**이라는 말은 앞서 외래어 오용 부분에서 설명한 대로 **멋진/세련된**이라는 뜻을 지닌 영어 형용사 chic에 '-한'이라는 우리말을 덧붙인 괴상한 조어인데, 이런 표현 대신에 **세련된**이라는 말로 적는 것이 진짜로 세련된 어법이다. 이와 비슷한 예로는 **아이러니칼하게도** 따위도 있는데, 이 말도 **역설적이게도**로 바꿔도 충분하다.

색깔 명칭 표기와 관련하여 주의해야 할 게 있습니다. 설령 '소라'가 하늘을 뜻하는 우리말이라 할지라도 '보라/핑크'는 '보라색/핑크색' 등과 동의어지만, '하늘'을 뜻하는 '소라'만으로는 '하늘색'과 동의어가 될 수 없기 때문에, '보라, 핑크, 소라 등 3가지 색'이라 한 것은 이 점에서도 잘못된 표기랍니다. 이와 반대의 경우도 있어요. '빨강/검정/파랑'은 이

말만으로도 독립적인 색깔을 뜻하는 말이기 때문에, '빨강색/검정색/파랑색'은 도리어 잘못이지요. '-색'을 붙여 표현하려면 각각 '빨간색/검은색/파란색(청색)' 등으로 적어야 한답니다. 다시 말해서 '빨강'은 '빨간색'과 동의어지만, '빨강색'은 없는 말이에요.

소라색 얘기가 나온 김에, 흔히 쓰는 **고동색**을 살펴보기로 합니다. '고동색'의 '고동'은 '소라/고동'에서의 그런 갑각류를 뜻하는 게 아니라 **고동색**(古銅色)이라는 한자어랍니다. 즉, 오래된 구리(銅) 빛과 같은 색이라는 말인데 "①검붉은 빛을 띤 누런색. ②어두운 갈색"을 뜻하죠. **고동빛**이라고도 합니다.

이와 비슷하지만 주의해야 할 말로 **오동색**도 있답니다. 뜻풀이를 보면 "오동(烏銅)의 빛깔과 같이 검은빛을 많이 띤 붉은색"이라 되어 있는데 이때의 오동은 **오동**(梧桐)**나무**와는 무관합니다.

오동(烏銅)은 "검붉은 빛이 나는 구리"를 뜻합니다. **오금**(烏金, 구리에 1~10%의 금을 섞은 합금. 빛이 검붉으며 장식용으로 쓴다)과 같은 광택이 있어 장식품으로 많이 쓰는데, 예전에 많이 유통되던 **오동수복**(烏銅壽福, 백통으로 만든 그릇에 검붉은 구리로 '壽'나 '福'자를 박은 것), **오동시계**(烏銅時計, 껍데기를 검붉은 구리로 만든 시계), **오동딱지**(烏銅-, 검붉은 빛이 나는 구리로 만든 회중시계의 껍데기)와 같은 것이 이 오동을 써서 만든 대표적인 것들이지요. **오동철갑**(烏銅-, 때가 묻어 온통 까맣게 됨. 또는 그런 빛)이란 말도 검붉은 색깔에서 나온 말이고요.

이처럼 색깔을 뜻하는 한자어 중에 좀 까다로운 경우로 **유록색**과 **육계색**도 있는데요. '유록'은 유록(柔綠)이 아니라 **유록**(柳綠)으로 적으며, '육계'는 육계(肉鷄)가 아닌 **육계**(肉桂)로 적는데, 각각 "봄날의 버들잎의 빛깔과 같이 노란빛을 띤 연한 초록색"과 "계수나무 껍질의 빛깔과 같이 검붉은 빛을 띤 누런색"을 뜻합니다. 버들잎에서 '柳-'가 오고, 계수나

무에서 '桂–'가 온 말들인데, 드물게 쓰이지만 색깔 구분에서 꽤나 까다로운 말들이기도 하죠.

카키색은 국방색일까, 수박색일까?

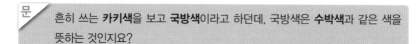

문 흔히 쓰는 **카키색**을 보고 **국방색**이라고 하던데, 국방색은 **수박색**과 같은 색을 뜻하는 것인지요?

답 생활 속에서 쓰이는 말 중에 무척 혼란을 겪는 말 중의 하나가 바로 이 **카키색**일 것입니다. 카키색은 말씀하신 대로 **국방색**(國防色)과 비슷하긴 한데, 문제는 이 국방색이 짙은 초록색을 뜻하는 **수박색**과는 전혀 다른 색이라는 거죠. "육군의 군복 빛깔과 같은 카키색이나 어두운 녹갈색"을 뜻합니다. 즉, 황갈색 내지는 녹갈색 쪽이므로, 수박색과는 전혀 다르답니다. (뒤에 적겠지만, 이 뜻풀이를 뒷부분까지 보지 않고 '육군의 군복 빛깔'만 보면, 헷갈리기 딱 좋은 설명이긴 합니다.)

본래 **카키**(khaki)는 "인도의 흙모래"를 뜻하며, 거기서 영국인들이 따와서 널리 퍼지게 된 말입니다. 즉, 모래색깔과 같은 탁한 황갈색으로 2차세계 대전 중에 영국 군인들은 이 카키색 군복을 입었습니다. 미군도 이 카키색 군복을 입었고요. 이를 '국방색'과 비슷하다고 설명하게 된 것은, 해방 후 정부 수립 전까지 미군정에서 설치·운영한 국방경비대를 국방군으로 부르기도 했는데 국방색이란 그 시절의 군복 색깔을 뜻합니다.

그때의 제복 색깔이 탁한 황갈색, 곧 카키색이어서 '카키색'의 설명에 '국방색'이라는 말이 쓰이게 된 것이지요. 그런데 국군이 창설되면서 군복 색깔도 바뀌게 되었지만, 국방색을 여전히 바뀐 군복의 색깔로 넘겨짚는 일이 생기면서 '카키색'을 '수박색'으로 오인/오용하는 일도 벌어졌습니다. 하지만, 수박색은 짙은 초록색이고, 카키색은 탁한 황갈색으로 두 색은 전혀 다른 색입니다. 그러므로 이제는 이 국방색의 뜻매김에서 헷갈림이나 넘겨짚기를 없애기 위해서라도 그저 '육군'이라고만 하지 말고 '예전의 국방경비대 및 국방군 시절의 육군'이라고 말을 붙여서 좀 더 명확하게 특정할 필요가 있습니다.

참고로, **국군**은 **국방경비대**(1945. 11.~1948. 10. 미군정 시절)→**국방군**(~6.25전쟁)→**국군**(1948. 11.~현재)의 과정을 거쳐 정착된 말인데요. 그중 국방군은 정식 명칭이 아닙니다. 하지만, 국방경비대의 명칭이 단기간에 숱한 변경을 겪게 되어(국방경비대→ 남조선국방경비대→ 조선경비대) 일반인들에게는 혼란스러웠을 뿐만 아니라, 6.25전쟁과 공비 토벌에서 '인민군'의 상대어로 '국방군'이 흔히 쓰이게 됨에 따라 일상화된 말이지요. '국군'은 1948.11. 국군조직법이 국회에서 통과됨에 따라 종전의 통위부가 국방부로 개칭되면서, 정식으로 쓰이게 된 명칭이랍니다.

물색도 모르면서 물색옷이라 하면 곤란하다

문
어떤 글에서 "알록달록한 무색옷을 곱게 차려입은 예쁜 아이"라는 걸 보았는데, **무색옷**이 어떻게 알록달록할 수 있나요? 혹시 물을 들인 '물색옷'을 잘못 적은 것이 아닌가요?

답
충분히 그렇게 생각할 수 있습니다. '무색옷'을 흔히 아무 색깔이 없는 '무색(無色) 옷'으로 생각하기 쉽기 때문이지요. 그러나 이 **무색옷**은 의외로 "물감을 들인 천으로 만든 옷"이라는 뜻으로 **색복**(色服)/**색옷**(色-)/**색의**(色衣)와 동의어입니다. 아무 색깔이 없는 옷이라는 뜻의 '무색 옷'은 한 낱말이 아니므로 띄어 적어야 하고요.

무색옷에서의 **무색**은 "물감을 들인 빛깔"이라는 뜻인데, 이 말은 [물+색]에서 'ㄹ'이 탈락한 말입니다. 이때의 '물'은 '물을 들이다' 등에서처럼 "물감이 물건에 묻어서 드러나는 빛깔"을 뜻합니다. 이제 어째서 무색옷에서의 무색이 무색(無色)이 아니라 '물감을 들인 빛깔'을 뜻하는 말인지 이해가 되셨나요?

질문 중에 언급하신 '물색옷'은 사전에 없는 말입니다. '물색 옷'으로 띄어 적을 수는 있는데, 그럴 경우에는 **물색**(-色, 물의 빛깔과 같은 연한 파랑)의 옷이 됩니다. 즉, 연청색 빛깔의 옷이라는 뜻이지요.

참, 이 물색에는 위에서 설명한 물색(-色) 외에 **물색**(物色)이란 말도 있습니다. "①어떤 물건이 띠고 있는 빛깔. ②어떤 기준으로 거기에 알맞은 사람/물건/장소를 고르는 일. '찾아냄'으로 순화. ③어떤 일의 까닭/형편. ④자연의 경치" 등을 뜻하는 말이지요. 흔히 "물색도 모르고 설친다."고 할 때의 물색은 ③번의 뜻으로 쓰인 경우지요.

이 무색옷처럼 약간 까다로운 말 중에 **반물색**(-色)도 있습니다. "검은 빛을 띤 짙은 **남색**"을 뜻합니다. 또한 얼른 알아보기 힘든 색깔 표기 중에 **갈매/갈매색/갈맷빛**도 있는데요. 모두 같은 말로 **진녹색**(津綠色, 짙은 초록색)을 일컫는 말입니다. 잎은 물론이고 어린 가지와 꽃도 녹색인 갈매나무에서 연유한 말이 아닐까 짐작해 봅니다.

참고로, **진하다**(津-, ①액체의 농도가 짙다. ②기체의 밀도가 높다. ③빛깔이 짙다)에 쓰인 **진**(津)-은 짐작과는 달리 한자어랍니다. 한자로는 널리 알려진 **나루/언덕**이라는 뜻 외에 **넘치다/윤택하다**는 뜻도 갖고 있거든요. **진액**(津液, 생물의 몸 안에서 생겨나는 액체. 수액/체액 따위)이나 **진회색/진녹색/진갈색** 등에서 쓰이는 한자도 모두 津-입니다.

별의별 색이 다 있다지만 혼인색이라니?

문 일부 동물이 천적으로부터 자신을 보호하기 위해 띈다는 보호색은 잘 알겠는데 혼인색은 처음 들어봅니다. 무슨 색인가요?

답 일부 동물의 번식기에 이성 개체의 눈길을 끌기 위하여 보통 때와는 달리 나타나는 색/무늬를 이르는 말이죠. 이 **혼인색**은 번식기의 성징(性徵)으로 주로 수컷들에게서 나타납니다. 피라미/도마뱀의 수컷 몸에 붉은색이 나타나는 일이나, 빛깔과는 관계없이 금붕어의 수컷이 봄에 산란기가 되면 아가미뚜껑에 흰 입자가 생기는 것도 일종의 이런 혼인색입니다.

이러한 혼인색(婚姻色)을 크게는 **유혹색**(誘惑色, 이성(異性)을 꾀거나 흥분하게 하는 몸빛. 조류의 혼의(婚衣), 어류·양서류·파충류 따위의 혼인색 따위)이라고 합니다. 이성의 눈에 잘 띄도록 하는 게 주목적이지요.

이와 달리, 최대한 눈에 띄지 않도록 하는 **가림색**(-色)≒**보호색**(保護色)도 있는데요. "다른 동물의 공격을 피하고 자신의 몸을 보호하기 위하여 다른 동물의 눈에 띄지 않도록 주위와 비슷하게 되어 있는 몸의 색깔"을 뜻합니다.

혼인색에서처럼 두드러지게 나타나 보이는 색을 미술에서는 **진출색**(進出色, 앞쪽으로 두드러지게 나타나 보이는 색. 빨강, 노랑, 주홍 따위)이라 합니다. 이러한 색을 1차원적인 것이라 한다면, 전혀 드러나지도 않아서 다른 사람에게 표시할 수 없는 고차원의 색도 있지요. 불교에서 말하는 **무표색**(無表色)이 그것인데 "몸·입·뜻으로 짓는 것이어서 볼 수도, 들을 수도, 감촉할 수도 없는 사물"을 비유적으로 일컬을 때 쓰는 말입니다.

색은 여자를 뜻할 때도 있습니다. **주색잡기**(酒色雜技)에서의 **색**이 여자를 뜻하지요. 실제로도 색은 **색정/여색/색사**(色事) 따위를 뜻하는 말이기도 해서 **색에 빠지다/색이 동하다/색을 밝히다** 등으로 쓰이기도 합니다. **방외색**(房外色)≒**방외범색**(房外犯色)(자기 아내 이외의 여자와 육체관계를 맺음)의 경우도 이 범주에 듭니다.

흔히 쓰이는 **경국지색**(傾國之色)도 여인을 뜻합니다. "임금이 혹하여 나라가 기울어져도 모를 정도로 뛰어난 미인"이라는 뜻인데, 그러한 여인은 **절세미인/천하일색**이라 할 만합니다. 같은 말로는 **경성지색**(傾城之色)이 있는데, 나라 대신 성(城)이 기울어져도 모를 정도라는 차이만 있지요. 절세미인의 뜻으로는 **천향국색**(天香國色)이라는 말도 있는데요. 본래 "천하에서 제일가는 향기와 빛깔이라는 뜻으로 모란꽃을 달리 이르는 말"이었는데, 거기서 '가장 아름다운 여자'를 비유하는 말로도 쓰이게 되었습니다.

사물의 본래 색을 뜻하는 말로 **고유색**(固有色)이 있습니다. 이 고유색을 이용하여 광물을 판별하기도 하는데, "광물로 자기(磁器)를 갈았을 때 나타나는 줄 자국의 고유색"을 **조흔색**(條痕色)이라고 합니다. 전문용어죠. 금 채취를 할 때 **감흙**(사금광에서 파낸, 금이 섞인 흙) 따위를 사발에 넣고 물에 일어 금이 있는지를 알아보는 것을 우리말로는 **사발색**(沙鉢-)이라 하는데요. 사금 채취에서 전 세계적으로 널리 쓰이는 방법이기도 합니다. ☞ 이를 선광(選鑛) 용어로는 **도태법**(淘汰法, washing process. 비중의 차이를 이용하여 품질을 가리는 선광법)이라 한다.

끝으로 **살색**(-色) 얘기 하나만 하지요. 살색은 **살갗**의 색깔로, **피부색**(皮膚色)과 거의 같은 말입니다. 그런데 예전에는 이 살색이 한국기술표준원이 관장하는 표준 **관용색명**(慣用色名, 어떤 사물의 이름을 빗대어서 붙인 색깔의 이름)이기도 했습니다. 표준색의 하나였지요.

그런데 이 살색이라는 용어가 "피부색에 따른 인종 차별적 용어"라는 한 시민의 청원을 받아들인 국가인권위원회가 한국기술표준원에 '살색'이라는 용어를 바꿀 것을 권고했고, 이에 따라 2002년 11월 한국기술표준원은 기존의 '살색'이라는 표준 관용색명을 **연주황**(軟朱黃)으로 바꿨습니다. 그러다가 2004년 8월 초·중등학생 11명이 어려운 연주황이라는 이름 대신 쉬운 한글로 바꿔달라는 진정서를 제출하여, 2005년 5월에 다시 **살구색**으로 이름이 바뀌었지요. 이제는 **살구색**이 예전의 **살색**을 대신하는 표준 관용색명이랍니다.

색깔 관련 낱말 정리

곤색(일본어 kon(紺)色)명 **감색**(紺色, 어두운 남색)의 외래어.

　감색(紺色)명 ①짙은 청색에 적색 빛깔이 풍기는 색. ②어두운 남색.

소라색(일본어. そら(空)색)명 '하늘색'의 잘못. 없는 말.

카키색(khaki色)명 탁한 황갈색. 주로 군복에 많이 씀.

수박색(-色)명 수박 껍질의 빛깔과 같이 짙은 초록색.

국방색(國防色)명 육군의 군복 빛깔과 같은 카키색이나 어두운 녹갈색.

고동색(古銅色)명 ①검붉은 빛을 띤 누런색. ②어두운 갈색. [유] 고동빛

오동색(烏銅色)명 **오동**(검붉은 빛이 나는 구리)의 빛깔과 같이 검은빛을 많이 띤 붉은색.

오금(烏金)명 구리에 1~10%의 금을 섞은 합금. 빛이 검붉으며 장식용으로 씀.

오동수복(烏銅壽福)명 백통으로 만든 그릇에 검붉은 구리로 '수(壽)'나 '복(福)' 자를 박은 것.

오동시계(烏銅時計)명 껍데기를 검붉은 구리로 만든 시계.

오동딱지(烏銅-)명 검붉은 빛이 나는 구리로 만든 회중시계의 껍데기.

오동철갑(烏銅-)명 때가 묻어 온통 까맣게 됨. 또는 그런 빛.

유록색(柳綠色)명 봄날의 버들잎의 빛깔과 같이 노란빛을 띤 연한 초록색.

육계색(肉桂色)명 계수나무 껍질의 빛깔과 같이 검붉은 빛을 띤 누런색.

무색(-色)명 물감을 들인 빛깔. [←'물+색']. ☞이때의 '물'은 '물감이 물건에 묻어서 드러나는 빛깔'.

무색(無色)명 아무 빛깔이 없음.

무색옷(-色-)≒**색복(色服)/색옷(色-)/색의(色衣)**명 물감을 들인 천으로 만든 옷.

물색(-色)명 물의 빛깔과 같은 연한 파랑.

반물색(-色)명 검은빛을 띤 짙은 남색.

물색(物色)명 ①어떤 물건이 띠고 있는 빛깔. ②어떤 기준으로 거기에 알맞은 사람/물건/장소를 고르는 일. '찾아냄'으로 순화. ③어떤 일의 까닭/형편. ④자연의 경치. ¶물색 좋은 진주성 밖에서 그녀를 만났습니다.

갈매색(-色)≒**갈매/갈맷빛**명 짙은 초록색. ←갈매나무의 잎은 물론 어린 가지와 꽃도 녹색임.

혼인색(婚姻色)명 일부 동물의 번식기에 다른 성의 개체를 끌기 위하여 보통 때와는 달리 나타나는 색/무늬

유혹색(誘惑色)명 이성(異性)을 꾀거나 흥분하게 하는 몸빛. 조류의 혼의(婚衣), 어류·양서류·파충류 따위의 혼인색(婚姻色) 따위.

가림색(-色)≒**보호색(保護色)**명 다른 동물의 공격을 피하고 자신의 몸을 보호하기 위하여 다른 동물의 눈에 띄지 아니하도록 주위와 비슷하게 되어 있는 몸의 색깔.

진출색(進出色)명 앞쪽으로 두드러지게 나타나 보이는 색. 빨강, 노랑, 주홍 따위.

무표색(無表色)명 [불] 몸·입·뜻으로 짓는 볼 수도, 들을 수도, 감촉할 수도 없는 사물. 다른 사람에게 표시할 수 없는 색.

경국지색(傾國之色)≒**경성지색(傾城之色)**명 임금이 혹하여 나라가 기울어져도 모를 정도의 미인이라는 뜻으로, 뛰어나게 아름다운 미인. [유] 절세미인, 천하일색

천향국색(天香國色)명 ①천하에서 제일가는 향기와 빛깔이라는 뜻으로, '모란꽃'을 달리 이르는 말. ②[비유] 가장 아름다운 여자.

방외색(房外色)≒**방외범색**명 자기 아내 이외의 여자와 육체관계를 맺음.

조흔색(條痕色)명 자기를 광물로 긁거나 갈았을 때 생기는 줄 자국의 고유한 빛깔.

사발색(沙鉢-)명 감돌, 감흙, 복대기 따위를 사발에 넣고 물에 일어 금의 있고 없음을 시험하는 일.

살색(-色)명 살갗(살가죽의 겉면. 주로 사람의 것만 지칭)의 색깔.

피부색(皮膚色)명 사람의 살갗의 색.

생김새도 천차만별인 눈, 이름도 가지가지

머루눈은 얼마나 예쁜 눈일까

문 어느 작품에서 **머루눈의 여인**이라는 멋진 표현을 보았습니다. 그런데 문맥상으로는 어떤 눈을 가리키는 것인지 명확하지 않았습니다. 혹시 초롱초롱하게 빛나는 짙은 눈동자를 비유한 말인가요?

그리고 가끔 "도끼눈으로 째려보았다."라든가 "송곳눈으로 째려보았다."는 식의 표현을 대하는데, 두 말은 다른지요? 다르다면 어떻게 다른가요?

답 **머루눈**은 "눈동자가 머루처럼 까만 눈"을 비유적으로 이르는 말입니다. 눈동자의 색깔을 강조하는 표현이라고 할 수 있지요. 초롱초롱하게 빛나는 눈은 대체로 **샛별 같다**고 해서 **샛별눈**이라고 합니다. **도끼눈/송곳눈**은 아래 설명을 보셔요.

　도끼눈과 **송곳눈**은 쏘아보거나 노려보는 경우에 쓰이는데 사실 두 말의 어감에 큰 차이가 있는 것은 아닙니다. 다만, **도끼눈**은 "분하거나 미울 때 매섭게 쏘아보며 노려보는 눈"을 뜻하고, **송곳눈**은 날카롭게 쏘아보는 눈꼬리(귀 쪽으로 가늘게 좁혀진 눈의 가장자리)가 마치 송곳 같다고 해서 붙여진 이름이랍니다. 송곳눈은 **가시눈**(날카롭게 쏘아보는 눈의 비유)과 거의 같은 말이고요.

　우리말에는 **도끼눈/송곳눈**과 같이 눈초리나 시선, 눈의 모양 등에 따라서 붙여진 말들이 무척 많은데요. 몇 가지 예를 들면 **고리눈/갈퀴눈/**

가시눈/가자미눈/개구리눈/두꺼비눈/족제비눈/들창눈(-窓-)/거적눈/
딱부리눈/마늘모눈/밥풀눈/뱁새눈… 등이 있습니다. 이러한 다양한 눈
의 종류에 대해서는 뒤에 따로 예시하겠습니다.

눈은 마음의 창이라는데…

문 **가재미**는 **가자미**의 잘못으로 알고 있습니다. 그런데 어떤 이가 **가재미눈**은 쓸
수 있는 말이라고 하면서, 장담한다고 하더군요. 제가 가진 소사전에는 **가자미
눈**의 북한어라고만 되어 있는데요. 그의 말이 맞는 건가요?

답 **가재미**는 **가자미**의 잘못, 맞습니다. 그러므로 **가재미눈**은 **가자미눈**의 잘못이죠.
하지만 **가자미눈**은 "화가 나서 옆으로 흘겨보는 눈"만을 뜻하며, "가자미의 눈
처럼 두 눈이 작고 동그랗게 한데 몰린 눈"의 의미는 없습니다. 후자의 뜻으로는
가재미눈이 있지만 이 말은 현재 북한어로 되어 있습니다.

눈(眼)은 단순하게는 **우리 몸의 감각기관**을 이르는 말이기도 하지만,
때로는 **시력/힘**(능력)을 뜻하기도 하고 **눈길에 실린 표정/태도**를 뜻하기
도 합니다. 이처럼 여러 가지 의미를 지니고 있기 때문에 '-눈'이 들어간
복합어들도 무척 다양한 편입니다.

눈은 **눈금**이나 **구멍**을 뜻하기도 합니다. 이를테면 **겉눈**(≒바깥눈. 곱자
를 ㄱ자 모양으로 놓았을 때 위에서 보이는 쪽에 새겨져 있는 눈금)이나 **안눈**
(≒속눈. 곱자를 반듯하게 ㄱ자 모양으로 놓을 때에 아래쪽에 새겨 있는 눈금)
등의 경우에는 '눈금'을 뜻하고, **그물눈**(≒그물코. 그물에 뚫려 있는 구멍)
이나 **쳇눈**(쳇불에 나 있는 하나하나의 구멍)의 경우에는 '구멍'을 뜻합니다.
또 **손톱눈**(손톱의 좌우 양쪽 가장자리와 살의 사이)과 **밤눈**(말의 앞다리 무릎

안쪽에 두두룩하게 붙은 군살), 그리고 **줄눈**(벽돌/돌을 쌓을 때, 사이사이에 모르타르 따위를 바르거나 채워 넣는 부분)이나 **자라눈**(젖먹이의 엉덩이 양쪽으로 오목하게 들어간 자리) 등에서처럼 '자리'나 '군살' 또는 '부분'을 뜻하기도 하지요.

이처럼 **눈**은 참으로 다양하게 쓰이고, 그 종류 또한 만만치 않습니다. 그중에서도 신체의 일부인 눈(眼)은 아무리 강조해도 지나치지 않지요. 일상을 돌아보면 우리는 어찌 보면 온통 **남의눈**(여러 사람의 시선) 천지인 **세상눈**(①모든 사람이 보는 눈의 비유. ②세상을 보는 눈)에 둘러싸여 사는 것과도 같습니다.

그러니 어설프게 자신의 **어섯눈**(①사물의 한 부분 정도를 볼 수 있는 눈. ②지능이 생겨 사물의 대강을 이해하게 된 눈의 비유)만 믿고 섣불리 세상을 얕볼 일도 아니고, **졸보기눈**(≒바투보기눈/근시안)에서 비롯된 단견에만 의존해서도 안 되겠지요. **어릿보기눈**(≒난시안. 난시 때문에 물체를 명확하게 볼 수 없는 눈)으로 읽은 세상을 지레짐작만으로 **전단**(專斷, 혼자 마음대로 결정하고 단행함)해서는 더더욱 안 될 일이겠고요. 그래서 때로는 **멀리보기**〔≒원시(遠視). ①멀리 바라봄. ②가까이 있는 물체를 잘 볼 수 없는 시력〕를 통하여 풍진(風塵) 세상과 거리를 둘 필요도 있고, 잠시 눈을 감고 **마음눈**〔≒맘눈/심안(心眼). 사물을 살펴 분별하는 능력〕으로 세상사를 읽어내야 할 때도 있습니다.

이 눈(眼)과 관련하여 알아두면 좋은 말이면서도 주의해야 할 말이 있습니다. 가끔 **흑보기눈**으로 붙여 적기도 하는 말이 그것인데요. **흑보기**란 "눈동자가 한쪽으로 쏠려, 정면으로 보지 못하고 언제나 흘겨보는 사람"을 뜻합니다. **편시**(偏視)라고도 합니다. 이 말은 그런 눈을 가진 사람을 뜻하기 때문에 눈만을 뜻할 때는 **흑보기 눈**이라고 표기해야 합니다. 현재 《표준》에는 '흑보기눈'이라는 낱말이 없거든요. (이런 것은 《표준》

의 실수로도 보입니다.) '흑보기'와 같은 말로 간혹 **흘기눈**을 쓰기도 하는데, 이는 잘못입니다.

　이 '흑보기 눈'은 신체적인 결함으로 인한 것이기 때문에 의도적으로 흘겨보는 것과는 다릅니다. 그와 달리 의도적으로 "얼굴은 돌리지 않고 눈알만 옆으로 굴려서 보는 눈"은 **곁눈**이라 하는데, 이런 곁눈으로 보는 일이 **곁눈질**입니다. "곁눈질하면서 흘겨보는 눈"은 **사안**(斜眼)이며, "흘겨보거나 쏘아보는 눈길"은 **눈찌**라고 합니다. **사안**은 **가자미눈**(화가 나서 옆으로 흘겨보는 눈)과 사촌 격인데, 내가 아는 저명한 여성 중에 자신도 모르게 이 '사안'이 버릇으로 굳어진 사람이 있었습니다. 단상에 앉아 있을 때도 가끔 그런 눈길을 하곤 해서 보는 이들까지 몹시 민망(憫惘)했습니다. 아주 좋지 않은 버릇인 것은 말할 나위가 없습니다.

눈[眼]/눈 관련 낱말 정리

눈₁圄 ①빛의 자극을 받아 물체를 볼 수 있는 감각 기관. ②≒**시력**(視力, 물체의 존재/형상을 인식하는 눈의 능력). ③사물을 보고 판단하는 힘. ④무엇을 보는 표정/태도. [유] 눈길, 시선 ⑤사람들의 눈길. ⑥태풍에서, 중심을 이루는 부분.

눈₂圄 ≒눈금(자/저울/온도계 따위에 표시하여 길이/양(量)/도수(度數) 따위를 나타내는 금).

눈₃圄 그물 따위에서 코와 코를 이어 이룬 구멍.

▶ **일반적인 눈[眼]**

한눈₁圄 ①한 번 봄. 잠깐 봄. ②한꺼번에, 일시에 보는 시야.

한눈₂圄 잠을 자려고 잠깐 붙일 때의 눈.

한눈₃圄 마땅히 볼 데를 보지 아니하고 딴 데를 보는 눈.

군눈圈 쓸데없는 것에 정신을 팔거나 보지 않아도 좋을 것을 보는 눈.

딴눈圈 다른 곳을 보는 눈.

곁눈₁圈 ①얼굴은 돌리지 않고 눈알만 옆으로 굴려서 보는 눈. ②가까이 있는 사람들이 보내는 관심/주의.

곁눈₂圈 ①조금 떴으나 겉으로 보기에 감은 것처럼 보이는 눈. ②대충 보는 것의 비유.

샛눈圈 감은 듯이 하면서 아주 가느다랗게 뜨고 보는 눈.

속눈₂圈 눈을 감은 체하면서 조금 뜨는 눈.

반눈(半-)圈 절반쯤 뜬 눈.

짝눈圈 ①양쪽의 크기나 모양이 다르게 생긴 눈. 그 눈을 가진 사람. ②양쪽 눈의 시력의 차이가 심한 눈.

외눈圈 ①짝을 이루지 않은 단 하나의 눈. ②두 눈에서 한 눈을 감고 다른 한 눈으로 볼 때 뜬 눈. ③**애꾸눈이**(한쪽 눈이 먼 사람을 낮잡는 말)의 잘못. [유] 애꾸, 척안

첫눈₁圈 처음 보아서 눈에 뜨이는 느낌이나 인상.

뜬눈圈 밤에 잠을 이루지 못한 눈.

잔눈圈 막 잠을 깬 눈.

새눈圈 낮에만 잘 보이는 눈.

쥐눈圈 얼굴 생김에 비하여서 어울리지 아니하게 몹시 작은 눈의 놀림조 말.

뱀눈 圈 독살스럽게 생긴 눈의 비유.

소눈≒쇠눈圈 ①소의 눈. ②어린아이에게 녹내장이 생겨서 눈이 소의 눈처럼 커다랗게 되는 증상.

진눈圈 눈병 따위로 가장자리가 짓무른 눈.

삼눈圈 눈망울에 삼이 생기어 몹시 쑤시고, 눈알이 붉어지는 병.

도끼눈圈 분하거나 미워서 매섭게 쏘아 노려보는 눈의 비유.

고리눈圈 ①주로 동물에서, 눈동자의 둘레에 흰 테가 둘린 눈. ②동그랗게 생긴 눈. ③놀라거나 화가 나서 휘둥그레진 눈.

갈퀴눈圈 화가 나서 눈시울이 갈퀴 모양으로 모가 난 험상스러운 눈.

송곳눈圓 날카롭게 쏘아보는 눈초리의 비유.

가시눈圓 날카롭게 쏘아보는 눈의 비유.

가자미눈圓 화가 나서 옆으로 흘겨보는 눈을 가자미의 눈에 비유하는 말.

　가재미눈圓 [북한어] ①'가자미눈'의 잘못. 북한어. ②가자미의 눈처럼 두
　눈이 작고 동그랗게 한데 몰린 눈.

머루눈圓 눈동자가 머루알처럼 까만 눈의 비유.

샛별눈圓 샛별같이 반짝거리는 맑고 초롱초롱한 눈.

개구리눈圓 둥그렇게 불거져 나온 눈의 비유.

두꺼비눈圓 눈알이 튀어나온 눈의 비유.

족제비눈圓 작고 매서운 눈의 비유.

들창눈(-窓-)圓 눈꺼풀이 들창처럼 위로 쳐들려 있는 눈.

거적눈圓 ①윗눈시울이 축 처진 눈. ②≒**거적눈이**(윗눈시울이 축 늘어진 사람).

딱부리눈圓 ≒**눈딱부리**(크고 툭 불거진 눈).

마늘모눈圓 위쪽에 있는 눈꺼풀이 모가 져서 마늘모 꼴로 세모진 눈.

밥풀눈圓 눈꺼풀에 밥알 같은 군살이 붙어 있는 눈.

뱁새눈圓 작고 가늘게 째진 눈.

봉의눈(鳳-)圓 ≒**봉안**(鳳眼, 봉황의 눈같이 가늘고 길며 눈초리가 위로 째지고 붉
　은 기운이 있는 눈).

사팔눈圓 사시(斜視)의 일상적 표현.

쌍까풀눈(雙-)圓 ≒**쌍꺼풀눈**(쌍꺼풀이 진 눈).

옴팡눈圓 ①옴폭하게 들어간 눈. ②≒**옴팡눈이**(눈이 크게 옴폭 들어간 사람).

우물눈圓 우물처럼 푹 들어간 눈이라는 뜻으로, '움펑눈'.

옹이눈圓 퀭하게 쑥 들어간 눈의 비유.

자웅눈(雌雄-)圓 한쪽은 크고 한쪽은 작게 생긴 눈.

좁쌀눈圓 매우 작은 눈. 그런 눈을 가진 사람.

찔꺽(짤깍)**눈**圓 짓물러서 늘 진물진물한[잔물잔물한] 눈.

흘기눈圓 흑보기(눈동자가 한쪽으로 쏠려, 정면으로 보지 못하고 언제나 흘겨보는
　사람)의 잘못.

갈고리눈[명] 눈초리가 위로 째져 치켜 올라간 눈.

낚시눈[명] 낚싯바늘처럼 눈초리가 꼬부라져 올라간 눈.

등넘이눈[명] 등 너머로 바라보는 눈길.

반달눈(半-)[명] 반달 모양으로 생긴 눈.

세모눈[명] ①세모나게 생긴 눈. ②꼿꼿하게 치뜬 눈의 비유.

백태눈(白苔-)[명] ≒백태(白苔, 몸의 열이나 그 밖의 원인으로 눈에 희끄무레한 막
이 덮이는 병).

▶힘/능력/시력/영향 등

글눈[명] 글을 보고 이해하는 능력.

길눈[명] 한 번 가 본 길을 잘 익혀 두어 기억하는 눈썰미.

참눈[명] 사물을 올바로 볼 줄 아는 눈.

장사눈[명] 장사의 잇속에 대한 안목.

까막눈[명] ①글을 읽을 줄 모르는 무식한 사람의 눈. ②≒까막눈이(글을 읽을
줄 모르는 무식한 사람). ③어떤 일에 대하여 아무것도 모르는 사람의 눈.
그런 사람의 비유. [유] 일자무식, 무식쟁이, 문맹

남의눈[명] 여러 사람의 시선.

세상눈(世上-)[명] ①모든 사람이 보는 눈의 비유. ②세상을 보는 눈.

마음눈[준] 맘눈[명] ≒심안(心眼, 사물을 살펴 분별하는 능력).

나비눈[명] 못마땅해서 눈알을 굴려, 보고도 못 본 체하는 눈짓.

어섯눈[명] ①사물의 한 부분 정도를 볼 수 있는 눈. ②지능이 생겨 사물의 대
강을 이해하게 된 눈의 비유.

어릿보기눈[명] ≒난시안(난시 때문에 물체를 명확하게 볼 수 없는 눈).

졸보기눈/바투보기눈[명] ≒근시안(시력이 약하여 가까운 데 있는 것은 잘 보아도 먼
데 있는 것은 잘 보지 못하는 눈).

멀리보기[명] ≒원시(遠視, ①멀리 바라봄. ②가까운 물체를 잘 볼 수 없는 시력).

바람의눈[명] 바람이 불어오는 점. 그런 방향.

태풍의눈(颱風-)[명] ①태풍 중심부에서 반경 10여 km 이내의 지역. ②어떤 사

물에 큰 영향을 주는 근본이 되는 것의 비유.

▶구석 자리/군살

까치눈圈 발가락 밑의 접힌 금에 살이 터지고 갈라진 자리.

발톱눈圈 발톱의 양쪽 구석.

손톱눈圈 손톱의 좌우 양쪽 가장자리와 살의 사이.

밤눈₃圈 말의 앞다리 무릎 안쪽에 두두룩하게 붙은 군살.

자라눈圈 젖먹이의 엉덩이 양쪽으로 오목하게 들어간 자리.

▶구멍/눈금 및 기타

게눈圈 박공이나 추녀 끝에 소용돌이 모양으로 새긴 무늬.

돌눈圈 암석의 강도/밀도를 눈으로 짐작하게 하는 표지. 일반적으로 돌의
모양/색깔/습기 따위로 나타냄.

삿눈圈 결은 삿자리의 매 마디의 눈.

잣눈₂圈 잣송이에서 잣알이 여물어 박히는 눈.

쳇눈圈 쳇불에 나 있는 하나하나의 구멍.

그물눈圈 ①≒**그물코**(그물에 뚫려 있는 구멍). ②레이더에서 포착된 물체의
상태/위치를 나타내는 망 조직의 한 구획.

칼눈圈 무기로 쓰는 칼의 한 부분. 칼을 칼집에 꽂았을 때 칼이 잘 빠지지 않
게 칼 손잡이에 만든 장치.

잣눈₁ 치수를 나타내려고 자에 푼/치/cm 따위의 길이 표시를 새기거나 박
은 금.

겉눈₁≒바깥눈圈 곱자를 'ㄱ' 자 모양으로 놓았을 때 위에서 보이는 쪽에 새겨
져 있는 눈금.

안눈≒속눈₁圈 곱자를 반듯하게 'ㄱ' 자형으로 놓을 때에 아래쪽에 새겨 있는 눈.

뒷눈圈 곱자 따위의 뒤쪽에 있는 눈금.

줄눈圈 벽돌/돌을 쌓을 때, 사이사이에 모르타르 따위를 바르거나 채워 넣
는 부분.

가로줄눈명 돌/벽돌 따위를 쌓을 때 수평 방향으로 생기는 줄눈

치장줄눈(治粧−)명 벽돌 벽면을 장식으로 곱게 발라 마무리하는 줄눈.

통줄눈명 벽돌 쌓기에서, 여러 켜의 세로줄눈이 상하로 일직선으로 이어진 줄눈.

시공줄눈(施工−)명 콘크리트를 치거나 벽돌을 쌓는 일 따위에서 작업을 중단하였다가 계속할 때 만드는 이음줄.

바람과 사랑의 설렘을 달고
높이 날던 우리들의 연

연 날리러 갔다가 아들한테 창피당한 아버지

문

지난 정월 대보름날의 일입니다. 초등학교 6학년짜리 아들한테 점수 좀 따려고 연 재료를 사다가 집에서 연을 만들어 연 날리기를 하자고 한 것까지는 좋았는데, 그걸 만들면서 어찌나 아들한테 창피를 당했는지 모릅니다.

아들이 사용하는 **연달**이란 말에서부터 **꽁수구멍, 치마, 꼭지** 어쩌고 하는 말들을 거의 하나도 알아들을 수 없었습니다. 뒤에 들으니 아들은 여러 번 연 만들기 체험학습장에 가서 이것저것 만들어 보면서 '연 박사'가 다 되어 있더군요. 연에 관련된 기본 용어 몇 가지만이라도 설명해 주십시오.

답

먼저 축하부터 드립니다. 아버지를 가르치는 멋진(?) 아들을 두셨군요. 하하하. 사실, 연(鳶)은 아이들 장난감이긴 하지만, 그 역사나 시원을 보면 아이들 수준을 훌쩍 뛰어넘지요. 연과 관련된 용어들은 아주 오래 전부터 세시풍속으로 굳어지면서 단련된 것들임에도 현대에 들어 점점 낯설게 되어 가는 건, 오늘날 실제로 연을 만드는 과정을 겪어보지 못한 채 완성품 연을 사서 날려보는 것이 고작인 까닭도 있긴 합니다. 그런 상황에서 아드님의 연 만들기 실습이 그처럼 확실하게 이뤄졌으니, 되레 크게 기뻐하실 일입니다. 연 만들기와 관련된 기본적인 용어는 아래에서 잇겠습니다.

☞**최초의 연**: 《삼국사기》에 따르면 우리나라에서는 신라 말 진성여왕 때 김유신이 연을 만들어 띄운 기록이 있다. 서양에서는 서기전 400년대에 그리스의 알투스가 처음으로 만들었다고 하며, 중국에서는 서기전 200년경 한신(韓信)이 군사 목적에서 연을 만들었다고 한다.

연(鳶)의 구조와 관련된 용어는 우리나라의 연의 대표 격인 **방패연**을 통해 설명하는 것이 이해에 도움이 될 듯합니다.

> **방패연**(防牌鳶): 방패 모양으로 만든 연. 네모반듯한 종이의 한 귀퉁이를 접어서 '머리' 쪽이 되게 하고 '干' 자 모양의 '달'을 붙이고 꽁지를 달고 가운데는 구멍을 내어, 세로 두 줄의 '벌이줄'과 가로 '활벌이줄'을 잡았다.

방패연은 가로 세로 비율이 대체로 2:3의 직사각형 모양인데, 한가운데에 둥글게 뚫은 구멍이 있습니다(다음 그림 참조). 이를 **방구멍**이라 합니다. 연은 이 방구멍을 기준으로 위쪽 상반부를 **머리** 부분(윗부분), 방구멍 부분을 **허리**, 그 아래쪽 하반부를 **치마**(위 절반은 흰 종이로, 아래의 절반은 빛깔이 다른 종이로 만든 연의 아래쪽)라고 합니다. 그중 **머리**는 연의 가장 윗부분으로 직사각형으로 자른 연 종이 중 가장 윗부분을 한 번 접은 곳인데, 뒤에 설명할 **머릿달**(종이 연의 머리에 붙인 대)을 그 접은 곳

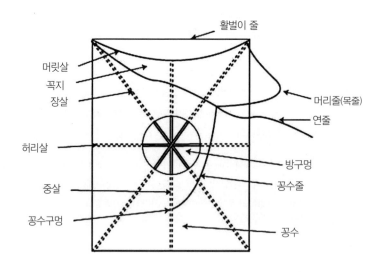

에 넣어 붙입니다.

이 연에 뼈대로 붙이는 대오리 **살**(창문/연/부채/바퀴 따위의 뼈대가 되는 부분)을 특히 **연달**(또는 **달**)이라고 하는데, 각각 연의 머리, 허리, 가운데와 네 귀를 얼러서 붙입니다. 즉, 네 개의 대오리 살이 뼈대가 되는 것이죠. 이 연달은 붙이는 곳에 따라 이름이 다른데, 머리에 붙이는 연달은 **머릿달**, 허리에 붙이는 건 **허릿달**, 가운데에 붙이는 것은 **꽁숫달**, 네 귀를 얼러서 붙이는 2개의 대오리는 **귓달**이라고 합니다.

☞ 일부 민속사전 같은 곳에서 이를 각각 **머릿살/허릿살/가운뎃살/귓살**로도 표기하기도 하지만, '–살'로 표기할 때는 《표준》에서는 각각 **머리 살/허리 살/중살/장살**로 적고 있다. 하지만, '살'에는 '창문/연(鳶)/부채/바퀴 따위의 뼈대가 되는 부분'이라는 뜻이 있고 '머릿살/허릿살' 등은 언중이 관행적으로 사용하고 있을 뿐만 아니라 조어법에도 어긋나지 않으므로 인용해야 할 것이다. '머릿대/허릿대' 등도 마찬가지이다. 특히 《표준》이 전문용어 부분에서는 아직도 보완되어야 할 것들이 아주 많다는 점에서, 이런 말들은 표준어로 인용되어야 할 것이다.

연의 허리 부분에 크게 뚫린 구멍은 **방구멍**이지만 그 밖에도 연에는 아주 작은 구멍을 뚫어 연줄을 거는 부분이 있습니다. **꽁숫구멍**이 그것인데, 방구멍 아래쪽의 꽁숫달 양쪽에 바싹 뚫어 구멍을 내고 그곳으로 연줄을 꿰니다.

연줄에는 두 가지 의미가 있습니다. 연을 띄울 때 연의 중심을 잡고 뒤집히는 일을 막으며 연이 제대로 날도록 하게 하는 **벌이줄/활벌이줄/가운뎃줄** 등도 연줄이지만, 연을 날리는 데 쓰는 실도 연줄이라 하지요. 즉, 연줄은 연의 중심을 잡기 위해 연에 매다는 줄이기도 하지만 연을 날리는 데에도 쓰는 실이기도 해서 "연을 매어서 날리는 데 쓰는 실"이라 할 수 있습니다.

활벌이줄은 "연의 머리 안쪽에서 활시위 모양과 같이 잡은 벌이줄"을 말합니다. **벌이줄**은 "연의 두 편 머리 귀퉁이로부터 비스듬히 올라와 가운뎃줄과 한데 모이게 매는 줄"입니다. **가운뎃줄**은 "큰 연이 뒤집히지 않도록 연의 귀, 꽁수, 허리의 세 달이 교차되는 중심에 덧붙여 맨 줄"인 데요. 웬만큼 큰 연이 아니고서는 가운뎃줄을 매지 않아도 연을 날리는 데 문제가 없습니다. 가운뎃줄은 방구멍 한가운데, 다섯 개의 연달이 교차되는 곳에 맨 연줄을 뜻합니다.

8모 얼레

볼기짝 얼레

연줄을 매기 전 연을 치장하는 일을 하기도 하는데, 보통 **꼭지**(종이 연의 가운데에 붙이는 표)를 만들어 붙이죠. 이 꼭지는 방구멍을 도려낸 종이를 사용해서 만듭니다. 대개 방구멍을 오려낸 종이를 한 번 더 도려내서 크기를 방구멍보다 작게 하지요. 이 꼭지의 모양과 색깔에 따라 다양한 연 이름이 만들어진답니다.

연을 만들고 나면 연을 날릴 때에 쓸 연줄과 **얼레**(연줄, 낚싯줄 따위를 감는 데 쓰는 기구)를 챙기는 일이 남았습니다. 얼레에는 짜 맞춘 나무 기둥의 설주 숫자에 따라 4모 얼레, 6모 얼레, 8모 얼레 등이 있고, 아이들이 골목에서 장난삼아 연을 날릴 때 쓰는 **볼기짝얼레**(기둥 두 개만으로 된 네모지지 않고 납작한 얼레)도 있지요.

연줄 재료로는 무명실과 명주실을 썼는데, 무명실은 대개 **떡줄**(찌꺼기 실로 만든 연줄)을 썼고 명주실로 만든 것은 **쌍백사**(雙帛絲)라 했습니다. 우리나라에서 나는 명주실로 만든 것은 **상백사**(常白絲)라 했지만, 중국에서 들여온 명주실로 만든 것은 **당백사**(唐白絲)로 높여 불렀지요.

이런 연줄을 그냥 쓰지만은 않았습니다. 줄을 빳빳하고 세게 하려고 여러 가지 정성을 들였는데 그것을 "**개미**(연줄을 빳빳하고 세게 만들기 위하여 연줄에 먹이는 물질)를 먹인다"고 했습니다. 반면, 개미를 먹이지 않은 연줄은 **민줄**이라 했고요. 가장 손쉬운 개미 먹이기에는 **풀뜸**(연줄을 빳빳하고 세게 하려고 풀을 먹이는 일)이 있었고, 그 윗길로는 **부레뜸**(연줄을 빳빳하고 세게 하려고 부레 끓인 물을 먹이는 일)도 있었습니다. 특히 연줄 끊어먹기와 같은 치열한 연싸움이 벌어질 때는 **유리개미**(琉璃−, 유리 가루를 타서 끓인, 연줄에 먹이는 물질)를 먹이기도 했습니다.

연을 날리는데 아버지더러 '말똥지기'나 하라는 아들

문

아들이 아비 골려 먹는 데에 맛을 들였는지, 연을 날리러 갔더니 아비보고 **말똥지기**나 하라더군요. 처음에는 지나치다 싶어서 인상을 썼더니만 아들이 정색을 하면서 "연을 띄울 때에 연이 잘 올라갈 수 있도록 연을 잡고 있다가 놓는 사람"을 그렇게 부른다더군요. 맞는 말인지요? 친구에게 아들 얘기를 했더니 가가대소를 하고 나서는, "여자를 꼬시다"라고 할 때의 그 **꼬시다**도 연이 높이 올라가도록 연줄을 잡아 젖히는 데서 나온 말이라고 하면서 아들한테 더 배우라고 면박을 주더군요. 사실인가요?

답

아드님의 **말똥지기** 설명은 정확한 반면에 친구 분의 '꼬시다' 해설(?)은 잘못입니다. **꼬드기다**를 '꼬시다'로 착각하신 듯해요. 현재 전국적인 수의적(隨意的) 현상으로 나타나고 있는 '꼬시다'는 얼마 전까지만 해도 "**꼬이다/꾀다**(준말)의 잘못"이었는데요. 최근 "**꾀다**의 속된 말"로 뜻풀이가 바뀌어 표준어에 합류하였습니다. '꼬시다'가 지닌 어감상의 흡입력을 인용(認容)한 것이지요. 그럼에도 연이 높이 올라가도록 연줄을 잡아 젖히는 것과는 무관한 말입니다.

☞ **꼬드기다**는 본래 "연 놀이를 할 때, 연이 높이 올라가도록 연줄을 잡아 젖히다"의 뜻이었지만, 점차 발전하여 이제는 "어떠한 일을 하도록 남의 마음을 꾀어 부추기다"라는 의미도 지니고 있어서 **꼬이다/꾀다**를 쓰기가 어색할 때는 이 **꼬드기다**를 써도 무방하다.

연 날리기는 우리 민족이 오랫동안 즐겨온 민속놀이였습니다. 그 때문에 그와 관련된 어휘들도 많은데다 언어 역사적으로도 계속 변천해 오면서 어떤 것들은 뜻이 묻히기도 하고 어떤 것들은 확대되기도 해왔지요.

위에서 언급한 '꼬드기다'와 같은 것도 그러한 말 중 하나이고요. 본래 "하늘에 떠 있는 연이 서로 얽히게 되다"를 뜻하는 **얼리다**가 **어울리다**(함께 사귀어 잘 지내거나 일정한 분위기에 끼어들어 같이 휩싸이다)의 준말로도 쓰이게 된 것은 용도 확대라 해야 할 것입니다. 이러한 예로는 본래 **고리장이**(키 버들로 고리짝이나 키 따위를 만들어 파는 일을 직업으로 하는 사람)를 낮잡는 말이었던 **고리백장**이 "때를 따라 해야 하는 것을 때가 지난 뒤까지 하고 있는 사람을 놀림조로 이르는 말"로 확대되면서 "특히 정월 보름이 지나서 연을 날리는 사람"을 뜻하게 된 것도 있지요.

덧게비(이미 있는 것에 덧대거나 덧보탬. 또는 그런 일/물건)라는 말도 연 날리기와 관련됩니다. "다른 연이 서로 얽린 위에 더 덮어 얼리다"를 뜻하는 말이 **덧게비치다**인데, "다른 것 위에 다시 엎어 대다"를 뜻하게 되면서 '덧게비'라는 명사의 뜻이 득세하게 된 말이죠.

망고(살림을 전부 떨게 됨)라는 근사한 고유어도 본래 "연을 날릴 때에 얼레의 줄을 남김없이 전부 풀어 줌"을 뜻하는 말이었는데, 연줄을 전부 풀어주는 일이 살림을 전부 떠는 일과 같아져서 그런 뜻으로 쓰이게 되었고, 나아가 "어떤 것이 마지막이 되어 끝판에 이름"을 뜻하게도 되었습니다. **별박이**라는 말도 있는데 이것은 "높이 오르거나 멀리 날아가서 아주 조그맣게 보이는 종이 연"을 이르는 이름입니다. 참으로 조상들의 멋진 작명이라고 생각되는 말입니다.

그 많은 연의 종류를 줄줄 꿰는 아들은 연 박사

문 자칭 '연 박사' 아들이 말하길 연의 종류가 엄청 많다면서, 꼭지연, 반달연, 치마연, 동이연 등을 줄줄이 읊고 나서 대충 설명을 해주긴 했는데, 들을 때뿐으로 지금은 거의 다 잊다시피 했습니다. 손쉬운 구분법이나 명명법이 있으면 부탁드립니다.

답 사실 연의 종류는 100여 가지도 넘습니다. 연의 종류는 형태(모양), 그림의 무늬와 색깔, 꽁지로 매단 것들로 구분하는데 그 모든 것을 세세히 알 필요는 없을 듯합니다. 기본적으로 구분하는 방식(명명법)을 몇 가지만 알아두는 편이 좋을 듯싶군요.

방패연을 통해 연의 종류를 살펴보지요. 방패연은 연에 그리거나 덧붙여진 모양과 색깔에 따라 구분되면서 그에 따른 이름이 붙여지는데, 크게 7가지로 나눌 수 있습니다.

1. **꼭지연**: 꼭지는 연의 이마 가운데에 붙이는 둥근 원형의 색지를 말하는데 이 꼭지의 색깔에 따라 붙인 이름입니다. 꼭지의 색깔이 청색이면 **청꼭지**, 홍색이면 **홍꼭지**, 검은 색이면 **먹꼭지**(혹은 **쟁연**)라고 합니다.

2. **반달연**: **이마**(머리와 방구멍의 중간 지점) 가운데 원형의 꼭지 대신 반달형의 색지를 오려 붙인 연을 말하는데, 반달의 빛깔에 따라 명칭이 다릅니다. **먹반달**은 검은 색지를 반달형으로 오려 붙인 연이고, **홍반달**은 붉은 색지를 오려붙인 연입니다.

3. **치마연**: 상반부는 백색 그대로 놓아두고 하반부만 여러 가지 빛깔을 칠한 연을 말하는데요. 연에서 **치마**란 "위 절반은 흰 종이로, 아

래의 절반은 빛깔이 다른 종이로 만든 연의 아래쪽"을 뜻합니다. 마치 여인들의 치마 같다고 해서 붙여진 이름이죠. 하반부 치마 빛깔이 검은 연은 **먹치마**, 푸른 연은 **청치마**, 붉은 연은 **홍치마(분홍치마)**, 삼등분한 연은 **삼동치마**, 사등분한 연은 **사동치마**, 여러 가지 세로로 칠한 연은 **색동치마**라고 합니다.

4. **동이연**: "연의 머리나 허리에 띠를 둘러 동여맨 것처럼 색칠을 하여 만든 연"을 말합니다. 머리에 동이면 **머리동이연**이고 허리에 동이면 **허리동이연**이 됩니다.

5. **초연**: "연의 꼭지만 제외하고 전체를 같은 색으로 칠한 연"을 말하는데, 색깔에 따라 전체가 검은색이면 **먹초**, 푸른색이면 **청초**, 붉은색이면 **홍초**, 노란색이면 **황초**, 보라색이면 **보라초**라고 합니다.

6. **박이연**: "연의 전체나 일부분에 동전 크기의 점이나 눈, 긴 코 같은 모양을 박은 연"을 말합니다. 돈짐만한 흰점을 드문드문 박은 연은 **돈점박이연**, 귀머리장군[윗머리 양쪽 귀퉁이에 검은 부등변 삼각형이 그려진 연(鳶)]에 직사각형 모양의 붉은 꼭지를 박은 연은 **귀머리장군긴코박이연**, 양쪽 삼각형에 각각 크고 작은 둥근 흰 점을 둘 혹은 셋씩 박은 연은 **눈깔귀머리장군긴코박이연**이라고 합니다.

7. **발연**: "연의 맨 아래나 양쪽 가장자리에 발 모양의 가늘게 오린 종이를 붙여 늘어뜨린 연"을 말합니다. 맨 아래에 네 가닥의 긴 색지나 흰 종이를 오려 붙인 연은 **사족발연**, 국수같이 가늘고 길게 십여 가닥을 붙인 연을 **국수발연**, 좌우 가장자리에 색지를 붙이거나 빛깔을 칠한 종이로 지네발 모양으로 오려서 촘촘히 붙인 연은 **지네발연**이라고 합니다.

이 밖에도 연의 모양이나 그림에 따라 다양한 이름이 붙는데, 바둑판처럼 생긴 연은 **바둑판연**, 가오리처럼 생긴 연은 **가오리연**, 호랑이처럼 생긴 연은 **호랑이연** 등으로 불립니다. 또한 사람 머리에 쓰는 관(冠)처럼 생긴 것은 **관연**, 연의 전면에 아무 장식도 하지 않은 흰색 그대로의 연은 **상제연**, 연을 날리다가 음력 정월 보름에 송액(送厄)이라고 써서 멀리 날려버리는 연은 **액막이연**, 요즘에 어린이들이 흔히 날리는 가오리처럼 생긴 연은 **가오리연**(혹은 **꼬빡연**) 등으로 부릅니다. 참고로, **꼬리연**은 그동안 널리 쓰여왔음에도 표준어로 인정되지 못하였는데, 2015년 12월부터 **가오리연**의 복수표준어로 편입되었습니다. 다만, '긴 꼬리가 달린 연'만 뜻하기 때문에, 가오리연과는 조금 구분됩니다.

연 관련 낱말 정리

▶ 연 만들기

연달(鳶-)몡 연의 머리, 허리, 가운데와 네 귀를 얼러서 꼬챙이처럼 깎아 붙이는 대나무. 머릿달, 허릿달, 꽁숫달, 귓달 따위로 나눈다.

귓달몡 연의 네 귀에 X자 모양으로 엇붙이는 대오리.

머릿달몡 종이 연의 머리에 붙인 대.

허릿달몡 연(鳶)의 허리에 붙이는 대.

살몡 창문/연(鳶)/부채/바퀴 따위의 뼈대가 되는 부분.

살대몡 기둥/벽 따위가 기울어지는 것을 받치거나 바로잡기 위하여 버티는 나무.

방구멍몡 연의 한복판에 둥글게 뚫은 구멍.

꽁숫구멍몡 연의 방구멍 아래쪽의 꽁숫달 양쪽에 바싹 뚫어서 연줄을 꿰게 만든 작은 구멍.

치마몡 위 절반은 흰 종이로, 아래의 절반은 빛깔이 다른 종이로 만든 연의 아래쪽.

벌이줄몡 연의 두 편 머리 귀퉁이로부터 비스듬히 올라와 가운뎃줄과 한데 모이게 매는 줄.

활벌이줄 명 연(鳶) 머리에 활시위 모양과 같이 잡은 벌이줄.

가운뎃줄 명 큰 연이 뒤집히지 않도록 연의 귀, 꽁수, 허리의 세 달이 교차되는 중심에 덧붙여 맨 줄.

꼭지 명 종이 연의 가운데에 붙이는 표.

별꼭지 명 꼭지를 좀 작게 만들어 붙인 종이 연. 또는 그런 종이 연의 꼭지.

▶연줄

얼레 명 연줄, 낚싯줄 따위를 감는 데 쓰는 기구. 나무 기둥의 설주를 두 개나 네 개 또는 여섯 개로 짜서 맞추고 가운데에 자루를 박아 만든다.

볼기짝얼레 명 기둥 두 개만으로 된 네모지지 않고 납작한 얼레.

떡줄 명 찌꺼기 실로 만든 연줄. ↔ 쌍백사(雙帛絲).

줄무더기 명 여러 가지 빛깔의 실로 토막토막 이은 연줄.

쌍백사(雙帛絲) 명 명주실로 만든 연줄.

상백사(常白絲) 명 명사 우리나라에서 나는 명주실로 만든 연줄.

당백사(唐白絲) 명 ①예전에, 중국에서 만든 흰 명주실. ②당백사로 만든 연줄.

풀띔 명 연줄을 빳빳하고 세게 하려고 풀을 먹이는 일.

부레띔 명 연줄을 빳빳하고 세게 하려고 부레 끓인 물을 먹이는 일.

민줄 명 개미를 먹이지 않은 연줄.

개미 명 연줄을 빳빳하고 세게 만들기 위하여 연줄에 먹이는 물질. 사기/유리의 고운 가루를 부레풀에 타서 끓여 만든다.

유리개미(琉璃–) 명 유리 가루를 타서 끓인, 연줄에 먹이는 물질.

뺑줄 명 ①남이 날리는 연줄을 긴 장대나 돌멩이를 맨 실로 걸어 당겨서 빼앗는 짓. 또는 그 줄. ②[비유] 남의 일을 가로채는 짓.

▶연 날리기

꼬드기다 동 ①연 놀이를 할 때, 연이 높이 올라가도록 연줄을 잡아 젖히다. ②어떠한 일을 하도록 남의 마음을 꾀어 부추기다.

퇴김하다圄 연날리기에서 상대편의 연을 억누르기 위하여 줄을 팽팽하게 하였다가 갑자기 통줄을 주어서 연 머리를 그루박게 하다.

튀김하다圄 연날리기에서 줄을 팽팽하게 하였다가 갑자기 통줄을 세게 주어서 상대편의 연 머리를 그루박게 하다.

뜨다圄 연줄이 끊어져 연이 제멋대로 날아가다.

머지다圄 연줄이 저절로 끊어지다.

업다圄 연이 얼렸을 때에 얼른 줄을 감아 남의 연을 빼앗다.

빼내다圄 연 날리기나 구기에서 적의 공격을 피하려고 안전한 곳으로 끌어내다.

얼치다圄 연을 공중에서 다른 연과 얽히게 하다.

얼리다圄 하늘에 떠 있는 연이 서로 얽히게 되다.

덧게비치다圄 ②다른 연이 서로 얼린 위에 더 덮어 얼리다. ①다른 것 위에 다시 엎어 대다.

덧게비圀 이미 있는 것에 덧대거나 덧보탬. 또는 그런 일이나 물건.

광뜨다圄 연(鳶)의 한가운데에 둥근 구멍을 도려내다.

광달다圄 연(鳶)의 위를 표시하는 무색 종이로 꼭지를 붙이다.

광圀 장식으로 연(鳶)에 달거나 붙이는 종이.

얼레살풀다圄 연을 날릴 때 얼레를 돌려 실을 풀어내듯이 재물을 없애기 시작하다.

위들다圄 연을 날릴 때, 남의 연줄을 엎어눌러 얽히게 할 수 있는 위치에 들다.

살줄치다圄 연을 얼리다가 섰던 자리를 바꾸거나 얼레를 이리저리 넘기어서 다시 풀리게 하다.

살줄圀 연을 얼리다가 섰던 자리를 바꾸거나 얼레를 이리저리 넘기면서 만들어진 X자 모양의 줄.

실싸움하다圄 연을 띄우다가 남은 실에 돌을 매어 서로 걸어서 힘껏 당겨 끊어지는 편이 지는 놀이를 하다.

통줄圀 ①연을 날릴 때에, 얼레 머리를 연이 떠 있는 쪽으로 내밀어 계속 풀려 나가게 한 줄. ②따로 목줄을 매지 아니하고 원줄에 바늘을 바로 매단

낚싯줄.

고리백장명 ①**고리장이**(키버들로 고리짝이나 키 따위를 만들어 파는 일을 직업으로 하는 사람)를 낮잡는 말. ②때를 따라 해야 하는 것을 때가 지난 뒤까지 하고 있는 사람을 놀림조로 이르는 말. 특히 정월 보름이 지나서 연을 날리는 사람을 이른다.

액막이연(厄-鳶)명 그해의 액운을 멀리 날려 보낸다는 뜻으로 음력 정월 열나흗날에 띄워 보내는 연. 연에는 이름, 생년월일 따위와 송액영복(送厄迎福)과 같은 글귀를 쓴다.

망고명 ①연을 날릴 때에 얼레의 줄을 남김없이 전부 풀어 줌. ②살림을 전부 떨게 됨. ③어떤 것이 마지막이 되어 끝판에 이름.

망곳살명 연을 날릴 때에 실이 다 풀리어 드러난 줄을 잡아맨 얼레의 살.

말똥지기명 연을 띄울 때에, 연이 잘 올라갈 수 있도록 연을 잡고 있다가 놓는 사람.

별박이명 ①높이 오르거나 멀리 날아가서 아주 조그맣게 보이는 종이 연. ②살치 끝에 붙은 쇠고기. 가장 질긴 부위.

아랫바람명 연을 날릴 때 **동풍**(東風)을 이르는 말.

윗바람명 연을 날릴 때 **서풍**(西風)을 이르는 말.

고황죽(枯黃竹)명 바싹 말라서 누렇게 된 왕대. 흔히 좋은 연을 만들 때 연달로 쓴다.

주력주각(主力主角)명 연을 공중에 띄울 때, 바람이 불어오는 방향과 종이의 면이 만드는 각.

▶연 종류

방패연(防牌鳶)명 명사 방패 모양으로 만든 연. 네모반듯한 종이의 한 귀퉁이를 접어서 머리 쪽이 되게 하고 子자 모양의 달을 붙이고 꽁지를 달고 가운데는 구멍을 내어, 세로 두 줄의 벌이줄과 가로 활벌이줄을 잡았다. 가장 대표적인 우리나라 연.

꼭지연명 꼭지가 붙은 연(예: 이마에 꼭지가 붙어 있으면 꼭지연, 반달 모양이 붙어 있으면 반달연).

쪽꼭지圀 연 머리에 절반씩 색깔이 다른 종이로 꼭지를 붙인 연.

청꼭지(靑—)圀 푸른빛의 둥근 종이를 머리에 붙인 연.

홍꼭지(紅—)圀 붉은 종이로 둥근 꼭지를 만들어 머리에 붙인 연.

먹꼭지圀 머리에 검은 종이를 둥글게 오려 붙인 종이 연.

소딱지圀 먹초나 먹머리동이에 흰 꼭지를 붙인 종이 연.

금꼭지(金—)圀 머리 부분에 금색 종이로 꼭지를 둥글게 오려 붙인 홍초나 홍
머리동이의 연.

반달연(半-鳶)圀 꼭지에 반달 모양의 색종이를 붙인 연.

홍반달(紅半-)圀 연 머리에 반달 모양의 붉은 종이를 붙인 연.

먹반달(-半-)圀 반달 모양의 검은 종이를 머리에 붙인 연.

청반달(靑半-)圀 머리에 반달 모양의 푸른 종이를 붙여 만든 연.

쪽반달(-半-)圀 두 가지 색깔의 종이로 반달 모양의 꼭지를 붙인 연.

치마연圀 연의 한 가지. 윗부분은 빛깔이 희고 아랫부분은 빛깔이 다양하다.

청치마(靑-)圀 위쪽 반은 희고 아래쪽 반은 푸른 치마연

분홍치마(粉紅-)圀 위쪽은 희고 아래쪽은 분홍색으로 된 연.

보라치마圀 위쪽 반은 희고, 아래쪽 반은 보라색으로 된 연.

먹치마圀 검은 치마를 입은 것같이 아래쪽만 검게 칠한 연.

황치마(黃-)圀 위로 절반은 희고, 아래로 절반은 누런 빛깔의 연.

다홍치마(-紅-)圀 위의 절반은 희고, 아래의 절반은 붉게 칠한 연.

사동치마(四-)圀 전체의 길이를 4등분하여 각각을 다른 빛으로 꾸민 연.

삼동치마(三-)圀 전체 길이를 셋으로 나누어 각기 다른 색깔로 칠해 만든 연.

이동치마(二-)圀 위쪽 절반은 희게 하고, 아래쪽 절반은 다시 세로로 양분하
여 두 가지 색으로 꾸민 연.

동이연(-鳶)圀 머리나 허리에 띠를 둘러 동여맨 것처럼 만든 연.

동연(-鳶)圀 머리와 허리 부분에 띠를 두른 연.

머리동이圀 머리를 긴 색종이로 바른 종이 연.

허리동이圀 허리의 좌우에 너비 한 치 서너 푼쯤 되는 검은 띠를 친 종이 연.

먹머리동이명 머리에 검은 종이를 붙인 연.

눈깔머리동이명 먹머리동이의 양쪽에 동그란 흰 점이 하나씩 있는 연.

홍머리동이(紅-)명 머리에 붉은 종이를 붙인 연.

보라머리동이명 연(鳶) 머리에 보랏빛의 종이를 붙여 만든 연.

분홍머리동이(粉紅-)명 머리를 분홍빛의 긴 종이로 바른 연.

반머리동이(半-)명 머리에 나비가 좁은 색종이를 바른 연.

청머리동이(靑-)명 머리에 푸른 빛깔의 종이를 이어 만든 연.

실머리동이명 머리에 너비가 닷 푼쯤 되는 색종이를 이은 연.

눈깔허리동이명 허리 좌우에 넓이 한 치 서너 푼쯤 되는 검은 띠에 크고 동그란 점이 하나씩 있는 연.

초연(-鳶)명 연의 꼭지를 제외하고 나머지 부분을 한 가지 빛깔로 칠한 연.

먹초명 꼭지만 하얗고 전체가 검은 연.

황초(黃-)명 꼭지만 빼놓고 노랗게 칠한 연.

청초(靑-)명 꼭지를 제외한 몸통 전체가 푸른 연.

보라초명 꼭지를 제외한 전 부분이 보라색으로 된 연.

홍초(紅-)명 연머리 외에는 전체가 붉은 연.

꼬빡연(-鳶)≒**가오리연**명 가오리 모양으로 만들어 꼬리를 길게 단 연.

꼬리연명 긴 꼬리를 단 연.

상제연(喪制鳶)명 색종이를 붙이거나 칠을 하지 아니한 연.

소연(素鳶)명 물감이나 색종이 따위로 장식하지 아니한, 흰 빛깔의 연.

문자연(門字鳶)명 먹으로 '門' 자를 그린 종이 연.

고기비늘연(-鳶)명 겉면에 고기비늘 모양을 먹으로 그리거나 색종이로 오려 붙여 만든 연. 우리나라 고유의 종이 연.

장수연(-鳶)명 가운데 둥그런 구멍이 뚫린 네모난 큰 연.

장군연(將軍鳶)명 색종이로 장군의 얼굴 모양을 오려 붙여 만든 연.

바둑판연(-板鳶)명 가로와 세로로 금을 나란히 그어 생겨난 칸을 하나씩 걸러서 먹칠/색칠을 한 연.

지네발연(-鳶)명 지네처럼 오려 붙인 종이를 가장자리에 두른 연.

발연(-鳶)圐 양쪽 가장자리나 밑 부분에 가늘게 오린 종이를 붙여 늘어뜨린 연.

비행기연(飛行機鳶)圐 비행기 모양을 본떠 만든 종이 연.

호랑연(虎狼鳶)圐 '虎'자 모양으로 만든 종이 연.

구리팔괘(-八卦)圐 앞면을 몇 등분 하여 여러 가지 빛깔로 만든 연.

귀머리장군(-將軍)圐 윗머리 양쪽 귀퉁이에 검은 부등변 삼각형이 그려진 연. 삼각형의 밑변의 길이는 5cm 정도이고 높이는 10cm 정도가 됨.

눈깔귀머리장군(-將軍)圐 귀머리장군 세모꼴 속에 각각 크고 작은 둥근 흰 점 이 둘이나 셋씩 있는 연.

귀머리장군긴코박이(-將軍-)圐 귀머리장군에다 긴 네모 모양의 붉은 꼭지를 붙인 연.

'보쌈질'로 고기를 잡다니?

문 여름휴가 때 가족과 함께 강원도 계곡의 민박집에서 묵었는데요. 주인아저씨가 둥근 함지박 같은 그릇을 꺼내오더니 그 안에 떡밥을 넣고 보자기로 전체를 감싼 뒤 조그만 구멍을 낸 다음 개울의 웅덩이 안에다 고정시켜 놓더군요. 한참 뒤, 그걸 건져내고 보니 놀랄 만치 많은 피라미, 갈겨니, 버들치 들이 들어 있었습니다. 하도 신통해서 혹시 그 간단한 고기잡이에도 이름이 있느냐니까 **보쌈질**이라고 하더군요. 그런 말이 있는지요? 아무래도 그 지방 사투리 같았습니다만.

답 **보쌈질** 맞고요. 표준어입니다. **보쌈**은 보신 대로 "양푼만 한 그릇에 먹이를 넣고 물고기가 들어갈 정도의 구멍을 뚫은 다음 보로 싸서 물속에 가라앉혔다가 나중에 그 구멍으로 들어간 물고기를 잡는 어구(漁具)"의 이름입니다. 그 보쌈을 이용해서 고기를 잡는 것을 **보쌈질**이라고 하지요.

"가난하여 혼기를 놓친 총각이 과부를 밤에 몰래 보에 싸서 데려와 부인으로 삼던 일"을 뜻하는 말로 널리 알려진 **보쌈**은 그 밖에도 우리말에서 여러 가지 의미를 지닙니다. 위에 나온 어구로서의 '보쌈'도 있고, 아래에서 보듯 음식 이름으로의 '보쌈'도 있지요. 이 '보쌈'에 접사 **-질**('그 도구를 가지고 하는 일'/'그 신체 부위를 이용한 어떤 행위'/'직업이나 직책을 비하하는' 뜻을 더하는 접미사)이 붙어서 만들어진 **보쌈질** 또한 마찬가지고요.

이 모든 말에서 주된 기능을 수행하는 것은 보(褓, 물건을 싸거나 씌우기 위하여 네모지게 만든 천)라는 말입니다. 이 '보'로 과부도 싸고 음식도 싸고 고기잡이 그릇도 싸기 때문에 **보+쌈**의 꼴이 나왔고, **보쌈질**도 만들어졌습니다. 그렇기 때문에 이 보쌈질에는 "다림질할 옷을 물에 축인 보에 싸서 축축하게 유지하게 하는 일"의 뜻도 담겨 있습니다. 이 역시 보에 싸서 하는 일이기 때문이죠.

투망과 반두/반도 그리고 족대/족산대

문

개울 같은 데서 물고기를 잡자고 던지는 그물을 흔히 **투망**이라 하고 그걸로 고기잡이를 하는 걸 **투망질**이라고 하던데, 투망(投網)은 그물을 던진다는 한자어 아닌가요? 투망에 쓰이는 그물의 원말이 있다고 들었는데, 무엇인지요?
또 양쪽에 긴 막대 손잡이가 달린 그물을 양쪽에서 잡고 끌면서 고기를 그물 안으로 몰아서 잡기도 하던데요. 그걸 **반도**라고 부르던데, 흔히 쓰는 **족대**와는 어떤 관계인지요?

답

맞습니다. 사실 **투망**은 "그물을 던진다"는 말로, 지금도 고기를 잡으려고 물속에 그물을 치는 것을 투망이라 하지요. 하지만 "원뿔형 모양의 작은 그물로 아래에 추가 달린 것을 한 팔에 걸친 채 다른 팔로 좍 퍼지게 던져서 그물이 가라앉아 바닥에 닿은 후 그걸 당겨 올려 고기를 잡는 그물"도 투망이라 합니다.

이 말의 원말은 **쨍이**(또는 **쨍이그물**)인데요. 본래 중국어 "산대 그물"이라는 뜻의 罩網(조망)에서 온 말인데, 현재 우리나라에서 **조망**은 **반두/족산대**(양쪽 끝에 가늘고 긴 막대로 손잡이를 만든 그물)의 뜻으로 바뀌어 쓰이고 있습니다. 투망이라는 말이 널리 쓰이게 된 것은 그물이 작아서 어부가 아닌 이들도 손쉽게 그물을 던질 수 있을 뿐 아니라, 이 **쨍이/쨍이그물**의 명칭이 낯설어 널리 쓰이지 못한 자리를 쉽게 알아들을 수 있는 말로 메꾸게 되어서가 아닐까 생각해 봅니다.

보신 것은 **반두**라고 하는 것으로, 반도는 반두의 옛말인데요. 현재에도 널리 쓰이고 있는 방언(강원/경기/충청)이기도 합니다. 반두는 **족산대**라고도 하는데요. **족대**는 여기서 나온 말로, 반두보다는 좀 작은 것을 이릅니다. 그물 안쪽이 많이 처져 있는 것이 반두와는 조금 다르지만, 족대는 혼자서 충분히 밀고 당겨 올릴 정도로 크기가 작아서 작은 반두라고도 할 수 있겠습니다. 양쪽으로 사람이 나뉘어 밀고 끌어당기는 반두와는 크기와 그물 처짐에서 차이가 납니다.

이 밖에 물고기 중에서도 민물고기를 잡을 때 전통적으로 많이 사용해 왔던 어구들로는 **통발/가리/산대/사둘/오구** 따위도 있지요. 통발은 요즘도 자주 사용되고 있고, 오구도 가끔 눈에 띕니다. 이들의 말뜻은 뒤에 모아서 설명드리겠습니다.

'물때'도 모르고 설쳐댄 건 아닌지

 서해안으로 여름휴가를 갔을 땐데요. 아침을 먹고 나서 바닷가로 아이들과 조개를 캐러 나가려는데, 민박집 주인이 오늘은 **물때**가 **서무날**이라서 조개를 캐는 데에 아주 적당한 때라고 하더군요. 물때가 뭔지도 잘 모르고 설쳐댄 우리가 우연히 횡재한 기분도 들던데, 물때는 뭐고 또 서무날은 물때와 어떤 관계인지요?

답 **물때**란 "①아침저녁으로 밀물과 썰물이 들어오고 나가고 하는 때. ②≒물참(밀물이 들어오는 때)"을 뜻하는 말입니다. 그 물때 시각이 **서무날**에 해당된다는 뜻으로 한 말이죠.

아시다시피 바닷물은 하루에 두 번씩 밀물과 썰물로 나뉘어 드나듭니다. 예를 들어 초저녁에 만조(滿潮)가 되면 약 12시간 뒤인 다음날 새벽에 다시 만조가 되는 식이지요. 질문 중에 언급된 서무날이 바로 그 시간대에 만조가 되는 날이기도 합니다.

서무날은 "**무날** 중의 세 번째 날"이라는 뜻인데 그 말을 이해하려면 먼저 무날의 의미를 아셔야 해요. 무날에 관한 상세 설명은 아래에 붙이겠습니다.

참고로, 같은 서무날이라도, 지역에 따라 밀물 썰물 시각이 조금씩 다릅니다. 서해안 중부 지방에서는 서무날은 대체로 새벽에 가득 찬 밀물이 아침을 먹고 날 무렵이면 썰물이 되어 나가므로 오전 9~10시경이면 개펄로 나갈 수 있어서 조개 등을 캐기에 좋은 물때입니다.

참, 질문에서 사용하신 "물때도 잘 모르고 설쳐댄다."라고 할 때의 **물때**는 **밀물/썰물** 때와는 좀 다른 뜻을 지닌 말이어요. 이때의 물때는 "일의 형세나 형편"을 뜻하는데, 아무래도 어원은 이 밀물/썰물과 관련되어 있을 것으로 봅니다.

무날이란 한 달 중에 **조차**(潮差)가 같은 두 날들을 한 묶음으로 해서 붙인 이름입니다. 즉, 한 달 중에는 같은 무날이 두 번 있게 되지요. 이 무날에는 **한무날**에서 **열두무날**까지의 일반적인 명칭이 있고, 열두무날 이후로는 **한것기/대것기/아츠조금**과 **조금** 그리고 **무쉬**라는 약간 특별한 이름으로 불리는 무날들이 있습니다.

이 무날들의 출발점은 짐작과 달리 한무날이 아니랍니다. 그 출발은 무쉬인데요. **무쉬**란 "**조금**(밀물이 가장 낮은 때) 다음날로 조수가 조금 붇기 시작하는 물 때"에 붙여진 특별한 이름이랍니다. 서해안 지방에서는 흔히 **무시**라고들 하죠. 즉, 조수가 가장 낮은 조금을 지나서 새로 해수면이 높아지기 시작하는 첫 날을 무쉬라 하는데, 음력으로는 9일과 24일입니다. 한무날은 무쉬 다음날이니까 음력으로는 10일과 25일이 되고요.

물때란 조수가 조금씩 붇기 시작하는 무쉬에서 출발하여 **한무날~열두무날**을 거쳐(그중 **여섯무날**이 밀물이 가장 높은 **사리**), 밀물이 낮아지는 **한것기~아츠조금**을 지나 가장 낮은 때인 조금에 이른 뒤 다시 무쉬로 시작되는 순환을 뭉뚱그려 표현하는 말이어요. 즉, **무쉬→한무날~열두무날→한것기~아츠조금→조금→무쉬**로 순환하는데, 이런 무날들이 한 달 중 두 번 되풀이되지요. 그래서 밀물이 가장 높은 때인 사리가 한 달이면 음력 보름과 그믐 때 두 번 있게 되는 것이고요.

무수기는 조차(潮差)를 일상적으로 이르는 말이고, 일부 책자(예를 들어, 한국민족문화대백과사전 따위)에서 흔히 보이는 **한꺾기**[一折]/**두꺾기**[二折] 등은《표준》에서 **한것기(한개끼)/대것기**의 잘못(북한어)으로 규정하고 있음을 주목할 필요가 있습니다. **아치조금**[亞潮] 역시《표준》에는 **아츠조금**의 북한어로 규정되어 있는데, 북한어로 규정된 이 말들은 서해안 지방에서 지금도 흔히 쓰입니다.

한꺾기/두꺾기와 같은 경우, 어원상으로는 "밀물의 기가 꺾인다"는 뜻이므로 옳으나, 소리 나는 대로 적는 쪽(한것기(한개끼)/대것기)을 택한 사례라 할 수 있겠습니다.

덞 **들물/초들물/들턱은 전혀 남남 간의 말들이다**

바닷가에 갔을 때 바닷물이 들어오는 것을 보면 "물 들어온다."고 하고, 그걸 손쉽게 **들물**이라고도 한다. **들물**은 방언이자 북한어로, **밀물**의 잘못이다. 바다 쪽에서 육지 쪽으로 밀리는 물이기 때문이다. 그와 반대로 나가는 바닷물은 **날물**이 아닌 **썰물**이다. 그러나 바닷물이 들어오기 시작할 무렵을 이르는 **초들물**은 표준어이다. 그 상대어는 **초썰물**이고. ☞**날물**: 날물은 들물과 달리 표준어지만, 간만 차 등과는 무관하게 "나가는 물"을 일반적으로 이르는 말.

방언인 '들물'과 비슷한 말로 **들턱**이 있는데, 전혀 다른 뜻이다. "새

집에 들거나 이사를 하고 내는 턱"(좋은 일이 있을 때에 남에게 베푸는 음식 대접)을 뜻한다. 이와 관련된 말로는 흔히 쓰는 **집들이** 외에 **집알이**도 있다. 예전에 초상을 치른 뒤에 하던 **집가심**이란 말도 이참에 함께 익혀둘 만하다.

집들이몡 ①이사하여 새로운 집으로 옮겨 들어감. ②이사한 후에 이웃과 친지를 불러 집을 구경시키고 음식을 대접하는 일.
집알이몡 새로 집을 지었거나 이사한 집에 집 구경 겸 인사로 찾아보는 일.
집가심몡 초상집에서 상여가 나간 뒤에 무당을 불러 집 안의 악한 기운을 깨끗이 가시도록 물리치는 일.

'세월호' 사건이 알려준 말, 소조기와 정조기

문 세월호 침몰 사고가 나고 실종자 탐색을 위해 수색 작업이 한창일 때 TV에서 아래와 같은 보도를 여러 번 접했습니다. 그런데 '소조기'와 '정조기'는 처음 듣는 말이었어요. 무슨 뜻인지요? 물때와 관련이 있는 말인가요?

답 꽤 전문적인 설명을 필요로 하는 질문입니다. 답부터 말씀드리면 **소조기**(小潮期)란 **조금 때**를 뜻하는 한자어입니다. 그리고 **정조기**(停潮期)란 말은 잘못이며, **정조 시간대**라는 표현이 적절합니다.

세월호가 침몰한 진도 앞바다는 오늘부터 물살이 약한 **소조기**에 접어들었습니다. 특히 이번 **소조기**는 유속이 사리 때의 절반인 초속 1.2m까지 떨어집니다. 사고 이후 유속이 가장 느려지는 시기라서 남은 실종자들을 찾아낼 최적기가 될 전망입니다.

민관군 합동구조팀은 하루 네 차례 **정조시간대**에 수색인력을 집중 투입한다는 방침인데요, 오늘은 새벽 1시 40분부터 시작된 **정조기**에도 수중 수색작업이 시도됐습니다. 오늘 **정조기**는 오전 7시 반과 오후 3시, 오후 7시 세 차례가 남아 있습니다.

　　조금(潮–)은 "음력을 기준으로 하여 한 달 중에 조수(潮水)가 가장 낮은 때, 즉 달이 각각 상현과 하현일 때 나타나는 현상"이므로 한 달에 두 번이며, 음력으로 7~8일경 및 22~23일경이 됩니다. 여기서 **조금 때**란 조금 전후를 뜻하므로, **아츠조금~조금~무쉬** 기간 즉 음력 7~9일과 22~24일을 말합니다. 다시 말해서, **소조기**란 "한 달 중에 간만의 차[潮差]가 가장 낮은 시기, 곧 **조금 때**를 이르는 말"이므로 한 달에 3~4일 정도 두 차례만 나타납니다. 매일 접하는 일이 아니라는 거죠. 그런 점에서 하루에 네 번 대하는 '정조'와 다르지요.

　　정조(停潮)란 "밀물 때의 만조와 썰물 때의 간조의 앞뒤 시간대에 해수면의 오르내림이 느려서 마치 정지한 것과 같이 보이는 상태"를 말하는데요. 밀물과 썰물은 하루에 두 번씩이므로 정조는 하루에 4번 일어나는데, 이 현상은 오래 지속되는 게 아닙니다. 한 시간도 안 되게 아주 짧습니다. 따라서 "기간/시기 등과 같이 비교적 긴 시간대를 뜻하는 접사"인 **–기**(期)를 붙여 쓸 수는 없는 말이죠. 그래선지 사전이나 전문 용어집에도 '정조기'라는 낱말은 아예 보이지 않습니다. 그냥 '정조'나 '정조 때' 혹은 '정조 시간대'라고 하는 것이 적절한 표현입니다.

　　참, 앞서 말한 **조금**에 대비되는 말이 **사리**인 건 아시죠. 한 달 중에 조수가 가장 낮은 때를 이르는 **조금**에 반해 **사리**는 밀물의 높이가 가장 높은 때를 이르지요. 조금과 사리는 **조차**(潮差)와 관련됩니다. 최대의 조차는 대개 신월(新月, 음력 초하루) 및 **만월**(滿月, 음력 보름) 전후에 나타나며

이를 **사리** 또는 **대조**(大潮)라 합니다. 반대로 상현(음력 7~8일) 및 하현(음력 22~23일) 때는 조차가 작은데 이처럼 조차가 작은 **조석**(潮汐, 해면이 주기적으로 높아졌다 낮아졌다 하는 현상)을 **조금** 또는 **소조**라고 합니다.

정조(停潮)는 "**고조**(高潮, 만조) 또는 **저조**(低潮, 간조)의 전후에서 해면의 승강이 매우 느려서 마치 정지하고 있는 것과 같이 보이는 상태"를 말합니다. 그래서 잠수 작업에는 아주 좋은 시간이지요. 정조는 24시간 50분(1태음일)에 네 번 일어나므로 대체로 6시간마다 한 번꼴인데, 지속 시간은 매번 한 시간도 안 되는, 몇 분에 그치는 짧은 시간이랍니다. 정조의 지속 시간은 **조차**에 따라서 다른데, 조차가 작을수록 정조 시간은 길어집니다.

조차는 달의 공전과 관계된 것으로 매일 변하는데 장소에 따라서도 무척 다르답니다. 우리나라의 경우 서해안은 3~8m, 남해안은 1~3m, 동해안은 0.2~0.3m 정도인데요. 사고 해역은 남해안에 속하긴 하지만 맹골수도의 조류 유속이 빠른 지역이어서 정조의 지속 시간은 조차가 작은데도 그다지 길지 못하죠.

그러므로 위의 기사에서 마지막 정조 시간대를 오후 7시로 적은 것은 오기 내지는 실수입니다. 세 번째 정조가 오후 3시였다면 네 번째는 대략 6시간 후인 오후 9시경이 되어야 맞거든요.

덜 달이 날마다 우리에게 안녕을 고하고 있다!

예전에는 지금과 달리 지구와 달 사이가 무척 가까웠다. 지구가 막 탄생한 46억 년 전에는 달이 7일 만에 지구를 한 바퀴 돌았을 정도였다. 그때 누군가가 달을 보았다면 엄청나게 컸을 것이다.
28억 년 전에는 달이 지구를 한 바퀴 도는 데 17일이 걸렸다고 한다. 하지만 지금처럼 이렇게 점점 멀어진 것은 달의 원심력 때문이다.

지금도 달은 매년 지구에서 3~4cm씩 멀어지고 있다. 앞으로 1억 년이 지나면 약 3,000~4,000km가 멀어진다. 그때는 밀물과 썰물이 지금처럼 정상적이지 못할 것이다. 조석(潮汐)은 적게 일어나고, 지구의 바닷물이 충분히 섞이지 못하게 될 것이다. 그때까지 우리가 살아내지 못하는 게 어쩌면 큰 다행(?)일지도 모르겠다. 그처럼 달은 지금도 언젠가 우리에게 고할 '안녕!'을 날마다 연습하고 있다.

고기잡이/물때 관련 낱말 정리

▶고기잡이 어구

투망(投網)명 ①물고기를 잡으려고 그물을 물속에 넣어 침. ②≒**쟁이/쨍이 그물**. 그물의 하나. 원뿔형 모양으로 윗부분에 몇 발의 벼리가 있고 아래에는 추가 달려 있어, 물에 던지면 좍 퍼지면서 가라앉아 바닥에 닿은 후 그것을 당겨 올려 고기를 잡는다. **던짐 그물, 쟁이**로 순화.

쟁이/쨍이그물명 ≒**투망(投網)**. 물고기를 잡는 그물의 하나. 원뿔 모양으로 위에 몇 발의 벼리가 있고 아래에는 추가 달려 있어서 물에 던지면 좍 퍼지면서 가라앉는다. 그물이 바닥에 닿은 후 천천히 벼리를 당겨서 그물 속에 든 물고기를 건져 올린다. [어원: 罩網(중국어)]

족대명 물고기를 잡는 기구의 하나. 작은 반두와 비슷하나 그물의 가운데가 처져 있다.

반두≒**조망(罩網)·족산대**명 양쪽 끝에 가늘고 긴 막대로 손잡이를 만든 그물. 주로 얕은 개울에서 물고기를 몰아 잡는다.

통발(筒−)명 가는 댓조각이나 싸리를 엮어서 통같이 만든 고기잡이 기구. 아가리에 작은 발을 달아 날카로운 끝이 가운데로 몰리게 하여 한번 들어간 물고기는 거슬러 나오지 못하게 하여 잡는다. 밑이 없는 가리와 달리 밑이 있다.

가리명 물고기를 잡는 기구의 하나. 대오리를 엮어서 밑이 없이 통발과 비슷하게 만든 것으로, 그리 크지 않은 강이나 냇물에서 쓴다.

보쌈₁(褓–)[명] 물고기를 잡는 도구로, 양푼만한 그릇에 먹이를 넣고 물고기가 들어갈 정도의 구멍을 뚫은 다음 보로 싼 것. 이것을 물속에 가라앉혀 그 구멍으로 들어간 물고기를 잡는다. ¶**보쌈질**₁[명].

보쌈₂(褓–)[명] ① 귀한 집 딸이 둘 이상의 남편을 섬겨야 될 사주팔자인 경우에, 밤에 외간 남자를 싸서 잡아다가 딸과 재우고 죽이던 일. 이렇게 한 다음 그 딸은 과부가 될 액운을 면하였다고 하여 안심하고 다른 곳으로 시집을 갔다고 함. ② 가난하여 혼기를 놓친 총각이 과부를 밤에 몰래 보에 싸서 데려와 부인으로 삼던 일. ¶**보쌈질**₂[명].

보쌈₃(褓–)[명] 삶아서 뼈를 추려 낸 소, 돼지 따위의 머리 고기를 보에 싸서 무거운 것으로 눌러 단단하게 만든 뒤 썰어서 먹는 음식.

보쌈질₃(褓–)[명] 다림질할 옷을 물에 축인 보에 싸서 축축하게 유지하게 하는 일.

보쌈김치(褓–)[명] 무/배추를 일정한 크기로 썰어서 갖은 양념을 한 것을 넓은 배추 잎으로 싸서 담근 김치.

산대[명] 고기 잡는 그물의 하나. 대나무나 쇠로 만든 틀에 삼각형 또는 원형(圓形)의 그물을 주머니처럼 붙였다.

사둘[명] 손잡이가 길고 모양이 국자처럼 생긴, 물고기를 잡는 그물.

사둘질[명] 사둘로 물고기를 잡는 일.

오구[명] 굵은 실을 용수(싸리나 대오리로 만든 둥글고 긴 통) 모양으로 뜨고 그물 아가리에 둥근 테를 메운 뒤에 '十' 자 모양의 긴 자루를 맨 어구(漁具).

사내끼[명] 물고기를 잡을 때 물에 뜬 고기를 건져 뜨는 기구. 긴 자루 끝에 철사나 끈으로 망처럼 얽었다.

후리치[명] 물고기를 떠서 잡는 기구의 하나. 싸리로 엮으며 광주리처럼 널따랗게 생겼다.

▶**물때**

물때[명] ① 아침저녁으로 밀물과 썰물이 들어오고 나가고 하는 때. ② ≒**물참**(밀물이 들어오는 때).

밀물⬚ 조수의 간만으로 해면이 상승하는 현상. 또는 그 바닷물. 간조에서 만조까지를 이르며 하루에 두 차례씩 밀려들어 온다.

　들물⬚ **밀물**의 방언 및 북한어.

썰물⬚ 조수의 간만으로 해면이 하강하는 현상. 또는 그 바닷물. 만조에서 간조까지를 이르며 하루에 두 차례씩 밀려 나간다.

　날물⬚ 나가는 물. ←간만 차 등과 무관하게, 일반적으로 (빠져) 나가는 물.

간조(干潮)⬚ 바다에서 조수가 빠져나가 해수면이 가장 낮아진 상태

만조(滿潮)⬚ 밀물이 가장 높은 해면까지 꽉 차게 들어오는 현상. 또는 그런 때.

날머리↔들머리⬚ ≒**초썰물**. 바닷물이 빠지기 시작할 무렵. ↔**초들물**

무수기⬚ "밀물과 썰물 때의 수위(水位)의 차"인 **조차**(潮差)를 일상적으로 이르는 말.

조금(潮-)⬚ 조수(潮水)가 가장 낮은 때를 이름. 대개 매월 음력 7, 8일과 22, 23일.

사리≒한사리⬚ 음력 보름과 그믐 무렵에 밀물이 가장 높은 때.

무날⬚ 한 달에 **무수기**〔조차(潮差)를 일상적으로 이르는 말〕가 같은 두 날을 이르는 말. 무쉬(조금 다음 날로 조수가 조금 붇기 시작하는 물때)를 기준으로 하여 계산하는데, 무쉬는 음력 9일과 24일. 무쉬에서 시작하여 한무날~열두무날을 거쳐(그중 여섯무날이 밀물이 가장 높은 사리임) 밀물이 낮아지는 한것기~아츠조금을 지나 가장 낮은 때인 조금에 이른 뒤 다시 무쉬로 이어진다. 즉, **무쉬→한무날~열두무날→한것기~아츠조금→조금→무쉬**로 순환되며 이런 무날들이 한 달 중 두 번 되풀이된다.

무쉬⬚ 조금 다음 날인 음력 8~9일과 23~24일. 조수가 조금 붇기 시작하는 물때.

☞ **무날의 이름과 때**

한무날: 음력 10일과 25일, **두무날**: 음력 11일과 26일. **서무날**: 음력 12일과 22일. **너무날**: 음력 13일과 28일. **다섯무날**: 음력 13~14일과 28~29일. **여섯무날**: 음력 보름과 그믐(이때의 밀물이 가장 높음. ≒**한사리**). **일곱무날**: 음력 그믐~1일과 15~16일. **여덟무날**: 음력 2일과 17일. **아홉무날**: 음력 3일과 18일. **열무날**: 음력 3~4일과 18~19일. **열한무날**: 음력 4~5일과 19~20일. **열두무날**: 음력 5~6일과 20~21일(서해안 용어로는 게끼 ←표준어

임). **한것기≒한개끼**: 음력 5일과 20일(북한어로는 한꺾기). **대것기**: 음력 6일과 21일(밀물
이 가장 낮은 때임. 북한어로는 두꺾기). **아츠조금**: 음력 7일과 22일. **조금**: 음력 7~8일과
22~23일.

▶조석 현상

조금ⓂⒺ 음력을 기준으로 하여 한 달 중에 조수(潮水)가 가장 낮은 때. 음력으
로 7~8일 또는 22~23일.

사리ⓂⒺ 음력을 기준으로 하여 한 달 중에 밀물이 가장 높은 때. 음력으로 그
믐~초하루 또는 보름.

조수(潮水)ⓂⒺ ①≒**미세기**(밀물과 썰물의 총칭). ②달과 태양의 인력에 의하여
주기적으로 높아졌다 낮아졌다 하는 바닷물.

조석현상(潮汐現狀)ⓂⒺ 달과 태양의 인력에 의하여 해면이 주기적으로 높아졌
다(밀물) 낮아졌다(썰물) 하는 현상. 하루(정확히는 1태음력인 24시간 50분)에
두 번 일어난다.

만조(滿潮)/간조(干潮)ⓂⒺ 조석현상 중 하루 중 밀물이 들어와 해면의 높이가
최고일 때를 **만조**(혹은 고조(高潮), high tide)라 하고 최저일 때를 **간조**(혹은
저조(低潮), low tide)라고 한다. 따라서 만조와 간조는 하루에 두 차례씩
나타난다. 그 주기는 달이 지구를 한 바퀴 도는 데 24시간 50분이 소요되
므로 만조와 간조는 각각 12시간 25분씩의 주기를 나타낸다. 따라서 만조
가 시작되고 다시 간조가 시작되기까지는 약 6시간 12분 정도 걸린다.

조석간만(潮汐干滿)ⓂⒺ (하루 중) 조석현상으로 발생하는 만조와 간조를 모두
아우르는 말.

조차(潮差, range of tide)ⓂⒺ 만조(滿潮)와 간조(干潮) 때의 해면의 높이 차.

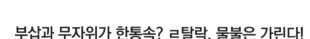

부삽과 무자위 그리고 삼돌이 이야기

부삽과 무자위가 한통속? ㄹ탈락, 물불은 가린다!

부삽(아궁이의 재를 치거나 숯불을 담아 옮기는 데 쓰는 조그마한 삽)은 본래 [불(火)+삽]으로 이뤄진 말인데, 거기서 ㄹ이 탈락한 것으로 알고 있습니다. 그런데 **불집게** 같은 경우는 **부집게**도 복수 표준어로 인정되고 있지 않은가요?

한편 **불갈고리** 같은 데서는 '불-'로 표기하고 있고요. 그런데 **부등가리**(아궁이의 불을 담아내어 옮길 때 부삽 대신에 쓰는 도구)에 이르면 다시 '부-'로만 적고 있더군요. 어째서 이처럼 표기에서 **불-/부-**로 들쑥날쑥하게 되어 있는 것인지요? 그리고 부등가리가 [불+등가리]에서 온 말이라면 **등가리**는 무엇을 뜻하는 말인가요?

아울러 **무자위**(물을 높은 곳으로 퍼 올리는 기계)도 부삽과 마찬가지로 [물+자위]에서 ㄹ이 탈락한 표기를 표준어로 삼게 된 말이라고 알고 있습니다. 어떤 경우에 이처럼 ㄹ이 탈락된 말이 표준어가 되는 것인지요? 우스개로 '물불' 가리지 않고 모두 ㄹ 탈락되는 건가요?

그렇습니다. 말씀하신 말들은 모두 ㄹ 탈락과 관계되는 말들입니다. 이에 대해서는 한글맞춤법 28항에 다음과 같이 규정되어 있습니다. (하지만 말씀하신 대로 물불 가리지 않고 모두 ㄹ 탈락이 되는 건 아닙니다. 하하하.)

제28항 끝소리가 ㄹ인 말과 딴 말이 어울릴 적에 ㄹ 소리가 나지 아니하는 것은 아니 나는 대로 적는다.

다달이(달-달-이)	따님(딸-님)	마되(말-되)
마소(말-소)	무자위(물-자위)	바느질(바늘-질)
부나비(불-나비)	부삽(불-삽)	부손(불-손)
소나무(솔-나무)	싸전(쌀-전)	여닫이(열-닫이)
우짖다(울-짖다)	화살(활-살)	

끝소리(종성)가 ㄹ인 말들이 다른 말과 어울릴 때, ㄹ이 소리 나지 않을 때는 소리 나지 않는 대로 적는다는 원칙에 따른 것입니다. 이에 따라 **불갈고리**의 경우는 끝소리 ㄹ이 명확하게 발음되기 때문에 '불-'로 적은 것이지요. **부집게/불집게**는 두 가지 모두 비슷하게 쓰이기 때문에 둘 다 표준어로 삼은 것이고요. **무자위**에서도 ㄹ 소리가 나지 않으므로 부삽처럼 무자위로 적는 것입니다.

부등가리에서 **등가리**의 의미는 명확하지 않으나 **마디**의 방언으로 **마등가리/매등가리** 따위가 있는 것으로 보아 **부분/일부**를 뜻하는 것이 아닌가 생각합니다. 부등가리는 부삽 대신에 쓰는 조그마한 깨진 그릇 조각들이기 때문에 더욱 그런 뜻이 아닐까 추정해 봅니다.

부삽 등에서의 '부-'는 '불(火)'에서 ㄹ이 탈락한 경우이고, 무자위에서의 '무-'는 '물(水)'에서 ㄹ이 탈락한 경우입니다. 이와 같이 ㄹ이 탈락했거나 탈락하지 않은 상태로 쓰이는 낱말들을 뒤의 낱말 정리에서 살펴보겠습니다.

삼돌이 다시 보기: 마님 모시던 그 삼돌이가 아닌가 봐

문

동료 중에 좀 힘든 일을 하게 되면 살살 뒷전으로 돌면서 껴들지 않고 있다가 먹을거리가 생기거나 하면 1등으로 달려드는 사람이 있습니다. 물론 회식 자리 같은 데에 빠지지 않는 것은 물론. 그런 자리에서는 항상 처음부터 자리를 채우고 앉아서 먹는 것을 밝힙니다. 그것도 아주 많이요. 그래서 사람들이 그에게 붙인 별명이 **삐돌이**인데 누가 그 말이 표준어라고 하더라고요. 그런데 사전을 찾아보니 없는 말이었습니다. 사투리인가요?

답

삐돌이는 **베돌이**(일을 하는데 한데 어울려 하지 않고 따로 행동하는 사람)가 경음화 현상으로 잘못 읽힌 경우입니다. 잘 삐치는 사람을 속된 말로 '삐돌이'라고 하는 이들도 있는데, 어쩌면 그 영향을 받은 것인지도 모르겠습니다. 삐돌이 역시 아직은 사전에 없는 말입니다.

☞ **베돌이**는 **배돌이**라고도 하는데, 베돌다(≒배돌다. ①한데 어울리지 아니하고 동떨어져 행동하다. ②가까이 가지 아니하고 피하여 딴 데로 돌다. ③탐탁하지 않아 가까이하기를 꺼려하다)에서 온 말이다. 이와 관련하여, **베돌이를 포함한 삼돌이** 얘기도 있으므로 따로 설명하겠다.

위에 간단히 보인 대로, **베돌이/배돌이**는 각각 **베돌다/배돌다**에서 온 말입니다. 베돌다/배돌다와 비슷한 말로는 **베슥거리다/~대다**(어떠한 일에 대하여 탐탁히 여기지 않고 자꾸 동떨어져 행동하다)와 **베슬거리다/~대다**(어떠한 일에 대하여 바로 대들어 하지 않고 자꾸 슬그머니 동떨어져 행동하다)도 있습니다.

베돌이/배돌이처럼 사람들이 흔히 **–돌이**를 붙여 손가락질을 하는 세 유형의 사람이 있는데, 이 세 사람을 한데 묶어 **삼돌이**(감돌이, 베돌이, 악돌이의 총칭)라고 하죠.

그중 **감돌이**는 "사소한 이익을 탐내어 덤비는 사람"을 낮잡는 말인데요. 한 곳으로 감돌아드는 물에 비유하여 생긴 말이어요. 베돌이/배돌이가 베돌다/배돌다에서 나왔듯이 **감돌다**(길/물굽이 따위가 모퉁이를 따라 돌다)에서 나왔습니다. 삼돌이 중 마지막으로는 **악돌이**(악을 쓰며 모질게 덤비기 잘하는 사람)가 있습니다. '악쓰다'와 '-돌이'의 결합으로 만들어진 말이지요.

이와 같이, 사전상의 **삼돌이**는 문학 작품에 등장하던 친근한 **삼돌이**와는 전혀 다른 이들입니다. 예전에는 우직하고 성실하게 주인마님을 섬기거나 어린 처녀들을 마음 써주던 **곁머슴**(예전에 상머슴의 일을 거들어 주던 머슴)들이 흔히 삼돌이란 이름으로 소설 속에 등장하기도 하고, 실제로도 그렇게 많이 불리던 이름이기도 했지요. 하지만 사전상의 삼돌이는 그런 착한 머슴 삼돌이와는 전혀 다른 문제적 인물들입니다.

참고로, 위의 질문에 나오는 **베돌이/배돌이**처럼, 사람들이 모이는 자리에 가면 언제나 와 있거나 술자리 같은 데서 끝까지 자리를 지키는 사람을 지칭하는 말이 있는데요. 그런 이를 일컬어 **본전꾼**(本錢-, ①[비유] 이웃에 놀러 가거나 사람들이 많이 모이는 자리에 언제 가도 언제나 와 있는 사람. ②[비유] 술자리 같은 데서 도중에 일어서지 않고 끝까지 앉아 있는 사람)'이라 합니다. 내놓고 사람들한테서 '본전꾼'이란 말을 들어서는 안 되겠죠?

ㄹ 탈락 관련 낱말 정리

부삽≒화삽 [명] 아궁이/화로의 재를 치거나, 숯불/불을 담아 옮기는 데 쓰는 조그마한 삽. 쇠붙이 따위로 네모가 지거나 만들었는데, 바닥이 좀 우긋하고 자루가 달려 있음. [← 불(火)+삽]

부손 [명] 화로에 꽂아 두고 쓰는 작은 부삽. 모양이 숟가락 비슷하나 좀 더 크고 납작하다. [← 불(火)+손]

부등가리 [명] 아궁이의 불을 담아내어 옮길 때 부삽 대신에 쓰는 도구. 흔히 오지그릇/질그릇의 깨진 조각으로 만들어 쓴다.

부저≒부젓가락[명] 화로에 꽂아 두고 불덩이를 집거나 불을 헤치는 데 쓰는 쇠로 만든 젓가락. [← 불+저+ㅅ+가락]

부지깽이≒화곤(火棍)/화장(火杖)[명] 아궁이 따위에 불을 땔 때에, 불을 헤치거나 끌어내거나 거두어 넣거나 하는 데 쓰는 가느스름한 막대기.

부집게≒불집게[명] 불덩이/숯불/석탄 덩이 따위를 집거나 등잔/촛불의 불똥을 집는 데 쓰는 집게.

불갈고리[명] 부엌에서 불을 쑤시거나 재를 터는 데 쓰는 갈고리.

무넘기[명] ①논에 물이 알맞게 고이고 남은 물이 흘러넘쳐 빠질 수 있도록 만든 둑. ②봇물을 대기 위하여 만든 둑.

무논갈이[명] 무논을 가는 일.

무삶이[명] 논에 물을 대어 써레질을 하고 나래로 고르는 일. 또는 물을 대어 써레질을 한 논.

무서리[명] 늦가을에 처음 내리는 묽은 서리.

무솔다[동] ①≒솔다. 땅에 습기가 많아서 푸성귀 따위가 물러서 썩다. ②장마가 오래 계속되어 땅이 질벅질벅하게 되다.

무술≒현주(玄酒)[명] 제사 때 술 대신에 쓰는 맑은 찬물. [← 물+술]

무자리[명] 논에 물을 대어야 하는 곳.

무자맥질≒자맥질[명] 물속에서 팔다리를 놀리며 떴다 잠겼다 하는 짓.

무자위[명] 물을 높은 곳으로 퍼 올리는 기계.

'나이' 잘못 쓰면
나잇값 못하게 된다

'우리 나이'는 사전에 없는 말이라고?

문 우리나라 사람들처럼 걸핏하면 나이를 잘 따지는 사람들도 없는 듯합니다. 그럴 때 흔히 **만나이/집에 나이/우리 나이/한국 나이**와 같은 말들을 써 왔는데, 아는 사람이 그러는데 이런 말들이 잘못된 말이라고 하더군요. 정말인가요? 잘못된 말들이라면 어떤 말들을 써야 하는지요?

답 엄격하게 말씀드리면 '만나이'는 사전에 없는 말로 '만 나이'로 띄어 적어야 합니다. 그리고 **집엣나이/집에 나이/우리 나이/한국 나이**는 모두 부적절한 말로 올바른 말은 **세는나이**입니다.

　'만 나이'에 보이는 **만(滿)**은 명사와 관형사로 쓰이는 말인데요. 각각 "시기/햇수를 꽉 차게 헤아림"을 이를 때와 "날/주/달/해 따위의 일정하게 정해진 기간이 꽉 참"을 이르고자 할 때 씁니다. 예를 들어 '만 나이'에서의 '만'은 관형사로 쓰인 경우이고, '만으로 치면 올해 13세이다'에서의 '만'은 명사로 쓰였습니다. **만 나이**에서 만(滿)은 꽉 찬 것을 뜻하므로 만 나이는 '꽉 찬 나이' 또는 '온 나이'라고 할 수 있겠습니다.

　만 나이의 상대어로 흔히 쓰이는 '우리 나이/한국 나이/집엣나이/집에 나이'는 모두 사전에 없는 말들로, 올바른 표현으로는 **세는나이**(태어난 해를 1년으로 쳐서 함께 세는 나이)라고 하는 것이 좋습니다. '우리 나이'나 '집의 나이' 등이 어법상 잘못되어서가 아니라 올바른 말을 제쳐두고 사용하는 수의적 용어이기 때문이지요.

우리말에는 나이와 관련된 재미있는 표현들이 있습니다. 예를 들면 연말에 태어나는 바람에 얼마 지나지 않고도 한 살을 더 먹게 되는 경우의 나이는 **앰한나이**라고 하죠. 이때 쓰인 '앰한—'은 **애매하다**(아무 잘못 없이 꾸중을 듣거나 벌을 받아 억울하다)의 준말인 앰하다의 활용인데요. 아무래도 그렇게 한 살을 더 먹는 건 억울한 일인지라 그런 표현이 생긴 듯합니다. 이와 반대로 "한 해가 시작된 지 얼마 안 되어 태어난 아이가 꽉 차게 먹는 나이"는 **온살**(온살은 한 낱말이지만 위에서 언급한 온 나이는 두 낱말)이라고 합니다.

☞ 우리말에는 나이를 표기할 때, **불혹**(不惑)/**이순**(耳順)/**고희**(古稀)/**망팔**(望八) 등과 같이 중국 고전에서 비롯된 말들도 적잖게 널리 쓰이고 있다. 이러한 것들은 따로 모아 두었다. 114쪽 〈**나이를 나타내는 한자어**〉 항목 참조.

돌 전후로 보이는 어린아이를 보면 사람들이 흔히 "몇 달이나 됐어요?"라고 묻곤 하죠? 그와 같이 "태어난 지 일 년이 안 된 아이를 달수로 따지는 나이"를 **달나이**[혹은 **월령**(月齡)]라고 합니다. 그런데 이 **달나이/월령**이 천문 용어로 쓰일 때는 "신월(新月) 때를 0으로 하여 헤아리는 날짜"를 의미합니다.

그 밖에 "환갑이 지난 뒤의 나이"를 이르는 **남의나이**도 있습니다. 요즘에는 환갑이 지난 정도로는 명함도 못 내밀 정도여서 대체로 팔순 이상을 이를 때 흔히 쓴다고 하네요. 또 나잇값도 못하는 이들을 손가락질할 때 **헛나이**를 먹었다고 하는데, 이 '헛나이'는 **자탄**(自歎/自嘆, 자기의 일에 대하여 탄식함)할 때도 쓰는 말이어서 그럴 땐 "해 놓은 일도 별로 없이 헛되게 든 나이"라는 뜻이 되지요.

나이 얘기가 나온 김에 덧붙여서 "하룻강아지 범 무서운 줄 모른다."

에 쓰인 **하룻강아지**의 정확한 뜻도 알아보고 가지요. 이 말은 본래 "난 지 얼마 안 되는 어린 강아지"를 뜻하는데, 거기에서 "사회적 경험이 적고 얕은 지식만을 가진 어린 사람"을 놀림조로 이르는 말로도 쓰이게 되었습니다.

이 하룻강아지에 보이는 '하룻−'은 난 지 하루밖에 되지 않았다는 뜻이 아니라 **하릅**(나이가 한 살 된 소/말/개 따위)에서 온 말로, 아주 나이 어린, 한 살 안팎의 어린 동물이나 그런 동물의 나이를 뜻합니다. 이와 비슷한 구조로 된 말에는 **금승말**(그해에 태어난 말)이 있는데요. '금승'을 마소의 한 살을 이르는 말로 쓰기도 하지만, 그것은 잘못입니다. **금승**[今生▽]이 란 "그해에 태어남을 뜻하는 말"일 뿐 직접적으로 나이까지 지칭하는 말은 아니기 때문이지요. 마치, '초승달'이라고 할 때 **초승**[初生▽]이 처음으로 생김을 뜻하는 것과 같습니다.

☞ **마소의 나이를 세는 명칭: 한습/하릅**(한 살); **이듭/두습**(두 살); **사릅/세습**(세 살); **나릅**(네 살); **다습**(다섯 살); **여습**(여섯 살); **이릅**(일곱 살); **여듭**(여덟 살); **구릅/아습**(아홉 살); **열 릅/담불**(열 살)

동갑이라고 다 같은 동갑이 아니다

문

어느 모임에서 황당한 일을 겪었습니다. 이름으로만 알던 이와 수인사하면서 서로 나이를 말하게 되었는데, 상대방이 "아, 저보다 한참 연배시군요"라고 하는 겁니다. 나이 차가 적어도 예닐곱 살은 더 나는 손아랫사람이었는데, 제게 그런 말을 쓸 수 있는 건가요? 그리고 또 한 사람은 저보다 한 살 아래였는데, 한동갑이나 진배없으니 '어깨동무'라고도 할 수 있다며, 다른 이들에게 계속 어깨동무로 소개했습니다. 어깨동무가 그렇게도 쓸 수 있는 말인지요? 또 '동갑'이란 뜻으로 '갑장'도 많이 쓰던데, 본래 갑장이 그런 뜻이었나요?

하하하. 실로 황당하셨겠네요. 사실 요즘 이 **연배**(年輩)를 그저 단순히 연상(年上) 정도로 알고 있는 이들이 의외로 많습니다. 아무래도 **선배**(先輩)라는 말을 많이 쓰다 보니, 나이로 윗길이면 연배인 듯싶어서 짐작만으로 쓰게 되어 벌어지는 현상이지 싶습니다만. **연배**란 "일정한 정도에 도달한 나이. 또는 그런 나이의 사람"을 뜻하는 말일 뿐입니다. 위의 질문과 같은 상황에서는 그분이 질문자에게 "저보다 한참 연상이시군요."라고 해야 적절합니다. **연배**는 쉽게 **나이/연세**를 이른다고 기억하면 헷갈리지 않겠군요.

어깨동무의 경우는, 한 살 차이라면 **어깨동갑**(혹은 **자치동갑**)이라고 해야 맞습니다. 다만, 어깨동무는 본래 "나이나 키가 비슷한 동무"를 뜻하는 말이므로, 한 살 차이라고는 해도 실제로는 몇 달 차이도 안 될 정도로 엇비슷한 나이일 때는 어깨동무라는 말을 굳이 기피할 필요는 없겠습니다. 다만 어깨동무는 나이만 비슷하다고 쓰지는 않고 늘 친하게 어울리는 사람에게만 쓰는 말이므로, 그와 같은 초면의 자리에서는 적절하지 않은 표현이라 하겠죠.

연배란 "일정한 정도에 도달한 나이. 또는 그런 나이의 사람"을 뜻합니다. 예전에는 이에 더하여 "비슷한 또래의 나이. 또는 그런 사람"까지도 포함시켰는데 최근 뜻풀이를 바꾸었습니다. 그래서 예전에는 나이로만 보면 **동년배**(同年輩)와 비슷한 말이었지만 뜻풀이가 바뀐 뒤로는 비슷한 말로 보기 어려운데도, 그대로 비슷한 말로 치고 있습니다. 실무상의 실수겠죠? 여하간, **연배**는 **연상**(年上)과는 전혀 무관한 말이므로 당연히 연상자에게는 쓸 수 없는 말입니다.

연상과 비슷한 말로 **손위**가 있는데, "나이/항렬 따위가 자기보다 위이거나 높은 사람"을 뜻하지요. 나이 외에 **항렬**(行列, 같은 혈족의 직계에서 갈라져 나간 계통 사이의 대수 관계를 나타내는 말)이 높은 경우에도 쓰인다는 점이 나이만 따지는 연상과는 다른 점인데요. **손윗사람**이라고도 합니다. 연상의 상대어는 잘 알다시피 **연하**(年下)이죠. 단순히 "나이가 많은 사람"을 뜻할 때는 **연장자**(年長者)라고 합니다. **연장**(年長)도 연장자와 같은 말이고요. 가장 나이가 많은 사람을 뜻하는 말이 아니니, 그런 뜻으로는 "그중에서는 그가 가장 연장자이다"라든지 하는 식으로 특정해야만 그 뜻이 분명해진다는 것, 기억해 두셔요.

참고로, 연세가 좀 드신 분을 대접한다고 **연만하다**라는 말을 쓰는데요. **연만**(年滿, 年晚)에서 보듯 연세가 가득 찬 분, 곧 나이가 아주 많은 분에게 쓰는 말이어서, 경우에 따라서는 결례가 될 수도 있습니다. 아직도 젊다고 생각하는 분에게 썼다가는 혼쭐이 날 수도 있지요. 하하하.

흔히 쓰는 **선배**(先輩)는 "①같은 분야에서, 지위/나이/학예(學藝) 따위가 자기보다 많거나 앞선 사람. ②자신의 출신 학교를 먼저 입학한 사람"을 뜻합니다. 따라서 대체로는 나이가 위인 경우가 대부분입니다.

손윗사람임에도 ‒**배**(輩)를 쓰는 것은 같은 **무리**임을 드러내어 친근감을 곁들이고자 함입니다. 그러다 보니 무의식중에 '선배'와 '연배'를 뒤섞게 되어, 손윗사람에게 연배 운운하는 실수도 하는 거겠죠. 그러니 기억해 두세요. **연배**는 또래에게만 쓸 수 있는 말이라는 것을요.

어깨동무는 "①상대편의 어깨에 서로 팔을 얹어 끼고 나란히 섬. 또는 그렇게 하고 노는 아이들의 놀이. ②나이나 키가 비슷한 동무"를 뜻합니다. 나이나 키가 비슷한 동무가 어깨동무이다 보니 거기서 **어깨**라는 말도 나왔습니다.

여기서 쓰인 **동무**(①늘 친하게 어울리는 사람. ②어떤 일을 짝이 되어 함께하는 사람. ③한 덕대 아래에서 광석을 파는 일꾼)는 정말 멋진 낱말임에도 불구하고 냉전의 유탄(榴彈/流彈)에 맞아 변형 왜곡되는 바람에 졸지에 묻히게 된, 참으로 아까운 말입니다. 통치와 압박의 수단으로 전락한 이념 따위가 아름다운 중립적 언어까지 말살하거나 질곡에 빠뜨린 것이 어디 이뿐이겠습니까만.

참고로, 북한에서는 **동무/동지**를 구분해서 쓰는데, 격을 따지자면 동지가 훨씬 높은 위상으로, 이름 아래 쓰여 존경과 흠모의 정을 나타냅니다. 예를 들어, 김정은에게는 동무 대신 반드시 동지를 사용하여 '김정은 동지'라고 해야지 '김정은 동무'라고 했다간 큰일 납니다. 북한에서는 동무가 "혁명을 위하여 함께 싸우는 사람을 친근하게 이르거나 일반적으로 남을 친근하게 부르는 말"로 쓰이고 있기 때문입니다. 참고로 **동지**에 대해서는 북한어에서 "이름 아래 쓰여 **존경과 흠모의 정**을 나타내는 말"이라고 뜻풀이되어 있습니다.

같은 나이를 이르는 말로는 **한동갑/동갑/갑장**이 있습니다. 모두 같은 말인데, **육십갑자**가 같다는 데서 나온 말입니다. ☞**갑자**(甲子)는 천간(天干)의 10요소인 갑(甲)·을(乙)·병(丙)·정(丁)·무(戊)·기(己)·경(庚)·신(辛)·임(壬)·계(癸)와 지지(地支)의 12요소인 자(子)·축(丑)·인(寅)·묘(卯)·진(辰)·사(巳)·오(午)·미(未)·신(申)·유(酉)·술(戌)·해(亥)를 순차로 배합하여 예순 가지로 늘어놓은 것을 말한다.

갑장(甲長)에 대해서는 예전에 **동갑계**(同甲契, 나이가 같은 사람끼리 친목을 꾀하기 위하여 맺는 계)를 하면서 그 모임의 대표를 갑장이라고 부르기도 했다는 설이 있습니다. 하지만 이 동갑계를 **갑계**(甲契)로 줄여 부르기도 하고, "한 절 안에서 승려들의 친목과 절의 살림을 돕고자 조직하던 계"까지도 **갑계**로 부르게 되면서, 그 모임의 장도 **갑장**으로 불리게 되어서 동갑계의 장(長)을 뜻한다는 '갑장'설은 근거가 희박해졌습니다. 현재 《표준》에서는 이 갑장의 어원에 대해 따로 설명하고 있는 바는 없지만, 일부 지방에서는 아직도 동갑계 모임의 대표를 갑장이라 하고는 있습니다. 그 갑장 역시 계원들과 동갑내기인 것은 물론입니다.

한 살 차이가 나는 것은 **어깨동갑**[-同甲]이라고 하는데, 이 말은 앞서 설명한 '어깨'의 뜻에서 나왔습니다. **자치동갑**[-同甲]이라고도 하는데 이는 "자칫하면 동갑이 될 뻔했다"는 데서 나온 아주 재미있는 말입니다. 이 말의 뜻풀이를 보면 《표준》에 "한 살 차이가 나는 **동갑**"으로 되어 있는데, 동갑은 이미 '같은 나이'이므로 한 살 차이가 날 수가 없습니다. 따라서 이 설명은 "한 살 차이가 나는 **나이**"라고 바로잡혀야 합니다. 《표준》에는 이처럼 재미난(?) 실수들이 적지 않습니다. 사람이 하는 일이다 보니 그런 거죠 뭐.

이 한 살 차이와 관련하여, 한 살 **터울**이란 말도 있습니다. 어느 사람이 아내와 자신은 한 살 터울이라는 말을 태연히 하는 걸 보았는데, 그 말대로라면 그건 정말 큰일 날 일입니다. **터울**은 같은 어머니에게서 나온 자식들 사이에서만 쓸 수 있는 말이기 때문이죠. 즉, "한 어머니의 먼저 낳은 아이와 다음에 낳은 아이와의 나이 차이"가 **터울**이므로, 아내와 남편이 한 살 터울이라면 그 관계는 어찌되겠습니까. 옳은 말을 골라 쓰지 않으면 가족관계부가 엉망으로 되거나 해괴망측한 근친상간을 멋도 모르게 태연하게(?) 광고하는 일이 될 수도 있습니다.

그럴 때 쓸 수 있는 올바른 말이 바로 **어깨동갑**(혹은 **자치동갑**)입니다. 형제나 남매간이라면 터울을 써야 하고요. 바로 아래의 남동생과 한 살 차이이고 말하는 이가 형이라면, "**제밑동생**(성별이 같은, 자기 바로 밑의 동생)과는 겨우 한 살 터울입니다."라고 하면 성별과 나이 차이 모두가 아주 명확해집니다.

동갑이 들어간 말 중에 **띠동갑/해동갑**도 있습니다. **띠동갑**은 나이는 다르지만 띠가 같은 사람끼리 쓰는 말인데 주로 열두 살 차이가 나는 경우에 씁니다. **해동갑**은 나이와 전혀 무관한 말이니 주의해야 합니다. "해(太陽)와 함께한다"가 주된 뜻으로 "①해가 질 때까지의 동안. ②어떤 일을 해질 무렵까지 계속함"을 의미합니다.

세는나이명 태어난 해를 1년으로 쳐서 함께 세는 나이

앰한나이명 연말에 태어나서 얼마 지나지 아니하여 나이 한 살을 더 먹게 된 경우의 나이.

온살명 한 해가 시작된 지 얼마 안 되어 태어난 아이가 꽉 차게 먹는 나이.

달나이≒**월령(月齡)**명 ①태어난 지 일 년이 안 된 아이를 달수로 헤아리는 나이. ②[천문] 신월(新月) 때를 0으로 하여 헤아리는 날짜. 삭(朔)에서 어느 때까지의 시간을 평균 태양일의 수로 나타낸다.

숲나이≒**임령(林齡)**명 산림이 생겨서 자란 기간.

남의나이명 환갑이 지난 뒤의 나이를 이르는 말. 대체로 팔순 이상을 이른다.

헛나이명 사람 됨됨이가 나잇값을 못하고 유치하게 나이만 든 것. 또는 해 놓은 일도 별로 없이 헛되게 든 나이.

나잇값명 나이에 어울리는 말과 행동을 낮잡는 말.

꽃나이명 [비유] 여자의 한창 젊은 나이.

한창나이명 기운이 한창인 젊은 나이.

방년(芳年)≒**방령(芳齡)**명 이십 세 전후의 한창 젊은 꽃다운 나이.

묘령(妙齡)≒**묘년(妙年)**명 스무 살 안팎의 여자 나이.

연배(年輩)동 ①비슷한 또래의 나이. 또는 그런 사람. ②일정한 정도에 도달한 나이.

  동년배(同年輩)동 나이가 같은 **또래**(나이/수준이 서로 비슷한 무리)인 사람

  연상(年上)≒**손위**동 자기보다 나이가 많음. 또는 그런 사람.

  선배(先輩)명 ①같은 분야에서, 지위/나이/학예(學藝) 따위가 자기보다 많거나 앞선 사람. ②자신의 출신 학교를 먼저 입학한 사람.

  연만하다(年晩-/年滿-)형 나이가 아주 많다.

동무명 ①늘 친하게 어울리는 사람. ②어떤 일을 짝이 되어 함께 하는 사람.

  어깨동무명 ①상대편의 어깨에 서로 팔을 얹어 끼고 나란히 섬. 또는 그렇게 하고 노는 아이들의 놀이. ②나이/키가 비슷한 동무.

  어깨다툼명 서로 비슷한 높이/수준에서 먼저 올라가거나 앞서거나 하려고

기를 쓰는 일.

한동갑(-同甲)몡 ≒**동갑**(同甲)/**갑장**(甲長, 육십갑자가 같다는 뜻으로, 같은 나이).

어깨동갑(-同甲)≒**자치동갑(-同甲)**몡 한 살 차이가 나는 나이.

터울몡 한 어머니의 먼저 낳은 아이와 다음에 낳은 아이와의 나이 차이.

띠동갑(-同甲)몡 ① 띠가 같은 사람. 주로 12살 차이가 나는 경우. ②**자치동갑**(한 살 차이가 나는 나이)의 잘못

해동갑(-同甲)몡 ① 해가 질 때까지의 동안. ② 어떤 일을 해 질 무렵까지 계속함.

동갑내기(同甲-)몡 나이가 같은 사람.

동갑짜리(同甲-)몡 동갑이 되는 사람.

곤쇠아비동갑(-同甲)몡 나이가 많고 흉측한 사람을 낮잡는 말.

갑계(甲契)몡 ① ≒**동갑계**(나이가 같은 사람끼리 친목을 꾀하기 위하여 맺는 계). ② 예전에, 한 절 안에서 승려들의 친목과 절의 살림을 돕고자 조직하던 계.

'뜨개질'에는 우리가 잘 모르는 뜻이 하나 더 있다

문 투자자가 확답을 안 하고 뜸을 들이자 답답해하던 제 친구가 그러더군요. "넌 지시 뜨께질이나 해볼까. 그 사람이 무슨 생각을 하고 있는지." 그래서 '뜨께질'이 무슨 소리냐고 묻자, 친구는 자기 아버지가 남의 마음속을 떠볼 때 자주 쓰시던 말이라고 하더군요. 그런데 제 작은 사전에는 그런 낱말 자체가 없었습니다. 친구 부친은 월남하신 분인데 혹시 북한말인가요?

답 답부터 말씀드리면 '뜨께질'은 **뜨개질**의 잘못입니다. 북한말도 아닌데, 아닌 게 아니라 일부 사전에는 '뜨께질'로 잘못 표기된 곳도 있습니다. 어쩌면 '뜯게(해지고 낡아서 입지 못하게 된 옷 따위의 총칭)' + '-질'에서 섣불리 잘못 유추한 것이 아닌가 하는 생각도 듭니다만.

　뜨개질은 우리가 흔히 알고 있는 "옷/장갑 따위를 실/털실로 떠서 만드는 일"이라는 뜻 외에 "남의 마음속을 떠보는 일"을 뜻하기도 하는 재미있는 말입니다. 그리고 이와 비슷한 뜻으로 쓰이는 고유어들이 제법 있는데, 알아두면 유용하게 쓰실 수 있을 듯합니다.
　뜨개질(남의 마음속을 떠보는 일)은 **뜨다**(상대편의 속마음을 알아보려고 어떤 말/행동을 넌지시 걸어 보다)와 관련된 말인데요. 뜨개질처럼 남의 마음속이나 속마음을 떠보는 일/짓을 뜻하는 말로는 그 밖에도 **베거리/속뽑이/연사질** 등과 같은 재미있는 표현들이 있습니다.

모두 토박이말로, 꾀를 쓰거나 갖가지 수단을 동원하기도 하고 교묘한 말로 꾀는 등의 미세한 차이를 보이기는 하지만, 떠보기 위해서하는 것이라는 점에서는 모두 비슷한 말이라고 할 수 있습니다.

참고로, 남을 떠본다고 할 때의 **떠보다**는 "남의 속뜻을 넌지시 알아보다"이고, **뜨다**는 거기서 한 발 더 나아가 "상대편의 속마음을 알아보기 위해 구체적으로 어떤 말/행동을 넌지시 걸어 보다"를 뜻합니다. 즉, **뜨다**가 도리어 **떠보다**보다 더 구체적이고 적극적인 행동이죠.

옛 여인들의 속옷은 어찌 그리 가짓수도 많고 복잡한가요?

문 미술 전문지에서 혜원 신윤복의 풍속화라는 춘화(春畵)들을 대하고 엄청 노골적이어서 무척 놀랐습니다. 알고 보니 혜원은 정조 임금이 아낀 도화서 화원이었음에도 그런 그림들 때문에 탄핵을 받아 파면되었다더군요. 제가 놀란 건 그런 노골적인 춘화도가 당대에 유통되었을 뿐만 아니라 그 대선배(?)가 단원 김홍도였다는 것 외에 한 가지 더 있습니다. 거기에 등장하는 여인이 입은 속옷을 보니 겹겹 첩첩이더군요. 대충 꼽아도 대여섯 가지는 되는 것 같았습니다. 그리고 그 이름들도 단순한 속곳이 아니라 **단속곳/속속곳** 등으로 평소에 잘 들어보지 못한 것들이었고, 제가 아는 **고쟁이**는 아예 나오지도 않더군요. 당시 여인들이 그 다양한 이름들만치나 많은 속옷들을 실제로 죄다 걸쳤나요?

답 별걸 다 물어보시는군요. 하하하. 제가 조선 시대 여성 복식 전문가는 아니지만, 당시 여인들이 입던 속옷들의 다양한 이름을 보면 실제로 그런 속옷들이 있었다고 추정되기 때문에 아무래도 그것들을 입었지 않았을까 하는 생각은 해봅니다. 빼놓지 않고 죄다 입었는지는 모르겠습니다만.

조선 시대의 여인들이 치마 안에 입은 것들은 **속치마**가 아니라 **내의**(內衣)에 가까운 속옷이었다는 점이 특징입니다. 즉, 치마를 입기 전 그

안에 여러 겹의 속옷을 입었지요. 물론 궁중이나 상류사회에서 제대로 갖추기 위해서 입었던 것들과 일반 양인들이나 중인/서민들이 입었던 것들과는 품격이나 형식에서 차이는 있었지만요.

그런 속옷의 일종이 **속곳**이랍니다. 사전에는 이 속곳이 "속속곳과 단속곳의 총칭"이라고만 단순하게 뜻풀이되어 있지만, 실제로는 그 밖의 속옷들을 뭉뚱그려 부를 때도 속곳이라 했습니다. 즉, **속옷≒내의≧속곳**의 관계라 할 수 있는데요. 속곳만을 떼어내어 **고의**라고도 합니다. 이 고의는 **중의**(中衣)라고도 부르는 남자의 여름 홑바지와는 다른 것인데요. 남자용 중의에 해당되는 고의는 한자를 빌려 **袴衣**로 적기도 하지만, 여성용은 고유어입니다.

최명희의 소설《혼불》을 보면 주인공 이강모와 허효원의 첫날밤 장면이 나옵니다. 거기서 신부 효원은 **다리속곳, 속속곳, 단속곳, 고쟁이**를 입고 그 위에 또 **너른바지**와 **대슘치마, 무지기**를 입고서 마지막으로 다홍치마를 입은 것으로 되어 있지요. 모두 해서 여덟 가지인데, 겉치마인 다홍치마를 빼도 속옷만 자그마치 일곱 가지가 됩니다. 소설 속에서 표현된 대로 "몇몇 겹으로 싸고 감"은 탓에 신부는 마치 옷을 "갑옷처럼 입고 앉은" 셈이라 할 수 있습니다. 나중에 **대슘치마, 무지기**가 어떤 것인지를 알고 나면, 무지기를 입고서 그처럼 앉아 있는 일이 실제로 가능할지는 여러분들의 판단에 맡겨야 하겠지만요.

소설에서 묘사된 효원의 차림은 조선 시대에 궁중이나 상류층의 여인들이 제대로 갖춰 입는 복식에 속합니다. 당시의 시대 배경이나 상황으로 보아서는 효원의 차림이 약간 과장된 것이라 아니할 수 없지만, 다양한 속옷의 종류를 맛보기 위한 자료로는 그런 대로 쓰임새가 있으므로 한 발 물러서서 한 가지씩 차례대로 살펴보지요.

☞이하 조선 시대 여성 복식에 관해서는 《표준》의 설명이 불충분하여, 《한국민족문화대백과사전》(2001), 《한국복식문화사전》(1998), 《한국복식사연구》(1980) 등의 자료를 참고하였다.

효원이 가장 먼저 입은 것으로 나오는 건 **다리속곳**입니다. 이것은 조선 시대에, 치마의 가장 안쪽에 받쳐 입던 작은 속옷인데, 홑으로 된 긴 천에 띠를 **달아** 허리에 차도록 되어 있어서 이런 이름이 붙었습니다. 즉, **달이속곳**이 **다리속곳**으로 변한 거죠. **속속곳**이나 바지가 더러워지는 것을 막고 자주 빨 수 있도록 작게 만들어 입었는데, 1920년경 무명으로 된 짧은 팬티로 대체되기 전까지 입었답니다. 쉽게 말하자면 다리속곳은 치마끈에 기저귀와 비슷한 띠를 달아 샅(흔히 쓰는 **사타구니**는 **샅**을 낮잡는 말)을 가리게 한 것입니다. 다리를 가린 속곳이 아니라 샅을 가리기 위해 달아맨 천 조각입니다.

☞ **달이→다리**: 이와 같이 **달다**의 명사형 **달이**가 합성명사의 형태소로 쓰이면서 소리 나는 대로의 표기인 **다리**로 바뀌는 것은 다음과 같은 경우에도 흔히 볼 수 있다: **고다리**(지겟다리 위에 뻗친 가지); **명다리**(命-, [명따리]. 토속 신앙에서, 신/부처를 모신 상 앞의 천장 가까운 곳에 매다는 모시/무명); **대다리**(구두창에 갑피(甲皮)를 대고 마주 꿰매어 다는 가죽테). 그러나 **고달이**(노끈/줄 따위로 물건을 묶을 때, 고리처럼 고를 내어놓은 것)처럼 어근 '달-'을 명확히 표시하는 경우도 있다.

다리속곳 다음에 입은 것은 속속곳인데, 다리통이 넓은 바지 모양으로 속바지 밑에 입었습니다. 다리속곳은 일종의 기저귀 같은 것이어서 진정한 속옷이라 할 수 없기 때문에 이 속속곳이 아랫도리 속곳 가운데서는 맨 밑에 입는 진짜 속옷이라 할 수 있을 것입니다. ☞이 때문에 사전을 보면 "속곳 가운데 맨 밑에 입는 속옷"을 **다리속곳** 대신에 속속곳이라고 해놓은 것도 많다. 속속곳은 직접 살에 닿는 속옷이라서 되도록 부드러운 감을 써서 만들었다.

속속곳 위에 입는 것은 흔히 **고쟁이**라고도 부르는 **속바지**인데요. 효원은 속바지보다 **단속곳**을 먼저 입은 것으로 나옵니다. 속옷 종류가 하도 많다 보니 작가조차도 입는 순서를 헷갈린 것 아닌가 싶습니다. 다시 말해서, **다리속곳→속속곳→고쟁이→단속곳→너른바지** 순으로 입어야 그 순서가 올바릅니다.

속바지는 "내의처럼 바지/치마 속에 껴입는 바지"로, 속속곳 위, 단속곳 밑에 입습니다. 처음에는 **밑**(바짓가랑이가 갈리는 곳에 붙이는 헝겊 조각)이 터진 것이었으나 조선 말기부터는 막힌 것이 통용되었답니다. 흔히 쓰이는 **고쟁이**는 이런 속바지의 일종으로 통이 넓지만 발목 부분으로 내려가면서 좁아지고 밑을 여미도록 되어 있는 것이고요. 밑을 여미게 되어 있는 여름철용 여자 반바지라고 생각하면 알아보기 쉽습니다.

단속곳은 속바지 위에 입는 옷으로 길이가 약간 길고, 가랑이가 넓으나 밑이 막혀 있었습니다. 흔히 속바지 위에 덧입고 그 위에 치마를 입거나 너른바지를 입었습니다.

너른바지는 단속곳 위에 입는데, 단속곳과 비슷하지만 밑이 없는 긴 속곳입니다. 이 너른바지까지 입으면 내의라고 볼 수 있는 속곳 종류는 끝입니다. 그 다음에 두 가지 꾸미개 속옷이 남아 있는 걸 빼고는요.

이 속옷들 외에 제대로 갖춰 입기 위해서는 겉치마를 입기 전 마지막으로 꾸미개 속옷들도 필요했는데요. **무지기**와 **대슘치마**가 그것입니다.

무지기는 부녀자들이 "명절/잔치 때에 겉치마가 부풀어 오르게 보이려고 치마 속에 입던 통치마"의 하나입니다. 이 무지기는 모시 12폭으로 만드는데, 홀수인 3층[三슴]·5층[五슴]·7층[七슴] 등 층층으로, 각기 길이가 다른 여러 개의 치마를 겹쳐서 한 허리에 이어 붙였습니다. 층마다 가는 주름을 잡아 푸하게 하여 오늘날의 **페티코트**(스커트 밑에 받쳐 입는 속치마)와 같은 역할을 하게 한 것입니다. 즉, 이 무지기는 겉치마를 푸하게 버티기 위한 것이었습니다.

무지기는 1, 3, 5, 7의 홀수로 입었는데요. 끝을 각기 다른 빛깔로 물을 들여 가장 긴 것이 무릎 아래에 이르고 차차 짧아지므로, 다 입으면 무지개 빛깔이 되었습니다. 무지기라는 이름은 여기서 유래하였죠. 각 단 밑 부분에 분홍·노랑 등을 물들였는데 젊은 여인은 여러 색으로, 나이 든 여인은 단색으로 염색하였답니다. 밑단에 분홍색을 물들인 것을 특히 연봉무지기라고 하며 태자비가 입었답니다.

이 무지기 밑에는 **대슘치마**(겉치마의 아랫부분을 버티게 하기 위해서 너비 4센티미터쯤 되는 창호지로 배악비를 만들어 모시나 비단으로 싸서 치맛단에 빙 둘러 붙인 치마. 모시 열두 폭에 주름을 잡아 만들었다)를 입었습니다. 곧, 치마의 허리부분은 무지기로 버티고 아랫도리는 이 대슘치마로 버티게 한 것이죠. 그렇게 하여, 그야말로 서도 앉은 것 같고, 앉아도 선 것 같은 자세를 지니게 한 것이 궁중 복식이었는데 그것이 상류층으로도 전파되어 널리 퍼졌습니다.

그러므로 조선 시대 궁중이나 상류층 여성들이 정장을 하려면 적잖이 복잡했습니다. 위에 설명한 여러 겹의 속옷을 입은 뒤에 대슘치마를 입고 무지기까지 입은 뒤에야 비로소 겉치마를 입었기 때문이죠.

그나저나 어째서 이토록 정성스럽게(수고스럽게) 그 수많은 속옷들을 입었을까 문득 궁금해집니다. 겉치마를 입는 순간 그 속옷들은 모두 가려지는데 말입니다. 누가 봐줬을까, 누구에게 보이려고 입었을까요. 앉아도 선 듯이 서도 앉은 듯이 거북한 그런 자세를 해야만 품격이 높아지는 그런 이유뿐이라면, 그 잠깐의 품위 유지를 포기하려 든 이들도 적지 않았을 성싶거든요. 마치 영화 〈로마의 휴일〉에 나오는 공주가 파격적인 서민 차림을 흠모하다 못해 그냥 평상복 차림으로 거리로 뛰쳐나왔듯이 말입니다.

▶**뜨개질 관련**

뜨개질囤 남의 마음속을 떠보는 일. ¶연애를 할 때 속마음이 궁금하다고 너무 자주 뜨개질을 해대면 남자들은 귀찮아서도 도망가는 법이야.

베거리囤 꾀를 써서 남의 속마음을 슬쩍 떠보는 짓. ¶~**하다**屠

속뽑이囤 남의 마음속을 알아내기 위하여 여러 가지 수단으로 넌지시 드러내어 놓게 하는 일. ¶속뽑이 삼아 술을 사줬더니만, 내놓으라는 속내 대신 술안주만 게워내더군.

연사질囤 교묘한 말로 남을 꾀어 그의 속마음을 떠보는 짓. ¶그리 연사질하느라 빙빙 돌지 말고 차라리 대놓고 콕 찔러 물어보렴.

드레질囤 ①사람의 됨됨이를 떠보는 일. ②물건의 무게를 헤아리는 일.

뜨께질囤 '뜨개질'의 잘못. 일부 사전에 표준어로 잘못 나오기도 함.

뜯게囤 해지고 낡아서 입지 못하게 된 옷 따위의 총칭.

뜨다屠 상대편의 속마음을 알아보려고 어떤 말/행동을 넌지시 걸어 보다.

떠보다屠 ①저울로 물건을 달아 보다. ②남의 속뜻을 넌지시 알아보다. ③사람의 능력/됨됨이 따위를 헤아려 보다.

▶**여성 속옷 관련**

속치마囤 한복/양장의 치마를 입을 때, 속에 받쳐 입는 치마.

속옷囤 ①겉옷의 안쪽에 몸에 직접 닿게 입는 옷. ②[비유] 겉으로 나타나지 아니한 가장 깊은 속이나 그런 내용.

내의(內衣)囤 ①≒**속옷**(겉옷의 안쪽에 몸에 직접 닿게 입는 옷). ②≒**내복**(팬티/러닝셔츠/브래지어 따위의 기본 속옷 위에 껴입는 방한용 옷).

밑囤 한복 바짓가랑이가 갈리는 곳에 붙이는 헝겊 조각. 긴밑과 고깔밑이 있다.

속곳≒**고의**/**단의(單衣)**囤 속속곳과 단속곳의 총칭.

단속곳(單-)囤 여자 속옷의 하나. 양 가랑이가 넓고 밑(바짓가랑이가 갈리는 곳에 붙이는 헝겊 조각)이 막혀 있으며 흔히 속바지 위에 덧입고 그 위에

치마를 입는다. ☞ 주로 흰색이나 나이든 이들은 옥색·회색 등을 사용하였다. 옆트임이 있고 허리에는 말기가 있어 끈으로 묶게 되어 있다.

중의(中衣)≒고의₂몡 남자의 여름 홑바지. 한자를 빌려 '袴衣'로 적기도 한다.

속속곳몡 예전에, 여자들이 입던 아랫도리 속곳 가운데 맨 속에 입는 것. 다리통이 넓은 <u>바지 모양</u>. ☞ 단속곳과 모양이 같으나 치수가 단속곳보다 약간 작고 바대와 밑 길이가 길다. 다리속곳이 나오기 전에는 몸에 닿는 속옷으로 입었다. 여름철에는 바람이 잘 통하는 삼베·생모시·광당포·안동포, 봄가을용으로는 숙고사·항라, 겨울용으로는 명주·단(緞)·은방견 등을 옷감으로 사용하였다.

다리속곳몡 조선 시대에, 치마의 가장 안쪽에 받쳐 입던 작은 속옷으로 천에 띠를 달아 허리에 찼다. ☞ 홑으로 된 긴 천에 띠를 달아 허리에 차도록 되어 있어서 이런 이름이 붙었다. 속속곳이나 바지가 더러워지는 것을 막고 자주 빨 수 있도록 작게 만들어 입었는데, 1920년경 무명으로 된 짧은 팬티로 대체되기 전까지 입었다. 속속곳이 없어지면서부터 흔히 입었으며 살에 직접 닿는 것이므로 계절에 관계없이 흰 무명이나 모시, 베 등을 사용하였다.

고쟁이몡 한복에 입는 여자 속옷의 하나. 속속곳 위, 단속곳 밑에 입는 속바지의 일종으로 통이 넓지만 발목 부분으로 내려가면서 좁아지고 밑을 여미도록 되어 있다. ☞ 밑이 터진 여름철용 반바지라고 생각하면 쉽다.

속바지몡 내의처럼 바지/치마 속에 껴입는 바지. ☞ 처음에는 밑이 터진 것이었으나 조선시대 말기부터는 막힌 것이 통용되었다.

가래단속곳몡 두 가랑이로 된 속치마. 통치마를 두 가닥으로 갈라 꿰매어 바짓가랑이처럼 다리를 꿰어 입게 만든 것.

너른바지몡 여자의 한복 차림에서, 단속곳 위에 입는 속옷. 단속곳과 비슷하나 밑이 없는 긴 속곳.

대슘치마몡 조선시대에, 궁중에서 여자들이 정장할 때 입던 **속치마**. 풀 먹인 열두 폭의 모시로 만들며, 높이 4cm 정도의 창호지 **백비**(≒배악비. 가죽신/함지박 따위를 질기고 단단하게 하려고 풀칠을 하여 여러 겹으로 붙인 헝겊/종이)를 모시에 싸서 단에 붙여 겉치마의 아랫부분이 자연스럽게 퍼져 보인다.

무지기 명 부녀자들이 명절/잔치 때에 겉치마가 부풀어 오르게 보이려고 치마 속에 입던 통치마의 하나. 1, 3, 5, 7의 홀수로 입는데, 끝을 각기 다른 빛깔로 물을 들여 가장 긴 것이 무릎 아래에 이르고 차차 짧아지므로 다 입으면 무지개의 빛깔을 이루게 된다.

허 생원의 드팀전은 무엇을 파는 가게일까?

문 이효석의 소설 〈메밀꽃 필 무렵〉을 보면 "드팀전의 허생원은 기어코 동업의 조선달에게 나꾸어보았다."라는 표현이 있습니다. 이로 보아 허 생원은 **드팀전**을 하고 있었던 듯하고, 이 드팀전은 옷감을 파는 가게로 알고 있는데 오늘날의 포목점과 같은 것인지요? 그리고 허 생원을 장돌뱅이라고 하던데, 장돌뱅이는 여기저기로 떠돌아다니면서 장사를 하는 **도붓장사**와 같은 말인가요?

답 좋은 질문입니다. **드팀전**은 "예전에, 온갖 피륙을 팔던 가게"를 이르는 말입니다. 그런데 여기서 주목해야 할 것은 '온갖 피륙'이라는 부분입니다. 요즘 흔히 쓰이는 포목전(布木廛, ≒포목점)의 포(布)와 목(木)은 본래 각각 베나 무명을 뜻하므로 "베나 무명 따위의 옷감을 파는 가게"가 되어, 뜻풀로만 보자면 드팀전에서 다루는 품목에 비하여 적은 편입니다.

장돌뱅이는 "**장돌림**(여러 장으로 돌아다니면서 물건을 파는 장수)을 낮잡는 말"이고, **도붓장사**는 "이리저리 돌아다니며 물건을 파는 일(장사)"을 뜻합니다. 도붓장사를 하는 사람을 **도붓장수**라고 하지요. '-장사'라고 할 때는 '이익을 얻으려고 물건을 사서 팖. 또는 그런 일'을 뜻하고 '-장수'는 '장사하는 사람'을 뜻하기 때문에, 이 두 말은 구분해서 사용해야 한답니다. 많이들 뒤섞어서 쓰는 말이죠.

장돌뱅이는 대체로 5일장을 차례대로 돌아다니며 일정한 터를 잡아놓고 장사를 하지만, 도붓장수는 그처럼 고정적인 곳에서 장사를 하는 게 아니라 정함이 없이 이곳저곳을 두루 돌아다니며 장사를 하는 것이어서 장돌뱅이와는 좀 다르다고 해야 할 것입니다.

그런데 **허생원/조선달**로 붙여 쓴 것은 잘못입니다. **생원/선달**은 허 박사, 박 교장 등에 보이는 박사/교장과 같이 직위/직책을 대우하여 이르는 호칭이므로 **허 생원/조 선달**과 같이 띄어 적어야 올바릅니다. **장희빈**(×)/**장 희빈**(○), **양귀비**(×)/**양 귀비**(○)도 마찬가지입니다. **박대통령**(×)/**박 대통령**(○) 또한 그러한 경우이며, 예를 들어 '전두환 전 대통령'을 줄여서 표기할 때도 **전전대통령**(×)/**전 전대통령**(×)/**전**(全) **전**(前) **대통령**(○)이 됩니다.

위에 설명한 대로 **포목점**[布木店](≒**포목전**[布木廛])에 쓰인 **포**(布)와 **목**(木)은 본래 각각 베나 무명을 뜻합니다. 경북 안동 지방에서 생산하는 것으로, 오늘날에도 고급품으로 유명한 베를 **안동포**(安東布)라 하고, 무명을 한자어로는 **목면**(木棉)이라 하는 데서도 알 수 있지요.

그러나 오늘날에는 '드팀전' 대신에 **포목점**(혹은 **포목전**)이라는 말을 더 많이 쓰더군요. 그리고 알다시피 포목점이라고 해서 베나 무명 따위만 파는 게 아니라 **주단포목**(綢緞布木, 명주/비단/베/무명 따위의 온갖 직물류의 총칭)을 다 팔지요. 오히려 주단을 더 많이 팔기 때문에 **주단 가게**라고도 불립니다. 여기서 **주**(紬)는 명주를, **단**(緞)은 비단을 뜻합니다. 참고로 **명주**(明紬)와 **비단**(緋緞)은 둘 다 누에고치에서 나온 명주실을 이용하여 만들지만, 그 차이는 무늬의 유무랍니다. 비단에는 명주에 없는 광택이 있거든요.

이 '**단**(緞)'에서 예물로 보내는 비단을 뜻하는 **예단**(禮緞)이란 말도 나왔습니다. **채단**(采緞, 혼인 때에, 신랑 집에서 신부 집으로 미리 보내는 푸른 색과 붉은색의 비단. 치마나 저고릿감으로 쓴다)도 예단의 일종이지요.

허 생원은 피륙 장사를 하는 장수이다

문 다들 잘 알고 있다지만 흔히 **–장수**와 **–장사**를 헷갈리게 쓰곤 합니다. 둘은 어떻게 다른가요? 또 장수는 '사람'이라는 뜻으론 쓸 수 없는 건가요?

답 **–장사**와 **–장수**는 구분해서 써야 합니다. 예를 들어, **재깜장사**와 **재깜장수**라는 말이 있는데 재깜장사란 "채소를 가지고 여러 곳으로 돌아다니며 파는 **장사**"를 뜻하고, 재깜장수는 "재깜장사를 하는 **사람**"을 뜻합니다. "두 사람 이상이 공동으로 하는 장사"를 **동무장사**라 하는데, 동무장사를 하는 사람을 **동무장수**라 부르지요. 이처럼 '–장사'는 "이익을 얻으려고 어떤 물건을 사서 팖. 또는 그런 일"을 뜻하고 '–장수'는 그런 "장사를 하는 사람"을 이르는 말이므로 자칫 잘못 쓰는 일이 없도록 유의해야 합니다.

☞ 특별한 경우로, '–장사'와 '–장수'를 아우르는 접미사가 있다. 상인 또는 상점의 뜻을 더하는 –**상(商)**이라는 한자어인데, 뒤에 설명한다.

여기서 한 가지 유의해야 할 것은 상품 이름 뒤에 장사나 장수를 붙인다고 해서 무조건 한 낱말이 되지는 않는다는 점입니다. 사용 빈도와 관행 등을 고려하여 복합어 여부를 정하기 때문이죠. 예를 들어, 소금장사(×)/소금 장사(○), 체장수(×)/체 장수(○)랍니다. 배추 장사, 새우젓 장사, 누룩 장사, 신발 장사, 여자 장사 등을 굳이 한 낱말로 인정할 이유(사용 빈도와 관행)가 없다는 점을 생각해 보면 어째서 그런지 이해하기 쉽습니다. **갈보장사/계집장사** 등은 "여자 장사를 낮잡는 말"로 특정할 수 있는 까닭에 한 낱말의 복합어가 되었는데, 이러한 이유와도 좋은 대조를 이룹니다. 즉, 배추 장사나 신발 장사처럼 글자 그대로의 뜻만 있을 때에는 한 낱말의 복합어로 삼지 않습니다.

특별한 경우로, '–장사'와 '–장수'를 아우르는 접미사가 있습니다. '상인' 또는 '상점'의 뜻을 더하는 –상(商)이라는 한자어인데, **소매상/도매**

상/노점상/보석상/고물상 등으로 쓰입니다. 예를 들면 **노점상**(露店商)은 "길가의 한데에 물건을 벌여 놓고 하는 **장사** 또는 그런 **장수**"를 뜻합니다. 이 '–상'이 붙은 말을 제외하고는 모두 '–장사'와 '–장수'를 구분해서 사용해야 합니다. '–장수'를 낮잡아 이를 때는 **장사꾼**=**장사치**라 하지요.

장사치 중에 "저 혼자 독차지하여 장사를 하는 사람"을 **외목장수**라 하고, "두 사람 이상이 공동으로 하는 장사"를 **동무장사**라 하는데 동무장사를 하는 사람은 당연히 **동무장수**가 됩니다. 이처럼 여럿이 어울러서 하는 장사를 이르는 말로 **얼렁장사**도 있는데요. **어우르다**(여럿을 모아 한 덩어리나 한판이 크게 되게 하다)의 준말인 **어르다**에서 온 말이죠. 그런데 이 얼렁장사를 '얼럭장사/어리장사'라고도 표기한 자료들이 많은데 이는 모두 잘못이랍니다.

이제는 잘 쓰이지 않는 예전 말 중에 **시겟장수**(곡식을 마소에 싣고 이곳 저곳으로 다니면서 파는 사람)와 **마병장수**(오래된 헌 물건을 가지고 다니며 파는 사람)는 알아둘 만한 말입니다. 시겟장수에서의 **시계**란 "예전에, 시장에서 팔고 사는 곡식이나 그 시세를 이르던 말"이었는데, **시계전**(–廛)은 "시장에서 곡식을 파는 **노점**"을 뜻했지요.

예전의 장수들 중 요즘 보기 드문 이들로 **신기료장수**(헌 신을 꿰매어 고치는 일을 직업으로 하는 사람)와 **굽갈리장수**(나막신의 굽을 갈아 대는 일을 직업으로 하던 사람)가 있습니다. 굽을 가는 사람이므로 '굽갈이장수'라 적어야 하겠지만, 관행적으로 굽갈리장수로 표기해 온 말이어요. 신발과 관련하여, 신 장수가 신을 팔기 위해서 소리 높여 외치기도 했는데 그걸 **신불림**이라 했고, 엿장수가 그리하면 **엿불림**이라 했습니다. 남아 있는 엿불림 중에는 그 **사설**(辭說)이 참으로 멋진 것들도 있는데, 제대로 전승되고 있지 않아 안타깝기도 합니다.

이 '–장수'가 들어간 말 중에는 재미있는 비유적 표현들도 제법 있는데요. 장사꾼과 상품을 연결하여 유통시킨 말들이 대부분입니다. 이를테면, 길어서 싱거울 성싶은 **맛**(가리맛조개)에서 연유한 **맛장수**가 "아무런 멋이나 재미없이 싱거운 사람"을 비유하는 말이 된 것이 그러한 예입니다. 단 두 낱말로 이뤄진 속담 **청기와 장수**는 "비법/기술 따위를 자기만 알고 남에게는 알려 주지 아니하는 사람"을 비유적으로 이르는 말인데요. 옛날 어떤 사람이 청기와 굽는 법을 창안했으나 이익을 혼자 차지할 생각으로 남에게 그 방법을 가르치지 않았다는 이야기에서 나온 표현이랍니다.

지금은 없어진 예전 장사치 중에 **황아장수**(荒–)라 하는 이도 있었습니다. "집집을 찾아다니며 끈목, 담배쌈지, 바늘, 실 따위의 자질구레한 일용 잡화를 파는 사람"이었죠. 그처럼 이곳저곳을 떠돌아다니는 사람이다 보니, 한 곳에 오래 머물지 않고 떠돌아다니거나 자주 이사를 다니거나 직업을 자주 바꾸는 경우를 빗대어 **"황아장수 잠자리 옮기듯"**이라는 속담이 나왔습니다. **"황아장수 망신은 고불통이 시킨다."**는 속담도 있는데, 한 사람이나 부분의 결함이 전체에 나쁜 영향을 줌을 이르는 말이죠. **고불통**은 "흙을 구워서 만든 담배통"입니다.

> 🔵덤 **장사/장수 관련 속담**
>
> • **말 죽은 데 체 장수 모이듯**: [비유] 쳇불로 쓸 말총을 구하기 위하여 말이 죽은 집에 체 장수가 모인다는 뜻으로, 남의 불행은 아랑곳없이 제 이익만 채우려고 많은 사람이 모여드는 것.
> • **물장수 삼 년에 궁둥잇짓만 남았다**≒**물장수 삼 년에 남은 것은 물고리뿐**: [비유] 오랫동안 애써 수고한 일이 보람이 없음.
> • **물장수 상**(床)**이다**: [비유] 물장수가 물을 대어 주는 집에서 밥을 얻어먹을 때에 그 밥상을 물로 씻듯이 깨끗이 먹어 치웠다는 데

서, 먹고 난 밥상이 아주 깨끗하여 빈 그릇만 남았음.

- **세물전 영감이다**: [비유] 아는 것이 매우 많은 사람. ☞세물전(貰物 廛): 예전에, 일정한 삯을 받고 혼인/장사 때에 쓰는 물건을 빌려 주던 가게.
- **송도 오이 장수**: [비유] 이익을 더 많이 보려다가 그만 기회를 놓쳐 헛수고만 하고 오히려 낭패를 보게 된 사람. 송도의 오이 장수가 시세에 따라 서울과 의주를 돌았으나 가는 곳마다 시세가 떨어져 개성에 되돌아왔을 때에는 오이가 곯고 썩어 쓸모가 없어졌다는 이야기에서 유래했음.
- **어물전 털어먹고(떠엎고) 꼴뚜기 장사 하다**: [비유] 큰 사업에 실패하고 보잘것없는 작은 사업을 시작함.
- **장꾼보다 엿장수(풍각쟁이)가 많다**: [비유] 돈을 내고 구경할 구경꾼보다 풍각쟁이만 많다는 뜻으로, 비례가 거꾸로 뒤바뀜.
- **주금(酒禁)에 누룩 장사**: [비유] 술을 빚거나 파는 것을 금하고 있을 때에 누룩 장사를 한다는 뜻으로, 세상 물정에 어둡고 소견 없는 엉뚱한 행동을 함.

마지막으로, 허 생원을 비하해서 표현한 **장돌뱅이**(場–)는 앞서 언급한 대로 **장돌림**(여러 장으로 돌아다니면서 물건을 파는 장수)을 낮잡는 말입니다. '장돌뱅이'를 **장내기**라고도 하는데, 이 장내기에는 그 밖에도 "①주로 수공업자가 시장에 내다가 팔려고 만든 물건. ②대강대강 만든 물건"이라는 뜻도 있지요. 장내기는 오히려 뒤에 설명한 두 가지 뜻으로 더 많이 쓰이는 편이랍니다.

장꾼(場–)은 "장에서 물건을 사고파는 사람. 또는 그 무리"를 뜻하는 말이기 때문에 장으로 물건을 사러가는 사람이나 팔러가는 사람 모두를 일컫습니다. 장꾼 중에서 "장날마다 장을 보러 다니는 사람"을 특히 **매장치기**(每場–)라고 했습니다.

가게/장수/장 관련 낱말 정리

드팀전(-廛)[명] 예전에, 온갖 피륙을 팔던 가게.

포목전(布木廛)≒포목점[명] 베나 무명 따위의 옷감을 파는 가게.

피륙[명] 아직 끊지 아니한 베/무명/비단 따위의 천을 총칭하는 말.

주단포목(紬緞布木)[명] 명주/비단/베/무명 따위의 온갖 직물류의 총칭.

예단(禮緞)[명] 예물로 보내는 비단.

채단(采緞)[명] 혼인 때에, 신랑 집에서 신부 집으로 미리 보내는 푸른색과 붉은색의 비단. 치마나 저고릿감으로 쓴다.

장사 이익을 얻으려고 물건을 사서 팖. 또는 그런 일.

장수 장사하는 사람.

장사꾼≒장사치 장사하는 사람을 낮잡는 말.

꼴뚜기장수[명] [비유] 재산/밑천 따위를 모두 없애고 어렵게 사는 사람.

맛장수[명] [비유] 아무런 멋이나 재미없이 싱거운 사람.

배장수[명] 남의 은밀한 일을 캐내어 말을 퍼뜨리고 변을 꾸미는 사람. 《수호전》에서 반금련의 일에 간섭하고 나선 배장수의 이야기에서 유래함.

앵두장수[명] 잘못을 저지르고 어디론지 자취를 감춘 사람.

쥐포육장수(-脯肉-)[명] [비유] 부끄러운 줄을 모르고 염치없이 좀팽이 짓을 하는 사람.

참빗장수[명] [비유] 성격이 지나칠 만큼 꼼꼼하고 좀스러운 사람.

청기와 장수[속] [비유] 비법/기술 따위를 자기만 알고 남에게는 알려 주지 아니하는 사람. 옛날 어떤 사람이 청기와 굽는 법을 창안했으나 이익을 혼자 차지할 생각으로 남에게 그 방법을 가르치지 않았다는 이야기에서 나온 말.

거리목장수[명] 각 장이 버스로 연결되면서 나타난 중간 상인.

간거리장수(間-)[명] 예전에, 정해진 때를 한 차례씩 걸러서 장사하던 상인.

외목장수[명] 저 혼자 독차지하여 장사를 하는 사람.

동무장수[명] **동무장사**(두 사람 이상이 공동으로 하는 장사)를 하는 사람.

얼렁장사[명] 여러 사람이 밑천을 어울러서 하는 장사. '얼럭장사/어리장사'는 잘못.

딱지장수≒**딱지꾼**(-紙-)⑨ ①역/정류장 주변에서 암표를 파는 사람의 속칭. ②달러를 암거래하는 사람의 속칭.

아랫녘장수⑨ 화류계 여자의 속칭.

물장수⑨ 물을 길어다 팔거나 집으로 물을 길어다 주는 것을 직업으로 하는 사람.

　물장사⑨ ①물을 길어다 파는 일. 또는 집으로 물을 길어다 주는 일. ②[속] 술/음료수/차 따위를 파는 영업.

도붓장수⑨ 이리저리 돌아다니며 물건을 파는 사람. ¶**선장사**≒**도붓장사**⑨

　들장수⑨ '도붓장수'의 잘못.

도부쟁이(到付-)⑨ '도붓장수'의 낮잡음 말.

보부상(褓負商)⑨ 봇짐장수와 등짐장수를 통틀어 이르는 말.

　반수(班首)⑨ 봇짐장수/등짐장수의 우두머리.

시겟장수⑨ 곡식을 마소에 싣고 이곳저곳으로 다니면서 파는 사람.

　시게⑨ 예전에, 시장에서 팔고 사는 곡식이나 그 시세를 이르던 말.

　시게전(-廛)⑨ 시장에서 곡식을 파는 노점.

　잡살전(-廛)⑨ 여러 가지 씨앗, 특히 채소의 씨앗을 파는 가게.

　바리전(-廛)⑨ 조선 시대에, 서울의 종로에서 놋그릇을 팔던 가게.

　세물전(貰物廛)⑨ 예전에, 일정한 삯을 받고 혼인/장사 때에 쓰는 물건을 빌려 주던 가게.

재깜장사⑨ 채소를 가지고 여러 곳으로 돌아다니며 파는 장사.

마장수⑨ 말에 물건을 싣고 다니면서 파는 사람.

마병장수⑨ 오래된 헌 물건을 가지고 다니며 파는 사람.

　고물상(古物商)⑨ ①고물을 사고파는 장사. 또는 그런 장수. ②≒**고물가게**
　　(고물을 사고파는 가게).

꾸미장수⑨ 꾸밋거리(꾸미로 쓰는 조개/오징어/쇠고기 따위의 고기)를 이고 다니며 파는 장수.

황아장수(荒-)⑨ 집집을 찾아다니며 끈목, 담배쌈지, 바늘, 실 따위의 자질구레한 일용 잡화를 파는 사람.

둥우리장수[명] 둥우리에 쇠고기 따위를 담아서 지고 다니며 파는 장수.

어리장수[명] ①닭/오리 따위를 어리나 장에 넣어서 지고 다니면서 파는 사람.
②어리처럼 생긴 그릇에 잡화를 담아서 지고 다니면서 파는 사람.

농장수(籠-)[명] 예전에, 근담배를 채롱에 담아 지고 다니면서 팔던 사람.

매죄료장수[명] 매통/맷돌의 닳은 이를 정으로 쪼아서 날카롭게 만드는 일이
업인 사람.

매조이꾼[명] '매죄료장수'의 낮잡음 말.

신기료장수[명] 헌 신을 꿰매어 고치는 일을 직업으로 하는 사람.

신불림[명] 신 장수가 신을 팔기 위하여 소리 높여 외치는 일.

엿불림[명] 엿장수가 엿을 팔려고 크게 외치는 일.

굽갈리장수[명] 나막신의 굽을 갈아 대는 일을 직업으로 하던 사람.

매장치기(每場-)[명] 장날마다 장을 보러 다니는 일. 또는 그런 사람.

오그랑장사[명] 이익을 남기지 못하고 밑지는 장사.

장꾼(場-)[명] 장에서 물건을 사고파는 사람. 또는 그 무리.

장돌뱅이(場-)[명] 장돌림(여러 장으로 돌아다니면서 물건을 파는 장수)을 낮잡는 말.

장내기(場-)[명] ①주로 수공업자가 시장에 내다가 팔려고 만든 물건. ②대강
대강 만든 물건. ③늑장돌뱅이(장돌림을 낮잡는 말).

꽃잠으로 낳은 나비잠 아이가 이제는 돌껏잠을 자다

 어느 집에 갔다가 아이를 두고 –잠을 붙여 이르는 말을 들었는데, 멋진 말이라서 오래도록 잊히지 않습니다. "저 녀석이 우리 **꽃잠**으로 낳은 녀석인데 그때만 해도 그 **나비잠**을 자던 모습을 들여다보고만 있어도 행복했는데, 요즘은 **돌껏잠꾼**으로 변했지. 세월 참 빨라." 하는 겁니다. 집주인의 설명을 듣고서야 우리말에 그처럼 멋있는 잠 이름이 있다는 것을 알게 되었습니다. 더 알아둘 만한 것들로 몇 가지만 알려주십시오.

답 멋있는 분이군요. 사실 언어는 그 사람이기도 하지요. 사용하는 언어나 **착점**에 따라서 그 사람의 실질적인 내용물이자 실체적 진실이랄 수 있는 것들이 저절로 드러나게 마련이니까요. 그분의 언어 품격이나 용례 활용으로 보아 가족애도 탄탄하고 굉장히 창의적이고 긍정적이실 듯싶군요.

　언급하신 **꽃잠**은 "①깊이 든 잠. ②결혼한 신랑 신부가 처음으로 함께 자는 잠"의 두 가지를 뜻하는 말인데, 문맥으로 보아 ②번의 의미로 쓰였음을 알 수 있습니다. **나비잠**은 "갓난아이가 두 팔을 머리 위로 벌리고 자는 잠"으로, 갓난아이가 자고 있는 모습이 선명하게 떠오르는 멋진 말이지요. **돌껏잠**은 "한자리에 누워 자지 아니하고 이리저리 굴러다니면서 자는 잠"이랍니다. **돌껏**은 "실을 감거나 푸는 데 쓰는 기구"로, 밑에 달린 굴대가 돌아가면 실이 감기거나 풀리도록 되어 있지요. 돌껏

잠은 굴대가 돌아가듯 아이 몸이 방안에서 이리저리 구르며 자는 모습이 연상되는 재미있는 말입니다.

우리말에는 잠을 이르는 말들이 풍성한 편인데, 크게 세 묶음으로 가를 수 있을 듯합니다.

첫째 묶음은 잠자는 모양을 보고 이름을 붙인 것으로, 위의 질문에 보이는 **돌껏잠**이 그 예입니다. 고개를 꾸벅거리고 졸면 **꾸벅잠**, 말뚝처럼 꼿꼿이 앉은 채로 자면 **말뚝잠**, "남의 발이 닿는 쪽에서 불편하게 자는 잠"은 **발칫잠**입니다. "근심/걱정이 없어져서 마음을 놓고 편안히 자는 잠"은 **발편잠**이지만, 그와 반대로 "충분하지 아니한 공간에서 여럿이 잘 때 바로 눕지 못하고 몸의 옆 부분을 바닥에 댄 채로 불편하게 자는 잠"은 **칼잠**이라 하지요. "자야 할 시간이 아닌 때에 남의 눈에 띄지 않도록 몰래 자는 잠"은 **도둑잠**(혹은 **도적잠**)이라 하고, "등을 구부리고 앉아서 자는 잠"은 **고주박잠**이라 하는데, **고주박**은 "땅에 박힌 채 썩은 소나무의 그루터기"를 뜻하는 말이랍니다.

이와 같이 잠자는 모양에 따라 이름이 붙여진 것으로는 그 밖에 **앉은잠**(앉은 채 자는 잠), **시위잠**(활시위 모양으로 웅크리고 자는 잠), **덕석잠**(덕석을 덮고 자는 잠이라는 뜻으로, 불편하게 자는 잠), **등걸잠**(옷을 입은 채 아무것도 덮지 아니하고 아무 데나 쓰러져 자는 잠), **멍석잠**(너무 피곤하여 아무 데서나 쓰러져 자는 잠) 따위도 있습니다.

두 번째 묶음은 잠자는 모습을 동물에 빗대어 재미있게 표현한 것들인데요. 위의 질문에 보이는 **나비잠**(갓난아이가 두 팔을 머리 위로 벌리고 자는 잠)과, 개처럼 머리와 팔다리를 오그리고 옆으로 누워 자거나, 깊이 잠들지 않는 개처럼 깊이 자지 못하고 설치는 잠을 통틀어 **개잠**이라 하는 것이 그 예죠. 깊이 잠들지 못하고 자주 깨거나 하는 잠은 **노루잠/토끼잠/괭이잠/벼룩잠** 등으로 다양하게 불리며, 새우처럼 등을 구부리고 자는 잠은 **새우잠**이라 합니다. **갈치잠**은 특히 "비좁은 방에서 여럿이 모로 끼어 자는 잠"을 이르는데 그 모양이 갈치를 촘촘히 모로 담은 모양과 흡사해서 붙여진 이름이랍니다.

마지막으로 세 번째 묶음은 잠자는 상태를 중심으로 붙여진 이름이라 할 수 있습니다. "한 번 들었던 잠이 깨었다가 다시 드는 잠"은 **두벌일**(처음에 한 일이 잘못되어 다시 하는 일. '두번일'은 잘못)과 같이 다시 자는 잠이므로 **두벌잠**이라 하고요. 그와 비슷하지만 횟수와 무관하게 "깨었다가 다시 든 잠"은 **그루잠**이라 합니다. 이때의 '그루'는 **그루갈이**(한 해에 같은 땅에서 두 번 농사짓는 일. 또는 그렇게 지은 농사) 등에 보이는 **그루**(한 해에 같은 땅에 농사짓는 횟수를 세는 단위)에서 온 말이지요.

잠잠 무슨 잠… 덧잠, 사로잠, 단잠, 쪽잠, 통잠, 헛잠…

문 듣고 보니 잠도 참 가지가지입니다. 그만큼 일상 중에서 잠이 자주 묘사된다는 의미도 되겠군요. 위에서 말씀하신 세 묶음 외에도 잠의 종류가 더 있으면 말씀해 주세요.

답 각 지방마다 달리 표현하는 잠까지 말하자면 끝도 없겠지만 널리 알려져 공통으로 쓰이는 것들만 몇 가지 더 말씀드리지요.

"잘 만큼 잔 후에 또 더 자는 잠"은 **덧잠**입니다. "염려가 되어 마음을 놓지 못하고 조바심하며 자는 잠"을 **사로잠**이라 하는데, 사로잠은 **사로자다**(염려가 되어 마음을 놓지 못하고 조바심하며 자다)의 명사형이기도 하죠. "이승에서 자는 잠이라는 뜻으로, 병중(病中)에 정신없이 계속해서 자는 잠"은 **이승잠**이라 하고요.

흔히 쓰는 **단잠**에는 두 가지가 있답니다. "아주 달게 곤히 자는 잠"은 **단잠**으로, **쪽잠**(짧은 틈을 타서 불편하게 자는 잠)이 그 상대어입니다. 하지만 그와 달리 "자다가 도중에 깨지 않고 죽 내처 자는 잠"은 **단잠**(單-)으로 표기합니다. 발음은 둘 다 [단잠]으로 같습니다. **통잠**(한 번도 깨지 아니하고 푹 자는 잠)도 이와 비슷한 말입니다. **헛잠**에도 두 가지 뜻이 있습니다. "거짓으로 자는 체하는 잠"일 때는 **꾀잠**과 동의어지만, "잔 둥 만 둥 한 잠"을 뜻하기도 하지요.

"깊이 든 잠"을 **속잠/쇠잠**이라 하는데, 아주 깊이 든 잠은 **귀잠**입니다. 이와 반대로 옅은 잠을 이르는 말로는 **겉잠≒수잠/여원잠** 등이 있습니다. **수잠**은 [수:잠]으로 길게 발음하며, 순우리말입니다.

고사와 관련된 아주 재미있는 비유적 표현도 있는데요. **덕금어미잠**(德今-)과 **다방골잠**(茶坊-)과 같은 것이 그것입니다. 각각 "버릇이 되어 버린 게으름"과 "늦잠 자는 것"을 비유적으로 이르는데요. 덕금어미잠에 보이는 **덕금**은 닭을 높여 이르는 **덕금**(德禽)에서 변형 생성된 말로 닭이 꾸벅꾸벅 조는 데서 연유한 것으로 추정됩니다. 덕금(德禽)이 덕금(德今)어미로 의인화를 거쳐 격하 변형된 것은 덕금(德禽)의 격을 낮추기 위함일 듯싶고요. 덕금(德禽)과 관련된 이러한 격하/비하 변형의 예로는 **덕색**(德色, 남에게 조금 고마운 일을 하고 그것을 자랑하는 말/태도)에서도 찾을 수 있습니다.

다방골잠(茶坊-)은 예전에 서울의 다방골에 장사하는 이가 많이 살아 밤이 늦도록 장사하다가, 밤중이 지나서 잠자리에 들어 이튿날 해가 높이 뜬 뒤에야 일어나는 데서 유래한 말이랍니다.

잠이 많은 사람을 놀림조로 이르는 속담으로 **"소대성이 모양으로 잠만 자나≒소대성이 이마빡 쳤나"**라는 게 있는데요. **소대성**(蘇大成)은 국문 고전소설 〈소대성전〉의 주인공인데, "잠이 몹시 많은 사람"을 비유적으로 이를 때 거명되는 이름입니다. 〈소대성전〉은 작자와 연대 미상의 영웅·군담 소설로, 소대성은 거기서 자신을 싫어하는 승상 댁 부인과 아들의 이목을 흐리기 위해 잠만 자는 척하는 것으로 나오지요. 고교 교과서에 실려 있지는 않지만, 이 작품의 일부가 2015학년도 대입 수능 시험의 국어 과목에 지문으로 출제되기도 했습니다.

잠 관련 낱말 정리

▶잠자는 모양에 따른 잠

앉은잠[명] 앉은 채 자는 잠.

시위잠[명] 활시위 모양으로 웅크리고 자는 잠.

꾸벅잠[명] 고개를 꾸벅거리며 조는 잠

고주박잠[명] 등을 구부리고 앉아서 자는 잠.

덕석잠[명] 덕석을 덮고 자는 잠이라는 뜻으로, 불편하게 자는 잠.

돌꼇잠[명] 한자리에 누워 자지 아니하고 이리저리 굴러다니면서 자는 잠.

등걸잠[명] 옷을 입은 채 아무것도 덮지 아니하고 아무 데나 쓰러져 자는 잠.

멍석잠[명] 너무 피곤하여 아무 데서나 쓰러져 자는 잠.

말뚝잠[명] 꼿꼿이 앉은 채로 자는 잠.

발칫잠[명] 남의 발이 닿는 쪽에서 불편하게 자는 잠.

발편잠↔**칼잠**[명] [비유] 근심/걱정이 없어져서 마음을 놓고 편안히 자는 잠.

칼잠[명] 충분하지 아니한 공간에서 여럿이 잘 때 바로 눕지 못하고 몸의 옆 부분을 바닥에 댄 채로 불편하게 자는 잠.

상직잠(上直-)[명] 상직꾼이 잠자리에서 시중을 들기 위하여 주인 부녀와 함께 자는 잠.

도둑잠≒**도적잠**[명] 자야 할 시간이 아닌 때에 남의 눈에 띄지 않도록 몰래 자는 잠.

▶동물에 빗댄 잠

개잠명 ①개처럼 머리와 팔다리를 오그리고 옆으로 누워 자는 잠. ②개가 깊이 잠들지 않듯이, 깊이 자지 못하고 설치는 잠의 비유.

노루잠명 깊이 들지 못하고 자꾸 놀라 깨는 잠.

토끼잠명 깊이 들지 못하고 자주 깨는 잠.

괭이잠명 깊이 들지 못하고 자주 깨면서 자는 잠.

벼룩잠명 깊이 잠들지 못하고 자꾸 자다가 깨는 잠.

나비잠명 갓난아이가 두 팔을 머리 위로 벌리고 자는 잠.

새우잠명 새우처럼 등을 구부리고 자는 잠. 주로 모로 누워 불편하게 자는 잠.

갈치잠명 비좁은 방에서 여럿이 모로 끼어 자는 잠.

▶잠자는 상태에 따른 잠

개잠(改−)명 아침에 깨었다가 또다시 자는 잠.

두벌잠명 한 번 들었던 잠이 깨었다가 다시 드는 잠.

그루잠명 깨었다가 다시 든 잠.

겉잠≒수잠/여원잠명 깊이 들지 않은 잠.

선잠명 깊이 들지 못하거나 흡족하게 이루지 못한 잠.

사로잠명 염려가 되어 마음을 놓지 못하고 조바심하며 자는 잠.

이승잠명 이승에서 자는 잠이라는 뜻으로, 병중(病中)에 정신없이 계속해서 자는 잠.

한뎃잠명 한데에서 자는 잠. [유] 노숙/노차

풋잠명 잠든 지 얼마 안 되어 깊이 들지 못한 잠.

헛잠명 ①거짓으로 자는 체하는 잠. ②잔 둥 만 둥 한 잠.

꾀잠명 거짓으로 자는 체하는 잠.

한잠₁명 깊이 든 잠.

한잠₂명 잠시 자는 잠.

통잠명 한 번도 깨지 아니하고 푹 자는 잠.

단잠(單−)명 자다가 도중에 깨지 않고 죽 내처 자는 잠.

속잠團 깊이 든 잠.

쇠잠團 깊이 든 잠.

귀잠團 아주 깊이 든 잠.

꿀잠團 아주 달게 자는 잠.

꽃잠團 ①깊이 든 잠. ②결혼한 신랑 신부가 처음으로 함께 자는 잠.

덧잠團 잘 만큼 잔 후에 또 더 자는 잠. [유] 가첨잠

첫잠團 ①막 곤하게 든 잠. ②누에가 뽕을 먹기 시작한 후 처음으로 자는 잠.

뜬잠團 밤에 자다가 눈이 떠져서 설친 잠.

쪽잠團 짧은 틈을 타서 불편하게 자는 잠.

밤잠團 밤에 자는 잠.

일잠團 저녁에 일찍 자는 잠.

봄잠團 봄날에 노곤하게 자는 잠.

덕금어미잠(德今-)團 [비유] 버릇이 되어 버린 게으름.

다방골잠(茶坊-)團 [비유] 늦잠 자는 것. 예전에 서울의 다방골에 장사하는 이
　　가 많이 살아 밤이 늦도록 장사하다가, 밤중이 지나서 잠자리에 들어 이
　　튿날 해가 높이 뜬 뒤에야 일어나는 데서 유래.

▶ '-잠'이 들어가지만 잠과는 무관한 말

안잠[안짬]團 여자가 남의 집에서 먹고 자며 그 집의 일을 도와주는 일. 그런
　　여자.

제잠(蹄涔)團 소/말의 발자국 속에 조금 괴어 있는 물이라는 뜻으로, 아주 적
　　은 것의 비유적 표현.

건잠₁團 제대로 된 일의 내용.

　　건잠머리團 일을 시킬 때에 대강의 방법을 일러 주고 필요한 여러 도구를
　　　챙겨 주는 일. ¶~하다團

건잠₂團 곡식의 뿌리를 갉아 먹는 벌레의 하나.

근잠團 벼가 잘 여물지 않는 병. 벼가 이 병에 걸리면 이삭이 하얗게 겉마르
　　고 여물지 않음.

목잠명 곡식의 이삭이 말라서 죽는 병.

옥잠(玉簪)명 옥으로 만든 비녀.

침잠(沈潛)명 마음을 차분히 가라앉혀서 깊이 사색하거나 자신의 세계에 깊이 몰입함.

너무 많아 머리가 아플 지경인
온갖 머리와 머리치장

김정은의 머리 스타일은 황새머리일까 상고머리일까

문 북한의 김정은 머리 스타일 있잖습니까요. 그걸 뭐라고 하나요? 할아버지 김일성을 그대로 본떠서 깎았다니 그 이름도 그 시대에 어울리는 고전적인 것이어야 할 텐데 말입니다. **상고머리**라고 해야 하나요? 아니면 **황새머리**?

답 재미있는 질문이군요. **상고머리**는 앞머리만 약간 길게 놓아두고 옆머리와 뒷머리를 짧게 치켜 올려 깎고 정수리 부분은 편평하게 다듬은 머리 모양이고, **황새머리**는 머리카락을 복판만 조금 남기고 둘레를 모두 밀어 버린 머리 모양입니다. 그런데 김정은의 머리 모양을 보면 옆머리와 뒷머리를 짧게 치켜 올려 깎았지만, 정수리 부분은 편평하게 다듬지 않아서 상고머리라고 하기에는 좀 무리가 있습니다. 그리고 머리 복판만 조금 남기고 둘레를 모두 밀어 버리지도 않았으니 황새머리라고 하기에도 적절하지 않을 듯싶고요.

 뚜께머리라는 말이 있습니다. "머리털을 층이 지게 잘못 깎아서 뚜껑을 덮은 것처럼 된 머리"를 뜻하는데요. 김정은의 머리 모양을 살펴보면 정수리나 복판 모양과는 어울리지 않게 옆머리와 뒷머리는 거의 밀어 버린 모습입니다. 그런 뒤에 윗머리 뚜껑 부분을 덮은 것과 흡사합니다. 윗머리 뚜껑 부분이 아래 부분과 자연스럽게 어울리지 않고 있어서, 거의 뚜께머리 수준입니다. 다만, 김정은의 머리 모양을 뚜께머리라고 하기에는 머리털이 층이 지게 잘못 깎은 것이 아니라 뚜껑을 덮은 것처럼 보이도록 아주 공들여 깎았다는 점이 좀 걸리지만 외형상으로만 보면 거의 뚜께머리라고 할 수 있을 듯합니다.

　예전에 흔히 하던 남자의 머리 모양에는 이 외에도 몇 가지가 더 있는데요. "빡빡 깎은 머리나 그런 머리 모양"을 한 사람을 이를 때 **까까머리**≒**빡빡머리**라 하죠. **까까중**이나 **중대가리**도 그와 비슷한 말이고요. **중머리**도 이런 까까머리와 비슷한 말이지만, "빡빡 깎은 승려의 머리. 그런 머리의 승려"를 이르는 말로는 중머리만 쓸 수 있습니다. 다른 말들은 조금씩 쓰임의 제약이 있기 때문이지요. 다만, 비유적으로는 승려가 아닌 다른 이들에게도 쓸 수 있습니다.

　활새머리는 "아래만 돌려 깎는 더벅머리"를 뜻합니다. 머리카락을 복판만 조금 남기고 둘레를 모두 밀어 버리는 **황새머리**와는 깎는 부위에서 조금 다르고, 가장 큰 차이는 깎은 뒤의 머리 모습이 여전히 더부룩한 **더벅머리**라는 점이겠군요. 달리 말하면 활새머리는 윗머리는 전혀 손대지 않고 아래 부분만 돌려 깎는 가장 간단한 방법으로 대충 손을 본 머리라고 생각하면 됩니다.

　더벅머리(①더부룩하게 난 머리털. ②터부룩한 머리털을 가진 사람)에는 "웃음과 몸을 팔던 계집. 급이 삼패(三牌)도 되지 못한 계집으로 오늘날의 술집 여자나 갈보와 같은 여자"라는, 다소 생소한 뜻도 있습니다. **삼패**란 조선 말기에 나누어 부르던 기생 등급 중의 최하급으로 가무보다는 주로 매음을 하던 무리가 속한 등급을 가리킵니다.

　참고로, 이 **삼패**(三牌) 위의 등급으로 **이패**(二牌)가 있었는데요. 이 **이패**는 조선 말기에 세 등급으로 나누어 부르던 기생 등급 중의 중간급으로, 어느 정도 가무를 하고 은근히 매음을 했죠. 바로 여기서 유래한 말이 **은근짜**(慇懃-)/**은군자**(隱君子)[몰래 몸을 파는 여자의 속칭]라는 말이랍니다. **일패**(一牌)는 이런 기생 등급 중의 최상급인데 관기로서 대부분 남편이 있는 기생이었으며, 노래와 춤과 풍류로 업을 삼았다 하네요.

흔히 써 온 말 중에 **단발머리**(斷髮-)가 있습니다. 이 말을 **단발머리 소녀** 등으로 많이 써 왔기 때문에 여자들에게만 적용되는 머리 모양으로 알고 있지만 그렇지 않답니다. 단발머리는 귀밑/목덜미 언저리에서 머리털을 가지런히 자른 머리. 그 머리를 한 사람을 뜻하기 때문에 남녀 공통으로 쓸 수 있는 말이어요. 남자들의 경우 군인들의 단정한 머리가 대표적인 단발머리에 해당되지요.

일부 성인 남자들이 뒷머리를 좀 길게 기른 뒤 그것을 외가닥으로 모아 **말총머리**(말 꼬리처럼 하나로 묶은 머리)처럼 묶은 머리를 **꽁지머리**라고 하는데, 이 말은 여러 가지로 문제가 있습니다. 우선, 그런 뜻으로는 현재의 사전에 표준어는커녕 신어로도 올려 있지 않고(표준어 검토 대상도 아니고), 현재 사전에 오른 **꽁지머리**는 그와 전혀 다른 뜻입니다. 머리 모양이 아니라 "도래/물레 따위의 손잡이같이 한쪽 끝이 북채처럼 생긴 조그마한 **나뭇조각**"을 이르는 말이니 주의해야 합니다.

게다가 **꽁지**는 "①새의 꽁무니에 붙은 깃. ②꼬리를 낮잡는 말. ③사물의 맨 끝을 낮잡는 말"로 풀이되는데, 꽁지머리에 쓰인 꽁지는 이러한 쓰임 중 "(머리털)의 맨 끝을 낮잡는 말"에 간신히 턱걸이하는 말입니다. 성인 남자가 자신에게 어울리는 머리 모양이라고 생각하여 고집스럽게 선택한 헤어스타일의 이름치고는 격이 떨어지지요. 더구나 꽁지의 속어가 **꼬랑지**이고 보면, 이 꽁지머리는 자칫하면 **꼬랑지머리**로 비하될 수도 있으므로 적절한 명칭이 아니라는 생각이 듭니다. 이른바 꽁지머리를 한 이가 도망가게 되면 그야말로 "꽁지 빠지게 도망간다."라는 표현과 딱 들어맞게 된다는 점까지 고려해 보면 더욱 그렇지 않겠습니까. 하지만 그럼에도 현재 이런 머리를 하고 다니는 이들이 적지 않으므로 어떻게든 적절한 이름을 찾아주어야 하긴 합니다.

덜 은근짜는 기껏해야 달첩질로 빠지고,

　　잘해야 난질 거쳐 가지기 꼴 난다

몰래 몸을 파는 여자를 **은근짜**라 했다. 당시의 은근짜는 먹고 살기 위한 수단으로 몸을 팔았는데, 그러다가 남편이라도 얻으면 그 짓을 멈춰야 하는데 그러지 못하고 **서방질**(자기 남편이 아닌 남자와 정을 통하는 짓)로도 이어지는 경우가 많았다. 그러다 보면, 남편은 떠나가고 여인은 **달첩질**(여자가 남에게 한 달에 얼마씩 받기로 하고 몸을 파는 짓)도 하게 되었다. 그런 게 버릇이 된 여인은 결국 **난질**(여자가 정을 통한 남자와 도망하는 짓)을 거쳐 스스로 **가지기**(정식 혼인을 하지 않고 다른 남자와 사는 과부/이혼녀) 꼴로 떨어지는 길을 밟게 되었다. 그처럼 행실이 나쁜 여인들은 그 정도에 따라 **잡년→개잡년→천하잡년** 소리를 듣곤 했다.

은근짜(慇懃-)**명** ①≒**이패**. ②몰래 몸을 파는 여자의 속칭. [유] 은군자. ③겉보기에는 어리석은 것 같으나 속은 엉큼한 사람. ¶여인은 여류입네 하면서도 뒤로는 문단 활동비 어쩌고 하면서 숱한 사내들에게 몸을 판, 시대의 은근짜였지.

달첩(-妾)**명** 한 달에 얼마씩 받고 몸을 파는 여자.

달첩질(-妾-)**명** 여자가 남에게 한 달에 얼마씩 받기로 하고 몸을 파는 짓. ¶~하다**동**

통지기명 ②≒통지기년. 서방질을 잘하는 계집종.

밀통(密通)**명** ①부부가 아닌 남녀가 몰래 정을 통함. ②소식/사정을 몰래 알려 줌.

서방질(書房-)**명** 자기 남편이 아닌 남자와 정을 통하는 짓.

야합(野合)**명** ①부부가 아닌 남녀가 서로 정을 통함. ②좋지 못한 목적으로 서로 어울림.

잡년(雜-)**명** 행실이 나쁜 여자를 욕하는 말.

개잡년(-雜-) 명 행실이 몹시 잡스러운 여자를 욕하는 말.

천하잡년(天下雜-) 명 아주 행실이 나쁜 여자를 욕하는 말.

난질 명 ① 여자가 정을 통한 남자와 도망하는 짓. ② 술과 색에 빠져 방탕하게 놀아나는 짓. ¶ ~가다 동

가지기≒**가직**(家直) 명 정식 혼인을 하지 않고 다른 남자와 사는 과부/이혼녀.

뜨게부부(-夫婦) 명 정식으로 결혼을 하지 않고, 오다가다 우연히 만나 함께 사는 남녀.

외대머리 명 정식 혼례를 하지 않고 쪽 찐 머리. 또는 그렇게 한 여자.

보쟁이다 동 부부가 아닌 남녀가 은밀한 관계를 계속 맺다.

밭팔다 동 [속] 여자가 정조를 팔아 생활하다.

는실난실 부 성적(性的) 충동으로 인하여 야릇하고 잡스럽게 구는 모양.

낭자머리는 처녀들이 하는 머리?

문 시집간 여자들이 하는 쪽 찐 머리 있잖습니까요. 그걸 **낭자머리**라고도 하던데 **낭자**는 처녀를 뜻하는 말 아닌가요? 예전에 쪽은 시집간 성인인지 여부를 가리키는 중요한 것으로 알고 있는데 (그래서 쪽을 찌면 '머리를 올렸다/얹었다'라고도 했잖습니까) 어째서 거기에 낭자라는 말을 썼는지요? 그리고 **애교머리**와 **귀엣머리**는 같은 말이 아닌가요? 혹시 다르다면 어떻게 다른지요?

답 **낭자**와 **쪽**에 대해 헷갈리실 만합니다. 낭자에는 두 가지 뜻이 있기 때문이지요. 한자어인 **낭자**(娘子)는 말씀하신 대로 "예전에 처녀를 높여 이르던 말"이어요. 남의 집 처녀를 정중하게 이르는 말인 **규수**(閨秀)와 비슷한 말이지요. 그런데 한자어가 아닌 토박이말 **낭자**는 쪽(시집간 여자가 뒤통수에 땋아서 틀어 올려 비녀를 꽂은 머리털)과 같은 말이랍니다.

그래서 **"쪽을 찌다"**라고 할 때 **"낭자를 틀다"**라고 해도 같은 뜻이 되지요. 참고로, 고유어 **낭자**에는 **쪽** 외에 드물게 쓰이는 다른 뜻도 있는데 "여자의 예장(禮裝)에 쓰는 딴머리의 하나로서 쪽 찐 머리 위에 덧대어 얹고 긴 비녀를 꽂는 것"을 의미하기도 합니다.

쪽은 '찐다'고 해야 옳지만 **쪽찌다/쪽찐다**(×)는 말은 없으므로, **쪽(을) 찌다**(○)로 표기해야 한답니다. 그런 점에서 **쪽진머리/쪽찐머리**(×)도 없는 말로, **쪽 찐 머리**(○)로 표기해야 하고요. 쪽 찐 머리가 곧 **낭자머리/쪽머리**죠.

물으신 **애교머리**와 **귀엣머리**는 전혀 다른 말이랍니다. **애교머리**(愛嬌 –)는 "여자들의 머리 모양에서 이마/귀 앞에 일부러 조금 늘어뜨리는 짧은 머리"를 뜻하지요. 한편, **귀엣머리**는 "앞이마 한가운데서 좌우로 갈라 귀 뒤로 넘겨 땋은 머리"를 의미하고요. 즉, 애교머리는 이마나 귀 쪽에 보이도록 조금 늘어뜨린 짧은 머리지만, 귀엣머리는 귀 뒤쪽에서 두 가랑이로 땋은 머리이기 때문에 크게 보면 **양태머리**(≒가랑머리/갈래머리, 두 가랑이로 갈라땋아 늘인 머리)에 속합니다. 두 머리는 얼핏 보아도 외견상 크게 차이가 나지요.

그리고 귀엣머리와 비슷한 구조의 말로 흔히 쓰는 **귀밑머리**에는 "① 이마 한가운데를 중심으로 좌우로 갈라 귀 뒤로 넘겨 땋은 머리. ②뺨에서 귀의 가까이에 난 머리털"의 두 가지 의미가 있는데, ①의 뜻으로는 **귀엣머리**와 동의어라 할 수 있습니다.

여인들의 머리 모양을 이르는 말도 무척 다양합니다. 가장 단순한 것, 곧 머리털을 땋거나 올리지 아니하고 그냥 풀어 헤친 머리는 **풀머리**라고 합니다. 예전 혼례 풍속으로 **풀보기**란 말이 있는데, **응장성식**(凝粧盛飾, 얼굴을 단장하고 옷을 화려하게 차려 입음)을 풀어 버리고 간단한 예장(禮裝)으로 뵙는다는 뜻으로, 신부가 혼인한 며칠(대체로 사흘) 뒤에 시부모를 뵈러 가는 일 또는 그런 예식을 이르는 말이었지요. 풀보기하러 나서는 날을 **풀보기날**이라고 했는데, 이때 쓰인 **풀-**의 의미가 풀머리에 쓰인 것과 같은 뜻입니다.

땋거나 묶은 머리에 대해서는 **가랑이**(하나의 몸에서 끝이 갈라져 두 갈래로 벌어진 부분)나 가닥의 수효와 모양에 따라 이름이 달리 붙여져 있습니다.

외가닥인 경우, "말 꼬리처럼 하나로 묶은 머리"는 **말총머리**라 합니다. 흔히 쓰는 **포니테일**(ponytail, 긴 머리를 뒷머리 위쪽에서 리본 따위로 묶고 머리끝을 망아지 꼬리처럼 늘어뜨린 머리 모양)과 거의 같은 말로, 긴 머리인 주부나 처녀들이 가장 손쉽게 하는 머리 모양이기도 하죠. "외가닥이긴 하지만 땋은 뒤에 쪽을 찐 머리"는 **모두머리**라 하는데요. 모두머리는 시집간 여인이 하는 머리죠. 그 반면 시집가지 아니한 처녀들이 한 가닥으로 땋아 늘인 머리는 **양태머리**의 상대어인 **외태머리**라 합니다. 비교적 자주 보이는 편인 **트레머리**는 "가르마를 타지 아니하고 뒤통수의 한복판에다 틀어 붙인 머리"를 뜻하고요.

모두머리(여자의 머리털을 외가닥으로 땋아서 **쪽을 찐** 머리)의 뜻풀이와 관련하여, 쪽을 찐다는 것은 머리를 땋은 뒤 그것을 틀어 올린 뒤 비녀를 꽂는 일인데요. 요즘은 비녀 대신 그물로 된 머리 망이나 핀/고무줄이 달린 리본 따위로 묶기도 하고, 시집을 가지 아니한 사람들도 그리 하고 있는 경우가 많으므로, 모두머리의 뜻풀이도 이러한 시대의 흐름에 맞추어 바꾸어야 하지 않을까 싶군요. 이를테면 "여자의 머리털을 외가닥으로 땋아서 비녀를 꽂거나 머리 망이나 핀/고무줄이 달린 리본 따위로 묶은 머리" 식으로 말입니다. 요즘의 모습들은 머리를 땋는 일이 드물어서 모두머리라기보다는 트레머리에 더 가깝긴 합니다만.

☞ **모두머리에 쓰인 모두-**: **모두-**는 "한데 합치다"의 뜻을 지닌 **모두다**의 어근이기도 한데 아쉽게도 현재 이 모두다는 표준어에서 제외된 채 "①**모으다**의 방언(경남, 함경). ②**모으다**(한데 합치다)의 북한어. ③[북한어]추려서 한데 모으다"로 처리되어 있다. **모두거리** 역시 "따로따로 하지 않고 한꺼번에 몰아서 하는 것"을 뜻하는 북한어로 처리되어 있고, 표준어로는 "두 다리를 한데 모으고 넘어지는 일"만을 뜻한다. **모두머리/모두거리**를 고려하여 동사 **모두다**에 대한 《표준》의 뜻풀이 조정이 필요한 대목이다.

쪽 찐 머리인 **낭자머리/쪽머리**도 두 가랑이로 가르지 아니한 머리에 속합니다. 조선 시대에는 쪽을 찌느냐 찌지 않느냐가 여인들에게는 무척 중요했지요. 어린 기생이 정식으로 기생이 되어 머리에 쪽을 찌는 것을 **머리를 얹는다**고 표현할 정도로 중요하게 의미를 얹었고, "정식 혼례를 하지 않고 쪽 찐 머리 또는 그렇게 한 여자"를 **외대머리**라 하여 홀대하다가 나중에는 기생이나 몸을 파는 여자를 이르는 말로까지 발전했을 정도였습니다. 정식으로 제대로 쪽을 찌는 것과 그렇지 않은 것 사이에 그처럼 심한 차별을 두어 구별했던 거죠.

한편, "두 가랑이로 갈라땋아 늘인 머리"는 **양태머리**[兩-]≒**가랑머리/갈래머리**라고 합니다. 이따금 **가락머리**라고도 하지만 이는 잘못으로 사전에 없는 말입니다.

어떤 작가의 글을 보면 "머리털을 조금씩 모숨을 지어 여러 갈래로 땋은 어린아이의 머리"를 **바둑판머리**라고 한 게 있는데, 이 또한 **바둑머리**의 잘못으로 '바둑판머리'는 사전에 없는 말이랍니다. 그 작가는 그런 머리 모양을 바둑판같다고 여겨 그런 표현을 했을지 모르지만 바둑머리에 쓰인 바둑은 바둑판이 아니라 바둑돌의 의미로 쓰인 말이거든요. 즉, **바둑**에는 **바둑돌**의 의미도 있어서, 바둑을 둘 때에 쓰는 둥글납작한 돌의 의미로는 바둑돌과 바둑은 동의어입니다. 머리털을 조금씩 모숨을 지은 모습이 바둑돌 같아서 지어진 이름이지요.

☞ **바둑판같다**는 "①반듯반듯하게 가지런하고 질서가 있다. ②얼굴이 몹시 얽어 있다."를 뜻하는 형용사이므로, 실제로 바둑판 모양을 뜻할 때는 **바둑판(과) 같은**으로 띄어 써야 한다.

떠꺼머리처녀도 있다고?

문 **떠꺼머리** 이야기를 하는데, **떠꺼머리총각** 외에 **떠꺼머리처녀**도 있을 수 있다는 얘기가 나와서 갑론을박한 적이 있습니다. 떠꺼머리는 장가를 못 간 총각들이 하던 지저분한 머리 모습을 뜻하던 말이 아닌가요? **쑥대머리** 얘기도 나왔는데 쑥대머리도 떠꺼머리와 비슷하게 흐트러진 머리를 뜻하는 말이 아닌지요? '쑥대머리 총각' 소리도 들은 것 같아서요.

답 답부터 말씀드리면 **떠꺼머리처녀**도 말이 된답니다. **떠꺼머리**란 "장가/시집 갈 나이가 된 총각/처녀가 땋아 늘인 머리 또는 그런 머리를 한 사람"을 뜻하는 말이지요. 떠꺼머리는 땋아 늘인 머리여서, 흔히 짐작하듯 지저분하게 흐트러진 머리와는 무관합니다. 이 떠꺼머리는 **떠꺼머리처녀/~총각**이라고 두루 쓸 수 있는 말이어서, **노처녀/노총각**을 비유하는 말로 쓰이기도 했습니다. 떠꺼머리처녀는 "외태머리를 한 처녀"로 풀이할 수도 있겠네요.

남자의 떠꺼머리는 **총각머리**(總角-)라고도 했는데 예전에는 아무리 나이가 들어도 장가를 가지 못한 총각은 머리를 땋아 늘어뜨렸기 때문이지요. 그래서 "총각으로 늙는 사람"에게는 그를 좀 대우하는 의미로 **엄지머리**라고 불렀습니다. 총각은 "결혼하지 않은 성년 남자"를 이르는 말이므로 성년에 이르지 못한 미성년자에게는 쓸 수 없는 말이지요. 이와 비슷한 **도령**도 "총각을 대접하여 이르는 말"이므로 도령 역시 성년 남자에게만 쓸 수 있는 말이랍니다.

앞서도 언급했지만 흔히 **떠꺼머리**를 지저분하게 흐트러진 머리로 착각하는데, 실은 외가닥으로 땋은 머리여서 단정하게 보이는 머리입니다. "머리털이 마구 흐트러져 어지럽게 된 머리"는 **쑥대머리**라 합니다. 쑥대머리를 **쑥대강이**라고도 하는데 쑥대강이는 **쑥+대강이**('머리'의 속칭으로 '대가리'와 같은 말)로 이뤄진 말이고, 쑥대머리는 **쑥대(쑥의 줄기)+머리**로 이뤄진 말입니다.

둘 다 쑥처럼 어지럽게 흐트러진 모양을 빗댄 말인데, **쑥대머리 총각**은 떠꺼머리총각과는 달리 "머리 손질을 제대로 하지 않아서 머리털이 마구 흐트러진 총각"을 뜻합니다. 흔히 까치가 집을 짓겠다면서 놀려대기도 하는 까치집 머리와 사촌 격이라 하겠습니다. '까치집머리'는 없는 말인데, 그 대신 **작소머리**(鵲巢-)가 "까치집 모양으로 헝클어진 머리"를 뜻하는 말입니다.

여기서 조금만 생각해 보면 **작소**(鵲巢)가 까치집을 뜻하는 말이니 작소머리는 곧 까치집머리인 셈이므로 그 말이 그 말인데 어째서 까치집머리를 한 낱말로 인정하지 않았는지 의아하실 겁니다. 그건 토박이말의 **까치집**에는 "헝클어진 머리 모양을 비유적으로 이르는 말"이라는 뜻이 이미 담겨 있기 때문이랍니다. 그렇기 때문에 굳이 의미 중복어인 까치집머리까지 인용(認容)할 필요가 없는 것이죠. 다만, 작소머리는 한자어 구성이어서 작소에는 순우리말 까치집이 지닌 비유적 의미가 담겨 있지 않는 것으로 보아서 인용(認容)한 것이고요. 하지만 우리말에는 '처갓집'처럼 어의 중복을 허용하는 경우도 적지 않으므로 언중의 관행에 따라 '까치집머리'도 허용되어야 할 것입니다.

쑥대머리는 춘향이 덕분에 유명해진 말이기도 합니다. 판소리 춘향가의 한 대목을 이르는 말이기도 한데, 옥중에서 이 도령을 그리워하면서 부르는 내용이어서 〈옥중가〉라고도 하죠. 즉, 이때의 〈쑥대머리〉는 머리 모양을 이르는 보통명사가 아니라, 판소리 한 대목의 제목을 이르는 고유명사랍니다. "쑥대머리에 귀신형용(鬼神形容) 적막옥방(寂寞獄房) 찬 자리에 생각느니 임뿐이라. 보고 지고 보고 지고 한양낭군(漢陽郎君) 보고 지고…"로 시작하는데, 그 첫머리가 '쑥대머리'여서 그런 이름이 붙었답니다. 즉, 춘향이의 머리털이 쑥대머리 모양이 되어 있는 데서 따온 이름이죠.

쑥대머리≒쑥대강이(머리털이 마구 흐트러져 어지럽게 된 머리)와 비슷한 머리로는 **덩덕새머리**(빗질을 하지 아니하여 더부룩한 머리)가 있습니다. 앞서 잠깐 언급한 **더벅머리<터벅머리**는 **덩덕새머리**와 비슷하긴 하지만 빗질 여부와 관계없이 "①더부룩하게 난 머리털. ②터부룩한 머리털을 가진 사람"을 뜻하지요. "길게 자라서 더펄더펄한 아이의 머리. 또는 그 아이"는 **중다버지**라고 합니다. 중다버지와 비슷한 말로는 **다팔머리**(① 다팔다팔 날리는 머리털. ②머리털이 다팔다팔 날리는 사람)가 있고요.

짧게 깎은 머리털이 부드럽지 못하고 솔잎 같이 빳빳이 일어선 머리 모양을 **솔잎대강**이이라 하는데, 여기에 쓰인 −**대강**이는 쑥대강이에서 설명한 것과 같이 '머리'를 뜻하는 속어로 '대가리'와 같은 말입니다. **밤송이머리**는 글자 그대로 "밤송이처럼 생긴 머리털. 그런 머리털을 가진 사람"을 뜻합니다.

흔히 **곱슬머리**로 부르는 **고수머리**(고불고불하게 말려 있는 머리털)는 둘 다 같은 말이랍니다. **양머리**라고도 하는데, 여기에 쓰이는 '양−'의 한자를 곱슬곱슬한 양털을 연상하여 '양(羊)−'으로 생각하기 쉬운데, 그렇지 아닙니다. 서양에서 왔음을 뜻하는 **양**(洋)−을 씁니다. 그 밖에도 **양머리**(洋−)에는 "서양식으로 단장한 여자의 머리"라는 뜻과 **가마**(사람의 머리나 일부 짐승의 대가리에 털이 한곳을 중심으로 빙 돌아 나서 소용돌이 모양으로 된 부분)라는 뜻도 있지요.

'쓸개머리도 없는 사람'은 욕이 아니다

문

아는 이가 아내로부터 "당신은 쓸개머리도 없는 사람!"이라는 말을 들었답니다. 웬만하면 양보하고 조금만 참으면 만사는 시간이 해결해 주기 마련이라고 믿으며 살아온 사람인데, 그런 그를 답답하게만 여긴 그의 아내가 참다못해 바가지를 긁은 모양입니다. 그런데 그런 말을 들은 그가 하는 말이 걸작이었습니다. "아 쓸개머리야 소 쓸개에나 붙어 있는 것인데, 사람에게 있을 턱이 있나. 당연히 나는 쓸개머리가 없는 사람이 맞지. 그러니, 나보고 쓸개머리도 없는 사람이라고 해봤자 그건 욕이 아니지 뭐야. 우리 집사람 그러고 보면 참 똑똑하단 말이야. 하하하."

그 말을 들으며 저도 웃고 말았습니다만, 여기서 **쓸개머리**에 쓰인 **-머리**는 혹시 '버르장머리' 같은 데에서 보이는 '-머리'처럼 짓/생각 따위를 비하하는 접미사로 쓰인 건 아닌지요? 그러니까 그 친구 아내는 진짜 욕으로 했을 수도 있는 것 아닐까요?

그리고 다른 얘기지만 **"바람머리**에 서 있었더니 머리가 지끈거리는 게 **병머리**를 얻은 것 같다"는 말을 하는 사람이 있던데, 제가 알기로 **바람머리**는 "가을철에 싸늘한 바람이 불기 시작할 무렵"을 뜻하는 **찬바람머리** 따위와는 달리 "바람만 쏘이면 머리가 아픈 병"으로 알고 있는데, 잘못 알고 있는 것인가요?

답

쓸개머리 농담을 하시는 분, 멋진 분이네요. 지혜와 여유를 겸비하셨군요. 하기야, 여유는 지혜로운 이들에게 주어지는 선물이긴 합니다만. **쓸개머리**는 아닌 게 아니라 "소의 쓸개에 붙어 있는 고기의 이름"입니다. 소고기 이름이니 사람에게 없는 건 당연하지요. 하하하.

이때 쓰인 '-머리'는 **버르장머리** 같은 데에서 보이는 '-머리'처럼 짓/생각 따위를 비하하는 접미사가 아니라, **이자머리**(쇠고기 새창의 한 부분. 열구자탕을 만드는 데 씀)에서처럼 고기와 같은 것의 '부분'을 뜻하는 용도로 쓰였습니다. **볕땀머리**(나무가 자랄 때에 남쪽에 정면으로 향하였던 부분)나 **아랫머리**(위아래가 같은 물건의 아래쪽 끝 부분)와 같은 말에서 보이는

'-머리' 또한 이처럼 '부분'을 뜻하는 말이지요. 그분의 부인이 욕으로 삼고 싶어도 사전에서 용납하지 않는군요. 하하하.

이 '머리'와 관련하여, 멋있는 고유어 하나를 알려드릴게요. 미용실 간판들을 보면 '헤어숍/헤어살롱' 따위의 외국어 발음을 빌려 쓴 것들이 대부분인데요. 사실 이것들은 모두 아직은 정식 외래어로 인정되지 않은 것들이랍니다. 그런 가운데서도 가끔 **머리방**이라는 아름다운 우리말 표기 간판이 보이기도 하지요. 이 머리방은 미용실과 같은 뜻의 순우리말이므로 살려 써도 좋은 말입니다.

그런데 이것을 자칫 **머릿방**으로 표기하게 되면 엉뚱한 뜻이 된답니다. **머릿방**(-房)은 "안방 뒤(혹은 옆)에 달린 작은 방"을 이르는 말이거든요. 이 머릿방'은 새색시가 쓰곤 하던 방이어서 새아씨들은 흔히 '머릿방아씨'로도 불리곤 했습니다.

바람머리의 의미는 말씀하신 대로입니다. '찬바람머리' 따위와는 달리 "바람만 쏘이면 머리가 아픈 병"을 뜻합니다. "숯내를 맡아서 아픈 머리"를 **숯머리**라고 하는데 이 숯머리에도 바람머리와 같은 쓰임이 담겨 있습니다. 그리고 **병머리**는 '병(病)머리'가 아니라 '병머리(甁-)'로, **병머리초**((甁-草)라고도 하는데 "단청에서, 병(甁) 모양으로 된 머리초 무늬"를 뜻하는 전문용어입니다.

이처럼 **머리**에는 아주 다양한 뜻이 담겨 있습니다. 비하의 뜻을 더하는 접사로 쓰일 때 외에도, 합성어를 만드는 명사(형태소)로 쓰여 <u>사물의 앞/위, 일의 시작/처음, 어떤 때가 시작될 무렵, 한쪽 옆/가장자리, 일의 한 차례나 한 판</u> 등을 더하는 기능도 합니다. 또한 앞서 살펴본 대로 각종 머리 모양을 이를 때도 쓰입니다.

☞ **머리**에 관한 사전적인 설명: ①사람/동물의 목 위의 부분. ¶머리에 모자를 쓰다. ②생각하

고 판단하는 능력. ¶머리가 좋다/나쁘다; 머리 좀 써라. ③늑**머리털**(머리에 난 털). ¶머리를 감다. 머리를 깎다. ④한자에서 글자의 윗부분에 있는 부수. 家, 花에서 宀, 艹 따위. ⑤단체의 우두머리. ¶그는 어디서고 모임의 머리 노릇을 한다. ⑥[비유] 사물의 앞/위. ¶장도리 머리 부분. ⑦[비유] 일의 시작/처음. ¶머리도 끝도 없이 일이 뒤죽박죽이다. ⑧[비유] 어떤 때가 시작될 무렵. ¶해질 머리. ⑨한쪽 옆/가장자리. ¶한 머리에서는 밥을 먹고 또 한 머리에서는 일을 했다. ⑩[비유] 일의 한 차례나 한 판. **머리**늑**돈머리**몡 얼마라고 이름을 붙인 돈의 액수. ¶돈머리를 백만 원 단위로 맞췄다. −**머리**〈집〉 '비하'의 뜻을 더하는 접미사.

머리 관련 낱말 정리

▶**처음/끝, 앞/위, 가장자리, 무렵, 판 등의 의미**

끄트머리몡 ①맨 끝이 되는 부분. ②일의 실마리. [유] 극단(極端), 나중, 단서

꼭두머리몡 ①일의 맨 처음. ②꼭대기의 잘못.

말끄트머리몡늑**말끝**(한마디 말/한 차례 말의 맨 끝). [유] 말끝, 말꼬리

말머리몡 ①이야기를 시작할 때의 말의 첫마디. ②이야기를 할 때에 끌고 가는 말의 방향. [유] 서두, 첫머리, 발단

우두머리몡 ①물건의 꼭대기. ②어떤 일/단체에서 으뜸인 사람.

치아머리(齒牙−)몡 잇몸 밖으로 드러난 이의 부분.

채마머리(菜麻−)몡 채마밭 이랑의 한쪽 끝. 사람이 자주 출입하는 쪽.

텃밭머리몡 사람의 출입이 잦은, 텃밭의 한쪽 끝.

들머리₁몡 ①들어가는 맨 첫머리. ②늑**초들물**(밀물이 들기 시작할 때). [유] 어귀, 서론

들머리₂몡 들의 한쪽 옆이나 한쪽 가장자리.

칼머리몡 형구(刑具)인 칼에서 사람의 머리가 드나드는 구멍이 있는 끝 부분.

합수머리(合水−)몡 두 갈래 이상의 물이 한데 모이는 곳의 가장자리.

정머리몡 정에서 돌을 쪼아 내거나 망치로 때리는 부분.

선머리(先−)몡 ①순서대로 하는 일의 맨 처음. ②줄지어 가는 행렬 따위의 앞부분.

후머리(後-)⬚ ①순서대로 하는 일의 맨 끝. ②줄지어 가는 행렬 따위의 뒷 부분.

애잇머리⬚ 맨 첫 번.

베갯머리⬚ 베개를 베고 누웠을 때에 머리가 향한 위쪽의 가까운 곳.

창머리(窓-)⬚ 창문의 안쪽 바로 가까운 곳.

장머리(場-)⬚ 장이 선 곳의 입구.

물머리⬚ ①흘러 들어오거나 나가는 물의 맨 앞부분. ②파도/물결이 일 때 높이 솟은 희끗한 부분.

봇머리(洑-)⬚ 봇물이 흘러나오는 어귀.

뭍머리⬚ 바다/강 따위에서 땅을 바라볼 때, 가장 가까운 땅.

단풍머리(丹楓-)⬚ 단풍이 드는 철의 첫머리.

여울머리⬚ 여울의 맨 상류 지대.

산머리(山-)⬚≒**산꼭대기**(산의 맨 위). [유] 산이마, 정상

웃머리₁⬚ 소를 매매할 때 소의 이를 검사하여 나이가 많을 것으로 판명된 늙은 소.

대머리₂(大-)⬚ 일의 가장 중요한 부분.

코머리₁⬚ 고을 관아에 속한 기생의 우두머리.

콧머리⬚ 코의 끄트머리.

줌머리⬚ 줌통의 위쪽 부분.

죽머리⬚ 활을 잡은 쪽의 어깨.

찌머리⬚ 낚시찌의 맨 끝 부분.

가온머리⬚ 공항의 관제탑처럼 일 전체를 총괄하여 중심적인 역할을 하는 사람/조직/기구. 컨트롤 타워의 순화어.

방머리(房-)⬚ 전통 가옥에서 마루/출입문이 있는 쪽에 접하여 있는 방의 구석 부분.

불땀머리⬚ 나무가 자랄 때에 남쪽에 정면으로 향하였던 부분. 곧 나이테의 간격이 넓은 부분으로 햇볕을 많이 받아 불땀이 좋은 부분.

고두머리₁⬚ 도리깨 머리에 비녀장처럼 가로질러 도리깻열을 매어 끼는 짧은

나무.

상머리(床-)명 음식을 차려 놓은 상의 옆이나 앞.

아랫머리명 위아래가 같은 물건의 아래쪽 끝 부분.

섶머리명 두루마기/저고리 따위에서 옷섶 아래의 끝 부분.

깃머리₂명 ①옷깃의 끝. ②화살 깃의 오늬 쪽 가장 윗부분.

까마귀머리명 남자의 한복 바지/고의에서, 사폭과 허리를 댄 부분. 박은 선 이 약간 휘어서 뒤로 비스듬하다.

자머리명 천/줄 따위를 잴 때, 자의 길이보다 조금 넉넉하게 남긴 부분.

해동머리(解凍-)≒해토머리(解土-)명 얼었던 것이 녹아서 풀릴 무렵.

파장머리(罷場-)명 파장이 될 무렵.

날머리↔들머리명≒**초썰물**. 바닷물이 빠지기 시작할 무렵. ↔**초들물**

풋머리명 곡식/과실 따위가 아직 무르녹지 않고 이제 겨우 맏물/햇것이 나 올 무렵. 그 무렵의 곡식/과실 따위.

하짓머리(夏至-)명 하지를 중심으로 앞뒤 며칠 동안.

서산머리(西山-)명 서쪽에 있는 산의 가까이.

생량머리(生凉-)명 초가을로 접어들어 서늘해질 무렵.

찬바람머리명 가을철에 싸늘한 바람이 불기 시작할 무렵.

환절머리(換節-)명 철이 바뀔 무렵.

낙종머리(落種-)명 논밭에 곡식의 씨앗을 떨어뜨려 심기 시작할 무렵.

신곡머리(新穀-)명 햇곡식이 날 무렵.

잔판머리명 일의 끝판 무렵.

일자머리(一字-)명 과녁의 판 위에 '一' 자처럼 검게 칠한 부분. 가로 넉 자, 세로 한 자 크기.

갓머리₁명 한자 부수의 하나. 完, 家 따위에 쓰인 宀.

▶부분의 의미로 고기에 쓰인 경우

쓸개머리명 소의 쓸개에 붙은 고기. 국거리로 씀.

합살머리명 소의 벌집위에 붙은 고기. 횟감으로 씀.

쥐머리ㆍ명 소의 갈비에 붙은 고기. 흔히 편육을 만드는 데 씀.

이자머리ㆍ명 쇠고기 새창의 한 부분. 열구자탕을 만드는 데 씀.

잎사귀머리ㆍ명 **처녑**에 붙은 넓고 얇은 고기. **저냐**에 씀.

☞ **처녑**은 소, 양 등 되새김질하는 동물의 셋째 위로, 흔히 말하는 **천엽**(千葉). **저냐**는 얇게 저민 생선, 고기에 밀가루와 달걀을 씌워 기름에 지진 음식.

장판머리ㆍ명 소의 양에 붙어 있는 넓적한 고기. 주로 국거리로 씀.

새머리ㆍ명 소의 갈비뼈 마디 사이에 붙은 고기. 주로 찜의 재료로 씀.

개씸머리ㆍ명 소의 양(胖)에 붙은 고기의 하나. 주로 즙을 내어 보약으로 먹음.

▶ 짓/생각 등에 붙어 비하의 의미를 더함

앙달머리ㆍ명 어른이 아닌 사람이 어른인 체하며 부리는 얄망궂고 능청스러운 짓.

지정머리ㆍ명 무엇을 하는 짓/행동의 낮잡음 말.

소갈머리ㆍ명 ①마음/속생각을 낮잡는 말. ②**마음보**(마음을 쓰는 속 바탕)를 낮잡는 말.

잔머리ㆍ명 ①**잔꾀**의 속된 말. ②머리에서 몇 오라기 빠져나온 짧고 가는 머리카락.

시퉁머리ㆍ명 주제넘고 건방진 짓의 속된 말.

싹수머리ㆍ명 **싹수**의 속된 말

심퉁머리(心-)ㆍ명 **심통**의 속된 말.

아갈머리ㆍ명 **입**의 속된 말.

알머리ㆍ명 **맨머리**의 속된 말

얌치머리ㆍ명 **얌치**의 속된 말

얌통머리ㆍ명 **얌치**의 속된 말 [유] 얌통, 야마리, 염치

엉덩머리ㆍ명 **엉덩이**의 속된 말

염퉁머리ㆍ명 **염치**의 속된 말

성정머리(性情-)ㆍ명 **성정**(性情)의 속된 말.

소행머리(所行-)ㆍ명 이미 해 놓은 일이나 짓 따위의 속된 말

버르장머리ㆍ명 **버릇**의 속된 말. [유] 버릇

말버르장머리 몡 **말버릇**의 속된 말.

재숫머리(財數-) 몡 **재수**의 속된 말

잔등머리 몡 **등**의 속된 말.

주견머리(主見-) 몡 **주견**을 낮잡거나 속되게 이르는 말

지각머리(知覺-) 몡 **지각**(知覺)의 속된 말.

주책머리 몡 **주책**의 속된 말.

창알머리 몡 **배짱/알속**의 낮잡음 말.

치신머리 몡 **치신**의 속된 말.

행신머리(行身-) 몡 **행신**(行身)의 속된 말.

행실머리(行實-) 몡 **행실**의 속된 말.

심술머리(心術-) 몡 **심술딱지**(심술의 속어)의 잘못.

화증머리(火症-) 몡 **화증**의 속된 말.

안달머리 몡 **안달**의 속된 말.

넌덜머리 몡 **넌더리**의 속된 말 [유] 넌더리, 멀미₁

얀정머리 몡 **인정머리**(인정(人情)을 속되게 이르는 말)를 낮잡는 말.

파리머리 몡 '**평정건**'을 속되게 이르던 말.

염치머리(廉恥-) 몡 **염치**의 속된 말

귀퉁머리 몡 **귀퉁이**의 낮잡음 말.

건잠머리 몡 일을 시킬 때에 대강의 방법을 일러 주고 필요한 여러 도구를 챙겨 주는 일.

통머리 몡 부채의 끝머리를 깎지 아니하고 제 크기대로 내밀게 한 것.

퇴머리 몡 살풀이춤에서, 한 손은 옆으로 들고 다른 손은 위로 든 채 둥글려 위를 향해 돌리는 춤사위.

도리머리 몡 ①머리를 좌우로 흔들어 싫다거나 아니라는 뜻을 표시하는 짓. ②늑**도리질**(말귀를 겨우 알아듣는 어린아이가 어른이 시키는 대로 머리를 좌우로 흔드는 것)

체머리 몡 머리가 저절로 계속하여 흔들리는 병적 현상. 그런 현상을 보이는 머리.

결머리[명]≒**결딱지(결증을 속되게 이르는 말).**

돈머리[명] 얼마라고 이름을 붙인 돈의 액수.

뒤꾸머리≒**발뒤꿈치**[명] ①발의 뒤쪽 발바닥과 발목 사이의 불룩한 부분. ②어떤 사람이 가진 능력/자질의 가장 낮은 수준.

돌머리[명] ①≒**돌대가리(몹시 어리석은 사람의 머리의 낮잡음 말)** ②땅/물에 있는 돌 가운데서 물에 잠기지 않거나 흙에 묻히지 않은 돌의 윗부분.

쓸잘머리[명] 사람/사물의 쓸모 있는 면모나 유용한 구석.

들어머리[명] ≒**들어번쩍**1(화투/투전에서, 나누어 가진 여섯 장 가운데 각각 같은 자끼리 갖추어져 있어서 더 할 것 없이 돈을 따게 되어 있는 상황).

바람머리1[명] 바람만 쏘이면 머리가 아픈 병.

숯머리[명] 숯내를 맡아서 아픈 머리.

벅수머리[명] ≒**돌하르방(돌로 만든 할아버지라는 뜻으로, 제주도에서 안녕/질서를 수호하여 준다고 믿는 수호 석신).**

변통머리(變通–)[명] 일의 형편에 따라 막힘없이 알맞게 처리하는 능력.

일머리[명] 어떤 일의 내용/방법/절차 따위의 중요한 줄거리.

▶머리 모양과 꾸밈새 관련

속머리[명] 머리의 속. 속의 머리털.

맨머리1[명] ①아무것도 쓰지 아니한 머리. ②낭자를 하지 아니하고 그대로 쪽 찐 머리.

맨머리2[명]≒**대머리(머리털이 많이 빠져서 벗어진 머리).**

민머리[명] ①≒**백두**〔탕건(宕巾)을 쓰지 못하였다는 뜻으로, 지체는 높으나 벼슬하지 못한 이〕. ②정수리까지 벗어진 대머리. ③쪽 찌지 않은 머리.

겉머리[명] 머리의 바깥. 바깥쪽의 머리털.

윗머리[명] ①정수리 위쪽 부분의 머리. ②머리 위쪽에 난 머리털. ③위아래가 같은 물건의 위쪽 끝 부분.

이맛머리[명] 이마 위쪽에 난 잔머리털.

귀머리[명] 앞이마의 머리를 귀 뒤로 넘긴 머리. 귀밑에 난 머리.

헌머리명 상처가 나서 헌데가 생긴 머리.

센머리명 털이 희어진 머리.

서초머리(西草-)명 평안도에서 나는 질 좋은 담배처럼 빛이 누르스름하고 나슬나슬한 머리털.

배냇머리명 출생한 후 한 번도 깎지 않은 갓난아이의 머리털.

길마머리명 이마에 멍울이 생겨 불룩 튀어나오고 정수리가 움푹 들어가서 길마 모양이 된 머리(구루병에서 볼 수 있다).

수건머리(手巾-)명 수건을 동이거나 쓴 머리. 그런 사람.

다박머리명 ①어린아이의 다보록하게 난 머리털. ②다보록한 머리털을 가진 아이.

　초츤(齠齓)명 다박머리에 앞니를 갈 무렵의 어린아이라는 뜻으로, 일곱 살이나 여덟 살의 어린 때.

　치발부장(齒髮不長)명 젖니를 다 갈지 못하고 머리는 다박머리라는 뜻으로, 아직 나이가 어림.

　중다버지명 길게 자라서 더펄더펄한 아이의 머리. 그 아이.

덩덕새머리명 빗질을 하지 아니하여 더부룩한 머리.

　덩덕새대가리명 **덩덕새머리**의 낮잡음 말.

　솔잎대강이명 짧게 깎은 머리털이 부드럽지 못하고 빳빳이 일어선 머리 모양.

　작소머리(鵲巢-)명 까치집 모양으로 헝클어진 머리.

　고수머리명늑**곱슬머리**(고불고불하게 말려 있는 머리털). [유] 곱슬머리, 양머리

　밤송이머리명 밤송이처럼 생긴 머리털. 그런 머리털을 가진 사람.

　다팔머리명 ①다팔다팔 날리는 머리털. ②머리털이 다팔다팔 날리는 사람.

단발머리(斷髮-)명 귀밑/목덜미 언저리에서 머리털을 가지런히 자른 머리. 그 머리를 한 사람.

　상고머리명 머리 모양의 하나로, 앞머리만 약간 길게 놓아두고 옆머리와 뒷머리를 짧게 치켜 올려 깎고 정수리 부분은 편평하게 다듬은 머리.

　중머리명 ①빡빡 깎은 승려의 머리. 그런 머리의 승려. ②승려의 머리처럼 빡빡 깎은 머리. 그렇게 머리를 깎은 사람. [유] **빡빡머리, 까까머리**

까까머리≒**빡빡머리**명 빡빡 깎은 머리. 그런 머리 모양을 한 사람. [유] 까까중, 중대가리

활새머리명 아래만 돌려 깎는 더벅머리.

황새머리명 머리카락을 복판만 조금 남기고 둘레를 모두 밀어 버린 머리 모양.

뚜께머리명 머리털을 층이 지게 잘못 깎아서 뚜껑을 덮은 것처럼 된 머리.

체두머리(剃頭-)명≒**체두**(剃頭, 바싹 깎은 머리).

떠꺼머리명 장가/시집 갈 나이가 된 총각/처녀가 땋아 늘인 머리. 그런 머리를 한 사람.

떠꺼머리처녀(-處女)/**-총각**명 ①떠꺼머리를 한 처녀/총각. ②'노처녀/노총각'의 비유.

외태머리명 주로 처녀들이 한 가닥으로 땋아 늘인 머리.

총각머리(總角-)명 땋아서 늘인 남자의 머리. 예전에 총각은 나이가 들어도 머리카락을 땋아 늘어뜨린 데서 유래.

엄지머리명 총각으로 늙는 사람이 하는 머리. 그런 머리를 한 사람.

쑥대머리명 ①≒**쑥대강이**(머리털이 마구 흐트러져 어지럽게 된 머리). ②판소리 춘향가 가운데 한 대목. 춘향이 옥중에서 이 도령을 그리워하는 내용.

더벅머리₁명 ①더부룩하게 난 머리털. ②터부룩한 머리털을 가진 사람.

더벅머리₂명 예전에 웃음과 몸을 팔던 계집. 급이 삼패(三牌)도 되지 못한 계집으로서 오늘날의 술집 여자나 갈보와 같은 여자.

외대머리명 ①정식 혼례를 하지 않고 쪽 찐 머리. 그렇게 한 여자. ②기생/몸을 파는 여자를 이르는 말.

터벅머리명 ①**더벅머리₂**의 거센말. ②**더벅머리₁**의 거센말.

새앙머리≒**사향머리**(麝香-)/**생머리₁**명 예전에 여자아이가 예장(禮裝)할 때에 두 갈래로 갈라서 땋은 머리. 이것을 다시 틀어 올려서 아래위로 두 덩이가 지도록 중간을 댕기로 묶기도 하고, 틀어 감아서 비녀 같은 것으로 지르기도 하였다.

종종머리명 여자아이들의 머리를 땋는 방법의 하나. 바둑머리가 조금 지난

뒤에, 한쪽에 세 층씩 석 줄로 땋고 그 끝을 모아 땋아서 댕기를 드린다.

올림머리≒**치킴머리** 위로 올려붙인 머리.

양태머리(兩-)≒**가랑머리/갈래머리**명 두 가랑이로 갈라땋아 늘인 머리.

모두머리명 여자의 머리털을 외가닥으로 땋아서 쪽을 찐 머리.

말총머리명 조금 긴 머리를 말 꼬리처럼 하나로 묶은 머리 모양새.

풀머리명 머리털을 땋거나 걷어 올리지 아니하고 풀어 헤침. 그런 머리 모양.

트레머리명 가르마를 타지 아니하고 뒤통수의 한복판에다 틀어 붙인 여자의 머리.

애교머리(愛嬌-)명 여자들의 머리 모양에서 이마/귀 앞에 일부러 조금 늘어뜨리는 짧은 머리.

낭자머리명 쪽 찐 머리.

쪽머리명 쪽을 찐 머리. 쪽 찐 여자.

첩지머리명 ①첩지를 쓴 머리. ②여자아이의 귀밑머리를 땋은 아래 가닥으로 귀를 덮어서 빗은 머리.

고머리명 머리 땋은 것으로 머리통을 한 번 두르고, 남은 머리와 댕기를 이마 위쪽에 얹은 머리 모양.

조짐머리명 여자의 머리털을 소라딱지 비슷하게 틀어 만든 머리.

귀밑머리명 ①이마 한가운데를 중심으로 좌우로 갈라 귀 뒤로 넘겨 땋은 머리. ②뺨에서 귀의 가까이에 난 머리털.

귀엣머리명 앞이마 한가운데서 좌우로 갈라 귀 뒤로 넘겨 땋은 머리.

도투락머리명 도투락댕기를 드린 머리.

큰머리≒**떠구지머리**명 예식 때에, 여자의 어여머리 위에 얹던 가발. 다리로 땋아 크게 틀어 올렸다. [유] 떠구지머리, 어여머리

대두머리(大頭-)명 조선 시대에 지방의 관기(官妓)들이 얹던 큰머리.

얹은머리명 땋아서 위로 둥글게 둘러 얹은 머리. [유] 어여머리

어여머리명 조선 시대에 부인이 예장할 때에 머리에 얹던 큰머리.

동의머리명 **어여머리**의 속된 말.

또야머리≒**똬머리**명 궁중 내외명부의 예장용 어여머리를 위한 밑받침 머리.

뒷덜미 바로 위에 쪽을 찐 머리 모양.

껄머리 뗑 전통 혼례에서, 신부 머리에 크게 땋아서 그 위에 화잠을 꽂고 늘여 대는 덧머리. 신부가 문에 들어서 대청에 오르는 동안 수종하는 사람이 받들어 대고 따라감.

활머리 뗑 예전에, 여자의 예장(禮裝)에서 어여머리의 맨 위에 얹던 물건. 나무로 다리를 튼 것과 같이 새겨 만들고 검은 칠을 하였음.

마리마머리 뗑 조선 시대에 대궐 안의 의녀(醫女)들이 얹던 큰머리. **마리마** 는 한자를 빌려 **磨里馬**로 적기도 함.

본머리(本-) 뗑 본디 제 머리에 난 머리털을 다리, 가발 따위의 딴머리에 상대 하여 이르는 말.

밑머리 뗑 치마머리나 다리를 드릴 때, 본디부터 있는 제 머리털.

딴머리 뗑 밑머리에 덧대어서 얹는 머리털.

덧머리₁ 뗑 늑**가발**(假髮, 머리털이나 이와 유사한 것으로 머리 모양을 만들어 쓰 는 것).

치마머리 뗑 머리털이 적은 남자가 상투를 짤 때에 본머리에 덧둘러서 감는 딴머리.

상투머리 뗑 상투를 튼 머리.

반고수머리(半-) 뗑 약간 곱슬곱슬한 머리털. 그런 머리털을 가진 사람.

까까중이머리 뗑늑**까까중머리**(까까머리를 놀림조로 이르는 말).

중발머리(中髮-) 뗑 중단발로 깎은 머리.

바둑판머리(-板) 뗑 **바둑머리**(어린아이의 머리털을 조금씩 모숨을 지어 여러 갈 래로 땋은 머리)의 잘못.

바둑머리 뗑 어린아이의 머리털을 조금씩 모숨을 지어 여러 갈래로 땋은 머리.

▶**건축(단청) 또는 의장(意匠) 관련**

꽁지머리 뗑 도래/물레 따위의 손잡이같이 한쪽 끝이 북채처럼 생긴 조그마 한 나뭇조각.

방성머리 뗑 단청에서, 보/도리/평방에 그리는 무늬. 꽃 한 송이를 중심으로 둘레에 실과 휘를 엇섞어 그린다.

병머리(瓶-)≒**병머리초**[명] 단청에서, 병 모양으로 된 머리초 무늬.

보머리[명] ≒보뺄목(대들보가 기둥을 뚫고 나온 부분).

용두머리(龍頭-)[명] ①건축물/승교/상여 따위에 다는, 용의 머리 모양을 새긴 장식. ②베틀 앞다리의 끝에 얹는 나무.

용머리(龍-)[명] ①≒**망새**(집의 합각머리나 너새 끝에 얹는, 용의 머리처럼 생긴 물건). ②공예품에 용의 모양을 아로새긴 형상.

왕자머리(王字-)[명] 사파수를 짤 때에 기둥 밖으로 나가서 서로 어긋물려 벗어나거나 물러나지 못하게 하는 보뺄목.

장구머리[명] 보/도리/평방(平枋) 따위에 그리는 단청. 다섯 송이씩 된 꽃 모양을 띄엄띄엄 그리고 살과 휘를 서로 엇걸리게 그린다.

장부머리[명] ≒**장부촉**(이음/끼움을 할 때에, 구멍에 끼우려고 만든 장부의 끝).

합각머리(合閣-)[명] 합각이 있는 지붕의 옆면. 보통 이 부분은 여러 가지 장식이 있다.

홍예머리(虹霓-)[명] ①≒**까마귀머리**(남자의 한복 바지/고의에서, 사폭과 허리를 댄 부분). ②홍예문의 안쪽 곡선의 정점.

생활 속 재미난 우리말 2
한 식구로서의 동물들

'꺼벙이'가 아니라 '꺼병이'라고요?

꿩 새끼를 이를 때 '주리끼'는 잘못이고 '꺼벙이'라고 해야 한다고 들었습니다. 그런데 '꺼벙이'는 꺼벙한 사람, 그러니까 "아무지지 못하고 조금 모자란 듯한 사람을 낮잡는 말"로 알고 있는데, 그렇지 않은가요?

또 흔히 쓰던 말로 "예전엔 양지쪽에 앉아 옷섶을 뒤져 '서캐'를 잡곤 했습니다." 라고 할 때의 서캐는 이[蝨] 중에서 어린 것, 곧 알에서 깬 지 얼마 되지 않은 어린 이를 말하는 것, 맞나요? 참, 고등어 새끼를 이르는 말로는 **고돌이/고도리** 중에서 어느 것이 옳은 표기인가요?

답 먼저 답부터 말씀드리면, 꿩의 어린 새끼는 '꺼벙이'가 아니라 **꺼병이**라고 해야 합니다. 그리고 **서캐**는 흔히 '어린 새끼 이'로 착각하기 쉬운데 그게 아니라 '이의 알'을 뜻합니다. 또, 고등어 새끼를 이르는 말로는 '고돌이'가 아니라 **고도리** 가 옳은 표기랍니다.

    꺼병이는 **꿩병아리**라고도 합니다. '주리끼'는 말씀하신 대로 잘못된 이름으로 사전에 없는 말이지요. 한편 "꺼벙한 사람을 낮잡는 말"로는 말씀하신 **꺼벙이**가 맞습니다.

    서캐는 '이의 알'이므로 '서캐가 슬다'라고 표현합니다. 그리고 그 알에서 깬 지 얼마 되지 않은 어린 새끼 이는 서캐가 아니라 **가랑니**라고 합니다. 가랑니와는 반대로 '아주 크고 살진 이'는 **수퉁니**라 하고, 가랑니 중에서도 아주 가늘고 작은 녀석은 **잔가랑니**라 하지요.

고등어 새끼를 이르는 말로 **고도리**가 옳은 표기인 이유는, 고도리에 쓰인 '-도리'가 동사 '돌다'와는 무관한 것이기 때문이어요. 즉, "명사/어간에 '-이/-음(-ㅁ)' 이외의 모음으로 시작된 접미사가 붙어서 다른 품사로 바뀐 것은 그 어간의 원형을 밝혀 적지 아니한다."는 규정(한글맞춤법 제19항 및 제20항 예외)에 따라 '-도리'로 적은 것이랍니다.

참고로, **고도리**에는 고등어 새끼라는 뜻 외에 다른 두 가지 의미도 있습니다. 아시다시피 '고스톱'에서 쓰는 말이 그 하나인데, 일본어 'gotori[五鳥]'에서 온 말로 "고스톱에서, 매조·흑싸리·공산의 열 끗짜리 석 장으로 이루어지는 약"을 뜻하는 외래어지요. 또 다른 뜻으로는 "조선 시대에, 포도청에서 죄인의 목을 졸라 죽이는 일을 맡아 하던 사람"을 고도리라고 했습니다. "예전에, 사형을 집행할 때에 죄인의 목을 베던 사람"을 **망나니**로 부르던 것과 비슷한 사례입니다.

☞ **'-이/-음(-ㅁ)' 이외의 모음으로 시작된 접미사가 붙을 때 원형을 밝혀 적지 않는 것:** ㉮ 딱 딱이(×)/딱따기(○); 짬짬이(×)/짬짜미(○); 굽돌이(×)/굽도리(○); 잎파리(×)/이파리 (○); 떠벌이(×)/떠버리(○); 맥아리(×)/매가리(○); 두루말이(×)/두루마리(○). ㉯ 마개/ 얼개/짜개; 깍두기/누더기/부스러기/싸라기/지푸라기; 개구리/기러기; 꼬락서니/사타구 니/끄트머리/날라리/쪼가리/오가리; 모가지/바가지/모가치; 지붕/바깥/주검/주먹; 강아 지/송아지/망아지.

실치 축제의 '실치'는 '설치'의 잘못

문 작년 4월 말쯤에 충남 당진의 장고항이라는 포구엘 갔더니 '실치 축제'가 한창이더군요. 전국 유일의 축제라면서 그 '실치'로 뱅어포를 만든다고 하던데, 실제로 실치를 보니, 약간 누런색이 도는 뱅어포 색깔과는 달리 흰색이었습니다. 나중에 찾아보니 '실치'라는 말이 제 소사전에는 없더군요. '실치'는 뱅어 새끼를 이르는 말인가요?

답 하하하. 궁금해 하실 만도 합니다. 사실 '실치'는 사전에 없는 말로, **설치**의 잘못이랍니다. 그런데 **설치**도 사실은 **뱅어**처럼 "**괴도라치**의 새끼 때 이름"이랍니다. 괴도라치는 몹시 못 생긴 녀석인데 크면 몸길이 25~40cm 정도에 암갈색이지만, 설치/뱅어로 불릴 때는 흰색이면서 크기도 2~4cm에 불과하지요. 그래서 회로 먹을 때도 하도 작고 힘이 없어서 낱개로는 먹지 못하고 그릇에 초고추장을 풀어서 숟갈로 떠먹습니다. 그걸 말려서 포로 만든 것이 뱅어포이고요.

고도리처럼 새끼의 이름이 어미와 다른 것들이 제법 됩니다. 가끔 듣는 **개호주**나 **능소니** 등이 각각 범과 곰의 새끼를 이르는 이름인 것처럼 말이죠. 그런 것 중의 하나인 **열쭝이**는 "겨우 날기 시작한 어린 새. 또는 흔히 잘 자라지 아니하는 병아리"를 이르는데, 열쭝이를 **꺼병이**나 병아리의 동의어로 생각하는 것은 잘못입니다.

또한 위에 나온 **설치/뱅어** 외에도, 일상생활에서 음식이나 조리용 식재료 명칭으로 흔히 듣고 쓰는 '물고기 새끼'(고유어로는 **모이**라 함) 이름들도 적지 않은데요. 이를테면, 명태/가오리/갈치의 새끼를 각각 이르는 **노가리/간자미/풀치** 등이 그 에인데, 특히 자주 쓰는 간재미는 **간자미**(가오리의 새끼)의 잘못이니 주의해야 합니다.

암수와 암컷에 관한 재미난 말들

이 암컷의 구분 표기와 관련하여 재미있는 얘기 하나 들려드리지요. 상서로움을 상징하는 상상의 새, '봉황(鳳凰)' 있잖습니까? 그중에 암컷은 '봉'일까요, '황'일까요? 미리 귀띔을 드리자면, 한자로 쓸 때 **자웅**(雌雄. ≒암수)이나 **빈모**(牝牡. 짐승의 암컷과 수컷을 아울러 이르는 말)에서처럼 암컷이 먼저 오는 경우도 있지만, 대체로는 동양적 순위에 따라 수컷이 앞에 놓인답니다. 하하하.

느렁이처럼 암컷의 이름이 독특한 것들이 있습니다. 장끼(≒수꿩)의 상대어인 **까투리**(≒암꿩)가 대표적이지만, **수여리**(꿀벌의 암컷)와 **왕치**(방아깨비의 큰 암컷), 그리고 **왕등이**(혼인색을 띨 정도로 큰 피라미의 수컷) 등은 일상적으로 들을 수 있는 말은 아니죠. 나아가 새매의 암수를 각각 뜻하는 **익더귀/난추니**처럼 몽골과 같은 먼 나라에서 들어온 말도 있답니다.

암컷을 표기할 때 **암탕나귀/암캉아지/암평아리** 등처럼 접두어 '암-'(또는 '수-')과 결합하면 격음화되는 말들도 있어요. '암·수-' 다음에 격음으로 표기되는 것으로는 **암·수캐**(암·수캉아지)/**암·수탉**(암·수평아리)/**암·수탕나귀/암·수퇘지**가 있고요. 물건으로는 **암·수키와/암·수톨쩌귀**

가 있습니다.

앞에서 언급한 것처럼, 암수를 한자로는 자웅(雌雄)으로 적는데, 빈모(牝牡)로도 표기한답니다. 예를 들어 **빈양**(牝羊)/**빈우**(牝牛)/**빈와**(牝瓦)는 각각 **암양/암소/암키와**와 같은 말입니다.

이 자웅(雌雄)과 관련하여 뜻을 제대로 익혀두면 좋은 말이 있는데, **웅비**(雄飛)/**자복**(雌伏)입니다. **웅비**는 본래 수컷이 난다는 의미로 "기운차고 용기 있게 활동함"을 뜻하는데요. 그 상대어가 **자복**이랍니다. 본래 새의 암컷이 수컷에게 복종한다는 뜻이었지요. 거기서 남에게 스스로 복종함을 이르는 말이 되었고, 2차적으로 가만히 숨어 지낸다는 뜻으로 확장되었습니다.

봉황(새)처럼 수컷인 '봉(鳳)'과 암컷인 '황(凰)'을 결합하여 하나의 종류를 이르는 말들도 있습니다. **경예**(鯨鯢, 고래의 수컷과 암컷을 아울러 이르는 말)가 그러하고, 비교적 널리 알려진 **비익조**(比翼鳥)도 그런 말들과 조금은 관련이 있습니다. '암컷과 수컷의 눈과 날개가 하나씩이어서 짝을 짓지 아니하면 날지 못한다는 전설상의 새'를 이르는데 거기서 "남녀나 부부 사이의 두터운 정"을 뜻하는 말로 발전되었지요.

둘치라는 말이 있습니다. "생리적으로 새끼를 낳지 못하는 짐승의 암컷"을 뜻하는데요. 생리적으로 아이를 낳지 못하는 여자를 뜻하는 속어로도 쓰입니다. 그런데 일부 사전에서 짐승에게는 '둘치'를 쓰고 사람에게는 '돌치'를 쓴다는 식으로 설명하고 있는데, 이 '돌치'는 없는 말로 **돌계집**(석녀를 낮잡는 말)의 잘못이랍니다. 흔히 쓰는 **석녀**(石女)에는 "①아이를 낳지 못하는 여자. ②성욕이나 성적 흥분을 느끼지 못하는 여자"의 두 가지 뜻이 있고요.

참고로, 개구리나 두꺼비는 교미할 때 암·수컷이 서로의 생식기를 가까이만 하고서 암컷이 알을 낳으면 수컷이 정액을 그 위에 뿌리는데 이를 포접(抱接)이라 합니다. 일반인들은 흔히 들을 수 없는 한자어죠. 이때의 교미 자세, 곧 수컷이 암컷의 앞발 바로 밑이나 가슴을 껴안고 교미하는 척수 반사 운동을 포옹반사(抱擁反射)라고 하는데요. 포접 중인 수컷의 몸을 떼어 놓아도 행동이 중지되지 않기 때문에 반사운동의 하나로 본답니다. 그래서 '포옹반사'라는 이름도 얻었지만요.

재미있는 말로 **우렛소리**가 있습니다. 흔히는 **천둥소리**(천둥이 칠 때 나는 소리)와 같은 뜻으로 쓰이지만, "동물의 수컷이 암컷을 부르는 소리"의 뜻도 있습니다. **우레**는 본래 "꿩 사냥을 할 때 불어서 소리를 내는 물건"을 이르는 말이기도 하거든요. 살구씨나 복숭아씨에 구멍을 뚫어 만드는데, 그 소리가 마치 장끼가 까투리를 꾀는 소리와 같다고 합니다. 꿩 사냥에서는 '꿩피리'도 쓰이는데, 이것은 '우레'와 반대로 암컷인 까투리 울음소리를 내어서 수컷인 장끼를 꾀거나 다른 꿩을 모으는 데 쓴다 하네요.

수지니, 날지니, 해동청, 보라매… 어떤 매들일까?

문 │ 공군사관생도들을 흔히 **보라매**라고 하던데. 그렇다면 보라매는 매 중에서도 아주 특별한 어떤 종류를 이르는 이름인가요? 아니면, 어떤 역할에 따라서 붙인 이름인지요? 그리고 〈새타령〉을 보면 "수지니, 날지니, 해동청, 보라매…" 하며 온갖 것들이 나오는데, 다 매의 이름인가요? 참, **송골매**는 또 어떤 매인가요? 우문인진 몰라도 보라매와 송골매가 맞붙는다면 어떤 매가 이길까요?

답 │ 무척 재미있는 질문입니다. 하하하. 그런데 매와 관련된 사항들은 무척 전문적인데다. 사전에서도 아직 완벽하게 뜻풀이나 표기가 통일된 편이 아니라서 좀 조심스러운 부분입니다. 아래 풀이로 궁금증을 푸는 정도로 만족하셔야겠네요.

보라매의 사전적 정의는 "난 지 1년이 안 된 새끼를 잡아 길들여서 사냥에 쓰는 매"인데요. 좀 더 설명하자면 보라매는 따뜻한 5월에 알에서 깨어나 어미 매로부터 사냥질을 배운 뒤 겨울을 나려고 왔다가 붙잡혀 길들여진 매를 말합니다. 아직 새끼로 털갈이를 하지 않아서 보랏빛을 띠기 때문에 보라매라고 한답니다. '보라색 매'가 줄어서 '보라매'가 된 것이지요. 공군조종사를 보라매라고 한 것은, 하늘을 나는 늠름한 기상을 상징하는 멋진 비유라 할 수 있겠습니다.

수지니, 날지니, 해동청, 보라매는 각각 그 매의 특징을 중심으로 붙인 명칭들인데요. 그중 **해동청**(海東靑)만 한자어이지요. 해동(海東)은 중국에서 우리나라를 이르는 말이므로 해동청은 '해동의 푸른[靑] 매', 곧 우리나라에서 나던 푸른색 매를 몽골에서 지칭하던 이름이었답니다.

송골매는 '매'와 같은 말입니다. 여기에 쓰인 **송골**은 몽고말 숑홀(songhol)에서 차용한 것으로 한자로는 송골(松鶻)이라 차음 표기도 하지만, 의미상으로는 해동청과 마찬가지여서 우리나라의 청매를 일컫는 말로 보면 되겠습니다. 그래서 사전에서도 '송골매'와 '매'를 같은 말로 처리하고 있지요. 그러니 보라매와 송골매가 맞붙는다면, 아무래도 젊고 잘 훈련된 녀석이 이긴다고 해야겠지요? 하하하. 참고로, 매는 세 살만 되어도 살이 쪄서 동작이 굼뜬 까닭에 이미 한물간 녀석으로 몰린다고 하네요.

고려 시대 때 매사냥은 몽골과 우리나라에서 고급 취미에 속했는데, 매사냥에 쓰려면 품질이 좋은, 잘 훈련된 매가 필요했습니다. 그런 질 좋은 매가 우리나라에 있었으므로 원나라에서는 조공(朝貢) 품목에 매를 끼워 넣었답니다. 그 바람에 고려에서는 이 매를 전문적으로 다루는 응방(鷹坊)까지 두어 관리해야 했고요.

이러한 우리나라의 사정과 관련해서는, 《오주연문장전산고》에 들어 있는 〈지조응전종류변증설(鷙鳥鷹鸇種類辨證說)〉의 다음과 같은 설명이 무척 도움이 됩니다.

> 우리나라의 서쪽에 있는 해주목(海州牧)과 백령진(白翎鎭)에는 매가 매우 많이 나서 전국에서 제일이다. 고려 때에는 응방을 두어 원나라에 매를 세공(歲貢)하였다. 그래서 중국 또한 이 매를 해동청·보라응(甫羅鷹)이라 하였다. (중략) 매가 그 해에 나서 길들여진 것을 보라매라 하는데, 보라라는 것은 방언으로 담홍이며 그 털빛이 얕음을 말한다. 산에 있으면서 여러 해 된 것을 산진(山陳)이라 한다. 집에 있으면서 여러 해 된 것은 수진(手陳)이라 하는데 매 중에서 가장 재주가 뛰어나며, 흰 것을 송골(松鶻), 청색인 것을 해동청이라 한다.

☞《오주연문장전산고(五洲衍文長箋散稿)》는 북학의 토대를 놓은 이덕무(李德懋, 1741~1793)의 손자 이규경(李圭景, 1788~1863)이 19세기에 엮은 백과사전 형식의 책.

사정이 이러하다 보니 매와 관련해서도 자연스럽게 몽골어가 많이 유입되었습니다. 위의 문헌에도 보이는 '보라'나 '송골'과 같은 것도 그 예입니다. '보라'는 보라색을 뜻하는 몽고어 '보로(boro)'에서 차용한 말이고, '송골' 역시 차용한 말이지요.

그뿐만이 아닙니다. 고려 시대에는 몽골처럼 매사냥이 성행하였고 응방(鷹坊)도 있어서 매를 사냥용으로 기르는 **시바구치**라는 사람도 두었는데요. 역시 몽골에서 들어온 말로, 지금도 국어사전에 **시바우치**(응방에서 매를 기르는 일을 맡아 하던 사람)라는 말로 남아 있지요.

☞ **시바우치**: 몽골어 중 '시바우치'에 쓰인 '-치'는 몽골어에서와 똑같이 직업을 나타내는 접미사로 쓰여 그 뒤에도 여러 낱말에 흔적을 남기게 되는데, **갖바치/장사치/나루치**(뱃사공)/**홍정바치/이치/저치** 등에서 보이는 용법이 그 예이다.

매를 사냥용으로 길들인 지 1년/2년/3년이 된 것을 각각 **갈지개/초지니/삼지니** 등으로 불렀고, 매의 암컷/수컷을 각각 **난추니/익더귀**라 하였는데요. 이 말들 역시 그 뿌리는 몽골어입니다. 흰색과 보라색이 섞여 있음을 뜻하는 **열보라**도 몽골어에서 유래한 말인데, 나중에는 그런 색을 지닌 매를 뜻하는 말로 전와되기도 하였지요.

이처럼 몽골어에서 유래된 매와 관련된 말들이 뒷날 점차 정리되면서, 적용된 기준이 한 가지 있습니다. 그것은 매를 '-진(陳)'으로 표기할 때는 한자로 차자(借字)하지만 '-지니'로 풀어 적을 때는 고유어 처리를 한다는 점입니다.

남의 매를 가로채려고 '시치미'를 뗐다고요?

문　흔히 "시치미를 뗀다."고 할 때 그 **시치미**가 매와 관련되어 유래되었다고 하는데 그 경위가 궁금합니다. 또 우리가 팔에 끼고 쓰는 **토시**도 매와 관련된 말이라고 하던데 사실인지요?

답　그렇습니다. 둘 다 매와 관련이 있습니다. 다만, 토시는 매를 올려놓기 위해 팔뚝에 끼는 쓰임새 말고도 여러 쓰임새가 있습니다.

시치미는 본래 "매의 주인을 밝히기 위하여 주소를 적어 매의 꽁지 속에다 매어 둔 네모꼴의 뿔"이었습니다. 그걸 떼어내고서 자기 것인 양하거나 모른 척하는 데서 "**시치미를 떼다**[따다]"가 "자기가 하고도 하지 아니한 체하거나 알고 있으면서도 모르는 체하다"라는 뜻으로 쓰이게 된 거죠. 참고로 **시치미**의 준말이 **시침**이므로 "**시침을 떼다**[따다]" 역시 가능한 표현입니다.

토시는 본래 소매 모양의 것으로 소매에 덧끼거나 팔뚝에 끼는 것을 이르는 말입니다. 추위를 막기 위해 끼기도 했고, 일할 때 소매를 가뜬하게 하고 그것이 해지거나 더러워지지 않도록 하기 위해서도 꼈죠. 또한 사냥꾼들이 매를 팔에 앉혀 가지고 다니기 위해서 팔뚝에 끼기도 했습니다. 특히 "매사냥을 하면서 낀 누빈 토시"를 **버랭이**라 했는데, "매를 받을 때 끼는 두꺼운 장갑"은 **버렁**이라 하여 토시와 장갑을 구분하였답니다.

고려 시대에 원나라의 영향을 받아 고급 스포츠로 인식된 매사냥은 일부 계층에만 허용되다시피 했고, 그러한 풍습은 조선 시대에도 이어졌습니다. 정종 때 응패(鷹牌)를 만들고 이 패(牌)가 없는 사람은 매사냥을 할 수 없도록 한 것이라든지, 채포군(採捕軍), 즉 전문 매사냥꾼을 두고 따로 엄격히 관리한 것도 그러한 이유에서였답니다.

이와 같이 매사냥이 오랜 세월에 걸쳐 이뤄짐에 따라, 그와 관련된 말들이 일상생활 속으로 깊숙이 침투하게 된 것은 당연했죠. 위에서 다룬 말들 외에도 아래에서 보듯 **줄밥**(갓 잡은 매를 길들일 때에 줄의 한 끝에 매어서 주는 밥)에서 비롯된 속담 **"줄밥에 매로구나"**(재물을 탐하다가 남에게 이용당하게 된 처지를 비유적으로 이르는 말)와 같은 말이 번지게 된 것도 그 좋은 예라 하겠습니다.

동물 관련 낱말 정리

▶**짐승/날짐승의 새끼**

개호주^몡 범의 새끼.

능소니^몡 곰의 새끼.

추앵(雛鶯)^몡 꾀꼬리의 새끼.

송치⃞명 암소 배 속에 든 새끼

녹태(鹿胎)⃞명 암사슴의 배 속에 든 새끼.

저태(豬胎)⃞명 암돼지의 배 속에 든 새끼.

애저(-豬)⃞명 어린 새끼 돼지. 고기로 먹을 어린 돼지.

애돝⃞명 한 살이 된 돼지.

꺼병이⃞명 ①꿩의 어린 새끼. ②[비유] 옷차림 따위의 겉모습이 잘 어울리지 않고 거칠게 생긴 사람.

주리끼⃞명 **꺼병이**의 잘못.

열쭝이⃞명 ①겨우 날기 시작한 어린 새. 흔히 잘 자라지 아니하는 병아리. ②[비유] 겁이 많고 나약한 사람.

가랑니⃞명 서캐에서 깨어 나온 지 얼마 안 되는 새끼 이.

잔가랑니↔수퉁니⃞명 아주 가늘고 작은 가랑니.

수퉁니⃞명 크고 굵고 살진 이.

생마새끼(生馬-)⃞명 ①길들이지 아니한 거친 망아지. ②[속] 버릇없이 자기 멋대로 행동하는 사람.

조랑망아지⃞명 조랑말의 새끼.

하룻강아지⃞명 ①난 지 얼마 안 되는 어린 강아지. ②사회적 경험이 적고 얕은 지식만을 가진 어린 사람을 놀림조로 이르는 말. [←'하릅강아지']

하릅강아지⃞명 나이가 한 살 된 강아지.

연추(燕雛)⃞명 제비의 새끼.

이우지자(犁牛之子)⃞명 얼룩소의 새끼. ('犁'는 얼룩소 '이'.)

규룡(虯龍)⃞명 전설 속의 상상의 동물. 용의 새끼로 빛이 붉고 양쪽에 뿔이 있다 함.

콩부리⃞명 새 새끼의 노란 부리.

육추(育雛)⃞명 알에서 깐 새끼를 키움. 그 새끼. '새끼 기르기'로 순화.

▶물고기의 새끼

모이⃞명 물고기의 새끼.

노가리[명] 명태의 새끼.

간자미[명] 가오리의 새끼.

고도리[명] ①고등어의 새끼. ②'고등어'의 옛말.

　소고도리[명] 중간 크기의 고등어 새끼.

풀치[명] 갈치의 새끼.

추라치[명] 굵고 큰 송사리.

껄떼기[명] 농어의 새끼.

마래미[명] 방어의 새끼.

　떡마래미[명] 마래미보다 작은, 방어의 새끼.

뱅어[명] 괴도라치의 잔 새끼. ☞흔히 쓰는 '실치'는 **설치**의 잘못. 사전에 없는 말.

　설치[명] ①괴도라치의 새끼. 흰색이며 이것을 말린 것이 뱅어포. ②≒**황어**
　（黃魚）.

　벵아리[명] 흰빛을 띠는 베도라치의 새끼.

암치[명] 민어의 새끼.

발강이[명] 잉어의 새끼.

곤이(鯤鮞)[명] ①물고기 배 속의 알. ②물고기의 새끼.

노래기[명] 노래미의 새끼.

실뱀장어(–長魚)[명] 뱀장어의 새끼.

연어사리(鰱魚–)[명] 연어의 새끼.

전어사리(錢魚–)[명] 전어의 새끼.

가사리[명] 돌고기의 새끼.

열피리[명] 피라미의 새끼.

팽팽이[명] 열목어의 어린 새끼.

모롱이[명] ①웅어의 새끼. ②≒**모쟁이**(숭어의 새끼).

　동어≒모쟁이[명] 숭어의 새끼.

　살모치[명] 몸길이가 두 치 정도 될 때까지의 새끼 숭어.

　대다리[명] 몸의 길이가 두 자 세 치 정도인 숭어.

보렁대구(–大口)[명] 대구의 작은 것이나 그 새끼.

애기태(-太)圏 **아기태**(어린 명태)의 잘못.

피앵이圏 새뱅이의 새끼.

대갈장군/저뀌圏 누치의 새끼.

불구지圏 새끼가 좀 자라서 중질(中秩)이 된 누치.

풋게圏 초가을에 아직 장이 잘 들지 않은 게.

굴뚝청어(-靑魚)圏 겨울에 많이 잡히는, 덜 자란 청어.

초사리(初-)≒첫사리圏 그해 처음으로 시장에 들어오는 첫 조기.

푸조기圏 조기의 하나. 보통 조기보다 머리가 작고 몸빛이 희며 살이 단단함.

초고지圏 작은 전복. [유] 떡조개.

초꼬지圏 작은 전복을 말린 것.

▶**새끼와 관련된 쓸모 있는 말들**

걸귀(乞鬼)圏 ①새끼를 낳은 암퇘지. ②[비유] 식욕이 매우 왕성하고, 음식을
지나치게 탐내는 사람.

둘치圏 ①생리적으로 새끼를 낳지 못하는 짐승의 암컷. ②[속] 생리적으로
아이를 낳지 못하는 여자. ⇦ '둘암컷'은 **둘치**의 잘못.

둘암퇘지圏 새끼를 낳지 못하는 암퇘지. ¶**둘암말/둘암소≒둘소/둘암캐/
둘암탉**

뿔테圏 암소가 새끼를 낳을 때마다 그 뿔에 하나씩 생기는 테.

봉황의(鳳凰衣)圏 새끼를 깐 새알 껍데기 속의 희고 얇은 속껍질.

안받음圏 자식이나 새끼에게 베푼 은혜에 대하여 안갚음을 받는 일.

서방덤(書房-)圏 자반고등어 따위의 배에 덤으로 끼워 놓는 꽤 큰 새끼 자반.

외동덤圏 자반고등어 따위의 배 속에 덤으로 끼워 놓는 한 마리의 새끼 자반.

남매덤(男妹-)圏 자반고등어 따위의 배에 덤으로 끼워 놓는 두 마리의 새끼
자반.

배내圏 남의 가축을 길러서 가축이 다 자라거나 새끼를 낸 뒤에 주인과 나누
어 가지는 제도.

눈속임행동(-行動)圏 조류(鳥類) 따위의 특수한 행동의 하나. 새가 알/새끼가

있는 둥지 가까이로 사람/짐승이 다가오면 상처를 입고 날지 못하는 것처럼 땅 위에서 푸드덕푸드덕 움직이는 행동을 함.

▶암컷/수컷 및 번식 관련

수여리똉 꿀벌의 암컷.

익더귀↔**난추니**똉 ①새매의 암컷. ②예전에, 토끼 잡는 매를 이르던 말.

느렁이똉 ≒**암노루**

왕치(王-)똉 방아깨비의 큰 암컷.

벙어리매미똉 매미의 암컷을 이르는 말.

봉(鳳)똉 ①≒**봉황**(鳳凰, 예로부터 중국의 전설에 나오는, 상서로움을 상징하는 상상의 새). ②봉황의 수컷. ③[비유] 어수룩하여 이용해 먹기 좋은 사람.

　황(凰)똉 봉황[새]의 암컷.

　경예(鯨鯢)똉 고래의 수컷과 암컷을 아울러 이르는 말.

암치똉 ①↔**수치**. 배를 갈라 소금에 절여 말린 민어의 암컷. ②배를 갈라 소금에 절여 말린 민어의 총칭. ③민어의 새끼.

　수치똉 배를 갈라 소금에 절여 말린 민어의 수컷.

둘치똉 ①생리적으로 새끼를 낳지 못하는 짐승의 암컷. ②[속] 생리적으로 아이를 낳지 못하는 여자.

　돌치똉 **돌계집**(석녀(石女)를 낮잡는 말)의 잘못

　석녀(石女)똉 ①아이를 낳지 못하는 여자. ②성욕이나 성적 흥분을 느끼지 못하는 여자.

　둘지기똉 가축의 암컷이 새끼를 가질 시기가 되었어도 새끼를 못 낳는 일. 암내찾기와 인공 수정을 잘하지 못하였을 때에, 또는 사양 관리를 잘못하였거나 병이 있을 때에 생긴다.

까투리↔**장끼**똉 ≒**암꿩**(꿩의 암컷)

　서울까투리똉 [비유] 수줍음이 없고 숫기가 많은 사람.

장끼똉 ≒**수꿩**(꿩의 수컷)

　덜꺼기똉 늙은 수꿩.

왕등이(王-)몡 큰 피라미의 수컷. 생식 때가 되면 몸의 양쪽에 붉은 무늬가 나타남. ←**불거지/갈나리** 등은 혼인색을 띤 피라미 수컷의 방언.

군고기몡 [속] 수컷의 성기(性器).

이리몡 물고기 수컷의 배 속에 있는 흰 정액 덩어리.

육수(肉垂)몡 칠면조/닭과 같은 동물의 수컷에서, 부리가 시작되는 부위에서 목의 배 쪽으로 늘어진 부드러운 피부의 융기.

우렛소리몡 동물의 수컷이 암컷을 부르는 소리.

　우레몡 꿩 사냥을 할 때 불어서 소리를 내는 물건. 살구씨/복숭아씨에 구멍을 뚫어 만드는데, 그 소리가 마치 장끼가 까투리를 꾀는 소리와 같음. [유] 꿩피리

　꿩피리몡 꿩 사냥을 할 때, 까투리 울음소리를 내어서 꿩을 꾀어 모으는 데 쓰는 피리.

자복(雌伏)↔**웅비(雄飛)**몡 ①새의 암컷이 수컷에게 복종한다는 뜻으로, 남에게 스스로 복종함을 이르는 말. ②가만히 숨어 지냄.

비익조(比翼鳥)몡 ①암컷과 수컷의 눈과 날개가 하나씩이어서 짝을 짓지 아니하면 날지 못한다는 전설상의 새. ②[비유] 남녀나 부부 사이의 두터운 정.

무용새(舞踊-)몡 번식 시기에 수컷이 일정한 장소를 꾸리고 춤을 추며 암컷을 유도하는 새의 총칭.

포옹반사몡 개구리 따위의 수컷이 암컷의 앞발 바로 밑이나 가슴을 껴안고 교미하는 반사 운동.

발향린(發香隣)몡 나비류 수컷의 날개에 있는, 향내를 피우는 인분(鱗粉).

　☞이 냄새를 맡고 암컷이 찾아온다.

포접(抱接)몡 암수의 개체가 몸을 포개어 서로의 생식기를 가까이 하고 암컷이 알을 낳으면 수컷이 정액을 뿌리는 행위. ☞개구리, 두꺼비 따위에서 볼 수 있다.

일웅일자(一雄一雌)몡 한 마리의 수컷이 특정한 한 마리의 암컷과만 교미하는 일. 거위에서만 볼 수 있는 특수한 현상.

자극배란(刺戟排卵)몡 교미나 그 밖의 방법으로 암컷의 질의 점막을 자극하였

을 때에 일어나는 배란. ☞토끼에게서 볼 수 있다.

홀리개® 수컷의 성 반사를 일으키기 위하여 암컷의 생식기 모양으로 만든 물체. ☞종자 수컷의 정액을 받을 때 쓴다.

하렘(harem)® 포유류의 번식 집단 형태의 하나. 한 마리의 수컷과 여러 마리의 암컷으로 구성된 집단으로, 물개 따위가 해당함.

> ☞종교 용어로는 "이슬람 세계에서 가까운 친척 이외의 일반 남자들의 출입이 금지된 장소로, 보통 궁궐 내의 후궁이나 가정의 내실"을 가리킨다. 하렘은 금단(禁斷)의 장소를 의미하는 아랍어 **하림**(harīm)이 터키어 풍으로 변한 말. 참고로, 이슬람교도들에게 허용된 음식을 **할랄**(halal 또는 alal, halaal)이라고 하는데, 이와 반대로 허용되지 않는 음식은 **하람**(haram)이라고 한다. **하렘/하림**과 근친 관계의 말이다.

▶매의 종류

송골매® ≒**매**(맷과의 새. 편 날개의 길이는 30cm, 부리의 길이는 2.7cm 정도로 독수리보다 작으며 등은 회색, 배는 누런 백색) [유] **송골**(松鶻)·**해동청**

새매® ≒**구지내**(수릿과의 새. 암컷('익더귀')이 수컷('난추니')보다 훨씬 큼).

참매® 보라매나 송골매를 새매에 상대하는 말.

청코수(靑-)® 콧잔등이 푸른 빛깔을 띤 사냥매.

산지니(山-)↔**수지니**® 산에서 자라 여러 해를 묵은 매/새매.

생매(生-)® 길들이지 아니한 매.

수지니(手-)® 사람의 손으로 길들인 매/새매.

수진개(手陳-)® 수지니인 매.

육지니(育-)↔**날지니**® 날지 못할 때에 잡아다가 길들인, 한 살이 되지 아니한 매. 사냥할 때 부리기에 좋음.

날지니® 야생의 매.

보라매® 난 지 1년이 안 된 새끼를 잡아 길들여서 사냥에 쓰는 매.

열보라® 비교적 흰빛을 띤 보라매.

날매® 공중에서 날고 있는 매.

초고리® 작은 매.

난추니≒**아골(鴉鶻)**↔**익더귀**® 새매의 수컷.

익더귀≒토골(土鶻)圐 새매의 암컷.

갈지개圐 사냥용으로 기르는 한 살 된 매. 몸은 갈색이며 어두운 빛깔의 세
　로무늬가 있음.

초지니(初–)≒초진(初陳)圐 한 해를 묵어서 두 살이 된 매/새매.

묵이매圐 낳아서 한 해를 지난 매.

재지니(再–)≒재진(再陳)圐 두 해를 묵어서 세 살이 된 매/새매.

흰매圐 두세 살이 되어서 털이 희어진 매. 다 자란 매.

삼지니(三–)≒삼진(三陳)圐 세 해를 묵어서 네 살이 된 매/새매. 동작이 느려
　사냥에는 쓰지 못함.

▶매부리 또는 매사냥 관련

수할치圐 매를 부리면서 매사냥을 지휘하는 사람.

매잡이圐 ①매를 사냥하는 일. 그 일을 하는 사람. ②매를 부려서 꿩 따위
　를 사냥하는 일. 그 일을 하는 사람.

매부리≒응사꾼(應師–)圐 사냥에 쓰는 매를 맡아 기르고 부리는 사람.

매사냥꾼圐 매사냥을 하는 사람.

시바우치([몽골어] sibauchi)圐 고려 시대에, 응방(鷹坊)에서 매를 기르는 일을
　맡아 하던 사람.

배꾼圐 매사냥에서 매나 꿩이 날아간 방향을 털이꾼에게 알려 주는 사람.

동배圐 사냥에서 몰이를 하는 사람과 길목을 지키는 사람이 각각 그 구실
　을 나누어 맡음.

청자디(靑–)圐 사냥꾼의 말로, 사냥할 때 쓰도록 길들인 매의 푸른 발.

병圐 사냥에서 매를 세는 단위.

난사냥圐 멀리 다니면서 하는 매사냥.

매치圐 매사냥으로 잡은 새/짐승.

매찌圐 매의 똥.

재넘이하다圐 매사냥에서, 꿩이 산을 넘어 달아날 때에 매가 공중으로 높이
　떠서 날쌔게 뒤쫓아 가다.

우물당치다⟮동⟯ 매가 공중에서 빙빙 돌다.

생먹다(生-)⟮동⟯ 매 따위를 사냥을 위하여서 가르쳐도 길이 잘 들지 않다.

날밥⟮명⟯ 매에게 보통 때 자유롭게 먹게 하는 밥.

졸밥⟮명⟯ 꿩을 잡도록 하기 위하여 매에게 미리 먹이는 꿩고기 미끼.

줄밥⟮명⟯ 갓 잡은 매를 길들일 때에 줄의 한 끝에 매어서 주는 밥. 매의 발에 달린 고리를 줄에 꿴 까닭에 달아나지 못하고 줄을 따라가서 밥을 먹게 된다.

개암⟮명⟯ 매의 먹이 속에 넣는 솜뭉치. 맨고기로만 먹이면 매가 속살이 쪄서 달아나기를 잘하므로 매에게 먹일 고기를 물에 우리어 기름을 빼고 솜을 조금씩 뭉쳐 고기 속에 싸서 먹인다.

매두피⟮명⟯ 매를 산 채로 잡는 기구. 닭의 둥우리 비슷하게 생겼으나 크기가 조금 작다.

매장이⟮명⟯ 장대 세 개를 받친 위에 그물을 걸쳐 놓고 매를 잡는 틀.

가지⟮명⟯ 매를 잡는 도구의 하나. 나뭇가지를 휘어 노끈을 매어 놓고 거기에 매가 앉으면 튕겨서 발이 옭매이게 하여 잡음.

▶매 관련 장구(裝具)

토시⟮명⟯ ①추위를 막기 위하여 팔뚝에 끼는 것. 저고리 소매처럼 생겨 한쪽은 좁고 다른 쪽은 넓다. ②일할 때 소매를 가뜬하게 하고 그것이 해지거나 더러워지지 않도록 하기 위해서 소매 위에 덧끼는 물건. ③사냥꾼들이 매를 팔에 앉혀 가지고 다니기 위하여 팔뚝에 끼는 물건. ④축의 도는 쪽이 쉽게 닳는 것을 막기 위하여 축에 덧씌우는, 바탕이 부드러운 물건.

버랭이⟮명⟯ 매사냥에 쓰는 누빈 토시.

버렁⟮명⟯ 매사냥에서 매를 받을 때에 끼는 두꺼운 장갑.

시치미⟮명⟯ ①매의 주인을 밝히기 위하여 주소를 적어 매의 꽁지 속에다 매어 둔 네모꼴의 뿔. ②자기가 하고도 아니한 체, 알고도 모르는 체하는 태도.

단장고(丹粧-)⟮명⟯ 사냥하는 매의 몸에 꾸미는 치장.

망호(望毫)⟮명⟯ 매사냥을 할 때 매를 잘 알아볼 수 있도록 매의 꼬리에 달던 흰

털. 흔히 두루미의 깃으로 만듦.

망옷몡 매사냥 따위를 할 때에, 나는 매가 잘 보이게 하기 위하여 다리에 매는 흰 털로 된 표.

빼깃몡 매의 꽁지 위에 표를 하려고 덧꽂아 맨 새의 깃.

매깃몡 매의 꽁지나 날개의 긴 깃털.

젓갖몡 사냥용으로 기르는 매의 두 발에 각각 잡아매는 가느다란 가죽끈.

적갈나끈몡 사냥할 때에 매의 두 다리를 잡아매는 끈.

매방울몡 매사냥을 할 때에 매가 있는 곳을 쉽게 알 수 있도록 매의 꽁지에 다는 방울.

매구럭몡 매사냥을 할 때 매의 밥이나 잡은 꿩을 넣어 가지고 다니는 물건. 노끈이나 새끼로 그물같이 떠서 만듦.

〈워낭 소리〉와 〈향수〉로 살펴본 소 이야기

문 유명한 다큐멘터리 영화 〈워낭소리〉가 있었죠? 다큐 독립 영화로는 최초로 300만 명 가까운 관객을 끌어들일 정도로 엄청 인기였다는데, 저는 그때 불행히도 버르기만 하다가 보지 못한 채 종영되고 말았습니다.

얼마 전 인기몰이를 했던 또 다른 다큐 영화 〈님아, 그 강을 건너지 마오〉가 나오면서, 술자리에서 뒤늦게 그 〈워낭소리〉 얘기가 나왔는데요. 그 말의 의미를 두고 설왕설래가 나와서 여쭙니다. **워낭소리**라는 게 정확히 무엇을 뜻하는 말인지요? **워낭**에서 나오는 소리라는 뜻인가요, 아니면 '울음소리'나 '볼멘소리'처럼 어떤 특별한 뜻이 있는 말인가요? 그리고 **워낭**은 사전에 있는 표준어인가요, 아니면 방언인지요?

답 〈워낭 소리〉의 **워낭**은 "마소의 귀에서 턱 밑으로 늘여 단 방울"을 지칭하는 말입니다. "마소의 턱 아래에 늘어뜨린 쇠고리"도 워낭이라고 하지요. 그 방울에서 나는 소리를 '워낭 소리'라 한 것이고, 그 밖에 특별히 다른 뜻은 없습니다. 참, 이 말의 올바른 표기는 **워낭소리**(×)/**워낭 소리**(○)랍니다. '워낭소리'라는 낱말이 없기 때문이지요. 이와 똑같은 것으로 "소의 턱 밑에 다는 방울"을 **쇠풍경**[-風磬]≒**소풍경**이라고도 했습니다. 그 방울이 풍경(風磬, 처마 끝에 다는 작은 종) 모양으로 생겨서 붙은 이름이지요.

사실 질문에서 인용하신 영화 제목 〈님아, 그 강을 건너지 마오〉에 쓰인 '님'은 맞춤법상으로는 '임'의 오기입니다. 님으로 쓰일 때는 의존명사로서 그 사람을 높여 이르는 말인데, '씨'보다 높일 때, 즉 '홍길동 님, 승진 님' 등으로 쓰입니다. 이때의 님은 의존명사이므로 홀로 쓰일 수는 없지요. 홀로 쓸 수 있는 보통명사로는 **임**을 써야만 "사모하는 사람"의 의미가 됩니다. 한용운 님의 시 〈님의 침묵〉 또한 그런 점에서 맞춤법상으로는 잘못된 표기라는 것, 배우신 적 있으시죠? 그러니까, 맞춤법에 맞게 표기하려면 '임아, 그 강을 건너지 마오'와 '임의 침묵'으로 적어야 하겠죠? '워낭소리'도 '워낭 소리'로 적어야 하고요. ☞이것은 맞춤법상의 올바른 표기 면에서 볼 때의 이야기이고, 작품 제목 역시 하나의 창작품이기 때문에 〈구르믈 버서난 달처럼〉과 같이 맞춤법을 무시하고 적을 수도 있긴 하다. 그에 대한 평가나 부작용 등은 전적으로 관객과 독자의 몫이긴 하지만.

농경사회에서의 소는 인간과 가장 오랫동안 친숙했던 가축이면서 주요 재산으로서 그 의미가 컸습니다. 그렇기 때문에 소와 관련된 낱말들이 아주 많을 뿐만 아니라, 심지어 오늘날까지 지명에 남아 있을 정도로 우리의 삶과 깊은 연관을 맺고 있지요. 예를 들면, 경북 영덕군 축산면(丑山面) 축산리(丑山里)에 보이는 축(丑)도 소에서 온 말이고, 서울의 **우이동**(牛耳洞) 역시 **쇠귀**[牛耳]에서 유래된 이름이랍니다.

소는 사람과 친숙한 가축인데다 일상생활에서 자주 대했던 터라 소와 관련된 용어들이 아주 흔한 편입니다. 예를 들면 소가 뿔로 물건을 닥치는 대로 들이받는 짓은 **뜸베질**, 마소가 가려운 곳을 긁느라고 다른 물건에 몸을 대고 비비는 짓을 **비게질**이라 했습니다.

이처럼 소가 하는 짓들과는 달리, 소 장수가 소의 배를 크게 보이도록 하기 위하여 억지로 풀과 물을 먹이는 짓은 **각통질**이라 했는데요. 소 값이 살림 밑천일 정도로 중요한 역할을 했기 때문에 그런 일들이 성행했습니다. 1970~80년대까지는 흔했는데, 21세기에 들어서서까지도 여전히 소의 몸무게를 늘이기 위한 불법 수단으로 쓰이면서 "물 먹인 소"라는 말이 간간이 보도되고 있습니다.

큰 수소가 황소인데 머리로 잘 받는 버릇이 있는 황소는 **부사리**, 그처럼 성질이 몹시 사나운 황소를 **찌러기**라 합니다. 충청 지방에서 가끔 고집을 부리고 말을 잘 안 듣는 황소를 **찌륵대**라고도 하지만, 이는 방언으로 **찌러기**의 잘못이랍니다.

암소의 뱃속에 든 새끼를 **송치**라 하는데요. 이따금 갓 난 송아지까지도 송치라 하는 건 잘못입니다. 어린 소는 **애둥소**, 송아지가 뿔이 날 만한 나이가 되면 **동부레기**, 아직 길들지 않은 송아지는 **부룩송아지**, 부룩송아지 중 수소는 **부룩소**, 거의 중송아지가 될 만큼 자란 송아지는 **어스럭송아지** 또는 **어석소**라 합니다. **엇송아지**(아직 다 자라지 못한 송아지) 가운데서도 수놈은 **엇부루기**로 구분하여 불렀습니다. 한 살 된 송아지는 **하릅송아지**라 하고, **목매기송아지**는 아직 코뚜레를 하지 않고 목에 고삐를 맨 송아지를 부르는 이름인데, **목매기**와 동의어랍니다. 이처럼 성장 단계별로 이름을 달리하여 구분한 것 역시 농경사회에서 차지했던 소의 각별한 위상과 무관하지 않습니다.

나귀/말 따위가 못마땅할 때 한쪽 발로 걷어찰 때가 있죠? 그걸 **외알제기**라고 하는데요. 마소의 경우에는 그 뜻하는 바가 조금 다릅니다. "한쪽 굽을 질질 끌면서 걷는 걸음. 또는 그렇게 걷는 마소"를 이르거든요. 외알제기로 걷는 마소는 아프거나 기운이 빠졌을 때인데, 그럴 때는 묽은 똥을 쌀 때도 흔합니다. 그걸 **지치다**[1](마소 따위가 기운이 빠져 묽은 똥을 싸다)라고 하는데요. 이 **지치다**[2]에는 "문을 잠그지 아니하고 닫아만 두다"라는 뜻도 있어서, "예전에 흔히 사립문은 지치고만 나가곤 했다"라고 쓸 수도 있습니다.

비교적 알려진 말로 **영각**(소가 길게 우는 소리)이 있습니다. **영각(을) 쓰다[켜다]**라고 하면 "황소가 암소를 부르느라고 크게 울음소리를 내다"라는 뜻입니다.

이 황소의 울음과 관련하여 정지용의 시 〈향수〉에 나오는 시구, "얼룩백이 황소가/해설피 금빛 게으른 울음을 우는 곳"을 잠깐 훑어보기로 합니다. 왜냐하면, 이 시구 중 **해설피**에 관해서 대부분의 해설에서는 정지용의 고향인 충북 옥천에서 쓰인다고 여겨지는 **해+설핏(하다)**의 결합으로 보아 "해가 질 때 해가 설핏 기울어 빛이 약해진 모양"이라고 하거든요. 하지만 이는 근거도 약할 뿐만 아니라 억지에 가깝습니다. 왜냐하면 **설핏하다**라는 말 자체가 "해의 밝은 빛이 약하다"는 뜻인데다, '해설핏하다' 자체가 없는 말이거든요. 더구나 이러한 주장이 유지되려면 표기가 '해 설피(핏)'로 바뀌어야 하고요.

그러므로 필자는 이 **해설피**를 **하 슬피**의 오식(誤植) 내지는 오기로 보고 싶습니다. '하 슬피'로 적어야 할 것을 '하 슬피→하슬피→해슬피'로 잘못 표기한 것이 아닌가 하는 거죠. 이때의 하슬피는 "시절이 **하수상하여**(×)/**하 수상하여**(○)"에서처럼 흔히 부사 **하**를 잘못 붙여 쓰는 경우에 해당됩니다. 이 **하**는 정도가 매우 심하거나 큼을 강조하여 **아주/몹시**를 뜻하는 부사이기 때문에 반드시 띄어 적어야 하죠.

즉, **몹시 슬피(슬프게)**의 뜻으로 **하 슬피**라 적어야 할 것을 충청도 방언 발음에서 흔히 나타나는 움라우트 현상('학교'를 '핵교'로 발음하는 따위)에 따라 발음대로 '해'로 적게 됨에 따라서 해설피로 표기하지 않았나 생각됩니다. 황소는 암소를 찾아 고개를 들고 아주 길게 울곤 하는데(이를 **영각**이라 함) 듣는 이에 따라서는 짝을 찾는 그 울음소리가 몹시 슬프게 들리기도 하기 때문이죠.

한편, 송아지 울음소리와 관련하여 우리말 관련 책자 중 어떤 걸 보면 **음매**는 소가 우는 소리라면서, 송아지는 어떻게 운다고 사전에 나와 있을지 자문(自問)한 뒤, 이렇게 자답(自答)하고 있습니다. "(송아지는) 엄마 찾아 운다고 **엄매**라고 되어 있다. 농담 같지만 진짜로."라고요. 이것만 보면 맞는 말인 듯싶지만, 그렇지 않답니다. 《표준》에 따르면 **음매**와 **엄매**는 동의어로서 모두 "소나 송아지의 울음소리를 나타내는 말"로 되어 있습니다. 그러므로 송아지는 '엄매' 하며 운다는 건 그야말로 농담으로 여겨야 합니다. 하기야, 이 풀이를 담고 있는 책은 멋진 말들을 정성스럽게 담아내곤 있지만 북한말과 남한어를 구분하지 아니한 채 낱말 풀이를 하고 있어서 표준어인지 아닌지를 매번 확인해야 하는 번거로움이 있긴 합니다.

부리망을 쓴 소가 우릿간에서 쇠발개발한다고?

문 어렸을 때 보면, 밭갈이하는 소가 농작물을 뜯어먹지 못하도록 소의 입에 새끼로 그물 같이 만든 것을 씌웠던데, 그걸 뭐라고 부르는지요? 또 외양간 바깥쪽에 소의 오줌이 늘 괴어 있는 곳이 있는 것도 봤는데, 그것에도 이름이 있는지요? 한편으로 '소 우리'를 왜 **외양간**이나 **마굿간**이라고 하는지 의아했어요. **우릿간**이라고 해야지 않나요? 어딜 가니까 '외양간'을 **어릿간**이라고도 하던데, 맞는 말인지요?

답 먼저 답부터 드리고 자세한 설명을 하지요. "소가 곡식/풀을 뜯어먹지 못하게 하려고 소의 주둥이(부리)에 씌우는 물건"은 **부리망** 또는 **주둥망**이라고 합니다. 또 "외양간 뒤에 괸, 소의 오줌이 썩어서 검붉게 된 물"은 **쇠지랑물**이라고 합니다. 한편 소가 있는 곳의 이름은 여럿인데, 뜻이 조금씩 다릅니다.

밭갈이나 짐을 운반하기 위해서 기르는 소를 **부림소**라고 합니다. 달구지를 끄는 큰 소는 **차붓소**(車夫-), 고기를 얻으려고 기르는 소는 **고기소** 또는 **육우**라고 하죠.

앞에서 **부리망/주둥망**을 얘기했는데, 이때 쓰인 '부리'는 아시다시피 "새나 일부 짐승의 주둥이"를 뜻하는 말이지요. '주둥-'은 **주둥아리**에서 온 말로, "짐승의 입이나 새의 부리"를 속되게 이르는 말이고요. 사람의 경우에도 쓰이는데 그때는 입을 속되게 이르는 **주둥이**와 같은 뜻이랍니다. 이처럼 부리망/주둥망은 모두 소의 입에 씌우는 망이어서 그런 이름이 붙었습니다.

이어서 말한 **쇠지랑물**은 거름으로 쓰는데, 이 쇠지랑물을 받아 썩히는 웅덩이를 **쇠(소)지랑탕**이라고 합니다.

외양간은 "마소를 기르는 곳"이고 **우릿간**[-間]은 "우리(짐승을 가두어 기르는 곳)로 쓰는 칸"을 뜻합니다. **어릿간**[-間]은 "소/말 따위를 들여 매어 놓기 위하여 사면을 둘러막은 곳"이고요. 그러므로 우릿간은 외양간을 포함하는 말이 되겠고, 어릿간은 우릿간의 목적으로 칸을 만들기 위해 사면을 둘러막은 곳을 뜻하는 말이니, 우릿간과 섞어서 쓸 수도 있으리라 봅니다.

다만, **마구간**[馬廄間]은 "말을 기르는 곳"이므로, 마소를 두루 기르는 외양간보다는 그 쓰임이 한정적이라 하겠습니다. 하지만 소를 가두어 기르는 곳을 **쇠마구간**[-馬廄間]이라고 특정하는 명칭도 있으니 그걸 써도 됩니다.

그리고 '마구간'은 한자어여서 사이시옷을 받칠 수가 없으므로 주의해야 합니다. 흔히 쓰는 **마굿간**(×)은 **마구간**(○)의 잘못이지요.

문 아무렇게나 되는대로 써 놓은 글자를 '개발새발'이라고 하면 예전엔 그것을 대뜸 '괴발개발'의 잘못이라고 했습니다. 그 반면 '쇠발개발'은 말이 된다고 하고요. 또 '새발개발'은 없는 말이지만 '개발새발'은 표준어라고 하니 헷갈립니다. '쇠발개발'은 소와 관련된 말인가요?

괴발개발/개발새발은 "글씨를 되는 대로 아무렇게 써 놓은 모양"으로, 복수 표준어입니다. 굳이 차이를 말한다면 괴발개발은 고양이의 발과 개의 발, 개발새발은 개의 발과 새의 발에서 온 말이라는 거죠. 개의 발에 각각 고양이와 새의 발이 보태진 형태지요. 하지만 **쇠발개발**은 소의 발과 개의 발을 뜻하기는 해도, 글씨 모양과는 관계가 없고 "아주 더러운 발"을 비유적으로 이르는 말이랍니다. 어떻게 해도 글씨 모양과 소의 발은 관련짓기 어려워서인가 봅니다. 참고로, 이 세 말은 부사가 아니라 모두 명사입니다.

예전에 흔히 쓰이던 말에 **푸줏간**이 있습니다. 쇠고기/돼지고기 따위의 고기를 끊어 팔던 가게를 이르는데, **고깃간**이라고도 했습니다. 요즘 말로는 정육점입니다. 이 푸줏간은 본래 **푸주하다**(소, 돼지 따위를 잡다)에서 온 말인데요. 그래서 관청의 허가 없이 몰래 소나 돼지를 잡아 고기를 파는 것을 **사**(私)**푸주한다**고 하였습니다. ☞ 고깃간과 고깃집: **고깃간**은 정육점을 뜻하고, **고깃집**은 고기를 주로 파는 음식점을 일상적으로 이르는 말.

소를 잡을 때는 고통을 줄이기 위해 이마를 망치로 때려서 절명시킵니다. 그때 쓰는 뾰족한 망치를 **촛대**라고 합니다. 소를 일개 축생(짐승)으로 대우하지 않으려는 마음이 무지막지한 망치 대신 촛대로 바꿔 부르는 그 명명법에도 담겨 있습니다. 소처럼 인간과 친숙하고 쓸모 있는 착한 동물을 죽이는 데 **백정**(白丁, 소나 개, 돼지 따위를 잡는 일을 직업으로 하는 사람)인들 맘이 편했을 리 만무합니다. 망치질을 오른손으로 하기 때문에, 그 반대쪽 손으로는 소의 넋이 인간처럼 하늘로 올라가기를 빌었답니다. 그래서 그 왼손을 **올림**이라고 합니다. 지금도 **쇠백정**(≒쇠백장/소백장/소백정, 소를 잡는 것을 업으로 삼는 사람)의 왼손을 이르는 보통명사로 쓰입니다.

소나 돼지를 잡고 나면 대체로 크게 8조각으로 나눕니다. 그것을 **각[脚](을) 뜬다**고 하는데, 각이란 "짐승을 잡아 그 고기를 나눌 때, 전체를 몇 등분한 것 가운데 한 부분"을 말합니다. 각을 뜨고 뼈를 바르지 아니한 고깃덩이는 **쟁기고기**라 합니다. 미국 영화 〈록키〉를 보면 주인공이 도살장 안에서 갈고리에 꿰인 고깃덩이를 상대로 주먹질 연습을 하는 장면이 있는데, 그때 록키에게 얻어맞는(?) 고깃덩이들이 바로 쟁기고기입니다. ☞우리나라에서는 절대로 이 쟁기고기에 주먹질 따위를 할 수 없습니다. 법으로 금지되어 있습니다. 도축장을 관리하는 '축산물 위생 관리법' 명칭에서 보듯 위생 관리에 필수적인 오염 방지를 위해서지요.

민간에서 상비약으로 쓰다시피 하는 것 중에 **우황청심원**(牛黃淸心元)이 있습니다. 이 약의 주성분으로 우황(牛黃, 소의 쓸개 속에 병으로 생긴 덩어리)이 쓰이는데, 이 우황은 소가 황들 때 생깁니다. **황들다**는 "소/개 따위의 쓸개에 병으로 누런 덩어리가 생기다"의 뜻이죠. ☞우황청심원은 우리나라 약재에 의한 한의학(韓醫學) 처방으로, 중국의 약재로 만든 (우황)청심환(牛黃淸心丸)과는 처방의 구성과 약효가 달라 엄연히 확실하게 구별된다.

소의 뿔은 대체로 위로 솟습니다. 위로 뻗은 뿔은 **작박구리**라고 하는데, 뿔 이름 '작박구리'와 새 이름 '직박구리'는 구별해야 합니다. 그리고 뿔 모양을 자세히 보면 똑바로 올라간 것 외에도 여러 가지인데, 그 이름도 다양합니다. 예를 들면 안으로 굽은(우그러든) 뿔은 **우걱뿔**, 둘 다 안으로 꼬부라졌으나 하나는 높고 다른 하나는 낮은 쇠뿔은 **노구거리**, 둘 다 옆으로 꼬부라진 쇠뿔은 **송낙뿔**, 두 뿔이 다 밖으로 가로 뻗쳐 홰처럼 '一' 자 모양을 이룬 뿔은 **홰뿔≒횃대뿔**이라고 하는데, 이때의 '홰'

는 횃불의 홰가 아니라 "새장/닭장 속에 새/닭이 올라앉게 가로질러 놓은 나무 막대"를 뜻합니다.

송낙뿔에 쓰인 **송낙**은 뿔이 마치 옆으로 누운 소나무 모양 같다고 해서 '송락(松落)→송낙'이 된 것으로 보입니다. ☞예전에 여승이 주로 쓰던, **송라**(소나무겨우살이를 말린 것)를 우산 모양으로 엮어 만든 삼각형 꼴의 모자를 뜻하는 말과는 무관하다.

소에게도 사람의 지문과 같이 소마다 다르면서 일생 동안 변하지 않는 것이 있는데요. 소의 코 근처 맨살로 된 부분에 있는 무늬가 그것인데, **비문**(鼻紋)이라 하며 소의 개체 식별에도 쓰입니다. 암소가 새끼를 얼마나 낳았는지를 알 수 있게 하는 것도 있지요. 새끼를 낳을 때마다 뿔에 하나씩 테가 생기는데, 그것을 **뿔테≒각테/뿔고리**라고 합니다.

멍에는 알다시피 "수레/쟁기를 끌기 위하여 마소의 목에 얹는 구부러진 막대"를 이르며, 비유적으로는 "쉽게 벗어날 수 없는 구속/억압"을 뜻합니다. 소 가운데 새끼를 낳지 못하는 소는 **둘소/둘암소**, 주로 고기를 얻기 위하여 불알을 까서 기른 소는 **불친소**라 하는데요. 흔히 쓰는 **불깐소**는 북한어이니 주의해야 합니다. ☞새끼를 낳지 못하는 말/개/닭은 각각 **둘암말/둘암캐/둘암탉**이라 하는데, 이 '둘-'은 생리적으로 새끼를 낳지 못하는 짐승의 암컷을 이르는 **둘치**에서 온 말이다.

익혀둘 말로 **몬다위**가 있습니다. '마소의 어깻죽지'를 이르지만, 낙타의 등에 두두룩하게 솟은 부분, 즉 흔히 육봉(肉峰)이라 하는 것을 몬다위라 합니다. 그래서 육봉이 하나인 단봉낙타를 일상적으로는 외몬다위라 부르지요. 두몬다위는 쌍봉낙타를 이르는 말일 듯싶지만 사전에 없는 말이며, 가끔 쓰이는 '두몬다외' 역시 쌍봉낙타의 잘못이랍니다. ☞저자의 의견으로는 외몬다위가 있으므로 쌍봉낙타를 뜻하는 '두몬다위'를 인정하지 못할 이유가 없을 것으로 본다. 언중의 관행이 존중되어도 좋을 말이므로.

소고기 부위 이름, 몇 가지나 알고 있을까?

문 고깃집에 가보면 자주 봐서 익숙한 **안심/등심/삼겹살** 외에 **살치살/차돌박이/제비추리/아롱사태/채끝/항정살/목삼겹살** 같은 것에다가 **갈메기살** 등도 있어서 고기 이름만으로도 몹시 헷갈립니다. 그러다 보니 정확한 부위를 모른 채 짐작만으로 때우거나 익히기를 포기할 때가 많습니다. 특히 갈메기살은 **갈매기살/갈메깃살** 등으로 표기가 여러 가지던데 어느 것이 올바른 표기인가요?

답 주부들이 여학생 시절에 흔히 익히던 예전의 쇠고기 부위 명칭, 즉 **사태/우둔/홍두깨** 같은 고전적인(?) 명칭들보다도 질문하신 그런 부위 명칭들이 더 흔하게 쓰이게 되었어요. 물으신 고기 이름 중에는 쇠고기가 아니거나 잘 쓰이는 않는 것이 몇 가지 섞여 있는데, 쇠고기를 중심으로 말씀드리지요.

우선 쇠고기의 부위별 명칭을 쉽게 이해하려면 주요 5부위를 조금이라도 아시는 게 크게 도움이 됩니다. 그래야 대충 감을 잡으시는 데 편하거든요.

소고기는 머리와 앞·뒷다리 부분, 그리고 내장이 들어가는 갈비 아랫부분을 제외한 나머지 부위(등뼈가 있는 부분에서 갈비까지의 몸통 부분)를 주요 부위라 하는데요. 그걸 위에서부터 차례대로 **등심/채끝/안심/갈비/양지**의 5부위로 크게 구분('대분할'이라 함)합니다. 즉, 등 쪽에서부터 좌우 아래쪽으로, 등심 부위→채끝 부위→안심 부위→갈비 부위→양지 부위의 순서가 되지요. 이걸 법규에서는 '등급 표시 의무 대상 주요 5부위'라고도 합니다.

등심은 소/돼지의 등뼈에 붙은, 기름기가 많고 연한 고기지요. **살치[살]**은 갈비 윗머리에 붙은 고기로, 크게 보아 5대 부위의 첫 번째인 등심 부위에 속합니다. **채끝[살]**은 소 등심 부분의 방아살(등심 복판에 있는 살) 아래에 붙은 고기이고요. 등심 한복판 아래쪽으로 2번째 부위로 보

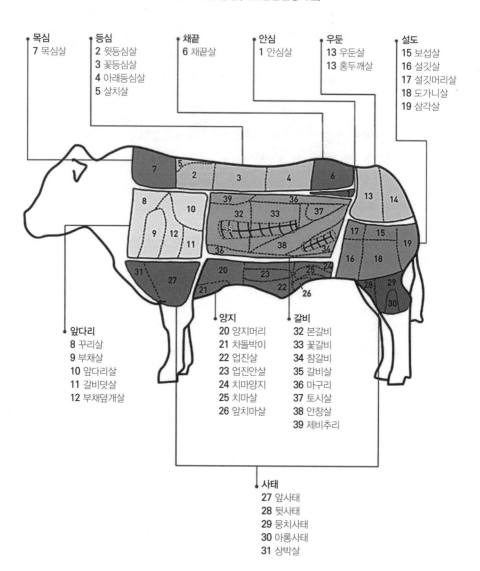

소고기 부위별 명칭(축산물품질평가원)

목심
7 목심살

등심
2 윗등심살
3 꽃등심살
4 아래등심살
5 살치살

채끝
6 채끝살

안심
1 안심살

우둔
13 우둔살
13 홍두깨살

설도
15 보섭살
16 설깃살
17 설깃머리살
18 도가니살
19 삼각살

앞다리
8 꾸리살
9 부채살
10 앞다리살
11 갈비덧살
12 부채덮개살

양지
20 양지머리
21 차돌박이
22 업진살
23 업진안살
24 치마양지
25 치마살
26 앞치마살

갈비
32 본갈비
33 꽃갈비
34 참갈비
35 갈비살
36 마구리
37 토시살
38 안창살
39 제비추리

사태
27 앞사태
28 뒷사태
29 뭉치사태
30 아롱사태
31 상박살

시면 됩니다.

안심은 소/돼지의 갈비 안쪽에 붙은 연하고 부드러운 살인데, 위에서 보아 3번째 부위입니다. 안쪽에 붙어 있어서 안심이라는 이름이 붙었습니다. **갈비**는 소/돼지/닭 따위의 가슴통을 이루는 좌우 열두 개의 굽은 뼈와 살을 식용으로 이르는 말로, 위에서 4번째 부위가 됩니다. **양지**는 본말이 **양지머리**인데 소의 가슴에 붙은 뼈와 살을 통틀어 일컫는 말로, 5대 부위의 맨 아래가 되겠습니다.

살치살은 5대 부위 중 등심 부위에 속한다고 하였지요? 흔히 말하는 **꽃등심**(살코기 사이에 하얀 지방이 고루 퍼져 있는 소의 등심. 퍼져 있는 하얀 지방의 모양이 꽃과 같다고 해서 붙인 이름) 역시 대분할(大分割)로는 등심 부위에 속한답니다. 이처럼 살코기 중 특정 부위를 작게 분리·정형(整形)하는 것을 전문용어로는 '소분할(小分割)'이라 한다고 하네요. 뒤에 설명할 **제비추리/차돌박이/아롱사태** 등도 꽃등심과 같이 소분할 살코기의 명칭들입니다.

두 번째 대분할 부위인 **채끝[살]** 중에서는 **방아살**(쇠고기의 등심 복판에 있는 고기)이 유명한 편입니다. 물으신 **제비추리**는 "소의 안심에 붙은 고기"입니다. 그러니 세 번째 대분할 부위인 안심 부위에 속하지요. 이걸 어떤 식당에서는 '제비초리'로 잘못 표기한 곳도 있는데요. 그리 되면 "뒤통수/앞이마의 한가운데에 골을 따라 아래로 뾰족하게 내민 머리털"을 뜻하게 되어, 제비초리를 먹으면 머리털을 먹게 되니 큰일이 나겠죠. **차돌박이**는 소의 양지머리뼈의 한복판에 붙은 기름진 고기로 빛이 희고 단단하지요. 위에서 보아 5번째 대분할 부위에 위치합니다.

익숙한 **아롱사태**는 "쇠고기 뭉치사태의 한가운데에 아킬레스건으로 연결되어 있는 단일 근육을 따라 알을 밴 듯 붙어 있는 조그만 살덩이"랍니다. **뭉치사태**는 뭉치(소의 볼기 아래에 붙어 있는 고기)에 붙은 고기의 하나이고 **사태**는 소의 오금(무릎의 구부러지는 오목한 안쪽 부분)에 붙은 살덩이 전체를 이르는데, 그림에서는 앞다리 쪽 2군데, 뒷다리 쪽 3군데가 되겠습니다. 크게 보아 사탯살에 속하는 아롱사태는 5대 부위에는 들지 않는 뒷다리 쪽 살이지만, 아롱사태라는 이름에서 보이듯 보기에 아름답고 눈에 아롱거리는 귀중한 고깃덩이로 고구마처럼 생겼는데 소 한 마리에 겨우 두 점(약 0.7kg)만 나오는 귀한 부위랍니다. 그래서 유명해지기도 했지만요.

항정살/목삼겹살/갈메기살은 돼지고기에 속합니다. **항정살**은 돼지 따위의 목덜미 부분의 살을 이르는데, 항정은 돼지 따위의 목덜미를 뜻하는 말이지요. 흔히 쓰이는 **목살**은 목 부위의 살을 두루 일컫는 말이고요. 소고기에서는 이 항정살을 **목정**(소의 목덜미에 붙은 고기)이라고 합니다만, 항정살의 풀이에서 보듯 '돼지 따위'로 포괄하고 있기 때문에 소고기의 경우에도 쓸 수 있도록 해두고는 있습니다. **목삼겹살**은 짐작하시듯 돼지의 목 부위에 있는 삼겹살을 이르지요.

흔히 쓰여 온 **갈메기살**은 약간 문제적인 용어입니다. 고깃집에서는 돼지 갈비 사이의 살을 발라낸 것을 뜻한다고 말하는데, 사전에는 **갈메기살/갈매기살/갈메깃살** 중 어느 것도 현재 올라와 있지 않은 말입니다. ☞사전에서는 소/돼지 따위의 갈비에서 발라낸 고기를 **갈비새김**이라 하고 있지요. **갈메기살**처럼 표기의 혼란이 있는 것 중 흔히 말하는 **천엽**(千葉)은 여러 가지 뜻이 있고, "되새김질하는 동물의 셋째 위"라는 뜻만을 나타낼 때는 **처녑**(○)이 바른 표기입니다.

하지만 전문기관(축산물품질평가원)에서는 이것을 '갈매기살'로 인정하고 있습니다. "돼지의 갈비뼈 윗면을 가로지르는 얇고 평평한 횡격막근을 분리·정형한 것"으로 정의하면서 다음과 같은 설명을 보태고 있는데, 이 설명에 따르면 표기는 '갈매기살'이 옳을 듯합니다. ☞횡격막근은 숨 쉬기운동(호흡운동)을 돕는 얇은 힘살막으로 허파 아래쪽에 가로 지른 막이라 해서 원래

'가로막이'라 했던 것이 '갈막이(갈마기)'로 줄고 이것은 다시 '갈매기'로 정착하게 되었다.

전문기관(혹은 전문가 그룹)이 사용하는 낱말들 중《표준》에 없는 것들이 제법 많습니다. 그중에는 **설도**(위의 그림에서 뒷다리 허벅지 부분)와 같이 큰 부위(大分割肉)를 이르는 것에서부터 **도가니살**과 같이 특정 부위의 살코기(기름기/힘줄/뼈 따위를 발라낸, 순 살로만 된 고기)를 뜻하는 말까지 여러 가지가 있습니다. 관행적으로 사용되어 온 말들의 거르기와 다듬기가 제대로 다 이뤄지지 않은 탓도 있지만, 사전 편찬 작업 과정에서 전문 용어를 포괄하는 데에 아직은 역부족인 탓도 있다고 해야 할 듯합니다. 하루속히 보완되어야 할 부분이지요. ☞이러한 예로는 축산물품질평가원과《고기박사 필로 교수가 알려주는 82가지 고기수첩》(주선태·김갑돈, 우듬지, 2012)에서 사용하고 있는 낱말들(등심 부위의 **윗등심**, 안심 부위의 **안심머리**, 양지 부위의 **치마양지/앞치마살/치마살**과 **업진살/업진안살**, 갈비 부위의 **본갈비/꽃갈비/참갈비/마구리**, 꾸리(앞다리) 부위의 **부채살/갈비덧살/부채덮개살**, 설도 부위의 **도가니살** 등등)을 일례로 들 수 있다.

이처럼 대충만 꼽아 봐도 그러한 이유로 관행적으로 쓰이고 있는 말들 중에서《표준》에 보이지 않는 낱말들이 꽤나 됩니다.

 마블링과 소고기 등급 이야기

마블링과 그 순화어 결지방

쇠고기 육질을 판단할 때면 빠지지 않고 등장하곤 하는 말이 **마블링**〔선홍색 살코기 사이에 하얀색 지방인 우지(牛脂)가 그물처럼 퍼져서 박혀 있는 것〕이다. 마블링이 분포되어 있는 정도에 따라 맛(풍미)이 크게 다르기 때문이다.

이 마블링 분포 정도를 전문용어로는 **근내지방도**(筋內脂肪度) 또는 **상강도**(霜降度)라 하는데, 살코기 단면의 지방 침착 상태를 나타낸다. 상강도란 말은 고기 조직 사이에 서리가 내린 것처럼 흰색의 지방이 희끗희끗하게 박혀 있기 때문에 나온 것인데, 우리의 짐작과는 달리 일반적으로 한우는 수입고기에 비하여 이 상강도가 낮은 편이라고 한다.

이처럼 전문적인 의미를 지닌 '마블링'이 이제는 일반인들에게도 널리 쓰이게 되었다. 그래서 국립국어원에서는 이 말의 순화어를 **결지방**(−脂肪)으로 정했는데, 순화 정도는 반드시 순화어를 써야 하는 것은 아니고 '될 수 있으면 순화한 용어를 쓸 것' 수준이다.

☞ **순화어의 제도적 정착과 활용**: 순화어가 정해지면 어문 관련 정책 주무 부처인 문화체육관광부에서 활용 대상과 기간을 정하여 공표하기도 하는데, 이의 제도적 정착과 활용도 긴요하지만 현실적인 수용성도 감안해야 하므로, 대체로 상당 기간 병용 또는 병기를 할 수 있도록 하고 있다. .

쇠고기 등급

마블링은 쇠고기의 육질을 판단하는 주요 기준으로 사용되고 있지만, 각 국가별로 등급 판별 기준이나 표기 방식은 조금씩 다르다. 대분할육(大分割肉)은 물론이고 대분할에 포함되는 소분할 부위도 조금씩 다른데다(북미에서는 등심이나 양지머리를 위/아래의 두 가지로 구분하고, 채끝과 안심의 구분 부위도 우리와는 다름), 육질 판별의 주요 기준이나 그 판정에 사용되는 기준표도 다르기 때문이다. 우리나라는 근내지방도/육색(肉色)/지방색/조직감/성숙도를 육질 판별의 기준으로 삼고 있고, 근내지방도/육색/지방색의 판별에서 표준 색상표를 사용하고 있다.

쇠고기 등급은 우리나라에서 1++/1+/1/2/3의 5단계로 표기하는데, 최상급을 1++/1+의 두 가지로 세분하는 점이 다른 나라와 다르다. 한편, 미국과 캐나다는 모두 **최상/상/중/하**의 4단계로만 나누는 건 비슷하지만, 그 표기는 각각 Prime/Choice/Select/Standard와 Prime/AAA/AA/A로 서로 다르다. 호주 역시 4단계로 구분하고 있지만, 기준은 사료로 곡류를 사용한 기간이라는 점이 특이하다. 그런데 최근 수입 고기에 대해서도 일부에서 1++/1+ 등으로 표기하고 있다. 그건 이러한 등급 표기 방식에 대해서 숫제 무지한 소산이다. 자칫하면 미국에 가서 1++ 등급의 쇠고기를 찾는 사람을 만들어낼지도 모르는 일이다.

☞ 우리나라에서는 쇠고기에 대해서만 5단계로 구분하고, 돼지/닭/오리 고기에 대해서는 1+/1/2 등급의 3단계를 적용하고 있다. 다만, 계란에 대해서는 1+/1/2/3등급의 4단계가 적용되고 있다.

소 관련 낱말 정리

▶뿔의 종류

묘족뿔명 소의 짧은 뿔.

생강뿔(生薑–)≒**새앙뿔/생뿔**명 ①생강 뿌리의 삐죽삐죽 돋아 있는 부분. ②두 개가 모두 생강처럼 짧게 난 소의 뿔.

고추뿔명 둘 다 곧게 뻗은 소의 뿔.

작박구리명 위로 뻗은 뿔.

우걱뿔명 안으로 굽은 뿔.

우걱뿔이명 뿔이 안으로 굽은 소.

노구거리명 둘 다 안으로 꼬부라졌으나 하나는 높고 다른 하나는 낮은 쇠뿔.

송낙뿔명 둘 다 옆으로 꼬부라진 쇠뿔.

홰뿔≒**홰대뿔**명 두 뿔이 다 밖으로 가로 뻗쳐 홰처럼 'ㅡ'자 모양을 이룬 짐승의 뿔.

▶송아지/암·수소/소

송치명 암소 배 속에 든 새끼.

밤명 송치가 어미 배 속에서 섭취하고 자라는 영양물질.

애둥소명 어린 소.

동부레기명 뿔이 날 만한 나이의 송아지. [암기도우미] '동부'의 첫 잎이 날 때부룩송아지[명] 아직 길들지 아니한 송아지.

부룩소[명] 작은 수소.

엇부루기[명] 아직 큰 소가 되지 못한 수송아지.

엇송아지[명] 아직 다 자라지 못한 송아지.

중송아지(中-)[명] 거의 다 큰 송아지.

어석소≒어스럭송아지[명] 크기가 중간 정도 될 만큼 자란 큰 송아지.

엇부루기[명] 아직 큰 소가 되지 못한 수송아지.

엇송아지[명] 아직 다 자라지 못한 송아지.

목매기≒목매기송아지[명] 아직 코뚜레를 꿰지 않고 목에 고삐를 맨 송아지.

하릅송아지[명] 나이가 한 살 된 송아지.

찌러기[명] 성질이 몹시 사나운 황소. ☞'찌륵대'는 없는 말.

겨릿소[명] 겨리(소 두 마리가 끄는 쟁기)를 끄는 소. 오른쪽에 맨 소는 마라소, 왼쪽에 맨 소는 안소.

저라[감] 소를 왼편으로 가도록 몰 때 내는 소리.

쩌[감] 마소 따위를 왼쪽으로 몰 때 내는 소리.

어디여[감] ①소가 길을 잘못 들려고 할 때 바른길로 몰려고 내는 소리. ②소를 오른쪽으로 가라는 뜻으로 내는 소리.

굽아[감] 소에게 굽을 들라는 뜻으로 내는 소리.

들보[감] 소에게 발을 들라는 뜻으로 외치는 소리.

왕[감] 마소에게 걸음을 멈추라는 뜻으로 내는 소리.

귀다래기[명] 귀가 작은 소.

귀느래[명] 귀가 늘어진 말.

둘소≒둘암소[명] 새끼를 낳지 못하는 소. ¶ **둘암말/둘암캐/둘암탉**.

불친소[명] 주로 고기를 얻기 위하여 불알을 까서 기른 소. '불깐소'는 북한어.

둘치[명] ①생리적으로 새끼를 낳지 못하는 짐승의 암컷. ②[속] 생리적으로 아이를 낳지 못하는 여자.

억대우(-大牛)[명] 덩치가 매우 크고 힘이 센 소.

불암소[명] 털빛이 누르스름하고 붉은 암소.

후보소(候補–)📋 고기/젖을 얻거나 종자로 쓰기 위하여 따로 기르는 어린 소.

공소📋 노역이나 곡물을 주고 빌려 부리는 소.

소품📋 소를 빌려 쓰는 대가로 주던 품.

셋소(貰–)📋 세를 받고 빌려 주는 소.

　돈메소📋 삯을 받기로 하고 빌려 주는 소.

　배냇소📋 주인과 나누어 가지기로 하고 기르는 소.

　수냇소📋 송아지를 주고 그것을 기른 뒤에 솟값을 제하고 도조(賭租)를 내는 소.

　도짓소(賭地–)📋 한 해 동안에 곡식을 얼마씩 내기로 하고 빌려 부리는 소.

　반작소(半作–)📋 예전에 수익의 절반을 소유주에게 바치는 형태로 먹이던 소.

　생멧소(生–)📋 예전에 소 한 마리에 해당하는 돈을 미리 빌려 쓰고 다 갚을 때까지 해마다 도조를 물어 주던 관례.

차붓소(車夫–)📋 달구지를 끄는 큰 소.

　부림소📋 짐을 운반하거나 밭을 갈기 위하여 기르는 소.

　고기소₁📋 ≒육우(고기를 얻으려고 기르는 소).

　고기소₂📋 고기를 다져 양념과 함께 만든 소.

　빈소📋 ①짐을 싣지 아니한 맨몸의 소. ②임자가 없는 소.

햇소📋 그해에 나서 자란 소.

실소(實–)📋 농사짓는 데 부릴 수 있는 튼튼한 소.

▶소의 장구(裝具) 관련

멍에📋 ①수레/쟁기를 끌기 위하여 마소의 목에 얹는 구부러진 막대. ②[비유] 쉽게 벗어날 수 없는 구속/억압.

　먹장쇠📋 마소의 배 앞쪽에 얹는 가장 짧은 멍에.

　목대📋 멍에 양쪽 끝 구멍에 꿰어 소의 목 양쪽에 대는 가는 나무.

워낭📋 마소의 귀에서 턱 밑으로 늘여 단 방울. 또는 마소의 턱 아래에 늘어뜨린 쇠고리. ☞ 워낭소리(×)/워낭 소리(○)

광못(光–)📋 소의 이마/콧등 사이에 붙이는 동그란 쇠 장식.

살코 [명] 쇠코뚜레와 함께 꿰는 노끈. 사나운 소를 다룰 때에 씀.

목사리 [명] 개/소 따위 짐승의 목에 두르는 굴레. 위로 두르는 굵은 줄과 밑으로 두르는 가는 줄로 되어 있음.

촛대 [명] 소를 잡을 때에 소의 이마를 때리는 데에 쓰는 뾰족한 망치.

길마 [명] 짐을 싣거나 수레를 끌기 위하여 소나 말 따위의 등에 얹는 안장.

베리줄 [명] 소의 길마 위에 얹어, 걸채의 앞뒤 마구리 양쪽 끝에 건너질러 맨 굵은 새끼.

걸채 [명] 소의 길마 위에 덧얹어 곡식 단 따위를 싣는 농기구.

껑거리 [명] 길마를 얹을 때에, 소의 궁둥이에 막대를 가로 대고 그 양 끝에 줄을 매어 길마의 뒷가지에 좌우로 잡아매게 되어 있는 물건. 길마가 소의 등에서 쉽게 움직이기 않게 하는 데에 쓰임. ¶ **껑거리끈/껑거리막대**

껑거리막대 [명] 껑거리끈에 매어 소의 궁둥이에 가로 대는 막대.

떰치 [명] 소의 안장 밑에 까는, 짚방석 같은 물건.

겉언치 [명] 소 등에 얹는 안장의 양쪽에 붙인 짚방석.

궁글막대 [명] 소의 등에 얹는 안장에 앞가지와 뒷가지를 꿰뚫어 맞춘 나무.

글겅이 [명] ①말/소 따위의 털을 빗기는 도구. ②싸리로 결어 만든 고기잡이 도구의 하나. ③남의 재물을 긁어 들이는 사람의 비유.

비겨미 [명] 쟁기 따위의 봇줄이 소 뒷다리에 닿지 않도록, 두 끝이 턱이 지게 하여 봇줄에 꿰는 막대기.

들나무 [명] 편자를 붙일 때 마소가 요동하지 못하도록 그 다리를 붙잡아 매는 기둥.

주둥망(-網) [명] 소가 풀을 뜯어 먹지 못하도록 주둥이에 씌우는 망태기. 새끼줄로 촘촘하게 엮어 굴레에 동여맨다.

부리망(-網) [명] 소를 부릴 때에 소가 곡식/풀을 뜯어먹지 못하게 하려고 소의 주둥이(부리)에 씌우는 물건. 가는 새끼로 그물같이 엮어서 만듦.

호리 [명] 소 한 마리가 끄는 간편한 쟁기.

쇠지랑물 [명] 외양간 뒤에 괸, 소의 오줌이 썩어서 검붉게 된 물. 거름으로 씀.

쇠(소)지랑탕 [명] 쇠지랑물을 받아 썩히는 웅덩이.

어릿간(-間)몡 소/말 따위를 들여 매어 놓기 위하여 사면을 둘러막은 곳.

　우릿간(-間)몡 우리(짐승을 가두어 기르는 곳)로 쓰는 칸.

　외양간(-間)몡 마소를 기르는 곳.

　마구간(馬廄間)몡 ①말을 기르는 곳. ②**외양간**(마소를 기르는 곳)의 방언.

　쇠마구간(-馬廄間)몡 소를 가두어 기르는 곳.

각통질몡 소 장수가 소의 배를 크게 보이도록 하기 위하여 억지로 풀과 물을 먹이는 짓. ¶**각통질하다**동

소밥주기몡 일 년 내내 소가 탈 없이 일을 잘하기를 비는 뜻으로, 정월 축일 (丑日)이나 대보름날에 소를 특별히 잘 먹이는 풍습.

각좆(角-)몡 뿔 따위로 남자의 생식기처럼 만든 장난감.

뿔질몡 뿔로 들이받는 짓.

뿔테≒**각테/뿔고리**몡 암소가 새끼를 낳을 때마다 그 뿔에 하나씩 생기는 테.

두각(頭角)몡 ①짐승의 머리에 있는 뿔. ②[비유] 뛰어난 학식/재능.

심고몡 궁도에서, 활시위를 걸기 위하여 양냥고자 끝에 소의 심으로 만들어 댄 고.

쇠뿔고추몡 소의 뿔처럼 생긴 고추. [유] 소뿔고추. ¶**쇠(소)뿔참외**

비문(鼻紋)몡 소의 코 근처 맨살로 된 부분에 있는 무늬. 사람의 지문과 같이 소마다 무늬가 다르고 일생 동안 변하지 않기 때문에 소의 개체 식별에 사용되기도 함.

등가래몡 소 따위의 길게 늘어진 등뼈 부분.

굽새몡 마소 따위의 굽의 갈라진 사이.

몬다위몡 ①마소의 어깻죽지. ②낙타의 등에 두두룩하게 솟은 부분. ≒육봉 (肉峰)

　외몬다위몡 '단봉낙타'를 일상적으로 이르는 말.

곡식질(穀食-)몡 소가 풀이 아닌 곡식을 먹는 일.

비게질몡 마소가 가려운 곳을 긁느라고 다른 물건에 몸을 대고 비비는 짓.

드레죽(-粥)몡 싸라기, 수수, 보리쌀 따위로 쑨 쇠죽. 소가 여러 날 동안 고된 일을 하였을 때나 허약할 때 먹인다.

쇠서받침圐 전각의 기둥 위에 덧붙이는, 소의 혀와 같이 생긴 장식.

시태圐 소의 등 위에 실은 짐. ¶ **시태질하다**통

일태(一駄)圐 말/소 따위 동물 한 마리에 실은 짐의 분량. 짐을 실은 말/소 따위 동물 한 마리.

쇠발개발圐 소의 발과 개의 발이라는 뜻으로, 아주 더러운 발의 비유.

　괴발개발≒개발새발圐 고양이의 발과 개의 발[개의 발과 새의 발]이라는 뜻으로, 글씨를 되는대로 아무렇게나 써 놓은 모양을 이르는 말.

두레놀이圐 백중날 농사가 가장 잘된 집의 머슴을 두레장원이라 하여 소 등에 태우고 풍물놀이를 하며 마을을 돌고 주인집에 가서 술을 마시고 음식을 먹으며 즐기는 놀이.

소아범圐 논밭을 갈거나 할 때 소를 부리는 남자.

쇠살쭈圐 장에서 소를 팔고 사는 것을 흥정 붙이는 사람.

채꾼圐 소를 모는 사람. 주로 나이가 어린 일꾼.

푸주한(-漢)圐 소, 돼지 따위를 잡아서 파는 것을 업으로 하는 사람.

도림처사(桃林處士)圐 '소'를 달리 이르는 말. 중국 주나라 무왕이 은나라를 치고 성채였던 도림에 소를 놓아 길렀다는 고사에서 유래함.

지육(枝肉)圐 소/돼지 같은 것을 도살하여 머리, 내장, 족(足)을 잘라 내고 아직 각을 뜨지 아니한 고기.

쟁기고기圐 각을 뜨고 뼈를 바르지 아니한 고깃덩이.

　각(脚)圐 짐승을 잡아 그 고기를 나눌 때, 전체를 몇 등분한 것 가운데 한 부분.

　각(脚)(을) 뜨다: 잡은 짐승을 머리, 다리 따위로 나누다.

우후(牛後)圐 소의 궁둥이라는 뜻으로, 세력이 강한 사람 아래에 붙어 있는 처지의 비유.

지독지애(舐犢之愛)圐 어미 소가 송아지를 핥는 사랑이란 뜻으로, 자식에 대한 어버이의 지극한 사랑의 비유.

연독지정(吮犢之情)圐 어미 소가 송아지를 핥아 주는 정이라는 뜻으로, 자기의 자녀/부하에 대한 사랑을 겸손하게 이르는 말.

거피입본하다(去皮立本-)[동] 겉치레를 버리고 근본을 확립하다. 병든 소를 잡아 그 가죽을 팔아 송아지를 산다는 뜻에서 나온 말.

여담절각(汝-折角)[명] 너의 집 담이 아니었으면 내 소의 뿔이 부러졌겠느냐는 뜻으로, 남에게 책임을 지우려고 억지를 쓰는 말.

올림[명] 소의 넋을 하늘에 올려 주는 손이라는 뜻으로, 쇠백정의 왼손.

푸주하다[동] 소, 돼지 따위를 잡다.

　사푸주하다(私-)[동] 관청의 허가 없이 몰래 소나 돼지를 잡아 고기를 팔다.

　푸줏간≒고깃간[명] 예전에, 쇠고기/돼지고기 따위의 고기를 끊어 팔던 가게. 요즘 말은 정육점. ☞고깃집은 고기를 주로 파는 음식점을 일상적으로 이르는 말.

뜨다[동] 소가 뿔로 세게 들이받거나 밀치다.

　뜸베질[명] 소가 뿔로 물건을 닥치는 대로 들이받는 짓.

양글하다[동] ①소가 논밭을 가는 일과 짐을 싣다. ②≒**이모작하다**(같은 땅에서 1년에 종류가 다른 농작물을 두 번 심어 거두다).

절음[명] 마소가 다리를 저는 병.

　저름나다[동] 마소가 다리를 절게 되다.

황들다(黃-)[동] 소/개 따위의 쓸개에 병으로 누런 덩어리가 생기다.

▶소고기 부위별 명칭

등심[명] 소나 돼지의 등뼈에 붙은, 기름기가 많고 연한 고기.

　꽃등심(-心)[명] 살코기 사이에 하얀 지방이 고루 퍼져 있는 소의 등심. 퍼져 있는 하얀 지방의 모양이 꽃과 같다고 해서 붙인 이름.

　채받이[명] 소가 채를 늘 맞는 부위의 가죽/고기. 소의 등심 끝머리 부분에 해당함.

　살치(살)[명] 소의 갈비 윗머리에 붙은 고기. 찜감/구잇감/탕감으로 씀.

채끝(살)[명] 소 등심 부분의 방아살 아래에 붙은 쇠고기 부위.

　방아살[명] 쇠고기의 등심 복판에 있는 고기.

안심[명] 소/돼지의 갈비 안쪽에 붙은 연하고 부드러운 살.

　안심살≒안심쥐[명] 소/돼지의 안심에 붙은 고기.

제비추리명 ①소의 안심에 붙은 고기. ②**제비초리**(뒤통수/앞이마의 한가운데에 골을 따라 아래로 뾰족하게 내민 머리털)의 잘못.

양지머리명 ①소의 가슴에 붙은 뼈와 살의 총칭. ②쟁기 술의 둥글고 삐죽한 우두머리 끝.

차돌박이명 소의 양지머리뼈의 한복판에 붙은 기름진 고기. 빛이 희고 단단함.

업진명 소의 가슴에 붙은 고기. 양지머리와 같이 편육/탕의 재료로 쓰임.

갈비새김명 소/돼지 따위의 갈비에서 발라낸 고기.

걸랑명 소의 갈비를 싸고 있는 고기.

제복살명 소의 갈비에 붙은 고기.

쥐머리명 소의 갈비에 붙은 고기. 흔히 편육을 만드는 데 씀.

새머리명 소의 갈비뼈 마디 사이에 붙은 고기. 주로 찜의 재료로 씀.

우둔(牛臀)(살)명 소의 볼기(뒤쪽 허리 아래, 허벅다리 위의 양쪽으로 살이 불룩한 부분). 그 부위의 살.

볼기긴살명 소의 볼깃살(볼기에 붙은 살)에 붙은 길쭉한 살덩이. 구이/산적에 씀.

홍두깨명 소의 볼기에 붙은 살코기. 산적 따위에 쓰입니다.

설낏명 소의 볼기에 붙은 고기. 구이나 회 따위에 씀.

혹살명 소의 볼기 복판에 혹처럼 붙은 살. 기름기가 많고 맛이 좋아 국거리로 씀.

보습살명 소의 볼기에 붙은 고기. 주로 구이나 횟감으로 씀. ☞**보섭살**은 잘못.

연엽명 소의 볼기에 붙어 있는 고기.

대접(살)명 소의 사타구니에 붙은 고기.

초맛살명 소의 대접살에 붙은 살코기의 하나.

사태명 소의 오금(무릎의 구부러지는 오목한 안쪽 부분)에 붙은 살덩이. 흔히 곰거리로 씀.

뭉치사태명 뭉치(소의 볼기 아래에 붙어 있는 고기)에 붙은 고기의 하나.

아롱사태명 쇠고기 뭉치사태의 한가운데에 붙은 살덩이.

꾸리명 소의 앞다리 무릎 위쪽에 붙은 살덩어리.

　큰꾸리명 소의 앞다리 바깥쪽에 붙은 살덩어리.

　작은꾸리명 소의 앞다리 안쪽에 붙은 살덩어리.

앞거리명 소의 앞다리 사이에 있는 고기.

　서대명 소의 앞다리에 붙은 고기. 주로 곰거리로 씀.

　쥐살명 소의 앞다리에 붙은 고기. 흔히 찌개에 넣는다.

　둥덩이명 소의 앞다리에 붙어 있는 살. 흔히 장조림용으로 씀.

　고거리명 소의 앞다리에 붙은 살.

　죽바디≒달기살명 소의 다리 안쪽에 붙은 고기.

섯밑명 소의 혀 밑에 붙은 살코기. 편육 따위로 씀.

멱미레명 소의 턱 밑 고기.

　목정명 소의 목덜미에 붙은 고기.

　서푼목정명 소의 목덜미 아래에 붙은 살.

　도래목정명 소의 목덜미 위쪽에 붙은 고기. 몹시 질기입니다.

　항정명 ①돼지 따위의 목덜미. ②≒**목정**(소의 목덜미에 붙은 고기).

　항정살명 돼지 따위의 목덜미 부분의 살.

　목삼겹살신 돼지의 목 부위에 있는 삼겹살.

뼈도가니명 소 무릎의 무릎뼈에 붙은 질긴 고기. 흔히 곰/회를 만들 때 많이 씀.

　여녑살명 소의 도가니에 붙은 고기.

　연엽살명 소의 도가니에 붙은 살코기.

　무릎도가니명 ①소 무릎의 무릎뼈와 거기에 붙은 고깃덩이. ②[속] 무릎뼈.

곱창명 소의 작은창자.

　새창(-腸▽)명 소의 창자 가운데 하나. 이자머리와 똥창을 합한 부분으로
　　흔히 국거리로 씀.

　유창명 소의 창자 가운데 제일 긴 것. 국거리로 씀.

　곤자소니명 소의 창자 끝에 달린 기름기가 많은 부분.

양(胖)명 소의 위(胃)를 고기로 이르는 말.

　처녑명 소/양 따위의 반추 동물의 겹주름위(제3위). 잎 모양의 많은 얇은 조

각이 있음. ☞ **천엽**(千葉)은 이 뜻 외에 "여러 겹으로 포개진 꽃잎"을 이르는 뜻도 있음.

비석(脾析)몡 소의 처녑. 모든 짐승의 위장.

광대머리몡 소의 처녑에 얼러붙은 고기. 국거리로 씀.

간처녑(肝-)몡 소/양 따위의 간과 처녑.

개씹머리몡 소의 양(胖)에 붙은 고기의 하나. 주로 즙을 내어 보약으로 먹음.

장판머리몡 소의 양에 붙어 있는 넓적한 고기. 주로 국거리로 씀.

깃머리몡 소의 양(胖)에 붙은 좁고 두꺼운 고기.

합살머리몡 소의 벌집위에 붙은 고기. 횟감으로 씀.

발채몡 소의 배에 붙어 있는 기름.

발기름몡 짐승의 뱃가죽 안쪽에 낀 지방 덩어리.

유통(乳筩)몡 소, 돼지 따위의 젖통이의 고기. 소는 찰유통, 메유통로 구별.

젖부들기몡 짐승의 젖가슴. 그 부위의 살코기.

젖통이몡 **젖무덤**(젖꼭지를 중심으로 하여 젖꽃판 언저리로 넓게 살이 불룩하게 두드러진 부분)을 낮잡는 말

주라통(朱螺筒)몡 소의 목구멍에서 밥통에 이르는 길.

물통줄(-桶-)몡 소/양 따위의 반추(反芻) 동물에서 새김질한 것이 넘어가는 줄. 주라통에 붙어 있음.

수양골몡 소의 머릿속에 든 골.

쇠머리뼈몡 소의 대가리를 이루는 뼈.

거란지(-뼈)몡 소의 꼬리뼈.

오좀통몡 거란지뼈의 밑에 있는 고기.

목정골(-骨)몡 소의 목덜미를 이루고 있는 뼈.

주곡지뼈몡 소의 다리뼈 위에 있는 뼈.

옹두리뼈몡 짐승의 정강이에 불퉁하게 나온 뼈.

쇠옹두리몡 소의 정강이뼈.

말굽옹두리몡 소의 정강이에 있는 말굽 모양의 뼈.

개씹옹두리몡 소 옹두리뼈의 하나.

오도독뼈몡 소나 돼지의 여린 뼈.

곁간(-肝)⃞명 소의 간 곁에 붙어 있는 부드럽고 작은 부위. 횟감으로 씀.

못박이⃞명 소의 간에 박힌 염통 줄기. 그 간.

조름⃞명 소의 염통에 붙은 고기.

만하바탕⃞명 소의 지라에 붙은 고기. 설렁탕거리로 많이 씀.

토시살⃞명 소의 지라와 이자에 붙은 고기.

쓸개머리⃞명 소의 쓸개에 붙은 고기. 국거리로 씀.

안창살⃞명 소의 가로막(배와 가슴 사이를 분리하는 근육) 부위에 있는 살.

태두(太痘)⃞명 식용으로 하는 소의 콩팥의 다른 표현.

두태쥐(痘太-)⃞명 소의 콩팥 속에 병적으로 생긴 군살 덩어리. 전골에 넣음.

'아' 다르고 '어' 다른 우리말
하늘과 땅 차이도 점 하나 차이

우리말 중에는 우리의 삶과 한 몸이다 싶을 정도로 소중한 것일수록 홑 말(단음절어)인 것들이 많습니다. **삶**의 주체인 **몸**에 달린 것만 봐도 **눈/코/귀/입/손/발**이 있고, 그 몸에 **얼/넋**이 올바로 채워지지 않으면 **안/밖**이 다른 **놈/년**으로 몰릴 수도 있지요. 그 밖에 먹는 **밥**, 걸치는 **옷**, 머무는 **집**, 거르면 죽는 **숨**, 다디단 **잠**, 꾸는 **꿈**, 막히면 변비로 고생하는 **똥**, 먹거리 터전인 **논**과 **밭**, 마을을 감싸는 **강**과 **산**, 없으면 죽네 사네 하는 **임/돈**…. 모두 일상의 삶과 밀접한 것들입니다.

이처럼 중요한 말들일수록 점 하나를 어디에 찍느냐에 따라 하늘과 땅만큼이나 판이해지지요. 우리말을 창제할 때, 이 점(·)은 천(天)/지(地)/인(人) 중 하늘을 뜻했습니다. 그래서 하늘만큼 중요한 의미를 지닙니다. 이를테면 점 하나 때문에 **너**와 **나**로 나뉘고, **맘**과 **몸**이 따로따로 될 수도 있고, **남**이 **놈**으로 격하되기도 하지요. 그러므로 이 **점**은 찍어야 할 자리에 제대로 잘 찍어야 합니다. 그래야만 **잠**도 잘 자고 **줌**('주먹'의 준말)이 커져서 쩨쩨하다는 소릴 듣지 않으며 삶이 **좀** 먹는 일도 없고 나아가 남에게 **짐**이 되는 일도 없게 됩니다.

우리말에서 무엇 하나 때문에 의미 차이가 딴판이 되는 것은 이러한 한 글자짜리의 홑 말들에서만도 아니고, 점 하나만의 차이에서도 아닙니다. 비슷한 말들 중에 받침만 바뀌어도 큰 차이가 나고, 나아가 글자하나, 어순 그리고 붙여 쓴 것과 띄어 쓴 것의 차이로 인해서 말이 되기도 하고 안 되기도 하는 일이 비일비재합니다. 때로는 크게 낭패하게 될 때도 있지요. 친절하게 한 글자를 더 붙인다고 한 것이 쓸데없는 의미 중복이 되어 도리어 실패작이 될 때와 같은 경우들도 있고요.

그런 사례들만으로도 한 권의 책자로 모자랄 정도지만 지면상 죄다 살펴볼 수는 없으므로, 여기서는 맛보기 삼아 사례별로 몇 가지씩만 **예제**(例題)를 통해 조금씩만 들여다보겠습니다.

점, 받침, 모음 하나 차이

언젠가 '우리 옷' 관련 잡지를 보다 보니 옷감의 가로 폭을 **나비**로 써놓아 너비의 오기(誤記)로 여겼는데, 바른 표기라고 하더군요. 처음 듣는 얘기인데, 그럼 모든 경우에 **나비/너비**를 같은 뜻으로 써도 되는가요?

"꺼내온 상답 피륙은 길이가 아홉 자, **나비**가 넉 자나 되었다."는 글에서 보듯 **나비**는 '피륙/종이 따위의 가로 폭'에만 쓸 수 있는 말입니다. 그 밖의 다른 경우에는 모두 너비를 써야 하고, 반면에 피륙/종이 따위에는 너비가 아닌 나비를 써야 합니다. 이 밖에도 작은 차이로 헷갈리기 쉬운 말들을 더 살펴보지요.

• 이 강의 **나비**는 50미터쯤 된다. ⇨ **너비**의 잘못.

[비교] 그 옷감은 **너비**가 좁아 치마 한 감으로는 모자란다. ⇨ **나비**의 잘못.

• 눈을 그처럼 자꾸 깜작거리면 **눈꿈적이**가 돼. ⇨ **눈끔적[쩍]이/눈깜 작[짝]이**의 잘못.

☞ ①(눈을) **끔적이다/깜짝이다**(○)는 있지만, (눈을) **꿈적이다**(×)는 없는 말이므로 **눈꿈적 이**(×)도 잘못. ②**꿈적이다**는 몸이 둔하고 느리게 움직이는 것.

눈꿈적이圀 눈끔적이의 잘못.

눈끔적이<눈끔쩍이圀 ①눈을 자주 끔적거리는 사람. [유] 끔적이. ②양

주 별산대놀이, 송파 산대놀이 따위의 가면극에 나오는 눈을 끔벅일 수 있도록 만든 탈. 그 탈을 쓴 인물.

눈깜작이＜눈깜짝이[명] 눈을 자주 깜작거리는 사람. [유] 깜작이.

끔적이다[동] 큰 눈이 슬쩍 감겼다 뜨였다 함. 또는 그렇게 되게 하다.

꿈적이다[동] 몸이 둔하고 느리게 움직이다. 또는 몸을 둔하고 느리게 움직이다.

• 그는 이제 이 업계에서 **노털**이야. ⇨ **노틀**의 잘못.

노틀 (←[중국어] laotour[老頭兒])[명] [속] 늙은 남자.

• 실패의 경험은 성공을 위한 좋은 **단근질**. ⇨ **담금질**이 적절.

☞ 비유적으로 "부단하게 훈련을 시킴"을 이르는 말은 **담금질**이며, **단근질**은 형벌의 하나인 **낙형**(烙刑)의 의미밖에 없는 말.

단근질[명] ≒**낙형**(烙刑, 불에 달군 쇠로 몸을 지지는 일).

담금질[명] ①고온으로 열처리한 금속 재료를 물/기름 속에 담가 식히는 일. ②[비유] 부단하게 훈련을 시킴. ③낚시를 물에 담갔다가 건졌다가 하는 일.

• 그 친구 끝내 큰 **사단**을 내고 말았군 그래. ⇨ **사달**의 잘못.

[설명] **사단**(事端)은 **실마리**를 뜻하는 한자어이며, **사달**은 **사고**나 **탈**을 뜻하는 고유어.

사단(事端)[명] ①사건의 단서. 일의 실마리. ¶그 친구의 막말이 싸움의 **사단**이 되었다. ②**사달**의 잘못.

사달[명] 사고나 탈.

- 6.25동란 때의 구월산 유격대 **옥쇄** 사건은 교과서에도 실렸다. ⇨ **옥 쇄**의 잘못.

  [참고] 그때 동지들과 함께하지 못하고 **와존**해온 구차한 목숨 ⇨ **와전**의 잘못.

  ☞ **옥쇄**(玉碎)의 잘못으로 "명예나 충절을 위하여 깨끗이 죽음"의 뜻. 이와 상대되는 말은 **와전**(瓦全)인데 **와존**(瓦存)은 와전(訛傳)된 것으로 없는 말.

  옥쇄(玉碎)↔**와전**(瓦全)몡 부서져 옥이 된다는 뜻으로, 명예/충절을 위하여 깨끗이 죽음.

  와전(瓦全)몡 옥(玉)이 못 되고 기와가 되어 안전하게 남는다는 뜻으로, 아무 하는 것 없이 목숨만 이어 감의 비유.

- 이젠 내 면전에서 **내놓고** 욕을 하더군. ⇨ **대놓고**가 적절.

  경찰 체면에 **대놓고** 밥 좀 달라고 구걸할 수가 없었다. ⇨ **내놓고**가 적절.

  ☞ **내놓고**는 **내놓다**(사실/행위를 공개적으로 드러내다)의 활용이며, **대놓고**는 "사람을 앞에 놓고 거리낌 없이 함부로"를 뜻하는 부사. 즉, 면전에서 거리낌 없이 함부로 대하는 경우에는 **대놓고**가 적절하고, 감추지 않고 드러내는 경우에는 **내놓고**가 적절함. 그러나 상황에 따라서는 이처럼 명확히 구분하기 어려운 경우도 있을 수 있음. (예) 이젠 시어미 앞에서도 내놓고(대놓고) 욕질을 하는구나.

  내놓다동 **내놓고**의 꼴로, 사실/행위를 공개적으로 드러내다. ¶이제야 내놓고 하는 말인데 말야.

  대놓고분 사람을 앞에 놓고 거리낌 없이 함부로. ¶대놓고 욕을 하다; 대놓고 험담을 하다.

- 남의집살이를 하니 옷차림이 허출할 밖에. ⇨ **허줄**의 잘못. ←[원]**허 줄하다**

허출하다휑 허기가 지고 출출하다.

허줄하다휑 차림새가 초라하다.

• 쓰레기들이 **널부려져** 있는 창고. ⇨ **널브러져**의 잘못. ←[원]**널브러지다**
잡동사니들이 여기저기 **너부러져** 있었다. ⇨ **널브러져**의 잘못.
기진맥진하여 바닥에 **널브러져** 있었다. ⇨ **너부러져**가 더 적절. ←[원]
너부러지다

☞ 조금 까다로운 구분인데, 널브러지는 것과 **너부러지는**(혹은 나부라지는) 것과의 큰 차이
는 그 행동의 결과로 (주로 사람의 몸이) 바닥에 닿는지 여부. **널브러지다**는 **너즈러지다**
에 가깝게 너저분하게 흩어진 상태가 주된 뜻임.

널브러지다통 ①너저분하게 흐트러지거나 흩어지다. ②몸에 힘이 빠져
몸을 추스르지 못하고 축 늘어지다.

너부러지다 > 나부라지다통 ①힘없이 너부죽이 바닥에 까부라져 늘어지
다. ②[속] 죽어서 넘어지거나 엎어지다.

통여기저기 너저분하게 흩어지다. 휑여기저기 흩어진 모습이 너저분하다.

• 몸이 **뇌작지근**해서 좀 쉬어야겠어. ⇨ **노작지근**의 잘못. ← '녹작지
근-'은 맞음.

노작지근하다 < 녹작지근하다휑 몸에 힘이 없고 맥이 풀려 나른하다.

노자근하다휑 노작지근하다의 준말

녹작지근하다≒녹지근하다휑 온몸에 힘이 없고 맥이 풀려 몹시 나른하다.

☞ 일부 사전에서는 **녹작지근하다**를 **노작지근하다**의 잘못으로 잘못 규정.

• 눈길을 **걷느라니** 옛 여인 생각이 나더군. ⇨ **걷노라니**의 잘못.

☞ ~느라니/~느라면 ⇨ ~노라니/~노라면의 잘못. ¶사느라면(×)/사노라면(○).

- **내노라하다.** ⇨ **내로라하다**의 잘못. ¶전 세계의 <u>내로라하는</u> 골퍼들이 참가한다.

[분석] 내로라: 나+이(조사)+오(1인칭 선어말어미)+다(종결어미)→나+이+로+라→내로라. '오+다'가 '로+라'로 바뀌는 것은 중세 국어 현상으로, '-오-'가 서술격조사 '이다' 뒤에서 '-로-'로 바뀌고, 평서형 종결어미 '-다'가 선어말어미 '-오-' 뒤에서 '라'로 바뀐 것. 중세 국어 선어말어미 '-오-'의 흔적은 현대 국어에도 남아 있는데, "하노라고 한 것이 이 모양이다"에서 '-노라'가 그 좋은 예임.

☞종결어미 '-노라'는 오직 자기의 동작을 나타낼 때 적는 종결어미로만 씀. ¶내가 너를 기필코 응징하겠노라; 왔노라, 보았노라, 이겼노라.

🔵 민요 명칭의 잘못된 축약: "쾌지나칭칭/쾌지나칭칭나네"

널리 불리는 민요에 〈쾌지나칭칭나네〉가 있다. 그걸 급하게 이르거나 줄여서 적을 때 '쾌지나칭칭'이라 하는데, 그건 표준어가 아니므로 잘못이다.

준말이라고 해서 임의로 작품명을 개칭해서는 안 될 뿐만 아니라, 이미 준말이 있을 때는 그걸 찾아서 써야 하는데, **쾌지나칭칭나네≒칭칭이**이다. 즉, **칭칭이**는 어엿하게 준말로 인정된 말이므로, 줄여서 말하고 싶을 때는 **쾌지나칭칭**(×) 대신 **칭칭이**(ㅇ)라고 해야 바른 말이 된다.

이걸 적을 때 바르게 띄어쓰기를 한다고 **쾌지나 칭칭 나네**로 적으면 안 된다. 이것은 민요 명칭, 곧 하나의 작품명이므로 붙여 쓰는 게 좋다.

☞띄어 적을 수도 있지만, **쾌지나칭칭**과 **쾌지나 칭칭** 중 어느 것이 옳은지도 의문이므로 구태여 띄어 적어서 문제를 만들 필요는 없다.

한 칸 띄어 쓰기: 붙여 쓴 말과 띄어 쓴 말

문 우리 회사의 봉투 겉면에 인쇄된 말 중에 **보낸이**와 **받는이**가 있기에 혹시나 싶어서 사전을 찾아보았더니 **받는이**는 있는데 **보낸이**는 없더군요. 어째서 그런가요? **보낸이**로 적으면 잘못인가요?

답 호기심이 대단히 아름다우십니다. 하하하. 아름답다고 한 것은 우리말뿐만이 아니라 삶의 여러 현장에서 접하는 것들에 대한 그런 호기심들이 언제고 아름다운 결실로 돌아오는 경우가 흔하기 때문에 그렇게 붙여 보았습니다. 질문하신 내용은 아름다운 호기심에 어울리게(?) 좀 까다로운 내용이기도 합니다.

    우리가 접하는 말 중에 질문 속의 것처럼 <u>동사의 관형형+'이'</u>의 꼴로 쓰이는 것으로 **글쓴이/지은이/엮은이/박은이**(인쇄인) 따위는 비교적 낯익은 편이고요. **익은이**(쇠고기의 살/내장을 삶아 익힌 것) 등은 좀 낯선 말인데, 공통점은 이 말들이 모두 한 낱말이라는 겁니다. 이와 같이 <u>관형형(또는 어근)+'이'</u>의 꼴로 된 한 낱말의 명사들이 좀 있는데요. 이를테면 **젊은이/늙은이/낡은이/맛난이/못난이/익은이; 놈놀이/맴돌이/큰아이/갓난이≒갓난아이/갓난쟁이; 깐깐이/납작이/넓적이/넓죽이/답답이/껄떡이/껄렁이**와 같은 것들이 그것입니다.

☞ **낡은이** 몡 늙은이(나이가 많아 중년이 지난 사람)를 낮잡는 말. **익은이** 몡 쇠고기의 살/내장을 삶아 익힌 것. **놈놀이** 몡 사내를 낮잡는 말. **작은이** 몡 ①남의 형제 가운데서 맏이가 아닌 사람. ②남의 첩(妾)을 본마누라에 상대하여 이르는 말. **큰아이** 몡 큰아들이나 큰딸을 정답게 이르는 말. **맛난이** 몡 ①맛을 돋우기 위하여 음식물에 넣는 조미료의 하나. ②'화학조미료'의 별칭. ③맛이 있는 음식.

    그러나 **보낸이**나 **받는이**는 사정이 좀 다릅니다. 우편물을 보내고 받는다는 식의 일반적인 의미로는 '받는이'라는 말이 사전에 없거든요. 각각 **보낸 이/받는 이**로 띄어 적어야 합니다. ☞ 행정용어 표준화(순화)에 관한 문화체육관광부 고시(제2013-9호)를 보면 **수취인**(受取人)을 **보낸이(보낸사람)**으로 순화해서 사용하라고 되어 있지만, 막상 《표준》에는 이 **보낸이(보낸사람)**라는 순화어들이 정식 표제어로 아직도 올라 있지 않다. 하루바삐 앞뒤가 맞도록 챙겨야 할 사항 중의 하나다.

한편 **받는이**라는 낱말이 있긴 합니다. 하지만 그 뜻은 일반적이지 않아서 의학 전문용어로만 쓸 수 있답니다. 이때는 "남의 장기(臟器)를 받는 사람"이란 까다로운 뜻인데, **수용자**(受用者, 타인의 장기를 제공받아 이식 수술을 하는 환자)와 같은 말이지요. ☞ '받는이'라는 말 역시 하루빨리 '수신인'의 뜻풀이를 추가하여, 언중의 관행을 인용해야 할 것이다. 사전은 어법에 어긋나지 않는 한 언중을 위해 봉사해야 하니까.

참고로 장기(臟器) 기증자의 경우는 **주는이**로 표기하지 않습니다. 그렇게 적지 못합니다. 법규상 장기 매매가 금지되어 있으므로 '거저 주어야' 하기 때문인데, 굳이 표기하려면 **거저 주는이**라고 해야 합법적(?)이지만, 그럼에도 그 표현 역시 여전히 문제적입니다. 실익도 적고 올바른 표기도 아니기 때문이죠.

이처럼 우리말에서 띄어 적는 말과 한 낱말의 복합어로 붙여 적는 말들 사이에 그 쓰임과 의미의 차이가 큰 말들은 제법 있습니다. 그중 하나로 **치마**가 들어간 말을 예로 들어 살펴보겠습니다. 앞서 공부한 연(鳶)과도 관련되는데, 좀 까다로운 편이지요.

[예제] 한여름엔 반바지도 더운데 발목까지 오는 **긴 치마**라니? ⇨ **긴치마**의 잘못.

키도 작은 사람이 너무 **긴치마**를 입었어. ⇨ **긴 치마**의 잘못.

세모시 **옥색치마**야 유명한 노랫말 아닌가? ⇨ **옥색 치마**의 잘못. 두 낱말.

치마연 중에서는 **붉은 치마연**이 단연 으뜸이지. ⇨ **[다]홍치마[연]**의 잘못.

무릎이 드러날 만큼 짧은 치마를 **또랑치마**라 하지. ⇨ **도랑치마**의 잘못.

[설명] ①치마의 종류에 해당되는 것은 한 낱말임. (예) **겉치마/긴~/몽당~/스란~/속~/위~/이동~/큰치마. 긴치마**는 "발목까지 가리도록 길게 만든 치마"로, **맥시스커트**(maxi skirt, 자락이 발목까지 내려오는 긴 치마)와 비슷한 치마. 그러나 '긴 치마'는 치마 자락이 짧지 않고 긴 것을 이르는 일반 명사임. ②색깔로 수식하는 치마는 긴 치마와 같이 빨강 치마, 옥색 치마 등으로 띄어 적음. ☞그러나 **다홍치마**(≒**홍치마**)는 의미가 특정된 한 낱말이므로, 붙여 씀. ③**치마연**(연[鳶]) 중에서, 윗부분은 빛깔이 희고 아랫부분은 빛깔이 다양한 것)은 아랫부분의 색깔에 따라 이름이 정해지며(예를 들어 푸른색은 **청치마**, 붉은색은 **홍치마** ← **붉은치마**는 없는 말), 연의 종류를 일컫는 명칭이므로 한 낱말임. ④**또랑**은 도랑의 방언.

겉치마[명] ①↔**속치마**. 치마를 껴입을 때 맨 겉에 입는 치마. ②전통 혼례 때에, 신부가 치마 위에 덧입는 다홍치마.

긴치마[명] ①발목까지 가리도록 길게 만든 치마. ②예전에, 한복 차림에서 맨 겉에 입던 치마.

맥시스커트(maxi skirt)[명] 자락이 발목까지 내려오는 긴 치마.

맥시(maxi)[명] 자락이 발목까지 내려오는 여자용 스커트나 코트.

큰치마[명] 여자들이 주로 예식 때에 입을 목적으로 땅에 끌리도록 길게 여러 폭으로 만든 치마.

다홍치마(≒**홍치마**)[명] ①짙고 산뜻한 붉은빛 치마. ②위의 절반은 희고, 아래의 절반은 붉게 칠한 연. ☞**분홍치마**[粉紅-]의 경우에도 '연'을 뜻할 때는 한 낱말이므로 붙여 씀.

치마연(-鳶)〔명〕연의 한 가지. 윗부분은 빛깔이 희고 아랫부분은 빛깔이 다
양하다.

도랑치마〔명〕<u>무릎이 드러날 만큼 짧은 치마</u>. ⇐ **도랑**(매우 좁고 작은 개울)을
건널 때 무릎이 드러날 만큼 걷어 올리는 치마의 형상에서 나온 말.

동강치마〔명〕<u>치맛단이 무릎에 오는</u> 짧은 치마. ⇐ 치맛단이 동강만큼 짧은
치마.

붙여 써야 하는지, 띄어 써야 하는지 헷갈리는 말들

〔문〕 제 친구 중에 열심히 습작을 하고 있는 사람이 있는데요. 초고 일부를 보여주기
에 좀 봤는데 띄어쓰기가 긴가민가한 게 몇 가지 눈에 띄더군요. 예를 들면 "요
즘 골 속이 복잡하다"라든가 "조선소에서는 사람들이 한여름에도 그 뜨거운 뱃
속으로 깊숙이 들어가 일을 하는 건 기본이야."와 같은 것입니다. 어찌 보면 맞
는 것 같기도 하고, 어찌 보면 잘못인 듯도 하고요. '땅속'과 같은 말도 땅속으로
붙여야 하는 건지, 땅 속으로 띄어 적어야 하는 건지 몹시 헷갈립니다. 좀 쉬운
(?) 구분법은 없을까요?

〔답〕 하하하. 하필이면 우리말의 띄어쓰기 부분 중 가장 까다로운 것 중의 하나를 붙
드셨군요. 사실 아주 많은 사람들이 몹시 고생하는 것이 이 '속'이 들어간 말의
띄어쓰기 구분이랍니다. 아래에 순차적으로 설명하겠습니다.

질문하신 내용과는 좀 다르지만, 준비운동 삼아 좀 쉬운 것부터 다뤄
보겠습니다. 아래의 예문에서 **품속**의 자식과 **품 안**의 자식 중 어떤 것이
올바른 것일까요? **품속**과 **품 안**의 차이를 알면 쉽게 바른 표현을 골라
낼 수 있습니다만.

[예문 1] **품속의 자식/품 안의 자식**이란 말도 있듯이, 크면 소용없어. 그때
　　뿐이야.

[예문 2] 비밀문서를 **품속**에 단단히 챙겼다.

예문 1에서 **품속**은 품 안의 잘못입니다. '품속'이란 말이 있긴 하지만
그 뜻은 **품**(윗옷을 입었을 때 가슴과 옷 사이의 틈. 두 팔을 벌려서 안을 때의
가슴)의 속이라는 것이거든요. **품다**(품속에 넣거나 가슴에 대어 안다)도 이
'품'에서 나온 말인데 **품속**이란 결국 예문 2에서처럼 "품어서 안거나 감
출 수 있는 속"이 되고, **품 안**은 "품으로 안을 수 있는 구체적인 공간"을
뜻하는 거지요. 그러니 자식을 품어서 속으로 감추는 건 아니므로 **품속**
이 아니라, 품어 안을 수 있는 공간인 **품 안**이 올바른 말이라는 걸 알 수
있습니다. 주의할 것은 '품안'이라는 말이 없기 때문에 '품 안'으로 띄어
적어야 한다는 점이죠.

이처럼 어떤 말에 '–속'을 붙일 때, 같은 말인데도 한 낱말의 복합어인
것이 있는가 하면 반대로 띄어 써야 하는 것들도 있답니다. 꽤 신경을
써야만 올바르게 쓸 수 있는 말이지요.

예를 들면, 위 질문에 포함된 낱말들인 **머릿속/골속/뱃속**의 경우에 **머
리 속/골 속/ 배 속**으로 띄어 적어야 하는 경우도 있습니다. 미리 그 구
분 기준을 알려드리면 ①공간 분리 또는 경계 구분이 쉽지 않거나 ②추
상적인 의미를 갖게 되거나 ③관행적으로 많이 쓰이는 한자어의 동의어
일 경우는 붙여 쓰고, 그 반대로 공간 구분이 가능하거나 구체적이며,
고유어의 활용일 때는 띄어 씁니다.

예를 들어 설명해 보죠.

한 낱말인 합성어 골속은 "①머릿골의 속. ②마음속 깊이 품은 생각/
의도를 속되게 이르는 말"입니다. 그래서 "요즘 이런저런 생각으로 골속

이 복잡하다"라든가 "저놈이 무슨 생각을 하는지 통 골속을 알 수가 있어야지" 등으로 쓸 수 있고, 그럴 때는 붙여 씁니다. 추상적이며 분리 불가능 상태니까요. 하지만 구체적인 공간을 뜻하는 '골(뼈)의 안'을 뜻할 때는 골 속으로 띄어 적어야 합니다. 이를테면 "골 속에는 뼈가 없지. 뼈속에 어떻게 뼈가 또 있을 수 있나"와 같은 경우가 그렇습니다.

'마음'을 속되게 이르는 **뱃속**도 이와 같은 경우입니다. "저놈 **뱃속**을 도무지 알 수가 있어야지. 하도 꿍꿍이속이 발달된 녀석이라서 말이야" 와 같이 추상적인 의미로 쓸 때는 한 낱말의 복합어지만, "조선소에서는 사람들이 한여름에도 그 뜨거운 **배** 속으로 깊숙이 들어가 일을 하는 건 기본이야"라고 할 때는 구체적이고 분리 가능한 공간이기 때문에 띄어 적습니다.

머릿속의 경우도 비슷합니다. 한 낱말인 복합어 **머릿속**은 "상상/생각이 이루어지거나 지식 따위가 저장된다고 믿는 머리 안의 추상적인 공간"입니다. "고민거리가 많아 **머릿속**이 복잡하다"라고 말할 때의 그 '머릿속'입니다. 분리 불가능이며 추상적인 상태이기 때문에 '-속'을 붙여 한 낱말로 적습니다. 그와 반대로 두개골을 열고 수술을 한다든지 할 때는 구체적인 공간이며 분리 가능한 상태입니다. 그럴 때는 "**머리** 속에는 복잡한 신경 조직들이 많다"라고 띄어 적을 수 있습니다. ☞**머릿속**은 현재 **머리뼈안**이라는 뜻으로 의학 용어로도 올라 있으나 실제의 쓰임은 **두개골 내부** 또는 **두개골 안, 머리 안** 등과 같이 띄어 써서, 구체적으로 분리 가능한 공간의 의미로 쓰고 있다.

마지막으로 좀 까다로운 걸 다뤄보겠습니다. 위에서 관행적으로 많이 쓰이는 한자어와 동의어일 때도 붙여 적는다고 했습니다. 관행을 존중하기 위해서죠. **산속**과 **숲 속**의 경우가 그렇습니다.

둘 다 '산의 속'과 '숲의 속'이라는 뜻이지만, **산속**은 산중/산내/산간이라는 한자어로 관행적으로 많이 쓰이던 말이죠. 그래서 이 말은 한 낱말로 삼았습니다. 하지만 숲 속('임간[林間]'이라는 한자어가 있긴 하지만요)은 그보다는 관행적인 쓰임이 적기 때문에 "낱말은 띄어 쓴다"는 원칙을 따르게 된 것이랍니다. 하지만 이처럼 몹시 까다로운 말들은 아주 드문 편이고, 저 위에서 제시한 기준들만으로도 대부분의 경우는 해결할 수 있으니 크게 걱정하지 않으셔도 됩니다.

끝으로 한 가지만 더요. 이 '–속'이 들어간 말들 중에는 사이시옷을 받치는 것과 그렇지 않은 것들이 있습니다. 대부분은 발음으로 구분이 되지만, **나뭇속**(×)/**나무속**(○), **꿍꿍잇속**(×)/**꿍꿍이속**(○)의 두 말은 주의해야 합니다. 이처럼 구분해야 하는 것들을 보이면 아래와 같습니다.

▶사이시옷을 받치는 것들
머릿속/켯속/장삿속/벌잇속/조홧속[造化-]/혼잣속/안갯속/에누릿속/야바윗속/우렁잇속/바닷속/베갯속/배춧속/귓속/빗속/뱃속≒골수/핏속/콧속≒코안/뱃속/잇속₁/잇속₂/잇속₃[利-]/댓속/옷속. ☞꿍꿍잇속(×)/꿍꿍이속(○) ←발음 [꿍꿍이속]

머릿속명 ①상상/생각이 이루어지거나 지식 따위가 저장된다고 믿는 머리 안의 추상적인 공간. ②≒**머리뼈안**(머리뼈 속의 공간). [유] 뇌리, 생각

켯속명 일이 되어 가는 속사정.

장삿속명 이익을 꾀하는 장사치의 속마음.

벌잇속명 ①벌이를 하여 얻는 실속. ②벌이하는 속내.

조홧속(造化-)명 어떻게 이루어진 것인지 알 수 없는 신통한 일의 속내.

혼잣속명 저 혼자서 하는 속생각. 저 혼자의 속마음.

안갯속명 어떤 일이 어떻게 이루어질지 모르는 상태의 비유.

에누릿속명 ①에누리로 하는 속내. ②에누리를 할 수 있는 속내.

야바윗속몡 속임수로 야바위 치는 속내.

우렁잇속몡 ①내용이 복잡하여 헤아리기 어려운 일. ②품은 생각을 모두 털어놓지 아니하는 의뭉스러운 속마음.

　≒골수몡 ①뼈의 중심부인 골수 공간(骨髓空間)에 가득 차 있는 결체질. ②마음속 깊은 곳의 비유어. [유] 골, 뼛골, 골수

뱃속몡 '마음'의 속된 말. [유] 내심, 마음속, 마음

잇속₁몡 이 중심부의 연한 부분. 여기에 신경과 핏줄이 분포되어 있음.

잇속₂몡 이의 생긴 모양.

잇속₃[利-]몡 이익이 되는 실속.

댓속몡 대의 속. 그 속의 부스러기.

욧속몡 요 안에 넣는 솜/털 따위의 총칭.

▶**사이시옷을 받치지 않는 것들**

물속/땅속/몸속/입속≒입안/굴속(窟-)/품속/꿈속/가슴속≒마음속/한속/통속; 장속(欌-)/함속(函-)/골속/빈속/댓속/박속/나무속/이불속/심심산속(深深山-); 길속/글속/불속/말속/알속/일속; 셈속/심속(心-)/딴속≒딴마음/맘속/잔속/진속(眞-)/참속/계산속/꿍꿍이속/깜깜속

가슴속몡 ≒**마음속**(마음의 속). ☞마음속의 준말은 **맘속**

굴속(窟-)몡 ①굴의 안. ②[비유] 굴처럼 캄캄한 곳.

한속몡 ①같은 마음. 또는 같은 뜻. ②같은 셈속.

골속몡 ①머릿골의 속. ②[속] 마음속 깊이 품은 생각/의도.

글속몡 학문을 이해하는 정도.

불속몡 [비유] ①매우 고통스러운 지경. ②총포탄이 터지고 날아드는 속.

셈속몡 ①돌아가는 사실의 내용. ②속셈의 실상.

심속(心-)**명** 속에 품고 있는 마음.

말속명 말의 깊숙한 내면에 담긴 뜻.

길속명 익숙해져 길난 일의 속내.

딴속명 ≒**딴마음**(①주의를 기울이지 않고 다른 것을 생각하는 마음. ②처음에 마음먹은 것과 어긋나거나 배반하는 마음).

알속명 ①몰래 알린 내용. ②겉보기보다 충실한 실속. ③겉으로 드러나는 수량/길이/무게 따위의 헛것을 털어 버리고 남은 실속.

잔속명 ①세세한 속 내용. ②그리 대수롭지 아니한 일로 걱정하게 되는 마음.

진속(眞-)**명** 진짜 속내나 참된 속마음.

참속명 속에 품고 있는 진짜 생각이나 마음.

깜깜속명 어떤 것을 전혀 알지 못함. 또는 전혀 알 수 없는 일.

나무속명 ①나무줄기의 중심부에 있는 연하고 보풀보풀한 부분. ②널빤지 따위의 두 면 가운데 나무의 중심부에 가까운 면.

계산속(計算-)**명** 어떤 일이 자기에게 이해득실이 있는지 속으로 따져 봄.

꿍꿍이속명 남에게 드러내 보이지 아니하고 어떤 일을 꾸미며 도무지 모를 셈속.

덤 '-하다'가 들어간 고유어 중 가장 긴 말은?

우리말의 고유어 중에서 가장 긴 말은 몇 음절이나 될까. 현재로는 10음절어가 가장 긴 편이다. **시근벌떡시근벌떡하다**(몹시 숨이 차서 숨소리가 고르지 않고 거칠면서 가쁘고 자꾸 급하게 나입니다. 또는 그런 소리를 자꾸 내다)의 계열, **흘근번쩍흘근번쩍하다**(여럿이 다 또는 자꾸 눈을 흘기며 번쩍이다)의 계열, 그리고 **헐레벌떡헐레벌떡하다** 계열의 말들이 있다.

시근벌떡시근벌떡하다 > 새근발딱새근발딱하다 > 쌔근팔딱쌔근팔딱하다

헐레벌떡헐레벌떡하다＞할래발딱할래발딱하다
흘근번쩍흘근번쩍하다＜훌근번쩍훌근번쩍하다

이에 비하여, 북한어로는 12음절어가 있다. **떡더그르르떡더그르르하다＞딱다그르르딱다그르르하다**(작고 단단한 물건이 약간씩 튀면서 자꾸 굴러가다)가 그 말이다.

겹말, 뭐가 못미더워서 군말을 덧대었을까

역전앞(驛前-)이란 말에서 **역전**은 역의 앞쪽이므로 역전앞은 "역의 앞쪽 앞"이 되어 우스꽝스러운 중복이라고 알고 있는 터에, 친구가 자꾸만 **처갓집** 소리를 되풀이하기에 처갓집 또한 '처가(妻家)+집'의 꼴이니까 중복이라서 잘못이라고 했더니만, 그 친구는 처갓집이 올바른 말이라고 우기더군요. 과연 그런지요? 그 렇다면 그 이유가 무엇인지요?
그리고 "넓은 광장을 꽉 채운 사람들"이라는 표현을 대했는데, '넓은 광장'이라는 표현이 적절한 것인지요? 광장(廣場) 자체에 넓다는 뜻이 들어 있지 않은가요?

답 우리말 중 **겹말**(같은 뜻의 말이 겹쳐서 된 말)을 두고 종종 그런 일이 벌어지곤 합니다. 어법이 통일되면 좋은데 이따금 예외가 있어서 더욱 그러한 혼란을 부추기기도 하지요. 질문하신 **처갓집**은 현행 표준어 규정에서 인용(認容)되는 겹말표준어입니다. 그 이유는 아래에 따로 적겠습니다.

처갓집과 비슷한 **초가집/상갓집/친정집**은 물론 **낙숫물**(落水-, 처마 끝에서 떨어지는 물) 또한 관행을 존중하여 표준어로 삼은 말입니다. 다만, **역전앞**(驛前-)은 말씀하신 대로 불필요한 중복으로 보아, 역전(驛前)의 잘못으로 봅니다.

'넓은 광장'은 말씀하신 대로 부적절한 표현입니다. 광장(廣場)이라는 말 자체가 넓은 빈터라는 뜻이므로, 그야말로 과잉 친절을 베풀어 도리어 망치게 된 표현이라 할 수 있겠습니다. 이와 같이 무의식중에 덧대기를 하는 바람에 이상하게 되어버리는 것 중에는 "아침 조반은 드셨습니까?"와 같은 표현도 있지요.

낱말에 쓰인 한자어의 의미와 중복되는 것을 의식하지 못하고 사용하다 보니 잘못된 말이 되는 경우도 있습니다. 농사에 흔히 쓰이는 '지줏대'와 같은 말이 좋은 예인데요. **지주**(支柱)는 본래 "어떠한 물건이 쓰러지지 아니하도록 버티어 괴는 기둥"을 뜻하는 말로, 그 순화어가 **받침대/버팀대**일 정도로 그 자체에 '-대'의 의미가 담겨 있습니다. 그렇기 때문에 굳이 '-대'를 덧붙일 필요가 없는 말이지요.

아주 크고 훌륭한 집을 이를 때 흔히 쓰는 '대저택(大邸宅)'이란 말도 이와 비슷한데요. **저택**(邸宅)이란 말이 예전에 왕후나 귀족이 살던 집이기 때문에 "규모가 아주 큰 집"을 뜻하는 말이 되었습니다. 저택이란 말만으로도 아주 큰 집을 뜻하는데, 거기에 '대(大)-'까지 붙이는 것은 한자어의 뜻을 제대로 알지 못해서 생기는 실수라 할 수 있을 것입니다.

사례에서 보듯 **처갓집/낙숫물/역전앞** 등은 한자와 우리말이 명백하게 중복되어 쓰였습니다. 한자어로 써 놓고도 그게 못 미더워 우리말로 토를 다는 격이라고나 할까요. 그 밖에 **철교다리/족발/모래사장/무궁화꽃/농번기철/생일날/농촌마을/백주대낮/약숫물** 따위도 의미가 중복되는 말들입니다. 이 말들이 불필요한 의미 중복인 것은 이를 각각 **처가/낙수/역전**과 **철교/돼지발/사장**(沙場, 砂場)**/무궁화/농번기/생일/농촌/백주**(혹은 **대낮**)**/약수**로만 써도 뜻이 통함을 보면 쉽게 알 수 있습니다.

이렇게 불필요한 동의중복을 덧붙인 것들을 **군말**(하지 않아도 좋을 쓸데없는 군더더기 말) 혹은 **군글**이라 합니다. 이러한 군말(동의중복) 형태를 크게 나누면 명사＋명사 유형(처갓집), 형용사＋명사 유형(넓은 광장), 명사＋동사 유형(박수 치다), 부사＋부사 유형(아주 매우) 따위 외에도, "쟁

528

반같이 둥근 달/백옥같이 흰 피부/억수같이 쏟아지는 비"와 같은 상투적 표현이나 "~에 있어서(←~に 於て)→~에서"와 같은 번역 투도 있습니다.

이처럼 의미가 겹치는 명사+명사 유형의 표제어 중에서도 이런저런 사유로 표준어로 인용(認容)되고 있는 것들도 있는데요. 위의 낱말 중에서는 **처갓집/낙숫물/모래사장** 등이 그러한 표준어로 인정된 겹말인데, 이러한 말들이 표준어로 인용되는 주요한 사유는 관행을 무시할 수 없어서입니다. 이러한 관행에는 역사성과 전문성 그리고 특이성과 보편성(사용 분포와 빈도) 등도 고려되지요.

예를 들어 **처갓집**의 경우는 관행 중 역사성이 고려된 경우입니다. 우리 속담 중에 **의가 좋으면 처갓집 말뚝에도 절한다./아내가 귀여우면 처갓집 말뚝 보고도 절한다./아내가 귀여우면 처갓집 문설주도 귀엽다./색시가 고우면 처갓집 외양간 말뚝에도 절한다./장모 될 집 마당의 말뚝을 보고도 절한다.** 등이 있는데요. 이는 모두 "①아내가 좋으면 아내 주위의 보잘것없는 것까지 좋게 보다. ②한 가지가 좋아 보이면 모든 것이 다 좋아 보임"을 뜻하는 속담이죠. 이처럼 처갓집이라는 말이 오랫동안 널리 사용되어 온 관행을 무시할 수 없기 때문에, 의미 중복임을 알면서도 표준어로 인용(認容)하게 된 것이랍니다. (이 밖에도 처갓집이 들어간 속담에는 **처갓집에 송곳 차고 간다, 고자 처갓집 가듯[나들듯/다니듯]** 따위도 있습니다).

🔵 **표준 어법과 역사성**

속담과 같이 오랜 역사를 통해 관행으로 굳어진 것 중에는 현대 어법에 맞지 않는 것이 있다 하더라도 그대로 인용((認容)하는 경우가 흔하다. 예를 들어 속담 **서울이 낭이라**(서울은 낭떠러지와 같다는 뜻으로, 서울 인심이 야박함을 비유하는 말)와 **서울이 낭이라니까 과천[삼십 리]부터 긴다**(서울 인심이 야박하여 낭떠러지와 같다는 말만 듣고 미리부터 겁을 먹는다는 뜻으로, 비굴하게 행동하는 짓을 비유하는 말)와 같은 경우에 쓰인 '낭'은 '낭떠러지'를 뜻하는 고어이므로 비표준어지만, 속담으로 오늘날에도 쓰이고 있으므로 (부분적으로 살아있는 말이므로) 이를 그대로 인용(認容)하여 사전에 등재하고 있다.

이와 같은 예로는 **귀신 씻나락 까먹는 소리**(①분명하지 아니하게 우물 우물 말하는 소리를 비유적으로 이르는 말. ②조용하게 몇 사람이 수군거리는 소리를 비꼬는 말)라고 할 때의 '씻나락'도 있다. **씻나락**은 현재 **볍씨**의 방언. 하지만 일부 속담이나 관용구에서는 볍씨를 이르는 말로 쓰이고 있고, 사전에서도 그것을 인용(認容)하고 있다. 위와 같은 이유에서다. 또 속담 중에 **세우 찧는 절구에도 손 들어갈 때 있다**도 있다. **바쁘게 찧는 방아에도 손 놀 틈이 있다**와 같은 속담으로 아무리 분주한 때라도 틈을 낼 수 있음을 비유적으로 이르는 말인데, 이때 쓰인 **세우**는 '세게'의 옛말로 **몹시**의 뜻.

속담 **고와도 내 님 미워도 내 님**(좋으나 나쁘나 한번 정을 맺은 다음에야 말할 것이 없다는 말)과 **꽃 피자 님 온다**(때맞추어 반가운 일이 생김을 비유적으로 이르는 말) 등에 쓰인 '님' 또한 '임'의 옛말인데, 같은 이유로 사전에 인용되고 있다. 그러므로 이러한 용례를 벗어난 쓰임, 이를테면 〈님아, 그 강을 건너지 마오〉라든가 〈님께서 가신 그 길은〉등으로 쓰일 경우는 명백히 '임'의 잘못이므로, 작품 제목과 같은 경우가 아닌 한 일반 문서에서는 '님'으로 표기하지 않아야 한다. **님**은 이승진 님, 강길부 님 등에서처럼 '씨'보다 높여 그 사람을 이르는 의존명사로 쓰일 때뿐이며, 이때는 두음법칙이 적용되지 않는다.

참고로, "어법에는 어긋나지만 널리 쓰여 일반의 버릇으로 굳어진 소리"를 **버릇소리**(습관음)이라고 하는데, [하고]를 [하구]로 발음하는 따위가 이에 해당된다. 위의 경우들은 언중의 입에 익은 관행적 사용을 인용한 것이지만, 버릇소리들과 전혀 무관한 것으로 보기도 어렵다.

또 다른 예로 **사장**(沙場)만으로 족한데도 표준어로 인용된 **모래사장**을 살펴보겠습니다. **모래사장**과 **사장**은 동의어라는 점에서는 다른 말들과 같이 '사장' 앞에 불필요한 '모래-'가 붙은 중복어인데요. 이 '모래사장'의 일반적인 동의어로 **모래톱**도 있다는 점에서 다른 중복어들과는 조금 다른 대우(?)를 받습니다. 즉, **모래톱**은 국어학적인 낱말 뜻으로는 '모래사장'과 같이 '강가/바닷가에 있는 넓고 큰 모래벌판'이지만 지리학적인 의미로는 "강가/해안/해저에 톱날 형태로 형성된 모래 형태"를 뜻하기 때문이지요. 즉, 국어학적으로는 **모래사장/모래톱/사장**(沙場/砂場)이 동의어로 쓰일 수 있지만, 전문적인 필요성에 따라서는 구분해야 할 필요가 있는 말들이기 때문에 '모래사장'도 표준어에 들게 된 것이랍니다.

이 같은 경우는 흔히 모래뿐일 것으로 생각하게 마련인 **사막**(沙漠, 砂漠)에 대해서도, **사사막**[沙沙漠]≒**모래사막**(아주 작은 모래알만이 쌓인 사막)을 따로 인정하는 것과 유사한 경우라 할 수 있는데요. 전문적인 사막의 분류에 따르면 사막의 종류는 갖가지이기 때문에 '모래사막'을 사막의 한 종류로 인정한 것이죠.

개숫물(음식 그릇을 씻을 때 쓰는 물)이나 **개수**는 둘 다 같은 뜻으로 분류되어 있는 말인데요. 그 까닭은 두 말에 쓰인 '개수-'의 어원이 불명확하여, '개수-'에 들어 있는 '-수-'가 과연 물(水)을 뜻하는지조차 불분명하기 때문입니다. 그리하여 현재 두 말은 모두 고유어로 분류되고 있으며 **설거지물**도 복수 표준어로 처리되어 있답니다.

낙숫물(落水-)과 **낙수**(落水)의 경우도 약간 특이한 경우입니다. **낙숫물**은 "처마 끝에서 떨어지는 물"이지만, **낙수**는 "처마 끝 따위에서 빗물이나 눈/고드름이 녹은 물이 떨어짐. 또는 그 물"이기 때문이지요. 다시 말해, "처마 끝에서 떨어지는 물"일 때만 두 말은 같은 말이 되고, 그렇지 않을 때는 다른 말이 된답니다. 이처럼 **개숫물/개수**나 **낙숫물/낙수**

의 경우와 같이 어원이나 의미의 특이성을 고려하여 두 말 모두를 표준
어로 삼은 경우는 매우 드문 편입니다.

  이와 같이, 우리말 표현 중에는 명백하게 불필요한 중복/덧대기가 있
는가 하면, 중복임에도 관행을 존중하여 인용하는 것들이 있는데요. 그
러한 사례는 적지 않습니다.

▶불필요한 중복이어서 잘못인 단어들

놋주발(×)/**주발**(○)(周鉢, 놋쇠로 만든 밥그릇) ←'놋'은 불필요한 덧대기.

농번기철(×)/**농번기**(○)(農繁期, 농사일이 매우 바쁜 시기) ←'철'은 불필요한
   덧대기.

농촌마을(×)/**농촌**(○)(주민의 대부분이 농업에 종사하는 마을/지역) ←'마을'은
   불필요한 덧대기.

동해바다(×)/**동해**(○) ←고유명사로는 '동해'로 족함. 단, '동해/서해(고유명
   사) 쪽에 있는 바다'를 뜻하는 '동해 바다, 서해 바다'는 가능.

대저택[大邸宅](×)/**저택**(○) ←저택(邸宅)이 이미 '규모가 아주 큰 집'이라는
   뜻.

뒷덜미(○)(목덜미 아래의 양 어깻죽지 사이)/**덜미**(○)(① ≒**뒷덜미**. ②몸과 아주 가
   까운 뒤쪽) ←'목덜미 아래의 양 어깻죽지 사이'라는 뜻으로는 '뒷덜미'와
   '덜미' 모두 쓸 수 있는 말. 그 밖에 '덜미'에는 '뒷덜미'와 달리 '몸과 아주
   가까운 뒤쪽'이라는 뜻도 있음.

무궁화꽃(×)/**무궁화**(○) ←'꽃'은 불필요한 덧대기.

백주대낮(×)/**백주**(白晝)≒**대낮**(○)(환히 밝은 낮). ←'백주'나 '대낮' 중 하나만
   써야 함.

생일날(○)(생일이 되는 날)/**생일**(○)(세상에 태어난 날. 또는 태어난 날을 기념하
   는 해마다의 그날). ←'생일날'과 '생일' 모두 표준어임.

6월달(×)/6월(○) ←'달'은 불필요한 덧대기.

약숫물(×)/약수(○) ←'물'은 불필요한 덧대기.

역전앞(驛前-)(×)/역전(○) ←'앞'은 불필요한 덧대기.

염천교다리(×)/염천교(○) ←'다리'는 불필요한 덧대기.

지줏대(支柱)(×)/지주(○) ←'대'는 불필요한 덧대기. 지주[支柱]는 받침대/버
팀대로 순화.

해변가(海邊-): 해변가에서 '변'과 '가'의 중복. ←해변, 바닷가

종이 지질(紙質)→지질, 종이 질

전단지(傳單紙)→전단(傳單, 선전/광고 또는 선동하는 글이 담긴 **종이쪽**).

대관령 고개 ←'고개' 중복. 대관령

태교 교육 ←'-교'와 '교육' 중복. →태교

라인선줄 ←'금, 선, 줄, 라인' 중 하나로도 족함.

▶뜻은 겹치지만 관행과 사용 빈도 고려하여 표준어 인용

고목나무(古木-)≒고목(古木, 여러 해 자라 더 크지 않을 정도로 오래된 나무).

고목나무(枯木-)≒고목(枯木, 말라서 죽어 버린 나무).

개숫물≒개수(음식 그릇을 씻을 때 쓰는 물) ←어원이 불분명하여 둘 다 고유
어로 봄.

낙숫물(落水-)≒낙수(落水, 처마 끝에서 떨어지는 물). ←떨어지는 물이라 하여
모두 인정하는 것은 아니며, '처마 끝에서 떨어지는 물'로만 의미 특정.

뒷배경≒배경(①뒤쪽의 경치 ②앞에 드러나지 아니한 채 뒤에서 돌보아 주는 힘).

모래사장≒사장(沙場/砂場, 강가나 바닷가에 있는 넓고 큰 모래벌판) ←'모래톱'
과 동의어.

초가집≒초가(짚/갈대 따위로 지붕을 인 집).

처갓집≒처가

외갓집≒외가(어머니의 친정).

상갓집≒상가

해변가≒바닷가≒해변(바닷물과 땅이 서로 닿은 곳이나 그 근처).

온종일≒진종일≒종일(몡아침부터 저녁까지의 동안. 뿐아침부터 저녁까지 내내).

오랏줄≒오라

포승줄≒포승

동종 목적어인가, 의미 중첩인가

> 문 "결실을 맺다"라는 표현이 아무래도 좀 이상합니다. **결실(結實)**은 "열매를 맺다"
> 는 뜻이므로 결실 자체에 이미 '맺다'의 뜻이 들어 있는데, 다시 '맺다'를 쓰는 것
> 은 어색한 중복 아닌가요? 그리고 어떤 기사를 보니 "**과반수**를 훌쩍 넘기는 찬
> 성표가 나와 야당도 놀랐다"는 표현이 있던데, 이 또한 **과반수**에 "절반을 넘기
> 다"는 뜻이 있으므로 몹시 어색한 듯합니다. 적절한 표현인지요?

> 답 **결실(結實)**에는 "식물이 열매를 맺거나 맺은 열매가 여묾. 또는 그런 열매"라는
> 뜻이 있습니다. 즉, **열매**를 뜻하기도 합니다. 따라서 "열매를 맺다"라는 의미로
> "결실을 맺다"를 쓸 수 있습니다.

이처럼 서술어로 쓰인 동사와 같은 어근 명사로 된 목적어를 동족목
적어(同族目的語)라고 하는데요. **잠을 자다, 꿈을 꾸다**에서 '잠', '꿈' 따위
가 이에 속합니다. **결실을 맺다**는 한자어와 고유어가 함께 쓰인 경우지
만 한자어 '결(結)'에는 '맺다'라는 뜻이 있으므로 광의의 동족목적어로
볼 수 있습니다. 이러한 한자어와 고유어 결합 형태로 광의의 동족목적
어 개념에 속하는 표현의 예로는 **여운이 남다**(여운을 남기다)를 비롯하여

범행을 저지르다, 피해를 입다, 회의를 품다, 시범을 보이다 따위도 있답니다.

하지만 이러한 말들을 전부 동의 중복(의미 중첩)으로 볼 수만은 없습니다. 우리말의 특성으로 뜻글자인 한자어와 소리글자인 고유어가 어울려 쓰이면서 부분적으로 의미가 중첩되는 경우가 많기 때문이지요. 따라서 이러한 말들 중 관행과 역사성 그리고 사용 빈도를 고려하여 허용하고 있는 것들도 적지 않답니다. 참고로, 조금 전 위에서 제시된 것들은 모두 허용되고 있는 표현들이기도 합니다. 그 밖의 것들은 《표준》에서 해당 표제어의 용례들로 제시된 표현들을 참고하셔요.

질문하신 **결실을 맺다**의 경우에 정 어색하면, '맺다' 대신에 **결실을 맛보다/거두다** 등으로 바꿔 쓰면 그러한 문제점을 없앨 수 있지 않을까 싶기도 합니다.

과반수(過半數)는 "절반이 넘는 수"라는 뜻이므로, 엄격하게 해석하면 "과반수를 넘기다"라는 표현은 의미 중복으로도 보입니다만, 실제로 《표준》의 용례를 보면 이를 허용하고 있답니다. 아무래도 사용 빈도를 고려하여 동족목적어 개념을 확대 적용한 듯해요. 하지만 정확한 표현은 "절반을 훌쩍 넘기는"이라든가, "과반수를 크게 상회하는/초과하는" 등으로 하는 것이 이 **과반수**와의 관계를 말끔하게 하는 것이라 볼 수 있겠지요.

이와 관련하여, **과반수 이상**이라는 말도 '과(過)'와 '이상'이 겹치는 의미이므로 엄격히 따지면 잘못이지만, 우리나라 사람들의 '과반수 이상'이 이 말을 쓰고 있다면 그저 특이한 표현 정도로 보아서 허용해야 된다는 의견도 있답니다. 저도 마찬가지 생각입니다만. ☞ 이러한 의견의 대표적 주장자는 고종석(《국어의 풍경들》)

우리의 언어생활을 살펴보면 무의식중에 이처럼 불필요한 덧대기가 도처에서 벌어지고 있음을 알 수 있습니다. 그중에서도 뒤에 오는 명사의 뜻을 고려하지 않은 채 한자어 앞에서 습관적으로 덧붙이는 관형형이나 부사(어) 혹은 동족목적어의 남용이 특히 문제랄 수 있습니다. 이를 전문용어로는 **통사적**(統辭的, 문장 구성 요소 간의 의미적 관계와 관련된) 동의중복이라 합니다.

아래와 같은 것들이 그러한 문제적 사례에 듭니다. 괄호로 처리한 부분은 불필요한 군더더기[군말]라 할 수 있는 것이, 그 괄호 부분의 표현을 삭제해도 의미 전달에 아무 지장이 없거든요.

오류가 발견되어 (다시) **재계약**하다; 이 문서에 (함께) **첨부**하였습니다; (계속되는) 연휴; (넓은) 광장; (남긴) **유산**이라고는; (해묵은) **숙원**사업; (흘러드는) **유입량**; (잃는) **손실**이 막대하다; (따뜻한) **온정**의 손길; 유명한 예향(의 고장); (새로운) **신제품**; (밤새) **철야** 조사를 하다; 이 (어려운) **난국**; (좋은) 호평; 옆길로 들지 않고 (곧바로) **직행**하다; (새파란/푸른) **창공**; (높은) **고온**의 날씨; (아름다운) **미녀**; (제기했던) **제안**이 거절되었다; (계속) **속출**하다; (쓰이는) **용도**; (같은) 동갑; (그대로) **답습**하고; (먼저) **선수**를 치다; (맨발) **벗고** 뛰어라(나서라); (왼쪽으로) 좌회전하라; (흰/하얀) **소복**을 입고; 목숨을 건 (죽음의) **사투**

아래와 같은 사례도 자연스러운 동족목적어의 사용으로 보기 어려울 뿐만 아니라 좀 더 간결하게 표현하는 것이 도리어 효율적이고 적절할 경우가 많은 것들입니다. 이를테면, ~**(명사)을/를 ~하다**와 같은 꼴 같은 경우는 ~**(명사)+하다**의 꼴로 줄여서 표기하는 것이 더욱 효과적이고 적절한 표현이 될 때가 많은 것처럼 말이죠.

그 밖의 사례들도 경제적/효율적 글쓰기를 위해서는 퇴고 시에 반드시 동의중복 표현을 찾아내고 다듬는 군살빼기 과정이 필요하다는 걸 깨닫게 해주는 데 도움이 되는 보기들입니다.

공감을 느끼다: 쓸 수 없는 표현은 아니지만, 대체로 '공감하다'로 간결하게 표현하는 것이 더 적절할 경우가 많음. ☞공감을 느끼다로 쓸 수 있는 경우는 "남의 감정/의견/주장 따위에 대하여 자기도 **그렇게 느끼는 기분**"을 뜻하고, **공감하다**는 "남의 감정/의견/주장 따위에 대하여 자기도 **그렇다고 느낌**"의 의미일 때임. ¶**공감하다**

박수를 치다: 박수(拍手)는 "기쁨/찬성/환영을 나타내거나 장단을 맞추려고 두 손뼉을 마주 침"이므로 **박수하다**가 더 적절함. ¶**박수하다; 박수갈채하다**

상을 수상하다: "○○상을 수상(受賞)하다"와 같은 경우는 가능한 표현.

상장을 수여해주다: '주다' 의미 중복. **상장을 수여하다**(授與−, 증서/상장/훈장 따위를 주다)/**상장을 주다**가 적절함.

식겁먹다: 식겁(食怯) 자체가 "뜻밖에 놀라 겁을 먹음"의 뜻이며, '식겁먹다'는 없는 말로 **식겁하다**의 잘못.

빨래를 빨다/축구를 차다: **빨래하다/축구하다** 등의 간결한 표현이 나으며 '묵은 빨래(를) 하다, 동네 축구(를) 하다' 등의 경우엔 그 앞에 수식어가 있으므로 원칙대로 띄어 씀. '축구 차다'의 경우는 '蹴'과 '차다'의 중복. ¶**빨래하다; 축구하다**

낙엽이 떨어지다: **낙엽이 지다**는 가능함. (낙엽에는 '나뭇잎이 떨어짐'과 '말라서 떨어진 나뭇잎'의 두 가지 뜻이 있는데, 후자의 경우에는 '지다'를 동족목적어 계열로 보아 인용되는 표현임). 이러한 낱말 중복의 유사 사례로는 **회의를 품다/결실을 맺다/시범을 보이다** 등이 있으나, 같은 뜻을 지닌 한자어와 고유어의 어근 공유로 보아 틀린 표현으로 보지는 않음. 반면, '밖으로 표출되다'와 같은 것은 동족목적어 개념과 전혀 다르므로 명백

히 불필요한 낱말의 중복으로 봄.

수확(收穫)을 거두다: 수확(收穫, 익은 농작물을 거두어들임). →수확하다, 수확을 보다

혹사시키다: '使'와 '시키다'의 중복. →혹사하다

연휴(連休)가 계속되어: →휴일(休日)이 계속되어/연휴가 되어/연휴라(서)

원고 많이 투고하세요: 투고(投稿, 의뢰를 받지 아니한 사람이 신문/잡지 따위에 실어 달라고 원고를 써서 보냄)→많이 투고하세요

농담 비슷하게 농담조로 한 말이었다: '비슷하게'와 **농담조**의 '조(調, 말투나 태도)'의 느낌 중복. →'농담 비슷하게 한 말이었다' 혹은 '농담조로 한 말이었다'

이런 결과로 인해: →이래서/이런 결과로

−ㄹ 수 있을 것이라고 생각할 수 있다: →−ㄹ 수 있을 듯하다.

최고 으뜸이다: '최고'와 '으뜸' 의미 중복. →최고다/으뜸이다

대략 절반쯤은: '대략'과 '쯤'의 중복→대략 절반은/절반쯤은

자매결연(姉妹結緣)을 맺다: '결연(結緣)'에 '맺다'의 뜻 포함. →자매결연하다

여행 기간 동안: '기간'에 '동안'의 뜻 포함→여행 기간에/여행 동안에

그럴 수 있는 가능성: '가능성(可能性)'에 이미 '−럴 수 있는'의 뜻 포함 → 그럴 가능성

거의 대부분의 학교: '대부분(大部分)' 자체에 '거의'의 뜻 이미 포함→대부분의 학교

기타 다른 것: '기타(其他)'에 '다른 것'의 의미 포함→기타/다른 것

최근에 들어: '최근(最近)' 자체만으로 부사적 의미 충분→최근에/요즘 들어

쥐 죽은 듯이 고요한 밤/쟁반같이 둥근 달/백옥같이 흰 피부/억수같이 쏟아지는 비: '쥐 죽은 듯'은 '매우 조용한 상태'의 비유어인데 '고요한'과 중복인 것과 마찬가지로, '쟁반같이'와 '둥근', '백옥같이'와 '흰', '억수같

이'와 '쏟아지는'도 한쪽이 비유 구조인 것만 다를 뿐 결국 같은 뜻을 보이는 동의 중복 내지는 유사어 반복. 상투적 어법으로 참신한 표현을 찾을 필요가 있다.

~에 있어서: 이는 일본어 [~に 於て]의 번역 차용 어법. '있어서'가 중복이므로 '~에서'로 가다듬는 게 간동하고 간결하다.

☞ **접속사와 동의 중복**: 문장이 바뀔 때마다 같은 뜻의 접속부사인 **따라서/그러므로**가 교대로 나타나거나 **그러나/하지만** 등이 교대로 나타나는 경우까지도 부사성 군살로 보아 통사적 동의중복 현상으로 보는 이도 있다. (민현식)

2월말경께: →**2월말경/2월말께**의 잘못. **경(頃)/께**는 **무렵/쯤**을 뜻하는 같은 의미의 접사.

닭 벼슬: →**볏**의 잘못. **볏** 자체가 "닭/새 따위의 이마 위에 세로로 붙은 살 조각"을 뜻하므로 덧붙일 필요가 없으나 굳이 사용하려면 '닭(의) 볏'으로 띄어 적어야 함.

제수용품(祭需用品): →**제수(祭需)**의 잘못. **제수**는 그 자체가 "제사에 쓰이는 여러 가지 재료/음식물(祭物)"을 뜻하므로 뒤에 붙는 '용품'은 군더더기. 그러나 **생활용품/휴가용품/등산용품** 등은 의미 중복이 없으므로 가능함.

영업용 택시: 자가용, 즉 비영업용 택시는 없으므로 **택시**만으로 족함.

☞**수훈갑/수훈 갑**: **갑(甲)**은 "차례/등급을 매길 때 첫째"를 이르는 말로 **으뜸**과 같은 명사. 그러므로 낱말을 띄어 쓴다는 원칙에 따라 '수훈 갑'으로 띄어 적어야 하며, '수훈갑'은 잘못.

라인 선상에 떨어졌다: **상(上)**은 불필요하며, '라인 선'의 경우도 '라인'이나 '선' 중 하나만으로 족함.

난항을 겪을 것으로: **난항일 것으로** 족함. **난항을 겪다**는 '난항' 자체에 몹시 어렵게 항행한다는 뜻이 있으므로 **난항하다**로 족함. ☞**조난당한/봉변당한**: **조난한/봉변한**으로 충분. 그런 하찮은 일에 **구애받아서야**: **구애되어서야**의 잘못.

자문(諮問)을 구하다: ~에게 자문합니다. **자문에 응하다**로 쓰여야 올바름. **자문(諮問)** 속에는 묻는다는 의미가 두 번이나 들어 있으므로, '자문을 구하다' 대신에 **자문을 하다**가 되어야, 묻는다는 의미가 됨. 아울러 <u>'자문'</u>은 윗사람이 아랫사람의 의견을 묻는 경우에 쓰이는 말로, 아랫사람이 윗사람에게 묻는 게 아니므로, 고친 표현으로 쓰는 것이 올바른 쓰임임.

원년의 해: **원년**으로도 족함. 의미 중복.

소띠 해: 소해/소띠의 잘못.

애시당초: 애당초의 잘못. 불필요한 '시(始)'를 덧붙인 말.

🈁 '탕'과 '국'은 어떻게 다른가?

[예제] <u>토란대</u>로 끓인 <u>토란탕</u>도 일품이지. ➪ '토란대'는 맞음. **토란국**의 잘못.

소고깃국 중에서는 <u>간막탕</u> 맛이 별미지. ➪ **간막국**의 잘못.

탕(湯)은 **탕국**과 동의어로 "제사에 쓰는, 건더기가 많고 국물이 적은 국"을 말한다. 즉, **국**(고기/생선/채소 따위에 물을 많이 붓고 간을 맞추어 끓인 음식) 중에서도 제사에 쓰는 것을 '탕'이라 하는 것이다. **닭볶음탕** 같은 경우는 건더기가 많고 국물이 적기 때문에 '국'이 아닌 '탕'이라 하며, '-탕'은 대체로 한자어와 결합될 때가 많지만, **꺽지탕/꺽저기탕/닭탕/갈비탕**과 같이 관행적으로 굳어진 것들도 있다.

참고로, 예제에 보이는 **토란대**는 예전에 **고운대**의 잘못이었으나 최근 복수표준어로 인정된 말이며, **간막국**은 "소의 머리/꼬리/가슴/등/볼기/뼈/족/허파/염통/간/처녑/콩팥 따위를 조금씩 고루 다 넣고 끓인 국"을 이르는 말이다.

있이 살자
그리고 좋은 건 살려 쓰자

우리말에서의 '없다'와 '있다'

문 "우리나라 사람들은 긍정적인 표현보다 부정적인 표현을 월등하게 많이 사용한다."는 조사 결과를 본 적이 있습니다. 예컨대, **볼품**(겉으로 드러나 보이는 모습)이라는 중립적인 말에서조차도 **볼품없다/볼품사납다**라고들 하지, '볼품있다'는 쓰는 이도 없을뿐더러 그런 말 자체가 사전에 없다면서요. 그때 언뜻 우리말 중에는 **재미있다/맛있다/값있다**와 같이 긍정적인 표현을 담는 '-있다'가 붙은 말들이 아주 적고, 그 대신 없거나 모자라거나 쓸데없다는 부정적인 의미를 보태는 '-없다'가 붙은 말들이 훨씬 더 많은 탓도 있다고 본 것 같은데, 어느 정도인지요?

답 좋은 질문입니다. 사실 우리말 중에 긍정적인 의미를 담고 있는 접미사 '-있다'가 쓰여서 만들어진 말들은 많지 않습니다. 흔히 쓰는 말들로는 **재미있다/맛있다/멋있다/뜻있다/관계있다≒상관있다/값있다/가만있다** 정도이고, 드물게 쓰이는 것으로는 **빛있다/지멸있다/다기있다**(多氣-)≒**다기지다** 정도입니다. 모두 20개에도 못 미칩니다. 그 반면, '-없다'가 접미사로 쓰인 말들은 어림잡아 140여 개나 되지요.

　우리말에 이런 부정적인 의미를 담은 '-없다'라는 말이 그처럼 많고, 그와 반대로 긍정적인 의미를 지닌 '-있다'라는 말이 겨우 열댓 개 남짓이라는 것. 그것은 우리가 부정적인 쪽에 훨씬 더 많이 치우쳐 살아내고 있다는 것을 은연중에 드러내고 있는 것은 아닐까요.

　긍정적으로 살기. 그 출발은 어쩌면 쉬운 일인지도 모르겠습니다. '-있다'가 들어간 말을 될수록 자주 그리고 많이 쓰는 것입니다. 우선 그 출발로, **멋있다/맛있다/뜻있다/재미있다** 네 가지 말만이라도 자주 써보면 어떨까요. 마음만이라도 **있이** 사는 거죠. **없이** 사는 것보다 백 배 낫고, 게다가 말은 돈도 들지 않습니다. 말은 (하이데거의 말대로) 생각의 집인 까닭에, 생각이 바뀌면 행동도 바뀌는 법이니까요.

'–있다'와 '–없다'가 접미사로 쓰인 낱말

▶'–있다'가 접미사로 기능하는 낱말('가만있다' 외에는 모두 형용사)

• **상대어가 있는 것**

재미있다↔재미없다, 맛있다↔맛없다/밥맛없다, 멋있다↔멋없다, 관계있다/상관있다↔관계없다/상관없다, 값있다↔값없다

• **상대어가 없는 것**

뜻있다↔뜻없다(×), 가만있다, 빛있다(곱거나 아름답다), 지멸있다(꾸준하고 성실합니다. 직심스럽고 참을성이 있다), 다기있다[多氣–]≒다기지다(마음이 굳고 야무지다).

▶'–없다'가 접미사로 기능하는 낱말

• **띄어쓰기에 주의해야 할 낱말들**

어처구니없다≒어이없다/터무니없다/버릇없다/의지(依支)가지없다/정신(精神)없다/보잘것없다≒볼품없다/밥맛없다/빈틈없다/물샐틈없다/하잘것없다/간데없다/갈데없다/간곳없다/난데없다/온데간데없다≒간데온데없다/쓸데없다/거침없다/인정사정(人情事情)없다/진배없다≒다름없다/허물없다≒스스럼없다/아랑곳없다

• **기타 낱말들**

가없다≒한(限)없다/끝없다/꼼짝없다/꿈쩍없다/그지없다/끊임없다/다름없다/두말없다/쩍말없다/대중없다/맛없다/상관없다≒관계없다/소용(所用)없다≒쓸데없다/숨김없다/싹없다≒싹수없다(장래성이 없다)/유감(遺憾)

없다/재미없다/지각(知覺)없다/틀림없다/형편없다/철없다/속없다/지각없다/일없다/자발머리없다≒자발없다/덧없다/힘없다/문제(問題)없다/부질없다/어림없다/느닷없다/멋없다/실(實)없다/더없다/끄떡없다≒까딱없다/유례(類例)없다/한량(限量)없다('그지없다'로 순화)/아낌없다/속절없다≒덧없다/영락(零落)없다≒틀림없다/변함없다/하염없다≒끝없다/철없다/세월없다/손색(遜色)없다/수(數)없다/주책없다/맥(脈)없다/분별(分別)없다/하릴없다/뜬금없다/어김없다/염치(廉恥)없다/가뭇없다/꾸밈없다/다시없다/속없다/채신머리없다≒처신없다/치신없다/채신없다/멋없다≒구성없다/싹수없다/가량(假量)없다/여지(餘地)없다(단, '가차 없다')/열없다/턱없다/간단(間斷)없다/낯없다/기탄(忌憚)없다/막힘없다/만유루(萬遺漏)없다/무람없다/빠짐없다/사정(事情)없다/서슴없다/얌치없다/경황(景況)없다

• **뜻풀이에 주의해야 할 말들**

거추없다[형] 하는 짓이 어울리지 않고 싱겁다.

깔축없다(-縮-)[형] 조금도 축나거나 버릴 것이 없다.

구성없다[형] 격에 어울리지 않다.

귀성없다[형] 듣기에 그럴듯한 맛이 없다.

드팀없다[형] 틈이 생기거나 틀리는 일이 없다. 조금도 흔들림이 없다.

바이없다[형] ①어찌할 도리/방법이 전혀 없다. ②비할 데 없이 매우 심하다.

여들없다[형] 행동이 멋없고 미련하다.

쩍말없다[형] 썩 잘되어 더 말할 나위 없다.

헐수할수없다[형] ①어떻게 해 볼 도리가 없다. ②매우 가난하여 살아갈 길이 막막하다.

사날없다[형] 붙임성이 없이 무뚝뚝하다.

옴나위없다[형] ①꼼짝할 만큼의 적은 여유도 없다. ②어찌할 도리가 없다. 달리 표현할 방법이 없다.

위없다[형] 그 위를 넘는 것이 없을 정도로 가장 높고 좋다.

외상없다[형] 조금도 틀림이 없거나 어김이 없다.

오줄없다[형] 하는 일/태도가 야무지거나 칠칠하지 못하다.

꾸김없다휑 숨기거나 속이는 데가 없이 정정당당하다.

다함없다휑 그지없이 크거나 많다.

드리없다휑 경우에 따라 변하여 일정하지 않다.

물색없다휑 말/행동이 형편에 맞거나 조리에 닿지 아니하다.

바닥없다휑 밑이나 끝이 없다. 하향세가 지속적이거나 깊이가 깊다.

변모없다(變貌-)휑 ①남의 체면을 돌보지 아니하고 말/행동을 거리낌 없이 함부로 하는 태도가 있다. ②융통성이 없고 무뚝뚝하다.

볼썽없다휑 어떤 사물의 모습이 보기에 역겹고 보잘것없다.

분개없다(分槪-)휑 사리를 분별할 만한 슬기가 없다.

빛없다휑 ①생색/면목이 없다. ②보람이 없다.

세상없다(世上-)휑 세상에 다시없다. 비할 데 없다.

시름없다휑 ①근심/걱정으로 맥이 없다. ②아무 생각이 없다.

얼씬없다휑 눈앞에 잠깐이라도 나타나는 일이 없다.

얼없다휑 조금도 틀림이 없다.

연득없다휑 갑자기 행동하는 면이 있다.

엉터리없다휑 정도/내용이 전혀 이치에 맞지 않다.

여부없다(與否-)휑 조금도 틀림이 없어 의심할 여지가 없다.

염의없다(廉義-)휑 예의를 잊고 부끄러움이 없다.

외수없다(外數-)휑 예외 없거나 틀림없다.

위불위없다(爲不爲-)휑 틀림/의심이 없다.

윤척없다(倫脊-)휑 글/말에서 횡설수설하여 순서와 조리가 없다.

지망없다(志望-)휑 뜻하여 바라는 것이 없다.

종없다≒종작없다휑 말/태도가 똑똑하지 못하여 종잡을 수가 없다.

측량없다(測量-)휑 한이나 끝이 없다.

피차없다(彼此-)휑 그쪽이나 이쪽이나 서로 나을 것도 못할 것도 없다.

값없다휑 ①물건 따위가 너무 흔하여 가치가 별로 없다. ②물건이 값을 칠 수 없을 정도로 아주 귀하고 가치가 높다. ③보람/대가 따위가 없다.

두미없다(頭尾-)휑 앞뒤가 맞지 아니하고 조리가 없다.

본데없다[형] 보고 배운 것이 없다. 행동이 예의범절에 어긋나는 데가 있다.

분수없다(分數-)[형] ①사물을 분별할 만한 지혜가 없다. ②자기 신분에 맞지 아니하다.

세월없다(歲月-)[형] 언제 끝날지 짐작이 가지 아니할 정도로 일이 더디거나 끊임없다.

상없다(常-)[형] 보통의 이치에서 벗어나 막되고 상스럽다.

성명없다(姓名-)[형] 세상에 그 이름이 널리 알려져 있지 않다.

예제없다[형] 여기나 저기나 구별이 없다.

위불위없다(爲不-)[형] ≒**위불위없다**(틀림/의심이 없다).

찜없다[형] ①맞붙은 틈에 흔적이 전혀 없다. ②일이 잘 어울려서 아무 틈이 생기지 아니하다.

체수없다(體-)[형] 매우 경망하고 좀스럽다.

태없다(態-)[형] ①사람이 뽐내거나 잘난 체하는 빛이 없다. ②맵시가 없다.

너나없다[형] 너나 나나 가릴 것 없이 다 마찬가지다.

문 부사 **말없이** 있잖습니까? 저는 그것이 형용사 '말없다'의 어근에 부사형 어미 '-이'가 붙은 활용형인 줄 알았는데, '말없다'라는 형용사는 아예 없는 말이더군요. 그리고 '쉴새없이'를 한 낱말의 부사로 알고 있었는데《표준》을 보니 **쉴 새 없이**의 잘못이었습니다. 이처럼 '-없이'가 들어간 부사형 말들도 간단치가 않더군요.

답 하하하. 빼어난 관찰력입니다. 말씀하신 대로 '말없다'라는 형용사는 없습니다. 비슷한 꼴인 **두말없다/쩍말없다**는 있지만요. 그처럼 형용사의 활용형이 아닌 단독부사로만 쓰이는 것으로는 **더덜없이**(더하거나 덜함이 없이)/**마수없이**(갑자기 난데없이) 따위를 예로 들 수 있겠네요.

질문에서 언급하신 '부사형 어미'라는 용어는 요즘 학교 문법에서는 보조적연결어미(補助的連結語尾)로 그 명칭이 바뀌었습니다. 동사나 형

용사 따위의 어간에 활용어미 '-아/어', '-게', '-지', '-고' 따위가 붙어 부사와 같은 구실을 하는 활용형을 만드는 어미들을 이르는 말이죠.

쉴새없이(×)와 같이 일부 사전에서《표준》과 달리 한 낱말의 파생어로 잘못 규정한 것들이 좀 있습니다. **밑도끝도없이**(밑도 끝도 없이의 잘못), **철딱서니없이**(철딱서니 없이의 잘못), **흥허물없이**(흉허물 없이의 잘못), **가차없이**(가차 없이의 잘못) 등입니다. 글자 그대로의 뜻일 때는 굳이 한 낱말의 복합어로 삼을 이유가 없기 때문이죠.

하지만 이와 반대로 한 낱밀의 파생부사이기 때문에 띄어쓰기에서 주의하여 붙여 써야 하는 말들이 제법 됩니다.

'-없이'가 붙은 부사의 붙여 쓰기

▶흔히 쓰이는 말들

말없이/변함-/너나-≒네오내오-/뜬금-/막힘-/간곳-/경황(景況)-/꾸김-/갈데-/난데-/본데-/쓸데-≒소용/간데온데-≒온데간데-/피차(彼此)-/철-/물샐틈-/아랑곳-/어처구니-/하잘것-/터무니-

▶비교적 드물게 쓰이는 말들

다함없이團 그지없이 크거나 많게.

두미없이(頭尾-)團 앞뒤가 맞지 아니하고 조리가 없이.

드팀없이團 틈이 생기거나 틀리는 일이 없이. 조금도 흔들림이 없이.

매일없이(每日-)團 날마다. 거의 날마다.

밥맛없이團 아니꼽고 기가 차서 정이 떨어지거나 상대하기가 싫게.

바닥없이團 ① 밑이나 끝이 없이. 하향세가 지속적이거나 깊이가 깊게.

볼썽없이團 어떤 사물의 모습이 보기에 역겹고 보잘것없이.

분개없이(分槪-)團 사리를 분별할 만한 슬기가 없이.

사날없이團 붙임성이 없이 무뚝뚝하게.

얼씬없이튀 눈앞에 잠깐이라도 나타나는 일이 없이.

염의없이(廉義-)튀 예의를 잊고 부끄러움이 없이.

외상없이튀 조금도 틀림이 없거나 어김이 없이.

예제없이튀 여기나 저기나 구별이 없이.

측량없이(測量-)튀 한이나 끝이 없이.

더덜없이튀 더하거나 덜함이 없이. '더덜없다'는 없는 말.

마수없이튀 갑자기 난데없이. '마수없다'는 없는 말.

치신없이≒채신없이튀 말/행동이 경솔하여 위엄이나 신망이 없이.

옴나위없이튀 ①꼼짝할 만큼의 적은 여유도 없이. ②어찌할 도리가 없이. 달리 표현할 방법이 없이.

위불위없이(爲不爲-)튀 틀림이나 의심이 없이.

네오내오없이≒너나없이튀 너나 나나 가릴 것 없이 다 마찬가지로.

덥 사전에 없다고 해서 쓸 수 없거나 비표준어인 것은 아니다

사전에 없는 '투덜이/덩달이'는 비표준어인가?

투덜이의 경우 《표준》에서 접미사 '-이'의 용법을 확인해 보면 다음과 같다.

- **이**접 몇몇 명사/어근/의성·의태어 뒤에 붙어 '사람/사물'의 뜻을 더하고 명사를 만드는 접미사. ¶**절름발이/애꾸눈이/멍청이/똑똑이/뚱뚱이/딸랑이/덜렁이≒덜렁쇠/짝짝이**.

이로 보아 **투덜거리다/투덜대다**의 어근 원형인 '투덜'을 이용한 **투덜이**라는 말을 만드는 것도 가능하다. 그러므로 투덜이가 사전에 표제어로 등재되어 있지는 않지만, 비표준어인 것은 아니다. 사전에 없는 **덩달이** 역시 이와 같다.

이렇듯 사전에 없는 말이라고 해서 표준어가 아니라고 볼 수는 없다. 합성/파생의 방법으로 말을 만들어 쓸 수도 있고, 의성어/의태어와 같은 경우는 세상에 존재하는 모든 말을 다 사전에 수록할 수

는 없기 때문이다.

이와 비슷한 경우로, 사전에 없는 **줄도산/줄사고** 등의 말을 사용할 수 있는가 하는 문제가 있다. 답은 '쓸 수 있다'이다. 접사 '줄-'이 지니고 있는 **생산성**(조어법에서 어떤 접사가 새로운 어휘를 파생시킬 수 있는 정도) 덕분이다.

줄-은 다음에서 보듯 '잇따라(잇달아)'의 뜻을 더하는 생산성이 있는 접사이므로, 사전에 없는 말이라 하더라도 **줄도산/줄사고** 등은 사용할 수 있다. 그래서 전에는《표준》의 표제어에 없던 **줄사표/줄소환/줄파업** 등이 신어 목록에도 올라와 있는데, 이것은 표제어 등재 여부와 무관하게 '줄-'의 생산성을 인정한 사례라 할 것이다. 현재 접사 '줄-'이 들어간 말 중《표준》의 표제어로 보이는 것은 다음과 같다: ¶**줄행랑/줄담배/줄초상**(-初喪)≒**연상**(連喪)/**줄걸음**≒**줄행랑/줄번개/줄벼락/줄폭탄**(-爆彈)/**줄포탄**(-砲彈)/**줄봉사/줄기침/줄방귀/줄따귀/줄도망**(-逃亡)/**줄도망질/줄초풍**(-風).

사전에 없는 말: '행사도우미'인가, '행사 도우미'인가?

국립국어원의 신어 목록을 보면 **가사도우미**〔家事-≒파출부(派出婦)〕, **경로도우미**(敬老-, 실버시터의 순화어), **길도우미**(내비게이션의 순화어), **민원도우미**(옴부즈맨의 순화어) 등이 있다. 즉, 형태론적으로 보면 **도우미**를 합성어를 만드는 형태소로 활용하고 있음을 알 수 있다. 따라서 **행사도우미** 역시 한 낱말의 합성어이므로 붙여 적어야 한다.

☞ 이와 같이 순화어로 정해져 적극 사용되어야 할 말들은 머지않아 정식으로 사전의 표제어로 오를 것들이기 때문에, 앞서 언급한 **준표준어**에 든다. 아직 사전의 표제어로는 등재되어 있지 않은 말들이지만, 자신 있게 사용해도 된다.

조금만 돌아보면 살려 쓸 말들이 많다

문 이야기 중에 40대 초반의 어느 사람이 "거기까지는 한 시간 거리는 **좋이** 됩니다."라고 하더군요. 처음에는 나이도 많지 않은 사람이 옛말을 쓴다고만 생각하고 그냥 흘려들었는데 곰곰 생각해 보니 참 좋은 말이라는 생각이 들었습니다. 그리고 나중 일이긴 하지만, "요즘에는 도리어 **없이** 사는 사람이 더 이웃돕기를 많이 합니다."에서처럼 **없이**라는 말도 사용하기에 따라서는 단출하게 깔끔하면서도 뜻 깊은 말이라는 생각이 들었습니다. 이런 말들이 또 있는지요?

답 좋은 질문입니다. 그리고 그처럼 언어생활에서 접하는 말들을 그냥 흘려보내지 않고 곱씹거나 뒤돌아보는 것은 아주 좋은 버릇이기도 하지요. 언어생활에 깊이가 있고 폭이 넓은 사람은 그 삶의 깊이와 폭도 언어를 닮아 깊어지고 넓어지게 마련이니까요.

좋이는 "①마음에 들게. ②거리/수량/시간 따위가 어느 한도에 미칠 만하게. ③별 탈 없이 잘"을 뜻하는 부사인데, 옛말이 아니랍니다. 버젓이 싱싱하게(?) 살아있는 현대어지요. 위에서 쓰인 예 말고도 "나쁘 생각 말고 좋이 생각하렴." / "좋이 지내고 있는 사람을 시끄러운 세상으로 불러내지 마시게." 등으로 쓸 수 있는 좋은 말입니다. 상대어로는 **싫이/나쁘**가 있고요.

질문에서 언급하신 **없이**는 그 상대어가 **있이**인데, "경제적으로 넉넉지 못하게"라는 뜻이지만 비유적으로도 넓혀 쓸 수도 있는 말이랍니다. **없이**는 아주 쓸모가 많은 말인데, 부사로 쓰일 때는 아래의 문례에서처럼 띄어 써야 해서 은근히 까다로운 말이기도 하지요.

이처럼 부사를 만드는 접미사 '-이'를 사용하여, 옛말처럼 보이기도 하지만 살려 쓰면 멋진, 그런 간결한 부사 몇 가지를 정리하여 보이면 다음과 같습니다.

싫이↔**좋이**[月] 마음에 들지 아니하게. ¶그 사람 말을 싫이 생각 마시게.

좋이[月] ①마음에 들게. ②거리/수량/시간 따위가 어느 한도에 미칠 만하게. ③별 탈 없이 잘.

나삐[月] 좋지 않게. ¶그런 말을 나삐만 생각 마시게. 자넬 위해서 하는 말이니.

시쁘[月] 별로 대수롭지 않은 듯하게.

옳이[月] ①사리에 맞고 바르게. ②격식에 맞아 탓하거나 흠잡을 데가 없게. ¶아이가 도움도 없이 혼자서 한복을 옳이 차려입있더군.

있이↔**없이**[月] 경제적으로 넉넉하게.

없이[月] ①어떤 일/현상/증상 따위가 생겨 나타나지 않게. ¶사고 없이 큰 공사를 끝내게 되어 정말 다행이다. ②어떤 것이 많지 않은 상태로. ¶초대를 해 놓고 찬 없이 밥상을 차려 정말 죄송합니다. ③재물이 넉넉하지 못하여 가난하게. ¶없이 사는 설움은 겪어 보지 않으면 모르는 법이지. ④어떤 일이 가능하지 않게. ¶그가 살아 있다니 더할 수 없이 기뻤다; 행렬은 끝이 없이 계속되고 있었다. ⑤사람/사물 또는 어떤 사실/현상 따위가 어떤 곳에 자리나 공간을 차지하고 존재하지 않게. ¶너 없이 못 살아; 구름 한 점 없이 파랗던 하늘에 갑자기 먹구름이 끼기 시작했다. ⑥어떤 물체를 소유하고 있지 않거나 자격/능력 따위를 갖추고 있지 않게. ¶실력도 없이 자기 자랑만 하는 사람; 모아 둔 돈도 없이 결혼을 하겠다고? ⑦일정한 관계를 가진 사람이 존재하지 않게. ¶그는 부모 없이 자랐다; 형제 없이 홀로 자란 아이는 사회성이 부족하다고들 한다. ⑧어떤 사람에게 아무 일도 생기지 않게. ¶아무 일도 없이 그저 세월만 흘러갔다; 특별한 일 없이는 전화를 하지 마라. ⑨이유/근거/구실/가능성 따위가 성립되지 않게. ¶아무 근거도 없이 남을 모함하지 마라; 어느 날 그녀는 아무 이유도 없이 결근했다. ⑩상하/좌

550

우/위계 따위가 구별되지 않게. ¶ 위아래도 없이 아무에게나 반말을 해
대는 못된 버릇.

　'–이'처럼 명시적으로 부사를 만드는 접미사 대우를 받는 것이 있는가
하면 그렇지 않은 것도 있는데(《표준》의 표제어에서 빠져 있는 것), 그중 대
표적인 것으로 '–우'가 있습니다.

　이를테면 "그놈 참 의심은 되우 많네."에 쓰인 **되우**는 **되게/된통**과 같
은 말로 "아주 몹시"의 뜻인데, 이 말은 **되다**(몹시 심하거나 모질다)의 어
근 '되'에 '우'가 결합한 말로 분석됩니다. **재우**(매우 재게)나 **외우**(①외따
로 떨어져. ②늑**멀리**) 등도 이와 같이 각각 **재다**(동작이 재빠르다)와 **외다**
(①피하여 자리를 조금 옆으로 옮기입니다. ②피하여 도망가다)의 어근에 '우'
가 결합되어 만들어진 부사들이랍니다.

　"여인은 위험스러울 정도로 물가에 바투 다가갔다"거나, "결혼식 날짜
를 그처럼 바투 잡으면 어떻게 하나" 등에서 보이는 **바투**도 이러한 꼴로
만들어진 말이지요. **밭다**(시간이나 공간이 다붙어 몹시 가깝다)의 어근 '밭'
에 '우'가 붙은 것으로 분석됩니다. **근시**(近視)의 고유어인 **바투보기**에 쓰
인 '바투' 또한 이와 같답니다. **도두**(위로 높게) 역시 [돋+우]에서 비롯된
말이고요. 그 밖에 이 '우'가 **얕추/잦추/조추/얼추** 등에서처럼 발음 편
의상 '추'로 바뀌어 결합했거나 변형된 것들도 있답니다.

　이처럼 '우' 또는 '추'가 부사를 만드는 접미사로 기능한 말들도 제법
되는데, 아래에서 보듯 언어경제적인 면에서나 아름다움의 측면에서도
살려 쓸 멋진 말들이라 하겠습니다. 작가나 기자, 그 밖에 저술을 하시
는 분들이나 글쓰기를 좋아하시는 분들이 조금만 신경을 써서 사랑해
주면 이내 널리 번질 수도 있는 말들이지요.

되우≒**되게/된통**🅟 아주 몹시. ¶우린 그날 부모님들께 되우 혼났다.

도두🅟 위로 높게. [←돋+우] ¶딸아이는 줄을 서면서 살짝 까치발로 도두 섰다.

바투🅟 ①두 대상/물체의 사이가 썩 가깝게. ②시간/길이가 아주 짧게. [←밭 +우]

재우🅟 매우 재게. ¶여인은 양팔을 재우 흔들면서 서둘러 걸었다.

외우🅟 ①외따로 떨어져. ②≒**멀리**. ¶마을 끝에 외우 서 있는 집 한 채가 우리 집.

세우🅟 '세게'의 옛말. (일부 속담에 쓰여) '몹시(세게)'. [속담] 세우 찧는 절구에도 손 들어갈 때 있다≒바쁘게 찧는 방아에도 손 놀 틈이 있다.: [비유] 아무리 분주한 때라도 틈을 낼 수 있음.

얕추🅟 너무 깊지 않고 얕게. ¶배추씨는 얕추 심어야 한다.

잦추🅟 잦거나 잰 상태로. ¶너무 잦추 보채지 말고, 좀 기다리렴.

조추🅟 차차 나중에. ¶때가 되면 조추 자종지종을 알려주마.

얼추🅟 ①어지간한 정도로 대충. ②어떤 기준에 거의 가깝게. [유] 거반/거지반/거의

문 제 친구 중에 소설가 이문구 씨의 열성 팬이 있습니다. 그 친구와 이야기를 하다 보면 제가 전혀 알아듣지 못하거나 그저 짐작으로만 때우곤 하는 말들이 있습니다. 예를 들면 **다다/뚜벙/만손/바이/짜장**과 같은 말이 그런 것들인데, 모두 버젓한 표준어라고 하더군요. 그 바람에 어느 때는 이야기를 나누면서 번역(?)을 부탁해야 할 때도 있습니다. 웃어야 할지 울어야 할지 모르겠습니다만, 표준어인 것은 맞나요? 그리고 실은 저도 할 수 있으면 그런 멋진 말들을 친구 몰래 익혀서 어느 날 놀라게 해주고 싶습니다. 그래서 드리는 부탁인데요. 우리말 도사(?) 친구를 누를 수 있는 그런 멋진 말들을 몇 가지만 살짝 알려주십시오.

이야기를 들으면서 저도 싱긋 웃었습니다. 그리고 놀랐고요. 사실 우리말 쓰기와 관련하여 일상 대화에서 그런 멋진(?) 말들을 구사한다는 건 **여간내기**(≒보통내기/예사내기. 만만하게 여길 만큼 평범한 사람)로서는 여간해서는 펼치기 어려운 고수(?)의 솜씨거든요.

질문 중에 언급된 낱말들은 모두 표준어랍니다. **다다**는 단지/오직/다만과 같은 말로, "일하러 나갈 사람들은 **다다** 일찍이들 나가게 마련인지라…"와 "넌 **다다** 네 일만 잘하면 된다."에서처럼 쓸 수 있지요. **뚜벙**은 "난데없이 불쑥"의 뜻이고요. **만손/바이/짜장**은 각각 **비록/아주 전혀/과연 정말로**를 뜻하는 멋진 말들인데, 쓰는 이들이 드물어서 처음 접하는 분들에게는 생뚱맞게 들리기도 하지요.

이와 같이 간결하면서도 멋진 2음절어 부사들이 제법 있답니다. 그중 대충 몇 가지만 열거해도 **매매**(지나칠 정도로 몹시 심하게)/**망탕**(되는대로 마구)/**또박≒또바기**(언제나 한결같이 꼭 그렇게)/**야짓**(한편에서 시작하여 사이를 띄지 않고 모조리)/**뻔히**(사물이 끊이지 아니하고 잇대어 있는 모양)/**쉽손**(흔하게. 그렇게 되기가 쉽게)/**잼처**(어떤 일에 바로 뒤이어 거듭)/**제창**(저절로 알맞게)/**집고**(무엇을 미루어 생각할 때에, 꼭 그러할 것이라는 뜻을 나타내는 말)/**첫대**(첫째로. 무엇보다 먼저)/**파니<퍼니**(아무 하는 일 없이 노는 모양)/**팔결≒팔팔결**(엄청나게 다른 모양) 등이 있지요. 그 밖에도 용례를 곁들여 좀 더 정리해 드릴 테니, 모쪼록 잘 익혀서 친구분을 놀라게 하는 데에 도움이 되길 바랍니다. 하하하.

참, 한 가지 더요. 예전에 자주 쓰던 말, "일향 만강하신지요?"와 같은 말에 쓰인 **일향**의 뜻 잘 모르시죠? **일향**[一向]은 한자어인데 "언제나 한결같이"라는 뜻의 부사여요. 그래서 예문에서처럼 띄어 적어야 한답니다. 동의어로는 **일양**[一樣]이 있습니다.

이처럼 주목할 만한 멋진 부사들은 아래에 보이는 2음절어 외에도

3~6음절어에 이르기까지 제법 됩니다. 뒤에 정리해 놓았으니 살펴보셔
요. ☞560쪽 〈익혀둘 만한 멋진 부사들〉 참조.

간결하면서도 멋진 2음절어 부사들

다다≒**단지/오직/다만**閉 ①아무쪼록 힘 미치는 데까지. 될 수 있는 대로. ¶일
하러 나갈 사람들은 다다 일찍이들 나가게 마련이다. ②다른 일은 그만두
고 ¶넌 다다 네 일만 잘하면 된다.

뚜벙閉 난데없이 불쑥. ¶이 밤중에 뚜벙 거길 간다니 제정신이냐?

대고閉 무리하게 자꾸. 또는 계속하여 자꾸. ¶안 된다고 했는데도 대고 고
집을 부리니 그래?

매매閉 지나칠 정도로 몹시 심하게. ¶결벽증이라 할 정도로 걸레질을 매매
했다.

망탕閉 되는대로 마구. ¶돈 좀 있다고 그처럼 망탕 써서야 되겠나. ☞**흥탕망
탕**은 북한어.

또박≒**또바기**閉 언제나 한결같이 꼭 그렇게. ¶인사 하나는 또박(또바기) 잘
한다. ☞**또박**이는 잘못. **또바기/또박**으로 적어야 함.

만손閉 ≒**비록**. ¶시작이야 만손 늦은 감이 있지만, 못 해낼 것도 없었다.

야짓閉 한편에서 시작하여 사이를 띄지 않고 모조리. ¶낫을 들고 나선 그는
눈에 띠는 대로 배추포기들을 야짓 베어냈다.

온이閉 ≒**통째로/온통으로**. 전부 다.

맹탕(-湯)閉 무턱대고 그냥. ¶준비도 없이 맹탕 대든다고 일이 되겠나.

무쩍閉 한 번에 있는 대로 모두 몰아서.

무쩍무쩍閉 ①한쪽에서부터 차례로 남김없이. ②한쪽에서부터 조금씩 차례
로 잘라 먹는 모양.

바투閉 ①두 대상/물체의 사이가 썩 가깝게. ②시간/길이가 아주 짧게. [←
밭+우]

바투바투🔖 ①두 대상/물체의 사이가 아주 썩 가깝게. ②시간/길이가 아주 짧게. 모두 다 시간/길이가 아주 짧게. ③물이 많지 아니하고 매우 적게. 모두 다 물이 많지 아니하고 적게.

바투보기명 늦근시(近視). **졸보기**

바투보기눈명 늦근시안.

바이🔖 아주 전혀. ¶재고량이 바이 없는 바는 아니지만, 많이 모자라는 편일세.

배껏🔖 배의 양이 찰 만큼. ¶며칠을 굶은 그는 허겁지겁 배껏 밥을 먹었다.

방방🔖 잇달아 공중으로 뛰는 모양.

뻔히🔖 사물이 끊이지 아니하고 잇대어 있는 모양. ¶그 넓은 밭에 옥수수가 뻔히 서 있었다.

뻔히₂>번히🔖 ①어두운 가운데 밝은 빛이 비치어 조금 훤하게. ②어떤 일의 결과/상태 따위가 훤하게 들여다보이듯이 분명하게. ③바라보는 눈매가 뚜렷하게.

삼가🔖 겸손하고 조심하는 마음으로 정중하게. [유] 고이

고이🔖 정성을 다하여.

숫제🔖 ①순박하고 진실하게. ②처음부터 차라리. 아예 전적으로.

쉴손🔖 흔하게. 그렇게 되기가 쉽게. ¶갑자기 돈이 생기면 쉴손 흥청망청하기 마련.

시삐🔖 별로 대수롭지 않은 듯하게.

조추🔖 차차 나중에. ¶때가 되면 조추 자종지종을 알려주마.

우썩🔖 ①단번에 거침없이 많이 나아가는 모양. ②단번에 거침없이 많이 늘어나거나 줄어드는 모양.

일향(一向)🔖 언제나 한결같이. ¶일향 만강하오신지요?

내처🔖 ①줄곧 한결같이. ②어떤 일 끝에 더 나아가.

일양(一樣)🔖 한결같이 그대로. 꼭 그대로.

작작🔖 너무 지나치지 아니하게 적당히. 남이 하는 짓을 말릴 때에 쓰는 말.

작히🔖 '어찌 조금만큼만', '얼마나'의 뜻으로 희망/추측을 나타내는 말. 주로

혼자 느끼거나 묻는 말에 쓰임.

작히나⍰ '작히'를 강조하여 이르는 말. ¶그리 된다면야 작히나 좋을까요.

잼처⍰ 어떤 일에 바로 뒤이어 거듭. ¶또 다른 불행이 잼처 찾아들었다.

적이⍰ 꽤 어지간한 정도로. ¶그 말을 듣자 여인은 적이 당황한 듯했다.

적이나⍰ 얼마간이라도요.

적이나하면⍰ 형편이 다소나마 된다면. ¶적이나하면 좀 도와줄 텐데.

제창⍰ 저절로 알맞게. ¶그녀는 별명대로 제창 배우의 길로 들어섰다.

집고⍰ 무엇을 미루어 생각할 때에, 꼭 그러할 것이라는 뜻을 나타내는 말. ¶이번에는 집고 이기고야 말 것이다, 반드시!

짜장⍰ 과연 정말로. ¶그의 말이 짜장 헛된 이야기만도 아닌 셈이었다.

첫대⍰ 첫째로. 무엇보다 먼저. ¶사업을 하려면 첫대 종잣돈부터 마련해야 한다.

파니<퍼니⍰ 아무 하는 일 없이 노는 모양. ¶저 놈은 농번기에조차도 파니 놀고만 지내다니, 원.

팔결≒팔팔결⍰ 엄청나게 다른 모양. ¶그 사람 언행이 전과는 팔팔결 달라 졌어.

해껏⍰ 해가 질 때까지

 미꾸리/미꾸라지와 아카시아/아까시나무

'**미꾸리** 같은 놈'과 '**미꾸라지** 같은 놈' 중에서 어느 말이 맞을까. '미 꾸라지 같은 놈'이 맞다. 그렇다고 해서 **미꾸리**가 없는 말이거나 비 표준어인 것은 아니다. **미꾸리**도 어엿한 민물고기의 표준 명칭이다. **미꾸리/미꾸라지**는 둘 다 같은 미꾸릿과에 속하는데, 서로 크기가 좀 다르고 수염 숫자가 다르다. 미꾸리의 몸 크기가 미꾸라지보다 조금 더 커서 아주 큰 녀석은 25cm나 되는 게 있다고 하는데, 미꾸 라지는 10~20cm 정도다. 수염의 수효가 미꾸리는 5쌍이지만 미꾸 라지는 한 쌍인 것도 특징이다. 미꾸리는 미꾸라지와 달리 강의 중· 상류에서 발견되기도 한다.

하지만 전문가가 아니고서는 한 눈에 둘을 구별해내기는 쉽지 않다. 흔히 추어탕 재료로 주로 쓰이는 건 크기가 작고 개체수가 많은 미꾸라지지만 미꾸리도 쓰인다. 서두에서 예를 든 것처럼, 이 둘 중 우리말에서 쓰임은 **미꾸라지**가 독차지하고 있는데, 그건 아무래도 더 흔히 눈에 띄는데다 음식으로 가까이하게 되어서인 듯싶다. **미꾸라지**는 "자기 자신에게 이롭지 않으면 요리조리 살살 피하거나 잘 빠져나가는 사람"의 비유어이기도 한데, **미꾸리**에는 이런 뜻이 없는 것도 그 예이다. 속담도 온통 **미꾸라지** 일색이다.

이와 비슷하게 헷갈리기 쉬운 것으로 **아카시아/아까시(아카시)나무**도 있다. '아카시아'는 '아까시나무'의 학명 표기에 쓰인 말로, 지금도 국립중앙과학관 식물정보란을 보면 "흔히 아카시아라고 잘못 알고 있는 나무"로 설명되어 있다. 하지만 우리나라에 널리 유포되어 오랫동안 쓰여 온 말인지라, 《표준》에서는 관행을 존중하여 이제는 **아카시아**를 '아까시나무'를 일상적으로 이르는 말로 정의하여 인용(認容)하고 있다. 즉, 지금은 **아카시아/아까시나무** 둘 다 사용할 수 있는 표준어이다.

주목해도 좋은 멋진 말들

문 | 어느 소설을 보니 **안다미로**라는 멋진 말이 있더군요. "밥은 됐고 막걸리 한 사발이나 안다미로 퍼 오너라." / "술국 한 뚝배기를 안다미로 퍼 왔다." 등으로 쓰이고 있던데, 사전에서 뜻을 찾아보니 "담은 것이 그릇에 넘치도록 많이"라는 뜻이더군요. 그리고 "통째로"라는 뜻으로 **온새미로**라는 멋진 말도 쓰고 있던데, 이 말은 사전에 보이지 않았습니다. **온새미**(가르거나 쪼개지 아니한 생긴 그대로의 상태)라는 명사는 보이고요. 무슨 연유인지요? 이와 같이 명사형에 '-로'를 붙여 만든 좋은 말이나 멋진 말 있으면 몇 가지만 알려주십시오.

온새미로와 같이 명사나 유사 명사형 또는 어근에 '-로'가 붙어 만들어진 말 중 살려 쓸 멋진 말들이 제법 되는데요. 알아두셔야 할 것은 어근이나 의제(擬制) 어근에 해당되는 말들이 명사나 유사 명사형이 아닌 것들도 많고, 독립부사가 아닌 부사어(부사의 구실을 하는 단어)인 것들도 섞여 있다는 겁니다. 이를테면 **매나니로**(아무 연장도 없이 맨손으로. 반찬 없이 맨밥만으로)와 같은 멋진 말도 **매나니**라는 명사에 격조사 '-로'를 붙여 만든 말로, 독립부사가 아닌 부사어지요.

부탁하신 멋진 말에 들 수 있는 것들을 아래에 몇 가지 정리해 놓았습니다. 그중에서도 특히 권장하고 싶은 말을 두 개만 꼽으라면 **노박이로/에멜무지로**를 들고 싶습니다. 참, 소개하는 낱말 중, **허허실실로**는 흔히 사용하는 **허허실실**(虛虛實實, 허를 찌르고 실을 꾀하는 계책)과 한자는 같지만 뜻은 그와 달리 "되면 좋고 안 되어도 그만인 식으로"라는 것도 유념하시고요.

'어근'+'-로' 꼴 중 멋진 말들

안다미로 뷔 담은 것이 그릇에 넘치도록 많이. ☞**안다미** 몡 늑**안담**(按擔, 남의 책임을 맡아 지거나 다른 사람에게 책임을 지움).

매나니 몡 ①무슨 일을 할 때 아무 도구도 가지지 아니하고 맨손뿐인 것. ②반찬 없는 맨밥. ☞**매나니로**(부사어, 아무 연장도 없이 맨손으로. 반찬 없이 맨밥만으로)

온새미 圐 가르거나 쪼개지 아니한 생긴 그대로의 상태. **온새미로**(부사어. 가르거나 쪼개지 아니한 그대로) ≒**온이/온통으로/통째로**

마기말로≒**막상말로**圖 실제라고 가정하고 하는 말로.

제출물로圖 ①남의 시킴을 받지 아니하고 제 생각대로. ②남의 힘을 빌리지 않고 제힘으로.

　제출물에圖 저 혼자서 절로.

제사날로圖 남이 시키지 않은, 저 혼자의 생각으로.

밤돌이로圖 밤마다.

뻠들이로圖 동안을 별로 띄지 아니하고 잇따라 서로 번갈아들어서.

노량으로圖 어정어정 놀면서 느릿느릿. ☞**놀량으로**는 북한어.

노박이로圖 ①줄곧 한 가지에만 붙박이로. ②줄곧 계속적으로. ¶정치권은 입만 열면 노박이로 민생을 떠들지만 실제로는 당리당략에만 매달린다.

날로달로圖 날이 가고 달이 갈수록.

이야말로圖 바로 앞에서 이야기한 사실을 강조할 때 쓰는 말.

허허실실로(虛虛實實−)圖 되면 좋고 안 되어도 그만인 식으로

에멜무지로圖 ①단단하게 묶지 아니한 모양. ②결과를 바라지 아니하고, 헛일하는 셈 치고 시험 삼아 하는 모양. ¶온 힘을 다해도 모자랄 터에, 에멜무지로 슬슬 해서야 될 턱이 있나.

문

시나브로라는 말 있잖습니까? 처음에는 외래어인 줄만 알았을 정도로 발음은 물론이고 어감이 무척 멋진 말입니다. 사용하는 사람이 시나브로 늘어나 이젠 웬만한 교양인이라면 뜻과 쓰임 모두에 익숙한 듯싶은데요. 그 말이 우리의 언어생활에 자연스럽게 스며들어 안착하는 데에 30년이 넘게 걸렸다는 글을 본 적이 있습니다. 이런 좋은 말들이 많은데, 그걸 널리 유통시키지 않거나 쓰고자 해도 일반인들이 그런 자료들을 접하기 어렵기 때문이라는 이유 있는 자성(自省)이 곁들여진 글이었습니다. 사실 우리말에는 멋진 고유어들이 많다는 건 알지만, 그런 것들을 한꺼번에 접하면 도리어 실제로 써 먹어야 할 때 잘 생각나지 않을 때가 많더군요. 몇 개만 압축해서 추천해 주실 수 있으신지요?

저보고 멋진 말들을 추천해 달라고 하셨는데, 부사 계통으로만 보아도 즐비하지요. 예를 들면 **곰비임비**(물건이 거듭 쌓이거나 일이 계속 일어남을 나타내는 말), **똥또도롬**(똥그스름하게 솟아난 모양), **먀얄먀얄**(성질/태도가 쌀쌀하고 뺏뺏한 모양), **발맘발맘**(①한 발씩 또는 한 걸음씩 길이/거리를 가늠하며 걷는 모양 ②자국을 살펴 가며 천천히 따라가는 모양), **서털구털**(말/행동이 침착/단정하지 못하며 어설프고 서투른 모양), **암니옴니≒옴니암니**(자질구레한 일에서까지 좀스럽게 셈하거나 따지는 모양), **애면글면**(몹시 힘에 겨운 일을 이루려고 갖은 애를 쓰는 모양), **어리마리**(잠이 든 둥 만 둥 하여 정신이 흐릿한 모양), **어빡자빡**(여럿이 서로 고르지 아니하게 포개져 있거나 자빠져 있는 모양), **어살버살**(이러니저러니 말이 많은 모양), **지지지지**(수다스럽게 자꾸 지껄이는 모양)…. 이처럼 아주 많은데, 제가 좋아하는 몇 개만 꼽으라면, 4음절어로는 위에 적은 것들이 있고, 5음절 이상의 말로는 **사부랑삽작<서부렁섭적/사부작사부작<시부적시부적, 술덤벙물덤벙, 알알샅샅이, 어우렁더우렁, 타시락타시락, 함부로덤부로, 홍이야항이야, 휘뚜루마뚜루** 등을 들고 싶습니다. 어우렁더우렁은 요양원을 찾아다니며 재능 기부를 하는 제 딸아이가 그 모임의 이름을 지어달라기에 제시해 준 말이기도 한데, 모두들 좋아하더군요.

익혀둘 만한 멋진 부사들

고상고상📖 ①잠이 오지 않아 누운 채로 뒤척거리며 애를 쓰는 모양. ②생각이 번갈아 나거나 풀리지 않아 애를 쓰는 모양.

반송반송閉 잠은 오지 아니하면서 정신만 말똥말똥한 모양.

곰비임비閉 물건이 거듭 쌓이거나 일이 계속 일어남을 나타내는 말.

내광쓰광閉 서로 사이가 좋지 아니하여 만나도 모르는 체하며 냉정하게 대하는 모양. ¶**내광쓰광하다**[형]

도나캐나閉 하찮은 아무나. 무엇이나.

는실난실閉 성적(性的) 충동으로 인하여 야릇하고 잡스럽게 구는 모양.

딴통같이閉 전혀 엉뚱하게.

똥또도롬閉 똥그스름하게 솟아난 모양.

뒤슬뒤슬閉 되지못하게 건방진 태도로 행동하는 모양.

먀얄먀얄閉 성질/태도가 쌀쌀하고 뺏뺏한 모양.

모람모람閉 이따금씩 한데 몰아서.

몬탁몬탁>몬닥몬닥閉 작은 덩이로 자꾸 똑똑 끊어지거나 잘라지는 모양.

미타미타(未妥未妥)閉 아무래도 미심쩍은 모양.

박신박신閉 사람/동물이 좁은 곳에 많이 모여 활발히 움직이는 모양.

반둥건둥≒건둥반둥閉 일을 다 끝내지 못하고 중도에서 성의 없이 그만두는 모양.

반둥반둥<번둥번둥, 빤둥빤둥閉 아무 일도 하지 아니하고 자꾸 빤빤스럽게 놀기만 하는 모양.

발씬발씬<벌씬벌씬閉 숫기 좋게 입을 벌려 소리 없이 자꾸 방긋방긋 웃는 모양.

발밤발밤閉 한 걸음 한 걸음 천천히 걷는 모양. 【←밟+암+밟+암】 ¶~하다[동]

발맘발맘閉 ①한 발씩 또는 한 걸음씩 길이/거리를 가늠하며 걷는 모양. ②자국을 살펴 가며 천천히 따라가는 모양.

부풋부풋閉 실속은 없이 매우 엉성하게 크게.

서털구털閉 말/행동이 침착/단정하지 못하며 어설프고 서투른 모양.

소마소마閉 무섭거나 두려워서 마음이 초조한 모양.

소사스레閉 보기에 행동이 좀스럽고 간사한 데가 있게. ¶소사스레 굴지 마라.

소양배양閉 나이가 어려 함부로 날뛰기만 하고 분수/철이 없는 모양.

쇠양배양하다휑 철없이 함부로 날뛰거나 생각이 얕고 분수가 없어 아둔하다. ¶**쇠양배양**휀

수리수리휀 눈이 흐려 보이는 것이 희미하고 어렴풋한 모양.

시난고난휀 병이 심하지는 않으면서 오래 앓는 모양.

시물새물휀 입술을 자꾸 실그러뜨리며 소리 없이 웃는 모양.

아닥치듯휀 몹시 심하게 말다툼하는 모양.

암니옴니≒**옴니암니**휀 자질구레한 일에 대하여까지 좀스럽게 셈하거나 따지는 모양.

　콩팔칠팔휀 ①갈피를 잡을 수 없도록 마구 지껄이는 모양. ②하찮은 일을 가지고 시비조로 캐묻고 따지는 모양.

애면글면휀 몹시 힘에 겨운 일을 이루려고 갖은 애를 쓰는 모양.

야다하면휀 어찌할 수 없이 긴급하게 되면.

어리마리휀 잠이 든 둥 만 둥 하여 정신이 흐릿한 모양.

어빡자빡휀 여럿이 서로 고르지 아니하게 포개져 있거나 자빠져 있는 모양.

어살버살휀 이러니저러니 말이 많은 모양.

오구작작휀 어린아이들이 한곳에 모여 떠드는 모양.

위룽튀룽휀 분위기/형세 따위가 불안정한 모양.

으밀아밀휀 비밀히 이야기하는 모양.

인성만성휀 ①많은 사람이 모여 혼잡하고 떠들썩한 모양. ②정신이 어지럽고 흐릿한 모양.

조곤조곤휀 성질/태도가 조금 은근하고 끈덕진 모양.

　존조리휀 잘 타이르듯이 조리 있고 친절하게. ¶존조리 타이르다.

즈런즈런휀 살림살이가 넉넉하여 풍족한 모양.

지지지지휀 수다스럽게 자꾸 지껄이는 모양.

흑죽학죽휀 일을 정성껏 하지 아니하고 되는대로 어름어름 넘기는 모양.

바람만바람만휀 바라보일 만한 정도로 뒤에 멀리 떨어져 따라가는 모양.

사부랑사부랑₁휀 주책없이 쓸데없는 말을 잇달아 지껄이는 모양.

　사부랑사부랑₂휀 묶거나 쌓은 물건이 다 바짝바짝 다가붙지 않고 좀 느슨하

거나 틈이 벌어져 있는 모양.

사부랑삽작<**서부렁섭적/섭적** 힘들이지 않고 가볍게 살짝 건너뛰거나 올라
서는 모양.

사부자기<**시부저기** 별로 힘들이지 않고 가볍게.

사부작사부작<**시부적시부적** 별로 힘들이지 않고 계속 가볍게 행동하는 모양.

술덤벙물덤벙 술과 물을 가리지 않고 덤벙댄다는 뜻으로, 경거망동하여 함
부로 날뛰는 모양.

알알샅샅이 소소한 것이라도 빼놓지 않고 어느 구석이나 모두 다.

어우렁더우렁 여러 사람들과 어울려 들떠서 지내는 모양.

얼낌덜낌 얼떨떨한 상태에서 덩달아 하게 되는 상황. ¶ **얼낌덜낌에**(부사어)

타시락타시락 조그만 일로 옥신각신하며 자꾸 다투거나 우기는 모양.

자그락자그락<**지그럭지그럭** 하찮은 일 따위로 옥신각신하며 다투는 모양.

함부로덤부로 마음 내키는 대로 마구. 대충대충.

흥이야항이야 흥아항야 관계도 없는 남의 일에 쓸데없이 참견하여 이래라
저래라 하는 모양.

엉이야벙이야 엉야벙야 일을 얼렁뚱땅하여 교묘히 넘기는 모양.

휘뚜루마뚜루 이것저것 가리지 아니하고 닥치는 대로 마구 해치우는 모양.

문

어느 아침 방송 프로그램에서 한 중견 탤런트가 **오사바사하다**(마음이 부드럽고
사근사근하다. 잔재미가 있다)라는 말을 쓰자, 진행자가 당황하면서 "그런 일본어
투를 방송에서 쓰시면 안 되죠." 하면서 황급히 갈무리를 하려는데, 그 탤런트가
싱긋 웃더군요. 그러고는 그 말은 우리의 고유어라면서 차근차근 그 말뜻을 설
명하던 기억이 납니다.

그리고 얼마 전 전철 안에서 일어난 일인데요. 나이 지긋하신 분들이 나누던 말
중에 "요즘 아이들 정말 발만스럽기 짝이 없다."고 해서 **발만스럽다**를 찾아보
니 "두려워하거나 삼가는 태도가 없이 꽤 버릇없다"였습니다. 그분들 말씀대로
요즘 세태를 걱정하게 하는 일부 아이들의 언행과 딱 맞아떨어지는 말이라는 생

각과 함께, 저는 그런 말을 여직 한 번도 들어본 적이 없다는 기억도 떠올라 조금 부끄럽기도 했습니다. 그처럼 맛깔 나는 멋진 말들이 있으면 몇 가지만 일러 주십시오.

답 그 탤런트의 일화는 하도 유명해서 저도 알고 있습니다. 그 방송 이후 **오사바사하다**가 널리 회자되기도 했어요. 실제로 서울 명동에 가면 '오사바사'라는 밥집도 있는데, 그 멋진 이름 덕도 보고 있다니 좋은 일이죠. 다만, 실제로 언어생활에서 사용하실 때 주의해야 할 것은 '오사바사'라는 부사는 없고 단지 형용사의 어근이기 때문에 밥집 이름에서처럼 독립적으로는 쓸 수 없다는 거죠. 부사어는 **오사바사하게**가 되겠지요.

그런 멋진 형용사들은 부사의 경우에서처럼 적지 않은 편인데, 이 자리에서는 맛보기로 두어 개만 말씀드려야겠네요.

제가 개인적으로 가장 먼저 추천하고 싶은 것으로는 **헌칠민틋하다**가 있어요. "몸집 따위가 보기 좋게 어울리도록 크고 반듯하다"를 뜻하는 말로, "외양도 <u>헌칠민틋한데다</u> 나올 데 다 나오고 들어갈 데 다 들어간 근사한 몸매" 등으로 쓸 수 있답니다. 매끈하게 키가 큰 사람을 보고 '훤칠하다'고 하죠? 이 **훤칠하다**는 '길고 미끈하다'는 의미가 주여서, **헌칠민틋하다**와 같은 부가적인 멋진 의미가 덜하지요. 기형 외래어 조합인 '롱다리'라거나 '에스라인' 따위와 같은 패션 용어를 붙이는 것보다 몇 배 멋진 말이랍니다.

언거번거하다와 같은 말도 있습니다. "말이 쓸데없이 많고 수다스럽다"라는 뜻인데, **실쌈스럽다**(말/행동이 부산하고 수다스러운 데가 있다)와 더불어 수다스럽게 말 많은 경우에 쓸 수 있는 맛깔스러운 말입니다.

이처럼 조금만 주목하면 언어생활을 풍요롭게 할 수 있는 게 멋진 말들이 많지만, 그 일부만 보이면 다음과 같습니다.

오사바사하다[형] ①굳은 주견 없이 마음이 부드럽고 사근사근하다. ②잔재미가 있다. ¶계집이 어찌나 오사바사하고 수완이 반지라운지, 사내들은 모두들 그 수법에 넘어갔다.

헌칠민틋하다[형] 몸집 따위가 보기 좋게 어울리도록 크고 반듯하다. ¶외양도 헌칠민틋한데다 나올 데 다 나오고 들어갈 데 다 들어간 근사한 몸매.

경성드뭇하다[형] 많은 수효가 듬성듬성 흩어져 있다. ¶숲이라곤 해도 소나무와 잡목 몇 그루가 경성드뭇하게 서 있을 뿐이었다.

발막하다[형] 염치없고 뻔뻔스럽다. ¶놈의 말이 하도 발막해서 말이 나오질 않았다.

발만스럽다[형] 두려워하거나 삼가는 태도가 없이 꽤 버릇없다.

언거번거하다[형] 말이 쓸데없이 많고 수다스럽다. ¶언거번거한 수작을 곧잘 떨곤 하던 영감도 여인 앞에서는 입도 못 뗐다.

실쌈스럽다[형] 말/행동이 부산하고 수다스러운 데가 있다. ¶**실쌈스레**[부]

나다분하다[형] 말이 따분하게 수다스럽고 길고 조리가 서지 아니하다.

뾰롱뾰롱하다[형] 성미가 부드럽지 못하여 남을 대하는 것이 몹시 까다롭고 걸핏하면 톡톡 쏘기를 잘하는 데가 있다. ¶그토록 성미가 뾰롱뾰롱한 계집을 누가 데려갈꼬? ¶**뾰롱뾰롱**[부]

아슴아슴하다[형] 정신이 흐릿하고 몽롱하다.

어슴푸레하다[형] 기억/의식이 분명하지 못하고 희미하다.

어렴풋하다[형] 기억/생각 따위가 뚜렷하지 아니하고 흐릿하다.

올근볼근하다₁ < 울근불근하다₁[동] 질긴 물건을 입에 넣고 볼을 오물거리며 볼가지게 씹다.

올근볼근하다₂ < 울근불근하다₂[동] ①몸이 야위어 갈빗대가 드러나 보이다. ②근육/힘줄 따위가 고르지 않게 여기저기 조금씩 볼가져 나오다.

올근볼근하다₃ < **울근불근하다₃** 통 서로 사이가 틀어져서 맞서서 잘 다투다.

문 어떤 소설 속의 대화에서, 어떤 이를 두고 한 사람이 **강밭은** 사람이라고 비난하자 또 한 사람은 한 수 더 떠서 **잗달고 타끈한** 사람이라고 못 박으면서 타박하는 걸 봤습니다. 짐작하기에 가진 게 많은 이지만 몹시 인색한 어떤 사람을 두고 비난하는 말들인 듯싶던데, 제 짐작이 맞는 건가요?

답 예. 맞습니다. 그 말들은 모두 한자어 **인색(吝嗇)**에서 비롯한 **인색하다**와 관련되는 고유어들인데, 작가가 꽤 어려운 낱말들을 구사했군요. 아름다운 일입니다. 독자들이 고생하고도 남을 말이긴 하지만, 대충 스쳐 지나가는 말들보다는 울림이나 끌림이 있어 뒤돌아보게도 하는 일이니까요. 덕분에 그 작가까지 챙기게 되기도 하지요. 질문에 대한 답을 겸하여 관련어들에 대한 뜻풀이를 정리해 드리겠습니다.

그중 **꼼바르다**와 같은 말에서 **꼼바리**(마음이 좁고 지나치게 인색한 사람을 낮잡는 말)도 나왔는데, 이처럼 인색한 사람을 이르는 말이 여러 가지 있답니다. **자린고비**나 **고바우**와 같이 비교적 널리 알려진 말들 외에도 말이죠. 그것들도 함께 정리해 드릴게요. 어려운 낱말들을 그냥 지나치시지 않은 용기에 대한 저의 추가 보상입니다. 공부도 몸수고와 용기가 엮어내는 한 필의 비단과 같은 것이니까요. 하하하.

참, 신문 만화의 주인공으로 오랫동안 등장했던 〈고바우 영감〉에 쓰인 **고바우**는 그 낱말 뜻으로만 보면 단순히 인색한 사람을 이르는 속어로, 그다지 좋은 의미는 아니랍니다. 만화 속에서는 착하고 점잖고 말없는 영감님으로 묘사되지만, 사전적인 정의로는 그런 분이 아니거든요.

▶ **'인색하다' 계통의 관련어**

인색하다(吝嗇−)≒섬색(纖嗇)하다/인석(吝惜)하다[형] ① 재물을 아끼는 태도가 몹시 지나치다. ② 어떤 일을 하는 데 대하여 지나치게 박하다. [유] 깐깐하다, 다랍다.

가린스럽다[慳▽吝−][형] 다랍고 인색하다.

강밭다[형] 몹시 야박하고 인색하다

꼼바르다[형] 마음이 좁고 지나치게 인색하다. ⇨ **꼼바리**

돔바르다[형] ① 매우 인색하다. ② 조금도 인정이 없다.

바냐위다[형] 반지랍고도 아주 인색하다.

잗달다[형] 하는 짓이 잗고 인색하다.

타끈하다[형] 치사하고 인색하며 욕심이 많다.

짜다[형] ② (속되게) 인색하다

다랍다[형] ① 때나 찌꺼기 따위가 있어 조금 지저분하다. ② 언행이 순수하지 못하거나 조금 인색하다.

좀스럽다[형] ① 사물의 규모가 보잘것없이 작다. ② 도량이 좁고 옹졸한 데가 있다.

박하다(薄−)[형] ① 마음 씀이나 태도가 너그럽지 못하고 쌀쌀하다. ② 이익/소득이 보잘것없이 적다. ③ 두께가 매우 얇다. ④ 맛/품질 따위가 변변치 못하다.

▶ **인색한 사람 관련어**

가린주머니[慳▽吝−][명] 재물에 인색한 사람의 놀림조 말.

갈가위[명] 인색하여 제 욕심만을 채우려는 사람.

고바우[명] 인색한 사람의 속칭.

구두쇠[명] 돈/재물 따위를 쓰는 데에 몹시 인색한 사람.

꼼바리[명] 마음이 좁고 지나치게 인색한 사람의 낮잡음 말.

도치기[명] 인색하고 인정이 없는 사람.

보비리⟨명⟩ 아주 아니꼽게 느껴질 정도로 인색한 사람.

안달뱅이≒안달이⟨명⟩ ① 걸핏하면 안달하는 사람. ② 소견이 좁고 인색한 사람.

자린고비⟨명⟩ 다라울 정도로 인색한 사람의 낮잡음 말.

고림보⟨명⟩ 마음이 너그럽지 못하고 옹졸하며, 하는 짓이 푼푼하지 못한 사람을 놀리는 말.

고림보소리⟨명⟩ 옹졸하고 인색하게 굴면서 하는 말.

노랑이짓⟨명⟩ 속 좁게 행동하거나 아주 인색하게 마음을 쓰는 짓.

문 저희 남편은 대머리인데요. 정수리 근처만 동그랗게 머리가 빠졌습니다. 꼭 유태인 남자들이 머리에 얹는 테두리 없는 조그만 모자 크기만큼, 마치 뭣으로 그 부분을 오려낸 듯이 빠졌는데, 그걸 표현하는 적절한 말이 없을까요?

그리고 한번은 **횡설수설하다**와 비슷한 뜻으로 '얼–' 뭐라고 하는 말을 대했는데 적어놓지 않아서 까먹었습니다. 얼버무리거나 하는 건 아니고 이것저것 뒤섞어서 말을 잘 알아들을 수 없게 하는 것을 뜻하는 말이라고 했는데요. 그런 말이 있으면 알려 주세요.

답 대머리 관련 물음에 쓰일 수 있는 적절한 말로는 **도려빠지다**가 있습니다. **도리다**(둥글게 빙 돌려서 베거나 파다)와 **빠지다**가 결합하여 "한 곳을 중심으로 그 부근을 도려낸 것처럼 뭉떵 빠져나가다"를 뜻하는 적확한 표현이죠. 큰말로는 **두려빠지다**가 있습니다.

도려내다는 "빙 돌려서 베거나 파내다"를 뜻하고, 그와 비슷한 말 **오리다**는 "칼/가위 따위로 베어 내다"를 뜻하는데요. <u>**도려내다**는 한 낱말</u>이지만 **오려 내다**는 두 낱말이랍니다. '오리다'만으로도 '베어 내다'의 뜻이 있기 때문에 구태여 '오려 내다'가 필요하지 않다고 여긴 모양입니다.

참, 유태인들이 쓰는 그 테두리 없는 작은 모자는 **키파**(Kippa)라고 한답니다. **야물커**(yarmulke)라고도 하고요. 하느님을 경외하는 마음으로 머리를 가리기 위해 쓰는데 대부분의 유대인 남자들은 기도나 식사시간에만 키파를 착용하지만, 일부 개혁파는 본인의 선택에 따라 기도 시간에도 쓰지 않기도 한다고 하네요.

두 번째 질문은 **얼더듬다**(이 말 저 말 뒤섞이어 잘 알아들을 수 없는 말을 하다)를 말씀하시는 것 같습니다. 사실 알고 보면 **얼더듬다**와 **횡설수설하다**는 동의어랍니다. **얼버무리다**는 아시다시피 "말/행동을 불분명하게 대충 하다"의 뜻이고요.

여기서 보이는 '얼-'은 '얼넘기다'가 '일을 대충 얼버무려서 넘기다'를 뜻하듯이, 대충을 뜻하지요. **얼버무리다**와 비슷한 말로는 **얼쯤하다**(① 행동 따위를 주춤거리다. ②말/행동 따위를 얼버무리다)를 들 수 있겠습니다.

🈁 빈대와 빈대떡: '빈대떡'의 어원

1940년대 우리나라 최초의 **자작가수**(싱어송라이터)였던 한복남이 데뷔곡으로 불러 인기를 끈 〈빈대떡 신사〉에 "돈 없으면 대폿집에서 빈대떡이나 부쳐 먹지" 라는 가사가 나온다. 그 덕분에 가수 이름조차 모르는 사람들 사이에서도 요즘까지 "돈 없으면 집에 가서 빈대떡이나 부쳐 먹지"로 개사되어 널리 애창되고 있다. 그만큼 빈대떡은 우리의 삶과 밀착되어 있다. ☞ **자작가수**는 국립국어원의 **싱어송라이터**(singer-songwriter)의 순화인데, **싱어송라이터**는 아직도 외래어에 들지 못하고 있다.

그처럼 우리의 삶에 감겨오는 **빈대떡**은 어디서 온 말일까. 빈대떡의 어원에 관해서는 여러 설이 있다. 가난한 사람들이 먹던 음식이어서 **빈자(貧者)떡**에서 온 것이라거나 손님 접대를 위한 **빈대(賓待)떡**에서 온 것이라는 주장은 얼토당토않은 추측이다. 손님 접대용이었다면 한문 구조상 표기도 **대빈(待賓)떡**이 되어야 옳겠다.

중국 음식, 즉 **병자병(餅子餅)**이나 **병자(餅飣)**에서 온 이름이라는 설이 가장 유력하다. **빈대떡**과 관련된 단어로 가장 오래된 것은 17세기 문헌인 《역어유해(譯語類解)》(1690년에 간행된 중국어 단어집)에 보이는 **빙져**이다. 이는 중국 음식인 **餠䬻**를 음독한 것으로, **빙쟈＞빈쟈＞빈자(떡)**로 변형되어 오다가 1938년에는《조선어사전》에 빈자떡과 함께 **빈대떡**이 출현한다. 그런데 왜 **빈자떡**이 느닷없이 **빈대떡**으로 바뀌었을까? 조항범 교수의 풀이를 보자.

'빈자떡'이 갑자기 '빈대떡'으로 바뀐 것은, 이 떡이 '빈대'라는 해충과 모양이 비슷해서 그 '빈대'를 연상하였기 때문이 아닌가 생각된다. '빈자떡'의 어원을 잃어버린 뒤 그 어원을 회복시키려던 차에 이 떡이 빈대처럼 납작하다는 점에 착안하여 그저 '빈대떡'이라 불렀을 것이라는 추측이다. '납작한 밤'을 '빈대밤'이라 하고, '납작한 코'를 '빈대코'라 하듯이, '납작한 떡'을 '빈대떡'이라 하는 것은 무리가 아니다.

-《정말 궁금한 우리말 100가지》

또 다른 설은, **빈대**가 바로 <u>녹두의 우리말</u>이라는 주장이다. 한자로 녹두(綠豆)는 푸른 콩이란 뜻인데, 녹두의 사투리(또는 옛말)로 **푸르대**가 있다. 현재 사전에는 **푸르대콩**으로만 올라와 있는데 열매의 껍질과 속살이 다 푸른 콩을 뜻하는 말로, 흔히 말하는 **청태**(靑太)/**청대콩**(靑-)/**청대두**(靑大豆) 등과 동의어이다.

국립국어원은 "빈대떡은 중국어 **餠䬻**[빙져]에서 차용된 말로, 옛 문헌에 **빙쟈**와 같은 형태로 나타나다가 **빈대떡**의 형태로 정착되어 쓰이는 말"로 정리하고 **빙져/빙쟈＞빈쟈＞빈자[떡]＞빈대떡**의 변화를 따르고 있다.

바늘 한 쌈, 고등어 한 손, 북어 한 쾌, 연필 한 타(?)…

문 고등어 **한 손**이라고 하면 두 마리를 뜻하고, 마늘 **한 접**은 100개를, 김 **한 톳**은 100장을 뜻하듯이 우리말에는 고유어를 사용한 단위들이 꽤 있잖습니까? 그런 데요. 바늘 **한 쌈**이라고 하면 20개인가요, 아니면 24개인가요? 그리고 북어 **한 쾌**와 오징어 **한 축**이 개수로는 같은가요?

답 말씀하신 대로이고요. 바늘 한 쌈은 24개랍니다. 가끔 헷갈리기 쉬운데, "바늘 두 타를 한 쌈이라고 한다."는 식으로 기억하면 덜 헷갈릴 겁니다. 여기서의 타 (打)는 일본에서 유래한 외래어 '다스'의 우리말입니다. 그리고 북어 한 쾌나 오 징어 한 축은 각각 20마리를 이르는 말이므로 수효로만 보면 같습니다.

여기서 주의할 것은, 고등어 한 손을 무조건 두 마리로 생각하기 쉬운 데 손이라는 단위는 무조건 두 마리가 아니라 본래 '한 손에 잡을 만한 분량을 세는 단위'이므로 조기/고등어/배추 같은 것은 큰 것 하나와 작은 것 하나를 합한 것을 이릅니다. 그래서 두 마리/개가 맞지만, 미나리/파 따위에서의 한 손은 '한 줌 분량'을 뜻한답니다. 즉, 한 손이라고 해서 무조건 두 개를 뜻하는 것은 아니라는 걸 알아두시면 좋겠네요.

아울러, 고등어 두 마리를 한 손으로 만들 때에도 크고 작은 것을 끼워 넣으면 **외동덤**이라 하고, 그냥 단순히 두 마리를 끼워 넣은 것은 **남 매덤**, 크기가 같은 것을 끼워 넣은 것은 **서방덤**으로 재미있게 구분하여 불렀습니다.

단위(單位)를 뜻하는 순우리말에는 **하나치**가 있습니다. 단위와 하나치 는 동의어인데 각각 한자어와 고유어라는 게 다른 점이죠.

위에 나온 **손/접/톳/축/쾌** 등은 아직도 일상생활에서 흔히 쓰이는 단 위들인데요. 모두 순우리말, 곧 고유어로 이뤄진 말들입니다. "바늘 한

쌈" 등과 같은 표현은 예전에는 아주 흔히 쓰이던 말이지만 손수 바느질을 하는 일이 드물어진 요즘엔 듣기 어려운 말이 되었지요.

하지만 요즘도 어른들이 쓰시는 말 중에는 이러한 고유어 단위들이 제법 많이 보이는 편입니다. 접시 따위와 같은 그릇 열 개를 **한 죽**이라고 한다든지, 질이 안 좋은 성근 베를 보고 **석새베**(≒석새삼베. 240올의 날실로 짠 베라는 뜻으로, 성글고 굵은 베)라고 할 때의 **새**(피륙의 날을 세는 단위. 날실 80올이 한 새)와 같은 말들이 그런 것들이죠. 참고로, 지금도 기와로 지붕을 이는 곳에서는 **우리**(기와 2,000장)라는 단위를 사용하고 있습니다. 공사를 하고 있는 절에 가보면 시주 금액을 이 '우리'로 표시해 놓은 곳이 가끔 눈에 띕니다.

순우리말로 된 단위 표기 낱말들은 생각보다도 아주 많답니다. 대체로 단위를 뜻하는 것들은 의존명사일 때가 많은데, 우리말에는 일반 명사로서 단위의 뜻까지 지닌 말들이 적지 않아서 그러한 말들이 더욱 많은 편이라 할 수 있습니다. 예를 들면 **그릇/젓가락/봉지/송이/바구니/바가지/도막/상자/포대/꿰미/광주리/자루** 같은 것들이 대표적인데, 그릇은 "음식/물건 따위를 담는 기구"를 총칭하는 일반 명사지만 동시에 거기에 담아 그 분량을 세는 단위로도 쓰이잖습니까. 이를테면 "죽 한 그릇, 밥 두 그릇"과 같이 말입니다. 이런 말들이 제법 되는데, 뒤에 별도로 정리해 놓았습니다.

순우리말 단위 중에는 행위나 행위의 결과로 빚어진 형태 등을 보고 지은 재미있는 것들도 있습니다. 예를 들면 세 손가락으로 한번 집을 만한 분량을 뜻하는 **자밤** 같은 것이 그런 말인데, **잡다**에서 온 말이어요. **옴큼<움큼**(한 손으로 옴켜쥘 만한 분량을 세는 단위)이나 **쾌기**(데친 나물 같은 것을 주먹만 하게 짜서 뭉쳐 놓은 덩이) 또한 그렇게 만들어진 말이고요. "실/나무/대 따위의 가늘고 긴 조각을 세는 단위"인 **오리**도 그와 비슷하

게 가늘고 긴 조각으로 오려 놓은 것에서 온 말이죠. 이걸 보면 "여기 국수 한 사리 더 주세요."라고 할 때의 **사리**(국수/새끼실 따위의 뭉치를 세는 단위)나 **마름**(이엉을 엮어서 말아 놓은 단을 세는 단위)도 각각 **사리다**(국수/새끼/실 따위를 동그랗게 포개어 감다)와 **마르다**(옷감/재목 따위의 재료를 치수에 맞게 자르다)에서 온 말들임을 쉽게 짐작하실 수 있겠죠?

단위에 쓰이는 고유어

▶농축수산물/식품류

손 한 손에 잡을 만한 분량을 세는 단위. 조기/고등어/배추 따위의 한 손은 큰 것 하나와 작은 것 하나를 합한 것을 이르고, 미나리/파 따위 한 손은 한 줌 분량을 이른다.

　외동덤 작은 새끼 자반 한 마리를 끼워 넣은 것.

　남매덤 두 마리를 끼워 넣은 것.

　서방덤 거의 같은 크기를 넣은 것.

쾌 북어 20마리.

죽 말린 오징어 20마리, 옷/그릇 따위의 10벌.

톳 김 100장

축 오징어 스무 마리.

접 사과·배 등 과일/무·배추 등의 100개. (오이·가지 등의 50개는 '거리')

담불 벼 100섬.

편거리(片-) 인삼을 한 근씩 골라 맞출 때 그 개수를 세는 단위.

　가리₁ 삼을 널어 말리려고 몇 꼭지씩 한데 묶은 것을 세는 단위.

　가리₂ 곡식/장작 따위의 더미를 세는 단위. 한 가리는 스무 단.

보 웅담/저담을 세는 단위.

고리 소주 열 사발.

모숨 잎담배 같은 길고 가느다란 물건의, 한 줌 안에 들어올 만한 분량을 세는 단위.

모춤 서너 움큼씩 묶은 볏모/모종의 단.

춤 가늘고 기름한 물건을 한 손으로 쥐어 세는 단위.

  자밤 양념 따위를 엄지·검지·장지 세 손가락 끝으로 집을 만한 분량. ¶
    데친 미나리는 간장 대신 깨소금 두어 자밤으로 무쳐라.

  쟁기 데친 나물 같은 것을 주먹만 하게 짜서 뭉쳐 놓은 덩이.

  옴큼<움큼 한 손으로 옴켜쥘 만한 분량을 세는 단위.

  거듬 팔 따위로 한 몫에 거두어들일 만한 분량을 세는 단위.

  전 땔나무를 갈퀴와 손으로 한 번에 껴안을 만한 분량을 세는 단위.

갓 조기/굴비 따위의 해산물이나 고비/고사리 따위를 묶은 단위로 해산물은
  열 마리, 나물 종류는 열 모숨을 한 줄로 엮은 것.

뭇 ①채소/짚/잎나무/장작의 작은 묶음. ②볏단을 세는 단위. ③생선/미역
  같은 것의 묶음을 세는 단위로, 생선은 열 마리, 미역은 열 장.

  뭇가름 묶음으로 된 물건의 수효를 늘리려고 더 작게 갈라 묶음. 또는 그
    런 일. ¶미나리 장수가 미나리 두 단을 석 단으로 뭇가름하였다.

▶수공품/공산품/가공품

새≒승(升) 피륙의 날을 세는 단위. 날실 80올이 한 새.

통 ①광목/옥양목/당목 따위를 일정한 크기로 끊어 놓은 것을 세는 단위.
  ②배추/박 따위를 세는 단위.

모 모시실을 묶어 세는 단위. 한 모는 모시실 열 올.

가마 갈모/쌈지 따위를 세는 단위. 한 가마는 갈모/쌈지 백 개.

쌈 바늘 24개. 금 백 냥쭝.

땀 실을 꿴 바늘로 한 번 뜬 자국을 세는 단위.

테 서려 놓은 실의 묶음을 세는 단위.

  바람 실/새끼 같은 것의 한 발쯤 되는 길이. (실 두 바람, 세 바람의 새끼)

  토리 실몽당이를 세는 단위.

  오리 실, 나무, 대 따위의 가늘고 긴 조각을 세는 단위.

사리 국수, 새끼, 실 따위의 뭉치를 세는 단위.

마름 이엉을 엮어서 말아 놓은 단을 세는 단위.

님 바느질할 때 쓰는 토막친 실을 세는 단위. (한 님, 두 님…)

닢 납작한 물건을 세는 단위. 흔히 돈/가마니/멍석 따위를 셀 때 씀.

우리 기와 2천 장.

괴 창호지 2천 장.

죽 옷, 그릇 따위의 열 벌을 묶어 세는 단위.

조짐 쪼갠 장작을 세는 단위.

강다리 장작 100개비.

채 집/이불이나 큰 기구, 기물, 가구 따위를 세는 단위.

바리 ①마소의 등에 잔뜩 실은 짐을 세는 단위. ②윷놀이에서, 말 한 개.

두레 둥근 켜로 된 덩어리를 세는 단위.

가래 토막 낸 떡/엿 따위를 세는 단위.

모태 안반에 놓고 한 번에 칠 만한 분량의 떡 덩이를 세는 단위.

뭉치 한데 뭉치거나 말린 덩이를 세는 단위.

무더기 한데 수북이 쌓였거나 뭉쳐 있는 더미/무리를 세는 단위.

▶기타: 횟수/단위

거리 탈놀음/꼭두각시놀음/굿 따위에서, 장(場)을 세는 단위.

동무니/동사니 윷놀이에서, 한 개의 말에 어우른 말을 세는 단위.

벌 같은 일을 거듭해서 할 때에 거듭되는 일의 하나하나를 세는 단위. ¶김을 세 벌 매다; 소독을 세 벌이나 하다; 두벌일.

퉁구리 ①일정한 크기로 묶거나 사리어 감거나 싼 덩어리. ②일정한 크기로 묶은 덩어리를 세는 단위.

마장 오 리나 십 리가 못 되는 거리.

보지락 비가 온 양을 나타내는 단위. 보습이 들어갈 만큼 빗물이 땅에 스며든 정도.

꿰미 노끈/꼬챙이 같은 것에 꿰어 놓은 물건을 세는 단위. 노끈에 꿰어져 있는 엽전/철사 줄에 꿰어 파는 낙지/주꾸미를 세는 단위. 산적 같은 것도 해당.

뭇 사냥에서, 매를 세는 단위.

활 을 세는 단위

촉 난초의 포기를 세는 단위.

힘 활의 탄력을 나타내는 단위.

자래 쌍으로 된 생선의 알상자를 세는 단위.

박 노름에서 여러 번 지른 판돈을 세는 단위.

켜 포개어진 물건 하나하나의 층을 세는 단위.

수동이 광석의 무게를 나타내는 단위. 37.5kg(10관)에 해당.

직 학질 따위의 병이 발작하는 차례를 나타내는 단위.

숭어리 꽃/열매 따위가 굵게 모여 달린 덩어리를 세는 단위.

▶한자어 중 비교적 까다로운 것

타(朶) 꽃송이나 꽃가지를 세는 단위.

미(尾) 물고기나 벌레 따위를 세는 단위.

각(刻) 국악에서, 장단을 세는 단위.

지(指) 붕어 따위의 길이를 재는 단위.

탄(彈) 시리즈의 차례를 나타내는 단위.

포(包) 일정한 양으로 싼 인삼을 세는 단위.

주(周) 어떤 것의 둘레를 돈 횟수를 세는 단위.

편(片) 저울에 달아 파는 인삼의 낱개를 세는 단위.

마신(馬身) 경마에서, 말과 말 사이의 거리를 나타내는 단위.

▶단위 기능이 부가된 명사들

동(棟)/자(字)/주일(週日)/쌍(雙)/끼/쪽/차선(車線)/건(件)/방울/발자국/곳/과(科)/세기(世紀)/그릇/학년/젓가락/가지/봉지/송이/인(人)/조(組)/식기(食器)/상(床)/바구니/갑(匣)/덩어리/바퀴/바가지/가래/고랑/토리/종류/굽이/배미/다랑이/갈래/촉/힘/톳/꾸러미/묶음/도막/통/각(刻)/담불/아름/올/지(指)/탄(彈)/고랑배미/동강/두레/장(章)/포(包)/패(敗)/가래/덩이/뭉치/무더기/자래/승(勝)/주(周)/꾸리/바리/단(段)/개비/다발/포기/죽/퉁구리/사리/떨기/마름/박/상자/포대/다래끼/단/켜/땀/선(選)/편(片)/돌림/꿰미/광주리/자루/구럭/뙈기/수동이/중발(中鉢)/코/열(列)/오리/마신(馬身)/춤/달구지/갖바리/동이/직/꺼풀/사발/목판(木板)/되들이/타래/보시기/숭어리/대접/가리/모태/돌기/지게/국자/목기(木器)/쌈지/탕기(湯器)/가마니/오라기/송아리/기(期)/삽/주간/구기/종지/전/수(手)/가리/종구라기/초롱/매끼/모숨/홰/삼태기/돌/통/책(册)/표(票)/잔(盞)/차례/등(等)/주먹/줄/줄기/그루.

웹 옛 서적의 수효를 나타내는 '권'과 '책'은 어떻게 다를까?

옛 책에 관한 설명을 보면 "《목민심서》는 48권 16책으로 되어 있다."와 같은 표현이 나온다. 그럴 때 실제로 그 책은 전부 몇 **권**(卷)이나 되는 것일까? 48권일까, 아니면 16권일까? 요즘의 **권수**(卷數)로 말하면 《목민심서》는 16권이다.

책(册)은 옛 서적이나 여러 장의 종이를 하나로 묶은 것을 세는 단위를 이른다. 요즘 우리가 책을 세는 단위로 쓰는 **권**(卷)과 같은 말이다. 그래서 "《훈몽자회》는 3권 1책으로 되어 있다."라고 하면, 한 권짜리 책이라는 말이다.

권(卷)은 여러 가지 의미를 지닌 의존명사이다. 가장 흔히는 "책을 세는 단위"로 쓰인다. "책가방 속에는 달랑 소설 책 한 권이 들어 있었다."라고 할 때도 그런 뜻이다.

두 번째로는 "여럿이 모여 한 벌을 이룬 책에서 그 순서를 나타내는 말"로 쓰인다. 즉, 단순히 순서를 뜻하는 말이기 때문에 실제로 "책 한 권, 두 권"이라고 할 때의 의미와는 크게 다르다. 예를 들어 "삼국지 2권의 제갈량 초빙(招聘) 부분을 읽고 있다."라고 할 때 대체로는 1권, 2권, 3권의 순서로 각각 한 권의 책으로 편제할 때도 있지만, 드물게는 한 권에 1~2권을 담아 합본할 경우도 있기 때문이다. 가

장 손쉬운 예로는 상·하권을 합본하면 한 권이 되는 경우를 생각해
볼 수 있겠다.

세 번째 경우는 주로 고서(古書)에서 책을 내용에 따라 구분하는 단
위로 쓰일 때이다. 위에서 "《훈몽자회》는 3권 1책으로 되어 있다."라
고 할 때의 '권'이다.

제 말 제대로 쓰기

문 전철 안에서 나이 지긋한 분들이 나누는 말씀을 들었는데요. 자주 만나는 분들
인 것 같은데, "달포 만이다, 달반 만이다." 그러시더군요. 가만히 생각해 보니,
아무래도 한 달들은 넘기신 것 같은데, **달포**는 정확하게 얼마쯤 되는 기간을 말
하는지요? '한달반'을 뜻하는 말인가요. 그리고 어디선가 읽은 건데요. 손등을
뭔가에 살짝 긁혀서 살갗이 조금 상했을 때 그걸 '까지다'라고 하면 안 되고 **제켜
지다**로 써야 한다고 본 것 같은데, 제켜지다는 **젖혀지다**의 뜻 아닌지요? 끝으로
문을 '두들기다'가 맞나요, 아님 '두드리다'라고 해야 하나요? 몹시 헷갈려서요.

답 질문하신 내용들은 수시로 우리 생활에서 접하는 것들이죠. 정확한 뜻풀이는 아
래에 모아 두었습니다. 질문 중에 '한달반 만'이라는 표기가 있는데, '한달반'이
라는 낱말은 없으므로 **한 달 반**으로 띄어 적으셔야 해요. '달반'이라는 말도 없으
므로 **달 반**으로 써야 하고요. 또 '까지다' 대신 쓰일 말로는 **제키다**가 참 좋은 말
인데요. 자동사여요. 그래서 굳이 '제켜지다'라는 피동형을 쓸 필요가 없는 말이
랍니다. 참고하셔요.

▶'달포/달소수/달장근'과 '한 달/한 달 반'의 차이

• 한 달을 넘긴 32일간은 달포에 속한다. ⇦ 맞음.

  우리가 달반 만에 보는 건가? 한 달은 좋이 넘은 것 같은데? ⇦ **한 달
  반**의 잘못.

[설명] ①**달포**는 "한 달이 조금 넘는 기간"으로 '한 달 반'이 아니며, 비슷한 말로는 **달소수**(한 달이 조금 넘는 동안)가 있음. **소수**는 본래 "조금 넘음"을 뜻하는 의존명사. ②'달반'이란 말은 없으며 **한 달 반**의 잘못. 유의할 말로는 한 달의 반인 15일을 뜻하는 **월반** (月半)이 있음. "거의 한 달 기간"을 뜻하는 말은 **달장**이며, 꽉 찬 한 달은 **온달**, 한 달을 조금 넘기는 것은 **달포/달소수**임. 따라서 기간의 크기순으로 보면, **월반＜달장＜온달**(한 달)**＜달포 ≒달소수**가 됨.

달포≒삭여[朔餘]/**월경**[月頃]/**월여**[月餘]**명** 한 달이 조금 넘는 기간.

달소수명 한 달이 조금 넘는 동안.

소수의 몇 냥, 몇 말, 몇 달에 조금 넘음을 나타내는 말.

달장명 날짜로 거의 한 달 기간.

달장근[-將近]**명** 지나간 날짜가 거의 한 달이 가까이 됨. 그런 기간.

해포명 한 해가 조금 넘는 기간.

온달명 꽉 찬 한 달.

월반[月半]**명** ①한 달의 반인 15일. ②매달 음력 7~8일경과 22~23 일경에 나타나는 달.

▶손등이 '까졌다'인가, '제켜졌다'인가, '제켰다'인가

• 철사를 만지다 손이 **까져서** 약을 발랐다. ⇐ **제켜서**가 옳음([원]제키다)

[설명] ①흔히 쓰는 **까지다**는 껍질 따위가 벗겨지는 것. 껍질은 물체에 쓰이는 말로, "물체의 겉을 싸고 있는 단단하지 않은 물질." 사람의 경우에는 껍질이 아닌 '살갗'이므로 엄격히 보면 '까지다'를 쓰는 것은 부적절함. ②**제키다**는 자동사이므로 굳이 피동형 '제켜지다'를 쓸 필요는 없음(의미 중복).

제키다툉 살갗이 조금 다쳐서 벗겨지다. ☞ **젖히다**가 쓰일 자리에서 잘못 사용되기도 함.

젖히다툉 ①뒤로 기울이다. ②안쪽이 겉으로 나오게 하다.

까지다툉 ①껍질 따위가 벗겨지다. ②재물 따위가 줄어들다.

▶문을 '두들기다'인가, '두드리다'인가

• 문은 두들기는 것인가, 두드려야 하는가? ⇦ **두드리다**가 부드러움.

[설명] 두들기다도 틀린 것은 아니지만, "방문을 똑똑 두드리는 소리가 난다"의 경우에 '두들기다'로 바꿔보면 거친 표현이 됨. 즉, 아래의 뜻풀이에서 보듯, 두들기다는 두드리다에 비해 강도/횟수 등에서 크거나 높은 말.

두들기다<뚜들기다툉 ①소리가 나도록 잇따라 세게 치거나 때리다. ②[속] 마구 때리거나 큰 타격을 주다. ③크게 감동을 주거나 격동시키다. ¶종을 두들기다; 문을 쿵쿵 두들겼다; 대문을 두들기다

두드리다툉 ①소리가 나도록 잇따라 치거나 때리다. ②[속] 때리거나 타격을 주다. ③감동을 주거나 격동시키다. ¶어깨를 두드리다; 방문을 두드리다; 목탁을 두드리다.

> 문 "날씨가 끕끕해서 온몸이 끈적인다."라고 할 때 일견 말이 되는 듯도 하지만, 잘 생각해 보면 어딘가 이상한 표현이라고 하던데요. 또 흔히 쓰는 "꽉 끼는 청바지"라든가 "몸에 끼지 않게 헐렁한 옷" 따위도 어법에 맞지 않는 표현이라더군요. 이처럼 제 말이 올바르게 않게 쓰인 것으로는 "이 빠진 낡은 그릇들"과 같은 표현도 있다고 하던데 무엇이 잘못된 것인지요? 한 번 들었는데 적어 놓지 않아서 그만 까먹었습니다. 하하하.

'날씨가 꿉꿉해서'와 같은 것은 사실 곰곰이 뜯어보지 않으면 지나치기 쉬운 표현입니다. **꿉꿉하다**(조금 축축하다)는 의미를 대충 짐작으로 때워서 생기는 현상이죠. 날씨가 꿉꿉한 게 아니라 실은 습도가 아주 높아서 공기가 꿉꿉해지고 그래서 사람 몸도 꿉꿉해진 것이지 날씨 자체가 꿉꿉한 것은 아니거든요. 그래서 날씨에 해당되는 표현을 찾아줘야 적절한 표현이 되겠죠. 예로 든 다른 말들도 마찬가지예요.

'꽉 끼는 청바지' 같은 것도, **끼다**(끼우다)는 "틈에 끼거나 꽂히는" 것을 뜻하는 말이므로, 청바지가 낀다고 하면 그야말로 스스로 알아서 척척 해내는(끼기까지도 하는) 인공지능 수준의 천재적 청바지라고 해야 하겠죠? **쪼이다/째다**라는 말과 헷갈렸을지도 모르겠네요.

낡다는 "오래되어 헐고 너절하다"라는 뜻이 근간 의미입니다. 그런데 그릇은 오래되었다고 무조건 너절하진 않으므로 (닦아서 쓰기도 하니까) 그에 적절한 말을 골라 써야 하는 경우에 해당되겠네요. 자세한 설명은 항목별로 아래에 적었습니다. 저도 '까먹지' 않기 위해서요. 하하하.

▶더운 날 꿉꿉한 건 날씨가 아니라 사람이다

• 날씨가 **꿉꿉해서** 온몸이 끈적인다. ⇐ 잘못은 아니지만 선후가 뒤바뀐 표현이어서, 후텁지근해서가 더 적절함.

　[설명] 꿉꿉하다<꿈꿈하다는 "조금 축축>촉촉하다"는 뜻으로 이미 젖어 있는 상태를 뜻함. 따라서 날씨가 젖어 있다는 표현은 어울리지 않으며, 날씨가 후텁지근해서 그 결과로 신체의 일부나 몸이 꿉꿉해지는 것이므로, "날씨가 **후텁지근해서/후텁지근해서** 온몸이 끈적인다/꿉꿉하다"로 표현하는 것이 적절함.

　꿉꿉하다>꿈꿈하다휑 조금 축축>촉촉하다. ¶땀이 배어 꿉꿉한>꿈꿈한 손바닥.

눅눅하다휑 ①축축한 기운이 약간 있다. ②물기/기름기가 있어 딱딱하지 않고 무르며 부드럽다.

후텁지근하다휑 조금 불쾌할 정도로 끈끈하고 무더운 기운이 있다.

후덥지근하다휑 열기가 차서 조금 답답할 정도로 더운 느낌이 있다.

▶저절로 꽉 '끼는' 청바지는 없다

• 꽉 <u>끼는</u> 청바지; 몸에 <u>끼지</u> 않게 헐렁한 옷 ⇦ **째는/쪼이는, 째지/몸이 쪼이지**의 잘못([원] 째다/쪼이다)

[설명] **끼다**는 **끼우다**(①벌어진 사이에 무엇을 넣고 죄어서 빠지지 않게 함. ②무엇에 걸려 있도록 꿰거나 꽂다)의 준말이면서, **끼이다**(①'끼다'의 피동사. ②틈새에 박히다)의 준말이기도 함. 예문의 문맥은 청바지와 옷이 몸 사이나 틈에 '끼거나 꽂힌' 것이 아니므로 '끼다'는 표현은 맞지 않으며, **째다/쪼이다**의 잘못.

쪼이다>조이다통 ①느슨하거나 헐거운 것이 단단하거나 팽팽하게 되다. 또는 그렇게 되게 하다. ¶작년에 산 옷이 허리가 쪼여 못 입겠다; 발이 쪼여서 그 구두는 못 신겠어; 옷을 입을 때 뒤에서 하녀가 허리를 쪼여 주었다. ②차지하고 있는 자리가 공간이 너무 좁아지다. 또는 그렇게 되게 하다. ③마음이 긴장되다. 또는 그렇게 되게 하다.

째다통 옷/신 따위가 몸이나 발에 조금 작은 듯하다.

▶그릇은 오래 돼도 낡았다고는 하지 않는다

• 부엌 찬장에는 이가 빠진 <u>낡은</u> 그릇들이 꽤 많았다. ⇦ **헌 그릇들**이 더 잘 어울림.

늙은 것도 서러울 터인데, **낡은이**라면 심한 말 아닌가. ⇦ 맞음.

[설명] 식기는 오래 돼도 늘 닦아 쓰기 때문에 **너절하다**(허름하고 지저분

하다)고 할 수 없으므로, 너절하다는 뜻을 담고 있는 '낡은' 그릇보다는 헌 그릇이 좀 더 적절한 표현임. ¶낡은 책상; 낡은 집; 낡은 옷.

헐다[형] 물건이 오래되거나 많이 써서 낡아지다. ¶헌 천막/옷; 찢어진 헌 우산

낡다[형] ①물건 따위가 오래되어 헐고 너절하다. ¶낡아 빠진 북 하나; 낡은 차. ②생각/제도/문물 따위가 시대에 뒤떨어져 새롭지 못하다.

낡은이[명] 늙은이(나이가 많아 중년이 지난 사람)를 낮잡는 말.

문

문예창작과 신입생인 딸아이가 갑자기 몇 가지 물어오는데, 답변하기가 궁색해서 여쭙니다. 명색이 이십 년 넘게 번역을 해온 사람인데, 갑자기 물어오니 답도 생각나지 않지만 대충 설명하거나 잘못 이야기하면 아비가 엉터리로 몰리는 후유증(?)도 있을 듯해서요. 딸아이의 질문은 아래와 같습니다.

1. 주변에서 많이 듣는 '짭쪼롬하다'가 사전에도 없는 말이라고 한다. 무엇이 문제인가. '짭조름하다'인가? 이 말과 '짭잘하다'는 어떻게 다른가?

2. 외할머니가 "조근조근 이야기하니 좀 좋으냐?"라고 하셨는데, '조근조근'을 사전에서 찾아보니 나오지 않는다. 잘못된 말인가?

3. 창작 연습 시간에 '진정코'란 말을 썼더니, 선생님이 '진정'의 잘못된 말이라며 빨간 동그라미를 치셨다. 이유를 묻자 사전을 들먹이시면서 선생님도 정확히는 모른다고 하셨다. 무엇이 잘못인가. **무심코**(無心–)/**한사코**(限死–)/**정녕코**(丁寧–)/**기어코**(期於–)/**맹세코**(盟誓▽–) 등과 같이 다른 비슷한 말들은 버젓이 쓰이고 있는데….

답

질문을 보내오신 분의 입장이 꽤나 난처하셨을 만도 합니다. 하하하. 필경(筆耕)으로도 불리는 붓 농사를 짓는 분들도 사실 이런 질문 앞에서는 확답을 하기가 여간 어려운 일이 아니지요. 더구나 따님의 질문 내용이 수준도 높고 은근히 까다로운 것들이기도 해서요. 이처럼 주변에서 부딪는 말들을 잊지 않고 챙기려는 따님이 아주 대견스럽습니다.

참, 질문에 사용하신 '궁색해서'라는 말과 관련하여 '궁하다'도 참고로 제시하고 싶군요. '궁색하다'라는 말을 전혀 쓸 수 없는 것은 아니지만, 아래의 뜻풀이에서 보듯 답변 내용에 근거 따위가 부족하거나 할 때는 '궁색하다'가 어울리고, 답변하는 일 자체가 난감하거나 할 때는 '궁하다' 가 더 어울립니다. 즉, 이유/근거 따위가 부족할 때는 **궁색하다**가 적절 하고, 어떤 일 자체를 해내기가 어려울 때는 **궁하다**가 어울리는 말이니, 참고하시기 바랍니다.

궁색하다(窮塞-): 말/태도/행동의 이유/근거 따위가 부족하다. ¶궁색 한 변명.

궁하다(窮-): 일이 난처하거나 막혀 피하거나 변통할 도리가 없다. ¶ 갑작스런 질문에 할 말이 궁해서 말을 더듬었다.

▶**몹시 까다로운 형용사 어간 구분 표기**

짭쪼롬(×)/짭조름(○), 짭짜름(○)/짭짜래(○), 쌉싸름≒쌉싸래(○)

• 소금도 안 들어갔는데 꽤나 **짭짜름**하구먼. ⇐ 맞음.

아 그것 참 짭쪼롬해서/짭조롬해서 입맛 당기는데. ⇐ **짭조름해서**의 잘못.

[설명] 짭쪼[조]롬하다는 흔히 많이 사용하고 있지만, 아직은 표준어가 아니며, **짭짜름하다**≒**짭짜래하다**/**짭조름하다**만 표준어. ⇐ '짭 조름하다'는 그 뜻이 '짬짜름하다'와 조금 달라서 유사 동음어(경 음) 채택이 배제된 경우임. 몹시 까다로운 사례로, '−조름하다' 가 쓰인 유일한 경우임.

☞ **짭짜름하다**(○)/**짭쪼름하다**(×)와 달리, 예전에는 **쌉싸름하다**가 표준어가 아니고 **쌉싸래 하다**만 표준어였으나 2011년 개정으로, 현재는 둘 다 표준어.

☞ **짭짜름/짭짜래, 짭짤**은 되지만 **짭쪼[조]롬**은 안 되는 이유: ①특별한 이유는 없으나 아래의 뜻풀이에서 보듯, '짭짜름–'과 '짭조름–'은 각각 "(짠맛/짠 냄새)가 풍기다"와 "(짠맛)이 있다"에서처럼, 두 말에는 유의할 만한 어감 차이가 있다고 보아 표기를 달리 인정한 것으로 보임. ②이러한 어감 차이를 중요하게 보아 짭조름의 경우에는 **짭잘**(×)/**짭짤**(○)과 같이 ㄱ/ㅂ 받침 뒤에서는 유사 동음어 표기를 할 수 있다는 원칙까지도 배제할 정도로, **짭쪼름**(×)/**짭조름**(○) 표기를 고수하고 있음. 그 결과, 우리말에서 **짭조름하다**는 '–조름하다'가 쓰인 유일한 말이 되었음. [참고] 북한어에는 **뾰조롬하다**가 있으나 우리말에서는 **뾰조롬하다**(끝이 조금 뾰조록한 듯하다)를 표준어로 삼고 있음.

짭짜름하다≒짭짜래하다[형] 좀 짠맛이나 냄새가 풍기다.

짭조름하다[형] 조금 짠맛이 있다. ☞'–조름하다'가 쓰인 유일한 말.

뾰조롬하다[형] 끝이 조금 뾰조록한 듯하다. '뾰조름하다'는 북한어. ☞

'–조롬하다'가 쓰인 유일한 말이며 '–쪼롬하다'가 쓰인 말은 없음.

▶ ㄱ/ㅂ 받침 뒤에서는 유사 동음어 표기를 할 수 있다

짭잘(×)/짭짤(○)

• **짭잘한** 게 먹을 만하네. ⇦ **짭짤한**의 잘못. ☞유사 동음어(경음) 채택.

　[유사] 찜질하다(×)/찜찔하다(○); ¶맛이 쌉살하다(×)/쌉쌀하다(○).

　[주의] ㄱ/ㅂ 받침 뒤에서 나는 된소리는, 같은 음절이나 비슷한 음절이 겹쳐 나는 경우가 아니면 된소리로 적지 아니함(한글맞춤법 제5항). 예: 깍뚜기(×)/깍두기(○); 싹뚝(×)/싹둑(○); 법썩(×)/법석(○). ☞이를 달리 해석하면 ('짭짤'과 같이) "같은 음절이나 비슷한 음절이 겹쳐 나는 경우에는 된소리로 적는다."가 됨.

▶ '조근조근'은 '존조리'의 잘못이고, '조곤조곤'은 뜻이 조금 다르다

• **조근조근** 얘기하면 다 알아들을 일인데, 왜 큰소리부터 치나? ⇦ **존조리/차근차근/자분자분**의 잘못. '조근조근'은 방언.

　둘이서 **조곤조곤** 얘기를 나누더니 곧 화해를 했다. ⇦ 맞음.

[설명] **조근조근**은 "낮은 목소리로 자세하고 친절하게 이야기를 하는 모양"을 뜻하는 전남의 방언인데, 이와 똑같은 뜻을 가진 표준어는 없음. 가장 근접하는 것은 **존조리. 조곤조곤**은 존조리와 비슷하지만 은근하고 끈덕진 의미가 주된 뜻.

조곤조곤튄 성질/태도가 조금 은근하고 끈덕진 모양.

존조리튄 잘 타이르듯이 조리 있고 친절하게.

자분자분<차분차분튄 성질/태도가 부드럽고 조용하며 찬찬한 모양.

차근차근₂튄 말/행동 따위를 아주 찬찬하게 순서에 따라 조리 있게 하는 모양.

차근차근₁튄 조금 성가실 정도로 자꾸 은근히 귀찮게 구는 모양.

▶짐작으로 덧대지 말자

진정코(×)/진정(○)

• 믿어주게. 진정코 내 말은 사실이니까. ⇦ **진정**의 잘못. 없는 말.

  [설명] 우리말에는 예에서 보는 바와 같이 '-코'를 붙여 부사화하는 말들이 제법 있는데, '-코'는 '-하고'의 축약형. 따라서 '-하고'를 붙이려면 앞말이 용언의 어간/어근이거나 명사[형]이라야만 함. 그러나 **진정**(眞正)은 처음부터 부사적인 뜻만 가진 말로서 이에 해당되지 않음. 이는 **진정**(眞情)과 혼동해서 생기는 현상인데, 이 진정(眞情) 역시 '하다'를 붙여 동사를 만들 수 있는 낱말이 아니므로 '-하고'의 축약형 '-코'를 붙일 수 없음. 예: 잠자코/무심코(無心-)/한사코(限死-)/기필코(期必-)/기어코(期於-)/맹세코(盟誓▽-)/결단코(決斷-)/필연코(必然-)/단연코(斷然-)/대정코(大定-)/생심코(生心-)/정녕코(丁寧-)/결사코(決死-)/단정코(斷定-)/분명코(分明-)

진정코(眞正−) [부] 진정(거짓이 없이 참으로)의 잘못.

[덤] 면접장에서 이런 소리 하면 낙방에 크게 도움(?)된다

"예쁜 **거(것) 같아요.**" / "넘넘 좋은 **것 같아요.**" / "넘넘 나쁠 **것 같아요.**" / "**확실한 것 같아요.**"…. 요즘 걸핏하면 어디서고 들을 수 있는 표현들이다. TV 화면에서 나들이를 나온 사람들에게 마이크가 가면, 십중팔구 "이렇게 나와서 ~을 하고, ~도 보고 하니 **넘넘 좋은 거 같아요.**"라고 말한다. 맺는말에 **"거(것) 같아요."**가 빠지면 오히려 이상할 정도로 널리 번져 있다.

'거(것)' 뒤에 붙여 쓰인 같다라는 말은 추측이나 불확실한 단정을 나타내는 형용사이다. 즉, 말하는 이가 확실하다고 확신할 수 없거나 잘 몰라서 추측할 때 쓰는 말이다.

그런데 "**넘넘 좋은 거 같아요.**'와 같이 '넘넘'(너무너무)을 넣을 만큼 확실한 자기 생각을 말하는 데도 '거(것) 같아요'를 갖다 붙이니, 모순이다. 더 괴상한 대목은 **"확실한 거(것) 같아요."**란 표현이다. 확실한 것조차 불확실하게 추측하는 꼴이 되었으니 그 얼마나 말이 안 되는 소리인가. ☞예문에 쓰인 넘넘은 너무너무의 구어체인데, 현재로는 넘/넘넘 모두 너무/너무너무의 준말로 인정되고 있는 않은 비표준어다. 그러므로 글쓰기에서 사용하면 감점 대상이다.

생각 없이 남들 따라서 베껴 쓰기 때문에 벌어지는 일들이다. 좋으면 '좋다'라고 말하면 되는 거다. **아주(대단히) 좋아요. / 무척 좋습니다. / 엄청 좋았습니다.** 등으로 딱 부러지게 자신의 좋은 기분을 자신 있게 표현하기. 그것 어렵지 않다. 간단하다. '거(것) 같아요' 따위의 어법에서 발을 빼고, 결별을 선언하면 된다.

면접장에서 그런 어법을 쓰면 어떻게 될까? 낙방은 따 놓은 당상이 된다. 왜냐고? 면접관들이란 참으로 매서운 사람들이어서 피면접자의 일거수일투족을 놓치지 않는 것은 물론, 무심코 흘리는 말 하나조차 빼놓지 않고 그러담는 데에도 선수들이다. 어법 하나에서조차

도 웬만한 교수들 뺨칠 정도로 **빠삭할**(어떤 일을 자세히 알고 있어서 그 일에 대하여 환한) 뿐만 아니라, 삶의 현장 구석구석 어디에서고 놓치지 않고 챙기는 사람들이다.

사실 이런 엉터리 어법을 사용하는 사람의 경우, 실제 업무 현장에 투입해 보면 사소해 보이지만 엄청 중대한 결과로 이어지기도 하는 것들에서 다반사로 실수하는 사람들이기 십상이다. 그래서 피면접 자의 언어 하나하나가 평가 대상이 되는 것이다. 영문 계약서에서 쉼표와 마침표, 콜론(:)과 세미콜론(;)을 제대로 구분하지 않았거나 'and/or'의 의미를 간과하는 바람에 큰 손해를 보게 된 뒤에야 땅을 치게 되는 일 따위는 업무 현장에서 드문 일이 아니다.

그러니 "에지 있게 살고 싶습니다."나 "촉이 왔었거든요." 따위의 말을 면접장에서 사용하게 되면 어떤 결과일지는 말할 필요도 없겠다.

덤 ▶ 낱말 안에서 글자의 순서

아래에 인용되는 예문은 인터넷에 떠돌던 것이다.

[인간 두뇌의 놀라운 능력]

캠리브지 대학의 연결구과에 따르면, 한 단어 안에서 글자가 어떤 순서로 배되열어 있는가 하것은은 중하요지 않고, 첫째번와 마지막 글자가 올바른 위치에 있것는이 중하요고 합니다. 나머지 글들자은 완전히 엉진창망의 순서로 되어 있지을라도 당신은 아무 문없제이 이것을 읽을 수 있습니다. 왜하냐면 인간의 두뇌는 모든 글자를 하나하나 읽것이 아니라 단어 하나를 전로체 인하식기 때이문입니다.

캠브리지 대학의 연구결과에 따르면, 한 단어 안에서 글자가 어떤 순서로 배열되어 있는가 하는 것은 중요하지 않고, 첫 번째와 마지막 글자가 올바른 위치에 있는 것이 중요하다고 합니다. 나머지 글자들은 완전히 엉망진창의 순서로 되어 있을지라도 당신은 아무 문제없이 이것을 읽을 수 있습니다. 왜냐하면 인간의 두뇌는 모든 글자를 하나하나 읽는 것이 아니라 단어 하나를 전체로 인식하기 때문입니다.

앞의 글을 천천히 읽어보자. 글자들이 어째 좀 이상하다. 배열이 뒤죽박죽이다. 그럼에도 글의 의미를 파악하는 데는 크게 지장이 없다. 이것을 근거 삼아 일부 누리꾼들은 복잡한 맞춤법 따위는 무시하고 대충 쓰자는 말까지 한다. 더구나 캠브리지 대학에서 연구한 성과이니 신뢰도와 타당성은 이미 검증된 것 아니냐면서. 그러나 이는 모두 잘못이다. 잘못 알려진 내용이고 그른 판단이다. **명토**(누구 또는 무엇이라고 구체적으로 하는 지적) 박아, 자초지종을 이야기하면 이렇다.

본래 〈The paomnnehal pweor of the hmuan mnid〉(The phenomenal power of the human mind)라는 제목으로 유포된 영문인데, 문장에 언급된 캠브리지 대학에서는 그런 걸 연구한 적이 전혀 없다. 엉뚱한 누명을 쓰게 된 거다. 그래서 관련 연구 부서에 재직하고 있는 맷 데이비스(Matt Davis)가 **발명**(發明, 죄/잘못이 없음을 말하여 밝힘) 겸 **해**

명(解明, 까닭/내용을 풀어서 밝힘)에 나섰다(http://www.mrccbu.cam.ac.uk/~mattd/Cmabrigde). 그는 관련 자료를 모으고, 전 세계 학자들의 도움까지 받아서 결론을 내리게 되는데, 요약하면 다음과 같다.

1. 영어의 경우, 인터넷에 떠돈 내용은 부분적으로는 맞지만, 언어심리학자의 시각으로는 올바르지 않은 것도 있다.
   - 3음절어와 같이 짧은 낱말들은 거의 영향을 받지 않는다.
   - 4음절어 낱말 중간의 문자가 뒤바뀔 때 크게 영향을 받지 않는다. 그러나 그 이상의 음절어에서는 혼란스럽다. 시각적 이해도와 인지도가 떨어지며, 얼른 쉽게 이해되지 않는다.
   - 단순 기능어(관사, be 동사, 인칭대명사 등)는 거의 영향을 받지 않는다.
   - 이와 같은 제한적인 경우들을 제외하고는, 위의 이론은 맞지 않는다.

2. 위의 설은 다음과 같은 언어에는 아예 적용되지 않는다.
   - 모음이 표기되지 않는 셈족 언어: 히브리어, 아랍어
   - 교착어로 낱말 길이가 긴 것: 핀란드어, 터키어 ☞ 한국어도 이 교착어.
   - 단어 사이에 띄우기를 하지 않는 언어: 타이어
   - 표의문자: 중국

여기서 보듯, 한 낱말 내에서 문자의 순서가 바뀌었을 때 이해도/인지도에서 크게 영향을 받지 않는 것은 예외적인 언어에 속하지 않는 언어(주로 인도유럽어족의 언어) 중에서도 3음절어 이내의 낱말이나 단순 기능어들뿐이다. 한국어는 핀란드어/터키어/일본어와 더불어 교착어로, 예외적인 언어에 속하므로 적용 가능 대상 언어에서도 벗어난다. 이런 점들을 고려할 때, 일반적으로 우리말의 낱말 내 글자 순서를 바꿔 써도 언어학적으로 아무런 문제가 없다는 발언은 옳지 않다. 참고로, 이런 현상의 학문적인 연구는 그레이엄 롤린슨(Graham Rawlinson)이 노팅엄 대학교에서 박사 학위 논문(〈**낱말 인식에서의 문자 위치의 중요성**〉, 1976)을 쓴 것이 처음이다.

📖 한국인이 가장 많이 쓰는 말

우리가 일상생활에서 가장 많이 사용하는 말은 무엇일까? '**없다**'란다. 하기야 이 '-없다'가 접사로 쓰여 만들어진 말을 보면 어림잡아도 140여 개나 된다. 반면에 '없다'의 상대어인 '있다'가 접사로 쓰인 말은 몇 개나 될까? 열두어 개밖에 되지 않는다. 흔히 쓰는 말로는 **재미있다/맛있다/멋있다/뜻있다/관계있다[關係-]/상관있다/값있다/가만있다**가 있고, 드물게 쓰이는 것으로는 **빛있다**(곱거나 아름답다)/**지멸있다**(꾸준하고 성실하다. 또는 직심스럽고 참을성이 있다)/**다기있다[多氣-]=다기지다**(마음이 굳고 야무지다) 정도이다.

이건 무엇을 뜻할까. 우리가 부정적인 쪽에 훨씬 더 많이 치우쳐 살아내고 있다는 것을 은연중에 드러내고 있는 것은 아닐까. 긍정적으로 살기. 그 출발은 어쩌면 쉬운 일인지도 모르겠다. '-있다'가 들어간 말을 될수록 자주 사용하는 거다. 그 출발로 우선 **멋있다/맛있다/뜻있다/재미있다** 네 가지 말만이라도 자주 써보면 어떨까. 돈 드는 일도 아니니 마음으로나마 '있이' 사는 것이 '없이' 사는 것보다 백 배 낫지 싶다. (하이데거의 말대로) "말은 생각의 집"인 까닭에 생각이 바뀌면 행동도 바뀌는 법이니까.

참고로, 한국인들이 많이 쓰는 말을 명사로만 한정하면 **사람>때>일>말>사회>속>문제>문화>집>경우**의 순이란다(강범모·김흥규, 《한국어 형태소 및 어휘 사용 빈도의 분석 2》, 2004). 많이 쓰이는 순서대로 첫 다섯 말로 문장을 꾸려 보면, "사회에서는 사람이 일할 때 말이 된다."는 식이 된다. 아무래도 '일'의 가치가 그만큼 사회 속에서 중요하다는 뜻도 되겠다.

🅣 쑥떡은 흔해도 쑥개떡은 보기 드문 떡

쑥과 쌀가루 반죽으로 **반대기**(가루를 반죽한 것이나 삶은 푸성귀 따위를 평평하고 둥글넓적하게 만든 조각)를 지어 만든 떡을 흔히 **쑥개떡**이라고 하는데 **쑥떡**의 잘못이다.

개떡은 "밀가루/메밀가루를 체로 쳤을 때 남는 찌꺼기인 노깨나 나깨 혹은 보릿겨 따위를 반죽하여 아무렇게나 반대기를 지어 찐 떡"을 이르는 이름이다. 개떡과 쑥떡은 재료부터 크게 차이가 진다. 쑥떡은 쌀을 주재료로 쓰는 반면 개떡은 그에 비하여 한참 질이 떨어지는 것들을 재료로 쓴다. 그래서 개떡은 "못생기거나 나쁘거나 마음에 들지 않는 것"을 비유적으로 이르는 말도 된다. 그러니 '쑥개떡'은 쑥을 넣어 만든 개떡을 뜻하므로, 아무렇게나 만드는 개떡에 쑥까지 넣어 만드는 경우는 거의 없다고 봐야 하겠다.

이와 비슷하게 헷갈리는 것으로는 **쑥개피떡**도 있는데, 쑥을 넣어 만든 **개피떡**(흰떡/쑥떡/송기떡을 얇게 밀어 콩가루나 팥으로 소를 넣고 오목한 그릇 같은 것으로 반달 모양으로 찍어 만든 떡. 만든 뒤에 서로 붙지 않도록 참기름을 바른다)을 이른다. '개떡'과는 비할 수 없이 고급(?) 떡이다.

흔히 '바람떡'이라고 하는 것이 바로 이 개피떡인데, 현재 사전에서는 '바람떡'을 개피떡의 강원도 방언으로 보고 있다. '개피떡'이라고 하면 아무래도 개떡으로도 받아들이기 쉬운지라 '바람떡'이 힘을 얻고 있는 것 아닌가 하는 생각도 든다.

이것들 외에 전병 계통의 **장떡**(고추장을 탄 물에 밀가루를 풀고 미나리와 다른 나물을 넣어서 부친 전병)이란 것도 있다.

문장부호 개정안과 추가 표준어

① 새 문장부호의 주요 내용

　문장부호 중에 **마침표/종지부**(終止符)라는 게 있다. 문장을 끝맺을 때 쓰는 부호를 이르는데, **온점**(.)/**느낌표**(!)/**물음표**(?)/**고리점**(。) 등이 있다. 그러니까 온점(.)은 마침표의 하나일 뿐이라는 말이다.

　그런데 2015년부터는 온점(.)을 '마침표'라고도 부를 수 있게 되었다. 1988년 한글맞춤법 규정의 부록으로 처음 선을 보였던 문장부호가 26년 만에 새 옷으로 갈아입은 덕분이다. 새 문장부호는 이전 규정에 맞추어 쓰더라도 틀리지 않도록 하되, 현실적인 쓰임에 맞도록 허용 규정을 대폭 확대함으로써 개정으로 인한 혼란을 최소화하고 규범의 현실성을 높여 쉽게 사용할 수 있도록 하였다.

　이번 개정안에서는 가로쓰기를 기준으로 문장부호의 용법을 정비하여, 주로 세로쓰기에서 '온점'과 '반점'으로 부르던 부호 '.'과 ','에 대하여 각각 마침표/쉼표라고 하고 기존에 부르던 이름인 온점/반점도 함께 쓸 수 있게 하였다. 또한 '줄임표'를 아래에 여섯 점(……)을 찍거나 세 점(…, ...)만 찍는 것도 가능하도록 하는 등, 다양한 형태로 쓸 수 있게 하는 등 사용자 편의와 활용성을 높이는 데 역점을 두었다.

　새 문장부호를 정리하면 다음과 같다. ☞**문장부호**: 전문용어이므로 **문장부호**

라 붙여 적을 수도 있다(허용). 문장부호는 글점(-點) 또는 월점(-點)이라고도 한다.

변경 사항	이전 규정	설 명
가로쓰기로 통합	세로쓰기용 부호 별도 규정	그동안 세로쓰기용 부호로 규정된 고리점(。)과 모점(、)은 개정안에서 제외, 낫표(「」『』)는 가로쓰기용 부호로 용법을 수정하여 유지.
문장부호 명칭 정리 문장부호 명칭 정리	'.'는 '온점' ','는 '반점'	부호 .와 ,를 각각 마침표와 쉼표라 하고 기존의 온점과 반점이라는 용어도 쓸 수 있도록 함.
	〈 〉, 《 》 명칭 및 용법 불분명	부호 〈 〉, 《 》를 각각 홑화살괄호, 겹화살괄호로 명명하고 각각의 용법 규정.
부호 선택 폭 확대 부호 선택 폭 확대	줄임표는 '……'만	컴퓨터 입력을 고려하여 아래에 여섯 점(……)을 찍거나 세 점(⋯, …)만 찍는 것도 가능하도록 함.
	가운뎃점, 낫표, 화살괄호 사용 불편	– 가운뎃점 대신 마침표(.)나 쉼표(,)도 쓸 수 있는 경우 확대. – 낫표(「」『』)나 화살괄호(〈 〉, 《 》) 대신 따옴표(' ', " ")도 쓸 수 있도록 함.
조항 수 증가 (66개→94개)	조항 수 66개	소괄호 관련 조항은 3개에서 6개로, 줄임표 관련 조항은 2개에서 7개로 늘어나는 등 전체적으로 이전 규정에 비해 28개가 늘어남. ☞ (조항 수): [붙임], [다만] 조항을 포함함.

국립국어원의 개정안 작성 배경과 개정 방향 등은 다음과 같다.

① **문장부호를 개정하게 된 이유**

글쓰기 환경이 컴퓨터와 인터넷 중심으로 급격히 변화했기 때문이다. 1988년 처음 선을 보인 '문장부호'는 원고지 중심의 전통적인 글쓰기 환경에 맞추어 제정된 것이어서, 최근의 다양해지고 세분화된 문장부호의 용법을 제대로 반영하지 못한다는 한계가 있었다.

② 문장부호 개정에 한글맞춤법 규정 개정 고시를 한 이유

문장부호는 국어 표기의 보조적 수단으로서 이에 대한 규정이 한글맞춤법의 부록으로 실려 있다. 따라서 '문장부호'의 내용을 변경하는 것은, 형식적으로는 한글맞춤법의 일부를 개정하는 것이 된다. 실제 한글맞춤법의 본문은 달라진 사항이 없다.

③ '문장부호' 개정안 제정 과정

문화체육관광부와 국립국어원은 2010년부터 2년간 규정 개정에 관한 기초 연구를 수행하였고, 이를 바탕으로 2012년부터 본격적으로 개정 작업에 착수하였다. 공청회, 전문가 자문회의 등 다양한 여론 수렴 과정을 거쳐 개정안을 마련하였고, 2014년 8월 29일에 열린 국어심의회에서 개정안이 통과됨에 따라 개정안을 고시하게 되었다.

④ 새 문장부호의 특징

개정으로 인한 혼란을 최소화하면서도 규범의 현실성을 확보하여 규범을 편하게 활용할 수 있도록 하는 데 중점을 두었다. 이에 따라 이번 개정안은 기존 규정을 따르더라도 틀리는 경우는 없도록 하되, 현실적인 쓰임을 고려하여 허용 규정을 대폭 확대하였다는 점이 특징이다.

⑤ 문장부호 항목 수의 변동

소괄호 조항이 3개에서 6개로, 줄임표 조항이 2개에서 7개로 늘어나는 등 개정안은 전체적으로 28개가 늘어난 총 94항목(신설 47항목, 삭제 19항목)으로 구성되어 있다. 삭제된 항목들은 유사한 내용을 하나로 통합하고 불필요한 조항을 제외한 결과이다.

⑥ 세로쓰기

공문서, 신문, 교과서 등에서 가로쓰기가 보편화되었기 때문에 세로쓰기용 부호를 따로 정하지 않기로 한 것일 뿐, 세로쓰기 자체를 막는 것은 아니다. 따라서 세로쓰기를 할 경우 이전에 적용되던 부호를 자유롭게 사용할 수 있다.

⑦ 온점, 반점

'마침표'와 '쉼표'를 기본 용어로 정하고, 기존 용어인 '온점'과 '반점'도 그대로 쓸 수 있도록 했다. 교과서나 공문서 등에는 '마침표'와 '쉼표'를 기본적으로 사용하게 된다.

⑧ 마침표로 연월일을 나타낼 때

연월일을 나타내는 마침표는 모두 찍어야 한다. '2014년 10월 27일'은 '2014. 10. 27.'과 같이 쓸 수 있다. '2014. 10. 27'처럼 끝에 점을 찍지 않으면 '2014년 10월 27'이라고 한 것이 되므로 적절하지 않다.

⑨ 컴퓨터 입력이 불편할 때 대체해서 쓸 수 있는 부호

특정 부호는 자판에서 쉽게 입력할 수 있는 부호로 대체해서도 쓸 수 있게 했다.

낫표, 화살괄호		따옴표	가운뎃점		마침표/쉼표
「국어기본법」	⇨	'국어기본법'	3·1운동	⇨	3.1 운동
《독립신문》		"독립신문"	상·중·하위권		상, 중, 하위권

줄임표		마침표	물결표		붙임표
저런……	⇨	저런...... .	9월~10월	⇨	9월-10월

⑩ 줄임표

개정안에서는 줄임표를 다음과 같이 **네 가지 형태**로 쓸 수 있게 하였다.

기존	가운데 여섯 점	(……)		
개정안	가운데 여섯 점	(……)	가운데 세 점	(…)
	아래 여섯 점	(......)	아래 세 점	(...)

⑪ 분수 표시의 빗금 조항

수학, 언어학 등 특수한 분야에서만 쓰이는 일부 부호의 용법, 예를 들면 '분수 표시의 빗금(/)', '단어 구성성분 표시의 붙임표(–)' 등은 문장 부호의 용법이 아니라고 보아서 개정안에서 제외한 것일 뿐이다. 개정안에서 빠졌더라도 이 부호들은 각각의 분야에서 기존 용법대로 쓸 수 있다.

⑫ 문장부호 띄어쓰기

개정안에서는 필요한 경우에는 규정으로, 그 밖에는 용례를 통해 문장부호의 띄어쓰기를 비교적 명료하게 알 수 있도록 하였다. 쌍점, 빗금, 줄표, 줄임표 등 띄어쓰기가 혼란스러웠던 부호에 대해서는 별도로 띄어쓰기 규정을 두어 혼란을 없앴다.

② 주요 개선 사항

예전에 가운뎃점은 같은 계열의 단어 사이에만 사용하되, 한 단어로 되어 있는 것 사이에서는 쓰지 아니한다는 원칙이 있었다. 그 원칙에 따르면, **실·국·과장급**은 **실장·국장·과장급**의 잘못이다. 대상이 같은 계열의 단어여야만 하기 때문이다. **실·국**은 형태소일 뿐 단어가 아니기 때문에 잘못으로 본 것이다. 따라서 **입출구**(×)/**입구·출구**(○), **융복합**(×)/**융합·복합**(○), **육·해·공군**(×)/**육해공군**(○)이 되어야 옳은 표기였다(육해공군은 본래 한 낱말). 그 밖에 "시장에 가서 사과·배·복숭아, 고추·마늘·파, 조기·명태·고등어를 샀다."에서처럼 쉼표로 열거된 어구가 다시 여러 단위로 나뉠 때에도 쓸 수 있었다.

그러나 이번 개정에서는 "짝을 이루는 어구들 사이, 또는 공통 성분을 줄여서 하나의 어구로 묶을 때는 가운뎃점을 쓰거나 쉼표를 쓸 수 있"도록 단순화하고 적용 폭을 크게 넓혔다. 즉, 적용 대상이 예전의 낱말 단위에서 이제는 '어구'나 '공통 성분'들까지도 포함되기 때문에 아주 폭넓게 사용할 수 있게 되었다.

따라서 개정안에 따르면 **실·국·과장급**, **입·출구**, **융·복합** 등의 표현이 가능하다. 단, 본래 한 단어인 것들은 여전히 가운뎃점 표기는 잘못으로 본다〔예: **좌·우**(×)/**좌우**(○); **여·야**(×)/**여야**(○); **육·해·공군**(×)/**육해공군**(○)〕.

또한 이번의 문장부호 개정으로 이 가운뎃점(·) 대신에 쉼표를 쓸 수도 있게 되었다.

마침표(.)

- 용언의 명사형이나 명사로 끝나는 문장, 직접 인용한 문장의 끝에는 마침표를 쓰는 것을 원칙으로 하되, 쓰지 않는 것을 허용함.

  예) 목적을 이루기 위하여 몸과 마음을 다하여 애를 **씀.**/**씀**(○)

    신입사원 모집을 위한 기업 설명회 **개최.**/**개최**(○)

    그는 "지금 바로 **떠나자.**/**떠나자**(○)"라고 말하며 서둘러서 짐을 챙겼다.

- 아라비아 숫자만으로 연월일을 표시할 때 마침표를 모두 씀. '일(日)'

을 나타내는 마침표를 반드시 써야 함.

예) 2014년 10월 27일~2014. 10. 27.(○)/2014. 10. 27(×)

- 특정한 의미가 있는 날을 표시할 때 월과 일을 나타내는 아라비아 숫자 사이에는 마침표를 쓰거나 가운뎃점을 쓸 수 있음.

예) 3.1 운동/3·1운동(○)

- '마침표'가 기본 용어이고, '온점'으로 부를 수도 있음.

물음표(?)

- 모르거나 불확실한 내용임을 나타낼 때 물음표를 씀.

예) 모르는 경우: 최치원(857~?)은 통일 신라 말기에 이름을 떨쳤던 학자이자 문장가입니다.

불확실한 경우: 조선 시대의 시인 강백(1690?~1777?)의 자는 자청이고, 호는 우곡입니다.

쉼표(,)

- 문장 중간에 끼어든 어구의 앞뒤에는 쉼표를 쓰거나 줄표를 쓸 수 있음.

예) 나는, 솔직히 말하면, 그 말이 별로 탐탁지 않아.

나는 — 솔직히 말하면 — 그 말이 별로 탐탁지 않아.

- 특별한 효과를 위해 끊어 읽는 곳을 나타내거나 짧게 더듬는 말을 표시할 때 쉼표를 씀.

예) 이 전투는 바로 우리가, 우리만이, 승리로 이끌 수 있습니다.

선생님, 부, 부정행위라니요? 그런 건 새, 생각조차 하지 않았습니다.

- 열거할 어구들을 생략할 때 사용하는 줄임표 앞에는 쉼표를 쓰지

않음.

   예) 광역시: 광주, 대구, 대전……(○)/ 광주, 대구, 대전, ……(×)

- '쉼표'가 기본 용어이고, '반점'으로 부를 수도 있음.

가운뎃점(·)

- 짝을 이루는 어구들 사이, 또는 공통 성분을 줄여서 하나의 어구로 묶을 때는 가운뎃점을 쓰거나 쉼표를 쓸 수 있음.

   예) 하천 수질의 조사·분석(○)/ 하천 수질의 조사, 분석(○)

      상·중·하위권(○)/ 상, 중, 하위권(○)

중괄호({ })와 대괄호([ ])

- 열거된 항목 중 어느 하나가 자유롭게 선택될 수 있음을 보일 때는 중괄호를 씀.

   예) 아이들이 모두 학교{에, 로, 까지} 갔어요.

- 원문에 대한 이해를 돕기 위해 설명이나 논평 등을 덧붙일 때는 대괄호를 씀.

   예) 그런 일은 결코 있을 수 없다. [원문에는 '업다'임.]

낫표(「 」, 『 』)와 화살괄호(〈 〉, 《 》)

- 소제목, 그림이나 노래와 같은 예술 작품의 제목, 상호, 법률, 규정 등을 나타낼 때는 홑낫표나 홑화살괄호를 쓰는 것이 원칙이며 작은따옴표를 대신 쓸 수 있음.

   예) 「한강」은/〈한강〉은/'한강'은(○) 사진집 〈아름다운 땅〉에 실린 작품이다.

- 책의 제목이나 신문 이름 등을 나타낼 때는 겹낫표나 겹화살괄호를

쓰는 것이 원칙이며 큰따옴표를 대신 쓸 수 있음.

예)『훈민정음』은/《훈민정음》은/"훈민정음"은(○) 1997년에 유네스코 세계 기록 유산으로 지정되었다.

줄표(—)

• 제목 다음에 표시하는 부제의 앞뒤에는 줄표를 쓰되, 뒤에 오는 줄표는 생략할 수 있음.

예) '환경 보호 — 숲 가꾸기 —'라는(○)/'환경 보호 — 숲 가꾸기'라는(○) 제목으로 글짓기를 했다.

붙임표(-)와 물결표(~)

• 차례대로 이어지는 내용을 하나로 묶어 열거할 때 각 어구 사이, 또는 두 개 이상의 어구가 밀접한 관련이 있음을 나타내고자 할 때는 붙임표를 씀.

예) 멀리뛰기는 도움닫기-도약-공중 자세-착지의 순서로 이루어진다.

원-달러 환율

• 기간이나 거리 또는 범위를 나타낼 때는 물결표 또는 붙임표를 씀.

예) 9월 15일~9월 25일(○)/9월 15일-9월 25일(○)

줄임표(……)

• 할 말을 줄였을 때, 말이 없음을 나타낼 때, 문장이나 글의 일부를 생략할 때, 머뭇거림을 보일 때에는 줄임표를 씀.

예) "어디 나하고 한번……." 하고 민수가 나섰다.

"우리는 모두…… 그러니까…… 예외 없이 눈물만…… 흘렸다."

• 줄임표는 점을 가운데에 찍는 대신 아래쪽에 찍을 수도 있으며, 여섯 점을 찍는 대신 세 점을 찍을 수도 있음.

예) "어디 나하고 한번…." 하고 민수가 나섰다.

"어디 나하고 한번……" 하고 민수가 나섰다.

"어디 나하고 한번... " 하고 민수가 나섰다.

덤 옥스퍼드 콤마

영문에서 무엇을 열거할 때 쓰이는 쉼표(,)의 표기에는 두 가지가 있다.

① I read newspapers, magazines, and books.
② I read newspapers, magazines and books.

여기서 ①의 예와 같이 마지막으로 열거되는 것 앞에 (대개 and나 or 등이 그 앞에 오지만) 콤마를 찍는 것을 **옥스퍼드 콤마**라 한다. 이것은 영국에서 서로 차별화를 내세우며 오랫동안 치열하게 경쟁해 온 옥스퍼드 대학과 케임브리지 대학 간의 전통적 대치에서 비롯되었다.

☞ 외래어 표기법을 따르면 comma는 '카머'가 되어야 하지만, 관행을 인정하여 **콤마** 로 적음.

예를 들면, '철학박사/백과사전'은 옥스퍼드에서는 'D.Phil/Encyclopaedia'로 표기하지만, 케임브리지에서는 'Ph.D/Encyclopedia'로 다르게 적는다. 그러므로 위의 예문에서도 케임브리지에서는 당연히 ②의 방식을 따른다(우리나라에서도 마찬가지다).

이처럼 두 대학 간에 같은 것을 두고도 고집스럽게(?) 서로 다르게 표기하는 것들을 모으면 소사전이 될 정도로 엄청 많고, 일반인은 전혀 알아들을 수 없는 것들도 있다.

	옥스퍼드	케임브리지
• 교수의 개인지도:	튜토리얼(Tutorial)	슈퍼비전(Supervision)
• 칼리지 건물:	쿼드(Quad)	코트(Court)

• 공공 휴게실:	코먼 룸(Common Room)	콤비네이션 룸 (Combination Room)
• 봄 학기 :	힐러리(Hilary)	렌트(Lent)

문장부호의 위치와 문장부호 뒤에서의 띄어쓰기

아래 [예제]의 문장은 문장부호 뒤에서의 띄어쓰기가 잘못된 것들이다.

[예제] 이달 구호는 **'친절 봉사' 입니다.** ⇐ **'친절 봉사'입니다.**의 잘못.

　　"죽어도 해낼 **거야." 라고** 그가 말했다. ⇐ **거야."라고**의 잘못.

　　그건 **'독일 공학의 승리' 래.** ⇐ **'독일 공학의 승리'래**의 잘못.

　문장부호 뒤의 띄어쓰기는 그 부호 뒤에 오는 말에 따라 정해진다. 위의 예문에 보이는 '입니다'는 서술격조사인 '이다'의 활용형이며, '라고' 역시 조사이다. 조사는 윗말에 붙여 쓰므로, 모두 문장부호 뒤에 붙여 적어야 한다. '래'는 '라고 해'의 준말로, 어미 역할을 하고 있다. 어미 또한 앞말에 붙여 적어야 하고, 문장부호 뒤의 띄어쓰기는 부호 뒤의 말에 따라 정해지므로, '독일 공학의 승리'래로 붙여 적어야 한다.

　또한, 따옴표와 문장부호를 함께 쓸 때, 문장부호가 따옴표 뒤에 와야 하는지 아니면 앞에 와야 하는지 헷갈릴 때가 있다. 즉, "너 그걸 꼭 해야 하겠니?"인지, 아니면 "너 그걸 꼭 해야 하겠니"?인지처럼.

　그럴 때는 문장부호가 문장의 형태(의문문/감탄문/평서문 따위)를 정한다는 점을 떠올리면 도움이 된다. 그러므로 아래의 예와 같이 <u>문장부호를 먼저 써서 문장의 형태/종류를 정한 뒤 그 문장을 따옴표로 처리하는 것이 올바른 순서다.</u>

　－ "너 그걸 꼭 해야 하겠니?"라고 어머니가 못 박듯이 물었다.

- "난 기어코 그 일을 해내고야 말겠어." 그것이 그가 마지막으로 한 말이었다.
- 그는 연단으로 뛰어 올라가 "여러분! 차분히 마음을 가라앉히고 힘내십시오. '하늘이 무너져도 솟아날 구멍이 있습니다.'고 하지 않습니까?"라고 외쳤다.

주의할 것은 직접 인용문에도 마침표(.)를 찍어야 하는 것이 예전의 규정이었지만, 개정된 문장부호 규정에 따르면 따옴표로 처리된 직접 인용문에는 마침표(.)를 찍지 않아도 된다. 즉, 두 가지 모두 허용된다. 예를 들면 ①"자 모두들 진정하자고. '하늘이 무너져도 솟아날 구멍이 있다.'고 했잖아."와 ②"자 모두들 진정하자고. '하늘이 무너져도 솟아날 구멍이 있다'고 했잖아"에서, ①과 ②의 두 가지 모두 허용되는 표기이다. 다만, 이러한 마침표 생략이 허용되는 경우는 직접 인용문인 경우에 한한다.

③ 추가 표준어

2014년 8월과 2015년 12월에 이어 현재까지 추가로 등재된 표준어는 다음과 같다.

현재 표준어와 같은 뜻을 가진 표준어로 인정한 것(복수표준어)

추가 표준어	현재 표준어
구안와사	구안괘사
굽신	굽실
눈두덩이	눈두덩
삐지다	삐치다

초장초	작장초
마실*	마을
이쁘다	예쁘다
찰지다	차지다
−고프다	−고 싶다

*마실은 "이웃에 놀러 다니는 일"의 의미에 한하여 표준어로 인정함. "여러 집이 모여 사는 곳"의 의미로 쓰인 '마실'은 비표준어임. **마실꾼, 마실방, 마실돌이, 밤마실**도 표준어로 인정함.

현재 표준어와 뜻이나 어감이 차이가 나는 별도의 표준어로 인정한 것

추가 표준어	현재 표준어	뜻 차이
개기다	개개다	**개기다**: (속되게) 명령이나 지시를 따르지 않고 버티거나 반항하다. ☞개개다: 성가시게 달라붙어 손해를 끼치다.
꼬시다	꾀다	**꼬시다**: '꾀다'를 속되게 이르는 말. ☞꾀다: 그럴듯한 말이나 행동으로 남을 속이거나 부추겨서 자기 생각대로 끌다.
놀잇감	장난감	**놀잇감**: 놀이 또는 아동 교육 현장 따위에서 활용되는 물건이나 재료.
딴지	딴죽	**딴지**: (주로 '걸다, 놓다'와 함께 쓰여) 일이 순순히 진행되지 못하도록 훼방을 놓거나 어기대는 것. ☞딴죽: 이미 동의하거나 약속한 일에 대하여 딴전을 부림을 비유적으로 이르는 말.
사그라들다	사그라지다	**사그라들다**: 삭아서 없어져 가다. ☞사그라지다: 삭아서 없어지다.
섬찟	섬뜩	**섬찟**: 갑자기 소름이 끼치도록 무시무시하고 끔찍한 느낌이 드는 모양. ☞**섬찟**이 표준어로 인정됨에 따라 **섬찟하다/섬찟섬찟/섬찟섬찟하다** 등도 표준어로 함께 인정됨.

추가 표준어	현재 표준어	뜻 차이
속앓이	속병	**속앓이:** ①속이 아픈 병. 또는 속에 병이 생겨 아파하는 일. ②겉으로 드러내지 못하고 속으로 걱정하거나 괴로워하는 일. ☞속병: ① 몸속의 병을 통틀어 이르는 말. ②위장병을 일상적으로 이르는 말. ③화가 나거나 속이 상하여 생긴 마음의 심한 아픔.
허접하다	허접스럽다	**허접하다:** 허름하고 잡스럽다.
꼬리연	가오리연	**꼬리연:** 긴 꼬리를 단 연.
의론	의논	**의론(議論):** 어떤 사안에 대하여 각자의 의견을 제기함. 또는 그런 의견. ☞의논(議論): 어떤 일에 대하여 서로 의견을 주고 받음. '의론되다, 의론하다'도 표준어로 인정함.
이크	이키	**이크:** 당황하거나 놀랐을 때 내는 소리. '이키'보다 큰 느낌을 준다. ☞이키: 당황하거나 놀랐을 때 내는 소리. '이끼'보다 거센 느낌을 준다.
잎새	잎사귀	**잎새:** 나무의 잎사귀. 주로 문학적 표현에 쓰인다. ☞잎사귀: 낱낱의 잎. 주로 넓적한 잎을 이른다.
푸르르다	푸르다	**푸르르다:** '푸르다'를 강조할 때 이르는 말. ☞푸르다: 맑은 가을 하늘이나 깊은 바다, 풀의 빛깔과 같이 밝고 선명하다. '푸르르다'는 '으불규칙용언'으로 분류함.

2015년 6월, 국립국어원에서 '너무'의 뜻풀이에 살짝 손질을 했다. "일정한 정도나 한계에 지나치게"에서 "일정한 정도나 한계를 훨씬 넘어선 상태로"로. 따라서 앞으로는 긍정/부정을 가리지 않고 '너무'를 아무 데에나 쓸 수 있게 되었다. 손질은 살짝 했지만, 그 파급효과는 엄청난 것이 지금까지는 이 '너무'를 부정적이거나 비관적인 느낌/어감을 담는 데에만 쓸 수 있었지만, 이번에 새로 예문에 포함시킨 것 중에는 긍정적인 경우도 아주 많다. 그런데 이런 변화를 '너무 좋은 일'로만 받아들여야 할까? 결론을 말하기 전에 먼저 아래의 표현 묶음 두 가지를 보자.

(1) 말로 표현할 수 없이 너무 기뻐요/오늘 너무 즐거웠습니다/너무 감동적이었습니다/너무 슬펐어요/이곳이 넘(넘) 더 좋군/너무 끔찍한 광경/부모에의 효도는 너무 당연한 일/넘(넘) 아름다웠던 여인/넘(넘) 모르더군/그녀를 너무 사랑했던 그/너무 귀여운 여인/너무 예뻤다니까요/그동안 너무 수척해졌군/너무 어려운 시험이었다/너무 먹었더니 배가 거북해/넘(넘) 많은 사람 중에 하필 나를.

(2) 말로 표현할 수 없이 **엄청** 기뻐요/오늘 **대단히** 즐거웠습니다/**매우** 감동적이었습니다/**몹시** 슬펐어요/이곳이 **훨씬** 더 좋군/**아주** 끔찍한 광경/부모에의 효도는 **극히** 당연한 일/**무척** 아름다웠던 여인/**전혀** 모르더군/그녀를 **끔찍이** 사랑했던 그/**정말** 귀여운 여인/**진짜(로)** 예뻤다니까요/그동안 **많이** 수척해졌군/**굉장히** 어려운 시험이었다/**잔뜩** 먹었더니 배가 거북해/**하** 많은 사람 중에 하필 나를.

보기 (2)에서는 '너무'가 한 번도 사용되지 않았다. 걸핏하면 버릇처럼 갖다 써대는 그 '너무'를 전혀 쓰지 않았는데도 표현이 아주 자연스럽다. '너무' 아니라도 상황에 따라 적절하게 쓸 수 있는 부사들이 이처럼 풍부한데 습관처럼 '너무'에만 너무 의존한 것은 아닌지 돌아볼 필요가 있다. 어느 결에 입에 들러붙게 된 특정 말들에 의지하는 것은 풍요로운 언어생활을 스스로 포기하고 가난한 언어생활로 접어들게 되는 일이기 때문이다. 심하게 말하면 언어생활의 퇴화이기도 하다. 단적인 예로 미개한 언어일수록 미분화 상태가 높다. 섬세한 언어로 분화/발전되지 않은 '단순 언어', 곧 원시 수준의 언어일수록 그렇다.

'너무'에 너무 의존하면 안 되는 두 번째 이유로는 언어 구사 능력이 상황 대처 능력 내지는 문제 해결의 밑거름이 되기도 한다는 점 때문이다. 살아가다 보면, 돌발 상황이나 응급 상황도 발생한다. 임기응변으로 난관을 돌파해야 할 때도 많다. 그럴 때 풍부한 언어 능력은 대체 수단이나 해결 방법의 발견/발굴에 적지 않게 도움이 된다. **응급실/응급처치/임기응변**에서부터 **실제 상황/급변 상황/주변 상황, 긴급대처/긴급구난** 등과 같은 낱말들을 떠올리는 것만으로도 극한상황(한계상황)에서 유효한 수단을 이끌어내는 단초가 되기도 한다. 상황을 극복하기 위한 수단 발굴에서 가장 크게 작용하는 것은 상황 파악→(필요) 사물 인지→행동인데 그 모든 단계에서 주춧돌이 되는 것은 생각하기(생각해내기)이고, 그 생각하기와 생각해내기의 도구가 바로 언어이기 때문이다. 등산 추락 사고를 가정해 보자. **먹을거리/지탱하기/로프/보온/구조 신호** 등과 같은 것들은 그 언어를 떠올렸을 때야 비로소 구체화되고 실체화되는 것들이다.

세 번째로 '너무'를 남용(濫用)하는 것은 사고의 유연성 내지는 창의적 사고력을 스스로 제한하는 일이기도 하다. '너무' 아니라도 얼마든지 다양한 표현들을, 때로는 더 멋지게 해낼 수 있을 때조차도 무조건 '너무'만 사랑해 대니, 다른 생각들을 해내려는 노력은 저절로 생략될 수밖에 없다. 그래서 끈기 있는 사고와 다양한 접근 방식 떠올리기에서도 한참 뒤지게 된다.

사고의 유연성도 별 것 아니다. 어떤 말 대신에 다른 말을 떠올리는 데서 출발한다. 창의력도 대동소이하다. 남들이 흔히 쓰는 말, 주변에 널려 있는 그런 흔한 말 대신 다른 말을 찾아내는 일과 같다.

손쉬운 예를 들어 보자. **경사/기울기** 등과 같은 말 앞에서 **비탈지다**를 떠올릴 수 있는 사람은 '경사(傾斜)'를 "위에서 아래로, 혹은 아래에서 위로 보이는 기울어진 상태"로만 단순화하지 않은 사람이다. 그는 같은 '경사'라도 각도까지 생각해서 그 경사각이 큰 것 중 우리에게 친근한 말에 착안한 사람이다. **비탈지다**란 "(산이나 언덕 등과 같은 큰 것이) 몹시 가파르게 기울어져 있다"는 뜻이니, 단순 경사에서 한 발 더 나아간 거다. 그래서 그런 사람은 '기울어진 사회'라고 표현해야 할 때 '비탈진 사회'라는 창의적 표현을 할 수 있는 것이다. 그러니 사고의 유연성과 창의력조차도 그것을 이끌거나 이뤄내는 주요한 수단과 열매가 언어라는 것, 이제 동감하겠는가?

'너무'를 너무 공격했나? 그렇다고 무조건 버리거나 기피하라는 건 아니다. 본래의 쓰임대로 부정적/비관적인 느낌을 담고 싶을 때나 **너무나**로 바꾸어 말이 되는 경우에는 얼마든지 사용해도 된다. 다만 좀 더 적절한 다른 말이 있을 때는 그 말을 찾아보려는 노력을 건너뛰어서는 안 된다는 것이다. 과유불급(過猶不及)이라 했으니, 지나치게 의존하지 않으려는 태도가 중요하다.

덤 표제어로 올려야 할 말들

현재 《표준》의 표제어에 마땅히 올려야 함에도 실수로 누락되거나, 언중의 언어생활을 사전에 충실히 반영해야 함에도 어떤 연유로인지 계속 보살핌을 받지 못하는 낱말이 아주 많다. 저자의 조사만으로도 3,000여 개나 된다. 그중 대표적인 것들 몇 개만 살펴본다.

이와 관련하여, 실제로 언중의 언어생활에 심대한 영향을 끼치는 것에는 관용구로만 고집하는 태도도 있음을 지적하고 싶다. 예를 들면 **말(이) 많다**나 **금(이) 가다**는 관용구일 뿐이어서 **말많다**나 **금가다**로 쓰면 잘못이다. 실제로 언중은 '말많다'나 '금가다'로 쓰고 있고, 심지어 사전의 뜻풀이 중에는 '금가다'라는 표현조차 실수로 사용하고 있을 정도임에도 그렇다. 이런 것들은 관용구와 더불어 용언도 함께 인용해 주면, 언중에게 크게 도움이 된다. 이런 것들 때문에 띄어쓰기 공부를 아예 포기하거나 무시하는 일도 잦은데, 그런 일도 줄어들 것이다.

또 한 가지, 용언을 만드는 접사 인정 기준의 모호함 내지는 자의성 문제도 있다. 일례로 **소리나다/소리내다**는 현재 소리 나다/소리 내다의 잘못인데, 이것은 '나다/내다'를 형용사를 만드는 접사로만 인정하고 있기 때문이다. 그래서 **신나다/야단나다/소문나다**는 되지만, **고장나다/사고나다/신명나다**는 안 된다. 그런데… **성나다/성내다**를 보면 또 동사로 인정되고 있다. 동사에서는 보조동사로만 인정되는 '나다/내다'가 붙은 것일 뿐인데도 그렇다. 기준이 모호하다.

아래에 보이는 것들은 위의 두 가지 사례는 제외한 것들이고, 시급히 보완되어야 할 것들의 극히 일부일 뿐이다. 모두, 《표준》 측에서 사전의 기본 소임을 떠올리면 문헌 정보 수정으로 쉽게 인용할 수 있는 것들이기도 하다. 즉, 조어법상으로도 흠이 전혀 없는 것들이다.

요상하다: 사전에 '이상하다'의 잘못으로만 나옴. 실제로는 '다소 이상야릇하다'는 의미가 더해진 뜻으로 널리 쓰이고 있음.

달달하다: 실제로 '약간 달다, 알맞게 달다, 감칠맛이 있게 조금 달다'의 뜻으로 널리 쓰이고 있으나, 현재는 방언.

거시기하다: 현재는 '거시기'가 대명사와 감탄사로만 되어 있어, 접사 '하다'를 붙여 형용사로 쓰면 잘못임. [해결책] **거시기**를 "얼른 생각나지 않거나 바로 말하기 곤란한 사람 또는 사물"을 뜻하는 명사로 인정하면 됨.

싸가지: 현재 **싹수**(어떤 일이나 사람이 앞으로 잘될 것 같은 낌새나 징조)의 방언으로만 되어 있으나, 실제로는 "어른이나 남 앞에서 마땅히 지켜야 할 예의가 없는 버르장머리('버릇'의 속어)"를 뜻하는 말

로 더 많이 쓰이고 있음.

시건방: '시건방지다/건방/건방지다'는 있으나 명사 '시건방'은 없음.

이적수(利敵手): [없음] 바둑/장기 따위에서 적을 이롭게 하는 수.

다육이: 현재 **다육경**(多肉莖, [식물] 물기가 많아서 살이 두툼하게 된 줄기. 선인장의 줄기 따위)만 있음.

자동출금기/자동출납기(ATM): 실생활과 밀접하고 기기에 한글로 적혀 있는 정식 명칭으로, 법정 용어이기도 함.

사룻값/비룻값/종잣값: 분포도/사용 빈도 등에 비추어 포함되어야 함. 농가의 기본 용어.

관계인: '관계자'는 있음. '이해관계인/소송관계인'은 있으나 정작 '관계인'은 없음. 그럼에도 본문 설명에 "관계가 있는 사람" 등의 뜻으로 사용하고 있음.

집밥: 두 가지 의미. "집에서 먹는 밥"과 "밥집에서 파는 밥의 상대어." 현재 후자의 뜻으로 널리 쓰이고 있음에도 없음.

일순위: **영순위**(어떤 일에서 가장 우선적인 자격을 가지는 순위)는 있음. 현실생활에서 '일순위'는 글자 그대로의 뜻 외에, "우선순위에서 1위(으뜸)"라는 뜻이 있음.

주중(週中): '주초(週初)'와 '주말(週末)'만 있음. 이 말들의 상대어인 '주중'도 당연히 있어야 함.

하루이틀: 실제로는 '하루 이틀'보다는 '하루이틀'의 복합어 의미로, "짧은 기간"을 뜻하는 말로 더 많이 쓰임.

방전(放電): 현재 비유어로 **탈진**(脫盡, 기운이 다 빠져 없어짐)의 유사어로 널리 쓰이고 있으나 뜻풀이에는 '전지/축전기 또는 전기를 띤 물체에서 전기가 외부로 흘러나오는 현상'뿐임.

잔머리꾼: 잔머리('잔꾀'의 속어)만 있음. '꾼'은 "어떤 일을 습관적으로 하거나 즐겨 하는 사람"의 뜻을 더하는 접미사.

찾.아.보.기

열공 우리말

2017년 3월 13일 초판 1쇄 발행

지은이 최종희

발행인 류지호
편집 정희용, 김경림, 양정희
디자인 프리스타일
제작 김명환·**전략기획** 유권준, 김대현, 박종욱, 양민호·**관리** 윤애경

펴낸 곳 원더박스 03150 서울시 종로구 우정국로 45-13, 3층
대표전화 02) 420-3200·**편집부** 02) 420-3300·**팩시밀리** 02) 420-3400
출판등록 2012. 6. 27(제300-2012-129호)

ISBN 978-89-98602-40-6 03700